ADMINISTRATION
DE
LA COMMUNE DE PARIS
ET DU DÉPARTEMENT DE LA SEINE.

ADMINISTRATION

DE LA

COMMUNE DE PARIS

ET DU DÉPARTEMENT DE LA SEINE

OU

TRAITÉ PRATIQUE

DES LOIS ET RÈGLEMENTS QUI RÉGISSENT A PARIS ET DANS LE DÉPARTEMENT
DE LA SEINE, L'ADMINISTRATION MUNICIPALE ET L'ADMINISTRATION
GÉNÉRALE, LA POLICE, LE COMMERCE, L'INDUSTRIE
ET LA PROPRIÉTÉ FONCIÈRE,

PRÉCÉDÉ

D'UNE ÉTUDE HISTORIQUE SUR LES INSTITUTIONS MUNICIPALES

DE LA VILLE DE PARIS,

PAR

Jules LE BERQUIER,

Avocat à la Cour impériale.

Deuxième édition.

PARIS,
IMPRIMERIE ET LIBRAIRIE ADMINISTRATIVES DE PAUL DUPONT,
RUE DE GRENELLE-SAINT-HONORÉ, 45.

1861
1860

AVERTISSEMENT.

On a accusé la population de Paris d'indifférence à l'endroit des choses municipales, et l'on a dit : voyez l'habitant du plus modeste village, il regarde comme ses propres intérêts les intérêts de la commune, et sait par cœur les lois d'administration qui le gouvernent lui-même, tandis qu'à Paris, dans la première commune de France, on ignore généralement ce qui se passe à l'Hôtel-de-Ville, et nul ne prend souci de ce que l'on peut y décider, tant que sa maison, son magasin ou son usine n'est point menacé d'expropriation !

Sans doute, à Paris, la vie municipale est moins active et les intérêts de la cité y excitent moins de préoccupation que dans les autres communes. Mais là, faut-il voir nécessairement une preuve de l'indifférence native de la population? Il y aurait, ce nous semble, dans cette appréciation, une grave erreur, sinon une véritable injustice. Pourquoi donc, partout ailleurs, l'habitant se montre-t-il si jaloux de l'intérêt local, si vigilant sur les actes de la municipalité? Ce n'est pas seulement parce que cet intérêt et ces actes le touchent comme membre de la communauté ; c'est aussi parce qu'il connaît la mesure de son droit, c'est parce qu'il sait le contrôle qui lui est réservé comme électeur ou comme conseiller; c'est enfin parce qu'il existe, pour toutes les communes de France, un ensemble de lois d'administration municipale que chacun peut aisément consulter, facilement comprendre, et qui ont partout répandu la notion et le sentiment du droit. — A Paris, le conseil municipal ne relève plus de l'élection, et, quant aux lois d'administration, elles sont à peu près dans l'état où se trouvait le droit civil de nos provinces avant la promulgation du Code. Des mains de l'Assemblée constituante était sortie cependant, pour la ville de Paris, une réglementation conçue dans une pensée libérale et fondée sur le droit imprescriptible en vertu duquel les cités s'administrent elles-mêmes. Mais la loi de 1790, foulée aux pieds par le comité révolutionnaire, disparut dans un jour de trouble et fit place au règne de la terrible Commune qui a laissé dans l'histoire un si lugubre souvenir. Depuis cette époque, il semble que la commune de Paris porte la peine de ce pouvoir maudit qui sortait de l'émeute, par cela seul que, sous son nom à elle, il a commis des méfaits et des crimes ! — Il fallut que le gouvernement de 1830 arrivât pour restituer à la ville de Paris ses franchises. Alors on vit renaître à l'Hôtel-de-Ville ce mouvement municipal qui est l'âme des communes ; la ville de Paris surveilla et régla de nouveau ses affaires, et, des électeurs aux élus, de la population à l'administration, de la commune à l'Hôtel-de-Ville, il y eut cette puissante attache, cette solidarité fortement constituée, qui caractérisent l'individualité communale. — Le gouvernement de 1830 emporta dans sa chute et le libre choix des conseillers municipaux et la promesse d'une réglementation complète de l'administration de la ville de Paris. — Nous n'avons cessé de croire que la ville de Paris n'avait point démérité dans la gestion de ses affaires, et qu'elle devait rentrer dans ses antiques prérogatives ; toutes les fois, depuis dix ans, qu'il s'est agi de remanier le régime administratif des communes, nous avons essayé, mais vainement, de rappeler ses droits : en 1855, lorsqu'on a réglé l'organisation des conseils municipaux [1], en 1859, lorsqu'on a décrété l'annexion de la banlieue de Paris [2].

Cependant la machine municipale fonctionne toujours, et son action s'étend sans cesse, à mesure que grandissent les intérêts. Le budget de la ville a atteint, sinon dépassé, celui de plusieurs petits États de l'Europe, et ce budget est prélevé, dans la plus forte mesure, sur la population de Paris [3]. — Quelles sont donc les règles qui président à l'administration d'aussi grands intérêts ? Quelles sont aussi celles qui régissent la propriété, le commerce, l'industrie, dans leurs rapports avec l'administration générale ou municipale ? A quels sacrifices, par exemple, est tenue la propriété, à quelles charges peut-on la soumettre, à quelles prescriptions doivent se conformer le commerce et l'industrie, non-seulement à Paris, mais dans toute la circonscription où s'étend le pouvoir de l'administration parisienne ?

Ces règles, elles ne ressortent pas d'un texte, mais de plusieurs milliers de textes ; elles n'ont point été déposées dans un Code, elles sont disséminées dans le *Bulletin des Lois*, dans le *Moniteur*, dans des recueils, dans des publications spéciales peu connues des jurisconsultes eux-mê-

---

[1] *Journal le Droit*, avril et mai 1855.
[2] *Revue des Deux-Mondes*, 15 avril 1859.
[3] Voy. p. 418 et suiv.

mes. Dès lors, comment l'habitant de Paris peu versé dans l'étude des lois pourrait-il se guider dans un pareil dédale, et y chercher ces connaissances élémentaires d'administration si répandues dans les autres communes du pays! Cette réflexion, nous l'avons souvent faite en réunissant tous les documents, tous les textes, tous les lambeaux de lois et d'arrêtés dont nous avons essayé de tirer un enseignement doctrinal, un ensemble de notions qui pût servir à la pratique de la vie municipale, et elle a soutenu nos efforts dans la voie à peu près inexplorée que nous avions à parcourir.

Nous disons que la voie était inexplorée, car, jusqu'à ce jour, depuis l'œuvre colossale de l'infatigable Delamarre, l'attention des écrivains et des jurisconsultes ne s'est arrêtée que sur des points spéciaux d'administration ou sur la partie économique ou historique du sujet. On peut citer, sur la police, les études de deux savants magistrats, MM. Vivien [1] et Nicias-Gaillard [2], et l'excellent dictionnaire de MM. Eloin et Trébuchet; — sur la voirie, les ouvrages de MM. Armand Husson [3], Davenne [4] et Daubanton [5]; — sur les questions de salubrité, les écrits de M. le docteur Tardieu; — dans leurs ouvrages si estimés, MM. Dufour [6] et Macarel [7] ont également donné place à quelques aperçus sur l'administration parisienne.—

---

[1] *Études administratives*, préfecture de police.
[2] *Caractère général des lois de simple police* (le *Droit*, du 4 juin 1853).
[3] *Traité de la législation des travaux publics*.
[4] *Dictionnaire d'administration* (voirie).
[5] *Code de la voirie*.
[6] *Traité de droit administratif appliqué*.
[7] *Cours de droit administratif*.

Au point de vue économique, M. Horace Say s'était livré à des appréciations qui n'ont point encore perdu toute leur valeur [1], et la statistique doit à M. Armand Husson un travail rempli d'intérêt sur les consommations de Paris [2] ; — enfin, l'histoire des monuments du vieux Paris et de ses institutions a trouvé des écrivains distingués, érudits et dévoués dans MM. Vitet [3], Félix et Louis Lazare [4], Théophile Lavallée [5] et Leroux de Lincy [6].

Pour nous, nous avons essayé de réunir dans un cadre restreint, mais néanmoins aussi complet que possible, toutes les règles d'administration qui intéressent la population de Paris et doivent la guider dans ses rapports de chaque jour avec l'autorité administrative ; nous avons voulu écrire, pour l'habitant de Paris, un livre élémentaire et pratique comme celui que nous avions mis entre les mains de l'habitant des autres communes [7], et, à ce point de vue, ainsi que nous venons de le dire, la voie dans laquelle nous sommes entré était véritablement inexplorée. Si donc, en la parcourant, le pied a pu parfois nous glisser, nous aurons du moins l'excuse du péril qu'il y avait à y entrer le premier. Quant aux erreurs qui auront pu nous échapper dans un travail qui repose sur une aussi grande variété de documents et de textes, nous prierons le lecteur de nous les pardonner d'abord, de

[1] *Etudes sur l'administration de la ville de Paris.*
[2] *Des consommations de Paris.*
[3] *Le Louvre.*
[4] *Dictionnaire des rues et monuments de Paris.*
[5] *Histoire de Paris.*
[6] *Histoire de l'Hôtel-de-Ville.*
[7] Le *Corps municipal* ou Guide théorique et pratique des maires, adjoints, conseillers municipaux et des administrés.

nous les signaler ensuite, tenant à mieux faire, si cela nous est donné.

Maintenant, voici l'ordre dans lequel ont été classées et développées les différentes parties de cet ouvrage :

Dans une introduction sous forme d'étude, nous avons indiqué les divers accroissements de la ville de Paris, et cherché à préciser le caractère de ses institutions municipales.

Après avoir exposé, dans des chapitres spéciaux, la nouvelle délimitation de Paris et ses conséquences, et indiqué les servitudes qui résultent, pour la propriété, de l'établissement des fortifications, nous avons classé, sous deux titres distincts, les matières qui sont du ressort de la Préfecture de la Seine, et celles qui sont du ressort de la Préfecture de police.

Dans les matières qui sont du ressort de la Préfecture de la Seine et qu'embrassent les attributions du préfet du département, nous avons distingué celles qui appartiennent à l'administration municipale proprement dite de celles qui rentrent dans l'administration générale. — Au point de vue de l'administration municipale, nous nous sommes occupé successivement, et dans autant de chapitres, — des propriétés communales, des contrats et actions judiciaires, des travaux de Paris et de l'expropriation, des eaux de Paris, de l'octroi, des entrepôts, de la boulangerie et de la boucherie, des frais du culte et de l'organisation paroissiale, des cimetières et du service des pompes funèbres ; — au point de vue de l'administration générale, — de la grande et de la petite voirie, des carrières sous Paris et hors Paris, du mesurage des pierres, des contributions directes, des élections et du jury, de la garde nationale, du mont-de-piété, de l'assistance publique et de l'instruction publique.

Passant à la Préfecture de police, nous avons précisé les attributions du préfet et signalé les différents objets de police municipale et de police générale qui sont placés dans ses attributions. Puis, nous avons traité, dans des chapitres particuliers, des halles et marchés, du commerce des vins et liquides, de la salubrité et de l'hygiène publiques, de la police de la navigation et des ports.

Ensuite, dans une troisième partie, nous avons exposé les attributions des maires et adjoints de Paris ;

Dans une quatrième, celles du Conseil municipal ;

Dans une cinquième, l'organisation et les attributions du Conseil général de la Seine ;

Dans une sixième, l'organisation et les attributions des Conseils d'arrondissement de Sceaux et de Saint-Denis ;

Dans une septième, l'organisation et la juridiction du Conseil de préfecture de la Seine ;

Dans une huitième et dernière partie, nous nous sommes occupé des règles spéciales qui régissent l'administration des communes du département de la Seine.

Enfin, dans un Appendice, nous avons donné le texte des lois, décrets, arrêtés préfectoraux et ordonnances de police d'utilité pratique qui ont été cités dans le cours de l'ouvrage, et que le lecteur pourrait avoir besoin de consulter.

Il nous reste à faire une dernière observation : l'administration de Paris est à l'administration des autres communes ce que l'exception est à la règle ; mais parfois la règle générale reçoit à Paris son application. Ayant exposé l'administration des autres communes dans le *Corps municipal*, toutes les fois que la règle générale a trouvé ici sa place, nous avons, ne pouvant nous répéter, établi entre les deux ouvrages une concordance qui nous a paru indispensable, et à l'aide de laquelle le lecteur fera facilement ses recherches. Par le même rapprochement, il pourra, sur tous les points, comparer l'administration de Paris à celle des autres communes, et embrasser d'un regard le système complet de l'organisation municipale en France.

INTRODUCTION.

ÉTUDE SUR PARIS.

1 — Ce que comprendra cette étude.
2 — Connaît-on l'origine de Paris? — Ce qu'en ont dit César et Julien.
3 — Ce qu'était Paris au temps d'Abbon.
4 — Bassin de Paris. — Que signifient les mots Lutèce et Parisien?
5 — Des différentes enceintes de la ville.
6 — De quelle époque datent ses accroissements les plus rapides et sa prépondérance sur le reste du pays.
7 — De l'enceinte fortifiée de Philippe-Auguste et de l'établissement du Louvre
8 — Nouveau système de fortification depuis l'emploi des armes à feu.
9 — Idées de Vauban et de Napoléon sur la défense de Paris. — Fortifications actuelles.
10 — Dernière enceinte fiscale et plan de Verniquet.
11 — Mouvement de la population.
12 — Population de Paris; comment elle se divise.
13 — Population des communes annexées.
14 — Causes de l'agglomération. — Centralisation industrielle et administrative.
15 — Caractère de l'ancienne constitution municipale de Paris.
16 — Nautes parisiens, marchands de l'eau, prévôt des marchands, parloir aux bourgeois.
17 — Attributions des marchands de l'eau; privilége de la hanse.
18 — Prévôt de Paris.
19 — Le caractère démocratique de la constitution municipale de Paris n'est point contesté aux XIIe et XIIIe siècles, et survit à la vénalité des fonctions municipales.
20 — Ce qu'était l'organisation municipale de Paris au XVIIIe siècle.
21 — Municipalité de Paris en 1789.
22 — Organisation municipale de 1790; œuvre de l'Assemblée constituante.
23 — Organisation municipale de 1792.

24 — Régime de l'an II et de l'an III.
25 — Régime de l'an VIII.
26 — Régime de 1830 et de 1848; régime actuel.
27 — Résumé. — Ce qu'est le régime municipal de la ville de Londres. — Ce que devrait être celui de Paris.

1 — Bien des cités en France ont vu s'éloigner d'elles à certain jour le courant de la population et des affaires, et sont entrées dans la période d'un déclin et d'un affaiblissement dont aucun effort n'a pu les relever ensuite. De nouvelles routes livrées à la circulation, d'autres débouchés offerts au commerce, un port ouvert à la marine, le déplacement d'un tribunal ou d'une préfecture, ont suffi le plus souvent pour opérer de tels changements et amener de rapides décadences. La ville de Paris ne connait point ces retours de fortune ; placée au centre du pays, qu'elle domine, elle n'a jamais cessé de s'embellir et de s'étendre ; tout ce qui a favorisé la locomotion, multiplié les échanges et enrichi le commerce, lui a profité, depuis les diligences jusqu'aux chemins de fer, depuis la découverte du Nouveau-Monde jusqu'à la conquête d'Afrique. C'est le privilége des capitales de grandir sans cesse et de survivre à tous les changements, à toutes les commotions qui arrêtent le mouvement et la vie sur d'autres points dans un état. Il semble qu'elles n'aient d'autre destinée que de reculer éternellement leurs limites devant le flot toujours grossissant d'une population qui déborde. Il y a quinze ans à peine, une immense enceinte était élevée autour de Paris, loin des monuments et des splendides édifices que la munificence des siècles y a accumulés. Que de clameurs, on ne l'a point oublié, souleva cette œuvre hardie, ce grand et admirable projet de défense ! Ne cachait-il point une arrière-pensée de despotisme, une ténébreuse machination contre l'indépendance de la population parisienne ? On sait maintenant, hélas! si le gouvernement de 1830, auquel revient l'honneur de cette conception, tenait beaucoup à tirer sur le peuple. Or, le redoutable rempart est devenu le mur d'octroi de la ville et, avant tout, protégera ses finances contre la fraude et la contrebande.

Cette immense extension de la capitale du pays doit être envisagée à plusieurs points de vue. On nous permettra d'abord d'en suivre la marche sur le sol même, et de rechercher sous la puissance de quels faits s'est agrandie la cité gallo-romaine, si resserrée à l'origine, et est parvenue au développement actuel. Est-il nécessaire que la capitale devienne la plus grande ville commerciale et manufacturière de France, ou bien doit-elle s'appliquer à conserver dans le monde la brillante renommée qu'elle s'est acquise par la rare perfection des produits qui exigent le plus d'art et de goût et aussi par cette « teinte d'urbanité répandue sur toutes les conditions » qui frappait Voltaire?

Ce qui arrêtera ensuite notre attention, sera le point de savoir sous l'influence de quelles institutions le courant de cette grande population a traversé les siècles, emportant avec lui des générations de princes et de rois, de bons et de mauvais ministres, d'agents fermes, dévoués ou corrompus, tant de honte et de gloire, tant de vertus et de vices; quelle a été la constitution spéciale de la municipalité parisienne au milieu de tant de constitutions politiques qui se sont succédé en France. Il n'est point indifférent, en effet, de voir quelle a été la part de l'élément municipal dans l'organisation passée de la première de nos communes et de connaître celle qui pourrait lui être réservée de nos jours. Il n'est pas sans utilité d'avoir des idées nettes sur ce point. Trop souvent on confond la ville et le gouvernement, l'action municipale et l'action du pouvoir central, ce qui est en un mot le fait de la commune et ce qui est le fait de l'État. Pour un grand nombre encore, c'est l'Hôtel-de-Ville qui fait les révolutions, quand il ne songe qu'à ses propres affaires. Cuvier s'étonnait que le sol parisien, qui avait été habité depuis si longtemps par tant d'hommes instruits, n'eût pas été plus étudié. On éprouve le même sentiment quand on touche aux institutions municipales de Paris. On regrettera toujours que l'étude de ces institutions n'ait point couronné l'œuvre d'Augustin Thierry, cet autre Cuvier de notre histoire communale. Initiée par ce guide éminent à la connaissance de ses antiques libertés, la ville de Paris en eût été peut-être plus jalouse, et alors sa fierté, rallumée à celle de nos aïeux, la soutiendrait dans les occasions où peuvent être mises en question ses plus certaines prérogatives.

I. — DES DIVERS ACCROISSEMENTS DE LA VILLE DE PARIS.

2 — Ainsi que l'a remarqué Châteaubriand, on se plait à rechercher l'origine des grandes cités comme à remonter à la source des grands fleuves. Et cependant, l'origine de la plupart des grandes cités nous est peu connue. Faut-il s'en étonner? Un jour, quelques cabanes se sont élevées sur le bord d'une rivière, au pied d'une montagne ou dans une vaste plaine ; peu à peu la bourgade s'est étendue ; elle a grandi plus ou moins vite, suivant l'industrie et l'activité des habitants, suivant la beauté et la richesse de la contrée ; puis, elle est devenue l'asile d'une immense population. Mais bien des siècles se sont écoulés avant qu'elle ait acquis un accroissement digne d'attirer les regards du voyageur ou de l'historien. Dès lors, comment tout ce qui touche à son premier état, ne serait-il pas environné d'incertitudes !

La reine des cités, Paris, n'a pas dû commencer d'une autre manière. Aussi, jusqu'à ce jour son origine a-t-elle échappé aux plus ardentes investigations. C'est encore à Jules César qu'on doit la première page de l'histoire de Paris ou de Lutèce, comme on l'appelait d'abord. Dans le récit qu'il fait de ses expéditions, on voit qu'avant la conquête des Romains, la Gaule était composée d'une foule de peuplades qui formaient comme autant de nations distinctes, bien qu'elles eussent en général les mêmes mœurs, les mêmes lois ou coutumes. Chacune portait un nom spécial et se ralliait à une cité plus renommée ou plus considérable que les autres : c'était son chef-lieu, sa capitale. A des époques déterminées, les cités de chaque nation envoyaient des députés à une assemblée particulière où étaient réglées les affaires de la confédération. Dans certaines circonstances, une assemblée générale était convoquée par la Gaule entière et toutes les cités devaient y avoir leurs représentants. Les Parisiens formaient une de ces peuplades; leur capitale était Lutèce, située sur la Seine et renfermée dans l'île que nous appelons aujourd'hui la Cité.

Lorsque César voulut soumettre la Gaule, si la plupart des peuplades se soulevèrent contre lui, quelques-unes ne lui opposèrent d'abord aucune résistance et semblèrent accepter avec une complète résignation la domination romaine. De ce nombre fut sans doute la peuplade des Parisiens, car Lutèce est bientôt choisie par César comme le lieu où doit se réunir l'assemblée générale de la Gaule. Il transporte, dit-il, l'assemblée dans Lutèce, ville des Parisiens « consilium in Lutetiam Parisiorum transfert » et c'est pour la première fois que les noms de Parisiens et de Lutèce apparaissent dans l'histoire.[1] La soumission toute bénévole des Parisiens ne dût pas être de longue durée, d'après ce que rapportent les *Commentaires*. César repasse en Italie. C'est avec joie que chaque peuple voit s'éloigner l'ennemi, le peuple du Saintonge comme celui des rives de la Seine, si habile, disait Lucain, à manier le frein dans les cirques,

Gaudetque amoto Saintonus hoste,
Optima gens flexis in gyrum Sequana frenis.

L'idée d'un soulèvement s'empare de toute la Gaule. Les Carnutes donnent le signal du mouvement, auquel répondent les habitants de l'Auvergne. Ces derniers ont à leur tête un jeune chef plein de courage et de feu, Vercingétorix, qui s'attache plusieurs autres peuples, au nombre desquels on voit figurer les Parisiens. Ce Vercingétorix excite l'ardeur des peuplades et leur recommande de brûler les bourgs et les places qui ne sont pas assez fortifiés et peuvent tomber au pouvoir des Romains. César franchit de nouveau les Alpes, marche contre Vercingétorix et dépêche Labienus avec quatre légions contre les Parisiens. Ceux-ci s'étaient réunis avec quelques peuples voisins sous le commandement d'un vieillard, Camulogène, qui d'abord va se placer avec ses troupes sur le marais qui entourait la ville et de là se met à disputer le passage aux Romains. Labienus veut se frayer une voie à l'aide de claies et de fascines qu'il jette sur le marais; il ne peut y parvenir. Alors,

---

[1] César écrivait ses *Commentaires* cinquante ans avant Jésus-Christ. — Pour les mots Lutèce et Parisiens, voyez page 9, en note.

il remonte jusqu'à Melun, qu'il prend d'assaut, s'empare d'une cinquantaine de barques et revient vers Lutèce, en suivant le cours du fleuve. Avertis de son approche et du succès qu'il vient de remporter, les Parisiens incendient leur ville, en coupent les ponts et, quittant le marais sur lequel ils s'étaient placés, vont camper sur le bord de la Seine, vis-à-vis de Lutèce et en face de l'armée de Labienus. Le général romain paraît différer l'attaque, mais il profite de l'obscurité de la nuit pour faire passer le fleuve à son armée. Au point du jour, les Parisiens sont circonvenus et attaqués à l'improviste ; Camulogène est tué ; ceux qui peuvent échapper au fer de l'ennemi s'enfuient dans les bois ou sur les hauteurs environnantes.

Tel est le récit de César, qui nous apprend encore qu'au temps où il écrivait, Lutèce était renfermée dans une île formée par la Seine : « oppidum Parisiorum, situm in insulà fluminis Sequanæ[1] ; » que les marais qui de toutes parts s'étendaient au loin en rendaient l'approche très-difficile ; qu'elle n'était défendue que par la Seine, qui l'entourait, et qu'on y entrait par deux ponts de bois situés, l'un sur le petit bras, l'autre sur le grand bras de la Seine[2].

Après le récit de César, la tradition se trouve interrompue. On a eu tort de vouloir y suppléer : c'est ainsi que les fables se mêlent à l'histoire et que les fictions passent pour des faits acquis et prouvés. Tout ce que l'on sait, c'est qu'à partir de ce moment Lutèce fut occupée par les Romains jusqu'à l'arrivée des Francs. Un proconsul y avait sa résidence habituelle. Julien y fut envoyé avec ce titre et a laissé de son séjour un souvenir qui a été recueilli et qui forme, pour ainsi dire, la seconde page authentique de l'histoire de Paris. Voici l'esquisse d'après nature que traçait le proconsul romain de la future capitale de la France, il y a bientôt quinze cents ans :

« Je me trouvais, dit-il, pendant un hiver, à ma chère Lutèce ; c'est ainsi qu'on appelle dans la Gaule la ville des Parisiens. Elle

---

[1] *Commentaires*, liv. 7, chap. LVII.
[2] Idem.

est située dans une petite île; l'on y entre de l'un et de l'autre côté par des ponts de bois. Le fleuve qui l'environne de toutes parts monte et déborde rarement; tel il est en été, tel il demeure en hiver; l'eau en est très-pure et très-agréable à boire, ce qui est d'un grand secours pour les habitants. L'hiver est peu rigoureux dans cet endroit, et cela, dit-on, parce que l'Océan, qui n'en est éloigné que de neuf cents stades, y répand la chaleur de sa température : l'eau de mer est en effet moins froide que l'eau douce ; par cette raison ou par toute autre que j'ignore, la saison d'hiver est donc moins rude là qu'ailleurs; aussi y croît-il de bonnes vignes ; les Parisiens ont même l'art d'élever des figuiers en les enveloppant de paille de blé et en employant les autres moyens à l'aide desquels on abrite les arbres dans les mauvais temps. Or, par extraordinaire, l'hiver que je passais à Lutèce fut d'une rigueur extrême : la rivière charriait d'énormes glaçons blancs comme des pierres de Phrygie ; ces glaçons se pressaient les uns les autres, et, par leur réunion, semblaient former un pont. Mais, plus dur à moi-même que je ne l'avais jamais été, je ne voulus point souffrir que l'on échauffât ma chambre avec des fourneaux, selon l'usage du pays[1]. »

3 — Des lettres de Julien, il faut passer aux écrits de Grégoire de Tours et au poëme du moine Abbon, des Romains aux Francs et aux Normands. Lorsque les Francs ralentirent leurs incursions, lorsqu'ils eurent eux-mêmes soumis et dompté le peuple gallo-romain, Paris devint le point central autour duquel ils commencèrent à se fixer. D'après Grégoire de Tours, vers l'an 508, après avoir défait le chef des Visigoths, Clovis se rend à Paris avec les trésors de ce prince et y établit sa résidence. Cependant, au neuvième siècle, Paris était encore renfermé dans les étroites limites de l'île de la Cité « medio Sequanæ recubans, » — couché au milieu du fleuve, dit Abbon, qui l'a décrit dans un poëme où il parle en témoin oculaire[2]. On y entrait encore par deux ponts,

---

[1] *Jul. imp. Misopogon et epistolæ*, p. 38, traduction de Châteaubriand. *Études historiques.*
[2] Abbon, liv. 1er, vers dixième.

comme au temps de Julien, à la seule différence qu'ils étaient ornés ou armés d'une petite tour ou forteresse du côté du rivage et qu'une tour plus grande était située dans l'île même, à leur point de jonction. Mais une forte muraille bordait la Cité sur tous les points. Dans la relation qu'il fait du siège des Normands, Abbon représente l'évêque Gozlin et Eudes, comte de Paris, repoussant héroïquement les assaillants du haut de cette muraille [1].

4 — Après le traité qui leur accordait une partie de la Neustrie, les Normands s'établirent dans la belle contrée qui a conservé leur nom, et que les Romains appelaient Lyonnaise-seconde. Paris n'ayant plus alors à redouter les continuelles attaques de ce peuple, recula ses limites et déborda sur les deux rives de la Seine; de vastes faubourgs s'élevèrent sur la boue des marais. La population se porta d'abord du côté gauche du fleuve, dans la partie la plus élevée et la moins marécageuse. La première maison municipale dont on ait pu découvrir l'emplacement était située à la butte Sainte-Geneviève, vers la rue des Grès [2]. La population ne s'étendit que beaucoup plus tard de l'autre côté du fleuve, à mesure sans doute que les vastes marais où s'étaient embourbées les légions romaines se consolidèrent et s'élevèrent au-dessus des eaux. Le génie romain a-t-il pratiqué dans cette contrée ses savantes irrigations, ou bien, dans la succession des siècles, les eaux du fleuve se sont-elles resserrées et abaissées au point d'assécher ainsi le rivage? L'art et la nature ont dû concourir à faire de ces marais détrempés un sol assez ferme pour recevoir des habitations. Il semble en effet que le niveau des eaux se soit constamment abaissé dans le parcours du fleuve, depuis le bassin de Paris jusqu'aux herbages que sillonnait la basse Seine longtemps avant tout travail d'endiguement, et ce fait n'a rien d'incompatible avec les observations de Cuvier [3]. C'est à son premier état géologique

---

[1] Idem, vers quinzième et suivants.
[2] Voyez l'*Histoire de l'Hôtel-de-Ville*, de M. Leroux de Lincy.
[3] On sait que l'illustre géologue, ayant constaté la superposition de diverses couches très-distinctes, attestant par leur composition le séjour alternatif des eaux salées et des eaux douces dans ces parages, a été amené à penser que la mer, après avoir déposé des couches de calcaire marin, avait de nouveau

qu'il faut reporter la dénomination significative de la plus belle cité du monde, Lutèce (*lutum*, boue, marais), dénomination qui n'avait déjà plus sa valeur à la fin de la domination romaine et qui a été dès lors remplacée par celle qu'elle a toujours conservée depuis[1].

5 — Plusieurs fois Paris a franchi ses clôtures ; mais sur ce point bien des dissentiments existent. Dans son livre sur les *Consommations de Paris*, M. Husson compte jusqu'à neuf clôtures de César à Louis XIV. Le savant économiste va plus loin : il donne la contenance de la ville dans les différentes phases de son accroissement, ainsi qu'on pourrait le faire de nos jours. Avec la première clôture, que l'auteur fait remonter à Jules César, Paris renfermait 15 hectares 23 ares ; avec la seconde, bâtie sous Julien, 38 hectares 79 ares ! La contenance des neuf clôtures successives est indiquée avec le même scrupule géométrique. Mais comment

quitté le sol, qui avait été ensuite recouvert par des masses d'eau douce, variables dans leur étendue et dans leur profondeur, à la présence desquelles il faut reporter la formation des couches marneuses qui apparaissent à la surface non-seulement dans le bassin de Paris, mais encore à de grandes distances, dans les départements voisins. (Voyez la *Description géologique des couches des environs de Paris*, par Cuvier et Brongniart, 3e section).

[1] Le nom de Lutèce n'est pas romain. En désignant l'antique cité des *Parisii* dans ses commentaires, César ne faisait que reproduire, en le romanisant, le nom qu'il avait recueilli plus ou moins exactement de la bouche des indigènes. Le nom de Lutèce est d'origine celtique et vient des racines *loth*, *llaith*, *llwth*, dont la signification est humide, glissant, boueux, *lutum* en latin. Si les mêmes mots se rencontrent avec la même signification dans les langues latine et celtique, c'est que les deux langues avaient une même origine indienne. On peut consulter à cet égard la *Grammatica Celtica*, de Zeuss, p. 18 et 82 (Leipsick, 1853). Nous devons ces renseignements sur une étymologie que la science a récemment révélée, à l'obligeance de notre savant confrère, M. Adolphe Breulier, avocat à la cour de Paris.

Le mot *parisien* est également d'origine celtique, d'après le professeur Zeuss, qui lui donne pour équivalent l'épithète *strenuus* (*Grammatica Celtica*, p. 97). Guillaume le Breton avait dit lui-même :

> Et se Parisios dixerunt nomine græco,
> Quod sonat expositum nostris *audacia* verbis.

Le poëte se trompait sur l'origine du mot, qui n'a rien de grec, mais il se rencontre avec le professeur allemand sur sa signification ; l'un dit *audaces*, l'autre *strenui*, c'est-à-dire hardis, actifs, entreprenants. L'antique Lutèce était-elle donc ouverte aux *strenui*, aux *audaces* (*quos fortuna juvat*) de la Gaule, et le caractère distinctif de la cité consistait-il déjà dans la prodigieuse activité de ses habitants !

ont été obtenus ces chiffres quand on ne connait exactement ni le nombre des enceintes de la ville ni même la place qu'elles ont occupée sur le sol ? La Lutèce gallo-romaine était-elle entourée de murailles ? Les écrits ne le disent pas ; ils parlent de ponts jetés sur le fleuve, de tours ou tourelles placées sur les ponts : ils ne vont pas au delà, et les fouilles n'ont amené aucune révélation. Dans ses études sur les anciennes enceintes de Paris, M. Bonnardot s'est attaché à démontrer que les opinions émises sur les premières enceintes n'avaient rien de fondé ; qu'elles reposaient sur des chroniques sans valeur, sur des textes mal compris ou amplifiés hors de toute mesure, et il est demeuré convaincu que la Lutèce gallo-romaine n'avait d'autres fortifications que son site entre les deux rives du fleuve. « L'armée parisienne, dit-il, avant de marcher contre Labienus, incendie ses ponts et la ville. N'aurait-on pas laissé un corps de troupes dans une ville entourée de murs ? Les Parisiens, après leur défaite non loin de leur île, ne courent pas y chercher un refuge ; il faut en conclure que ce peuple, adonné surtout au commerce et à l'agriculture, belliqueux seulement par occasion, avait jugé la Seine une fortification suffisante. » Si le moine Abbon rapporte que Paris était fortifié d'un gros mur, cette constatation ne s'applique qu'à la fin du neuvième siècle. Il est donc raisonnable de penser, avec M. Bonnardot, que Paris n'a eu qu'une enceinte avant celle de Philippe-Auguste, laquelle marque, avec le douzième siècle, une nouvelle période pour la ville.

6 — Jusque-là, qu'était-ce, en effet, que la cité de Paris ! Avec le douzième siècle seulement elle devient le centre d'un certain mouvement, non pas qu'elle soit déjà la capitale de la France, elle n'est encore que celle des domaines du roi. C'était une grande ville qui avait son autonomie, que les autres villes ne connaissaient guère et dont elles ne subissaient ni la domination ni l'influence. Selon la remarque de Châteaubriand, Saint-Denis en France avait au contraire une grande célébrité religieuse et était beaucoup plus connu que Paris ; il existait dans le pays de la langue d'oc, et même de la langue d'oïl, des villes aussi riches et certai-

nement plus belles. La royauté du temps n'était-elle pas elle-même bien loin des idées que nous avons l'habitude d'en concevoir? La vive peinture qu'en a donnée M. Augustin Thierry a dissipé beaucoup d'illusions : « Qu'y a-t-il de moins conforme à l'idée d'un roi selon nos mœurs, que ces enfants de Mero-Wig, ou Mérovée, à la longue chevelure graissée? Véritables chefs de nomades dans un pays civilisé, ils campaient ou se promenaient à travers des villes de la Gaule, pillant partout, sans autre idée que celle d'amasser beaucoup de richesses en monnaie, en bijoux et en meubles; d'avoir de beaux habits, de beaux chevaux, de belles femmes, et enfin, ce qui procurait tout cela, des compagnons d'armes bien déterminés. On se trompe beaucoup lorsque, attribuant au titre de roi une signification ou trop ancienne ou trop moderne, on s'imagine que la conquête des Francs, aussitôt qu'elle eût embrassé la Gaule entière, créa pour tout ce pays un centre d'administration uniforme. Même dans le temps où les enfants de Hlodo-Wig, ou Clovis, assistaient à des jeux publics dans l'amphithéâtre d'Arles et faisaient battre à Marseille de la monnaie d'or, leur gouvernement, à proprement parler, n'existait qu'au nord de la Loire, où habitaient les tribus frankes. Hors de ces limites, toute l'administration consistait dans une occupation militaire ; des bandes de soldats parcouraient le pays, rançonnaient les citoyens, mais ne les gouvernaient point, et les abandonnaient, soit à leur régime municipal, soit au despotisme de leurs évêques. Aussi, lorsqu'il y avait plusieurs rois, les voyait-on, au lieu de choisir des provinces distinctes, résider à quelques lieues l'un de l'autre. A l'exception du territoire colonisé par la race conquérante, ils ne voyaient dans toute l'étendue de la Gaule qu'un objet de propriété et non de gouvernement. De là viennent ces quatre capitales dans un espace de soixante lieues : Paris, Orléans, Soissons et Reims[1]. »

Mais lorsque la royauté, embrassant plus de pays, eut franchi l'espace qui s'étend de la Meuse à la Loire, de l'Epte et de la Vilaine aux montagnes de l'ancienne Bourgogne, lorsque par ses

[1] Lettre 12, sur l'*Histoire de France*.

conquêtes successives, elle eut reculé ses frontières jusqu'aux rivages des deux mers, lorsque l'extinction du titre de roi dans les États formés dans la Gaule, en Lorraine, en Bourgogne, en Bretagne et en Aquitaine, eut fait disparaître les petites souverainetés au profit du pouvoir central, lorsqu'enfin le parlement fut devenu sédentaire, Paris reçut un rapide accroissement; on le voit alors s'étendre dans tous les sens et en suivant un mouvement presque régulier : tous les cent ans, il fallut en changer les limites; elles sont reculées six fois du XIIe au XVIIIe siècle.

7 — De toutes les enceintes, la plus curieuse est à coup sûr celle de Philippe-Auguste, et nous comprenons le soin minutieux avec lequel M. Bonnardot en a récemment décrit la direction, la structure et jusqu'à la composition ; le système des fortifications féodales est là tout entier avec ses hautes et puissantes murailles, avec ses plates-formes crénelées et ses nombreuses tours. Cependant Paris n'avait point encore un grand développement sur les deux rives du fleuve : à droite, l'enceinte suivait une courbe qui, partant aujourd'hui du Louvre, atteindrait à peu près la rue Tiquetonne, se prolongerait par la rue Grenier-Saint-Lazare jusqu'à la rue Culture Sainte-Catherine et de là tomberait presque perpendiculairement vers le milieu du quai Saint-Paul. Sur la rive gauche du fleuve, il faudrait la prendre au quai de la Tournelle et la suivre par la rue des Fossés Saint-Bernard et celle des Fossés Saint-Victor jusqu'à l'extrémité méridionale de la rue Descartes, longer la rue d'Ulm, et, de la rue Soufflot, descendre en ligne droite sur le quai Malaquais entre la Monnaie et l'Institut. On a pu voir par les nombreuses portions de cette enceinte conservées au nord et au sud de la ville qu'elle consistait en deux murs reliés entre eux par un blocage en moellons noyés dans un ciment assez tenace. Les faces de ces deux murs de soutien se composaient de pierres de petit appareil équarries, mais de dimensions inégales. L'enceinte avait neuf mètres environ de hauteur et quatre mètres de diamètre ; le sommet était couronné d'un parapet crénelé. Guillebert de Metz[1]

---

[1] Description de Paris au XVe siècle, publiée par M. Leroux de Lincy, en 1855, d'après le manuscrit unique de la Bibliothèque royale de Bruxelles.

a vu cette enceinte et il affirme que les murs en étaient si forts et si épais qu'on aurait facilement mené une charrette dessus. Outre les quatre tours principales, reliées par des chaînes qui défendaient la Seine en amont et en aval, et dont les noms sont restés célèbres, la tour de bois au Louvre, la tour de Billy au quai Saint-Paul, la Tournelle à l'entrée de la rue des Fossés Saint-Bernard, la tour de Nesle au quai Malaquais, des tours placées de distance en distance fortifiaient le mur d'enceinte ; ces tours de forme cylindrique étaient à trente-cinq toises environ l'une de l'autre et faisaient corps avec le mur qu'elles débordaient à l'extérieur d'un peu plus de la moitié de leur diamètre ; elles étaient crénelées, sans toit et recouvertes d'une plate-forme de pierre soutenue à l'intérieur par une voûte. Il y en avait trente-quatre au midi et trente-trois au nord, sans compter celles qui défendaient les portes de l'enceinte. Les portes de l'enceinte, vues du dehors, se composaient de deux grosses tours rondes éloignées de quelques mètres l'une de l'autre, mais rattachées par une forte muraille. Ces tours, élevées de quinze à seize mètres, avaient un ou deux étages voûtés au-dessus du rez-de-chaussée et offraient quelques étroites fenêtres à chaque étage. Les deux vieilles tours qu'on voit encore sur le quai de l'Horloge et qui furent bâties sous Philippe-le-Bel, pourraient donner une idée assez exacte des portes de l'enceinte, si, au lieu de finir en pignon, le mur de face présentait au sommet une ligne horizontale dentelée par de larges créneaux.

C'est à ce système de défense, selon M. Viollet-Le-Duc, qu'il faut rattacher la construction du Louvre comme citadelle avancée. Avant Philippe-Auguste, la résidence royale était au Palais de la Cité qu'il avait habité lui-même. Mais lorsque la ville eut pris un assez grand développement sur les deux rives, cette résidence centrale ne pouvait plus convenir à un souverain et devenait nulle comme défense. En bâtissant le Louvre, Philippe-Auguste posait une citadelle sur le point de la ville où les attaques étaient le plus à craindre, où son redoutable rival Richard devait se présenter ; il surveillait les deux rives de la Seine en aval de la cité et commandait les marais et les champs qui, de ce point, s'étendaient jusqu'aux rampes de Chaillot et jusqu'à Meudon. En entourant la ville de murailles, il avait soin de laisser son nouveau château, sa citadelle en dehors de leur enceinte, afin de conserver toute sa liberté de défense [1]. Vu du dehors, le mur d'enceinte paraissait isolé au milieu des champs; à l'intérieur, il y avait d'immenses espaces vides, des cultures, des jardins, des terrains en friche. Dès le commencement du XVe siècle, il s'était déjà formé autour de l'enceinte des agglomérations considérables. Guillebert de Metz écrit, en 1430, qu'il existe à toutes les portes de la ville des faubourgs avec des couvents et des églises; il parle du faubourg du Roule, des faubourgs Saint-Germain, Saint-Jacques, Saint-Antoine, Saint-Martin et Saint-Denis. Ce phénomène s'est produit à toutes les époques; toutes les fois que les limites de Paris ont été reculées, aussitôt une grande partie de la population s'est jetée aux barrières et de nouveaux villages se sont fondés, malgré les défenses réitérées du souverain. Est-il besoin de signaler la cause de cette tendance de la population à sortir de la ville et des faubourgs qui s'y trouvent englobés? Cette cause est celle qui portera encore aujourd'hui une grande partie des habitants à agir de la même manière, c'est-à-dire, l'exemption des droits d'entrée et de certains impôts plus lourds à l'intérieur qu'au dehors de la ville. En présence de l'annexion des communes suburbaines, il n'y a aucune témérité à affirmer dès à présent que dans peu d'années de vastes faubourgs se seront reconstitués aux principales entrées du mur d'enceinte et que la propriété foncière du dehors aura bien vite acquis plus de valeur que celle des communes annexées à la ville, qui couvrira plus lentement les espaces restés libres entre les fortifications et les différents groupes d'habitations qu'elles renferment.

8 — L'usage des armes à feu et surtout de l'artillerie marque une phase nouvelle dans le système de fortification de Paris. D'abord on utilise les plates-formes des murs en y plaçant des canons;

---

[1] *Architecture française du XIe au XVIe siècle*, par M. Viollet-le-Duc, p. 368. On ne saurait parler du Louvre sans rappeler le beau travail de M. Vitet, de l'Académie-Française, sur ce curieux et antique monument, *le Louvre*, où les questions d'art et d'architecture sont traitées avec une rare sagacité.

de là les boulets lancés en parabole vont atteindre les assaillants à découvert; mais du jour où fut constaté l'avantage du tir horizontal ou à plein fouet, l'artillerie fut placée sur des terrassements continus ou remparts flanqués à l'extérieur d'une muraille à larges embrasures par lesquelles les pièces lançaient leurs feux. On fit à une distance de quelques mètres du pied de la muraille d'enceinte un premier fossé large de trente mètres au moins, creusé en entonnoir jusqu'à la profondeur de huit mètres avec un étroit canal ou canette pratiqué au fond; un arrière-fossé moins profond venait ensuite; l'espace existant entre ces deux fossés formait une chaussée sur laquelle étaient construits des avant-postes fortifiés qui protégeaient les portes de la ville. Ainsi, on ne combattit plus sur la plate-forme des murailles; on se retrancha derrière les terrassements; on ne s'attaqua plus autant à la partie supérieure des enceintes, on les prit à la base; de ce moment les fortifications s'abaissent, les tours à créneaux disparaissent avec les prodigieux engins que nécessitait un siége : le terrible usage des bouches à feu avait tout abrégé, tout simplifié. Ce passage entre deux époques si différentes dans la défense des villes, cette révolution dans l'emploi des armes de guerre sont accusés dans l'enceinte dite de Charles V, entreprise aux frais de la ville et qui offrait l'aspect que nous venons de signaler. Dans la suite, on s'aperçut que cette enceinte pouvait être forcée sous un feu nourri des assiégeants et qu'elle laissait à la portée des projectiles les habitations les plus rapprochées à l'intérieur; on éleva des bastions à l'entour, de distance en distance, afin de tenir au loin l'ennemi et de le placer sous le feu croisé des forts avancés, s'il attaquait la muraille elle-même. Ces bastions, au nombre de quatorze, suivaient à peu près la direction des boulevards actuels, depuis les Tuileries jusqu'à la place de la Bastille ou plutôt jusqu'à la Seine; ils offraient une ligne formidable du côté de la rive droite. Mais avec le temps, la population déborda cette nouvelle enceinte et les bastions se trouvèrent eux-mêmes au milieu des faubourgs; devenus inutiles, ils furent abattus, et lorsque Vauban entreprit de fortifier nos villes frontières, les bastions de l'enceinte avaient disparu pour la plupart ; l'enceinte fut remplacée par une simple chaussée, par une terrasse plantée d'arbres destinée, disait l'arrêt du Conseil de 1684, qui en ordonnait la construction, à servir de promenade aux bourgeois de la ville. Ce nouveau Cours, ainsi qu'on l'appelait, a fait place à nos boulevards actuels et l'on peut voir par certaines rues basses qui les bordent encore, la position de l'ancienne terrasse, qui était soutenue à certains endroits par un mur de revêtement couronné d'un parapet.

9 — Ainsi, au moment où le gouvernement s'occupait le plus activement de fortifier les villes frontières, Paris était complétement ouvert. M. Bonnardot en a conclu un peu trop vite que, d'après le système de Vauban, le vrai, le seul rempart de la capitale était aux frontières, et que Paris ne devait point être fortifié. « Ses portes, dit-il, ne furent plus des bastilles, mais des édifices de décoration. Les ingénieurs de nos jours paraissent revenus de cette idée qu'il est inutile de fortifier une capitale, puisqu'ils nous ont bâti à grands frais une ceinture composée de 94 bastions variés dans leurs dimensions et leur formes, selon les localités. Est-ce un tort, est-ce un acte de sage prévision ? » Il y a longtemps que cette erreur a été relevée. On sait aujourd'hui qu'il entrait dans les conceptions de Vauban de fortifier Paris aussi bien que les villes frontières ; bien mieux, il ne considérait pas la défense du pays comme assurée, tant que le point central, la tête du pays, la capitale enfin, ne serait pas couverte, et prévoyant qu'il ne verrait point l'accomplissement de ce grand projet, il en déposa la pensée dans un mémoire qu'il recommandait à la vigilance des hommes d'État qui viendraient après lui. Napoléon avait eu la même préoccupation, et lui, qui assiégea tant de capitales, était plein d'inquiétudes pour Paris, placé, comme il le disait, à deux pas des frontières, et pouvant être si promptement envahi. Les passions qu'avait soulevées l'exécution de cet immense travail de défense, entrepris résolûment au milieu de la paix par le gouvernement de 1830, se sont bien apaisées depuis ; jusqu'à ce jour, si l'ordre et la liberté, comme on le disait à cette occasion, ont eu à souffrir quelque échec, on est assez convaincu qu'il ne faut pas s'en prendre au voisinage des

fortifications, et la parole de l'éloquent rapporteur de la loi de 1841 n'a point été démentie par les actes du gouvernement au nom duquel il rassurait la population parisienne. « Quoi ! disait M. Thiers, après avoir percé de ses bombes les voûtes des Invalides ou du Panthéon, après avoir inondé de ses feux la demeure de vos familles, un gouvernement se présenterait à vous pour vous demander la confirmation de son existence ! Mais il serait cent fois plus impossible après la victoire qu'auparavant. »

L'annexion des communes suburbaines a complètement transformé la ville de Paris. Avec ses casernes et ses voies stratégiques, avec sa garnison et sa forte police, Paris sera désormais une véritable forteresse ; une fois ses issues bien gardées, ses portes closes, que pourrait une attaque du dehors ou une manifestation du dedans ! De plus, avec les grands départements militaires, la province est protégée contre l'ennemi, contenue elle-même. « Il faut faire de Paris une place de guerre inexpugnable » a dit un général au Corps législatif ; il semble que là soit toute la pensée d'une annexion dont la nécessité a été contestée et que la population n'avait point encore songé à réclamer.

10 — Le mur d'enceinte qui reliait les 57 barrières de Paris et que l'annexion a fait disparaître, ne remontait qu'à la fin du dernier siècle. Il n'avait jamais eu d'autre objet que de fixer la ligne démarcative du périmètre de la commune pour la perception des droits d'entrée et d'octroi. Il était entouré des boulevards extérieurs qui le dégageaient et formaient une promenade circulaire dont le développement, vu des hauteurs de Paris, offrait le plus magnifique aspect. Vers l'époque où cette enceinte fiscale fut élevée, une grande mesure dont nous ressentons aujourd'hui les bienfaits, l'alignement général des rues de Paris, était ordonnée par le roi Louis XVI. De nos jours, on se ferait difficilement une idée du désordre qu'offrait avant la révolution la voirie parisienne : la plus grande partie des rues, tracées au hasard, étaient étroites et tortueuses ; les maisons, élevées outre mesure, étaient en l'air suivant l'expression de Montesquieu, et interceptaient le jour. Il fut donc décidé que toutes les rues auraient 30 pieds de largeur et que la

règle serait rigoureusement observée dans les alignements; celles qui n'avaient pas cette dimension seraient élargies au fur et à mesure des constructions. La hauteur des maisons fut proportionnée à la largeur des rues et renfermée entre 36 et 54 pieds, sans les combles. — Pour donner plus d'ensemble à cette mesure, la levée du plan de toutes les rues de la ville et des faubourgs était nécessaire; ce grand et magnifique travail fut confié aux commissaires généraux de la voirie, Moreau, Gobert, Giroult et Verniquet; chaque propriétaire devait en supporter les frais dans la proportion des façades. Verniquet, seul architecte de la Compagnie, avait d'abord à ce titre été chargé de la direction de l'entreprise, mais il en fit bientôt une affaire toute personnelle, et le 15 octobre 1785, sa soumission était acceptée par le roi. Moyennant une somme de 600,000 fr., il s'engageait envers le gouvernement à faire, à deux et trois expéditions, la levée des plans généraux et détaillés de Paris, savoir : les plans particuliers de chaque rue, place et quai ; le cours de la rivière depuis la Rapée jusqu'aux Bonshommes; les boulevards de tout le pourtour de Paris ; le plan général de la ville et des faubourgs; le canevas général des opérations; l'état des noms des rues, places et quais; l'état des noms des propriétaires. En 1789, Verniquet obtint du roi le privilége de la gravure du plan de Paris. Après trente années de travail avec le concours d'ingénieurs et d'hommes spéciaux, Verniquet remit au gouvernement le plan général et détaillé de la ville et des faubourgs de Paris, mais depuis longtemps déjà les parties achevées étaient entre les mains de l'administration de la voirie. Lorsqu'en 1793, il s'agit de vendre les terrains considérables que le clergé et les établissements publics possédaient dans Paris, c'est sur le plan général dressé déjà par Verniquet, que l'administration des domaines proposa aux artistes inoccupés de lui soumettre des divisions ou lotissements de terrains, avec des percées susceptibles d'en augmenter la valeur et d'en faciliter l'aliénation. Les artistes se mirent à l'œuvre et firent des tracés de rues et d'ouvertures qui sont pour la plupart restés en projet et qui grèvent néanmoins une grande partie de la propriété parisienne par suite de réserves faites alors en faveur de l'administration des domaines pour l'exécution des voies indiquées sur les plans. Grâce au beau travail de Verniquet, la régularité s'est introduite peu à peu dans le système des voies de Paris et toutes les parties de la ville ont été reliées entre elles ; un travail de ce genre sera la conséquence nécessaire de l'annexion pour les communes suburbaines. Au surplus, le point central du système tout entier de la voirie de Paris n'a pas changé depuis près de 600 ans : alors que la ville était encore renfermée dans l'enceinte de Philippe-Auguste, deux grandes voies, de communication avaient été tracées en croix du nord au sud et de l'est à l'ouest ; elles correspondaient aux quatre portes principales qui étaient les portes Saint-Denis et Saint-Jacques, les portes Saint-Antoine et Saint-Honoré. L'intersection de ces deux grandes voies, que l'on appelait la *croisée* de Paris, se trouve plus largement accusée encore aujourd'hui par la rencontre du boulevard de Sébastopol et de la rue de Rivoli, dont les extrémités toucheront un jour peut-être l'enceinte des fortifications.

La superficie de Paris était, avant l'annexion, de 7450 hectares ; on lui donnait 24,900 mètres ou plus de six lieues de tour ; depuis l'annexion, son périmètre atteint 33,900 mètres ou près de huit lieues et demie.

Maintenant, attachons-nous au mouvement de la population, à son accroissement si considérable et si subit, et essayons de remonter aux causes d'un fait qui peut avoir de si graves conséquences pour la ville de Paris, pour le pays lui-même.

II. — DU MOUVEMENT DE LA POPULATION.

11. — On estime à peu près à 400,000 âmes l'excédant de population que l'annexion de la banlieue a versé dans Paris et ajouté au chiffre déjà si élevé de sa population[1]. Sur ce point, une grande crainte, — n'était-ce qu'un préjugé ? — agitait l'esprit de nos an-

---

[1] Ce chiffre était, avant l'annexion, de 1,174,000 habitants. — Vienne a 475,000 habitants ; Saint-Pétersbourg, 550,000 ; Berlin, 430,000 ; Madrid,

ciens rois ; ils n'ont jamais reculé les limites de Paris qu'à leur corps défendant, et chaque fois qu'ils ont englobé la population suburbaine dans de nouvelles murailles, ils ont essayé par des défenses souvent réitérées d'empêcher les faubourgs de se reformer au dehors, voyant des dangers certains dans les agrandissements trop rapides de la ville. « Ils avoient sagement prévu, disait le préambule du règlement de 1672, qu'en cet état de grandeur où ils l'avoient portée, elle devoit craindre le sort des plus puissantes villes, qui ont trouvé en elles-mêmes le principe de leur ruine, et étant difficile que l'ordre et la police se distribuent dans toutes les parties d'un si grand corps, cette raison les avoit portés à la réduire et les faubourgs d'icelle dans des limites justes et raisonnables, faisant défense de les étendre au-delà. » Un siècle plus tard, le marquis de Mirabeau disait que les capitales sont nécessaires, mais que si la tête devient trop grosse, le corps devient apoplectique, et tout périt. C'était toujours, on le voit, la même pensée, sinon la même crainte, avec une préoccupation de plus à l'endroit des intérêts généraux du pays. On voit que 1789 approche, les idées économiques s'élèvent et généralisent les faits ; bientôt, désignant les mêmes choses par d'autres mots, on parlera de la centralisation et de ses excès, et là sera la formule du langage moderne. La centralisation normale ou excessive se révèle avant tout par la population ; pour saisir son caractère et ses causes, pour mesurer, autant qu'il est donné de le faire, ses conséquences immédiates ou lointaines, en un mot le bien ou le mal dont elle peut être la source, il est donc nécessaire de l'étudier dans l'état et dans le mouvement de la population.

12 — Les 1,100,000 habitants qui vivaient sur le sol parisien, avant l'annexion, pouvaient se diviser en deux grandes parts : 600,000 environ demandaient leurs moyens d'existence à l'industrie proprement dite ; les 500,000 autres composaient la classe des commerçants de tout ordre, des propriétaires ou rentiers, des

---

260,000 ; Lisbonne, 284,000 ; Naples, 480,000 ; Constantinople. 630,000 ; Milan, 160,000. Londres est la seule ville qui soit plus peuplée que Paris ; elle compte 2 millions 400,000 habitants

hommes voués aux carrières libérales, des fonctionnaires, le clergé, les domestiques, le personnel des hospices, des établissements de bienfaisance et des prisons. Tel est, à peu de chose près, le classement qu'il était permis de faire d'après le recensement de la population et la remarquable enquête de la chambre de commerce sur l'industrie de Paris publiée en 1851. On comptait dans l'industrie 342,000 ouvriers environ; on a fait le calcul de la rétribution journalière de ces ouvriers. Si l'on retranche de leur nombre les apprentis, on trouve que 205,000 hommes ne gagnaient que 2 fr. 49 c. par jour, et que le salaire de 113,000 femmes ne dépassait pas 1 fr. 7 c. « Sur un nombre aussi considérable de travailleurs, dit l'enquête de la chambre de commerce, une population dont les principaux traits de caractère sont une grande vivacité d'esprit, une remarquable facilité à s'emparer d'idées nouvelles, un goût prononcé pour le plaisir, une énergie de travail plutôt instantanée que persévérante, et l'habitude de l'épargne encore peu développée, l'effet des commotions politiques est prodigieux et amène les conséquences les plus graves. Dans les crises commerciales et industrielles qui se prononcent de temps à autre à des époques plus ou moins rapprochées, le ralentissement des affaires est graduel; il est bien rare même qu'il s'étende sur toutes les branches d'industrie à la fois; le mal est le plus souvent partiel. Il n'en est pas ainsi lorsqu'un événement politique arrive, lorsqu'une révolution éclate : alors tout s'arrête à la fois, la tâche commencée ne s'achève pas, et tout semble mis en question quant à l'existence même des travailleurs. Une aspiration générale vers un bien-être imaginaire s'empare alors facilement des esprits : les uns se laissent entraîner par des idées généreuses en apparence et par des paroles sonores, d'autres ne demandaient qu'un prétexte pour rester oisifs, tous abandonnent le travail. Des gens sans aveu, rebut de toutes les professions, se mêlent autant qu'ils le peuvent à ceux qui étaient de véritables travailleurs, et ce sont eux qui font entendre les plus vives clameurs. » La triste expérience de ces derniers temps a démontré la parfaite exactitude de ces observations. On sait qu'il y a dans la population ouvrière de Paris une certaine phalange mobile qui atteignait le chiffre de 8,000 têtes en 1851. Quelques-uns de ces ouvriers viennent faire un séjour passager : ils cherchent à recueillir des salaires avec l'espoir de remporter des épargnes, ils n'ont point de famille et sont peu nombreux; mais d'autres viennent cacher, en se perdant dans la foule, de mauvais instincts ou de fâcheux antécédents. Ce mode incessant de recrutement de la population parisienne, selon la chambre de commerce, est un des grands obstacles que rencontre le perfectionnement moral des travailleurs. Et cependant que de progrès se sont accomplis déjà dans l'éducation morale de la classe ouvrière de Paris! Quel contraste entre cette partie de la population et celle des principales villes de l'Angleterre! Parcourez les faubourgs de Paris un jour de repos; toujours vous y verrez l'ouvrier convenablement tenu, toujours aussi vous le trouverez poli, empressé dans les mille petits services qu'on se doit à tout instant dans une grande ville. Il faut heureusement ranger dans une catégorie restreinte parmi les ouvriers les hommes grossiers et entièrement dépravés. Il y a d'un côté les hommes rangés et ayant une vie de famille, il y a de l'autre les ouvriers imprévoyants qui dépensent follement leur salaire et sont ensuite dépourvus de ressources lorsque viennent les mauvais jours; mais, même parmi ces derniers, il y a bien des distinctions à faire, et de nombreux degrés séparent encore l'imprévoyance de l'abrutissement, de l'immoralité et surtout du crime. Nulle part on ne trouverait à faire dans Paris de ces peintures hideuses dont les bas quartiers de Liverpool et de Manchester ont été le sujet, et qui attestent tout à la fois la brutalité morale et physique du peuple dans ces grands centres manufacturiers. Il y a, d'ailleurs, dans la superposition des rangs de la population parisienne cette étroite cohésion qui rapproche le haut et le bas de la société : tout patron a été ouvrier, tout commerçant a été commis; les plus riches sont ceux-là précisément qui sont partis de plus bas; les plus estimés et les plus influents sont ceux qui n'ont point oublié leur modeste origine. Dé là cette espèce de solidarité entre le magasin et l'atelier, de là cette mutuelle estime entre celui qui commande aujourd'hui et celui qui pourra commander demain. En 1848, dans les plus mauvais jours, plus d'un chef d'atelier a su contenir ses ouvriers et les enlever aux barricades par le seul ascendant de sa paternelle et bienfaisante autorité.

Il existe à Paris 334,000 ouvriers sédentaires, — nous parlons toujours de Paris avant l'annexion, — et l'on s'est demandé si ce chiffre n'était pas excessif et en dehors des besoins du commerce et de l'industrie. Nous ne saurions le dire; mais il faut remarquer qu'en général la fabrication parisienne ne ressemble guère à celle des autres contrées : les travaux y sont assez divisés pour que les besoins les plus instantanés puissent être satisfaits, et ils le sont quelquefois dans les industries de luxe avec une rapidité qui tient du prodige. « Pour qu'un homme vive délicieusement, disait à ce sujet Montesquieu, il faut que cent autres travaillent sans relâche. Une femme s'est mis dans la tête qu'elle devait paraître à une assemblée avec une certaine parure; il faut que dès ce moment cinquante artisans ne dorment plus et n'aient plus le loisir de boire et de manger; elle commande, et elle est obéie plus promptement que ne le serait notre monarque, parce que l'intérêt est le plus grand monarque de la terre. » Il est naturel de penser que la population ouvrière a suivi le mouvement de la population générale; mais ce mouvement, quelle en a été la marche dans Paris? Il faut à cet égard interroger les statistiques, et pour les avoir exactes il est prudent de s'arrêter à 1817, époque à laquelle les dénombrements ont commencé à être faits avec un soin qui ne s'est jamais démenti depuis. Or, de 1817 à 1856, la population parisienne a suivi la progression suivante :

1817........	713,966 âmes.
1831........	785,862 —
1836........	868,438 —
1841........	935,261 —
1846........	1,053,897 —
1851........	1,053,262 —
1856........	1,174,346 —

Ainsi, de 1817 à 1856, c'est-à-dire dans une période de quarante années, la population de Paris s'est accrue de 460,000 âmes. Dans ce chiffre, l'excédant des naissances sur les décès figure à peu près pour 90,000 ; de telle sorte que l'augmentation due à d'autres causes serait de 370,000 habitants. C'est là un fait grave, car, même en tenant compte du développement régulier du commerce et de l'industrie, il atteste une progression extrême et qui suffirait à doubler la population dans une période de moins de trois quarts de siècle.

13 — Mais, pour les communes qui étaient placées entre l'ancien mur d'octroi de Paris et l'enceinte continue, les choses ont marché bien autrement encore. Là, dans ces dix dernières années, le chiffre de la population s'est élevé tout à coup à des proportions considérables, ainsi que le constatait M. le préfet de la Seine dans son rapport à la commission départementale. « L'augmentation de la population de la Seine, disait ce magistrat, qui n'a pas été moindre de 21 p. 0/0 de 1851 à 1856, pour le département, n'a produit que 11 p. 0/0 dans Paris, tandis qu'elle a donné 61 p. 0/0 dans la banlieue suburbaine et 31 p. 0/0 dans la banlieue extérieure. » M. le ministre de l'intérieur signalait lui-même dans son rapport que de 1841 à 1856 la population suburbaine s'était élevée de 114,315 à 351,596 habitants, et dans les dernières années la progression avait suivi une marche encore beaucoup plus rapide. Dans la plupart des communes suburbaines, à la Villette, à Belleville, les terres et les jardins ont fait place aux ateliers ; le terrain qui se vendait à l'arpent ne se vend plus qu'au mètre ; la Villette compte dix-sept groupes d'industrie, et son conseil municipal a assuré qu'il n'est pas une maison, pas un terrain dans cette commune qui ne soient affectés à un service industriel. En effet, sur tous les points de ces communes se sont fondés de vastes ateliers, d'immenses manufactures d'où l'on voit s'élever ces nuages de fumée qui ont assombri Londres et ses monuments. La population s'y est accrue avec une effrayante rapidité. « Elle était en 1856 de 351,000 habitants, disait M. le ministre de l'intérieur, elle sera d'un million dans dix ans. »

14 — Que se passe-t-il donc qui ait pu attirer sur Paris une telle affluence, un tel mouvement industriel ? Dans cette transfor-

mation des anciennes communes suburbaines, il y a, ce nous semble, plusieurs causes à distinguer : il faut d'abord compter dans l'accroissement de la population les nombreux ouvriers que les immenses travaux de la ville de Paris avaient attirés autour de ses murs. Il résulte en effet du compte général de l'administration des finances que, sur un total de 2,379,000,000 de payements faits par le trésor public en 1855, le département de la Seine a absorbé à lui seul 877 millions. Ce n'est là, il faut l'espérer, qu'une cause passagère d'accroissement pour la population; les travaux de la ville s'épuiseront un jour peut-être. Il n'en est point ainsi de l'immense concentration de marchandises et de produits que l'organisation actuelle des chemins de fer a établie aux abords de Paris. Les grandes lignes qui convergent de toutes parts de la circonférence au centre tendent à transformer toutes les habitudes commerciales en France; aujourd'hui Paris est plus près de Londres et d'Alger que le Havre et Marseille; il est devenu le grand destinataire de tous les produits français et étrangers, qu'il retient pour les vendre ou les transformer par la fabrication. Paris n'est plus seulement la ville du luxe et des plaisirs; environné d'usines et de manufactures, il constitue un centre industriel des plus considérables. Oui, si cet état de choses continue, la population annexée atteindra rapidement le chiffre d'un million; mais alors nos grandes villes, qui déjà ne sont plus guère que des lieux de transit, Rouen, Lyon, Lille, Marseille, que seront-elles devenues? Auront-elles toujours la faveur de ces spécialités industrielles qui font leur vie et leur richesse? Conserveront-elles encore quelque splendeur et quelque mouvement? On peut concevoir à cet endroit de légitimes appréhensions; on peut craindre qu'elles ne soient atteintes alors de la décadence qui déjà les menace, et que leurs industries ne soient réduites à s'agiter dans une inféconde activité. Il n'est pas moins à redouter que l'émigration des campagnes, déjà si funeste à l'agriculture, ne se fasse plus désormais vers les grandes villes de production, mais uniquement vers Paris, offrant avec des salaires parfois élevés l'irrésistible attrait des plaisirs.

La centralisation administrative doit être également mise au nombre des causes qui ont précipité le mouvement de concentration sur Paris. Ce fait a été remarqué à d'autres époques; il se manifestait d'une manière éclatante au xviie et au xviiie siècle, sous la monarchie absolue. « Dans le même temps, a fort bien observé M. de Tocqueville, où Paris achevait d'acquérir au dehors la toute-puissance, on voyait s'accomplir dans son sein même un changement qui ne mérite pas moins de fixer l'attention de l'histoire. Au lieu de n'être qu'une ville d'échanges, d'affaires, de consommation et de plaisir, Paris achevait de devenir une ville de fabriques et de manufactures. A mesure que toutes les affaires administratives sont attirées à Paris, les affaires industrielles y accourent. » Colbert essaya toutefois de ranimer l'activité dans les provinces; mais, préoccupé surtout du commerce et de l'industrie, il ne chercha de dérivatif que dans ces deux éléments : par la création ou le développement des manufactures de Beauvais, Sedan, Aubusson, Abbeville, Louviers, Elbeuf, Tours et Lyon, il fonda la prospérité de ces villes et illustra l'industrie française. C'était beaucoup assurément, ce n'était pas assez pour détruire l'action profondément absorbante de Paris; cela exigeait toute une réforme administrative, et cette réforme, il n'était réservé qu'à l'Assemblée constituante de l'opérer. L'Assemblée constituante avait pensé qu'il fallait faire refluer plus abondamment sur tous les points du pays le mouvement et la vie que Paris tendait à absorber, en donnant plus d'initiative et de latitude aux institutions locales, à la représentation communale, à l'administration des grandes villes commerciales et industrielles, à la presse. L'un des plus grands admirateurs des bienfaits, d'ailleurs incontestables, de la centralisation moderne, M. de Cormenin, n'imaginait pas qu'elle pût être acceptée sans un contre-poids nécessaire, et ce contre-poids, on devait le chercher, selon lui, dans la liberté communale, dans la liberté électorale et dans la liberté de la presse, parce que sans la commune il n'y a pas de lien dans les associations locales, sans la liberté électorale pas de représentation, sans la presse pas de réclamation. « Ce qu'il y a de plus insupportable dans les souffrances d'un peuple, ajoutait avec beaucoup de raison cet écrivain, c'est moins de souffrir que de ne pas se plaindre, et surtout de ne pouvoir être entendu. » Sans ce contre-poids et ces garanties, M. de Cormenin tenait la centralisation pour funeste et la répudiait ouvertement; il la déclarait menaçante pour la liberté des citoyens, dangereuse pour le gouvernement lui-même : « La centralisation poussée à l'excès ne serait pas sans dangers, considérée dans ses rapports avec la sûreté du gouvernement, avec la liberté des citoyens et avec la bonne gestion des intérêts locaux. En effet, la centralisation appartient au premier occupant et passe, avec l'empire, des mains de celui qui le tient aux mains de celui qui le prend. L'histoire de nos cinquante années le démontre : la Convention, plusieurs fois assiégée dans son propre palais, a manqué de succomber sous la fusillade des émeutes, si ce n'est sous l'ivresse de sa puissance; plus tard, les grenadiers de Bonaparte ont fait sauter la constitution de l'an III par les fenêtres de l'orangerie de Saint-Cloud; Paris pris, Napoléon n'avait plus qu'à signer sur la table de Fontainebleau son abdication d'empereur; Charles X, en perdant sa capitale, perdit son royaume. Si le gouvernement n'a pas sans cesse l'œil ouvert et le bras tendu pour écraser, avec la massue de la centralisation, les insurrections dès qu'elles lèvent la tête; s'il quitte les Tuileries, s'il passe les barrières, pour lui tout est dit; tout lui échappe à la fois : trésor, presse, télégraphe, poste, armée, administration, empire. De légitime il devient usurpateur; de souverain, sujet, et de proscripteur, proscrit; il fuit, il se sauve, et c'est tout au plus s'il reste quelque figure et quelque nom à cet ennemi public. Que voulez-vous qu'il fasse? il est déchu. Où voulez-vous qu'il aille? on lui a interdit le feu et l'eau. Ce n'est plus un gouvernement, un pouvoir, un roi, c'est un homme; c'est moins qu'un homme, c'est une ombre, un abandonné, un réprouvé; toute sa force lui venait du centre, et il n'est plus au centre, et le centre n'est plus à lui. Entre deux prétendants, voulez-vous savoir qui est légitime? Ne demandez pas qui a le droit, mais qui a Paris : qui a Paris règne, qui a Paris a la France[1]. »

[1] Cormenin. *Droit administratif*, introduction. p. 19.

Voilà, selon M. de Cormenin, où doit mener une centralisation à ressorts trop tendus. Il faut donc oser dire à Paris, dans un intérêt supérieur à son intérêt même, qu'il n'est pas tout, mais une partie du tout, la plus belle, il est vrai, pour parler le langage de Sieyès. Si, grâce à Dieu, les gouvernements ont une autre morale que celle du plus fort ou du premier occupant, il convient que la morale ne soit pas trop de fois vaincue aux regards des hommes. L'Assemblée constituante avait donc raison quand elle songeait à fortifier le corps autant que la tête, c'est-à-dire la province autant que Paris, afin que Paris ne fut pas le jouet de brusques mouvements et de coups inattendus. Mais il faut aussi répéter à Paris, avec l'Assemblée constituante, avec Sieyès lui-même, qu'il est quelque chose, qu'il est une commune, et que cette commune n'est point un danger pour l'État, comme on le soutient au nom de cette centralisation à outrance dont parle M. de Cormenin.

III. — DES ANCIENNES INSTITUTIONS MUNICIPALES DE LA VILLE DE PARIS.

15 — En quoi donc la commune de Paris diffère-t-elle des autres communes? — On connait le caractère distinctif de nos institutions municipales : elles reposent sur ce droit en vertu duquel les habitants d'une cité ou d'une bourgade délèguent à un petit nombre d'entre eux le soin des intérêts communs auxquels les devoirs de la famille les empêchent de s'appliquer eux-mêmes ; droit primitif et naturel dont le germe, vigoureusement implanté dans les cités gauloises, dans les municipes romains, s'est perpétué jusqu'à nous à travers les temps d'oppression les plus déplorables de notre histoire ; droit antérieur aux grandes constitutions sociales, que chaque commune a puisé dans son essence même et qui ne relève, par conséquent, d'aucune charte. A une époque, il est vrai, des princes, des seigneurs ont eu la prétention d'octroyer ce droit, mais on est maintenant fixé sur le mérite de ces concessions. Ce ne fut point là un droit nouveau ; ce droit était préexistant ; on put le restituer ou le reconnaitre à une époque où il avait été tant et si souvent méconnu ; on ne pouvait le concéder, il ne l'a point été en

dépit des termes de quelques chartes. Les communes qui, au douzième siècle, rentrèrent dans la plénitude de leurs droits, descendaient, par une filiation incontestable, des municipalités romaines dont, à leur tour, elles nous ont transmis le principe, après bien des vicissitudes.

La commune de Paris offre-t-elle le caractère général des autres communes? A-t-elle été organisée dès l'origine comme les cités gauloises, comme les municipes romains? Avait-elle ses magistrats électifs, ses biens, sa police, la liberté municipale, en un mot? La question n'a été sérieusement examinée qu'à l'époque où l'on a commencé à s'enquérir avec quelque sollicitude du droit municipal en France. Nos vieux auteurs n'en ont eu nul souci ; tout ce qu'ils disent à cet égard atteste, d'ailleurs, la faible portée de leurs connaissances sur la nature de nos institutions municipales. Nicoles Gilles et Robert Gaguin ayant pris les établissements communaux du douzième siècle pour des créations nouvelles dues à la munificence des princes et des seigneurs, attribuèrent naturellement à la générosité de Philippe-Auguste l'institution des magistrats municipaux de la commune de Paris : pour eux, il n'y avait rien au delà. Leur opinion fut bientôt accréditée; les auteurs qui vinrent après eux l'acceptèrent sans défiance et la propagèrent en la fortifiant de leur propre assentiment. Cette opinion, déjà vieille de plusieurs siècles, fut combattue pour la première fois par Delamare; puis, vint Le Roi, qui s'appliqua avec un soin tout particulier à rechercher l'origine de l'administration municipale de Paris et à définir son véritable caractère. Après avoir constaté qu'une célèbre corporation avait été considérée comme dépositaire de cette administration dans les édits de quelques-uns de nos rois, et notamment de Philippe-Auguste, il remonta les âges et fut amené à conclure qu'elle avait dû en être investie dès les premiers temps qui suivirent la conquête de la Gaule; dès lors, qu'il fallait reconnaître dans les magistrats municipaux de Paris les anciens administrateurs des cités gallo-romaines.

Il est ici, en effet, une considération qui doit prévaloir sur toutes les autres : nos institutions municipales présentent entre elles une homogénéité parfaite ; elles procèdent du même principe ; elles ont eu pour berceau la Gaule et les provinces romaines. A défaut de renseignements positifs sur sa première organisation, il semble donc qu'on soit forcé d'admettre que la cité de Paris n'a pas été autrement gouvernée à l'origine que le reste des cités gauloises. Il faudrait, pour donner quelque poids à l'assertion opposée, établir tout d'abord que la cité de Paris a dû être placée, à cet égard, dans une situation exceptionnelle, et jusqu'à présent, c'est ce qu'on n'a pu faire. Cette considération n'a pas échappé au savant Raynouard, qui a poussé si loin l'étude du droit municipal en France : « Quoiqu'il n'existe, a-t-il dit, ni monument ni titre qui prouve qu'un sénat municipal et les diverses magistratures accordées par les institutions romaines, existassent dans l'antique cité de Paris, on n'en doit pas moins regarder le fait comme certain, puisque rien ne permet de présumer le contraire. La cité de Paris pouvait-elle ne pas jouir des institutions romaines devenues le patrimoine politique de toutes les autres cités des Gaules? »

16 — Par sa situation sur une rivière qui a de nombreux affluents dans un rayon peu étendu, Paris offrait au commerce et à la navigation un riche entrepôt dont les avantages ne pouvaient manquer d'être mis à profit. Ces avantages fixèrent de bonne heure l'attention des Parisiens, car, sous le règne de Tibère, on voit une Compagnie de négociants par eau qui, sous le titre de *nautes parisiens*, préside au commerce et semble déjà en possession des plus hautes prérogatives[1]. Les membres de cette corporation étaient sans doute les habitants les plus considérables de la cité, ceux parmi lesquels pouvaient et devaient être choisis les magistrats

---

[1] L'existence de cette compagnie fut fortuitement révélée au commencement du siècle dernier. En 1711, un caveau fut pratiqué dans le chœur de l'église Notre-Dame pour la sépulture des archevêques ; en creusant le sol du monument, l'on découvrit dans un pan de mur, à une assez grande profondeur, plusieurs pierres ornées de bas-reliefs fort anciens qui avaient dû servir de piédestal à une statue de Jupiter. L'on recueillit, en effet, sur l'une d'elles, l'inscription suivante formulée en latin : « Sous Tibère (César-Auguste), les nautes Parisiens (*nautæ Parisiaci*) ont publiquement élevé cet autel à Jupiter, très-bon, très-grand. » Cet autel de pierre est aujourd'hui déposé au Musée de Cluny (autels gallo-romains, n° 2).

municipaux. Dans une cité qui florissait surtout par la navigation, quels autres citoyens eussent mieux connu la gestion de ses plus chers intérêts ! Aussi plus tard, cette gestion se retrouve-t-elle entre les mains de la corporation qui a succédé aux traditions, aux droits, aux priviléges des nautes.

Dès les premiers temps de la monarchie, il y avait à Paris des magistrats qui réglaient l'administration de la ville et connaissaient, comme juges, des faits de commerce et principalement de commerce par eau. Les membres de cette corporation étaient connus sous le nom de *marchands de l'eau de Paris;* ils avaient à leur tête un premier magistrat que l'on appelait le *prévôt des marchands;* auprès de lui étaient placés des *échevins* et puis un *procureur de la marchandise*, qui devait être une image affaiblie de l'ancien défenseur de la cité romaine. Le tribunal où siégeaient ces magistrats citoyens portait le nom de *Parloir aux bourgeois*, de *Maison de la marchandise*.

17 — Il serait peut-être assez difficile de donner une nomenclature exacte des attributions de ces marchands de l'eau, parce qu'elles n'ont été constatées doctrinalement à aucune époque; mais on peut dire qu'elles s'appliquaient, en définitive, à deux grands intérêts : aux intérêts du commerce de Paris et de la navigation fluviale; aux intérêts particuliers de la cité, à l'administration municipale proprement dite.

A l'égard du commerce et de la navigation, les marchands de l'eau présidaient à la confédération qui, sous le titre de *Hanse parisienne*[1] avait pour objet d'assurer la loyauté dans les opérations commerciales. On a peine à croire aujourd'hui de quelles précautions et de quelles difficultés le commerce était alors environné. Nul ne pouvait exercer le commerce sur la rivière, dans les limites de la ville, sans être *hansé de la marchandise de l'eau*, c'est-à-dire sans en avoir obtenu la permission formelle des officiers municipaux. Le haut de la rivière était libre jusqu'au premier pont de Paris exclusivement, mais, par le bas, il était défendu

---

[1] Le mot *hanse*, d'origine germaine, équivaut à celui d'association.

de passer le pont de Mantes sans être hansé. Une seule exception existait en faveur des bourgeois de Rouen, qui étaient autorisés à remonter la Seine jusqu'à Saint-Germain pour prendre chargement au rivage du port au Pecq. En cas d'infraction, les bateaux et la marchandise qui y était renfermée étaient confisqués au profit du roi et de la ville, qui en partageaient la valeur par moitié.

Pour faire partie de la hanse, il fallait s'engager par serment à exercer loyalement le fait de la marchandise, suivant l'expression consacrée ; à signaler au prévôt des marchands tout ce qu'on saurait avoir été fait au préjudice de la hanse, enfin à soumettre à ce magistrat toutes les affaires dont la connaissance lui était attribuée et de lui rendre obéissance. Ce serment, prêté dans le Parloir aux bourgeois, était suivi de la remise des lettres de hanse qui conféraient les privilèges attachés à l'association.

Quant au forain, il devait, avant de passer les ponts, déclarer, sous la foi du serment, le juste prix auquel lui revenaient ses marchandises rendues à Paris. Sur cette déclaration, le magistrat municipal lui donnait *campagnie française*, c'est-à-dire désignait un bourgeois hansé de Paris qui devait examiner la cargaison. Cet examen fait, si les marchandises étaient à sa convenance, le bourgeois pouvait en prendre la moitié pour son compte et au prix coûtant ; sinon, il se désistait de ses droits et laissait au marchand forain la liberté de vendre comme il l'entendait la totalité du chargement.

Les marchands de l'eau devaient encore nommer à tous les emplois que nécessitait cette vaste association, connaître de tous les différends qui s'élevaient entre les marchands et autres à raison des actes de commerce, fixer les prix sur lesquels on n'était point d'accord et régler les mesures employées par les marchands, d'après les étalons déposés au Parloir.

A l'égard de l'administration municipale proprement dite, la prévôté des marchands avait mission de stipuler au nom de la ville, de percevoir ses revenus, de pourvoir à l'entretien des rues et des places publiques, de régler la cote des tailles et impositions mises à la charge des citoyens, et de statuer sur les demandes en remise ou modération ; de faire exécuter les travaux d'utilité communale; de prescrire des mesures de sûreté tant à l'intérieur de la ville qu'au dehors et notamment à l'égard des ponts, des quais, ports et chaussées, des chemins de halage établis le long des rivières; elle avait aussi la garde des tours, bastilles et fossés, des chaînes et des clefs de la ville; en un mot, tout ce qui concernait la gestion des intérêts particuliers de la cité, son embellissement, sa défense et sa police [1] était spécialement dans ses attributions.

18 — Pour compléter cet exposé de l'ancienne constitution municipale de Paris, nous devons ajouter qu'il y avait aussi un prévôt de Paris; mais ce fonctionnaire était moins l'homme de la commune que celui du gouvernement. Ses fonctions étaient nombreuses : il exerçait un certain contrôle sur l'administration de la ville et intervenait dans tous les actes où le gouvernement avait un intérêt personnel à défendre. En 1304, on le voit nommer, concurremment avec le prévôt des marchands et les échevins, les sergents investis du soin de saisir les marchandises qui, contrairement aux règles prescrites, passeraient le pont de Mantes et celui de Paris; ces marchandises, on le sait, étaient confisquées moitié au profit du roi et moitié au profit de la ville.

Les fonctions les plus importantes du prévôt de Paris étaient celles qu'il exerçait comme chef du tribunal ordinaire, comme préposé à la juridiction du Châtelet, dont le sceau était entre ses mains, et aux audiences duquel il remplaçait le roi. Dans l'origine, le prévôt de Paris rendait la justice en personne; mais lorsqu'il fut passé en règle que les gens de justice devaient être docteurs ou licenciés, le prévôt de Paris devint purement titulaire de sa charge de judicature; un lieutenant civil le remplaça au Châtelet. Sous Louis XIV, l'office du lieutenant civil fut divisé en deux magistratures : l'une, pour la juridiction ordinaire; l'autre, pour la police,

---

[1] C'est-à-dire ce que nous appelons aujourd'hui la police municipale, qui se confondait alors avec la basse justice. La police judiciaire, la haute justice, ou, comme on disait, la justice du larron et du sang répandu, étaient exercées, au nom du roi, par le prévôt de Paris. La ligne de démarcation que nous établissons ici était toutefois peu caractérisée à cette époque; mais on peut voir que la prévôté des marchands avait généralement la police des lieux et édifices entretenus aux frais de la ville.

ce qui donna lieu à la création d'un lieutenant général de police.

Le prévôt de Paris veillait à la bonne distribution de la justice et au maintien des coutumes du pays ; lorsqu'il s'élevait quelque doute sur l'application d'une règle coutumière, il faisait appel aux souvenirs des magistrats municipaux de la ville, fidèles dépositaires des plus antiques traditions. C'est ainsi que le Parloir aux bourgeois a émis son opinion sur plusieurs dispositions que l'on retrouve dans la coutume écrite de Paris, mais qui alors ne subsistaient que dans la mémoire des hommes. Les sentences interprétatives du Parloir étaient confirmées par le prévôt de Paris et acquéraient pour ainsi dire force de loi.

Enfin, le prévôt de Paris avait le commandement de la noblesse, l'intendance des armes à Paris et dans la province, et la haute surveillance du guet de la ville, institution où l'on peut retrouver la première idée des deux corps qui la remplacent aujourd'hui, la garde nationale et la garde municipale.

19 — Cette antique constitution municipale, fondée sur les principes de la représentation populaire et dont l'origine se confondait avec celle de la cité elle-même, était chère au peuple de Paris, et c'était le châtier cruellement que de la lui enlever comme cela se fit après la sédition des Maillotins. Le peuple s'était opposé à la perception de certains impôts et avait commis des actes de violence. Pour le punir, Charles VI ne trouva rien de mieux à faire que de supprimer la prévôté des marchands ; un édit du 27 janvier 1382 en remit les fonctions et les prérogatives entre les mains du prévôt de Paris. Les écrits du temps rapportent que ce déplacement de pouvoirs devint funeste aux intérêts de la ville ; que ses revenus, confiés à des mains étrangères, furent mal gérés ; qu'employés avec profusion à des travaux qui eussent exigé plus de mesure, la source en fut promptement tarie ; qu'alors seulement, mais trop tard, apparut l'imprévoyance ruineuse d'une administration qui, ne relevant pas du peuple de Paris, n'avait eu nul souci de ses intérêts, de ses biens, de ses ressources, ni pour le présent ni pour l'avenir. Un édit du 20 janvier 1411 rendit à la ville sa gestion municipale.

Ainsi, pour comprimer les libertés municipales à Paris, un édit avait été nécessaire. Paris n'avait jamais eu cependant de charte proprement dite; le grand mouvement des xii° et xiii° siècles s'était accompli sans qu'on songeât à lui contester ses antiques priviléges. On compte fort peu de cités en France où le régime municipal ait eu d'aussi profondes racines !

Il y a plus, lorsque la vénalité des charges, après avoir embrassé toutes les fonctions et la plupart des industries, s'étendit aux fonctions municipales, la ville de Paris conserva toujours quelque chose du droit d'élection. A partir de l'édit de 1692, on sait que les fonctions municipales furent converties en titres d'offices. Des maires, des consuls, des échevins achetaient à prix d'argent le droit de s'occuper des affaires d'une cité. Il est vrai que la cité finissait par rembourser avec usure le prix de la charge, mais il fallait, disaient naïvement les édits, faire face aux besoins du trésor public, sans cesse épuisé, et le produit des ventes du droit municipal était passé dans les recettes de l'État. Triste page de notre histoire politique que celle où l'on voit ainsi un pouvoir sans contrôle trafiquer des libertés publiques et effacer jusqu'aux derniers vestiges de ces libertés dans chaque ville, dans chaque bourg ou village, pour se faire un peu d'argent !

Paris, du moins, ne subit point entièrement cette triste condition des autres communes; il conserva quelques-uns de ses priviléges et le simulacre de son droit d'élection. A la veille de la révolution de 1789, les citoyens désignaient encore par le vote plusieurs magistrats municipaux; il est vrai que le vote ne devenait définitif qu'après une révision qui en neutralisait pour ainsi dire l'effet; mais il y avait toujours là comme un hommage rendu au principe qui était méconnu partout ailleurs.

20 — Veut-on savoir quelle était au xix° siècle l'organisation municipale de la commune de Paris ?

A l'ancien Parloir aux bourgeois avait succédé l'Hôtel-de-Ville; c'est là que continuaient de siéger les officiers municipaux.

Un prévôt des marchands, quatre échevins, un procureur du roi, un greffier et un receveur composaient ce qu'on appelait le bureau de la ville. A côté de ce bureau étaient institués vingt-six conseillers et dix sergents; enfin, des officiers subalternes, sous le nom de quarteniers, de cinquanteniers, de dizainiers, étaient répartis dans les différents quartiers de la ville pour y maintenir le bon ordre. Trois compagnies d'archers complétaient le corps de ville.

Les charges des magistrats municipaux, à part celles du prévôt des marchands et des échevins, étaient vénales. L'élection du prévôt des marchands avait lieu pour deux années; les échevins étaient renouvelés tous les ans par moitié. A l'approche des élections, chaque quartenier rassemblait les électeurs de son quartier et les invitait à désigner quatre citoyens parmi lesquels deux seraient choisis pour procéder à la nomination du prévôt et des échevins. Le choix de ces deux citoyens était fait en assemblée générale, sur la liste des quatre candidats, par les électeurs du second degré, qui appartenaient, pour la plupart, au gouvernement. Le corps électoral se composait alors du prévôt des marchands et des échevins, des conseillers de ville, des quarteniers et des deux citoyens délégués par chaque quartier. Le roi confirmait l'élection des nouveaux magistrats et recevait leur serment.

Telle était encore l'organisation municipale de la commune de Paris, lorsqu'éclata la révolution du dernier siècle, qui devait marquer pour elle une nouvelle période et poser les bases d'une institution plus libérale et plus conforme à ses antiques franchises.

Cette nouvelle période, pour le régime municipal de la commune de Paris, mérite un sérieux examen. Est-il vrai que le pouvoir municipal soit devenu tout à coup, à partir de cette époque, un danger pour l'État, et que désormais il ne pourra plus être considéré que comme un instrument de désordre? N'a-t-on pas confondu le fait de l'élection et le fait de l'insurrection, le conseil municipal et le comité de salut public, Bailly et Pétion? Précisons les faits.

IV. — DU RÉGIME MUNICIPAL DE PARIS DEPUIS 1789.

21 — Au moment de la convocation des États-Généraux, Paris avait été divisé en soixante districts. Ce sont ces districts qui avaient désigné les électeurs chargés de nommer les vingt députés ou représentants de la commune à l'Assemblée nationale. Après la nomination des députés, et bien que leur mission fût remplie, les électeurs avaient cependant continué de s'assembler dans les différents districts et y entretenaient l'agitation. Aux premières alarmes jetées dans la capitale, ils siégèrent sans interruption. Le 12 juillet 1789, l'Hôtel-de-Ville était envahi par la foule ; ils s'y rendirent, confirmèrent le prévôt des marchands et les échevins dans leurs pouvoirs, et, de leur propre autorité, instituèrent un comité permanent, composé de la plupart des magistrats municipaux et d'un grand nombre d'électeurs. Malgré l'institution de ce comité, les districts continuèrent d'agir.

Le 14 juillet, quelques heures après la prise de la Bastille, le dernier prévôt des marchands, Jacques Flesselles, tombait sous les coups de la multitude l'accusant de trahison. Bailly fut nommé par acclamation maire de la commune. Le trouble était à son comble. Les districts étaient devenus de petites républiques où les ordres du comité permanent et de la commune n'avaient plus d'accès. Le 23 juillet, comme on venait informer l'assemblée nationale des désordres qui éclataient de toutes parts, Mirabeau s'écria que l'établissement d'une municipalité pouvait seul ramener la subordination et la paix : « Les municipalités, ajouta-t-il, sont d'autant plus importantes qu'elles sont la base du bonheur public, le plus utile élément d'une bonne constitution, le salut de tous les jours, la sécurité de tous les foyers, en un mot, le seul moyen possible d'intéresser le peuple tout entier au gouvernement et de préserver les droits de tous les individus. Quelle heureuse circonstance que celle où l'on peut faire un si grand bien sans composer avec cette foule de prétentions, de titres achetés, d'intérêts contraires, que l'on aurait à concilier, à sauver, à ménager dans des temps calmes !

Quelle heureuse circonstance que celle où la capitale, en élevant sa municipalité sur les vrais principes d'une élection libre, faite par la fusion des trois ordres dans la commune, avec la fréquente amovibilité des conseils et des emplois, peut offrir à toutes les villes du royaume un modèle à imiter ! »

En cela Mirabeau n'était que l'organe du vœu national, car tous les cahiers, et à leur tête ceux de la ville de Paris, avaient réclamé des municipalités électives; l'établissement, ou plutôt le rétablissement des municipalités devait constituer l'un de ces grands principes de 89 qu'on invoque si souvent, que l'on connait si peu ! Aussitôt on se met à l'œuvre. En attendant qu'une loi fût élaborée, on organise une municipalité provisoire; chaque district nomme ses délégués, qui, sous le nom de *représentants de la commune*, sont chargés des affaires de l'Hôtel-de-Ville.

1° Organisation municipale de 1790.

22 — Les représentants de la commune jetèrent eux-mêmes les bases de la nouvelle municipalité, en rédigeant un projet de loi. De son côté, Siéyès, alors député de Paris, dressa un plan dont les parties principales furent admises par le comité de Constitution. Il définissait ainsi le caractère du régime municipal : « Nous n'entendons point, disait-il, soumettre le gouvernement national, ni même les petits gouvernements municipaux au régime *démocratique*. Dans la démocratie, les citoyens font eux-mêmes les lois, et nomment directement leurs officiers publics. Dans notre plan, les citoyens font, plus ou moins immédiatement, le choix de leurs députés à l'Assemblée législative (et de leurs conseillers municipaux); la législation cesse donc d'être démocratique et devient *représentative*[1] » L'observation était juste, et d'ailleurs le gouvernement représentatif n'était-il pas profondément dans nos mœurs ? Les communes des XIII° et XIV° siècles pouvaient offrir des exemples à suivre. Paris lui-même n'avait-il pas eu son administration par-

[1] *Quelques idées de Constitution applicables à la ville de Paris;* juillet 1789.

ticulière, indépendante, placée au milieu des grands pouvoirs de l'État, sans pour cela se confondre avec eux? Il s'agissait de transformer le fait et les traditions en règle et de rattacher ainsi le nouveau régime municipal à la vieille histoire de nos communes. Telle fut aussi la préoccupation de l'Assemblée nationale, qui donnait ainsi à son œuvre la consécration de l'œuvre des siècles.

La loi du 21 mai 1790 divisa donc la ville de Paris en quarante-huit parties ou sections au sein desquelles devaient être choisis les divers officiers municipaux.

La municipalité fut composée d'un maire, de seize administrateurs, de trente-deux conseillers, de quatre-vingt-seize notables, d'un procureur général et de deux substituts. Tous ces magistrats étaient élus par les citoyens actifs, et ne pouvaient être destitués que pour forfaiture jugée.

Le corps municipal se divisait en conseil et en bureau. Le maire et les seize administrateurs composaient le bureau. Les trente-deux conseillers réunis au bureau formaient le conseil municipal. Enfin la réunion du conseil municipal et des quatre-vingt-seize notables constituait le conseil général de la commune, qui n'était appelé à se prononcer que dans les affaires importantes.

La municipalité avait deux espèces de fonctions à remplir, les unes propres au pouvoir municipal, les autres propres à l'administration de l'État, par qui elles lui étaient déléguées. Elle exerçait la première espèce de fonctions sous la simple surveillance de l'administration du département de Paris; elle ne lui était subordonnée qu'à l'égard des fonctions qu'elle remplissait par délégation.

A cette époque, le département de Paris avait peu d'éclat; il était pour ainsi dire effacé par la commune, qui était l'objet de toutes les préoccupations et avait pris date avant lui dans les grands travaux d'organisation qui devaient s'exécuter. Plus tard, on verra la commune céder le pas au département et disparaître dans l'administration de celui-ci, où elle est en ce moment ensevelie.

Telle était la combinaison à l'aide de laquelle les intérêts distincts du département et de la commune se trouvaient représentés et administrés. Sous ce régime, la représentation municipale était complète; le maire et les conseillers municipaux tenaient directement leur mandat des citoyens actifs, c'est-à-dire des habitants de Paris portés sur le rôle des contributions pour une somme représentant au moins deux journées de travail. La commune avait reconquis la libre administration de ses biens et se trouvait placée sous la surveillance du département, qui n'intervenait d'une manière active que lorsqu'il s'agissait de mesures touchant, non plus aux affaires communales proprement dites, mais à l'ordre public. Le corps municipal représentait tout à la fois les intérêts de la ville et ceux de l'État, qui lui étaient confiés, par délégation, pour certaines parties du service public. C'est encore la base de l'organisation municipale dans les autres communes de France. Siéyès avait proposé de donner au roi le titre de maire de Paris : « Je dirai tout à l'heure que le titre de maire de Paris ne pouvant appartenir qu'au roi, il se trouve par là à la tête du pouvoir exécutif de Paris, de la même manière qu'il est déjà à la tête du pouvoir exécutif de la nation entière. » Mais la proposition fut rejetée; il n'existait point encore de préfet de la Seine (l'unité ne devait être admise que plus tard dans le pouvoir exécutif des administrations locales), et l'on ne pouvait songer à donner à ce fonctionnaire le double mandat de maire de Paris et de délégué du gouvernement pour les choses étrangères à la municipalité. Les idées administratives devaient attendre leur perfectionnement des enseignements de l'expérience. Quand on pèse cette organisation de 1790 avec les idées de nos jours, on commet donc un anachronisme et l'on perd de vue qu'en posant la municipalité de Paris sur la base élective, l'Assemblée constituante avait tiré du passé un grand principe qui peut s'allier avec toutes les combinaisons administratives, à la condition de rester sauf dans ce qu'exige la représentation locale et le vote des subsides que fournit et paye la population. Là réside l'œuvre de l'Assemblée constituante, c'est là qu'il faut la rechercher, et non dans les développements d'une loi qui, pour être mieux pondérée, avait besoin de subir l'épreuve du temps.

Si les circonstances avaient été plus calmes, on peut affirmer que cette loi, conforme aux vrais principes du droit municipal, eût été pour la ville de Paris la source de grands bienfaits. Les actes qui ont marqué la trop courte durée pendant laquelle elle a librement fonctionné n'ont en effet laissé que de bons souvenirs. « Pendant les deux années que cette organisation fut en vigueur, a dit M. de Laborde, ancien préfet de la Seine, la ville de Paris fut administrée avec ordre, justice et économie, et les hommes les plus respectables et les plus éclairés n'avaient point dédaigné de faire partie du conseil municipal. » N'est-ce pas d'ailleurs à cette primordiale et nécessaire institution des cités, remise en vigueur en 1831, que nos communes doivent leur prospérité actuelle ! — Mais l'effroyable tempête qui gronda bientôt, et au milieu de laquelle la royauté elle-même allait disparaître, ne pouvait épargner le seul édifice de cette institution. On la vit donc faussée, brisée par la violence, et les quelques débris qui en subsistèrent ne servirent qu'à attester qu'elle n'existait plus.

2° Organisation municipale de 1792.

23 — Le 10 août 1792, l'agitation régnait dans toute la ville. La foule menaçait à chaque instant d'envahir le château; le roi et sa famille couraient des dangers qu'ils crurent éviter en se rendant à l'Assemblée nationale, entourée elle-même par le flot de l'émeute. Au milieu de ces événements, quelques sections de Paris s'étant réunies, prononcèrent d'elles-même la déchéance de la municipalité. On ne maintenait à leur poste que les magistrats qui avaient pactisé avec l'émeute. Des commissaires furent dépêchés au milieu de la nuit par les sections avec ordre de s'emparer de la maison commune et de notifier à la municipalité l'arrêté que voici :

« L'assemblée des commissaires de la majorité des sections, réunis en plein pouvoir pour sauver la chose publique, a arrêté que la mesure que la chose publique exigeait, était de s'emparer de tous les pouvoirs que la commune avait délégués et d'ôter à l'état-major l'influence dangereuse qu'il a eue jusqu'à ce jour sur le sort de la liberté; — considérant que ce moyen ne pouvait être mis en usage qu'autant que la municipalité, qui ne peut jamais, et dans aucun cas, agir que par les formes établies, serait suspendue de ses fonctions, a arrêté que le conseil général de la commune serait suspendu, et que M. le maire et M. le procureur général de la commune, qu'ils laissent administrateurs, continueraient leurs fonctions administratives.

« A Paris, ce 10 août 1792.

« *Signé :* Huguenin, *président;*
Martin, *secrétaire.* »

Aussitôt après la notification de cet étrange arrêté, qui avertissait au moins que les forfaits qui allaient s'accomplir ne pouvaient être l'œuvre de la municipalité actuelle, « obligée d'agir par les formes établies, » les magistrats municipaux furent arrachés de leurs siéges, qu'ils cherchèrent un instant à défendre, et l'émeute prit place à l'Hôtel-de-Ville. La municipalité insurrectionnelle voulut aussitôt faire sa notification à l'Assemblée nationale, qui devait, elle aussi, fléchir sous sa terrible pression, et c'est dans ce langage insolent que s'exprima son orateur à la barre de l'Assemblée :

« Ce sont les nouveaux magistrats du peuple qui se présentent à votre barre. Les circonstances commandaient notre élection, et notre patriotisme saura nous en rendre dignes... Législateurs, il ne vous reste plus qu'à seconder le peuple. Nous venons ici, en son nom, vous demander des mesures de salut public. Pétion, Manuel, Danton sont toujours nos collègues... Le peuple, qui nous envoie vers vous, nous a chargés de vous déclarer qu'il n'a cessé de vous croire dignes de sa confiance; mais il nous a chargés en même temps de vous déclarer qu'il ne pouvait reconnaître pour juge des mesures extraordinaires auxquelles la nécessité et la résistance à l'oppression l'ont porté, que le peuple français, votre souverain et le nôtre, réuni dans ses assemblées primaires. »

Le roi était décrété d'accusation; ses pouvoirs étaient échus à l'Assemblée nationale; c'est à celle-ci que devait s'attaquer la municipalité insurrectionnelle pour s'en emparer. A l'audace des paroles qu'elle venait de faire entendre, au trouble qu'elles avaient excité dans l'Assemblée, on put pressentir que la lutte ne serait pas longue et que la municipalité absorberait bientôt tous les pouvoirs, ceux de l'Assemblée et de la royauté. Dès le 11 août, elle fut chargée par l'Assemblée de la police dite de *sûreté générale*, ce terrible instrument dont elle devait faire un si cruel usage. L'Assemblée veut essayer cependant d'arrêter l'envahissement de la commune par la réélection d'un nouveau conseil de département destiné à remplacer celui qui avait été dissous le même jour que l'ancienne municipalité. Mais la commune envoie dire à l'Assemblée qu'il lui faut « des pouvoirs sans limites; » elle est obéie et il est décidé que le nouveau conseil n'aura aucune autorité sur la municipalité; qu'il se bornera à assurer la perception des impôts. Le 17 août, la commune, voulant se passer des tribunaux et des lenteurs de la justice, obtient de l'Assemblée qu'il soit créé auprès d'elle un tribunal extraordinaire destiné à juger « les crimes commis dans la journée du 10 août, et autres crimes y relatifs, circonstances et dépendances. » Ce tribunal jugea en dernier ressort, sans recours, sans justice et sans pitié.

Il faut s'arrêter là pour ne pas suivre cette municipalité insurrectionnelle dans le sang où elle va glisser; il faut s'arrêter et dire que ce n'était plus là le conseil municipal de Paris, c'est-à-dire des magistrats librement choisis, chargés par l'élection du soin des intérêts de la cité. Des intérêts! en était-il d'autres alors que ceux de la défense des personnes et des biens? Et ces intérêts, par qui donc étaient-ils menacés, si ce n'est par ces prétendus représentants d'une cité qu'ils faisaient trembler et dans laquelle ils n'avaient su élever que le sanglant édifice de la mort! Non, ce n'étaient pas là des magistrats municipaux, c'étaient des usurpateurs, des assassins; il faut le dire assez haut pour qu'on n'abuse plus, en cette matière, de ces souvenirs de 93, si souvent, si mal à propos et si injustement évoqués.

La Convention parvint à regagner peu à peu le terrain qu'avait perdu l'Assemblée législative, et alors éclata entre elle et la commune le duel sanglant dont le 9 thermidor vint marquer le terme, par l'arrestation de Robespierre et de ses collègues. De ce jour disparut la fatale omnipotence de la commune; elle fut replacée sous l'autorité du directoire de département, dont elle s'était affranchie, et rentra dans les soins particuliers des affaires de la cité, jusqu'à ce que la Convention, au faîte de sa puissance, la renversât elle-même pour s'emparer de ses pouvoirs.

3º Organisation municipale de l'an II et de l'an III.

24 — La Constitution de l'an II avait maintenu l'organisation des communes, mais la Convention n'en tint aucun compte; le 14 fructidor an II elle rendit un décret qui faisait passer dans ses mains l'administration entière de la ville de Paris. Après avoir confié l'approvisionnement, les hospices et hôpitaux, la gestion des biens et revenus de la ville aux commissions entre lesquelles étaient répartis les divers services de l'administration générale de l'État, la Convention établit deux commissions spéciales qui, sous la surveillance du département, étaient chargées, l'une, de la partie administrative de la police municipale, l'autre, de l'assiette et de la répartition des contributions publiques. Un agent était préposé, dans chaque district, à la tenue des registres de l'état civil. Il ne restait donc plus ni municipalité ni autorité municipale. La Convention régnait seule à son tour sur Paris et sur la France, disposant despotiquement de tous les pouvoirs, de toutes les fonctions, de tous les emplois, donnant des ordres et les faisant exécuter par ses comités.

La Constitution de l'an III divisa la France en départements, cantons et communes, et s'efforça de rompre l'unité de grands centres de population. Elle disposa que, dans les communes de plus de cent mille âmes, il y aurait plusieurs administrations municipales et un bureau central pour les objets jugés indivisibles.

En conséquence, la loi du 11 octobre 1795, circonscrivit le territoire de la commune de Paris dans un canton qu'elle divisa en douze municipalités, lesquelles furent distinguées par ordre numérique sous le nom d'arrondissements. La municipalité de chacun des arrondissements était composée de sept membres, désignés par l'élection, dont l'un était chargé des fonctions d'officier de l'état civil. L'administration générale de la commune fut partagée entre les douze municipalités. Un bureau central, composé de trois membres, désignés par l'administration du département, et confirmés par le pouvoir exécutif, fut spécialement chargé de la police et des subsistances dans le ressort du canton, ces objets n'ayant pas paru susceptibles d'être divisés entre les diverses municipalités. Tous les actes d'administration pouvaient être annulés par le département qui avait, en outre, le droit de révoquer les membres des municipalités; ce même droit, le Directoire s'était réservé de l'exercer directement sur les administrations départementales et municipales.

Il n'y avait donc à la tête des diverses circonscriptions administratives qu'une autorité purement nominale. La commune de Paris, aussi bien que les autres communes, les cantons et les départements, le Directoire dominait tout. Par l'élection, on avait rendu hommage aux principes, mais ce n'était là qu'une fiction.

4° Organisation municipale de l'an VIII.

25 — La Constitution de l'an VIII amena une nouvelle modification dans le système administratif. On sortit des commissions, et un principe essentiel fut posé; l'exécution fut séparée de la délibération et confiée, dans chaque sphère, à un seul magistrat. Mais l'élection disparut pour les communes. A Paris, un maire et deux adjoints furent chargés, dans chacun des arrondissements municipaux, de la partie administrative et des fonctions relatives à l'état civil. Un préfet fut placé à la tête du département pour l'administration proprement dite; un autre fut préposé à la police. Les deux préfets et les membres du conseil général du département étaient à la nomination du premier Consul. La loi du 28 pluviôse an VIII, déclara en même temps que le conseil général remplirait, à Paris, les fonctions de conseil municipal.

Le premier Consul choisissait les maires et les adjoints; les conseillers municipaux étaient désignés par le préfet de la Seine, qui pouvait les suspendre. « Les attributions mal fixées des maires, a dit M. de Laborde, diminuèrent progressivement, et se trouvèrent réduites à peu près à la tenue des registres de l'état civil et à la présidence des bureaux de bienfaisance. Napoléon, en les annulant ainsi, chercha cependant à les dédommager par des faveurs personnelles ; il décida que les maires et adjoints de Paris, après cinq ans d'exercice, seraient membres de la Légion d'honneur ; le doyen du corps municipal était appelé au Sénat. — Le conseil municipal fut également restreint et dans son nombre et dans ses attributions ; réduit d'abord à vingt-quatre membres présents, il descendit bientôt à seize, tandis que toute ville au-dessus de cinq mille âmes eut trente conseillers. Ses attributions étaient bornées à délibérer et à voter sur les questions qui lui étaient soumises, sans aucune initiative, sans aucun contrôle sur les opérations de l'administration. »

5° Régime de 1830 et de 1848. — Régime actuel.

26 — Ce système régissait encore la ville de Paris au moment où éclata la révolution de 1830. La question de l'administration municipale en France fut mise à l'étude, et l'on vit successivement paraître la loi du 21 mars 1831, qui rendait l'élection aux communes ; la loi du 20 avril 1834, qui la rendait spécialement à la ville de Paris ; enfin, la loi du 18 juillet 1837, qui survit encore et qui a fondé l'admirable système administratif qui régit les communes en général. Le dernier article de cette loi déclarait qu'elle n'était pas applicable à la ville de Paris ; mais le rapporteur de cette loi à la Chambre des députés, M. Vivien, annonçait qu'une loi réglementaire serait également rendue pour l'administration de la commune de Paris. Cette loi n'a point paru. Celle du 20 avril 1834 fut abrogée dans son principe par la révolution de 1848, qui institua une commission à l'Hôtel-de-Ville. La loi du 5 mai 1855 a maintenu cette commission. D'après cette loi, les maires de Paris, les membres du conseil municipal, les membres du conseil général sont à la nomination du chef de l'État. Vainement cette loi a-t-elle dit : « Dans la ville de Paris, le *conseil municipal* est nommé par l'Empereur. » L'expression n'est pas celle qui convient ; il n'y a pas de conseil municipal sans élection ; la

même loi a marqué la différence qui existe entre un conseil municipal et une commission, quand elle a dit dans un autre article : « Les conseils municipaux peuvent être suspendus par le préfet ; en cas de suspension, le préfet nomme une *commission* pour remplir les fonctions du *conseil municipal*. » Aussi, même depuis la promulgation de la loi de 1855, voit-on encore le titre de *commission municipale* donné dans les actes officiels au corps délibérant de l'Hôtel-de-Ville.

V. — RÉSUMÉ ET CONCLUSION.

27 — On a pu voir que le régime municipal de Paris n'a pas eu d'autre origine que celui des autres communes ; qu'il est descendu des Gaules à travers l'empire romain, et a vécu de sa vie propre du jour où une peuplade s'est trouvée réunie dans l'île étroite de la cité. L'association municipale n'apparait d'abord que sous la forme d'une corporation de nautes ou de mariniers, parce qu'à l'origine en effet le régime municipal était surtout destiné à protéger l'industrie et les intérêts commerciaux de la population : longtemps il se concentre dans le règlement de la navigation ; mais lorsque la ville se répand sur les deux rives du fleuve, lorsque des besoins nouveaux se produisent, il se dégage peu à peu des intérêts purement commerciaux et se relève avec son véritable caractère. La puissante corporation des *marchands de l'eau*, la hanse parisienne, fut la dernière manifestation du régime qui présidait dans l'origine au gouvernement de la cité ; le *Parloir aux bourgeois* ou bureau municipal était appelé avec raison la *maison de la marchandise*, car, si l'on y réglait les affaires municipales, on y débattait aussi les questions de commerce maritime que les priviléges de la cité faisaient naître. De là encore cette barque marchande qui figure dans les armes de la ville, et que l'orgueil municipal ou l'ignorance avait ridiculement transformée, à une époque récente, en un superbe vaisseau ponté tel que n'en portèrent jamais les modestes eaux de la Seine. La commune de Paris a traversé toute la période féodale sans perdre aucune de ses prérogatives. C'est

peut-être la seule commune en France où le régime municipal fût resté intact. Faut-il en glorifier les magistrats municipaux de cette époque? Oùi assurément, puisqu'ils s'étaient faits puissants; mais il est juste aussi de reconnaître que le voisinage de la royauté fut pour leurs droits une utile sauvegarde. Paris ne fut donc point une commune jurée, car il jouissait des franchises que revendiquaient alors les autres communes; le mouvement municipal du douzième siècle ne lui apporta point de charte, et ce fut un malheur peut-être, car si Paris n'eut point de charte ainsi que les autres communes, de son côté la royauté n'avait point de constitution. Où s'arrêtaient les droits de la ville? où commençaient ceux du roi? Aucun acte législatif ne l'indiquait. Dans ce contact de deux pouvoirs distincts et non définis, des froissements étaient inévitables; nous n'avions point alors de droit public réglé, l'arbitraire était la grande loi en beaucoup de choses, et souvent, il faut le dire, la royauté y eut recours pour détacher du parloir aux bourgeois certaines attributions, certaines prérogatives dont la possession avait pour base un droit traditionnel et un usage immémorial. D'un autre côté, à mesure que la ville s'agrandit, quand elle devint le siége permanent de la royauté et du parlement, le pouvoir municipal dut lui-même se retrancher dans de plus étroites limites; il y eut dans le même lieu les choses du gouvernement et les choses de la commune, la charge particulière des habitants et la dette du pouvoir central. Alors commença à se produire dans les comptes de la commune cette distinction qui existe encore de nos jours. Ainsi la *croisée* des deux grandes rues centrales, qui, comme on l'a vu, était au point où se rencontrent aujourd'hui la rue de Rivoli et le boulevard de Sébastopol, était entretenue par le roi, les autres rues par la commune elle-même; la voirie de Paris est encore pour partie à la charge de l'État.

Tant que le pouvoir municipal fut dans toute sa plénitude, la commune fut représentée par un conseil électif, à la tête duquel étaient le prévôt des marchands et ses adjoints ou échevins; les attributions du corps municipal embrassaient, outre la navigation de la Seine jusqu'à Mantes, qui donnait lieu à des perceptions importantes au profit de la ville, l'administration des biens et la police de la cité. Au douzième siècle, un prévôt de Paris fut placé par le roi à côté du prévôt des marchands, et dut s'occuper essentiellement de la police judiciaire et des actes d'administration publique, qui en général rentrent aujourd'hui dans les attributions du préfet de police et du préfet de la Seine. Le parloir resta plus spécialement chargé des affaires de la commune, et ses actes perdirent dès lors tout caractère politique. Peu à peu cependant la royauté, plus dominante depuis l'abaissement de la féodalité, voulut attirer à elle jusqu'à l'action municipale, et alors commence une lutte inégale que la bourgeoisie parisienne soutint néanmoins avec ardeur, mais qui, après une longue et courageuse résistance, aboutit à sa défaite. Alors que devient le droit d'élection ? Il est affaibli ainsi que les autres prérogatives municipales, il n'en reste plus qu'une vaine image dans le choix des nouveaux administrateurs de la cité ; le roi désigne les candidats qu'il préfère, et sa volonté est obéie.

De bonne heure la ville de Paris, à raison de son étendue, a eu une orgarnisation particulière. La commune, à prendre les choses dans leur véritable acception, est une grande famille ; le lien qui réunit sous le rapport de certains devoirs et de certaines charges un nombre donné d'individus suppose une agglomération relativement limitée ; là, ainsi que dans la famille, à mesure que le cercle s'étend, les liens de l'association et de la solidarité communale s'affaiblissent : une agglomération de quinze cent mille âmes n'est point un état, mais c'est déjà plus qu'une commune. Aussi qu'arrive-t-il dans ces grands centres de population ? Par la force même des choses, l'élément communal se reconstitue, se reforme de lui-même ; il se trace une nouvelle sphère moins étendue, plus ramassée, où chacun peut se toucher et se connaître : la grande commune se divise en groupes, en sections ou arrondissements, et chaque division devient un centre où se rétablissent les liens naturels de la solidarité et de l'association municipales. Voilà comment s'expliquent les diverses transformations qu'a subies l'organisation municipale de Paris : une seule agglomération apparait d'abord, et puis à mesure que la cité grandit et s'étend, les agglomérations secondaires se forment autour du centre commun, et se resserrent comme pour se fortifier dans un mutuel effort. Ce n'est point là le résultat du hasard ; c'est la manifestation naturelle d'une grande loi qui a constitué partout, d'après les divers degrés de développement de la population, la famille, la commune et l'état. Cette transformation, elle s'était opérée à Paris longtemps avant la Révolution. Dès le douzième siècle, la commune avait été divisée en quatre parties ou quartiers : l'île de la Cité, l'Université, la Grève et Saint-Jacques-la-Boucherie ; de là les quarteniers de la ville, ou préposés de la municipalité dans chacune des quatre divisions. Le nombre des quartiers fut doublé avec l'enceinte de Philippe-Auguste, et porté à huit, puis à seize, avec de nouvelles délimitations de la commune. De là sortirent en 1795 les douze arrondissements actuels.

A la fin du xviie siècle la vie municipale était à peu près éteinte aussi bien à l'Hôtel-de-Ville que dans les différentes subdivisions administratives de la cité. La vénalité avait altéré les différentes fonctions municipales à tous les degrés. Paris offrait depuis longtemps un aspect étrange. Montesquieu écrivait déjà en 1740 que Paris dévorait les provinces, et rien n'était plus vrai ; mais cela ne voulait pas dire que la municipalité parisienne était prépondérante : cela signifiait que le gouvernement, à force d'attirer dans ses bureaux les grandes et les petites affaires, de toucher et de présider à tout, à force de comprimer toute action et toute initiative au loin, avait fini par concentrer le mouvement et la vie du pays tout entier dans la capitale, qui grandissait hors de toute proportion et avec une rapidité singulière. « Cette révolution, a fort bien fait observer M. de Tocqueville, n'échappait pas au gouvernement, mais elle ne le frappait que sous sa forme la plus matérielle, l'accroissement de la ville. Il voyait Paris s'étendre journellement, et il craignait qu'il ne devînt difficile de bien administrer une si grande ville. On rencontre un grand nombre d'ordonnances de nos rois, principalement dans le xviie et le xviiie siècle, qui ont pour objet d'arrêter cette croissance. Ces princes concentraient de plus en plus dans Paris ou à ses portes toute la vie publique de la France, et ils voulaient que Paris restât petit! On défend de bâtir de nouvelles maisons, ou l'on oblige de ne les bâtir que de la manière la plus coûteuse, et dans les lieux peu attrayants qu'on indique à l'avance. Chacune de ces ordonnances constate, il est vrai, que, malgré la précédente, Paris n'a pas cessé de s'étendre. Six fois pendant son règne, Louis XIV, en sa toute-puissance, tente d'arrêter Paris, et y échoue : la ville grandit sans cesse, en dépit des édits; mais sa prépondérance s'augmente plus vite encore que ses murailles. Ce qui la lui assure, c'est moins ce qui se passe dans son enceinte que ce qui arrive au dehors. Dans le même temps en effet, les libertés locales achevaient de plus en plus de disparaître; les symptômes d'une vie indépendante cessaient; la dernière trace de l'ancienne vie publique était effacée. Ce n'était pas pourtant que la nation tombât en langueur; le mouvement y était au contraire partout, seulement le moteur n'était plus qu'à Paris[1]. »

L'assemblée constituante fit refluer la vie municipale sur tous les points de notre pays; elle rendit aux communes l'initiative qu'elles avaient perdue, et débarrassa le gouvernement du soin de tout ce qui était en dehors du domaine général et politique. Le droit électoral fut rendu à la population parisienne, l'Hôtel-de-Ville redevint le véritable parloir aux bourgeois, et les nouveaux mandataires de la cité se montrèrent dignes de la mission qui leur fut confiée par la population elle-même. D'où vient cependant cet espèce de discrédit que l'on cherche à jeter sur le gouvernement municipal de Paris? De ce qu'on lui suppose une redoutable influence sur les destinées du pays tout entier. Et cette préoccupation d'où vient-elle? De la plus déplorable confusion de dates et d'événements : Une commission insurrectionnelle s'empare un jour violemment de l'Hôtel-de-Ville, et en fait le centre de la plus exécrable dictature dont la France ait gardé le souvenir. Cette commission marche de forfait en forfait et répand la terreur dans le pays. Voilà, dit-on, le résultat des libertés municipales à Paris!. Mais qui pourrait confondre cette commission, sortie de

---

[1] *L'Ancien Régime et la Révolution*, chap. VII.

l'émeute, avec les conseillers de ville qu'elle avait chassés ? Si cette commission a pris le nom de *commune de Paris*, et si elle a usurpé ce titre pour le flétrir et le déshonorer, à qui donc faut-il s'en prendre ? — On évoque encore les événements de 1814, de 1830 ; on s'élève contre les adhésions et les proclamations sorties à ces époques de l'Hôtel-de-Ville. C'est toujours la même confusion de dates et de faits. En conscience, faut-il donc s'attaquer si fort à cette adhésion de l'Hôtel-de-Ville au gouvernement royal de 1814, après tant d'autres adhésions, après celle du clergé, après celle du grand corps de l'État qui retrouvait juste la parole pour apprendre lui-même au pays jusqu'où étaient allés son mutisme et sa docilité ? On n'y a pas réfléchi : en 1814 comme en 1830, le conseil municipal de Paris n'était nullement le produit de l'élection. Le conseil municipal de 1814 avait été choisi par Napoléon, celui de 1830 par Charles X ; il n'existait plus de liberté municipale en France depuis la constitution de l'an VIII : les maires et les adjoints étaient choisis par le chef de l'État, les conseillers municipaux par le préfet de la Seine !

Il serait temps de rendre quelque justice à ce qu'on appelle la municipalité de Paris, et de ne plus la confondre avec les produits de l'émeute ou avec les commissions qui n'ont point l'élection pour base. La liberté municipale gagnerait beaucoup à être sérieusement étudiée aux différentes phases de l'histoire de Paris ; on arriverait promptement à reconnaître qu'elle a toujours été plus avantageuse que nuisible au pouvoir central. Le roi Henri IV ne s'y était pas trompé. Il proclamait hautement que la liberté municipale importait aussi essentiellement à l'administration de la grande cité qu'à la nature des aptitudes et de l'esprit de la population parisienne. « Il faut, disait-il, un aliment à l'intelligence élevée, à l'activité prodigieuse des Parisiens : nos prédécesseurs ont sagement fait de mettre en pratique cette utile vérité. Les franchises municipales accordées avec libéralité par les rois de France aux Parisiens ont eu pour résultat d'associer les plus dignes d'entre eux à l'administration de leur ville bien-aimée, dont ils dirigent les affaires avec talent et honnêteté. Ces franchises portent-elles atteinte à l'autorité royale et souveraine? Pas le moindrement. Qu'ils assainissent Paris, qu'ils embellissent cette capitale, cela n'empêche pas que le roi de France ne sente sous sa main battre le cœur du pays. — Ceux-là servent mal la royauté, qui veulent qu'elle absorbe tout. Épargnons-lui au contraire les questions secondaires, afin que son attention ne soit pas distraite des principales. N'isolons pas le peuple de la royauté; il l'aimera, s'il participe à son action [1]. » C'était là tout à la fois bien dire et bien penser : c'était penser en souverain qui connaît bien le peuple, et surtout le peuple de Paris.

Si la ville de Londres elle-même a besoin de réformer son organisation municipale, du moins peut-elle offrir l'image d'une administration élective dans la petite sphère où se trouve aujourd'hui resserrée chez elle la commune anglaise. La Cité, c'est-à-dire le premier centre municipal de Londres, s'administre librement et jouit de certaines franchises; mais l'immense population qui a débordé à la longue dans tous les sens, et s'est étendue en dehors de l'enceinte primitive, s'est groupée en paroisses sans emporter avec elle les immunités et les franchises de la Cité, bien que cette population constitue aujourd'hui plus des trois quarts de la ville même. Pourquoi ces immunités et ces exclusions? pourquoi la liberté municipale d'un côté et rien de l'autre? Cela vient sans doute de ce qu'on a vu dans le régime de la Cité, non la loi naturelle de l'association communale, mais une espèce d'octroi du pouvoir royal, un privilége des temps anciens que l'on a restreint alors comme un privilége, et qui, malgré les développements successifs de la ville, est demeuré soigneusement renfermé dans les limites de la Cité. On sait en effet qu'en Angleterre plusieurs rois se sont efforcés de placer le principe des droits municipaux dans les chartes, ce qui permit un jour à Charles II de mettre en question la légitimité des droits de la plupart des cités en leur prescrivant d'exhiber leurs titres. Deux cents villes qui n'en avaient plus ou n'en avaient ja-

[1] *Dictionnaire des rues et monuments de Paris*, par MM. Félix et Louis Lazare; *Paris, son administration ancienne et moderne*, par M. Louis Lazare.

mais eu, furent ainsi obligées d'implorer la bienveillance du prince et d'accepter comme une faveur ce qui pour elles était un droit. Londres ne fut point plus ménagée que les autres villes. On fait encore remonter son droit à une charte qu'elle est présumée avoir perdue, et l'on dit que ce droit a été confirmé par la prescription [1]. La même erreur a été fort longtemps accréditée en France. Louis le Gros était considéré comme le fondateur des communes : il semblait qu'avant lui la liberté municipale fût inconnue, et qu'on n'en dût les bienfaits qu'à sa générosité. Grâce aux révélations de l'histoire et à l'étude du droit public, le jour s'est fait sur ce point. Sans contester à la royauté ce qu'elle a fait un moment pour les communes opprimées par la féodalité, on ne considère plus avec raison la liberté municipale en France comme une concession ou comme un privilége, mais comme un droit naturel et imprescriptible pour les populations [2].

Il est vrai que le régime de la cité de Londres n'est pas exclusivement un régime municipal ; il touche à la féodalité par des jurandes, par des corporations d'arts et métiers à peu près semblables à celles qui furent instituées à Paris par les soins d'Etienne Boileau au XIIIe siècle. Dès lors on comprend à la rigueur qu'un acte spécial du souverain soit nécessaire pour maintenir de pareilles institutions au sein d'un pays aussi libéral que l'Angleterre. Les légistes anglais, notamment Blackstone, confondent eux-même le droit purement municipal en vertu duquel une ville s'administre et gère ses intérêts, avec le droit de se constituer en corporations commerciales, ce qui est fort différent [3]. Tant que subsistera cette erreur en Angleterre, les communes seront traitées comme des corporations, et à leur tête la ville de Londres, privée du véritable droit municipal, jouira uniquement, dans son *Guild-Hall*, d'un privilége qui ne sortira jamais de l'étroite circonscription de la cité ! La cité se partage donc en quatre-vingt-

---

[1] Blackstone, *Des Corporations*, chap. XVIII.
[2] Voyez les *Lettres sur l'Histoire de France*, de M. Augustin Thierry, lettre 15e.
[3] Voyez sur ce point notre article dans *la Revue des Deux-Mondes*, du 15 janvier 1859.

dix corporations, à la tête desquelles les *livery men*, possédant au moins 25,000 francs de fortune, concourent à la nomination du lord-maire et des shérifs ; mais là se révèle un côté remarquable des mœurs anglaises et des sentiments qui animent l'aristocratie de ce pays ; les plus grands personnages ont toujours tenu à honneur de faire partie des corporations de la Cité. Jacques VI appartenait à celle des drapiers, le duc de Wellington à celle des tailleurs, le prince Albert et lord Palmerston figurent dans celle des marchands de poisson. Ainsi le prince et l'ouvrier, l'homme d'État et le marchand ne craignent pas de se rapprocher dans ce pays ; ils font mieux, ils se respectent et s'estiment. Aussi à certain jour, à certaine heure, n'y a-t-il plus de noblesse, de bourgeoisie et de peuple en Angleterre ; il y a une nation compacte, serrée, unie de cœur et d'esprit, qui se divise sur des détails, mais ne fait qu'un tout lorsqu'il s'agit d'une question d'intérêt social ou de la liberté de ses institutions.

La vie municipale avait été rendue à la commune de Paris par le gouvernement de 1830. La loi du 20 avril 1834 soumettait à l'élection les membres du conseil municipal de Paris et ceux du conseil général de la Seine. Les maires de chaque arrondissement de Paris étaient choisis par le roi sur une liste de douze candidats nommés par les électeurs de l'arrondissement. C'est sous l'empire de ce régime que les intérêts de la cité ont été administrés jusqu'en 1848, et dans cette période la population parisienne a prouvé qu'elle n'avait point démérité de ses anciennes franchises. Il ne faut être injuste envers aucun régime, ni fermer les yeux sur les services d'aucune époque. Si le conseil électif n'a jamais disposé de ressources aussi considérables que celles portées au budget sous la commission municipale actuelle, son passage aux affaires a été marqué néanmoins par de grandes et salutaires mesures[1]. La ville de Paris lui doit son assainissement dans les quartiers populeux, ses grands canaux

---

[1] En 1847, le budget de la ville de Paris était de 46 millions ; celui de 1858 atteignait près de 80 millions ; celui de 1860 dépasse 100 millions (103,364,614 f.). Quant aux charges qui incombent aux habitants de Paris, elles ont également suivi une rapide et singulière progression dans la même période. — On peut apprécier les grands changements qui se sont opérés depuis peu dans la ville

souterrains, les premières voies de communication importantes autour des marchés, dans la Cité et le quartier des écoles, la régularisation de tous les services municipaux, et avec tout cela, elle avait l'équilibre de son budget. De 1830 à 1848, cent douze rues ont été ouvertes dans Paris ; une foule de monuments, à la tête desquels il faut placer l'Hôtel-de-Ville, ont été construits, achevés ou restaurés, et le dernier magistrat que la confiance du roi avait placé à la tête de l'Hôtel-de-Ville, mis sans cesse en contact avec les administrés par l'intermédiaire d'un conseil électif, avait acquis dans l'exercice tout paternel de ses fonctions une popularité dont le souvenir survit encore. On a critiqué l'économie de l'ancien conseil municipal ; vaudrait-il mieux qu'on eût à blâmer son imprévoyance et sa prodigalité !

Nous n'avons point la prétention de tracer ici un programme et de jeter les bases d'un projet d'organisation municipale. Nous avons voulu seulement dégager et mettre en évidence un point d'histoire, rappeler un principe qui naguère régissait encore à Paris l'administration de la cité. Nous nous sommes demandé quel était le caractère essentiel des institutions municipales de la ville de Paris, et nous avons cru reconnaitre qu'elles ne différaient point de celles des autres communes. — En même temps, nous exprimons un vœu, c'est que la ville de Paris soit placée sous un régime conforme aux traditions de son histoire et au libre gouvernement de ses intérêts. Ce n'est point là un sentiment isolé. A toute époque, il a été celui des publicistes, des hommes d'État qui se sont le plus sérieusement occupé de la ville de Paris. Tous ont pensé qu'elle devait elle-même régler ses propres affaires. Aujourd'hui, les liens qui rattachent l'Hôtel-de-Ville au parloir aux bourgeois seraient-ils donc rompus et anéantis sans retour ? Le temps aurait-il changé et les hommes et les choses ? Une pareille transformation se serait-elle accomplie d'elle-même en quelques années ? Nous ne pouvons le croire ; il nous semble au contraire qu'il y aurait un puissant moyen d'organisation pour la population active,

de Paris. Mais la transformation d'une ville doit-elle être la dette d'une seule génération, d'une seule époque ?

éclairée, industrieuse et profondément conservatrice de Paris dans une bonne réglementation municipale ayant pour base le principe de l'élection. Selon nous, il serait douloureux de penser qu'un brevet d'incapacité administrative ou d'ineptie électorale dût être décerné précisément à la population qui, par l'éclat et les merveilles des lettres, des sciences et des arts, a élevé et sait maintenir la ville de Paris au premier rang dans l'univers; il ne le serait pas moins de voir désormais la grande et illustre capitale entièrement privée d'initiative et de liberté dans le gouvernement de ses affaires, et placée dans nos lois municipales au-dessous de la dernière commune du pays.

CHAPITRE Ier.

DE LA NOUVELLE DÉLIMITATION DE PARIS ET DE SES CONSÉQUENCES.

28 — Nouvelles limites de Paris ; communes comprises en tout ou en partie dans ces limites.
29 — Promulgation de la loi du 16 juin 1859. — Ses effets en matière d'hypothèques, d'administration communale, d'octroi.
30 — Conséquences de l'annexion pour les communes incorporées.
31 — Biens et dettes de ces communes.
32 — Cimetières de Paris.
33 — Dispositions transitoires de la loi du 16 juin 1859, en faveur du commerce, de l'industrie et des contribuables.
34 — Faculté de l'entrepôt à domicile accordée au commerce.
35 — Facilité de crédit pour l'octroi accordée au commerce.
36 — Immunité accordée aux usines pour la fabrication de leurs produits soumis aux droits d'octroi, et pour ceux qui doivent être expédiés hors du territoire de Paris.
37 — Maintien, pendant cinq années, des tarifs actuels des contributions directes, dont le taux est déterminé à raison de la population. — Seconde période de cinq ans pour les patentes.
38 — Si les communes annexées sont soumises de plein droit aux lois et règlements de police rendus, jusqu'à l'annexion, dans la commune de Paris.
39 — Règlements de police concernant Paris.

28 — Les limites de Paris, fixées en 1784 à l'ancien mur d'octroi, ont été portées jusqu'au pied du glacis de l'enceinte fortifiée, par loi du 16 juin 1859. La ville de Paris avait demandé que la limite de son administration et de son octroi fût placée à l'extrémité de la zone des servitudes militaires, à 250 mètres au delà des fortifications; cette demande n'a point été accueillie et la limite de l'administration parisienne et du périmètre de l'octroi s'arrête au pied du glacis de l'enceinte [1].

[1] En avant du fossé, et le long de la *contre-escarpe*, est le *chemin couvert*,

Par suite de cette nouvelle délimitation, les communes de Passy, Auteuil, Batignolles-Monceaux, Montmartre, la Chapelle, la Villette, Belleville, Charonne, Bercy, Vaugirard et Grenelle ont été supprimées.

Ont été annexés à Paris les territoires ou portions de territoire de ces communes et des communes de Neuilly, Clichy, Saint-Ouen, Aubervilliers, Pantin, Prés-Saint-Gervais, Saint-Mandé, Bagnolet, Ivry, Gentilly, Montrouge, Vanves et Issy, compris dans l'enceinte fortifiée.

Les portions des territoires d'Auteuil, Passy, Batignolles-Monceaux, Montmartre, la Chapelle, Charonne et Bercy, qui restent au delà de ces limites, ont été réunies, savoir :

Celles provenant d'Auteuil et de Passy, à la commune de Boulogne;

Celle provenant des Batignolles-Monceaux, à la commune de Clichy;

Celle provenant de Montmartre, à la commune de Saint-Ouen;

Celle provenant de la Chapelle, partie à la commune de Saint-Ouen, partie à la commune de Saint-Denis, et partie à la commune d'Aubervilliers;

Celle provenant de Charonne, partie à la commune de Montreuil, partie à la commune de Bagnolet;

Celle provenant de Bercy, à la commune de Charenton;

Le tout conformément au plan A annexé à la loi [1].

29 — La loi du 16 juin 1859 n'a été promulguée, à Paris, que le 3 novembre de la même année. Elle est devenue exécutoire un jour après cette promulgation, c'est-à-dire le 5 novembre. A cette date, le *Moniteur* avait pris soin d'avertir que, désormais, les formalités hypothécaires, portant sur des immeubles compris dans le nouveau périmètre de la capitale, devaient être remplies dans les bureaux de la conservation des hypothèques de Paris.

Par un décret du 16 novembre 1859, le service de la conserva-

---

espace protégé par une élévation de terre qui lui sert de parapet, et qui va se perdre dans la campagne par une pente douce qu'on appelle *glacis*.

[1] Voyez à l'*appendice* n° 1.

tion des hypothèques a été centralisé à Paris pour tout le département de la Seine et réparti en trois bureaux :

Le premier bureau comprend le premier arrondissement de la ville de Paris (Louvre), le deuxième (Bourse), le troisième (Temple), le quatrième (Hôtel-de-Ville), la cinquième (Panthéon), le sixième (Luxembourg), le septième (Palais-Bourbon), le huitième (Élysée), le neuvième (Opéra), le dixième (enclos Saint-Laurent), le onzième (Popincourt), le douzième (Reuilly).

Le deuxième bureau se compose du seizième arrondissement de la ville de Paris (Passy), du dix-septième (Batignolles-Monceaux), du dix-huitième (butte Montmartre), du dix-neuvième (butte Chaumont), du vingtième (Ménilmontant) et de l'arrondissement communal de Saint-Denis.

Le troisième bureau comprend le treizième arrondissement de Paris (Gobelins), le quatorzième (Observatoire), le quinzième (Vaugirard) et l'arrondissement communal de Sceaux.

Le cautionnement à fournir en immeubles par chacun des trois conservateurs du département de la Seine a été fixé par le même décret à cent mille francs.

Enfin, ce décret a disposé encore qu'à la diligence de l'administration de l'enregistrement et des domaines, les formalités hypothécaires concernant des immeubles situés dans les circonscriptions attribuées au deuxième et au troisième bureau, et qui ont été accomplies, depuis la promulgation de la loi d'annexion, à l'ancienne conservation de Paris, seraient extraites sans frais des registres de cette conservation et reportées avec leur date sur les registres des deuxième et troisième bureaux. Mais ce décret a laissé subsister une difficulté relativement à la situation hypothécaire des immeubles qui, jusqu'au jour de l'annexion, ont fait partie d'une circonscription autre que celle dans laquelle ils ont été compris par la dernière classification des bureaux. Les immeubles qui sont passés d'un bureau dans l'autre sont demeurés grevés des mêmes hypothèques. Mais, à l'avenir, comment sera constatée la situation hypothécaire de ces immeubles? En l'an VII, lors de l'organisation du nouveau régime hypothécaire, des registres furent ouverts dans les nouvelles circonscriptions, mais en même temps, dans chaque bureau, fut déposé un tableau sur lequel on pouvait reconnaître l'ancienne circonscription dont chaque immeuble faisait partie et le bureau de la nouvelle organisation où étaient déposés les registres des inscriptions et transcriptions antérieures à sa mise en activité. C'est avec ces registres et dans ces bureaux qu'était établie pour le passé la situation hypothécaire des immeubles [1].

En ce qui concerne les maires de Paris et de la banlieue ils sont restés en fonctions, dans les anciennes circonscriptions, jusqu'à la fin de décembre 1859, et ont continué la tenue des registres de l'état civil jusqu'à cette époque. En outre, conformément à la note publiée par le *Moniteur* du 4 novembre 1859, l'administration des communes supprimées ou fractionnées a fonctionné jusqu'à l'expiration de l'année.

Quant au régime de l'octroi, la loi avait formellement déclaré que les communes annexées n'y seraient soumises qu'à partir du 1er janvier 1860. Cependant, l'article 5 du décret du 19 décembre 1859 est venu frapper des droits d'octroi de Paris, même les objets qui, à la date du 1er janvier 1860, existaient dans le commerce sur le territoire annexé à l'ancien rayon. Cette disposition a seulement atteint le commerce. En fait, il y avait là une rigueur extrême. Mais en droit la disposition dont il s'agit était en désaccord manifeste avec l'art. 4 de la loi du 16 juin 1859, laquelle disposait que le régime de l'octroi de Paris serait étendu jusqu'aux nouvelles limites de cette ville, mais seulement à partir du 1er janvier 1860. Était-il dans la pensée des auteurs de cette loi de lui donner effet rétroactif, sinon pour les particuliers, du moins pour le commerce? Non certes; l'effet rétroactif aurait dû être réservé sur ce point par la loi, pour trouver place dans le décret réglant sa mise à exécution. Dans le silence de la loi, le décret du 19 décembre 1859 ne pouvait atteindre les produits entrés dans Paris avant le 1er janvier 1860. Il est à cet égard en opposition avec la loi organique, avec les principes du droit public sur l'exécution des lois,

---

[1] Loi du 21 ventôse an VII, art. 39.

et ne saurait avoir force obligatoire pour les particuliers et pour les tribunaux. La cour de cassation a rendu en cette matière un arrêt qui a fixé les principes et a été invoqué avec raison par le commerce dans le débat qu'il a soulevé contre l'administration de l'octroi [1].

30 — Quelles ont été les conséquences de l'annexion pour les communes comprises dans le nouveau périmètre de Paris? Plusieurs de ces conséquences ont été fixées à l'avance par la loi, en ce qui touche les biens et les dettes des communes annexées, les cimetières compris dans la nouvelle enceinte, le régime de l'octroi et les contributions. Nous allons successivement préciser chacun de ces points.

31 — Les dettes des communes supprimées qui n'étaient pas couvertes par l'actif de ces communes au moment de leur suppression, ont dû être acquittées par la ville de Paris.

A l'égard des communes dont une partie seulement est annexée à Paris, un décret rendu en conseil d'État a dû régler le partage de leur dette et de leur actif mobilier et immobilier.

Toutefois, la propriété des édifices, et autres immeubles servant à usage public, a suivi de plein droit l'attribution des territoires sur lesquels ils sont placés [2].

32 — Lorsque la mesure de l'annexion a été proposée, une légitime émotion s'est produite dans la population de Paris et de la banlieue. On s'est demandé si les lois qui prohibent les inhumations dans l'enceinte des villes, et notamment le décret du 23 prairial an XII, allaient recevoir leur exécution. Pour calmer les inquiétudes des deux populations qu'une loi allait confondre en une seule commune, on a introduit dans la loi d'annexion l'article suivant :

« Les dispositions des lois et décrets qui interdisent les inhumations dans l'enceinte des villes ne deviendront pas, *par le seul fait de la présente loi*, applicables aux cimetières actuellement existants dans l'intérieur de l'enceinte nouvelle de Paris. »

---

[1] Cass., 21 janv. 1857, commune de Saint-Servan, contre Lefillâtre.
[2] Loi du 16 juin 1859, art. 9.

Ainsi, la loi nouvelle laisse subsister l'état des choses, et ajourne la solution de la question. Quelles mesures seront prises à cet égard? Nul ne saurait le dire. Empruntons néanmoins ces consolantes paroles au rapporteur de la loi au Corps législatif : « Que l'on continue, plus ou moins longtemps, disait M. Riché, de se servir des cimetières actuels; la perturbation qui froisserait la population dans ses fibres, ce serait que l'établissement de nouveaux cimetières pût entraîner la translation des sépultures actuelles. Exproprier les morts est un sacrilége, si l'on n'est excusé par l'intérêt le plus impérieux des vivants; on ne le serait pas par un changement de circonscription administrative. Empressons-nous de proclamer, Messieurs, que nos principes et nos sentiments, sur ces questions de moralité, ont été hautement partagés par MM. les commissaires du gouvernement et par M. le préfet de la Seine, lorsque nous avons eu l'honneur de les entendre. Sans avoir besoin de faire remarquer combien la translation des mausolées serait ruineuse pour les finances de Paris, nous trouvons contre toute crainte à cet égard une garantie plus élevée et plus sûre encore dans la sagesse et les inspirations honnêtes et religieuses de l'Hôtel-de-Ville et du Gouvernement [1]. »

33 — La loi contient, en outre, plusieurs dispositions transitoires destinées à atténuer les effets de l'annexion pour les communes incorporées, du moins pendant quelque temps. Ces dispositions concernent : 1° le commerce; 2° l'industrie; 3° les contribuables en général et en particulier les patentables. Il convient de préciser chacune de ces dispositions.

34 — *Commerce.* Le commerce de la banlieue réunie eût été gravement atteint dans ses intérêts, si l'annexion l'avait immédiatement soumis aux droits d'octroi de l'ancien Paris. En général, le régime des octrois comporte, pour les boissons, l'existence de l'entrepôt fictif ou à domicile. L'entrepôt à domicile permet au débitant de transporter chez lui les matières de son commerce sans acquitter préalablement les droits d'octroi, qu'il ne paye qu'au

---

[1] Voyez ci-après, nos 160 et suiv.

fur et à mesure de l'écoulement de ces mêmes matières, soit à l'intérieur de la ville, soit à l'extérieur. L'entrée et la sortie des matières, chez le débitant, sont constatées au moyen de ses écritures, contrôlées par celles des agents de l'octroi, et, selon les cas, du trésor public, et par des inspections périodiques. Les droits d'octroi ne sont perçus que sur les quantités manquantes, défalcation faite du déchet dont les règlements permettent de tenir compte. Mais les débitants qui jouissent de l'entrepôt à domicile sont nécessairement soumis à l'exercice, c'est-à-dire à la vérification de l'état de leurs marchandises par les préposés de l'administration; car ils peuvent dissimuler les quantités manquantes soit par leurs écritures, soit pour les boissons, par l'addition d'une certaine quantité d'eau aux quantités restantes.

Or, à Paris, l'entrepôt à domicile est interdit. Il n'a jamais été admis d'exception à cette prohibition que pour le commerce du bois. Pour les boissons, il a été établi un entrepôt public, aux frais de la ville. Les habitants qui veulent se soustraire à l'acquittement immédiat des droits d'octroi ont la faculté de déposer leurs liquides dans l'entrepôt public; ils ne payent ces droits qu'à la sortie de l'entrepôt. La banlieue de Paris jouissait, au contraire, de la faculté d'entrepôt à domicile. L'assimilation absolue de la banlieue annexée à la ville de Paris aurait privé le commerce de la banlieue de cet avantage. Des réclamations se sont produites de toutes parts, et surtout de Bercy, où se fait un commerce de vins si considérable. On a donc fait une concession momentanée au commerce, non-seulement pour les boissons, mais encore pour les marchandises vendues en gros, telles que les bois, les métaux. L'art. 5 de la loi du 16 juin 1859 a disposé en ces termes : « Les magasins en gros pour les matières et les denrées soumises dans Paris aux droits d'octroi dont l'existence aura été constatée au 1er janvier 1859, sur les territoires annexés à Paris, jouiront, sur la demande des intéressés, pour dix années, à partir du 1er janvier 1860, de la faculté d'entrepôt à domicile, conformément aux dispositions de l'art. 41 de l'ordonnance royale du 9 décembre 1814 et de l'art. 39 de la loi du 28 avril 1816, et ce, nonobstant, en ce qui concerne les boissons, les dispositions de l'article 9 de la loi du 28 juin 1833. »

La faculté de l'entrepôt à domicile n'est accordée qu'au commerce en gros. Pour le commerce de détail, il n'a pas paru possible de l'admettre : l'entrepôt à domicile amène l'exercice, et l'exercice eût été impraticable pour un genre de commerce où le mouvement des denrées est de tous les instants.

Mais quels sont les objets admis à l'entrepôt à domicile? Ce point, ainsi que les conditions d'admission à l'entrepôt, est réglé par le décret du 19 décembre 1859. (Art. 16)[1].

« La même faculté d'entrepôt, ajoute l'article 5, s'applique aux dépôts de combustibles et de matières premières annexés, pour leur approvisionnement, aux usines en activité au 1er janvier 1859. »

Il résulte du rapport de M. Riché au Corps législatif, que cette faculté d'entrepôt doit être accordée aux usines, « que les dépôts soient ou non juxtaposés aux établissements qu'ils desservent. »

La loi renferme, de plus, cette promesse, dans le même article 5 : « A l'expiration des dix années, la faculté d'entrepôt pourra, après avis du conseil municipal, être prorogée, et, dans ce cas, elle devra être étendue à toute la ville de Paris. »

Cette mesure pourrait être arrêtée par un décret, parce que l'entrepôt en fait d'octroi est organisé par des règlements; mais en ce qui concerne les boissons, comme la prohibition d'établir à Paris l'entrepôt à domicile est prononcée par une loi, une loi serait nécessaire pour la faire disparaître. C'est encore ce qu'exprime l'article 5 dans sa disposition finale : « Cette mesure, en ce qui concerne les boissons, ne pourra être prise qu'en vertu d'une loi. »

Mais dans le cas où la faculté d'entrepôt à domicile ne serait pas admise pour tout Paris, Bercy et la Villette ont paru être destinés dans l'avenir à posséder des entrepôts réels. Cette opinion et ce vœu ont été exprimés tout à la fois par M. le préfet de la Seine et par M. Riché dans leurs rapports officiels.

---

[1] Voyez *Appendice* n° 2.

35 — Une seconde concession a été faite au commerce de la banlieue annexée :

Certains commerces, qui se pratiquent sur une vaste échelle et qui offrent d'ailleurs des garanties sérieuses, obtiennent de l'octroi un certain crédit pour le payement des droits auxquels ils sont assujettis. Ce terme pour le payement est surtout réclamé par le commerce qui est obligé de faire de grands approvisionnements, comme le commerce des bois; il jouit en général d'un terme de six mois, qui équivaut à une remise de 3 p. 0/0 sur le montant des droits. L'article 6 de la loi permet aux commerçants en gros qui ne réclameront pas le bénéfice de l'entrepôt à domicile, de réclamer ces facilités de crédit auprès de l'octroi. Cet article est ainsi conçu :

« Ceux des établissements mentionnés ci-dessus (les magasins en gros), qui ne réclameraient pas le bénéfice de l'entrepôt à domicile, *pourront* être admis à jouir, pour l'acquittement des droits d'octroi constatés à leur charge, des facilités de crédit analogues à celles qui sont maintenant accordées dans Paris au commerce des bois et au commerce des huiles. »

Et quand la loi dit « pourront être admis, » elle comprend que les établissements dont il s'agit seront libres de revendiquer les facilités qui leur sont offertes. Le rapporteur de la loi au Corps législatif s'est exprimé ainsi à ce sujet : « Nous n'avons pas jugé utile de faire disparaître les mots *pourront être admis à jouir*, qu'on lit dans le premier alinéa. Il est évident que la faculté d'option entre le crédit et l'entrepôt appartient au redevable, et que la ville ne peut refuser crédit à celui qui, n'ayant pas entrepôt, réclame le bénéfice de l'article 6. Pour reconnaître à la ville la liberté d'accorder ou de refuser le crédit, ce n'eût pas été la peine d'écrire un article de loi. »

Mais, aux termes du même article 6, ces facilités ne peuvent être invoquées indistinctement : « Cette disposition n'est pas applicable aux objets qui sont à la fois passibles des droits d'entrée au profit du Trésor, et de droits d'octroi. » Ce qui faisait dire encore au rapporteur de la loi au Corps législatif : « Cette forme de crédit sur l'octroi ne peut être invoquée par le commerce des denrées qui, en même temps que l'octroi, subissent aux entrées des perceptions qui ne sont pas municipales, comme les boissons qui, à la barrière de Paris, rencontrent, outre l'octroi, un impôt aux entrées, représentant les droits de détail ou de consommation qui, en province, atteignent les vins, eaux-de-vie, etc. On peut à l'octroi distinguer par le calcul les deux taxes, mais non donner le crédit pour une taxe, l'entrepôt pour l'autre, et diviser le traitement fait à la même expédition des mêmes liquides. Accorder le crédit pour l'octroi urbain obligerait à l'accorder pour le droit dû au Trésor ; or, telle n'est pas la pensée de l'administration des contributions indirectes, qui ne consentirait pas à se plonger dans les embarras ou les non-valeurs qu'entraînerait le crédit, ni à voir retarder l'encaissement de ses recettes, ni à subir la perte de l'escompte. La ville de Paris ne paraît pas avoir jamais songé à faire supporter à ses finances les mêmes inconvénients, ni à accorder aux négociants en vins et alcools de la contrée annexée une prime de 3 p. 0/0 sur les négociants du Paris actuel qui se servent de l'entrepôt réel du quai Saint-Bernard. »

Les conditions dans lesquelles peut s'exercer cette facilité de crédit, sont fixées par les articles 24 et suivants du décret réglementaire du 19 décembre 1859 [1].

36 — *Industrie.* Le combustible et les matières premières constituent les deux agents essentiels de l'industrie. Dans la banlieue annexée, certaines manufactures ne payaient aucun droit d'octroi sur les combustibles et les matières premières ; d'autres n'étaient soumises qu'à des droits peu élevés. De là le grand nombre d'usines qui s'étaient élevées à la faveur de ce régime, dont l'annexion les eût fait sortir soudainement. La loi contient à leur égard un tempérament ; elle dispose (art. 7) que « les usines en activité à la date du 1ᵉʳ janvier 1859, dans le périmètre du territoire réuni à Paris, ne pourront être, pendant le délai de sept ans, assujetties, pour la fabrication de leurs produits non soumis aux droits d'oc-

---

[1] Voyez *Appendice* n° 2.

troi ou de ceux qui devront être expédiés hors du territoire de Paris, à des droits supérieurs à ceux qu'elles payent actuellement dans les communes où elles sont situées, pour les combustibles employés à la fabrication, et pour les matières premières dont on peut suivre la transformation. »

Il faut rappeler ici que toute personne qui prépare ou fabrique, dans l'intérieur d'un lieu sujet à l'octroi, des objets compris au tarif, doit en faire la déclaration et acquitter immédiatement le droit, si elle ne réclame la faculté d'entrepôt[1]. Or, il eût été onéreux pour les fabriques de la banlieue annexée de voir ceux de ces produits qui ne payaient aucuns droits, atteints par l'octroi de Paris, et d'être privées de l'avantage dont elles jouissaient jusque-là d'expédier ces produits en province à meilleur compte que Paris. Mais, d'un autre côté, il ne fallait pas que l'annexion créât à la fabrication de l'ancien Paris une concurrence funeste; cette concurrence, elle lui eût été faite par la banlieue annexée, si celle-ci avait eu la faculté d'écouler ses produits, ainsi affranchis, dans l'ancien Paris, qui n'avait point sollicité la mesure de l'annexion. De là le *statu quo* qui résulte de la loi et qui laisse à chaque fabrication ses avantages et ses inconvénients antérieurs à l'annexion de la banlieue.

Néanmoins, cette faveur ne peut être réclamée que « pour les combustibles employés à la fabrication et les matières premières dont on peut suivre et constater la transformation. » Le rapporteur de la loi donnait sur ce point les explications suivantes: « Il est des marchandises pour lesquelles il existe un rapport à peu près constant entre la quantité de produits fabriqués et la quantité de matière employée, ou celle de la houille consommée : on nous a cité comme appartenant à cette catégorie les savons, les bougies. Là, pour trouver le *drawback*[2], il suffira de remonter, par un simple calcul, du produit exporté à la quantité de matière première ou de combustible qu'il représentera. Mais lorsque les pro-

[1] Ordon. royale du 9 décembre 1814, art. 36.
[2] Remise des droits d'entrée pour les marchandises exportées hors de la commune.

portions ne sont pas déterminées *à priori* par les lois de la science ou les usages de l'industrie, il faudra bien que l'agent fiscal suive l'opération de l'emploi ou de la transformation, et le bénéfice de l'article 7 ne peut être appliqué qu'aux industries dans lesquelles le passage de la matière brute à l'objet fabriqué pourra être ainsi suivi. Or, la différence de traitement fait aux combustibles ou aux matières élémentaires pourra aisément être pratiquée quand il y aura un rapport connu entre la quantité du produit et celle de la matière ou de la houille ; mais il pourra en être autrement lorsqu'il y aura lieu à suivre l'opération de la combustion ou transformation. Il ne sera pas toujours facile de discerner les matières et combustibles afférents aux objets à verser dans Paris et ceux destinés aux objets à exporter. Il faudra, ou des fabrications séparées, ou que l'agent du fisc interroge souvent les registres, supposés fidèles du négociant, pour établir une proportion partant des quantités d'objets vendus à l'extérieur, de celles d'objets vendus dans Paris, pour aboutir à appliquer à chaque catégorie son contingent de houille et de matières employées. Nous ne disons pas que ce sera impossible, nous disons que cela ne simplifiera pas le régime. »

Toutefois, d'après le même article 7, les usines à gaz pourront être astreintes au payement de la totalité du droit auquel la houille est soumise à l'entrée de Paris, à moins qu'elles ne préfèrent continuer de payer la redevance de deux centimes par mètre cube, perçue sur le gaz consommé dans Paris, en vertu du traité passé le 23 juillet 1855, entre la ville de Paris et la Compagnie parisienne d'éclairage et de chauffage par le gaz.

L'application de l'article 7 est réglée par les articles 25 et suivants du décret du 19 décembre 1859[1].

37 — *Contributions*. Les contributions directes dont le taux est déterminé à raison de la population, celui des patentes, dans lequel le droit fixe est également basé sur le chiffre de la population, pouvaient subir une augmentation très-sensible par le fait

[1] *Appendice* n° 2.

de l'annexion et aggraver la situation des contribuables de la banlieue annexée. Sous ce rapport, l'article 8 de la loi déclare que : « Les contributions directes dont le taux est déterminé à raison de la population continueront, pendant cinq ans, à partir du 1er janvier 1860, à être établies d'après les tarifs actuels, dans les communes ou portions de communes annexées à Paris. Après ce délai, ainsi que l'article 5 de la loi du 25 avril 1844 l'a réglé pour les communes passant d'une catégorie dans une autre, l'augmentation que devront subir les droits fixes de patentes pour être portés au niveau de ceux de Paris, n'aura lieu que pour moitié et ne sera complétée qu'après une seconde période de cinq années. »

Ainsi, pendant cinq ans, les contributions directes dont le taux est déterminé à raison de la population, continueront à être établies d'après les tableaux anciens dans les communes suburbaines. Pendant la seconde période de cinq années, l'augmentation que devront subir les droits fixes de patentes pour être portés au niveau de ceux de Paris, n'aura lieu que pour moitié. Ce n'est qu'après cette seconde période de cinq années que les droits fixes seront complétés.

38 — Mais quelle sera la situation des communes annexées relativement aux règles de police ?

En principe, la réunion d'une commune à une autre n'a pas pour résultat de soumettre de plein droit cette commune aux règlements de police qui sont en vigueur dans celle à laquelle elle se trouve annexée. Chaque commune demeure sous l'empire de ses règlements particuliers, lesquels conservent leur force tant qu'ils n'ont pas été abrogés. C'est ce que consacre avec raison un arrêt de la Cour de cassation du 16 avril 1858[1]. Les règlements municipaux, ainsi que la loi, ne sont en effet exécutoires que lorsqu'ils ont été portés à la connaissance des habitants par une publication régulière. Tant qu'un règlement n'a pas été régulièrement publié ou notifié, il est lettre morte pour les citoyens. Si la partie poursuivie devant

---

[1] Sirey, 1858, J, 776.

un tribunal pour une infraction à un règlement de police dénie qu'il ait été publié, c'est au ministère public à fournir la preuve de la publication[1]. Dès lors, le fait de l'annexion n'aura rien changé, sous le rapport des règles de police à observer par les habitants, à ce qui existait précédemment ; les communes annexées, comme l'ancienne commune de Paris, demeureront respectivement sous l'empire des règlements de police qui avaient été publiés dans chacune d'elles avant l'annexion. Les règlements de police rendus jusqu'au jour de l'annexion pour la commune de Paris exclusivement ne pourront devenir applicables aux communes annexées qu'en vertu d'une publication régulière.

39 — Et combien la mesure de la publication n'est-elle pas nécessaire dans l'espèce ! Les ordonnances qui ont été rendues par la préfecture de police depuis un demi-siècle et auxquelles se trouve soumise la population de l'ancienne commune de Paris (c'est-à-dire de Paris avant l'annexion) sont extrêmement nombreuses. Par les ordres de M. le préfet de police, Gabriel Delessert, ces ordonnances ont été imprimées, et en 1850 le recueil avait atteint cinq volumes, renfermant près de deux mille cinq cents ordonnances. La publication de ce recueil est un premier service rendu aux justiciables de la préfecture[2]. Mais, il ne faut pas le dissimuler, il est peu de citoyens qui soient à même de se guider avec sûreté dans cette vaste collection. Une habitude regrettable, en effet, s'est introduite dans le système des lois et des règlements en France : nous voulons parler de l'abrogation tacite. Une loi, une ordonnance de police sont rendues sur une matière déjà réglée. Cette loi et cette ordonnance, dans la pensée de leurs auteurs, ont nécessairement pour effet de modifier certains points des lois et ordonnances antérieures. Or, par une réserve singulière, la loi ou l'ordonnance modificative ne spécifie pas formellement ce qu'elle retranche et ce qu'elle maintient dans le passé. Une timide disposition annonce uniquement que « les lois ou ordonnances antérieures qui ne sont point contraires à la présente loi ou à la présente ordonnance

---

[1] Cass., 26 juin 1857 ; Sirey, 1857, 1, 871.
[2] C'est la maison Dupont qui a été chargée de cette publication.

continueront de recevoir leur exécution. » Vérité banale qu'on pourrait tout aussi bien ne pas énoncer, et qu'on ne trouve pas toujours en effet à la suite des nouvelles lois ou ordonnances.

Alors revient au justiciable le soin de combiner les textes nouveaux avec les textes anciens et d'en tirer la lumière que n'a pas faite pour lui la nouvelle loi ou la nouvelle ordonnance, qui cependant doit l'éclairer subitement au jour de la promulgation. Mais comment le lecteur fera-t-il sûrement ce que le législateur ou le magistrat municipal n'a pas osé faire? Comment pourra-t-il séparer avec certitude ce qui existe encore de ce qui n'existe plus pour lui! Il essaiera néanmoins de le faire, car la loi et l'ordonnance de police l'atteignent dans sa personne et dans ses biens; mais que de soins et d'erreurs le législateur ou le magistrat lui eût épargnés s'il avait clairement et formellement indiqué, lui qui ne peut l'ignorer, ce qui sera désormais exécuté et ce qui doit cesser de l'être! Ces réflexions, quiconque les fera, en essayant de s'aventurer dans ce sable mouvant des ordonnances de police, dont la collection Delessert offre la volumineuse série, lesquelles s'abrogent tacitement les unes les autres, et le plus souvent sans que le lecteur en soit averti. Les cinq volumes, réduits aux seules dispositions des ordonnances restées en vigueur, n'en formeraient plus qu'un ou deux tout au plus, peut-être. Mais qui oserait faire ce triage? Il n'aurait, dans tous les cas, de valeur qu'autant qu'il serait opéré par les soins de l'administration elle-même. Ce serait là, il est vrai, un second service rendu aux justiciables de la préfecture de police, et le seul qui soit de nature à les consoler de l'application de la maxime, d'ailleurs nécessaire à l'ordre public, qui veut que nul ne soit censé ignorer les ordonnances de police pas plus que la loi.

CHAPITRE II.

DES FORTIFICATIONS DE PARIS ET DES SERVITUDES QUI EN RÉSULTENT.

40 — En quoi consistent les fortifications de Paris.
41 — Situation spéciale des propriétés environnantes.
42 — Etendue de la zone unique de servitude.
43 — De l'interdiction de bâtir.
44 — Des constructions existantes.
45 — Des bâtisses en bois ou en bois et terre.
46 — Des bâtisses en maçonnerie.
47 — Des exceptions à l'interdiction de bâtir.
48 — Du bornage de la zone.
49 — Des déclarations, demandes et permissions.
50 — De la déclaration des constructions existantes.
51 — Des indemnités et des cas dans lesquels il en est dû. — Indemnité pour l'établissement des fortifications.
52 — Des contraventions et de leur poursuite.
53 — Du personnel administratif.
54 — De la compétence de la commission mixte des travaux publics.

40 — C'est au gouvernement de 1830 que revient l'honneur de cette mesure hardie qui a consisté à environner Paris d'une vaste enceinte, et de forts extérieurs qui la protégent. « Jamais plus grande entreprise ne fut proposée à un grand peuple, disait M. Thiers. Ceux qui ne nous souhaitent ni vertu, ni force, disent que nous reculerons devant la grandeur de cet effort, devant même la dépense qu'il pourrait entraîner. Nous avons la conviction que nous ne mériterons pas le jugement porté par nos ennemis et que nous donnerons enfin à Paris, à ce Paris que Vauban appelait le cœur de la France, cette puissante ceinture qui la rendra inaccessible à tous les traits des ennemis de notre patrie. »

Néanmoins, le gouvernement comprenait que cette enceinte aurait un jour une autre destination que celle de la défense de Paris. « La construction d'une nouvelle enceinte, a dit récemment M. le ministre de l'intérieur, impliquait si clairement la destruction de l'ancienne, l'annexion à Paris des communes comprises entre les deux lignes semblait sortir comme une conséquence si naturelle, si directe, de la loi des fortifications, qu'un délai de vingt années ayant été demandé à la Chambre des députés, l'amendement souleva des réclamations et fut rejeté sans débat. Or, ce délai, qui semblait excessif alors, est près de son terme. Qui donc pourrait s'étonner, qui pourrait se plaindre, si le gouvernement de l'empereur juge indispensable la réalisation d'une mesure si longtemps suspendue par ménagement pour les intérêts particuliers qu'elle pouvait froisser, qu'il y veuille aujourd'hui donner suite ? » Ainsi, par l'annexion, se trouve complétée l'œuvre du gouvernement qui a entrepris et entièrement exécuté cette nouvelle enceinte de Paris.

Les fortifications de Paris ont fait l'objet de la loi du 3 avril 1841. D'après cette loi, les fortifications de Paris se composent, d'une part, d'une enceinte continue, embrassant les deux rives de la Seine, bastionnée et terrassée, avec dix mètres d'escarpe revêtue ; d'autre part, des ouvrages extérieurs casematés.

Ces ouvrages extérieurs, détachés, ont pris le nom des lieux où ils existent. En voici la nomenclature, d'après la loi du 10 juillet 1851 : Vincennes, redoute et retranchement de Saint-Maur, forts de Nogent, de Rosny, de Noisy, de Romainville, d'Aubervilliers, de l'Est (à Saint-Denis), Double couronne du nord (Saint-Denis), fort de la briche (Saint-Denis), forteresse du Mont-Valérien, forts d'Issy, de Vanves, de Montrouge, de Bicêtre, d'Ivry et de Charenton.

On avait demandé si Paris ne serait pas sous la portée des forts détachés. On y voyait un danger, en cas d'occupation par l'ennemi ; on y voyait encore un piége pour la population parisienne, dans le cas où une collision éclaterait entre elle et le gouvernement. Mais il fut convenu, dans les Chambres, qu'aucun des ouvrages extérieurs ne serait plus rapproché de l'enceinte que le fort de Vincennes.

41 — L'établissement des fortifications a créé pour les propriétés qui les avoisinent une situation spéciale qu'il est utile de préciser.

Lorsqu'une ville de guerre vient à être fortifiée, les propriétés qui environnent les travaux de défense se trouvent frappées de graves servitudes. Les lois des 10 juillet 1791 et 17 juillet 1819 avaient établi en dehors des fortifications trois grandes zones formant ensemble un rayon de près de mille mètres. Dans la première zone, qui avait 250 mètres de rayon, il était interdit de bâtir. Dans la seconde, qui s'étendait à 487 mètres, il était également interdit de bâtir; mais au delà de la première zone, de 250 mètres, on pouvait élever des bâtiments et clôtures en bois et en terre, à la charge de démolir à la première réquisition. Enfin, dans la troisième zone, qui comprenait 974 mètres de rayon, on ne pouvait faire des chemins, levées ou chaussées, ni creuser des fossés, sans autorisation de l'administration de la guerre.

Or, l'article 8 de la loi du 3 avril 1841 a disposé en ces termes : « La première zone des servitudes militaires, telle qu'elle est réglée par la loi du 17 juillet 1819, sera seule appliquée à l'enceinte continue et aux fortifications. Cette zone unique, de 250 mètres, sera mesurée sur les capitales des bastions, et à partir de la crête de leurs glacis. »

Depuis, une loi du 10 juillet 1851 a réglementé de nouveau le classement des places de guerre et les servitudes militaires qui en résultent, en abrogeant en partie les lois antérieures; mais elle n'a apporté aucune modification à la loi du 3 avril 1841. Dans le tableau annexé à cette loi, on a eu soin d'indiquer que si l'on y mentionnait l'enceinte de la place de Paris et les forts détachés qui en dépendent, ce n'était que pour mémoire, attendu, est-il dit, que « la loi du 3 avril 1841 a posé des règles spéciales pour l'application des servitudes aux fortifications de Paris. » Et le règlement d'administration publique du 10 août 1853, qui a été rendu pour réunir et coordonner dans leur ensemble toutes les dispositions des lois concernant les servitudes imposées à la propriété autour des fortifications et préciser les mesures d'exécution, n'a également rien changé à cet état de choses.

La mention de l'enceinte et des forts détachés dans le tableau annexé à la loi du 10 juillet 1851, n'a point eu pour résultat de classer la ville de Paris au nombre des places de guerre, mais elle a eu pour effet de rendre applicables aux propriétés voisines les servitudes militaires dont nous allons parler, à partir de la promulgation de cette loi. (Conseil d'État, arrêt du 24 juillet 1856.)

42 — *Zone unique de servitudes.* Il résulte de ce qui précède, qu'il n'existe pour les propriétés qui avoisinent l'enceinte continue et les forts détachés qui font partie des fortifications de Paris, qu'une zone de servitudes militaires; cette zone est de 250 mètres et doit être mesurée sur les capitales des bastions, et à partir de la crête de leurs glacis. (Loi du 3 avril 1841, art. 8.)

43 — *Interdiction de bâtir.* Dans l'étendue de ces 250 mètres, il ne peut être bâti aucune maison ni clôture de construction quelconque, à l'exception des clôtures ou haies sèches ou en planches à claire-voie, sans pans de bois ni maçonnerie, lesquelles peuvent être établies librement.

Les haies vives et les plantations d'arbres ou d'arbustes formant haies sont spécialement interdites dans cette zone. (Décret du 10 août 1853, art. 7.)

44 — *Constructions existantes.* Les reconstructions totales de maisons, clôtures et autres bâtisses, sont également prohibées dans la même zone de servitudes, quelle que puisse être la cause de leur destruction. Les restaurations de bâtiments, clôtures et autres ouvrages tombant de vétusté ou pour une cause quelconque constituent des reconstructions totales, lors même qu'on voudrait, dans ces reconstructions, conserver quelques parties des anciennes constructions. (*Id.*, art. 10.)

45 — *Bâtisses en bois ou en bois et terre.* Les bâtisses en bois ou en bois et terre existant dans la limite de 250 mètres ne peuvent être entretenues dans leur état actuel qu'autant qu'il n'est apporté aucun changement dans leurs formes et leurs dimensions, et que sous les restrictions expresses : 1° que les matériaux de réparation et de reconstruction partielle sont de même nature que ceux

précédemment mis en œuvre ; 2° que la masse des constructions existantes n'est point accrue. (*Id.*, art. 11.)

46 — *Bâtisses en maçonnerie.* Les bâtisses en maçonnerie situées dans la zone de 250 mètres de l'enceinte continue et des forts détachés, ne peuvent être entretenues librement, dans leur état actuel, qu'à la charge expresse de les démolir sans indemnité, à la première réquisition de l'autorité militaire, en cas de guerre, et de ne faire en outre aucun des travaux de la nature de ceux qui sont légalement prohibés en matière de voirie, c'est-à-dire de reprises en sous-œuvre, de grosses réparations et autres travaux confortatifs, soit à leurs fondations ou à leur rez-de-chaussée, s'il s'agit de bâtiments d'habitation ; soit, pour les simples clôtures, jusqu'à moitié de leur hauteur, mesurée sur leur parement extérieur ; soit, pour toutes les autres constructions, jusqu'à trois mètres au-dessus du sol extérieur. Ces derniers travaux ne peuvent être exécutés qu'autant que le propriétaire fournit la preuve que la bâtisse existait, dans sa nature et ses dimensions actuelles, antérieurement à l'époque de l'établissement des servitudes dont elle est grevée, ou justifie qu'elle a déjà fait l'objet d'un engagement de démolition sans indemnité, pour le cas prévu ci-dessus, ou, enfin, à défaut de l'une ou de l'autre de ces justifications, souscrit préalablement l'engagement dont il s'agit. (*Id.*, art. 12.)

47 — *Exceptions.* Peuvent être exécutés dans la zone de servitudes, par exception aux prohibitions ci-dessus :

1° Les fours de boulangerie et les fourneaux ordinaires de petites dimensions nécessaires dans les bâtiments d'habitation ;

2° Les cheminées ordinaires en briques ou en moellons dans les pignons et les refends des mêmes bâtiments construits en bois ou en bois et terre, pourvu que la largeur de la maçonnerie n'excède pas 1 mètre 50 centimètres par chaque pignon et chaque refend, et qu'on se conforme, en outre, aux usages locaux, tant pour les dimensions que pour la nature des matériaux ;

3° Les cloisons légères de distribution : en bois, à l'intérieur des bâtisses construites en bois et terre, couvertes et fermées de tous côtés ; en plâtre ou en briques de champ, dans les mêmes constructions en maçonnerie : dans aucun cas, leur épaisseur ne peut dépasser 8 centimètres, tout compris ;

4° Le remplacement des couvertures en chaume ou en bardeaux par des couvertures légères en ardoises ou en zinc, et même en tuiles, pourvu qu'il ne soit point apporté de changement à la forme de la toiture ;

5° Les murs de soutènement adossés au terrain naturel, sur toute la hauteur, sans déblais ni remblais créant des couverts ou augmentant ceux qui existent ;

6° Enfin, les puits avec margelle de 80 centimètres au plus de hauteur.

Sont également tolérés à la charge de démolition de la totalité de la construction, sans indemnité, dans le cas prévu ci-dessus :

1° Les reculements, exigés par le service de la voirie, d'une façade ou d'un pignon dépendant d'une construction couverte, pourvu qu'on emploie dans cette opération des matériaux de même nature que ceux précédemment mis en œuvre ;

2° Les ponts en bois sur les fossés ou sur les cours d'eau non navigables ni flottables, quand leur tablier ne s'élève pas de plus de 50 centimètres au-dessus du sol, sur chaque rive ;

Enfin, les baraques en bois, mobiles sur roulettes, ayant au plus 2 mètres de côté et 2 mètres 50 de hauteur de faîtage extérieurement, et susceptibles d'être traînées par deux hommes, sont permises, à la condition de n'en établir qu'une seule par propriété, et de prendre l'engagement de l'enlever, en toute circonstance, à la première réquisition de l'autorité militaire. (*Id.*, art. 13.)

Les moulins et autres semblables usines en bois ou en maçonnerie peuvent être exceptionnellement autorisés par le ministre de la guerre dans la zone de prohibition, à la condition de n'être élevés que d'un rez-de-chaussée, et qu'en cas de guerre il ne sera accordé aucune indemnité pour démolition.

La permission ne peut, toutefois, être accordée qu'après que le chef du génie, l'ingénieur des ponts et chaussées et le maire ont reconnu, de concert, et par un procès-verbal, que l'usine est d'utilité publique et que son emplacement est déterminé par quelque circonstance locale qui ne se peut rencontrer ailleurs. Elle n'est valable qu'en ce qui concerne le service militaire, et ne dispense pas de l'accomplissement des formalités à remplir vis-à-vis des autres administrations publiques et des tiers intéressés. (*Id.*, art. 14.)

Lorsqu'il est possible de réduire l'étendue de la zone de servitude du côté de quelque centre important de population sans compromettre la défense ou porter atteinte aux intérêts du Trésor, cette réduction est prononcée par un décret. Indépendamment des exonérations résultant de ces réductions de limites, des décrets déterminent, dans l'étendue de la zone de servitudes, les terrains pour lesquels, à raison des localités, il est possible, sans nuire à la défense, de tolérer, à titre exceptionnel, l'exécution de bâtiments, clôtures et autres ouvrages. (*Id.*, art. 6 et 15.)

Le ministre de la guerre peut, suivant les localités et les besoins de la défense, autoriser, à la condition de démolition sans indemnité dans le cas de guerre, la clôture des cimetières situés dans la zone de prohibition :

1° Par des murs en maçonnerie ou en terre, qui, à moins de circonstances particulières, ne devront avoir au maximum que 2 mètres 50 centimètres d'élévation au-dessus du sol et 50 centimètres, au plus, d'épaisseur à la base ;

2° Par des grilles en fer ou des clôtures en bois pleines ou à claire-voie, avec ou sans socles, soutenues de distance en distance à l'aide de poteaux en bois ou de piliers en maçonnerie de 50 centimètres au plus de côté, lesquels seront espacés d'au moins 4 mètres d'axe en axe. Dans les clôtures à claire-voie en bois, les lattis seront distants entre eux de manière à laisser au moins autant de vide que de plein.

Le ministre de la guerre peut aussi permettre à l'intérieur des cimetières, aux conditions qu'il juge convenables à l'intérêt de la défense, et toujours sous la condition précitée de démolition sans indemnité :

1° La construction de bâtiments de service de petites dimensions ;

2° L'exécution de monuments, tombeaux et autres signes funéraires.

Ces autorisations particulières ne sont pas, d'ailleurs, nécessaires lorsqu'il s'agit :

1° De caveaux dont la maçonnerie ne s'élève pas à plus de 50 centimètres au-dessus du sol ; 2° de pierres tumulaires horizontales ne dépassant pas cette même hauteur de 50 centimètres ; 3° de pierres d'inscription verticales ou pyramidales, de colonnes sépulcrales et d'urnes funéraires ou autres petits monuments de toute forme en maçonnerie, n'ayant au maximum que 1 mètre 50 centimètres d'élévation, socle compris, et 50 centimètres d'épaisseur ; 4° de grilles ou de balustrades d'entourage en bois ou en fer, avec ou sans socle, de 1 mètre 50 centimètres au plus d'élévation.

Il ne peut être établi de cimetières, dans la zone de servitude, avant que le ministre de la guerre n'ait été consulté, au point de vue des intérêts de la défense, sur le choix de l'emplacement proposé. (*Id.*, art. 16.)

48 — *Bornage.* Le chef du génie et l'ingénieur des ponts et chaussées, en présence du maire ou de son adjoint, fait procéder sur le terrain, aux frais du gouvernement, contradictoirement avec les propriétaires intéressés dûment appelés par voie d'affiches ou autres moyens de publication en usage, au bornage de la zone de servitude, conformément au plan arrêté par le ministre de la guerre.

Les maires, sur l'invitation du chef du génie, sont tenus de prêter appui aux opérations de la délimitation et du bornage, et de fournir aux agents de l'autorité militaire les indications et les documents qui sont réclamés. (*Id.*, art. 19.)

Il est dressé, par le chef du génie et par les ingénieurs des ponts et chaussées, un procès-verbal de bornage, sur lequel le maire ou son adjoint peut consigner ses observations. Ce procès-verbal, ainsi que le plan de délimitation et ses annexes, sont déposés pendant trois mois à la mairie de la place ou du poste, pour que chacun puisse en prendre connaissance. Avis de ce dépôt est donné aux parties intéressées, par voie d'affiches ou autres moyens de publication en usage.

Les parties intéressées ont trois mois, à la date de cet avis, pour se pourvoir devant le conseil de préfecture contre l'opération matérielle du bornage. Le conseil de préfecture statue, sauf recours au conseil d'État. (*Id.*, art. 20.)

49 — *Déclarations, demandes, permissions.* Les travaux qui sont l'objet d'une autorisation générale (art. 7, 8, 11, 12, 13 et 24) ne peuvent être entrepris, même ceux de simple entretien, qu'après que la déclaration en a été faite au chef du génie. Cette déclaration est accompagnée d'une soumission de démolition sans indemnité dans les circonstances prévues ci-dessus, lorsqu'il s'agit :

1° De travaux confortatifs et de grosses réparations légalement prohibées en matière de grande voirie, aux bâtisses en maçonnerie situées dans la zone de 250 mètres, lorsque la construction n'a pas déjà fait l'objet d'une soumission ou que le propriétaire ne peut prouver qu'elle existe antérieurement à l'établissement des servitudes dont elle est grevée ; 2° des mêmes travaux dans les mêmes conditions, pour les constructions ou portions de constructions qui empiètent sur les limites de la rue militaire ; 3° de reculement de façade ou de pignon par mesure de voirie ; 4° de ponts en bois sur les fossés ou cours d'eau non navigables ni flottables.

Par exception, les dépôts d'engrais ainsi que les dépôts de décombres dans les endroits désignés d'avance par le chef du génie, et les caveaux et signes funéraires de petites dimensions énoncés plus haut (art. 16) ne sont soumis à aucune formalité. Enfin, les baraques mobiles en bois donnent lieu à une soumission de démolition en toute circonstance et sans indemnité. (*Id.*, art. 26.)

Nuls travaux nécessitant une permission spéciale (art. 9, 14, 15 et 16) ne peuvent être commencés qu'après l'accomplissement des formalités suivantes : 1° production d'une demande sur papier timbré indiquant l'espèce des travaux, la position et les principales dimensions de la construction ainsi que la nature des matériaux ; 2° permission du directeur des fortifications énonçant les conditions auxquelles elle est accordée, lorsqu'il s'agit de constructions comprises dans un polygone exceptionnel; et, dans les autres cas, permission du ministre; 3° soumission par laquelle le propriétaire s'engage à remplir les conditions imposées et à démolir sa construction sans indemnité, dans les cas prévus. (*Id.*, art. 27.)

Les soumissions concernant les servitudes défensives sont faites en double, sur papier timbré; elles ne sont assujetties qu'au droit fixe d'un franc pour l'enregistrement, décime en sus, et leur effet subsiste indéfiniment sans qu'il soit besoin de les renouveler. Lorsqu'il s'agit de travaux à des bâtisses existantes, la soumission s'étend à la totalité de la construction et non pas seulement à la partie réparée ou améliorée.

Une expédition des soumissions souscrites est envoyée au ministère de la guerre, et l'autre reste déposée au bureau du génie de la place. (*Id.*, art. 28.)

Dans les vingt-quatre heures qui suivent l'accomplissement des formalités qui viennent d'être indiquées, le chef du génie délivre à la partie intéressée, pour le cas de permission spéciale, une copie certifiée de l'autorisation accordée, contenant les clauses et conditions imposées et, pour le cas d'autorisation générale, un certificat constatant que toutes les formalités exigées ont été remplies.

Toute permission spéciale dont il n'a point été fait usage dans le délai d'un an, à partir de la date du certificat délivré, est considérée comme nulle et non avenue. (*Id.*, art. 29.) [1].

50 — *Déclaration des constructions existantes.* Les déclarations des propriétaires tendant à établir que les constructions existaient, dans leur nature et leurs dimensions actuelles, avant l'établissement des servitudes, sont reçues sur un registre spécial déposé à la mairie.

Sur ces déclarations, le ministre de la guerre fait connaître s'il admet la priorité de la construction ou s'il trouve que les pièces fournies sont insuffisantes ou inadmissibles pour établir la preuve de la priorité. (*Id.*, art. 30 et suivants.)

[1] Voyez n° 53.

Les particuliers à l'égard desquels le ministre déclare les pièces insuffisantes ou inadmissibles, conservent le droit de fournir et de faire constater à toute époque la preuve de la priorité d'existence, en produisant à cet effet leurs titres devant les tribunaux ordinaires. L'affaire est instruite sommairement comme en matière domaniale : le département de la guerre y est représenté par un avoué, qui opère d'après les documents que lui transmet le directeur des fortifications.

Le conseil de préfecture statue, sauf recours au conseil d'État, s'il s'agit de contestations relatives à l'interprétation des titres administratifs.

L'époque à laquelle remonte l'existence d'un ouvrage de fortification est déterminée par une déclaration du ministre de la guerre, et la décision prise à cet égard ne peut être attaquée que devant le conseil d'État. (*Id.*, art. 32.)

Le chef du génie fait indiquer, sur un plan pareil au plan de délimitation et de ses annexes, chacune des propriétés dont les constructions ont fait l'objet de déclarations acceptées par le ministre.

Ce plan est fait en double expédition, l'une pour la mairie et l'autre pour le service militaire ; il est complété chaque année, et signé tous les ans par le maire et par le chef du génie. (*Id.*, art. 33.)

Il est fait, en outre, par propriété, un plan parcellaire des constructions reconnues préexistantes et non soumissionnées, avec l'état descriptif de leur nature et leurs dimensions. Ce plan et cet état sont rapportés, avec le numéro d'ordre, sur un registre tenu en double et signé comme il est dit ci-dessus. Si l'une de ces constructions fait plus tard l'objet d'une soumission de démolition sans indemnité, cette circonstance est annotée sur un registre, et l'annotation est certifiée par le chef du génie et par le maire.

Le conseil de préfecture prononce d'ailleurs, sauf recours au conseil d'État, sur les réclamations auxquelles donnent lieu les plans parcellaires ou les états descriptifs, après avoir fait faire, par les ingénieurs civils et militaires, les vérifications qu'il juge nécessaires. (*Id.*, art. 34.)

51 — *Indemnités*. La construction des fortifications et les mesures prises pour la défense, peuvent donner lieu à des indemnités pour cause de dépossession, de privation de jouissance et de destruction ou de démolition, dans les cas suivants :

Il y a lieu d'allouer des indemnités de *dépossession* lorsque des constructions nouvelles, ou des changements ou augmentations à ceux qui existent, mettent le gouvernement dans le cas d'exiger la cession à l'État de propriétés privées par la voie d'expropriation pour cause d'utilité publique.

L'indemnité est réglée dans les formes établies par la loi du 3 mai 1841. (*Id.*, art. 36.)

Il y a lieu à indemnité pour *privation de jouissance* pendant l'état de paix, toutes les fois que, par suite de l'exécution de travaux de fortification ou de défense, d'extraction de matériaux, ou pour toute autre cause, l'autorité militaire occupe ou fait occuper temporairement une propriété privée, de manière à y porter dommage ou à en diminuer le produit. Cette occupation ne peut avoir lieu que dans les circonstances et dans les formes déterminées par les lois des 16 septembre 1807, 30 mars 1831 et 3 mai 1841, et l'indemnité est réglée en conformité des prescriptions de ces mêmes lois. (*Id.*, art. 37.)

Lorsqu'il y a état de guerre ou état de siége, les occupations qui peuvent être nécessaires donnent lieu à des indemnités. Ces indemnités sont réglées conformément aux dispositions des articles 38 et suivants du décret du 10 août 1853.

Les lois et règlements que nous venons d'analyser ont laissé subsister une question qui intéresse au plus haut point les propriétaires de terrains situés dans la zone de servitudes; c'est celle de savoir s'il est dû une indemnité pour l'établissement même de cette zone et des servitudes qui en résultent. « Beaucoup de personnes ont pensé, disait le rapporteur de la loi du 10 juillet 1851, que lorsque des fortifications sont élevées, les servitudes auxquelles donnait lieu la classification des places de guerre pouvaient entraîner une indemnité. C'est une question pendante encore à propos des fortifications de Paris, à propos d'autres fortifications nouvelles [1]. »

Cette question ayant été soulevée en 1856, le conseil d'État a décidé que, l'établissement des servitudes militaires n'emportant pas la dépossession des immeubles qui en sont grevés, ne constituait pas une expropriation dans le sens de la loi du 3 mai 1841 et de l'article 545 du Code civil ; dès lors, qu'il n'était dû aux propriétaires des terrains situés dans la zone des fortifications de Paris aucune indemnité pour la dépréciation de ces terrains [2]. Mais la question est vivement controversée. Les principes de la législation moderne sur l'expropriation semblent repousser l'étroite interprétation qui leur a été donnée dans cette circonstance par le conseil d'État ; ils reposent, en effet, sur cette idée de souveraine équité, que les charges de l'État doivent être supportées avec égalité et dans une juste proportion. « Or, toute égalité, toute proportion serait détruite, disait Portalis, au Corps législatif, en lui présentant l'article 545 du Code, si un seul ou quelques-uns pouvaient jamais être soumis à faire des sacrifices auxquels les autres concitoyens ne contribueraient pas. » La fortification de la capitale a été entreprise, non dans l'intérêt exclusif de la ville elle-même, mais dans l'intérêt de l'État et de la défense du pays. Ceux qui ont eu leur propriété frappée des graves servitudes dont nous venons de parler, par l'établissement de l'enceinte fortifiée, supportent évidemment, sans proportion et sans égalité, des sacrifices que les autres citoyens auraient dû supporter eux-mêmes [3]. Nous avons insisté, pour que cette question fût résolue, lors du vote de la loi sur l'annexion de la banlieue [4], mais la réclamation reste à renouveler. Constatons néanmoins que la commission du Corps législatif n'est pas restée indifférente aux observations qui ont été présentées à ce sujet, et prenons acte des paroles de son rapporteur,

[1] *Moniteur* du 24 mai 1851, deuxième supplément.
[2] Arrêt du conseil d'État du 24 juillet 1856. — Sirey, 1857, t. II, p. 389.
[3] Voyez dans ce sens les dissertations de MM. Bertin, dans *le Droit* des 26 juin et 5 juillet 1856, et Clamageran, dans *la Revue pratique de droit français*, de la même année, p. 369-398.
[4] *Revue des Deux-Mondes*, livraison du 15 avril 1859.

M. Riché, qui a vu dans les servitudes militaires une demi-expropriation pour la propriété.

Mais, par son arrêt du 24 juillet 1856, le conseil d'État a décidé que les terrains compris dans la zone n'avaient été atteints de servitudes militaires que du jour de la promulgation de la loi du 10 juillet 1851. Or, jusqu'en 1851, des constructions ont été élevées dans cette zone. Aujourd'hui, l'administration pourrait-elle en prescrire la démolition? Oui, sans doute, puisque la zone doit être libre pour la défense. Mais, quant à ces constructions, l'administration ne pourrait se refuser à payer une indemnité, car alors il y aurait dépossession complète de bâtiments construits à une époque où aucune servitude ne pesait encore légalement sur les terrains de la zone. Nous ne pouvons admettre avec M. Riché[1], que ces constructions ne sont ménagées que par pure tolérance, et qu'elles pourraient être frappées au même titre que les constructions élevées depuis l'application de cette loi de 1851 (et non de 1853, comme l'a dit a tort M. Riché). Ici, le fait de l'expropriation ne saurait être mis en doute, et dès lors, la question d'indemnité ne peut faire l'objet d'une sérieuse contestation.

52 — *Contraventions.* Les contraventions, en cette matière, sont constatées par les gardes du génie; leurs procès-verbaux font foi jusqu'à inscription de faux. (Décret du 10 août 1853, art. 40.)

Les procès-verbaux de contravention sont notifiés sans délai aux contrevenants par les gardes du génie, avec sommation de suspendre sur-le-champ les travaux indûment entrepris, de démolir la partie déjà exécutée, et de rétablir les lieux dans l'état où ils étaient avant la contravention, ou, en cas d'impossibilité, dans un état équivalent; le tout dans un délai déterminé d'après le temps que cette opération réclame. Une notification et une sommation pareilles sont aussi faites à l'architecte, à l'entrepreneur ou au maître ouvrier qui dirige les travaux. (*Id.*, art. 41.)

Si le contrevenant n'interrompt pas ses travaux dans les vingt-

[1] *Rapport* au Corps législatif sur la loi du 16 juin 1859.

quatre heures de la date de l'acte de notification et de sommation, sur la demande du directeur des fortifications, le conseil de préfecture, convoqué d'urgence par le préfet, ordonne sur-le-champ cette suspension par provision, nonobstant toute inscription de faux. Dans les vingt-quatre heures de l'arrêté du conseil de préfecture, cet arrêté est notifié au contrevenant par le garde du génie, et, dès le lendemain de la notification, nonobstant et sauf toute opposition et tout recours, les officiers et les gardes du génie en assurent l'exécution, même, au besoin, par l'emploi de la force publique. (*Id.*, art. 42.)

Si, malgré sommation qui lui en est faite, le contrevenant ne démolit pas les travaux dûment exécutés, et ne remet pas les lieux en état, il est cité devant le conseil de préfecture qui prononce et fixe le délai dans lequel ce contrevenant est tenu de démolir les travaux exécutés, et de rétablir à ses frais les lieux dans l'état où ils étaient avant la contravention, ou, en cas d'impossibilité, dans l'état équivalent déterminé par le conseil. (*Id.*, art. 44.)

A l'expiration du délai fixé, si le jugement n'a pas été exécuté par le contrevenant, le chef du génie se concerte avec le commandant de place sur l'époque de l'exécution du jugement. L'exécution a lieu, et les démolitions, déblais et remblais sont effectués comme s'il s'agissait de travaux militaires. (*Id.*, art. 45.)

Les contrevenants, outre la démolition à leurs frais des ouvrages indûment exécutés, encourent, selon le cas, les peines applicables aux contraventions analogues en matière de grande voirie, conformément à l'article 13 de la loi du 17 juillet 1819. (*Id.*, art. 48.)

L'action publique, en ce qui concerne la peine de l'amende qui serait prononcée par application de l'arrêt du conseil du 27 février 1765, est prescrite après une année révolue, à compter du jour auquel la contravention a été commise. Mais l'action principale, à l'effet de faire prononcer la démolition des travaux indûment entrepris, est imprescriptible, dans l'intérêt toujours subsistant de la défense de l'État. (*Id.*, art. 49.)

53 — *Personnel administratif.* Les fortifications de Paris sont placées, comme toutes les fortifications de France, sous la direc-

tion du génie militaire. C'est donc l'administration militaire qui est chargée de veiller à l'exécution des lois et règlements en ce qui concerne la zone de servitudes.

A l'égard des demandes d'autorisation pour construire ou réparer, le préfet de la Seine et le ministre de la guerre ont, en 1858, arrêté de concert les mesures suivantes :

1° Toutes les demandes ayant pour objet d'obtenir l'autorisation de construire ou de réparer des bâtiments le long d'une voie communale, sur des emplacements situés dans la zone des servitudes de l'enceinte ou des forts de Paris, sont adressées aux maires et communiquées par ceux-ci, aussitôt qu'elles leur sont parvenues, au chef du génie de l'arrondissement ; — 2° cet officier instruit l'affaire sous le rapport des servitudes défensives. Dans le cas où il y a lieu, à ce point de vue, d'autoriser la construction projetée, il renvoie la pétition au maire, en y joignant l'autorisation qui a été délivrée, afin que l'instruction de l'affaire soit poursuivie au point de vue des intérêts de la petite voirie ; — 3° dans le cas, au contraire, où il y a lieu de refuser l'autorisation, le même officier en informe le maire et fait notifier l'interdiction au pétitionnaire. L'affaire est ainsi complétement terminée ; — 4° les officiers du génie font connaître aux maires quelles sont, sur chaque voie communale traversant la fortification ou à proximité de cette fortification et des forts, les limites exactes de la zone de servitudes.

54 — *Commission mixte.* Autour de Paris, la compétence de la commission mixte des travaux publics s'étend seulement sur le terrain compris entre la limite intérieure de la rue du rempart et la limite de la zone unique de servitudes de 250 mètres, tant pour l'enceinte qu'à l'égard des ouvrages détachés. (Décret du 16 août 1853, art. 10.)

CHAPITRE III.

DE L'ORGANISATION MUNICIPALE DE LA COMMUNE DE PARIS.

55 — Division et circonscription administrative de la commune de Paris.
56 — Ancienne circonscription.
57 — Circonscription nouvelle.
58 — Organisation municipale de Paris.
59 — Attributions du préfet de la Seine, du préfet de police, des maires et adjoints, et du conseil municipal.
60 — Plan et division de l'ouvrage.

55 — Comme circonscription administrative, la commune de Paris embrasse à elle seule tout un arrondissement de sous-préfecture; mais, par suite de sa classification au nombre des arrondissements chefs-lieux de préfecture, elle ne possède ni sous-préfet, ni conseil d'arrondissement, et se trouve, dès lors, en contact immédiat avec l'autorité départementale, dont le premier représentant, le préfet de la Seine, lui tient lieu de maire central. (Loi du 28 pluviôse, an VIII, art. 11, du 20 avril 1834, art. 9.)

56 — La commune de Paris, sous le rapport de son administration, avait été divisée en douze arrondissements municipaux, par la loi du 19 vendémiaire an IV. Chaque arrondissement se subdivisait lui-même en quatre sections ou quartiers. Dans chaque arrondissement était un juge de paix, et dans chaque quartier un commissaire de police. Le premier arrondissement comprenait les quartiers du Roule, des Champs-Élysées, de la place Vendôme et des Tuileries; — le second, ceux de la Chaussée-d'Antin, du Palais-Royal, de Feydeau et du faubourg Montmartre; — le troisième, ceux du faubourg Poissonnière, de Saint-Eustache, du Mail

et de Montmartre; — le quatrième, ceux de Saint-Honoré, du Louvre, des Marchés et de la Banque de France; — le cinquième, ceux du faubourg Saint-Denis, de la porte Saint-Martin, de Bonne-Nouvelle et Montorgueil; — le sixième, ceux de la porte Saint-Denis, de Saint-Martin-des-Champs, du Temple et des Lombards; — le septième, ceux de Saint-Avoye, du Mont-de-Piété, du Marché-Saint-Jean et des Arcis; — le huitième, ceux du Marais, de Popincourt, du faubourg Saint-Antoine et des Quinze-Vingts; — le neuvième, ceux de l'Ile Saint-Louis, de l'Hôtel-de-Ville, de la Cité et de l'Arsenal; — le dixième, ceux de la Monnaie, de Saint-Thomas-d'Aquin, des Invalides et de Saint-Germain; — le onzième, ceux du Luxembourg, de l'École de Médecine, de la Sorbonne et du Palais-de-Justice; — et le douzième, ceux de Saint-Jacques, de Saint-Marcel, de l'Observatoire et du Jardin des Plantes.

57 — La nouvelle commune de Paris est divisée en vingt arrondissements municipaux, formant autant de justices de paix, suivant les lignes tracées sur le plan B, annexé à la loi du 16 juin 1859.

Un décret du 1er novembre 1859, a fixé la dénomination et la délimitation de chaque arrondissement, et déterminé la circonscription des différents quartiers dont ils se composent. En exécution de ce décret, un arrêté du préfet de la Seine, du 3 novembre, a donné le tableau indicatif des circonscriptions des nouveaux arrondissements et quartiers de Paris [1].

D'après ces divers documents, le premier arrondissement, dit du Louvre, se compose des quartiers Saint-Germain-l'Auxerrois, des Halles, du Palais-Royal et de la place Vendôme;

Le deuxième arrondissement, dit de la Bourse, des quartiers Gaillon, Vivienne, du Mail et de Bonne-Nouvelle;

Le troisième arrondissement, dit du Temple, des quartiers des Arts-et-Métiers, des Enfants-Rouges, des Archives et de Sainte-Avoie;

[1] Voyez à l'*Appendice* n° 3.

Le quatrième arrondissement, dit de l'Hôtel-de-Ville, des quartiers Saint-Merri, Saint-Gervais, de l'Arsenal et de Notre-Dame;

Le cinquième arrondissement, dit du Panthéon, des quartiers Saint-Victor, du Jardin-des-Plantes, du Val-de-Grâce et de la Sorbonne;

Le sixième arrondissement, dit du Luxembourg, des quartiers de la Monnaie, de l'Odéon, de Notre-Dame-des-Champs et de Saint-Germain-des-Prés;

Le septième arrondissement, dit du Palais-Bourbon, des quartiers Saint-Thomas-d'Aquin, des Invalides, de l'École-Militaire et du Gros-Caillou;

Le huitième arrondissement, dit de l'Élysée, des quartiers des Champs-Élysées, du faubourg du Roule, de la Madeleine et de l'Europe;

Le neuvième arrondissement, dit de l'Opéra, des quartiers Saint-Georges, de la Chaussée-d'Antin, du faubourg Montmartre et de Rochechouart;

Le dixième arrondissement, dit de l'Enclos Saint-Laurent, des quartiers Saint-Vincent-de-Paul, de la Porte-Saint-Denis, de la Porte-Saint-Martin et de l'Hôpital Saint-Louis;

Le onzième arrondissement, dit de Popincourt, des quartiers de la Folie-Méricourt, Saint-Ambroise, de la Roquette et Sainte-Marguerite;

Le douzième arrondissement, dit de Reuilly, des quartiers du Bel-Air, de Picpus, de Bercy et des Quinze-Vingts;

Le treizième arrondissement, dit des Gobelins, des quartiers de la Salpêtrière, de la Gare, de la Maison-Blanche et de Croulebarbe;

Le quatorzième arrondissement, dit de l'Observatoire, des quartiers du Mont-Parnasse, de la Santé, du Petit-Montrouge et de Plaisance;

Le quinzième arrondissement, dit de Vaugirard, des quartiers de Saint-Lambert, de Necker, de Grenelle et de Javel;

Le seizième arrondissement, dit de Passy, des quartiers d'Auteuil, de la Muette, de la Porte-Dauphine et des Bassins;

Le dix-septième arrondissement, dit des Batignolles-Monceaux, des quartiers des Ternes, de la Plaine de Monceaux, des Batignolles et des Épinettes;

Le dix-huitième arrondissement, dit de la Butte-Montmartre, des quartiers des Grandes-Carrières, de Clignancourt, de la Goutte-d'Or et de la Chapelle;

Le dix-neuvième arrondissement, dit des Buttes-Chaumont, des quartiers de la Villette, du Pont de Flandres, d'Amérique et du Combat;

Enfin, le vingtième arrondissement, dit de Ménilmontant, des quartiers de Belleville, Saint-Fargeau, du Père-Lachaise et de Charonne.

Le conseil d'État demandait qu'à l'avenir les circonscriptions des arrondissements municipaux de Paris pussent être modifiés par simple décret rendu dans la forme des règlements d'administration publique, mais cette proposition a été rejetée. En conséquence, les circonscriptions ne pourront être modifiées dans leur composition actuelle que par une loi.

58 — Considérée au point de vue des actes de la vie civile, la commune de Paris, ainsi que toutes les autres communes, forme un être de raison, une personne morale qui a ses biens, ses revenus et ses charges, qui peut acheter, vendre, emprunter, comparaître en justice, soit en demandant, soit en défendant. Mais elle est administrée par un corps municipal qui diffère essentiellement de celui qui a été constitué dans toutes les autres communes de France. Ce corps municipal se compose du préfet du département de la Seine et du préfet de police, des maires et adjoints et d'une commission municipale. Les deux préfets, les maires et adjoints, et les membres de la commission municipale sont à la nomination du chef de l'État, de telle sorte que la représentation municipale proprement dite est nulle à Paris. (Lois du 20 avril 1834, article 1er, et du 5 mai 1855, articles 2 et 14.)

Il y a, dans chaque arrondissement municipal, un maire et deux adjoints. — Le conseil municipal se compose de soixante membres; deux membres au moins sont pris dans chacun des arrondissements; ils doivent y être domiciliés ou y posséder un établissement.

Ainsi dispose la loi du 16 juin 1859, qui a donné le nom de *Conseil municipal* à la réunion des citoyens appelés par le gouvernement à délibérer sur les intérêts de la commune. En 1848, lorsque le pouvoir exécutif confia le maniement des affaires de la ville à des citoyens désignés par lui, on donna le nom de *commission municipale* au conseil qui siégeait à l'Hôtel-de-Ville. D'après nos habitudes administratives, cette qualification conviendrait mieux à un conseil qui ne relève pas de l'élection et n'a point, à proprement parler, de mandat municipal. Mais, du moins, celle dont se sert la loi a-t-elle le mérite de n'offrir à l'esprit rien de fâcheux et d'arbitraire [1].

59 — Maintenant, voici comment fonctionne le corps municipal de Paris :

Les attributions du préfet de la Seine, considéré comme représentant de la commune de Paris, n'ont point été définies d'une manière spéciale par le législateur. Après avoir réglé le mode d'administration des autres communes, la loi du 28 pluviôse an 8 statuait seulement en ces termes à l'égard de la commune de Paris : « Dans chacun des arrondissements municipaux, un maire et deux adjoints seront chargés de la partie administrative et des fonctions relatives à l'état civil. Un préfet de police sera chargé de ce qui concerne la police. »

Ainsi, de toutes les attributions d'autrefois, il restait à l'autorité municipale de Paris la tenue des registres de l'état civil et la partie administrative. Mais quelle était cette partie administrative ainsi réservée aux maires et aux adjoints? La loi n'en dit rien, et les discussions qui en ont précédé l'adoption ne font connaître ni la portée ni la nature de cette branche d'attributions. Si dans l'esprit du législateur elle s'appliquait à la manutention des affaires de la commune et à l'exécution des mesures prescrites par l'autorité supérieure, en réalité, elle ne fut pour les maires et adjoints la

---

[1] Voyez ci-dessus n° 26.

source d'aucune initiative dans l'administration proprement dite de la commune, qui passa tout entière entre les mains du préfet. Les lois qui suivirent proclamèrent ce que la loi du 28 pluviôse n'avait laissé qu'entrevoir, l'autorité exclusive du préfet dans les actes d'administration communale et surtout dans ceux qui n'exigent l'action que d'un seul fonctionnaire. Ainsi, l'article 69 du Code de procédure déclara que la commune de Paris ne pourrait être assignée devant les tribunaux qu'en la personne du préfet de la Seine. Les arrêtés et les ordonnances firent le reste ; de sorte que, par le fait, la commune de Paris fut entièrement administrée par ce magistrat, tandis que la mission des maires se trouva limitée à la tenue des registres de l'état civil, qui, on le sait, est tout à fait étrangère aux attributions municipales.

Cet état de choses n'a point changé. Aujourd'hui encore c'est le préfet de la Seine qui procède à toutes les opérations administratives qui touchent aux intérêts de la commune, dont il est le maire central. Toutefois, en principe, ce magistrat est tenu de se conformer aux délibérations prises par le conseil municipal sur les différents points de l'administration de la cité. C'est le conseil municipal qui doit régler le budget chaque année ; et comme la plupart des actes de gestion aboutissent en définitive à des recettes et à des dépenses, de cette manière la gestion préfectorale pourrait être, jusqu'à un certain point, contrôlée par le conseil.

Dans les communes, en général, deux grands intérêts se partagent l'action du pouvoir municipal proprement dit : d'une part, la gestion des revenus, l'entretien et la surveillance des biens ; d'autre part, la police de la cité, avec toutes les mesures qu'elle comporte. Ces intérêts sont inhérents à la constitution de toutes les communes ; on les rencontre partout, et partout aussi ils sont confiés aux soins des maires. A l'égard de la gestion des biens et des revenus de la commune, les maires agissent sous l'autorité du conseil municipal ; ils règlent, au contraire, la police municipale de leur propre mouvement et sans être obligés de se conformer à aucun avis, de recourir à aucune espèce d'autorisation de la part du corps délibérant.

A côté de ces intérêts purement locaux, viennent se placer les mesures qui se rattachent à l'administration générale de l'État, comme la répartition des impôts, le recrutement de l'armée, l'instruction primaire. L'autorité municipale participe à toutes ces mesures, mais comme simple déléguée du pouvoir central.

Enfin, des soins d'une autre espèce sont encore remis aux magistrats municipaux dans toutes les communes : ils reçoivent les actes de l'état civil et exercent la police judiciaire sous la surveillance du procureur impérial [1].

A Paris, voici de quelle manière ces attributions se trouvent réparties entre les divers fonctionnaires préposés à l'administration de la commune : le préfet de la Seine gère les biens et revenus communaux, et procède, tantôt seul, tantôt avec le concours des maires et adjoints, aux mesures relatives à l'administration générale de l'État. — La police municipale est spécialement confiée au préfet de police, qui se trouve chargé en même temps de la police judiciaire. — Quant aux maires et adjoints, ils sont surtout préposés à la réception des actes de l'état civil.

Enfin, le conseil municipal délibère sur les actes et les mesures qui touchent aux intérêts de la commune.

60 — L'administration de Paris ainsi organisée embrasse des actes nombreux et variés.

Dans une première partie, nous examinerons ceux de ces actes qui rentrent dans les attributions du préfet de la Seine, d'une part, au point de vue de l'administration municipale proprement dite, d'autre part, au point de vue de l'administration générale ;

Dans une seconde partie, ceux qui rentrent dans les attributions spéciales du préfet de police ;

Dans une troisième partie, nous verrons quels sont les devoirs des maires et adjoints ;

---

[1] Nous avons classé et défini ces diverses espèces d'attributions dans le *Corps municipal*. 1 vol. in-8º (3e édition), Paul Dupont, éditeur.

Et dans une quatrième, nous préciserons le rôle du conseil municipal.

Nous traiterons ensuite du conseil général de la Seine et du conseil de préfecture, si étroitement liés à l'administration de Paris.

PREMIÈRE PARTIE.

PRÉFECTURE DE LA SEINE.

SECTION Ire.

De l'administration municipale proprement dite.

CHAPITRE IER.

DES PROPRIÉTÉS COMMUNALES.

61 — Des propriétés et édifices appartenant à la ville.
62 — Des voies et emplacements cédés à la ville par l'État.
63 — De la location et de l'affectation des biens de la ville.
64 — De la location des constructions provisoires, échoppes et étalages.
65 — Des propriétés communales soumises aux règles ordinaires du droit civil; de celles qui échappent à la prescription.

61 — La ville de Paris a ses biens propres dont elle perçoit les revenus ou qu'elle affecte à des usages spéciaux dans l'intérêt commun des habitants. Ainsi, elle possède cinq abattoirs généraux situés aux anciennes barrières des Invalides, de Miroménil, de Rochechouart, d'Ivry et de Popincourt; un entrepôt pour les vins et eaux-de-vie; des marchés et des halles; le terrain de l'ancienne île des Cygnes, des maisons, des moulins, des terrains; les cimetières du Père-Lachaise, de Montmartre et de

Montparnasse; tout cela est pour la commune la source de loyers, de droits et de perceptions, suivant le mode d'affectation arrêté par le conseil municipal.

La commune possède encore des mairies, des églises, des écoles, le palais de la Bourse ; l'Hôtel-de-Ville constitue son premier édifice et son plus beau monument. Toutefois, à raison même de leur destination, ces diverses propriétés ne sont pas d'un rapport matériel bien considérable pour la commune. Quant à l'Hôtel-de-Ville, en même temps qu'il est consacré aux réunions du conseil municipal et à d'autres usages d'utilité communale proprement dite, comme il sert aussi d'hôtel de préfecture pour le département de la Seine, en considération de ce fait, la commune reçoit, chaque année, une indemnité du département.

62 — A différentes époques, l'État a fait cession à la ville de Paris, moyennant certaines charges et conditions, de terrains, emplacements, ou voies de communication qui sont passés dans le domaine municipal : Tels sont, la place de la Concorde et les Champs-Élysées (loi du 20 août 1828); les bâtiments et dépendances de l'ancienne Sorbonne (décret du 8 février 1852); le bois de Boulogne (loi du 8 juillet 1852); les abords des Invalides (loi du 4 juin 1853). L'État a contribué pour moitié à l'acquisition qui a été faite par la ville de Paris des terrains nécessaires à l'établissement de l'hippodrome de la plaine de Longchamps, (décret du 24 août 1854). Enfin l'État a fait concession gratuite à la ville de Paris des anciennes carrières de la plaine de Passy dépendant du domaine de l'État. (Loi du 2 mai 1855.)

63 — En sa qualité d'administrateur des biens de la commune, c'est le préfet de la Seine qui préside à toutes les locations et affectations des propriétés dont il vient d'être parlé et de toutes celles que la commune possède en propre, conformément aux vœux du conseil municipal, qui, au préalable, doit toujours formuler son avis sur les mesures de cette espèce.

On peut voir au budget de la commune quel est le produit annuel de ces différentes propriétés.

64 — C'est également le préfet de la Seine qui, de concert avec le conseil municipal, fixe le taux de la location des constructions provisoires établies sur les terrains acquis par la ville pour l'élargissement de la voie publique, conformément aux dispositions de l'ordonnance du 24 décembre 1823.

L'article 2 de cette ordonnance dispose, en effet, qu'il est permis de masquer par des constructions provisoires ou des appentis tout renfoncement entre deux maisons, pourvu qu'il n'ait pas au delà de huit mètres de longueur, et que sa profondeur soit au moins d'un mètre. Ces constructions ne doivent, dans aucun cas, excéder la hauteur du rez-de-chaussée, et elles sont supprimées dès qu'une des maisons attenantes subit retranchement. — Il est permis de masquer par des constructions légères, en forme de pan coupé, les angles de toute espèce de retranchement au-dessus de huit mètres de longueur, mais sous la même condition que ci-dessus pour leur établissement et leur suppression.

Ces constructions provisoires sont soumises au payement d'un droit annuel de location dont le taux est fixé par le préfet de la Seine de concert avec le conseil municipal, et avec l'approbation du ministre de l'intérieur. Ce droit est, à la diligence du préfet de la Seine, versé par année et d'avance à la caisse municipale. (Ordonnance royale du 11 avril 1838.)

Le préfet de la Seine ne peut proposer au conseil municipal la concession d'aucun emplacement pour appentis, échoppe ou étalage fixe ou mobile, ni d'aucun lieu de stationnement de voitures sur la voie publique, et il ne peut délivrer d'autorisation concernant les établissements sur la rivière, les canaux et leurs dépendances, qu'après avoir pris l'avis du préfet de police. En cas d'opposition de ce magistrat, il n'est passé outre qu'en vertu d'une décision du ministre compétent. (Décret du 10 octobre 1859, art. 3.)

Dans les circonstances motivant la concession de permissions d'étalage sur la voie publique, d'une durée moindre de quinze jours, ces permissions peuvent être accordées exceptionnellement par le préfet de police, après avoir pris l'avis du préfet de la Seine. (*Id.*, art. 4.)

65 — La commune de Paris est soumise, quant à ses biens, aux mêmes prescriptions que les particuliers, et elle peut opposer les mêmes prescriptions, aux termes de l'article 2227 du Code civil ; mais ici une distinction doit être faite entre les propriétés patrimoniales de la commune et celles qui, à raison de leur destination, sont rangées dans le domaine public municipal. Ainsi, nul ne saurait se prévaloir d'un droit de servitude résultant de la prescription à l'égard, par exemple, des Champs-Élysées, lesquels sont affectés à un usage public. Mais la prescription pourrait être acquise contre les propriétés de la commune louées ou affermées pour un usage particulier, tels que les moulins, les maisons et jardins dont le prix de location est porté chaque année au budget.

CHAPITRE II.

DES CONTRATS ET DES ACTIONS JUDICIAIRES.

66 — Des lois applicables à cette matière.
67 — Des donations et testaments.
68 — Des acceptations à titre conservatoire.
69 — Le décret du 25 mars 1852 n'est pas applicable à la commune de Paris.
70 — Des acquisitions d'immeubles.
71 — Des acquisitions d'objets mobiliers.
72 — Des aliénations et des échanges.
73 — Des baux et adjudications; pouvoirs du préfet de la Seine et du préfet de police.
74 — Des emprunts; des bons et des obligations municipales.
75 — Des procès et des différentes règles à observer pour les assignations.
76 — Des procès qui intéressent la commune de Paris.
77 — De l'exécution des jugements rendus contre la commune.
78 — Des transactions.
79 — Si le préfet de police peut ester en justice.
80 — Des procès qui intéressent le département de la Seine.
81 — Des procès qui intéressent l'État.
82 — Le ministère des avoués est obligatoire dans les instances qui concernent l'État.

66 — En général, tous les actes ou contrats, toutes les actions qui sont dans les attributions du maire, rentrent, à Paris, dans les attributions du préfet de la Seine, comme étant l'administrateur direct de la commune. Pour ces contrats et actions, la loi du 18 juillet 1837 a tracé des règles très-nettes et très-précises que nous avons exposées ailleurs (1) et auxquelles les maires peuvent facilement se conformer. Mais la loi du 18 juillet 1837 n'est pas applicable à la ville de Paris; cela résulte de sa disposition finale et des explications données à ce sujet dans les chambres législatives; on ne saurait donc s'y reporter en cette matière non plus qu'en aucune autre touchant la ville de Paris. Voici à quelles dispositions de lois on a dû recourir pour déter-

---

1 Voyez le *Corps municipal*, p. 55 et suiv.

miner en pareil cas les pouvoirs du préfet de la Seine et ceux du conseil municipal.

67 — Les libéralités soit entre-vifs, soit testamentaires faites à la ville de Paris ne peuvent être acceptées qu'après avoir été autorisées par décret impérial, le conseil d'État entendu, conformément à l'ordonnance royale du 2 avril 1817 et sur l'avis préalable du préfet. Mais le préfet peut lui-même autoriser l'acceptation des dons ou legs en argent ou en objets mobiliers n'excédant pas 300 francs. (Dite ord., art. 1er.)

Le conseil municipal est appelé à délibérer sur les libéralités. L'acceptation en est faite ensuite par le préfet, qui se trouve investi dans cette circonstance d'une double fonction, celle de préfet, qu'il exerce en donnant son avis sur la libéralité au chef de l'État, celle de maire central qu'il exerce en acceptant la libéralité au nom de la commune. C'est là une des anomalies que présente si fréquemment la position non définie du préfet de la Seine, comme préfet et comme administrateur communal. (*Id.*, art. 2.)

68 — D'après l'article 48 de la loi du 18 juillet 1837, le maire peut toujours, à titre conservatoire, accepter les dons et legs, en vertu de la délibération du conseil municipal; le décret ou l'arrêté qui intervient ensuite pour autoriser l'acceptation a effet du jour de l'acceptation provisoire, c'est-à-dire que l'acceptation provisoire fait courir les intérêts au profit de la commune, à partir de sa date même. Cette disposition ne pourrait être invoquée en faveur de la commune de Paris, par la raison, déjà indiquée, que la loi de 1837 est étrangère à cette commune.

69 — Le décret du 25 mars 1852 sur la décentralisation administrative est également sans application à l'égard de la commune de Paris, pour ce qui est des dons et legs, ainsi que cela résulte de son article 7.

70 — Pour les acquisitions à titre onéreux, il faut remonter à la loi du 10 août 1791, laquelle concernait la ville de Paris et les autres communes. Mais cette loi disposait que les communes ne pourraient désormais être autorisées à faire des acquisitions d'immeubles que par décret du Corps législatif. On s'est départi peu à peu des sévérités de cette loi, d'abord par de simples circulaires ministérielles (circ. 18 juin 1806), puis par des décrets (décret 5 avril 1811), par des ordonnances royales, ce qui n'est pas très-régulier. Enfin, aujourd'hui, on admet que les acquisitions d'immeubles peuvent être autorisées par simple décret impérial.

Les pièces à produire avec la demande d'autorisation sont : 1° le procès-verbal de l'estimation de l'immeuble à acquérir, dressé contradictoirement par deux experts, l'un nommé par le préfet de la Seine, l'autre par le vendeur ; 2° le plan des lieux, s'il s'agit d'un édifice important, et le devis des travaux à faire pour la destination qu'on veut lui donner ; 3° la délibération du conseil municipal ; 4° le consentement du vendeur ; 5° une enquête de *commodo et incommodo* faite à la mairie de l'arrondissement dans lequel se trouve situé l'immeuble par un commissaire délégué par le préfet de la Seine ; 6° le budget de la ville de Paris ; 7° une seconde délibération du conseil municipal répondant aux objections relevées par l'enquête ; 8° l'avis du préfet de la Seine. (Arrêté du 7 germinal an IX et avis du conseil d'État du 3 septembre 1811.)

Le décret d'autorisation étant rendu, la vente est réalisée par acte devant notaire, s'il s'agit d'un immeuble appartenant à un particulier, ou dans la forme administrative, s'il s'agit d'un immeuble appartenant au domaine.

Lorsqu'il s'agit d'acquisitions d'immeubles destinés à une affectation d'utilité publique, comme l'élargissement ou l'ouverture d'une rue, la ville de Paris est autorisée par décret à recourir à l'expropriation. (Voy. n°s 86 et 94.)

71 — Il ne paraît pas qu'il ait été tracé de règles spéciales pour les acquisitions de meubles et objets mobiliers. Cependant l'arrêté des consuls du 23 prairial an IX faisait défense aux communes de disposer d'aucuns capitaux sans l'autorisation du gouvernement.

72 — Les règles à observer pour les aliénations sont encore moins précises que celles relatives aux acquisitions. On ne saurait les puiser dans la loi du 10 août 1791 qui n'a parlé que des acquisitions d'immeubles et des emprunts. On a inféré d'un arrêté des consuls du 23 prairial an IX que la commune de Paris ne pouvait ni aliéner, ni disposer de ses capitaux, sans l'autorisation du gouvernement, donnée par décret, le conseil d'État entendu. En fait, on suit en cette matière les mêmes règles que pour les acquisitions.

Il en est de même pour les échanges. L'autorisation du gouvernement est donnée sur la production ; 1° d'un procès-verbal dressé contradictoirement, portant l'estimation respective des immeubles à échanger ; 2° de la délibération du conseil municipal ; 3° d'une enquête de *commodo* et *incommodo* ; 4° de l'avis du préfet de la Seine.

73 — Les baux dont les propriétés communales peuvent être l'objet sont passés, sous forme d'adjudication, par le préfet de la Seine. Il en est de même des fournitures et entreprises concer-

nant le service municipal. Par une disposition expresse de l'arrêté du 12 messidor an VIII (art. 40 et 41), le préfet de police était chargé des adjudications, baux et marchés relatifs au balayage, à l'enlèvement des boues, à l'arrosage et à l'illumination de la ville. Mais ces différentes matières ont été transportées dans les attributions du préfet de la Seine par le décret du 10 octobre 1859.

En 1806, il s'éleva un conflit entre le préfet de police et le préfet de la Seine relativement à la location de la voirie de Montfaucon. Le premier soutenait que cet établissement, considéré comme dépôt d'immondices, ressortait de son administration, et dès lors que c'était à lui à en passer bail. Le préfet de la Seine opposait de son côté qu'un bail était un acte d'administration proprement dite touchant à la propriété, et que c'était à lui qu'il appartenait de rendre productives les propriétés de la commune de Paris, dont la voirie de Montfaucon faisait partie. Si nous sommes bien renseigné, le conseil d'État, saisi de la difficulté, décida que, si au point de vue de la salubrité et de la propreté de la commune, la voirie de Montfaucon était dans les attributions du préfet de police, s'il devait être consulté sur tout ce qui était relatif à l'enlèvement, au transport, au lieu de dépôt, à la manipulation des immondices et autres matières sortant de Paris, d'un autre côté, le préfet de la Seine devait l'être également lorsqu'il s'agissait de faire une dépense, de procurer un revenu à la commune, et que, dans ce dernier cas, les adjudications rentraient dans ses attributions; qu'au surplus, il appartenait au ministre de l'intérieur de décider entre ces deux magistrats et de statuer sur les conflits de ce genre [1].

Les adjudications sont faites par le préfet, en présence d'un délégué du conseil municipal, à la chaleur des enchères après affiches et publications faites dans les formes prescrites par l'article 13 de la loi du 5 novembre 1790, par les dispositions de la loi du 11 février 1791 et du décret du 12 août 1792, c'est-à-dire après publications de dimanche en dimanche pendant un mois, affiches aux lieux accoutumés et dans les journaux. (Ord. du 7 octobre 1318, art. 3 et suiv.)

Les baux pour une durée excédant neuf années doivent être autorisés par décret impérial. (Art. 7, germinal an IX, et ord. 7 octobre 1810, art. 7.)

74 — La ville de Paris peut contracter des emprunts, mais

---

[1] Bulletin des archives du Conseil d'État, n° 1405. — Voyez *Petite voirie*.

seulement en vertu d'une loi. A cet égard, elle est demeurée sous l'empire des prohibitions formelles des décrets des 14 décembre 1789, art. 54; 22 décembre, sect. 3, art. 6; 21 mai 1790, art. 4; 7 février 1791, et de la loi du 5 août 1791, art. 7.

Aussi dans ces dernières années, tous les emprunts que l'exécution des grands travaux de Paris ont rendu nécessaires, comme l'achèvement de la rue de Rivoli, le percement du boulevard de Sébastopol, avaient-ils été contractés en vertu de lois spéciales. Cependant, par un simple décret portant la date du 6 janvier 1859, la caisse des travaux de Paris a été autorisée à faire une émission de bons pour une somme de quinze millions. Ce décret a été rendu, est-il dit dans ses considérants, par application de l'article 41 de la loi du 18 juillet 1837, suivant lequel en cas d'urgence et dans l'intervalle des sessions du Corps législatif, le chef de l'État peut autoriser les communes dont le revenu est de cent mille francs et au-dessus à contracter un emprunt jusqu'à concurrence du quart de leurs revenus. C'est la première fois qu'on a essayé d'appliquer à la commune de Paris une loi qui n'a point été faite pour cette commune, ainsi que l'indique son article final. On comprend que pour les communes en général, le chef de l'État puisse en cas d'urgence, autoriser un emprunt dans l'intervalle des sessions jusqu'à concurrence du quart de leurs revenus; ce quart de leurs revenus représente toujours une somme assez limitée. Mais imagine-t-on qu'il en soit ainsi pour la ville de Paris et que, dans l'intervalle des sessions, elle puisse être autorisée, par simple décret, à se grever d'une somme qui pourrait atteindre plus de vingt-cinq millions dans l'état actuel de son budget! Immédiatement cette application erronée de la loi de 1837 fut signalée par la presse [1]. Il semble que l'irrégularité ait été reconnue et qu'on ait cherché à la couvrir par la loi de finances du 11 juin 1859, laquelle, par son article 17, a confirmé la disposition du décret précité et a décidé que le montant des bons que pourrait émettre chaque année la caisse des travaux serait fixé par un article de la loi de finances elle-même.

Les emprunts sont effectués dans la forme indiquée par la loi qui les autorise. Tantôt ils sont réalisés par la voie d'une imposition extraordinaire, tantôt par un traité avec la Banque, ou la caisse des dépôts et consignations, tantôt par l'émission de bons à échéances déterminées, comme on le verra ci-après pour la caisse des travaux, tantôt enfin par la création d'obligations municipales

[1] Voyez la *Revue des Deux-Mondes*, n° du 15 janvier 1859, page 503.

de 1,000 ou de 500 francs chacune, lesquelles sont négociées avec publicité et concurrence. Avant l'adjudication, il est fixé un maximun d'intérêt qui ne peut être dépassé. Pour faciliter l'emprunt, parfois la loi qui l'autorise permet de stipuler des lots et des primes en addition au capital. Les obligations à rembourser chaque année avec prime sont désignées par la voie du sort et par semestre. Ainsi une loi du 4 août 1851 a autorisé la ville de Paris à contracter un emprunt de 50 millions pour la construction des Halles centrales et le prolongement de la rue de Rivoli, depuis le Louvre jusqu'à l'Hôtel-de-Ville. Il est pourvu au remboursement de l'emprunt, qui doit être terminé à la fin de l'année 1870, au moyen des surtaxes établies sur les octrois et dont la perception est prorogée jusqu'à cette époque. Les obligations, de 1,000 francs chacune, sont amorties au moyen de tirages au sort qui ont lieu de six en six mois ; les soixante premiers numéros sortants à chaque tirage ont droit à des lots gradués. Par une autre loi du 25 mai 1855, la ville de Paris a encore été autorisée à contracter un emprunt de 60 millions pour l'achèvement de la rue de Rivoli, du boulevard Sébastopol et pour d'autres travaux de ce genre. Il a été créé à cet effet des obligations de 500 francs, émises au prix de 400 francs, dont le placement a eu lieu au moyen d'une souscription publique. Le terme pour l'extinction totale de cet emprunt a été fixé à l'année 1897. — Des annuités ont aussi été créées pour le rachat du péage des ponts supprimé en 1848. — L'importance et la durée de ces annuités ont été réglées par des contrats passés avec les compagnies intéressées et soumis à l'approbation du gouvernement.

75 — La ville de Paris est représentée devant les tribunaux par le préfet de la Seine ; elle est assignée en la personne ou au domicile de ce fonctionnaire. (Cod. de procéd., art. 69, n° 5.)

L'original est visé au bureau de l'agent judiciaire, à qui la copie de l'exploit est laissée ; en cas d'absence, ou de refus, le visa est donné soit par le juge de paix de l'arrondissement, soit par le procureur impérial auquel, en ce cas, la copie est laissée. (*Id.*)

On confond souvent les formalités qui sont à observer vis-à-vis du préfet de la Seine en matière d'assignation. Cela vient de ce qu'il est chargé de représenter tout à la fois devant les tribunaux la commune de Paris, le département de la Seine et le domaine de l'État. Il y a cependant à cet égard des distinctions à faire.

76 — La commune de Paris ne peut ester en justice sans y être autorisée par le conseil de préfecture (lois du 29 vendémiaire an v, art. 3, et du 28 pluviôse an viii, art. 4 et 15). Lorsque la com-

mune est demanderesse, le conseil municipal délibère sur la contestation, et s'il décide qu'il y a lieu de saisir la justice, sa délibération est soumise au conseil de préfecture, qui accorde ou refuse l'autorisation de plaider. Si cette autorisation est refusée, la commune peut se pourvoir au conseil d'État. Mais lorsque la commune est défenderesse, quelles sont les formalités à observer par le demandeur? Par une disposition renouvelée d'un édit du mois d'août 1683, un arrêté des consuls du 17 vendémiaire an x, avait décidé que les créanciers des communes ne peuvent intenter contre elles aucune action, qu'après qu'ils en ont obtenu la permission, par écrit, du conseil de préfecture, sous les peines portées par l'édit du mois d'août 1683, lequel prononçait la nullité des procédures. On se demanda si par le mot créancier on n'avait désigné que les actions personnelles. C'est alors qu'un avis du conseil d'État du 3 juillet 1808 ajouta que la règle s'appliquait aux demandeurs, soit pour créances chirographaires, soit pour créances hypothécaires; mais que pour former, soit au pétitoire, soit au possessoire, une action à raison d'un droit de propriété, il n'y avait pas lieu à demander d'autorisation au conseil de préfecture[1]. Ces règles, qui étaient suivies pour toutes les communes avant la loi du 18 juillet 1837, sont restées applicables à la commune de Paris. Ainsi pour les créances chirographaires et hypothécaires, c'est-à-dire pour les actions personnelles, le demandeur doit, avant d'assigner la commune de Paris, obtenir l'autorisation du conseil de préfecture. Cette autorisation ne lui est pas nécessaire s'il s'agit de poursuivre une action immobilière soit au possessoire, soit au pétitoire, ou même une action réelle purement mobilière. La jurisprudence offre de nombreuses décisions sur ces divers points[2]. Il a été jugé, notamment, que l'autorisation n'est point nécessaire pour faire reconnaître l'existence, le mode et l'exercice d'une servitude contre la commune. (Ord. cons. d'État, 22 février 1821.)

Mais dans quel délai doit-il être répondu à la demande d'autorisation? Le Code de procédure n'en a fixé aucun; les lois administratives auxquelles les communes restent soumises d'après l'article 1032 de ce Code, n'en avaient point elles-mêmes fixé avant la loi de 1837. De là la difficulté qui s'élevait, à cet égard, avant cette

[1] Cet avis n'a pas été inséré au *Bulletin des Lois*; on le trouve à sa date dans la *collection* de Duvergier.
[2] Voyez Dalloz, *Dictionnaire général* de 1835, t. Ier, v° Commune, nos 93 et suiv.; la dissertation donnée par Sirey, t. XXIV-II, p. 281, et celle de M. Duvergier, donnée par le *Journal des Conseillers municipaux*, 1834, p. 161.

loi et qui subsiste pour la commune de Paris. On avait pensé que le conseil de préfecture devait répondre dans le délai d'un mois, conformément à ce qui est prescrit par la loi du 5 novembre 1790 pour les autorisations à fin de poursuite contre l'État. Mais on avait compris en même temps combien était peu juridique cet emprunt fait à une loi spéciale. Un projet de loi destiné à réparer cette lacune fut présenté au conseil d'État en 1811; il n'a point été voté [1]. Dans cette situation, s'il convient de laisser à l'administration supérieure le temps nécessaire pour examiner la réclamation, rien n'oblige le demandeur à attendre une réponse qui ne serait point faite dans le délai d'un mois. Le demandeur remet donc au conseil de préfecture un mémoire contenant l'objet de sa demande, et y joint, si cela est possible, une copie certifiée par lui de ses titres. Il lui est donné récépissé du tout. Si l'autorisation de plaider est accordée à la commune, le demandeur porte son action en justice et la commune y défend. Si l'autorisation n'est point accordée, ou si même elle est refusée, le demandeur, à l'expiration du délai d'un mois, peut également saisir la justice; il n'appartient point, en effet, à l'administration, de paralyser l'exercice de son droit : en demandant l'autorisation d'assigner, le créancier a rempli la seule obligation qui lui était imposée [2], et le silence prolongé de l'administration supplée à l'autorisation, même par écrit, qui doit lui être donnée. On remarquera d'ailleurs que le dépôt du mémoire n'a ici pour effet ni de suspendre ni d'interrompre la prescription.

Quant à la commune, elle ne peut, avons-nous dit, ester en police sans l'autorisation du conseil de préfecture. Mais elle n'a pas besoin d'autorisation pour défendre aux appels des jugements rendus en sa faveur, ou pour se pourvoir par la voie administrative. (Édit. du mois d'août 1764, ord. 44.)

77 — L'exécution des jugements et arrêts rendus contre la commune, en matière réelle, se poursuit par les mêmes voies qu'à l'égard des particuliers. Mais s'il s'agit du payement d'une créance, ce payement ne peut être poursuivi par les moyens ordinaires : le créancier doit s'adresser au préfet pour faire porter un crédit en sa faveur au budget de la commune. (Avis du conseil d'État des 12 août 1807 et 26 mai 1813.)

78 — Les transactions sur procès nés ou à naître sont autorisées par un décret rendu après délibération du conseil municipal, prise

---

[1] *Bulletin des Archives du Conseil d'État*, n⁰ˢ 2062 et 2364.
[2] Voyez Dalloz, *Dictionnaire général*, 1835, v° Commune, n⁰ˢ 124 et suiv.

sur une consultation de trois jurisconsultes désignés par le préfet de la Seine et approuvée par le conseil de préfecture. (Code civil, art. 2045, et arrêté du 21 frimaire an XII.)

79 — Aucun texte de loi n'autorise nominativement le préfet de police à ester en justice au nom de la ville de Paris. Cependant nous pensons qu'il a le droit d'ester à raison de tous les actes qui rentrent dans ses attributions spéciales, et cela avec d'autant plus de raison que l'article 69 du Code de procédure, en parlant seulement du *préfet*, a dû sous-entendre le préfet qui représente la commune dans la partie du service municipal qui fait l'objet du litige.

80 — En ce qui concerne le département de la Seine, la loi du 10 mai 1838 a tracé les règles qui doivent être suivies en matière d'actions judiciaires. Les actions du département sont exercées par le préfet de la Seine en vertu des délibérations du conseil général et avec l'autorisation de l'empereur en son conseil d'État. Le département ne peut se pourvoir devant un autre degré de juridiction qu'en vertu d'une nouvelle autorisation. Le préfet peut, en vertu des délibérations du conseil général, et sans autre autorisation, défendre à toute action. En cas d'urgence, le préfet peut intenter toute action ou y défendre, sans délibération du conseil général, ni autorisation préalable. Il fait tous actes conservatoires ou interruptifs de la déchéance. En cas de litige entre l'Etat et le département, l'action est intentée ou soutenue au nom du département par le membre du conseil de préfecture le plus ancien en fonctions. (Art. 36.)

Aucune action judiciaire, autre que les actions possessoires, ne peut, à peine de nullité, être intentée contre le département qu'autant que le demandeur a préalablement adressé au préfet un mémoire exposant l'objet et les motifs de sa réclamation. — Il lui en est donné récépissé. — L'action ne peut être portée devant les tribunaux que deux mois après la date du récépissé, sans préjudice des actes conservatoires. — Durant cet intervalle, le cours de la prescription demeure interrompu. (Art. 37.)

Les transactions concernant le département sont délibérées par le conseil général, et elles ne peuvent être autorisées que par décret, le conseil d'Etat entendu. (Art. 38.)

81 — Le préfet de la Seine est chargé d'ester en justice au nom de l'État, lorsqu'il s'agit des domaines de l'État et des droits domaniaux (Code de procédure, art. 69). Avant d'exercer une action contre le préfet représentant l'État, tout demandeur doit, sous peine de nullité de la procédure, adresser à ce fonctionnaire

un mémoire sur l'objet du litige. Ce mémoire est déposé au secrétariat de la préfecture avec les pièces justificatives; il en est donné récépissé. La remise du mémoire interrompt la prescription, et si dans le mois de cette remise il n'est pas statué par le préfet, le demandeur peut se pourvoir devant les tribunaux. (Loi du 23-28 octobre, 5 novembre 1790, titre III, art. 15; avis du conseil d'Etat du 28 août 1823.)

82 — On a agité la question de savoir si le préfet, agissant au nom de l'Etat devant les tribunaux, pouvait se passer du ministère des avoués, et l'on a généralement décidé que ce ministère n'était pas obligatoire, en se fondant sur une loi du 19 nivôse an IV et sur un arrêté du Directoire exécutif du 10 thermidor de la même année. On n'a pas assez remarqué que les dispositions de ces deux textes se réfèrent à une époque où le ministère des avoués venait d'être supprimé (loi du 3 brumaire an II), et qu'alors on avait dû nécessairement charger les commissaires du gouvernement de les remplacer dans les affaires concernant l'Etat; mais que ces dispositions n'avaient plus de raison d'être du jour où le ministère des avoués avait été rétabli par la loi du 27 ventôse an VIII (art. 94), et par le Code de procédure, et rendu obligatoire pour toutes les causes et pour toutes les parties devant les tribunaux. C'est ce que faisait entendre Réal dans un rapport présenté dès l'an XII au conseil d'Etat, et cependant la question est encore l'objet de controverses dans les traités de procédure [1]. Selon nous, le préfet de la Seine représentant l'État, ne peut procéder devant les tribunaux que par le ministère d'un avoué.

[1] *Bulletin des Archives du Conseil d'Etat*, n° 879.

CHAPITRE III.

DES TRAVAUX DE LA VILLE DE PARIS ET DE L'EXPROPRIATION.

83 — Développement considérable des travaux de Paris.
84 — Attributions du préfet de la Seine.
85 — Contestations entre l'administration et les entrepreneurs.
86 — Travaux communaux proprement dits.
87 — Expropriation pour cause d'utilité publique.
88 — Dénonciation à l'administration et offres.
89 — Composition et fonctions du jury spécial.
90 — Fixation des indemnités.
91 — Droit des expropriés relativement aux bâtiments et terrains restants.
92 — Payement des indemnités.
93 — Prises de possession urgentes de terrains non bâtis.
94 — Droit spécial de l'administration en matière d'expropriation pour l'élargissement, le redressement ou la formation des rues de Paris; parties d'immeubles situées en dehors de l'alignement, suppression d'anciennes voies, propriétés contiguës.
95 — Comment il est procédé relativement aux parties restantes en dehors de l'alignement et aux immeubles dont la cession est nécessaire pour la suppression d'anciennes voies.
96 — Comment il est procédé relativement aux propriétés contiguës aux parcelles de terrain acquises en dehors de l'alignement.
97 — Faveur accordée aux actes et contrats relatifs aux acquisitions faites pour la voie publique.
98 — Caisse des travaux de Paris et sa destination.
99 — Régie de la caisse des travaux.
100 — Dotation de la caisse et émission des bons de circulation.

83 — Depuis quelques années, les travaux de la ville de Paris avaient pris déjà un développement considérable, quand la loi du 28 mai 1858 est venue leur donner un nouvel essor. Aux termes du traité consacré par cette loi, la ville de Paris s'est engagée à exécuter, dans une période de dix années, un immense réseau de voies publiques, moyennant une somme totale de 180 millions, sur lesquels 50 millions doivent être supportés par l'Etat, le surplus

restant à la charge de la ville de Paris [1]. Chaque jour, la propriété privée est appelée à se débattre avec l'administration municipale. Il importe donc de signaler les lois et les règles qui sont observées dans ces grands travaux de la ville, dans ce conflit de l'intérêt public et de l'intérêt privé, où doit triompher la volonté toute puissante de l'administration, mais sans dommage pour le patrimoine des familles.

84 — Une ordonnance royale du 26 février 1817 avait institué un directeur des travaux de Paris, qui devait diriger et surveiller les travaux qui s'exécuteraient à Paris, tant pour le compte de la commune que pour celui du département de la Seine et du ministère de l'intérieur. Cette charge a été supprimée par l'ordonnance du 31 décembre 1830.

Aujourd'hui, les travaux à la charge du budget du ministère de l'intérieur sont placés sous la direction du ministre de ce département.

Quant au préfet de la Seine, il a succédé à la direction des travaux pour tout ce qui est relatif au budget particulier de la ville de Paris et à celui du département.

Dès lors, c'est lui qui dirige et surveille les constructions neuves, les reconstructions, les grosses réparations et les travaux d'entretien qui sont à la charge de la commune et du département; il discute les plans, devis, détails et cahiers des charges, rédigés par les architectes. Les projets sont approuvés par le ministre de l'intérieur, sur l'avis du conseil des bâtiments civils. (Ordon. du 26 février 1817, art. 1 et 2.)

Les adjudications et marchés pour l'exécution des projets arrêtés sont passés en séance du conseil de préfecture. Le préfet les soumet à l'approbation du ministre. (*Id.*, art. 3.)

85 — Les contestations qui peuvent s'élever entre l'administration et les entrepreneurs, relativement à l'exécution ou au payement des travaux, sont jugées en conseil de préfecture, sauf recours au conseil d'État, s'il y a lieu. (*Id.*, art. 8.)

86 — Parmi les grands travaux qui s'exécutent au sein de Paris, il importe d'établir une distinction entre ceux qui sont entrepris dans l'intérêt même de la commune et ceux qui ont un caractère plus général d'utilité publique.

Lorsqu'il s'agit de travaux proposés par le conseil municipal dans l'intérêt exclusif de la commune, l'enquête est ouverte sur un projet où l'on fait connaître le but de l'entreprise, le tracé

---

[1] Voyez cette loi à l'*Appendice*, sous le n° 4.

des travaux, les dispositions principales des ouvrages, et l'appréciation sommaire des dépenses. (Ordon. du 23 août 1835, art. 2.)

Ce projet est déposé pendant quinze jours à l'Hôtel-de-Ville ou à la mairie de l'arrondissement dans lequel doivent être exécutés les travaux, afin que chaque habitant puisse en prendre connaissance ; à l'expiration de ce délai, un commissaire, désigné par le préfet, reçoit, à l'Hôtel-de-Ville ou à la mairie, pendant trois jours consécutifs, les déclarations des habitants, sur l'utilité publique des travaux projetés, laquelle est ensuite déclarée, s'il y a lieu, par décret. Les délais ci-dessus prescrits pour le dépôt des pièces et la durée de l'enquête peuvent être prolongés par le préfet. — Dans tous les cas, ces délais ne courent qu'à dater de l'avertissement donné par voie de publication. Il est dressé certificat de l'accomplissement de cette formalité. (*Id.*, art. 3.)

Si le registre d'enquête contient des déclarations contraires à à l'adoption du projet, ou si l'avis du commissaire lui est opposé, le conseil municipal est appelé à les examiner et à émettre son avis par une délibération motivée dont le procès-verbal est joint aux pièces. (*Id.*, art. 4.)

Au contraire, lorsque les travaux n'intéressent pas exclusivement la commune, l'enquête a lieu de la manière déterminée par les articles 9 et 10 de l'ordonnance du 18 février 1834.

87 — Dans l'un et l'autre cas, après que la loi ou le décret déclaratif d'utilité publique a été rendu, après qu'il a été procédé à la désignation des propriétés dont la cession est nécessaire, le tribunal civil prononce l'expropriation de ces propriétés. La commune ou l'administration notifie aux propriétaires et autres intéressés les sommes qu'elle offre pour indemnités. Ceux-ci déclarent leurs acceptations ou indiquent le montant de leurs prétentions. Lorsque les offres de la commune ou de l'administration ne sont pas acceptées, les propriétaires et tous les intéressés sont appelés devant le jury spécial convoqué à l'effet de procéder au règlement des indemnités. Là ils renouvellent leurs prétentions et font connaître eux-mêmes, ou par l'organe d'un défenseur, les raisons qui les justifient. Le jury prononce définitivement.

Nous croyons devoir rappeler ici les principales règles qui président à l'expropriation à Paris.

88 — Dans la huitaine qui suit la notification du jugement déclaratif de l'expropriation, le propriétaire est tenu d'appeler et de faire connaître à l'administration les fermiers, locataires, ceux qui ont des droits d'usufruit, d'habitation ou d'usage, tels qu'ils sont réglés par le Code civil, et ceux qui peuvent réclamer des

servitudes résultant des titres mêmes du propriétaire ou d'autres actes dans lesquels il serait intervenu ; sinon il reste seul chargé envers eux des indemnités que ces derniers pourront réclamer.

Les autres intéressés sont en demeure de faire valoir leurs droits par l'avertissement au moment du dépôt du plan à la mairie, et tenus de se faire connaître à l'administration dans le même délai de huitaine, à défaut de quoi ils sont déchus de tous droits à l'indemnité.

Ce qui est dit des propriétaires et de leurs créanciers est applicable à l'usufruitier et à ses créanciers. (*Id.*, art. 22.)

L'administration notifie aux propriétaires et à tous autres intéressés qui ont été désignés ou qui sont intervenus dans le délai de huitaine de la signification du jugement, les sommes qu'elle offre pour indemnité. Ces offres sont, en outre, affichées et publiées. (*Id.*, art. 23.)

Dans la quinzaine suivante, les propriétaires et autres intéressés sont tenus de déclarer leur acceptation, ou, s'ils n'acceptent pas les offres qui leur sont faites, d'indiquer le montant de leurs prétentions. (*Id.*, art. 24.)

Les femmes mariées sous le régime dotal, assistées de leurs maris, les tuteurs, ceux qui ont été envoyés en possession provisoire des biens d'un absent, et autres personnes qui représentent les incapables, peuvent valablement accepter les offres, s'ils y sont autorisés par le tribunal.

A leur égard, le délai de quinzaine est porté à un mois. (*Id.*, art. 25 et 27.)

Si les offres de l'administration ne sont pas acceptées dans les délais indiqués, l'administration cite devant le jury les propriétaires et tous autres intéressés qui ont été désignés, ou qui sont intervenus, pour qu'il soit procédé au règlement des indemnités. (*Id.*, art. 28.)

89 — Dans sa session annuelle, le conseil général du département désigne, sur la liste des électeurs, les personnes ayant leur domicile réel dans le département, parmi lesquelles sont choisis, jusqu'à la session suivante ordinaire du conseil général, les membres du jury spécial appelé, le cas échéant, à régler les indemnités dues par suite d'expropriation pour cause d'utilité publique. — Le nombre des jurés désignés pour le département de la Seine est de six cents.

Toutes les fois qu'il y a lieu de recourir à un jury spécial, la première chambre de la Cour impériale choisit en la chambre du conseil, sur la liste dressée comme il vient d'être dit, seize personnes pour former le jury spécial chargé de fixer définitivement le montant de l'indemnité, et, en outre, quatre jurés supplémentaires.

Ne peuvent être choisis : 1° les propriétaires, fermiers, locataires des terrains et bâtiments désignés en l'arrêté du préfet et qui restent à acquérir; 2° les créanciers ayant inscription sur lesdits immeubles; 3° tous autres intéressés désignés ou intervenant en vertu des articles 21 et 22 de la loi.

Les septuagénaires sont dispensés, s'ils le requièrent, des fonctions de juré. (*Id.*, art. 30.)

Les noms des jurés qui ont fait le service d'une session ne peuvent être portés sur le tableau dressé par le Conseil général pour l'année suivante. (*Id.*, art. 47.)

Le préfet, après s'être concerté avec le magistrat directeur du jury, convoque les jurés et les parties, en leur indiquant, au moins huit jours à l'avance, le lieu et le jour de la réunion. La notification aux parties leur fait connaître le nom des jurés. (*Id.*, art. 31.)

Le jury prononce des indemnités distinctes en faveur des parties qui les réclament à des titres différents, comme propriétaires, fermiers, locataires, usagers et autres intéressés. Dans le cas d'usufruit, une seule indemnité est fixée par le jury, eu égard à la valeur totale de l'immeuble; le nu-propriétaire et l'usufruitier exercent leurs droits sur le montant de l'indemnité au lieu de l'exercer sur la chose. L'usufruitier est tenu de donner caution ; les père et mère ayant l'usufruit légal des biens de leurs enfants en sont seuls dispensés. (*Id.*, art. 39.)

Lorsqu'il y a litige sur le fond du droit ou sur la qualité des réclamants, et toutes les fois qu'il s'élève des difficultés étrangères à la fixation du montant de l'indemnité, le jury règle l'indemnité indépendamment de ces litiges et difficultés, sur lesquels les parties sont renvoyées à se pourvoir devant qui de droit. L'indemnité allouée par le jury ne peut, en aucun cas, être inférieure aux offres de l'administration, ni supérieure à la demande de la partie intéressée. (*Id., id.*)

Si l'indemnité réglée par le jury ne dépasse pas l'offre de l'administration, les parties qui l'ont refusée sont condamnées aux dépens. Si l'indemnité est égale à la demande des parties, l'administration est condamnée aux dépens. Si l'indemnité est à la fois supérieure à l'offre de l'administration et inférieure à la demande des parties, les dépens sont compensés de manière à être supportés par les parties et l'administration, dans les proportions de leur offre ou de leur demande avec la décision du jury. (*Id.*, art. 40.)

La décision du jury est remise par le président au magistrat directeur, qui la déclare exécutoire, statue sur les dépens, et envoie l'administration en possession de la propriété. La décision du jury et l'ordonnance du magistrat directeur ne peuvent être attaquées que par la voie du recours en cassation. Le délai est de quinze jours pour ce recours; il court à partir du jour de la décision. (*Id.*, art. 41 et 42.)

90 — Le jury est juge de la sincérité des titres et de l'effet des actes qui sont de nature à modifier l'évaluation de l'indemnité. (*Id.*, art. 48.)

Dans le cas où l'administration conteste au détenteur exproprié le droit à une indemnité, le jury, sans s'arrêter à la contestation, dont il renvoie le jugement devant qui de droit, fixe l'indemnité comme si elle était due; et le magistrat directeur du jury en ordonne la consignation, pour, ladite indemnité, rester déposée jusqu'à ce que les parties se soient entendues ou que le litige soit vidé. (*Id.*, art. 49.)

91 — Les bâtiments dont il est nécessaire d'acquérir une portion pour cause d'utilité publique sont achetés en entier, si les propriétaires le requièrent par une déclaration formelle adressée au magistrat directeur du jury, dans les délais fixés ci-dessus pour l'acceptation des offres [1]. Il en est de même de toute parcelle de terrain qui, par suite du morcellement, se trouve réduite au quart de la contenance totale, si toutefois le propriétaire ne possède aucun terrain immédiatement contigu, et si la parcelle ainsi réduite est inférieure à dix ares (*Id.*, art. 50.) [2].

Si l'exécution des travaux doit procurer une augmentation de valeur immédiate et spéciale au restant de la propriété, cette augmentation est prise en considération dans l'évaluation du montant de l'indemnité. (*Id.*, art. 51.)

Les constructions, plantations et améliorations ne donnent lieu à aucune indemnité, lorsque, à raison de l'époque où elles ont été faites ou de toutes autres circonstances dont l'appréciation lui est abandonnée, le jury acquiert la conviction qu'elles ont été faites dans la vue d'obtenir une indemnité plus élevée. (*Id.*, art. 52.)

92 — Les indemnités réglées par le jury sont, préalablement à la prise de possession, acquittées entre les mains des ayants droit.

---

[1] Voyez n° 88.
[2] Voyez n° 94.

S'ils se refusent à les recevoir, la prise de possession a lieu après offres réelles et consignation. S'il s'agit de travaux exécutés par l'Etat ou le département, les offres réelles peuvent s'effectuer au moyen d'un mandat égal au montant de l'indemnité réglée par le jury : ce mandat, délivré par l'ordonnateur compétent, visé par le payeur, est payable sur la caisse publique qui s'y trouve désignée. Si les ayants droit refusent de recevoir le mandat, la prise de possession a lieu après consignation en espèces. (*Id.*, art. 53.)

S'il s'agit de travaux exécutés par la commune de Paris, les payements sont faits par la caisse des travaux [1].

Il n'est pas fait d'offres réelles toutes les fois qu'il existe des inscriptions sur l'immeuble exproprié ou d'autres obstacles au versement des deniers entre les mains des ayants droit; dans ce cas, il suffit que les sommes dues par l'administration soient consignées, pour être ultérieurement distribuées ou remises, selon les règles du droit commun. (*Id.*, art. 54.)

Si, dans les six mois du jugement d'expropriation, l'administration ne poursuit pas la fixation de l'indemnité, les parties peuvent exiger qu'il soit procédé à ladite fixation ; ce droit appartient au locataire de l'immeuble exproprié comme au propriétaire. (*Id.*, art. 55, et Cassation, 30 août 1859, Crest contre préfet de la Seine.)

Quand l'indemnité a été réglée, si elle n'est ni acquittée ni consignée dans les six mois de la décision du jury, les intérêts courent de plein droit à l'expiration de ce délai. (Même article.)

93 — Lorsqu'il y a urgence de prendre possession des terrains non bâtis qui sont soumis à l'expropriation, l'urgence est spécialement déclarée par décret. En ce cas, après le jugement d'expropriation, le décret qui déclare l'urgence et le jugement sont notifiés aux propriétaires et aux détenteurs, avec assignation devant le tribunal civil. L'assignation est donnée à trois jours au moins; elle énonce la somme offerte par l'administration. Au jour fixé, le propriétaire et les détenteurs sont tenus de déclarer la somme dont ils demandent la consignation avant l'envoi en possession. Faute par eux de comparaître, il est procédé en leur absence.

Le tribunal fixe le montant de la somme à consigner. (*Id.*, art. 65 66 et 67.)

La consignation doit comprendre, outre le principal, une somme nécessaire pour assurer, pendant deux ans, le payement des inté-

[1] Voyez n° 98.

rêts à cinq pour cent. Sur le vu du procès-verbal de la consignation, et sur une nouvelle assignation à deux jours de délai au moins, le président ordonne la prise de possession. Le jugement du tribunal et l'ordonnance du président sont exécutoires sur minute et ne peuvent être attaqués par opposition ni par appel. Mais ils peuvent être l'objet d'un pourvoi en cassation. (*Id.*, art. 69, 70 et 71.)

Le président taxe les dépens, qui sont supportés par l'administration. Après la prise de possession, il est, à la poursuite de la partie la plus diligente, procédé à la fixation de l'indemnité par le jury en la manière ordinaire. Si cette fixation est supérieure à la somme qui a été déterminée par le tribunal, le supplément doit être consigné dans la quinzaine de la notification de la décision du jury, et, à défaut, le propriétaire peut s'opposer à la continuation des travaux. (*Id.*, art. 73 et 74.)

94 — Le décret du 26 mars 1852 a introduit dans les lois d'expropriation des règles nouvelles et sur lesquelles il est utile de s'arrêter ici.

On a vu plus haut (n° 91) que le propriétaire d'un bâtiment dont une portion est expropriée pour cause d'utilité publique peut exiger que la totalité de l'édifice soit acquise par l'administration ; que la même faculté est accordée pour toute parcelle de terrain inférieure à dix ares, qui se trouve réduite au quart de la contenance totale, si le propriétaire ne possède point de terrain contigu.

Le décret du 26 mars 1852 a étendu et fixé le droit de l'administration, alors qu'il s'agit d'expropriation pour l'élargissement, le redressement ou la formation des rues de Paris. Il a accordé à l'administration la faculté :

1° De comprendre la totalité des immeubles atteints dans l'expropriation, lorsqu'elle juge que les parties restantes ne sont pas d'une étendue ou d'une forme qui permet d'y élever des constructions salubres ;

2° De comprendre également dans l'expropriation des immeubles en dehors des alignements, lorsque leur acquisition est nécessaire pour la suppression d'anciennes voies publiques jugées inutiles ;

3° De réunir aux propriétés contiguës les parcelles de terrain acquises en dehors des alignements et non susceptibles de recevoir des constructions salubres, et d'obtenir la cession de ces propriétés contiguës, soit à l'amiable, soit par l'expropriation de ces propriétés.

On voit jusqu'où va le droit de l'administration. Elle est juge des questions de convenance et d'opportunité ; c'est elle qui décide si les portions restantes des immeubles sont ou non susceptibles de recevoir des constructions salubres, si les immeubles sont nécessaires à la suppression d'anciennes voies, s'il y a lieu ou non de réunir les parcelles de terrain aux propriétés contiguës en dehors des alignements. Mais ce droit de l'administration doit être renfermé dans la sphère qui lui a été tracée ; c'est dans un intérêt de voirie, c'est pour l'ouverture, l'élargissement, le redressement et la suppression des voies publiques que ce droit exorbitant a été conféré à l'administration ; elle ne saurait donc l'exercer, sous aucun prétexte, pour des travaux et dans un intérêt qui n'auraient pas ce caractère.

95 — Quelle est ici la garantie accordée à l'intérêt privé? Lorsqu'il s'agit de comprendre dans l'expropriation des parties d'immeubles situées en dehors des alignements et non susceptibles de recevoir des constructions salubres, ou des immeubles dont l'acquisition est nécessaire pour la suppression d'anciennes voies publiques, voici comment il est procédé d'après le décret du 27 décembre 1858 :

L'indication des parties restantes ou des immeubles dont il s'agit est faite sur le plan soumis à l'enquête prescrite par le titre 2 de la loi du 3 mai 1841, et il est fait mention du projet de l'administration dans l'avertissement donné conformément à l'article 6 de cette loi. — Dans le délai de huit jours à partir de cet avertissement, les propriétaires doivent déclarer sur le procès-verbal d'enquête s'ils s'opposent à l'expropriation, et faire connaître leurs motifs. Dans ce cas, l'expropriation ne peut être autorisée que par un décret rendu en conseil d'État. Mais les oppositions ainsi formées ne font pas obstacle à ce que le préfet statue sur toutes les autres propriétés comprises dans l'expropriation conformément aux articles 11 et 12 de la loi du 3 mai 1841. (Art. 1, 2 et 4.)

Lorsque l'administration le juge préférable, il est statué par un seul et même décret, tant sur l'utilité publique de l'élargissement, du redressement ou de la formation des rues projetées, que sur l'autorisation d'exproprier les parcelles situées en dehors des alignements, et les immeubles dont l'acquisition est demandée pour la suppression d'anciennes voies.

Dans ce cas, l'indication des parcelles à exproprier est faite sur le plan soumis à l'enquête, en vertu du titre Ier de la loi du 3 mai 1841 et de l'article 2 de l'ordonnance du 23 août 1835. Mention est faite du projet de l'administration dans l'avertissement donné conformément à l'article 3 de ladite ordonnance, et les oppositions des propriétaires intéressés sont consignées au registre de l'enquête. (Id., art. 3.)

96 — En ce qui concerne les propriétés contiguës aux parcelles de terrain acquises en dehors des alignements, voici quels sont les droits réservés aux propriétaires et comment il est procédé à leur égard :

Le propriétaire en avant duquel il reste un espace libre peut demander, en offrant d'en payer le prix, qu'on le lui cède pour le joindre à sa propriété, de manière à agrandir cette propriété et l'avancer jusque sur la voie publique. En conséquence, ce propriétaire est mis en demeure, par un acte extrajudiciaire, de déclarer, dans un délai de huitaine, s'il entend profiter de la faculté de s'avancer sur la voie publique en acquérant les parcelles riveraines. Si le propriétaire consent à acheter les parcelles riveraines, il en est traité avec l'administration. L'indemnité est fixée à l'amiable ou réglée par le jury. Si le propriétaire refuse d'acheter ou s'il garde le silence, il est procédé à l'expropriation des propriétés contiguës. La fixation du prix des propriétés est faite dans les formes de l'expropriation ordinaire. (Art. 2 du décret du 26 mars 1852 et 5 du décret du 27 décembre 1858 combinés.)

97 — Tous les actes et contrats relatifs aux terrains acquis pour la voie publique par simple mesure de voirie sont visés pour timbre et enregistrés gratis.

98 — Il a été institué, sous la garantie de la ville de Paris, et sous l'autorité du préfet de la Seine, une caisse spéciale, qui est chargée du service de trésorerie des grands travaux publics de la ville et qui prend le titre de *Caisse des travaux de Paris*. (Décret du 14 novembre 1858, art. 1er.)

Cette caisse est chargée d'acquitter : 1° toutes les indemnités foncières ou locatives réglées, soit à l'amiable, soit judiciairement, par suite d'expropriations, d'évictions ou de dommages résultant de l'exécution des grands travaux qui sont entrepris par la ville en vertu de décrets de l'Empereur ou d'autorisations ministérielles compétentes ; 2° les frais dûment taxés et les dépenses de toute nature régulièrement liquidées se rapportant aux mêmes travaux. (*Id.*, art 2.)

Toutefois, aucun payement ne peut avoir lieu qu'en vertu d'un arrêté rendu par le préfet de la Seine en la forme administrative ordinaire. Tout mandat doit d'ailleurs être appuyé des autres pièces justificatives que les règlements sur la comptabilité communale peuvent exiger. Ces pièces sont préalablement soumises aux mêmes vérifications et visas que celles qui accompagnent les mandats délivrés directement sur la caisse municipale. (*Id.*, *id.*)

Le préfet de la Seine fait verser dans la caisse de service : 1° le produit de la vente des matériaux provenant des immeubles expropriés ; 2° le prix des portions d'immeubles restant disponibles et cédées par la ville ; les produits divers se rattachant aux opérations pour lesquelles ladite caisse est établie.

La caisse de service ouvre un compte spécial pour chaque entreprise, et les sommes qu'elle a reçues ou payées sont inscrites au débit ou au crédit de l'affaire qu'elles concernent. (*Id.*, art. 4.)

Tous les trois mois, et plus souvent, s'il y a lieu, un état de situation de ces divers comptes est remis au préfet de la Seine, qui ordonnance au profit de la caisse, sur les crédits qui lui sont ouverts à cet effet par le conseil municipal, soit dans le budget de la ville, soit par des délibérations spéciales dûment approuvées, telles sommes qu'il appartient, à valoir sur le solde final de telle ou telle entreprise. (*Id.*, art. 5.)

Après l'achèvement complet de tout grand travail, un décompte général en est dressé, et, après vérification, réglé par le préfet de la Seine. Le mandat pour solde qui est délivré à la caisse de service sur la caisse municipale doit être accompagné de l'arrêté de règlement du préfet. (*Id.*, art. 6, et décret du 27 décembre 1858.)

La caisse des travaux de Paris a la faculté d'émettre des valeurs de crédit pour faire face aux besoins du service de trésorerie dont elle est chargée, mais seulement dans la limite qui est fixée, pour chaque émission, par une délibération du conseil municipal, approuvée par décret de l'Empereur. (Décret du 14 nov. 1858, art. 7 [1].)

Les frais de négociation de ces valeurs et les dépenses de toute espèce nécessitées par l'administration de la caisse sont supportés par la ville. Des crédits spéciaux sont ouverts au budget de la ville pour en assurer le payement. (*Id.*, art. 8.)

99 — La caisse des travaux de Paris est régie par un directeur, chargé, sous les ordres du préfet de la Seine : 1° d'assurer l'exécution des règlements et instructions la concernant ; 2° de surveiller la gestion du caissier ; 3° d'ordonner les mouvements de fonds, les payements, et en général toutes les opérations de la caisse ; 4° de proposer au préfet le budget annuel ; 5° de présen-

[1] Voyez n° 100.

ter, à la clôture de l'exercice, un compte moral et financier des opérations effectuées. (*Id.*, art. 9.).

Le caissier est responsable de la gestion et de la régularité des recettes et des payements effectués par la caisse. Il est justiciable de la cour des comptes. Il doit verser au trésor un cautionnement dont le montant est fixé par le ministre de l'intérieur, sur la proposition du préfet. Il dresse chaque jour un état de situation et chaque mois une balance générale de la caisse. Ces documents sont remis au directeur, qui les transmet au préfet après les avoir vérifiés et certifiés. Des expéditions de la balance générale sont également adressées aux ministres de l'intérieur et des finances à la fin de chaque mois. Le caissier rend des comptes de gestion annuels dans la forme des comptes des receveurs municipaux ; ces comptes sont soumis au conseil municipal, arrêtés par le préfet et transmis ensuite à la cour des comptes avec toutes les pièces justificatives des recettes et des dépenses. (Décret du 27 décembre 1858.)

Un contrôle permanent est établi auprès de la caisse ; elle est, en outre soumise à la vérification de l'inspecteur des caisses qui dépendent de l'administration municipale, sans préjudice des vérifications qui peuvent être faites par les inspecteurs des finances. (Décret du 14 novembre 1858, art. 11.)

Le directeur et le caissier sont nommés, sur la proposition du préfet de la Seine, par le ministre de l'intérieur. Les autres employés sont nommés par le préfet de la Seine. (Décret du 27 décembre 1858.)

Il est interdit au directeur, au caissier et à tous employés et agents de la caisse de s'immiscer ou de s'intéresser directement ou indirectement dans les opérations relatives aux travaux de Paris. (Décret du 14 novembre 1858, art. 13.)

Un comité consultatif est appelé à donner son avis, 1° sur le montant du cautionnement à fournir par le caissier ; 2° sur les opérations financières nécessitées par les besoins du service, notamment sur la forme des valeurs à émettre par la caisse, sur les époques d'émission et de remboursement, et sur toutes les conditions de la négociation de ces valeurs ; 3° sur le compte moral et financier présenté chaque année par le directeur, et sur toutes les questions se rattachant à l'organisation de la caisse et à la marche de son service. Le comité consultatif est présidé par le préfet de la Seine, et composé du gouverneur de la banque, du directeur général de la caisse d'amortissement, du directeur du mouvement général des fonds au ministère des finances, et de trois membres pris dans le conseil municipal et nommés par le ministre de l'intérieur, sur la proposition du préfet de la Seine. (*Id.*, art. 14.)

100 — Par un premier decret du 27 décembre 1858, une dotation de 10 millions avait été allouée à la caisse des travaux ; un autre décret du 6 janvier 1859 avait autorisé cette caisse à faire, à un intérêt qui ne pourrait dépasser cinq pour cent, une émission de bons pour une somme de 15 millions. La loi de finances du 11 juin a ajouté que, chaque année, un article de la loi de finances fixerait le montant des bons que la caisse des travaux pourrait mettre en circulation, et elle a disposé que pendant l'année 1859 les bons de circulation ne pourraient excéder 30 millions, y compris les 15 millions que cette caisse avait été autorisée à émettre par le décret du 6 janvier ; que pendant l'année 1860, les bons de circulation ne pourraient excéder la somme de 60 millions.

Les conditions de négociation des valeurs à émettre par la caisse des travaux publics doivent être approuvées par le ministre des finances. Il est annexé à la loi annuelle de finances un compte particulier indiquant le montant des bons émis, l'emploi de leur produit et la situation des travaux. (Loi du 11 juin 1859, art. 17.)

CHAPITRE IV.

DES EAUX DE PARIS.

101 — Différentes provenances des eaux de Paris, et volume de ces eaux.
102 — Eau du canal de l'Ourcq.
103 — Eau de Seine.
104 — Eau d'Arcueil.
105 — Eau de Grenelle.
106 — Eaux de Belleville et des Prés-Saint-Gervais.
107 — Qualités relatives des eaux de Paris.
108 — Service public et service privé des eaux.
109 — Régime des eaux de Paris.
110 — Si les eaux sont imprescriptibles et inaliénables.
111 — Abonnements aux eaux de Paris et contraventions au règlement.
112 — Travaux et fouilles aux approches des aqueducs et des conduites. — Contraventions.

101 — Avant de faire connaître le régime auquel sont soumises les eaux de Paris, nous devons indiquer les différents canaux, conduites ou réservoirs qui alimentent les fontaines de la ville. Nous nous aiderons des divers rapports qui ont été récemment publiés sur cette matière par M. le préfet de la Seine et qui ont abouti à un projet, pris en considération par le conseil municipal, et en ce moment à l'étude, lequel a pour objet d'amener à Paris, à l'altitude de 80 mètres au-dessus du niveau de la mer, des eaux de sources dérivées en quantité suffisante pour le service de toutes les habitations, d'assurer la distribution de ces eaux dans toute la ville, de compléter et d'améliorer le régime des égouts et celui des vidanges[1].

L'eau qui se distribue dans Paris provient du canal de l'Ourcq, de la Seine, d'où elle est élévée par les pompes de Chaillot et du pont d'Austerlitz, de l'aqueduc d'Arcueil, du puits de Grenelle,

---

[1] Voyez le *Moniteur* des 5, 6 et 7 décembre 1854 ; 27, 28 et 29 janvier, 3, 5 et 7 février 1859.

des sources du nord, c'est-à-dire de Belleville et des Prés-Saint-Gervais. Les 7,390 pouces d'eau de toute provenance dont la ville peut disposer forment un volume de 147,800 mètres cubes, ou près de 148,000,000 de litres par jour, soit environ 148 litres pour chaque habitant. Mais la ville est loin de faire emploi de toutes ses ressources, parce que le diamètre de la plupart des anciennes conduites est trop faible, et que le niveau des eaux d'Ourcq, d'Arcueil et des sources du nord, à leur entrée dans Paris, n'est pas assez élevé. Ce volume d'eau est fourni par les différents canaux d'alimentation dans les proportions suivantes :

Canal de l'Ourcq..........................		5,200 pouces.
Eau de Seine. { Pompe de Chaillot. 2,000 } { Pompe d'Austerlitz. 40 }		2,040
Aqueduc d'Arcueil........................		40
Puits de Grenelle		45
Sources du nord (eaux de Belleville et des Prés-Saint-Gervais		25
Somme égale...................		7,390 pouces.

Voici maintenant, à l'aide de quels appareils ce volume d'eau est amené dans Paris, de ces différentes sources.

102 — *Eau de l'Ourcq.* La dérivation de l'Ourcq et du Clignon, décrétée le 29 floréal an X, a été exécutée aux frais de la ville. Rien n'est plus simple et plus ingénieux que le système de conduites souterraines qui répandent ces eaux sur presque tous les points de la ville.

Paris couvre les deux versants, inégalement inclinés, d'une vallée dont le lit de la Seine occupe le fond. Sur la rive droite, presqu'au sommet du versant septentrional, règne une longue galerie décrivant presque le même contour que le mur d'enceinte, et à peu près de niveau, puisque, de son point de départ, à la Villette, jusqu'à son point d'arrivée, près de la barrière de Monceaux, la pente totale n'excède pas $0^m,32$ pour un parcours de 4,033 mètres, soit, en moyenne, $0^m,00008$ par mètre. L'eau du canal de l'Ourcq coule dans cette galerie, nommée *aqueduc de ceinture*, et va remplir, à l'autre extrémité, un vaste bassin qui peut, au besoin, rendre la réserve qu'il a reçue.

Sur divers points de l'aqueduc de ceinture, de distance en distance, s'ouvrent de grosses conduites, qui descendent perpendiculairement vers la Seine, franchissent les ponts, se relèvent sur le versant méridional de la vallée parisienne, jusqu'à une hauteur un peu inférieure au point de départ, et aboutissent à divers groupes de réservoirs où elles épanchent le trop plein de leurs eaux entraînées d'abord suivant la pente et remontant ensuite dans l'autre bras du siphon par leur propre poids.

Tout le long du parcours de ces conduites principales, s'embranchent de nombreuses conduites secondaires de plus faible diamètre, qui puisent dans les gros vaisseaux, comme les petites artères du corps humain, le liquide qu'elles font circuler et que, chemin faisant, elles déversent par des milliers d'orifices sur les places publiques, dans les rues, dans les maisons [1].

Pendant la nuit, la plupart de ces orifices sont fermés; l'eau, ne trouvant point d'écoulement, suit jusqu'au bout les conduites principales et va remplir les bassins de la rive gauche. Pendant le jour, l'eau se répand, au contraire, comme par tous les pores; les réservoirs de la rive gauche restituent alors aux conduites principales l'eau qu'elles appellent en s'épuisant, et concourent, avec l'aqueduc de ceinture, à alimenter le service, dont la seule pesanteur de l'eau fait ainsi tous les frais.

L'aqueduc de ceinture prend naissance à la gare circulaire du canal de l'Ourcq, fort au-dessus du bassin de la Villette, qu'occupent les bateaux de commerce. A l'entrée de Paris est placée une roue, appelée *compteur-moteur*, dont le double effet est de mesurer le volume qui passe dans son coursier et d'élever, comme machine hydraulique, une certaine quantité d'eau sur des points hauts du voisinage.

Le jeu de cette roue exige une certaine perte de hauteur entre le canal et l'aqueduc : tandis que, dans le canal, le plan d'eau est, en moyenne, à $25^m,74$ au-dessus de l'étiage de la Seine, soit $51^m,99$ au-dessus du niveau de la mer [2], il descend à la cote $25^m,24$, à l'entrée de l'aqueduc, dont le radier est à $23^m,88$.

Les conduites principales qui distribuent l'eau de l'Ourcq sont :

Celle de l'hôpital Saint-Louis, établie tout d'abord en vue du service spécial de cet établissement;

Celle du faubourg Saint-Antoine, qui alimente en partie le réservoir de l'abattoir Ménilmontant, parcourt le faubourg Saint-

---

[1] A très-peu d'exceptions près, les conduites principales ou secondaires ont été simplement posées en terre à la profondeur convenable pour éviter l'effet de la gelée. Depuis quelques années, l'administration municipale saisit toutes les occasions de les transporter dans les galeries d'égout, afin de les préserver des chances de rupture résultant de l'ébranlement du sol et de donner en même temps plus de facilité aux agents du service des eaux, pour reconnaître les fuites et y remédier.

[2] L'étiage de la Seine est à $26^m 25$ au dessus du niveau de la mer.

Antoine, traverse la Seine sous l'un des trottoirs du pont d'Austerlitz, longe le Jardin des Plantes et aboutit aux réservoirs de la rue Saint-Victor ;

Celle du Marais, qui emprunte la galerie Saint-Laurent[1], passe au Château-d'Eau, traverse le Marais, franchit la Seine aux ponts Marie et de la Tournelle, et remonte directement aux réservoirs de la rue Saint-Victor, qu'elle est spécialement chargée d'alimenter ;

Celle de l'Hôtel-de-Ville, qui marche parallèlement à la précédente jusqu'au Château-d'Eau, pour la rejoindre au pont Marie, après avoir suivi la rue du Temple dans toute sa longueur, et desservi l'Hôtel-de-Ville et la caserne Napoléon ;

Celle de l'Ecole-de-Médecine, qui emprunte aussi la galerie Saint-Laurent, suit la rue Saint-Denis, passe la Seine au pont au Change et au pont Saint-Michel, et aboutit, près de l'Ecole-de-Médecine, aux réservoirs de la rue Racine.

Celle des Halles, qui descend par les rues du Faubourg-Poissonnière, Poissonnière, du Petit-Carreau et Montorgueil jusqu'aux Halles, traverse le pont Neuf et finit également son parcours aux réservoirs de la rue Racine ;

Celle du Palais-Royal, qui dessert le faubourg et le quartier Montmartre, et arrive au Palais-Royal par la rue du Mail ;

Celle du Carrousel, qui descend par la rue des Martyrs, passe au carrefour Gaillon, franchit la butte des Moulins, arrive au guichet de l'Echelle, et, après avoir traversé le Carrousel et le pont Royal, suit la rue du Bac et va prendre fin aux réservoirs de la rue de Vaugirard, non loin de l'embarcadère du chemin de fer de l'Ouest ;

Celle de la place Vendôme, qui parcourt la galerie de Clichy, les rues de la Chaussée-d'Antin, de la Paix, de Rivoli, et se réunit à la précédente ;

Enfin, celle du pont de la Concorde, qui part du bassin de Monceau, à l'extrémité de l'aqueduc de ceinture, suit la rue de Miromesnil, l'avenu de Marigny, celle des Champs-Elysées, alimente les fontaines monumentales de la place de la Concorde, traverse le pont, et, après avoir desservi les parties extrêmes du faubourg Saint-Germain, aboutit aux réservoirs de la rue de Vaugirard.

Le diamètre de ces dix conduites principales varie entre 25 et

---

[1] On appelle *Galerie Saint-Laurent* un aqueduc secondaire qui s'embranche perpendiculairement sur l'aqueduc de ceinture et maintient le niveau des eaux qu'il y puise jusqu'auprès du chemin de fer de Strasbourg.

60 centimètres; plusieurs ont un parcours de plus de 4,000 mètres.

103 — *Eau de Seine*. Après le canal de l'Ourcq, le moyen d'alimentation le plus considérable consiste dans les machines établies à Chaillot pour élever de l'eau de la Seine. Cette entreprise, tentée d'abord par une compagnie particulière, fut organisée quelques années avant la révolution. Mais les anciens appareils ont été remplacés, dans ces derniers temps, par d'énormes machines, dont chaque coup de piston n'élève pas moins de 1,200 litres d'eau. Les eaux se répartissent entre quatre bassins, dont la hauteur varie de 30 à 36 mètres, et un cinquième construit sur les terrains culminants de Chaillot pour diriger des conduites sur des points supérieurs aux réservoirs de l'Ourcq.

Des quatre bassins de Chaillot partent deux conduites principales :

L'une, dite des Boulevards, qui longe le Cours-la-Reine, traverse la place de la Concorde, suit la rue Royale et la ligne des boulevards jusqu'à la place de la Bastille;

L'autre, dite Saint-Honoré, qui suit les rues de Chaillot, Neuve-de-Berry et du Faubourg-Saint-Honoré, et après avoir parcouru dans toute sa longueur la rue dont elle porte le nom, finit à la rue Saint-Denis.

Le bassin supérieur donne la charge résultant de sa hauteur :

1° A une conduite de $0^m,50$, qui traverse les quartiers élevés du nord de Paris, alimente l'hôpital Lariboisière, le chemin de fer du Nord, et doit être continuée ultérieurement vers les parties hautes des faubourgs du Temple et Saint-Antoine;

2° A une conduite de $0^m,40$, qui dessert le bois de Boulogne.

L'action refoulante des machines s'exerce directement sur une conduite de $0^m,60$ de diamètre, posée en 1853, qui remonte le quai de la Conférence, passe la Seine au pont de la Concorde, parcourt les 10e 11e et 12e arrondissements, et, après un trajet d'environ 5,000 mètres, mène ces eaux à des réservoirs établis près de la place de l'Estrapade, à 4 ou 5 mètres au-dessus du plateau du Panthéon [1].

L'eau de la Seine est en outre élevée par une petite machine à vapeur, établie en amont du pont d'Austerlitz, qui donne quarante pouces fontainiers; elle l'était récemment encore par les pompes du pont Notre-Dame et du Gros Caillou, dont la suppression a été décidée.

---

[1] Il est ici question des anciens arrondissements de Paris, tels qu'ils sont décrits ci-dessus sous le n° 56.

104 — *Eau d'Arcueil.* Un bassin établi près de l'Observatoire, à 31 mètres au-dessus de l'étiage de la Seine, reçoit les eaux de l'aqueduc d'Arcueil, qui date de la domination romaine, et réunit les sources des côteaux voisins. De là, ces eaux vont à l'Estrapade. Une partie en est recueillie dans un réservoir inférieur; l'autre est élevée par une petite pompe à feu jusqu'aux réservoirs qui reçoivent les eaux de la Seine.

105 — *Eau de Grenelle.* L'eau de Grenelle provenant du puits artésien de ce nom, commencé en 1837 et terminé en 1841, monte naturellement à une hauteur de $43^m,82$ au-dessus de l'étiage de la Seine. Par une conduite de $0^m,25$ en moyenne, elle traverse les 10e, 11e et 12e arrondissements, pour se déverser dans les réservoirs supérieurs de l'Estrapade, dont elle complète l'alimentation.

106 — *Eau des sources du nord.* Les eaux de Belleville, dont la réunion remonte au moyen âge, entrent en conduite au regard de la rue de la Mare, dont la hauteur au-dessus de l'étiage de la Seine est d'environ 34 mètres. Elles desservent directement quelques points élevés du nord-est de Paris et se déchargent dans le réservoir de l'abattoir Ménilmontant, où vient aboutir aussi une des conduites principales de la distribution de l'Ourcq.

Celles des Prés-Saint-Gervais, qui entrent en conduite à la même hauteur de 34 mètres environ, pénètrent dans Paris à l'ancienne barrière de Pantin et font un service immédiat dans les quartiers avoisinants.

107 — Les trois qualités essentielles de l'eau sont la salubrité, la limpidité et la fraîcheur. Or, voici d'après M. le préfet de la Seine, les conditions dans lesquelles se trouvent les eaux de Paris, et les distinctions qu'il faut établir entre elles :

Pour être parfaitement salubre, l'eau ne doit contenir ni sulfates de chaux ou de magnésie, ni substances organiques en dissolution. Les sels autres que les sulfates, les carbonates de chaux ou de magnésie particulièrement, loin de nuire à la qualité de l'eau, la rendent saine et agréable, à moins qu'ils n'y soient dissous en excès. Dans ce dernier cas, ils ont d'ailleurs l'inconvénient d'incruster les conduites de fonte, et c'est un motif de plus pour préférer les eaux qui n'en contiennent que des quantités modérées.

Les eaux de Paris laissent toutes plus ou moins à désirer sous divers rapports.

Celles de l'Ourcq parcourent des terrains gypseux, et bien qu'on les trouve aujourd'hui beaucoup moins imprégnées de sulfates qu'autrefois et valant beaucoup mieux que leur réputation, elles sont encore séléniteuses. Elles proviennent d'ailleurs de vallées tourbeuses où elles contractent, l'été surtout, une saveur désagréable.

Les eaux de la Seine elles-mêmes reçoivent, en amont de Paris, des sources altérées par la même cause et participent, quoique à un moindre degré, à la même composition. Dans tout leur cours, et principalement dans la traversée de Paris, elles se chargent de matières organiques. La création d'un grand égout collecteur aura pour résultat d'amoindrir beaucoup ce dernier inconvénient.

Celles de l'aqueduc d'Arcueil et des sources du nord traversent des formations de gypse et se saturent nécessairement de sulfate de chaux.

Les unes et les autres incrustent plus ou moins les tuyaux de fonte.

Les eaux d'Arcueil, de Grenelle et des sources du nord sont les seules eaux de Paris qui arrivent limpides. Celles de la Seine et du canal de l'Ourcq sont plus ou moins troublées, suivant les saisons, par des matières en suspension. Pendant toute l'année, elles doivent être filtrées aux fontaines marchandes. Cette opération exige des soins et de la dépense. On n'y a recouru, jusqu'à présent, que pour de faibles quantités.

Enfin, pour être potable, l'eau doit avoir une température constante de 10 à 12 degrés centigrades, de manière à rester toujours suffisamment fraîche en été et à ne jamais devenir trop froide en hiver.

Or, les eaux de l'Ourcq et de la Seine, pendant les chaleurs, ont une température élevée qui les rend désagréables; pendant l'hiver, elles se congèlent dans les conduites particulières, de telle sorte que le service est presque tout entier interrompu lorsque le thermomètre descend de plusieurs degrés au-dessous de zéro.

L'eau du puits de Grenelle, venue d'une profondeur de plus de 500 mètres, est limpide, mais toujours chaude.

L'eau d'Arcueil et celle des sources du nord ont seules le double avantage d'être constamment claires et fraîches. Elles lui doivent la préférence marquée dont elles ont été longtemps l'objet à Paris, malgré les quantités considérables de sulfate de chaux qui les chargent et qui atteignent, pour les sources du nord, des proportions inouïes.

Suivant M. le préfet de la Seine, tant que l'eau distribuée à domicile ne réunira pas ces trois conditions d'être parfaitement salubre, limpide et fraîche en été, le but de l'administration qui veille au bien-être de la population parisienne ne sera pas atteint. Espérons que les améliorations annoncées se réaliseront un jour, et que la ville de Paris possédera enfin de l'eau claire, pure et abondante, élément essentiel de la santé et de la salubrité publiques.

108 — L'eau fournie par ces divers appareils est répartie entre deux services :

Elle s'écoule, pour l'usage public, par des fontaines monumentales[1] qui servent à décorer la ville, et aussi à rafraîchir l'air ; par d'autres fontaines de simple utilité, où chacun puise librement ; par des bornes ou bouches d'eau qui suppléent à ces dernières fontaines dans les quartiers populeux, et qui s'ouvrent partout à de certaines heures pour le nettoiement des rues ; par des poteaux d'arrosement ou des bouches d'incendie dont les noms indiquent la destination.

Elle se distribue, pour l'usage privé, par des fontaines marchandes où les porteurs d'eau s'approvisionnent moyennant rétribution, et par des embranchements dont le produit, mesuré d'une manière exacte ou approximative, est concédé sous forme d'abonnement.

109 — Le régime des eaux de Paris a traversé plusieurs phases. Longtemps, la distribution de ces eaux fut abandonnée à des entreprises particulières. D'abord, des puisoirs avaient été placés sur divers points de la rivière ; mais ces puisoirs devinrent insuffisants pour les besoins de la ville. Un arrêt du conseil, du 18 mai 1782, autorisa des particuliers à établir des bateaux-pompes sur la rivière et des fontaines filtrantes sur les quais ; une concession de quinze années leur fut accordée. Les pompes Notre-Dame et de la Samaritaine servirent à la distribution des eaux dans les divers quartiers de la ville ; d'autres établissements de ce genre furent ensuite autorisés.

Cependant, la commune de Paris avait entrepris, de son côté,

---

[1] Voici la liste des fontaines monumentales, d'après la date de leur fondation :

1550, des Innocents. — 1570, Birague. — 1624, Saint-Michel. — 1715, de Grenelle. — 1716, Saint-Louis. — 1801, De aix. — 1806, du Châtelet ; de l'Institut (deux fontaines). — 1807, du marché aux fleurs (deux fontaines). — 1811, du Château-d'Eau. — 1824, de la place Royale (quatre fontaines) ; Saint-Georges. — 1827, Gaillon. — 1836, Richelieu. — 1839, des Champs-Elysées (cinq fontaines) ; de la Concorde (deux fontaines) ; Molière. — 1840, Charlemagne ; Cuvier. — 1842, Notre-Dame. — 1846, Saint-Sulpice. — 1852, de la Borde ; François Ier.

des constructions hydrauliques, des aqueducs, des fontaines, des regards. Peu à peu, elle avait consacré une partie de ses revenus à des travaux qui avaient encore moins pour objet l'embellissement de la ville que l'utilité publique. Mais ces dépenses restaient sans compensation pour elle, car la distribution des eaux continuait à avoir lieu au profit exclusif des établissements hydrauliques munis de concessions. Des abus de plus d'un genre se commettaient sous ce rapport; des établissements, dont les concessions étaient expirées, restaient chargés de la distribution des eaux par pure tolérance ; des particuliers, à qui des concessions individuelles avaient été accordées par l'ancien bureau de la ville, spéculaient sur ces concessions et en tiraient profit. Enfin, il s'était établi, pour les différentes fontaines de distribution, des diversités de prix, suivant qu'elles étaient plus ou moins rapprochées de la rivière.

La commune de Paris, partant de cette idée que si elle employait à la distribution des eaux une grande partie de ses revenus, il était juste qu'elle se réservât les bénéfices qui pouvaient résulter de cette distribution, et voulant remédier aux abus qui s'étaient introduits en cette matière, s'efforça de faire rentrer dans le domaine du service municipal toutes les concessions qui avaient été faites. En cela, elle fut puissamment secondée par le conseil d'État ; ainsi, en l'an x, le gouvernement voulut réunir sous sa main les anciennes eaux de la commune et celles des pompes à vapeur, et les concéder à une compagnie pour vingt années, moyennant une redevance au profit du trésor public. Mais le conseil d'État, chargé d'examiner le projet d'arrêté, le repoussa « parce qu'il disposait, disait-il, en faveur du domaine public d'une propriété essentiellement municipale, en réunissant à ce domaine la partie des eaux qui avait toujours appartenu à la ville de Paris. »

D'un autre côté, le conseil d'État déclara que la proposition de concéder les eaux de la ville à une compagnie chargée d'en améliorer l'administration et d'en augmenter la quantité, sous la double condition d'en percevoir les produits et de payer une redevance annuelle, ne pouvait être accueillie, « parce que l'intérêt d'une compagnie qui vendrait l'eau serait de restreindre le plus possible les fontaines, afin de diminuer ses frais d'administration, tandis que l'intérêt public demande la plus grande multiplication possible des distributions d'eau. » En même temps, il estima qu'il était utile de réunir les anciennes eaux de la commune de Paris, c'est-à-dire celles qui étaient élevées par les pompes Notre-Dame et de la Samaritaine, ou amenées par les aqueducs d'Arcueil, de Ménilmontant et de Belleville, avec l'eau fournie par les deux machines à vapeur de Chaillot et du Gros-Caillou, et d'en confier l'administration au préfet de la Seine. C'est dans ces vues que fut rendu le décret du 6 prairial, an XI, bientôt suivi d'un décret du 4 septembre 1807 qui réunit, en effet, en une seule administration ayant le caractère municipal, les eaux des pompes à feu de Chaillot et du Gros-Caillou, celles des pompes hydrauliques de Notre-Dame et de la Samaritaine, de Rungis, d'Arcueil, des Prés-Saint-Gervais et du canal de l'Ourcq, et en remit l'administration au préfet de la Seine. Pour cette partie du service municipal, le décret du 4 septembre 1807 plaçait le préfet de la Seine sous l'autorité du directeur général des ponts et chaussées et sous la surveillance du ministre de l'intérieur. M. Husson pense que le ministre des travaux publics doit aujourd'hui remplacer le ministre de l'intérieur pour ce qui concerne les eaux de Paris [1]. Il nous semble que c'est là une erreur. Le directeur général des ponts et chaussées et le ministre des travaux publics sont demeurés compétents pour tout ce qui tient à l'exécution des travaux d'art qu'exige le service des eaux ; mais le ministre de l'intérieur doit conserver son autorité pour la partie du service qui est relative aux concessions d'eau, et qui rentre exclusivement dans le domaine de la municipalité. C'est ainsi qu'aux termes de ce décret, tous les travaux dépendant de cette administration sont projetés, proposés, autorisés et exécutés dans les formes usitées pour les travaux des ponts et chaussées, et que la comptabilité des mêmes travaux est soumise aux mêmes formes [2].

110 — Les eaux d'une commune font-elles partie du domaine public municipal, et dès lors sont-elles inaliénables et imprescriptibles ? Telle est la grave question qui a été soulevée à l'occasion des anciennes concessions d'eau faites par la ville de Paris à des particuliers, et dont elle a demandé la révocation pure et simple dans ces dernières années. Les prétentions de la ville ont été accueillies par le conseil d'État, qui a annulé la concession faite par le prévôt des marchands aux auteurs du sieur Delalain dans les années 1678 et 1777 [3]. La jurisprudence ne fait aucune distinction entre les concessions à titre gratuit et les concessions à titre onéreux ; elle se prononce pour la nullité des unes et des

---

[1] *Législation des travaux publics*, p. 962.
[2] Voyez également le décret du 2 février 1812.
[3] Arrêt du 5 janvier 1850. — Sirey. — 2 — p. 235.

autres; mais à l'égard des dernières, la ville de Paris doit restituer la finance qu'elle a touchée des concessionnaires, et payer les tuyaux à raison de leur valeur actuelle [1].

111 — Cependant, la ville de Paris a compris la nécessité de faire des distributions d'eau par voie d'abonnement. Cette dérogation au principe de l'inaliénabilité proclamé par elle, est ainsi expliquée par M. le préfet de la Seine en tête du règlement du 1er août 1846 : « Considérant que ces eaux, inaliénables et imprescriptibles, sont principalement consacrées aux fontaines publiques, aux bornes-fontaines et aux fontaines monumentales, pour l'alimentation de la ville, son assainissement et sa décoration ; mais qu'après avoir satisfait à ces services, l'administration peut disposer de l'excédant des eaux pour des abonnements particuliers, temporaires et à prix d'argent. »

Les abonnements sont souscrits en forme de soumission. Ils sont acceptés par le préfet, sur l'avis de l'ingénieur en chef du service. Ils sont annuels, et expriment en hectolitres la quantité d'eau à fournir par jour. La feuille d'abonnement reproduit le texte du règlement du 5 août 1846, dressé par le préfet de la Seine, et où sont indiquées les charges et conditions imposées à l'abonné vis-à-vis de l'administration [2].

L'article 17 du règlement dispose que les contraventions à ce règlement seront constatées par procès-verbaux de grande voirie, et poursuivies devant le conseil de préfecture, conformément à la loi.

La disposition de cet article est trop générale. Elle ne veut et ne peut dire qu'une chose, à savoir que les contraventions au règlement, qui sont prévues et punies par des lois spéciales, sont poursuivies conformément à ces lois ; telle est la défense faite aux abonnés d'accorder aucune prise d'eau à des tiers, défense renouvelée de l'article 2 du décret du 2 février 1812, qui prononce une amende de mille francs, indépendamment des dommages-intérêts, au profit de la ville de Paris. Mais ce règlement ne peut, par lui-même, servir de base à aucune peine ou amende. Délibéré par le conseil municipal, arrêté par le préfet, ayant pour objet l'une des branches du revenu municipal, il ne constitue point un règlement de police, mais un simple acte de gestion communale, une convention, un marché, semblable à ceux auxquels procèdent les maires avec le concours des conseils munici-

---

[1] Arrêt du 9 février 1860. — Sirey, — 2 — p. 107.
[2] Appendice, no 38.

paux, et les infractions à de tels actes ne sauraient donner lieu à une condamnation pénale. C'est là un point que nous avons traité ailleurs en parlant des règlements sur le parcours [1]. La Cour de cassation a d'ailleurs résolu en ce sens la question, à propos d'infractions aux traités concernant l'éclairage au gaz de la ville de Paris [2].

Le conseil d'État a décidé que celui qui pose, sans autorisation, une conduite d'eau dans une rue, commet une contravention de grande voirie, et que la ville de Paris est sans qualité pour poursuivre en son nom personnel la répression de cette contravention [3].

112 — Dans l'intérêt de la conservation des canaux artificiels qui amènent les eaux de points souvent éloignés de Paris, différentes précautions sont prescrites par les règlements. Ainsi, d'après le règlement du 22 mars 1813, concernant l'exploitation des carrières de pierre à plâtre dans les départements de la Seine et de Seine-et-Oise, et le règlement du 21 octobre 1814, relatif à l'exploitation des crayères et des marnières dans les mêmes départements, les fouilles, aux approches des aqueducs construits en maçonnerie pour la conduite des eaux, tels que ceux de Rungis et d'Arcueil, ne peuvent être poussées qu'à 10 mètres de chaque côté de la clef de voûte, et aux approches de simples conduits en plomb, en fer ou en pierre, comme celles des Prés-Saint-Gervais, de Belleville et autres, les fouilles ne peuvent être poussées qu'à 4 mètres de chaque côté ; ces distances peuvent être augmentées sur le rapport des inspecteurs des carrières, d'après la nature du terrain et la profondeur à laquelle se trouvent respectivement les aqueducs et les exploitations [4]. Le règlement du 4 juillet 1813, concernant l'exploitation des carrières de pierres à bâtir dans les deux mêmes départements, renferme une disposition semblable ; de plus, il prescrit de laisser, en outre des 10 mètres pour le premier cas, et des 4 mètres pour le second, une retraite ou talus dans la masse, d'un mètre par mètre [5]. D'autres règlements, dont il a été fait application par le conseil d'État dans un arrêt du 1er juin 1849, défendent, sous peine de 500 livres d'amende, le jet ou le dépôt des immondices et fumiers dans les rigoles, pierrées et ouvrages établis à Belleville, aux

[1] Voyez le Corps municipal, p. 186.
[2] Arrêt du 24 janvier 1852. — Sirey, — 1 — p. 277.
[3] Décision du 7 décembre 1843, ville de Paris.
[4] Règlements du 22 mars 1813, art. 8, et 21 octobre 1814, art. 7.
[5] Art. 4.

Prés-Saint-Gervais et autres lieux, d'où proviennent les fontaines publiques de Paris ; de faire aucune fouille de terre sans en avertir l'administration ; de faire aucun puits près des pierrées, puisards et regards ; de planter aucun arbre le long desdits puisards, pierrées et conduites [1].

Il paraît que dans la pratique, l'administration se relâche un peu de ces vieux règlements, qui auraient besoin, dans tous les cas, d'être rajeunis et rappelés à tous, par un arrêté de notre temps. D'après M. Husson, non-seulement elle autorise à la distance de 6 mètres 50 les plantations et travaux autres que les fouilles de carrières et les puisards, mais encore elle autorise quelquefois la conservation ou l'établissement de constructions au-dessus des ouvrages hydrauliques, à la condition de prendre certaines précautions, par exemple de ne point établir ces constructions sur le vide des voûtes des aqueducs, sur les conduites et sur les pierrées, et d'en reporter le poids sur des fondations latérales, au moyen d'arcs de décharge.

[1] Ord. des bureaux de la ville, des 3 août et 28 nov. 1633, 6 nov. 1645, 16 mai 1647, 14 juillet 1666, 14 mai et 23 juillet 1670. — Voyez Husson, p. 964.

CHAPITRE V.

DE L'OCTROI ET DE SON ADMINISTRATION.

113 — Base de l'octroi et sa progression comme perception municipale.
114 — Conseil d'administration de l'octroi.
115 — Droits d'entrée.
116 — Décharges et réductions en matière d'octroi.
117 — Produit des saisies et amendes. — Poursuites et transactions en matière d'octroi.
118 — Poursuite en payement des droits et en répression des contraventions. — Appel des jugements.
119 — Commission consultative de l'octroi.
120 — Nouvelles limites de l'octroi. — Exonération provisoire des communes annexées.
121 — Lois et règlements qui régissent l'octroi de Paris.
122 — Tarif des droits d'octroi. — Taxe aux entrées.
123 — Visite aux barrières.
124 — Vérification au bureau central.
125 — Banlieue de Paris et réglementation de son octroi.

113 — Les octrois ont pour objet de subvenir aux dépenses qui sont à la charge des communes. Les tarifs d'octroi ne doivent porter que sur les choses destinées à la consommation, telles que les boissons et liquides, les comestibles, les combustibles, les fourrages et les matériaux, mais sans distinguer entre la consommation personnelle des habitants et la consommation industrielle.

L'octroi de la ville de Paris est la source la plus abondante de ses revenus. Avant 1789, les droits d'entrée aux barrières de Paris se percevaient au profit de l'État et faisaient l'objet d'une ferme générale. Le mur d'enceinte et les barrières qui viennent de disparaître avaient été entrepris par la ferme, en 1784. Supprimés en 1789, les droits d'entrée furent rétablis en l'an VIII, sous le titre d'octroi municipal et de bienfaisance. Depuis cette époque, l'octroi est au nombre des perceptions municipales. Cette perception a suivi une marche progressive plus ou moins rapide, selon les époques, et dont voici le tableau, en moyenne :

De l'an VIII à 1805	12,500,000 fr.
De 1806 à 1815	19,717,398
De 1816 à 1820	22,027,180
De 1821 à 1830	27,657,438
De 1831 à 1841	27,684,043
De 1841 à 1848	31,736,921
De 1849 à 1859	48,326,643 [1]

Cet impôt, comme la plupart des impôts indirects, a cela de fâcheux, qu'il pèse plus spécialement sur les classes industrieuses et sur les petites bourses, attendu qu'il n'a point pour base la fortune présumée de celui qui le paye. Il est le même pour l'habitant riche et pour l'ouvrier nécessiteux; il est le même pour les bons et les mauvais produits, pour les vins de choix et les vins de basse qualité. Mais si l'octroi est une nécessité pour la ville, il faut se rappeler aussi qu'il porte sur les choses les plus essentielles à la vie : ce sont le vin, les comestibles, le combustible et l'huile qui le supportent presque en entier. M. Horace Say dit avec raison, en traitant cette matière : « Avec les besoins croissants des villes, les nécessités toujours plus vives d'une population incessamment plus nombreuse, d'une richesse plus grande, d'une circulation plus active; avec l'urgence d'élargir des voies faites, dans l'origine, pour le passage des piétons et de quelques bourgeois montés sur des mules, il faut songer à accroître plutôt qu'à diminuer le revenu des villes; mais il faut en même temps veiller à ce qu'il ne soit fait qu'un sage emploi des ressources existantes, et à ce qu'on ne gaspille point en dépenses folles des ressources qu'on ne peut obtenir qu'en imposant de lourdes charges et de douloureux sacrifices à l'ensemble de la population, et plus particulièrement peut-être à la portion qui vit de son travail journalier [2]. »

114 — L'octroi de Paris, ainsi que les établissements qui en dépendent, sont régis et administrés, sous l'autorité immédiate du préfet de la Seine et sous la surveillance générale du directeur de l'administration des contributions indirectes, par un directeur et trois régisseurs, formant un conseil d'administration présidé par le directeur. A l'exception du directeur et des régisseurs, tous les préposés de l'octroi sont nommés par le préfet de la Seine, sur

---

[1] Ce chiffre est celui du budget de 1859.
[2] *Etudes sur l'administration de la ville de Paris*, p. 140.

une liste présentée par le conseil d'administration. Néanmoins, le préfet peut nommer au quart des emplois de receveurs qui viennent à vaquer.

115 — On ne doit pas confondre les droits d'entrée, qui n'ont aucun caractère municipal, avec les droits d'octroi. Les droits établis aux entrées de Paris sont bien perçus par les préposés de l'octroi, mais pour le compte du trésor public et non pour celui de la commune. Ces deux espèces de perceptions sont régies par des règles distinctes ; celle des droits d'entrée a lieu sous l'autorité immédiate de l'administration des contributions indirectes.

116 — Les décharges ou restitutions de droit d'octroi sont autorisées par le préfet de la Seine, sur la proposition du conseil d'administration.

117 — Le budget de la ville de Paris comprend, en recette, le produit des saisies et amendes pour contravention en matière d'octroi; les fraudes et contraventions qui ne concernent que l'octroi sont poursuivies par le directeur, au nom du préfet de la Seine. Les transactions que le directeur peut consentir ne sont définitives qu'après avoir été approuvées par le préfet, sur l'avis émis par le conseil d'administration. A l'égard des fraudes et contraventions communes à l'octroi et aux droits d'entrée perçus au profit du Trésor, et de celles qui sont particulières à ces derniers droits, le directeur en poursuit la répression devant les tribunaux ou consent des transactions d'après les règles propres à l'administration des contributions indirectes. Le préfet est appelé à donner son avis sur les transactions applicables à des saisies communes, qui sont soumises à l'approbation du directeur des contributions indirectes ou au ministre des finances.

118 — Le payement des droits d'octroi est poursuivi par voie de contraintes, lesquelles sont exécutoires par provision.

Les contraventions en matière d'octroi sont déférées au tribunal correctionnel. En général, ces contraventions sont punies de la confiscation des objets saisis et d'une amende de 100 à 200 francs[1].

L'appel des jugements rendus par le tribunal correctionnel, est interjeté dans les dix jours de la prononciation, s'il s'agit de contraventions qui n'intéressent que l'octroi seul, conformément à l'article 203 du Code d'instruction criminelle; mais lorsque les contraventions intéressent en même temps la régie des contributions indirectes et l'octroi, il suffit que l'appel soit interjeté

---

[1] Lois des 28 avril 1816, art. 46, et 29 mars 1832, art. 8.

dans la huitaine de la signification du jugement, d'après les dispositions du décret du 1er germinal an XIII[1].

Les contestations qui s'élèvent, en matière d'octroi, au sujet de l'application et de l'interprétation des tarifs sont, en premier ressort, de la compétence des juges de paix, et, en appel, de la compétence des tribunaux civils[2]. Mais, avant tout, le droit exigé doit être consigné entre les mains du receveur. Il est justifié de la consignation par la production de la quittance devant le tribunal. Si une contestation, soit sur le fonds du droit ou l'application du tarif, soit sur des contraventions, avait à la fois pour objet des droits d'octroi et des contributions indirectes, dans ce cas c'est le tribunal de première instance qui devrait être saisi du litige[3]. En cette matière il peut être procédé directement contre le préfet, sans dépôt de mémoire et sans autorisation préalable[4].

119. — Le préfet peut, toutes les fois qu'il le juge convenable, former et réunir une commission consultative de l'octroi, qu'il compose de quatre membres du conseil municipal, du directeur des contributions indirectes du département de la Seine, du directeur et de trois régisseurs de l'octroi. Le préfet préside la commission, et en cas d'absence, il est suppléé par le secrétaire général. Les délibérations de la commission consultative ont uniquement pour objet les mesures à prendre pour améliorer le service de l'octroi.

120. — En vertu de la loi du 16 juin 1859, les anciennes barrières de l'octroi ont été supprimées à partir du 1er janvier 1860, et le régime de l'octroi de Paris a été étendu jusqu'aux nouvelles limites de la ville. Mais comme la soumission des communes suburbaines au régime de l'octroi de Paris devait entraîner pour le commerce et l'industrie de ces communes une aggravation de charges, il a été établi en leur faveur un régime transitoire que nous avons déjà fait connaître. — Voyez nos 33 et suiv.

Un arrêté du préfet de la Seine, du 12 juin 1860, a réglé la nouvelle situation des commerçants pour le service des entrepôts fictifs et déterminé les circonscriptions où doit se faire le service[5].

121. — L'organisation des octrois repose sur plusieurs lois fondamentales dont l'ordonnance réglementaire du 9 décembre 1814

---

[1] Cass., 26 juin 1824, *maire de Bagneux c. Creps*.
[2] Art. 13 de la loi du 28 frim. an VIII, 164 du décret du 17 mai 1809 et 81 de l'ordonnance du 9 déc. 1814. — Cass., 10 avril 1850 et 13 février 1854.
[3] Décret, 17 mai 1809, art. 164.
[4] Cass., 2 fév. 1848. — Voy. n° 5.
[5] *Appendice*, nos 7 et 7 bis.

a résumé les dispositions. La loi du 28 avril 1816 a introduit à cet égard quelques règles nouvelles. L'organisation de l'octroi de Paris est spécialement régie par l'ordonnance royale du 22 juillet 1831 [1].

122 — Le tarif de l'octroi de Paris avait été fixé par diverses ordonnances royales dont il fallait combiner les dispositions. Il a donné lieu à un remaniement complet qui a fait l'objet du décret du 3 novembre 1855. C'est à ce décret qu'il convient aujourd'hui de recourir pour connaître le tarif des différents objets soumis au droits d'octroi aux barrières de Paris [2].

De son côté, le décret législatif du 17 mars 1852 a supprimé le prélèvement de 10 p. 0/0 attribué au trésor public sur le produit net des octrois (art. 25) et réglé la taxe unique aux entrées de Paris, admise en remplacement des droits d'entrée et de détail sur les vins, cidres, poirés et hydromels, conformément aux lois du 21 avril 1832 et 25 juin 1841. (Art. 19.) Cette taxe est perçue, d'après le décret, à raison de 8 fr. par hectolitre pour les vins en cercles et en bouteilles, et de 4 fr. par hectolitre pour les cidres, poirés et hydromels. Enfin, la loi du 26 juillet 1860 a porté la taxe de remplacement aux entrées de Paris à 91 fr. en principal, par hectolitre d'alcool pur contenu dans les eaux-de-vie et esprits en cercles, par hectolitre d'eaux-de-vie et esprits en bouteilles, de liqueurs en cercles et en bouteilles, et de fruits à l'eau-de-vie.

Lorsque des vins contiennent plus de 18 centièmes d'alcool, et pas au delà de 21 centièmes, ils sont imposés comme vins et payent, en outre, les doubles droits de consommation ou de détail, d'entrée et d'octroi pour la quantité d'alcool comprise entre 18 et 21 centièmes. Les vins contenant plus de 21 centièmes d'alcool ne sont pas imposés comme vins, et sont soumis, pour leur quantité totale, aux mêmes droits de consommation, d'entrée et d'octroi que l'alcool pur [3].

123 — Les employés de l'octroi ont le droit de visiter les personnes qui entrent dans les villes sujettes, pour s'assurer si elles ne sont pas en contravention ; mais les personnes voyageant à pied ou à cheval ne sont pas sujettes aux visites des commis. A Paris et dans les villes qui sont sujettes aux droits d'entrée et à ceux d'octroi, les voitures particulières suspendues sont soumises aux mêmes visites que les voitures publiques [4].

---

[1] *Appendice*, n° 11.
[2] *Appendice*, n° 6.
[3] Décret législ. du 17 mars 1852, art. 21.
[4] Lois des 28 avril 1816, art. 41, et 29 mars 1832, art. 7.

124 — Tous les objets sujets ou non sujets aux droits d'octroi, arrivant à Paris, et que les propriétaires, destinataires ou conducteurs veulent être dispensés de décharger ou d'ouvrir aux barrières avant l'introduction, peuvent être conduits sous escorte au bureau central de vérification pour y être soumis à la visite, à couvert, en présence du propriétaire ou pour y être conservés en dépôt ou transit et sans visite, lorsqu'ils doivent être réexpédiés hors de Paris [1].

125 — Le nouveau périmètre de l'octroi a restreint l'ancienne banlieue de Paris, mais il ne l'a pas fait disparaître. Les grandes villes sont autorisées à étendre les limites de la perception de leurs octrois sur les banlieues qui les entourent. Les limites de ces banlieues étaient autrefois fixées à une lieue de chaque côté de la ville, étendue dans laquelle se publiait le ban. Toute banlieue doit être considérée comme un moyen de rétablir l'équilibre entre la consommation faite dans l'intérieur et celle du dehors. Son étendue doit être restreinte aux lieux qui, par leur proximité de la ville, ou par des circonstances particulières, absorbent une partie de la consommation qui aurait lieu *intra muros*, et peuvent favoriser plus directement la fraude. Le premier but de l'établissement d'une banlieue étant de prévenir la fraude des droits d'octroi, ce but ne peut être atteint qu'autant que la fraude ne trouve plus aucun bénéfice à introduire clandestinement les objets compris au tarif, ou lorsque ce bénéfice est tellement réduit qu'il ne peut plus compenser les dépenses et les risques attachés à ce genre de spéculation. C'est ce qui arrive lorsque la banlieue est soumise à un droit qui se rapproche convenablement de celui qui est perçu à l'entrée, et lorsque ce droit frappe indistinctement tous les habitants de cette banlieue. Telles sont les données économiques sur lesquelles repose l'établissement des banlieues et notamment celui de la banlieue de Paris.

On avait proposé d'établir autour de Paris trois zones ou degrés de banlieue assujettis, savoir : le premier à moitié, le second au tiers, le troisième au quart du droit d'octroi de Paris. Mais ce système, proposé en 1810, n'a point été admis. D'après l'ordonnance royale du 11 juin 1817 [2], organique en cette matière, la banlieue de Paris ne se compose que d'une seule zone, et cette zone comprend toutes les communes des arrondissements de Sceaux et de Saint-Denis. Dans cette zone, dont les limites sont

---

[1] Ord. royale du 10 juillet 1827, art. 1er. — *Appendice*, n° 8.
[2] *Appendice*, n° 9.

determinées par des poteaux avec inscriptions, les eaux-de-vie, esprits et liqueurs sont soumis aux droits de consommation réglés par un tarif spécial.

A leur entrée sur le territoire de la banlieue, les conducteurs de ces boissons doivent faire la déclaration de leur chargement et se munir d'un acquit à caution de l'octroi, ou de la quittance du droit, à peine de saisie et de confiscation, et d'une amende de 100 fr. à 200 fr. pour les eaux-de-vie, esprits et liqueurs qui circulent dans la banlieue sans être accompagnés de l'une ou l'autre de ces expéditions [1].

La direction de l'octroi de Paris est chargée de la régie de l'octroi de banlieue, avec le concours et sous la surveillance des maires, des sous-préfets et sous l'autorité du préfet de la Seine et du directeur général des contributions indirectes [2].

La répartition des produits, sauf quelques réserves, s'opère à la fin de chaque mois entre toutes les communes situées dans la banlieue, en proportion de leur population respective [3].

Les poteaux indicatifs des limites de la perception de la banlieue de Paris ont été placés dans les différentes localités des arrondissements de Sceaux et de Saint-Denis où cela a paru nécessaire, en vertu d'un arrêté du préfet de la Seine du 24 juillet 1817.

---

[1] Ord. du 11 juin 1817, art. 18; lois des 28 avril 1816, art. 46; 29 mars 1832, art. 8; 24 mai 1834, art. 9.
[2] Ord. du 11 juin 1817, art. 3.
[3] *Idem*, art. 5.

CHAPITRE VI.

DES ENTREPOTS DE DOUANES ET D'OCTROI.

126 — Ce qu'on entend par entrepôt et des différents entrepôts qui existent à Paris.
127 — Entrepôt réel de douanes et son organisation. — Son tarif.
128 — Entrepôt public d'octroi et halle de déchargement.
129 — Entrepôt général des boissons et liquides.
130 — Attributions respectives du préfet de la Seine, du préfet de police et de l'administration de l'octroi, relativement à l'entrepôt des boissons et liquides.
131 — Ouvriers spéciaux pour le service de l'entrepôt et du port annexe.
132 — Port annexe de l'entrepôt et règles qui le concernent.
133 — Quantités qui peuvent être présentées à l'entrepôt.
134 — Déclarations pour les vins destinés pour l'entrepôt ou le port annexe, chargements et escortes.
135 — Arrivée et placement des liquides à l'entrepôt.
136 — Location des caves, celliers, magasins généraux et emplacements à l'intérieur de l'entrepôt.
137 — Durée de l'entrepôt.
138 — Transfert de la propriété des boissons et liquides entreposés.
139 — Sorties des liquides de l'entrepôt; expéditions pour Paris et hors Paris.
140 — Manutention des marchandises à l'entrepôt et au port annexe.
141 — Dépotoir.
142 — Lois et règlements qui régissent l'entrepôt des liquides et le port annexe.
143 — Entrepôt à fourrages.
143 bis — Docks.

126 — L'entrepôt est la faculté donnée à un propriétaire ou à un commerçant de recevoir ou d'emmagasiner dans un lieu sujet à l'octroi, sans acquittement du droit, des marchandises qui y sont assujetties et auxquelles il réserve une destination extérieure.

L'entrepôt peut être réel ou fictif, c'est-à-dire à domicile. L'entrepôt fictif est interdit à Paris [1].

[1] Loi du 28 avril 1816, art. 39.

On distingue à Paris l'entrepôt de douanes, l'entrepôt d'octroi, l'entrepôt général des boissons, l'entrepôt des sels et l'entrepôt des fourrages.

127 — L'entrepôt, en matière de douanes, a pour objet les marchandises étrangères que l'importateur se réserve de réexporter ou de faire transiter. Longtemps les entrepôts réels de douanes ne furent admis que dans les ports de mer. Réclamés par le commerce pour les villes de l'intérieur et les villes frontières, ils y furent autorisés par la loi du 27 février 1832. Les villes qui demandent l'établissement d'un entrepôt de douanes doivent pourvoir à la dépense nécessitée par la création et le service de cet entrepôt. Elles jouissent des droits de magasinage dans l'entrepôt, mais elles peuvent, au moyen d'une concession temporaire, traiter avec des adjudicataires qui se chargent de la dépense du local, de la construction et de l'entretien des bâtiments, ainsi que de toutes les autres charges de l'entrepôt. La ville de Paris ayant été autorisée à ouvrir un entrepôt de douanes, a traité avec un adjudicataire auquel elle a cédé pour quatre-vingts ans l'établissement de la place des Marais. Un cahier des charges portant la date du 7 juillet 1833 a réglé les obligations de l'adjudicataire et a fixé le taux des droits qu'il est autorisé à percevoir pour le magasinage.

Les marchandises en entrepôt réel de douanes sont censées être à l'étranger et dès lors elles ne payent le droit de douane qu'au moment où elles entrent dans la consommation. — L'entrepôt peut recevoir toutes les marchandises non prohibées admissibles au transit, qui y sont expédiées soit des villes d'entrepôt réel où elles ont été débarquées, soit des bureaux frontières ouverts ou transit [1].

On ne peut expédier sur l'entrepôt de Paris, qui est destiné à recevoir des marchandises exclusivement étrangères, des marchandises nationales, réintroduites en France comme n'ayant pas été vendues à l'étranger. — Lorsque l'origine nationale de ces marchandises a été justifiée, et qu'elles ont été admises au bénéfice du retour, elles doivent être dirigées sur la douane de Paris et non sur l'entrepôt de cette ville [2].

Les marchandises dirigées sur l'entrepôt de douanes doivent être expédiées de la même manière, sous les mêmes conditions et sous les mêmes peines, en cas d'infraction, que celles qui sont

[1] Loi du 27 février 1832, art. 2.
[2] Lettre administ., 6 juin 1838.

déterminées par les lois relatives aux entrepôts réels et par celle du 17 décembre 1814, et autres relatives au transit et aux mutations d'entrepôts. Toutes les lois relatives aux entrepôts maritimes, à l'entrée des marchandises entreposées, à leur sortie, à la police intérieure des magasins, sont applicables à l'entrepôt de douanes [1].

En conséquence, le négociant qui veut mettre des marchandises en entrepôt de douane est tenu, dans les trois jours de leur arrivée, d'en faire à la douane une déclaration détaillée, signée de lui ou de la personne qui le représente légalement [2]. On ne peut, sous peine de confiscation et de 100 fr. d'amende, présenter comme unité, dans une déclaration, plusieurs colis réunis, de quelque manière que ce soit [3].

La décharge des acquits à caution s'opère immédiatement par l'entrée en entrepôt des marchandises qui en sont l'objet, et qui sont reprises au compte de l'entrepôt après que l'identité en quantités, poids, mesures, espèces et qualités a été reconnue [4].

Le séjour des marchandises en entrepôt ne peut excéder trois années, lesquelles sont comptées du jour de l'importation des marchandises par terre ou par mer. Les mutations qui peuvent être faites d'un entrepôt sur l'autre ne donnent lieu à aucune prolongation de délai. — Si les marchandises reçues en entrepôt ne sont pas acquittées ou réexportées avant l'expiration de ce délai, il en est disposé conformément à l'art. 14 de la loi du 17 mai 1826 [5].

Les marchandises reçues dans l'entrepôt peuvent en être retirées, soit pour la consommation, après l'acquit des droits du tarif, soit pour la réexportation, ou pour passer par simple mutation dans un autre entrepôt réel [6].

128 — La ville de Paris a été autorisée à former sur le quai de Jemmapes, en face de l'entrepôt des douanes des Marais, un entrepôt public dans lequel sont admis les articles compris au tarif des droits d'octroi, à l'exception toutefois des objets suivants :

1º Les boissons et autres liquides, sauf les essences de térébenthine ; 2º les bestiaux et la viande fraîche de boucherie, les bois à brûler, les fagots, les charbons de bois et le poussier, les fourrages secs, tels que foin, sainfoin, luzerne et paille [7].

---

[1] Loi du 27 fév. 1832, art. 4.
[2] Loi du 4 germinal an II et circulaire 23 oct. 1810.
[3] Loi du 27 juillet 1822, art. 16.
[4] Loi du 27 fév. 1832, art. 5.
[5] *Idem*, art. 3 et 7
[6] *Idem*, art. 6.
[7] Ord. royale, 29 juin 1838, art. 1er.

Quant aux avoines, elles peuvent être reçues en entrepôt dans la partie du local qui est agréée par l'administration de l'octroi. (*Id.*, *id.*)

Le même entrepôt sert d'entrepôt des sel et de halle de déchargement. Cet entrepôt a fait l'objet d'une concession de quatre-vingt et un ans. A la date du 2 novembre 1837, la ville de Paris a concédé l'entrepôt d'octroi et a stipulé dans un traité approuvé par l'ordonnance royale du 29 juin 1838, et passé avec le concessionnaire, les conditions auxquelles doit s'effectuer l'entrepôt.

129 — Il a été établi sur le quai Saint-Bernard un marché et un entrepôt franc pour les vins, eaux-de-vie, esprits, liqueurs, huiles et vinaigres. Les vins et eaux-de-vie conduits à l'entrepôt conservent la faculté d'être réexportés hors de la ville sans acquitter l'octroi. Les vins destinés à l'approvisionnement de Paris n'acquittent les droits d'octroi qu'au moment de la sortie de l'entrepôt. Cet entrepôt peut contenir, tant à couvert qu'à découvert, 300,000 pièces de vin. Il est, ainsi que les abris qu'il contient, sous la clef de la régie de l'octroi municipal [1].

130 — L'entrepôt se trouve placé, comme l'octroi, sous l'autorité immédiate du préfet de la Seine. C'est de lui que relève l'administration proprement dite de l'entrepôt. A la tête de l'entrepôt est un conservateur, qui est à la nomination directe du préfet de la Seine, et se trouve placé sous la surveillance du conseil d'administration de l'octroi.

Mais de son côté, le préfet de police est chargé de prendre toutes les mesures nécessaires pour le maintien du bon ordre dans l'entrepôt, la sûreté de cet établissement, et l'exécution des lois sur le commerce des boissons. L'administration de l'octroi ne peut en cela se substituer à celle de la police, qui a des attributions spéciales. Avant l'établissement de l'entrepôt, le commerce des vins en gros se faisait sur les ports et à la halle aux vins. Les droits y étaient perçus; mais l'administration de la police y exerçait une surveillance active. Le préfet de police a été spécialement chargé par l'arrêté du 12 messidor an VIII (art. 23 et 33), de prendre toutes les mesures d'ordre public que nécessitent les marchés, ports et lieux d'arrivage des boissons; de veiller à ce que personne n'altère ou ne dégrade les monuments et édifices appartenant à l'État ou à la cité. (Art. 34.) C'est encore à ce fonctionnaire qu'appartient la police des ouvriers, chargeurs et

---

(1) Décret du 30 mars 1808.

déchargeurs. (Art. 32.) L'administration de l'octroi doit donc faire ce qui est nécessaire pour assurer la perception et le recouvrement des droits; mais la sûreté publique, qui pourrait être compromise par des engerbements dangereux, faits dans l'intérêt des droits de location et de magasinage, la surveillance des contraventions, des abus, des infidélités, la destruction des vins falsifiés, la vente de ceux avariés sans remède, en un mot tout ce qui tient au maintien du bon ordre et à la sûreté, appartient à la police, et est indépendant de la régie de l'octroi.

131 — Le service de l'entrepôt général et du port en dépendant est fait par des ouvriers spéciaux. Ces ouvriers sont placés sous l'autorité du préfet de police et sous la surveillance immédiate de l'inspecteur de la navigation. Trois classes d'ouvriers concourent au service de l'entrepôt :

1° Les tonneliers, qui se divisent eux-mêmes en deux catégories : les uns, plus connus sous le nom de tonneliers déchargeurs sur les ports, sortent les pièces du bateau, et les remettent entre les mains des dérouleurs ; les autres, connus sous le nom de tonneliers de la halle, reçoivent les pièces à l'entrée de l'entrepôt, les placent et les engerbent aux lieux qui leur sont indiqués, et y font les réparations reconnues nécessaires ;

2° Les dérouleurs, qui reçoivent les pièces à la sortie du bateau, et les remontent jusqu'à l'entrepôt ;

3° Et les chargeurs et déchargeurs, qui ne sont employés qu'au chargement et au déchargement des liquides sortant ou arrivant en voitures.

Ces ouvriers sont ceux du commerce et non de l'octroi ; si l'administration de l'octroi emploie ces ouvriers, ce n'est qu'accessoirement ; mais le commerce n'a par lui-même aucune autorité sur eux ; c'est le préfet de police qui en fixe le nombre, qui les nomme, qui les donne au commerce, les lui garantit, et les punit quand ils manquent à leurs devoirs. Le service de ces ouvriers a été réglé par le décret organique du 2 janvier 1814 (art. 29 à 38) et par un arrêté du préfet de police du 22 janvier 1840 [1]. Le décret du 2 janvier 1814 a-t-il été complétement rapporté par l'article 27 de l'ordonnance royale du 22 mars 1833, qui cependant ne l'a modifié que sur quelques points? M. le préfet de police ne l'a pas considéré comme étant rapporté en ce qui concerne le service des ouvriers de l'entrepôt, puisqu'il le vise en tête de son arrêté du 22 janvier, et M. le ministre du commerce a partagé la même

[1] Voyez l'*Appendice*, n° 21.

opinion, puisque, à la date du 20 mai de la même année, il a approuvé l'arrêté du préfet. Ne faut-il pas entendre l'article 27 de l'ordonnance du 22 mars 1833 en ce sens qu'il ne rapporte le décret du 2 janvier 1814 que dans les dispositions qui sont contraires à cette ordonnance? C'est ce que nous sommes porté à penser, en considérant, d'une part, les dispositions essentielles du décret du 2 janvier 1814, auxquelles il n'a été suppléé par aucune autre disposition ultérieure, et, de l'autre, la rédaction vicieuse en d'autres points de l'ordonnance du 22 mars 1833. Aussi avons-nous reproduit le décret du 2 janvier à l'Appendice, et avons-nous cru pouvoir lui faire quelques emprunts ci-après.

132 — Un port annexe a été adjoint à l'entrepôt. C'est le port Saint-Bernard, qui a été déclaré annexe de l'entrepôt, à partir du pont de la Tournelle, jusqu'à la rue Cuvier [1], et auquel, depuis, a été adjointe la partie circulaire construite en amont du port annexe, à partir de la rue Cuvier [2].

Les vins déposés sur le port annexe peuvent être remplis, vendus et y séjourner comme ceux qui sont placés dans les cours et magasins de l'entrepôt, à la charge par les entrepositaires de se conformer aux règlements d'entrepôt et de police [3]. Les eaux-de-vie et les vinaigres sont admis au marché du port annexe [4].

L'administration de l'octroi prend en compte tous les liquides qui sont déchargés au port annexe et que l'on y conserve sur les bateaux. Elle passe les écritures et fait fournir les soumissions nécessaires pour assurer la perception des droits d'octroi et ceux d'entrée. La surveillance a seulement pour objet de prévenir la fraude. La garde et la conservation des boissons sont laissées au commerce. Les droits d'octroi et d'entrée sont perçus, avant l'enlèvement, sur tous les liquides destinés à Paris [5].

Les liquides reçus au port annexe peuvent être expédiés directement hors de la ville, en remplissant les conditions du passe-debout [6].

Le port annexe est également placé sous la surveillance du conservateur de l'entrepôt.

L'arrivage des vins au port annexe est réglé par l'ordonnance de police du 9 février 1827.

[1] Ord. royale, 27 oct. 1819.
[2] Ord. royale, 21 fév. 1841.
[3] Ord., 27 oct. 1819, art. 3.
[4] Ord. royale, 7 janv. 1833, art. 2.
[5] *Idem*, art. 3 et 4.
[6] *Idem*, art. 5.

133 — L'entrepôt géneral et le marché ouvert dans l'intérieur de cet établissement, sont, ainsi que nous l'avons dit, affectés aux vins, eaux-de-vie, esprits, liqueurs, huiles et vinaigres, tant en cercles qu'en bouteilles. Les quantités présentées à l'entrée doivent être d'un hectolitre au moins [1].

134 — Les liquides destinés pour l'entrepôt ou le port annexe sont déclarés à l'entrée de Paris. Ceux arrivant par terre son soumis à une première vérification à la barrière d'introduction. Les liquides arrivant par eau ne sont reconnus qu'à l'entrepôt ou au port annexe [2].

Les chargements sont escortés sans frais, lorsqu'ils arrivent aux heures fixées pour les convois gratuits. Aucun stationnement n'est permis pendant le trajet. Les droits d'octroi et d'entrée sont exigibles, s'il n'est pas justifié de l'arrivée à l'entrepôt ou au port annexe, dans le délai fixé par la déclaration [3].

135 — A leur arrivée à l'entrepôt, les liquides sont vérifiés, et les expéditions qui doivent les accompagner, déchargées, s'il y a lieu. Les quantités reconnues sont inscrites sur un registre général d'entrée où est mentionné, pour ordre, le nom du destinataire. Les liquides sont ensuite conduits immédiatement et par ses soins aux caves, celliers et emplacements qui lui appartiennent [4].

Les eaux-de-vie, esprits et liqueurs sont entièrement séparés des vins ; il n'en peut être placé et vendu que dans les locaux qui leur sont affectés par l'administration. Lorsqu'il doit en être transporté dans les autres caves et magasins pour être versés sur les vins, déclaration préalable est faite aux employés, qui veillent à ce que les proportions fixées par l'article 7 de la loi du 24 juin 1824 ne soient pas dépassées [5].

136 — L'intérieur de l'entrepôt se divise en caves, celliers, magasins généraux et emplacements à découvert, dont le prix de location est réglé conformément au tarif annexé au décret du 10 décembre 1859 [6].

137 — La durée de l'entrepôt est illimitée [7].

138 — Les entrepositaires sont admis à transférer la propriété de tout ou partie des boissons et liquides qu'ils possèdent dans

---

[1] Ord. royale, 22 mars 1833, art. 1er.
[2] *Idem*, art. 2.
[3] *Idem*, art. 3.
[4] *Idem*, art. 4.
[5] *Idem*, art 5.
[6] *Idem*, art. 13. — Voyez à l'*Appendice*, n° 18.
[7] Décret du 2 janv. 1814, art. 2.

l'établissement, quelle que soit la quantité transférée, fût-elle moindre d'un hectolitre.

Les cessions de marchandises, et toutes autres opérations commerciales, s'effectuent dans l'intérieur de l'entrepôt, sans aucune déclaration à l'administration de l'octroi [1].

139 — Les sorties de l'entrepôt ont lieu sur une déclaration écrite, signée du vendeur ou de ses agents, mais sans que l'administration réponde en aucune façon de la validité de ces signatures ; elle passe écriture, pour ordre, de toutes les sorties sur un registre général [2].

Les liquides sont vérifiés à la sortie de l'entrepôt. Les droits d'octroi et ceux d'entrée, dus au trésor, sont perçus avant l'enlèvement sur toutes les parties destinées pour Paris. Les expéditions faites hors de la ville sont soumises aux conditions du passe-debout, comme si les chargements traversaient Paris d'une barrière à l'autre. Des escortes gratuites sont accordées à des heures déterminées, tant pour ces envois que pour ceux du port annexe [3].

140 — Les entrepositaires peuvent confier la manutention de leurs marchandises à telles personnes qu'ils jugent convenables, sauf à se conformer aux règlements de police. Mais l'administration de l'octroi peut, après avoir prévenu les entrepositaires, interdire l'entrée de l'entrepôt et du port annexe à ceux de ces ouvriers qui troublent l'ordre et refusent de se soumettre aux règlements intérieurs. La même mesure s'applique aux individus repris de fraude [4].

141 — Il existe à l'entrepôt un ingénieux appareil de jaugeage connu sous le nom de dépotoir, destiné à fixer l'authenticité des quantités contenues dans les fûts de divers liquides qu'on y introduit. Le dépotoir est sous la direction immédiate de l'administration. L'opération se fait moyennant une redevance qui est fixée uniformément à cinq centimes par vingt litres pour toute espèce de liquides, d'après l'arrêté du préfet de la Seine du 16 décembre 1856.

L'appareil général se compose de vingt et une cuves cylindriques en cuivre étamé, contenant sept à huit hectolitres, et dans chacune desquelles pénètre un tube en verre gradué qui ressort et s'élève extérieurement. Le point que le liquide atteint dans le tube

---

[1] Ord. royale, 22 mars 1833, art. 9.
[2] *Idem*, art. 10.
[3] *Idem*, art. 11 et 12.
[4] *Idem*, art. 18.

fait connaître exactement, au moyen de l'échelle qui y est adaptée, la quantité de liquide contenue dans la cuve. Voici comment se fait l'opération : le fût à déposer, enlevé au moyen d'une grue, est placé sur un chantier dans lequel la cuve est engagée. Aussitôt que le fût est vide, il est descendu et placé sous un robinet existant à la partie inférieure de la cuve. La quantité de liquide étant constatée, ce robinet est ouvert et le fût est promptement rempli. Cette opération se fait en un quart d'heure à peine pour les fûts de la plus grande dimension, et n'altère nullement le liquide dépoté [1].

142 — L'entrepôt des boissons et liquides et le port annexe sont réglementés par de nombreux textes qui se sont successivement complétés ou modifiés. Ce serait rendre un service incontestable au commerce des vins et liquides de refondre toute la législation en cette matière, et de lui donner l'homogénéité et la clarté qui lui manquent. Les lois et règlements en vigueur sont : le décret du 30 mars 1808, qui a institué l'entrepôt ; — le décret du 11 avril 1813, qui a fixé les droits de l'entrepôt ; — le décret du 5 décembre 1813, qui a réglé de nouveau les droits d'entrepôt, réglementé le remplage, ainsi que la possession des cabinets ou barraques en bois des marchands et commissionnaires à l'intérieur de l'entrepôt ; — le décret du 2 janvier 1814, qui a réglementé l'admission des boissons dans l'entrepôt, leur surveillance et leur conservation, leur sortie, le service des ouvriers attachés à l'entrepôt, les expéditions de vins sur Paris ; — l'ordonnance royale du 18 juin 1817, concernant le remplissage des vins, cidres, poirés, vinaigres, eaux-de-vie, esprits et liqueurs arrivant à Paris par la haute Seine ; — l'ordonnance royale du 27 octobre 1819, qui déclare annexe de l'entrepôt le port Saint-Bernard, et y règle le remplage, la vente et le dépôt des vins ; — l'ordonnance royale du 17 février 1830, qui réduit le droit d'entrepôt sur l'annexe, et accorde au commerce la faculté d'expédier directement de l'annexe à l'extérieur ; — l'ordonnance royale du 7 janvier 1833, qui supprime le droit de 25 centimes sur les vins reçus au port annexe, admet au marché dudit port les eaux-de-vie et les vinaigres, y règle la perception des droits d'octroi et le transport des liquides ; — l'ordonnance royale du 22 mars 1833, qui complète le décret du 2 janvier 1814, en ce qui concerne l'admission des liquides à l'entrepôt, la garde et la conservation des liquides, les mutations

---

[1] Nous avons emprunté la description de cet appareil à l'intéressante monographie de M. Sari sur l'entrepôt.

dans l'intérieur et la sortie des liquides, qui règle la distribution intérieure, le tarif des locations dans l'entrepôt, les mesures d'ordre et les escortes ; — l'arrêté du préfet de la Seine du 8 septembre 1836, qui règle les fonctions du conservateur ; — l'arrêté du même préfet du 22 mars 1837, qui réglemente la location des caves et celliers ; — enfin, l'arrêté du préfet de police du 22 janvier 1840, portant règlement pour le service des ouvriers de l'entrepôt et du port annexe [1].

143 — La ville de Paris possède également un entrepôt à fourrages. Le service intérieur de cet établissement a fait l'objet d'un règlement approuvé par le ministre des finances, et portant la date du 7 juin 1839.

Les droits y sont perçus d'après le tarif fixé par l'arrêté du préfet de la Seine, du 23 juillet 1834, pour les trois marchés à fourrages de Paris.

143 *bis* — Un décret du 17 septembre 1852 a autorisé la création à Paris de docks ou magasins dans lesquels les négociants et industriels peuvent, conformément au décret du 21 mars 1848, déposer les matières premières, les marchandises et objets fabriqués dont ils sont propriétaires. Les marchandises déposées dans ces magasins sont considérées comme appartenant à des sujets neutres, quelle qu'en soit la provenance et quelles que soient les éventualités qui peuvent survenir. Mais ces magasins étant placés sous la surveillance de l'État, il n'entre point dans le cadre de cet ouvrage d'en traiter ici [2].

[1] Voyez à l'*Appendice* ces divers règlements à leur date, sous les nos 10 à 21.

[2] Nous renverrons le lecteur à l'ouvrage que notre confrère, M. Damaschino, avocat, a publié sur cette matière : *Traité sur les magasins généraux* (**Docks**) *et sur les ventes publiques de marchandises en gros.*

CHAPITRE VII.

FRAIS DU CULTE.

144 — Subventions de la ville aux différents cultes reconnus par l'État.
145 — Organisation paroissiale de la ville de Paris.
146 — Communauté des Prêtres de Sainte-Geneviève.
147 — Aumôniers des dernières prières.
148 — Edifices consacrés au culte et logement des curés.
149 — Par quelles lois sont régies et organisées les fabriques des cures et succursales.
150 — Sous quelle surveillance elles sont placées.
151 — Leur organisation et leur administration. — Renvoi.
152 — Cultes protestants et israélite.

144 — L'administration de la ville de Paris pourvoit, dans une mesure, aux frais des différents cultes reconnus par l'État.

Lors du recensement de la population de 1851, on comptait à Paris environ 1,025,000 catholiques; 6,300 protestants du culte réformé; 7,000 protestants de la confession d'Augsbourg, et 10,800 israélites.

145 — En ce qui concerne le culte catholique, une loi du 11 février 1791 avait divisé la ville de Paris en trente-trois paroisses, et déterminé la circonscription de ces paroisses. Par un décret exécutorial de l'archevêque de Paris, confirmé par arrêté des consuls du 17 floréal an x et annexé à cet arrêté, la ville de Paris avait été divisée en douze cures, dont chacune avait pour étendue et pour limites celles de la justice de paix dans l'arrondissement de laquelle elle était placée; les églises auxquelles le titre de cure était attaché dans chaque arrondissement étaient désignées par ce décret. En même temps le décret établissait, dans chaque arrondissement, un certain nombre de succursales auxquelles étaient attachés des desservants, sous la surveillance et la direction des curés. Cette division de la ville de Paris en autant de cures que de cantons de justice de paix, et en un cer-

tain nombre de succursales, conforme à la loi du 18 germinal an 10, n'a pas été conservée, bien qu'elle présentât, au point de vue administratif, un certain avantage. Il a été créé depuis des cures de première et de seconde classe, et le nombre des unes et des autres ne s'est plus trouvé en rapport avec celui des arrondissements de justice de paix. Les accroissements de la ville, et le déplacement de la population, rendaient nécessaire une nouvelle délimitation des paroisses. Cette délimitation, proposée par l'archevêque de Paris, a fait l'objet du décret du 22 janvier 1856, qui a élevé le nombre des paroisses à 47, mais sans rattacher l'organisation des paroisses à celle des arrondissements de justice de paix. L'annexion des communes suburbaines nécessitera une nouvelle délimitation des paroisses de Paris. La dernière délimitation a été réglée de manière à ce qu'il existât dans les paroisses les plus faibles 15,000 âmes au moins, et dans les plus fortes de 25 à 30,000 âmes.

Les 47 paroisses actuelles sont divisées :

1° En 12 cures de première classe, savoir : Notre-Dame, Saint-Eustache, Saint-Germain-l'Auxerrois, la Madeleine, Saint-Roch, Sainte-Clotilde, Saint-Etienne-du-Mont, Saint-Sulpice, Saint-Laurent, Sainte-Marguerite, Saint-Merry, Saint-Nicolas-des-Champs ;

2° En 9 cures de seconde classe, savoir : Saint-Pierre-de-Chaillot, Saint-Médard, Saint-Séverin, Saint-Thomas-d'Aquin, Saint-Antoine-des-quinze-vingts, Saint-Gervais et Saint-Protais, Saint-Leu, Saint-Louis-d'Antin et Saint-Pierre du Gros-Caillou ;

3° En 26 succursales, savoir : l'Assomption, Saint-André, Saint-Augustin, Saint-Eugène, Saint-Louis, Notre-Dame-de-Bonne-Nouvelle, Notre Dame-de-Lorette, Notre-Dame-des-Victoires, Saint-Philippe-du-Roule, La Trinité, Saint-Vincent-de-Paul, Saint-François-Xavier des Missions étrangères, Saint-Germain-des-Prés, Saint-Jacques-du-Haut-Pas, Saint-Marcel, Notre-Dame-des-Champs, Saint-Nicolas-du-Chardonnet, Saint-Ambroise, Saint-Denis-du-Saint-Sacrement, Sainte-Elisabeth, Saint-Eloi, Saint-Paul-Saint-Louis, Saint-Jean-Saint-François, Notre-Dame-des-Blancs-Manteaux, Saint-Martin, Saint-Joseph.

Des 410 ecclésiastiques qui, sous différents titres, composent le clergé paroissial de la ville, les curés seuls reçoivent de l'État un traitement annuel qui est de 1,500 fr. pour les curés de première classe ; de 1,200 fr. pour les curés de deuxième classe, et de 900 à 1,200 fr. pour les autres curés. Mais à ces traitements viennent s'ajouter les oblations qui sous le nom de casuel suppléent au traitement officiel, et sont pour quelques églises d'une certaine importance. — Les vicaires ne reçoivent rien de l'État; les fabriques leur allouent un traitement qui varie de 1,000 à 2,400 fr., suivant le rang de ces ecclésiastiques et la richesse des paroisses [1].

146 — Un décret du 22 mars 1852 a institué une communauté de prêtres pour desservir l'église Sainte-Geneviève, rendue au culte. Cette communauté est composée de six membres qui prennent le titre de chapelains de Sainte-Geneviève, et d'un doyen. Les chapelains de Sainte-Geneviève sont institués, — dit le décret, — pour prier Dieu pour la France et pour les morts qui ont été inhumés dans les caveaux de l'église, — pour se former à la prédication.

147 — Un autre décret du 21 mars 1852, a institué sous le titre d'aumôniers des dernières prières, deux vicaires dans chacune des trois succursales de la Trinité, de Saint-Ambroise et de Saint-Jacques-du-Haut-Pas. Leur mission spéciale et exclusive est de recevoir gratuitement dans les cimetières, sur la demande qui leur en est faite, les corps qui ne seraient point accompagnés par le clergé de leurs paroisses, de les conduire jusqu'à la tombe et de réciter les dernières prières de l'église.

148 — La ville de Paris pourvoit aux frais du culte catholique sous deux rapports : elle est chargée de fournir et d'entretenir les édifices consacrés au culte; elle procure le logement aux curés et desservants.

Un décret du 20 juin 1810 avait autorisé la ville de Paris à acquérir, comme pour cause d'utilité publique, les édifices nécessaires à l'exercice du culte, et à payer le loyer de celles dont l'acquisition ne pourrait avoir lieu. La ville de Paris paye encore le loyer des églises des Missions étrangères, de l'Abbaye-aux-Bois et des Quinze-Vingts.

Elle fournit des indemnités de logement aux curés et desservants qui n'ont pas de presbytères. C'est là en effet une charge directe de la ville, quelle que soit la situation financière des fabriques [2].

149 — Les fabriques des cures et succursales de Paris sont d'ailleurs régies par les mêmes règles que les fabriques des autres cures et succursales, c'est-à-dire par le décret du 30 décembre 1809. La plupart des dispositions de ce décret ont même été em-

---

[1] *Statistique religieuse du diocèse de Paris*, par M. Darboy.
[2] Voyez sur ce point notre article dans la *Revue pratique du Droit français* de 1859, page 21, t. 7.

pruntées au règlement de la paroisse de Saint-Jean-en-Grève, qui était considéré comme le modèle des règlements de fabriques sous l'ancien droit.

Il existe dans chaque cure ou succursale une fabrique qui est chargée de veiller à l'entretien et à la conservation des temples; d'administrer les aumônes et les biens, rentes et perceptions autorisées par les lois et règlements, les sommes supplémentaires fournies par la commune et généralement tous les fonds qui sont affectés à l'exercice du culte, afin d'assurer cet exercice et le maintien de sa dignité. (Décr. du 30 décembre 1809, art. 1er.)

Cette fabrique est composée d'un conseil, et d'un bureau de marguilliers. Le conseil délibère; le bureau exécute les délibérations. (Susdit décr., art. 2.)

Dans les paroisses de Paris, où la population est de plus de 5,000 âmes, le conseil est composé de neuf conseillers de fabrique; ils sont pris parmi les notables; ils doivent être catholiques et domiciliés dans la paroisse. (Susdit décr., art. 3.)

De plus, sont de droit membres du conseil : 1° le curé ou desservant, qui y a la première place, et peut s'y faire remplacer par un de ses vicaires ; 2° le maire de l'arrondissement de la cure ou succursale ; il peut s'y faire remplacer par l'un de ses adjoints; si le maire n'est pas catholique, il doit se substituer un adjoint qui le soit, ou, à défaut, un membre du conseil municipal, catholique. Le maire est placé à gauche, et le curé ou desservant à la droite du président. (*Id*. art. 4.)

Le maire est de droit membre du conseil de chaque fabrique des paroisses ou succursales de l'arrondissement; il peut s'y faire remplacer comme il vient d'être dit. (*Id*. art. 5.)

150 — Les fabriques sont soumises à une surveillance tutélaire qui se partage, dans des limites fixées par la loi, entre l'archevêque et le préfet de la Seine. Mais, dans leurs rapports avec la commune, elles sont également soumises à la surveillance de l'autorité municipale : « Si l'État, disait Portalis, assigne des fonds particuliers aux dépenses du culte, l'État ne pourvoit point à tout, et les libéralités des fidèles ne sauraient suppléer à tout ce qui manque : alors la commune doit venir au secours de la société religieuse qu'elle porte dans son sein. Il importe donc que les administrateurs de la commune aient l'œil sur la conduite des administrateurs de la fabrique, puisqu'un emploi mal entendu des fonds spéciaux des fabriques tournerait au détriment des communes. — Le curé et le maire siégeront nécessairement au conseil : le premier, comme chef et pasteur de l'église; le second,

comme le tuteur et le représentant de la commune, dont il surveille partout les intérêts. »

Ainsi, c'est comme représentants de la ville que les maires des arrondissements de Paris figurent au conseil de fabrique et pour y surveiller ses intérêts. Au surplus, la plupart des paroisses sont fort riches et se suffisent amplement; si, en général, elles n'ont pas de biens fonds ni de revenus fixes, elles trouvent dans les revenus éventuels des églises des ressources importantes; de telle sorte que la ville n'a guère à porter aux dépenses de son budget que le loyer des églises, qui ne lui appartiennent pas et l'indemnité de logement aux curés et desservants sans presbytère, ce qui ne dépasse pas cent mille francs.

151 — Nous avons exposé ailleurs avec détails l'organisation des fabriques et leur mode d'administration. Nous renverrons donc le lecteur à un traité que nous nous sommes efforcé de rendre complet et que nous ne pourrions que reproduire littéralement ici [1].

152 — Dans les cultes protestants, c'est-à-dire l'église réformée, ou calvinisme et l'église de la confession d'Augsbourg, ou luthéranisme, chaque paroisse ou section d'église consistoriale a un conseil presbytéral, composé de quatre membres laïques au moins, de sept au plus, et présidé par le pasteur ou par l'un des pasteurs. Les conseils presbytéraux administrent la paroisse sous l'autorité des consistoires. Ils sont élus par le suffrage paroissial, et renouvelés, par moitié, tous les trois ans. Sont électeurs les membres de l'Église portés sur le registre paroissial [2].

Les cultes protestants comptent à Paris cinq édifices religieux : le culte réformé possède l'Oratoire, Panthemont, l'église Sainte-Marie; la confession d'Augsbourg a la Rédemption et le Temple des Billettes.

Quant au culte israélite, il possède, rue de Nazareth, la synagogue et, rue Lamartine, le temple affecté au rite portugais. — Il existe pour ce culte un consistoire central, composé d'un grand rabbin et de membres laïques élus par les notables de la circonscription, et choisis parmi les notables résidant à Paris [3].

La ville de Paris fournit un supplément de traitement et une indemnité de logement tant aux pasteurs protestants qu'au grand rabbin.

[1] Voyez le Corps municipal (3e édit.) des Fabriques d'église, p. 144 et suiv.
[2] Décret du 26 mars 1852.
[3] Ord. royale du 25 mai 1844.

CHAPITRE VIII.

DU SERVICE DES POMPES FUNÈBRES ET DES CIMETIÈRES.

153 — Déclaration de décès et taxes d'inhumation.
154 — Vérification des décès.
155 — Réunion du service des convois funéraires et des sépultures.
156 — Comment est réglé ce service pour les fabriques et la ville de Paris.
157 — Service ordinaire et extraordinaire de l'entreprise des pompes funèbres.
158 — Droit exclusif de l'entrepreneur.
160 — Anciens cimetières de Paris.
161 — Cimetières actuels.
162 — Règlements applicables aux cimetières de Paris.
163 — Exhumations et transports des corps.
164 — Modes d'inhumation.
164 *bis* — Concessions temporaires, conditionnelles et perpétuelles.

153 — Les décès doivent être déclarés au bureau de l'état civil de l'arrondissement dans le ressort duquel ils ont eu lieu, par deux témoins qui sont, s'il est possible, les deux plus proches parents ou voisins, ou lorsqu'une personne est décédée hors de son domicile, la personne chez laquelle elle est décédée, et un parent ou autre. (Code civil, art. 77.) Les déclarations de décès donnent lieu à Paris à la perception d'un droit ou taxe d'inhumation, dont la création remonte à un arrêté de l'administration centrale du département du 23 germinal an IV. Cette taxe, qui était de 20 francs pour les adultes, et de 10 francs pour les enfants, a été graduée, d'après les derniers tarifs des pompes funèbres, sur la classe des convois adoptés par les familles; elle est :

Pour les première et deuxième classes, de.......... 40 fr.
Pour les troisième et quatrième classes, de.......... 30
Pour la cinquième classe, de...................... 20
Pour la sixième classe, de........................ 15
Pour les septième et huitième classes, de.......... 10
Pour la neuvième classe et les convois du service ordinaire, de................................ 6

Remise complète de la taxe de 6 francs est accordée par les maires aux familles qui ne peuvent l'acquitter [1].

La taxe est payée à la mairie de chaque arrondissement. Lorsqu'un décès a été déclaré et constaté, le représentant de la famille, qui ne veut autre chose que le service ordinaire, se présente devant l'employé de la mairie pour obtenir l'ordre d'inhumation et l'indication de l'heure à laquelle elle aura lieu. Il acquitte, entre les mains de cet employé, la taxe de 6 francs, à moins que, justifiant de l'état d'indigence du décédé, il n'obtienne la remise de ce droit. Si, au contraire, la famille désire un service extraordinaire, son représentant s'adresse au préposé de l'entreprise des pompes funèbres, placé près de la mairie, pour régler le convoi. Ce préposé constate la classe choisie sur un bulletin qui est remis à l'employé de la mairie chargé du service des décès, et qui perçoit la taxe [2].

Aux termes du décret des 26 mars et 6 avril 1852, les membres des Sociétés de secours mutuels ne payent que le tiers de la taxe des inhumations, mais le bénéfice de cette disposition ne s'étend pas aux dépenses comprises dans les classes du tarif [3].

154 — La constatation des décès est confiée à l'autorité municipale, qui peut se substituer un homme de l'art. (Code civil, art. 77.) A Paris, ce service est délégué à des médecins et chirurgiens, pris exclusivement parmi les médecins et chirurgiens exerçant près les bureaux de bienfaisance. La liste des médecins et chirurgiens attachés aux bureaux de bienfaisance est arrêtée par le préfet de la Seine, sur la présentation des bureaux et des maires. Sur cette liste, le maire de chaque arrondissement dresse le tableau de ceux qui sont attachés à sa circonscription, et désigne, dans l'ordre d'ancienneté, un médecin et un chirurgien qui sont chargés de la vérification des décès. Les certificats rédigés et signés par les médecins, en double expédition, sont immédiatement remis à la mairie de l'arrondissement [4].

En outre, il a été institué six médecins-inspecteurs-vérificateurs, qui ont mission de procéder, chacun dans un certain nombre d'arrondissements, à une nouvelle constatation des décès, lorsqu'ils en sont requis ou lorsqu'ils le jugent convenable.

155 — Le service des convois funéraires et des sépultures

---

[1] Arrêté du préfet de la Seine du 30 décembre 1852.
[2] Instruction du préfet de la Seine du 30 décembre 1852.
[3] Arrêté du préfet de la Seine du 12 avril 1853.
[4] Arrêtés du préfet de la Seine, du 2 juin 1806 et du 31 décembre 1821.

s'opère à Paris dans des conditions particulières. Rappelons d'abord ce qui se pratique dans les autres communes :

Le décret du 23 prairial an XII, sur les sépultures, a attribué aux fabriques des églises et aux consistoires le droit exclusif de fournir les voitures, tentures, ornements, et de faire généralement toutes les fournitures quelconques nécessaires pour les enterrements, pour la décence et pour la pompe des funérailles. Il leur a laissé la faculté ou d'exercer ou d'affermer ce droit, dont le produit est consacré à l'entretien des églises et au payement des desservants.

Le décret du 18 mai 1806 a chargé les fabriques de faire, par elles-mêmes ou par entreprise, toutes les fournitures nécessaires au service des morts dans les églises, et toutes celles qui sont relatives à la pompe des convois.

L'article 10 porte que dans les communes où l'éloignement des cimetières rend le transport coûteux, et où il est fait avec des voitures, les autorités municipales, de concert avec les fabriques, feront adjuger aux enchères l'entreprise de ce transport, des travaux nécessaires à l'inhumation et à l'entretien des cimetières (art. 11); que les familles qui voudront quelque pompe traiteront avec l'entrepreneur, suivant un tarif qui sera dressé à cet effet.

Il résulte de ces deux décrets que tout ce qui tient à la pompe des services funèbres dans les églises, et à celle des convois, est fourni par les fabriques ou par un entrepreneur ; que les municipalités, par une conséquence du Code civil, qui ne permet pas d'inhumer sans leur autorisation, ne sont chargées que du transport du corps et de la sépulture, et que si, pour cela, elles doivent agir de concert avec les fabriques, ce n'est que pour la pompe à ajouter à ce transport.

Dans le premier cas, les fabriques dressent, aux termes du décret du 18 mai 1806, les tarifs des fournitures qui, après avoir été communiqués aux conseils municipaux, sont approuvés par l'autorité supérieure. Dans le second cas, les règlements et marchés qui fixent la taxe et le tarif du transport, sont délibérés par les conseils municipaux, et soumis à la même approbation.

Ces deux services avaient été confiés par la ville de Paris à un seul entrepreneur, en exécution du décret du 23 prairial an XII ; le décret du 18 mai 1806 maintint les marchés existants. Le bail de l'entrepreneur étant expiré au mois d'avril 1810, il s'agit de passer une adjudication nouvelle. Dans son rapport à l'Empereur, le ministre de l'intérieur, M. de Montalivet, disait à cette occasion : « M. le préfet du département de la Seine, comme le conseil municipal, pense qu'il convient que ces deux services continuent d'être confiés à un seul entrepreneur. Il observe, avec raison, que s'il semble résulter des articles 7 et 11 du décret du 18 mai 1806 que ces services dussent être divisés en deux entreprises, il n'en exclut pas la réunion, et l'économie et l'intérêt des familles doivent porter à adopter cette réunion pour laquelle les fabriques, les consistoires, les vicaires généraux du diocèse et le conseil municipal ont exprimé leur vœu. » Et en effet, la réunion des deux services fut maintenue par le décret du 18 août 1811, qui est resté comme la base de tous les règlements sur la matière. Il a été suivi des ordonnances des 25 juin 1832 et 4 septembre 1842, et des décrets des 2 octobre 1852 et 4 novembre 1859, rendus pour des adjudications nouvelles, et qui en forment le complément. Un économiste a porté sur l'entreprise des pompes funèbres ce jugement sévère : « L'entreprise des cérémonies funèbres, dit M. Horace Say, est donnée à ceux des soumissionnaires qui laissent aux fabriques une plus forte part dans le bénéfice que l'on peut tirer de l'exploitation de ce monopole; véritable impôt somptuaire auquel on ne peut se soustraire, et qui a cela d'immoral, qu'il spécule non-seulement sur la vanité des vivants, mais encore sur leurs sentiments les plus légitimes et sur le respect de la famille[1]. » Sans nous associer à cette critique, et tout en reconnaissant que tout ce qui touche aux convois funéraires commande la décence et doit être réglé à ce point de vue, nous dirons que cette taxe pour les familles qui ne veulent point recourir au triste bénéfice de l'indigence, est trop élevée comme la plupart des taxes à Paris. Il faut que les familles modestes, qui ne veulent entourer leurs funérailles d'aucun éclat, puissent recevoir la sépulture à moins de frais. Mais on doit aussi à l'administration de Paris cette justice que nulle part ailleurs le service des inhumations n'est environné de plus de soins, et ne s'accomplit avec plus de convenance et de respect.

156 — Voici, d'après les divers textes que nous avons cités, les règles générales qui président au service des pompes funèbres :

L'adjudication du service des pompes funèbres et du transport des corps est passée au nom du préfet de la Seine, en présence de deux commissaires des fabriques, désignés par l'archevêque de Paris, et d'un commissaire des consistoires ; mais les intérêts de la commune et ceux des fabriques restent distincts. Les droits

---

[1] *Etudes sur l'administration de la ville de Paris*, p. 163.

des fabriques sont représentés par une remise qui est imposée à l'entrepreneur.

Le montant de la remise due aux fabriques est versé, chaque mois, à la caisse de la fabrique de la paroisse, du temple ou du consistoire auquel appartenait le décédé. Les fabriques des églises catholiques mettent en bourse commune 60 p. 0/0 de la somme qui leur est allouée ; ce prélèvement est versé par l'entrepreneur entre les mains du trésorier de la fabrique de la cathédrale, qui en tient un compte séparé. Chaque mois, le compte général des prélèvements du mois précédent est fait par ce trésorier; 50 p. 0/0 sont répartis par portions égales entre toutes les fabriques; 10 p. 0/0 sont mis en réserve pour être distribués aux fabriques les plus nécessiteuses [1].

En ce qui concerne la commune, on a vu plus haut (n° 153) que la caisse municipale perçoit directement la taxe d'inhumation représentant le transport des corps et la sépulture. Sur le produit de cette taxe, la commune alloue à l'entrepreneur une somme fixe (5 fr.) pour l'inhumation de chaque personne décédée à domicile, et de chacune de celles décédées dans les hôpitaux ou hospices, ou dans l'hôtel des invalides, dont l'inhumation a lieu par ses soins, sur la demande des familles.

157 — L'entreprise du service général à faire, dans la ville de Paris, pour les inhumations comprend : 1° le service ordinaire, réglé par l'administration ; 2° le service extraordinaire, tel qu'il est commandé par les familles.

Le service ordinaire consiste à faire transporter dans les églises ou temples, ensuite dans les cimetières de la ville de Paris, les corps des décédés, et à les faire inhumer, le tout suivant les ordres des maires et conformément au tarif.

Le service extraordinaire consiste : 1° à procurer aux familles, sur leur demande, des corbillards, voitures de deuil, draperies, cierges, souches et autres objets indiqués au tarif, soit dans les diverses classes qui y sont établies, soit dans les tarifs des objets supplémentaires ; 2° à fournir aux fabriques et consistoires, sur leur demande écrite, les objets qu'ils réclament pour célébrer les anniversaires, dits bouts-de-l'an, et autres cérémonies du même genre, ainsi que les objets inscrits dans le tarif du service extraordinaire, moyennant une rétribution de 15 p. 0/0 du prix porté pour ces objets au tarif.

Les fabriques peuvent se réserver la fourniture exclusive des

---

[1] Décrets du 18 août 1811, art. 8, et 4 novembre 1859.

pièces de tenture du fond des autels, des tapis de sanctuaire, des couvertures des lutrins et des pupitres, des siéges des célébrants et des chantres [1].

158 — L'adjudication comprend le droit exclusif de louer et de fournir les objets indiqués dans le tableau de toutes les classes [2]. Le service des inhumations est divisé en neuf classes dont le tableau est annexé au décret du 4 novembre 1859. La Cour de cassation a décidé, par arrêt du 21 novembre 1859, que l'adjudicataire avait aussi le droit exclusif de fournir les cercueils. Alors même qu'ils sont destinés à recevoir des corps exhumés dont le transport doit s'effectuer en dehors du département. On a imposé à l'adjudicataire la charge de fournir gratuitement un cercueil et un linceul pour l'inhumation des personnes décédées dans l'indigence, sur la réquisition expresse des maires [3].

159 — L'entrepreneur ou adjudicataire doit se conformer au tarif pour le règlement du prix des fournitures. Les contestations qui s'élèvent à ce sujet entre l'entrepreneur ou ses agents et les familles, sont portées devant l'inspecteur du service, qui requiert près de l'entrepreneur ce que de droit et en réfère, au besoin, au préfet de la Seine [4].

160 — Avant 1789, la ville de Paris renfermait dix-huit cimetières; le plus considérable de tous, celui des Innocents, existait depuis le XIIe siècle; on estimait qu'il n'avait pas reçu moins de douze millions de corps à la fin du siècle dernier.

Dans une supplique adressée au lieutenant de police, en 1720, pour la suppression des cimetières, on exposait que, par suite de l'accumulation des corps dans celui des Innocents, le sol s'était élevé de huit pieds au-dessus du niveau des rues voisines. Un arrêt de règlement du 21 mai 1765, une déclaration du 10 mars 1776, avaient eu pour objet d'arrêter les inhumations dans les cimetières existants, et d'obliger les fabriques à en ouvrir d'autres. Mais quand il s'agit de la cendre des morts, les actes de l'autorité ont toujours à compter sur la résistance opiniâtre des vivants, et cette résistance, nul n'a le droit de la blâmer, car elle a sa source dans l'un des plus respectables sentiments, la mémoire de ceux qui ne sont plus.

---

[1] Décret du 18 août 1811, art. 5.
[2] *Idem*, art. 5.
[3] Cahier des charges, art. 27.
[4] Idem, art. 32. — Pour le surplus des conditions imposées à l'entrepreneur, voyez le cahier des charges, annexé, avec le tarif, au décret du 4 novembre 1859.

Le cimetière des Innocents ne fut supprimé qu'en 1785. Les autres cimetières intérieurs furent supprimés lors de la Révolution, et remplacés par quatre cimetières extérieurs : 1° Le cimetière de Mont-Louis, qu'on désigne aujourd'hui sous le nom du Père-Lachaise; 2° le cimetière Montmartre; 3° le cimetière de Vaugirard; et 4° le cimetière Sainte-Catherine. — Ces deux derniers cimetières ont été supprimés à leur tour, et remplacés par le cimetière de Mont-Parnasse.

Quatre cimetières étaient affectés à l'inhumation des individus décédés dans l'étendue de la ville de Paris, avant l'annexion : le cimetière du nord, ou Montmartre; le cimetière de l'est, ou Père-Lachaise; le cimetière du sud, ou Mont-Parnasse, et le cimetière dit des Hospices. Un enclos était réservé dans chacun des cimetières de l'est et du nord aux décédés du culte israélite. En 1856, avait été ouvert un cimetière spécial pour le culte musulman.

Le cimetière du nord recevait les corps provenant des premier, deuxième, troisième, quatrième et cinquième arrondissements municipaux; le cimetière de l'est était affecté aux sixième, septième, huitième et neuvième arrondissements; les dixième, onzième et douzième arrondissements étaient portés au cimetière du sud. Le cimetière des Hospices recevait les corps des individus décédés dans les établissements hospitaliers, et dont les restes n'étaient pas réclamés par les familles.

Dans les quatre cimetières de Paris n'étaient inhumés que les individus décédés à Paris et les habitants de cette ville décédés à l'extérieur. Les corps des personnes étrangères à la ville de Paris et décédées hors de ses murs, pouvaient également être inhumés dans ces cimetières, mais seulement dans des terrains concédés à titre perpétuel.

161 — Un arrêté du préfet de la Seine du 20 décembre 1859 a donné aux différents cimetières une affectation en rapport avec la nouvelle délimitation de Paris. D'après cet arrêté, à partir du 1er janvier 1860, les cimetières ci-après désignés ont été affectés aux inhumations de Paris, savoir :

1° Le cimetière Montmartre, aux inhumations des premier, deuxième, huitième, neuvième et dixième arrondissements; 2° le cimetière du Père-Lachaise, aux inhumations des troisième, quatrième, onzième, douzième et vingtième arrondissements; 3° le cimetière du Mont-Parnasse, aux inhumations des cinquième, sixième, septième, treizième et quatorzième arrondissements; 4° le cimetière des Batignolles, aux inhumations du dix-septième arrondissement; 5° le cimetière de Montmartre, à celles du dix-huitième arrondissement; 6° le cimetière de la Villette, à celles du dix-neuvième arrondissement; 7° les cimetières de Grenelle et de Vaugirard, à celles du quinzième arrondissement. La circonscription du cimetière de Grenelle embrassera la partie de l'arrondissement située à l'ouest d'une ligne allant de la Seine à l'enceinte fortifiée par la ligne d'axe de l'avenue de Suffren, de l'avenue de Lowendal, de la Croix-de-Nivert et de la rue de Sèvres. La circonscription du cimetière de Vaugirard comprendra tout le surplus du quinzième arrondissement; 8° les cimetières d'Auteuil et de Passy, aux inhumations du seizième arrondissement. La circonscription du cimetière d'Auteuil sera déterminée par la Seine, l'enceinte fortifiée et la ligne d'axe du chemin des Tombereaux et la rue de Boulainvilliers. La circonscription du cimetière de Passy comprendra tout le surplus du seizième arrondissement.

Les anciens cimetières de Paris sont maintenus dans l'intérieur de la ville, par exception aux dispositions générales de la loi relative aux inhumations. (*Voyez* n° 32.)

A partir du 1ᵉʳ janvier 1860, les cimetières de la Chapelle, de Belleville, de Charonne et de Bercy ont cessé d'être affectés aux inhumations. Toutefois, pendant un délai de cinq années, les familles qui possèdent dans ces cimetières des caveaux dès à présent préparés pour recevoir de nouveaux corps, ont exceptionnellement la faculté de les y déposer en se conformant aux règlements en vigueur.

162 — Sont appliqués aux nouveaux cimetières de Paris :

1° Le règlement du 8 décembre 1829, approuvé par ordonnance royale du 5 mai 1830, qui détermine les conditions des concessions de terrains pour sépultures perpétuelles, conditionnelles et temporaires; 2° L'arrêté préfectoral du 14 septembre 1850 qui contient règlement pour la surveillance des cimetières de Paris; 3° l'arrêté du 25 mai 1850 qui a fixé le taux des rémunérations accordées aux conservateurs et fossoyeurs pour leur assistance et leur concours aux exhumations; 4° l'arrêté du 20 décembre 1859 sur l'organisation du fossoyage [1].

163 — Les exhumations dans ces divers cimetières sont pratiquées conformément aux règlements des 25 mai et 14 septembre 1850. Le transport des corps hors des cimetières de Paris, et les transports venant de l'extérieur ont été réglés par l'arrêté du préfet de la Seine du 14 novembre 1851 et par l'ordonnance du préfet de police du 3 du même mois.

[1] *Appendice* nᵒˢ 22 à 25.

164 — Les inhumations dans les cimetières de Paris sont faites, soit en tranchée, soit dans des fosses ou sépultures particulières concédées.

Il y a dans chacun des trois grands cimetières une fosse ou tranchée, dite fosse commune, affectée à l'inhumation des décédés pour lesquels il n'a point été demandé de concession de terrain. Cette fosse a un mètre cinquante centimètres de profondeur, quatre-vingts centimètres de largeur et deux mètres de longueur. Les cercueils y sont placés l'un contre l'autre ; il est défendu de les superposer. Les tranchées sont séparées entre elles par un passage de cinquante centimètres de largeur.

Les emplacements dans lesquels ont eu lieu des inhumations en tranchée ne sont repris qu'après la cinquième année, à compter du jour de l'inhumation, et en commençant par la tranchée la plus ancienne.

164 *bis* — Les concessions de terrains pour sépultures particulières sont conditionnelles, temporaires ou perpétuelles.

Les concessions temporaires sont de cinq ans, mais elles peuvent être renouvelées. Le prix en est fixé à 50 francs. Il est versé à la mairie de l'arrondissement du décédé. Aucun monument ou caveau ne peut être construit sur les terrains concédés pour cinq ans. Il n'y est placé que des pierres sépulcrales, croix, entourages et autres signes dont l'enlèvement puisse être facilement opéré, lors des reprises.

Les concessions à perpétuité sont faites directement par le préfet de la Seine, d'après les soumissions souscrites par les demandeurs ou leurs fondés de pouvoirs.

Les concessions temporaires et perpétuelles de terrains, les dépositoires, le service des inhumations dans l'intérieur des cimetières, le contrôle des concessions, la reprise des terrains affectés aux concessions, les mesures d'ordre intérieur et la surveillance des cimetières, font l'objet du règlement général du préfet de la Seine du 14 septembre 1850 [1].

[1] *Appendice*, n° 23.

SECTION IIe.

Actes d'administration générale.

CHAPITRE IER.

DE LA GRANDE VOIRIE.

165 — Réunion de la grande et de la petite voirie dans les mains du préfet de la Seine.
166 — A quoi l'on reconnaît les objets de grande et de petite voirie.
167 — Si les communes annexées sont soumises de plein droit aux règles de la voirie parisienne.
168 — Ce que comprend la grande voirie.
169 — Matières de ce chapitre.
170 — Ouverture, élargissement et redressement des rues. — Nivellement.
171 — Ouverture des rues entreprises par des particuliers sur des terrains appartenant à des particuliers.
172 — Des rues et passages privés existant dans les communes annexées et de ceux à ouvrir.
173 — Spécialement, des règles relatives aux passages et aux impasses.
174 — Dénomination des rues et inscription de leur nom sur les édifices.
175 — Numérotage des maisons.
176 — De la charge du pavage et de l'empierrement des rues.
177 — Nature de cette charge. — Rues non pavées.
178 — Premier relevé à bout.
179 — De l'entretien du pavé.
180 — Réclamation sur la taxe du pavage.
181 — Privilége des entrepreneurs du pavé de Paris.
182 — Etablissement et entretien des trottoirs.
183 — Dégradation des trottoirs.
184 — Police des constructions. — Observations générales.

185 — Déclarations de construction à faire par les propriétaires et les entrepreneurs. — De la police architecturale.
186 — Des contraventions en matière de police architecturale. — Compétence du conseil de préfecture et du tribunal de simple police.
187 — Demandes d'alignement et de nivellement. — Plan de Paris.
188 — Jurisprudence du conseil d'État sur les alignements.
189 — Plan et coupes cotés des constructions à adresser à la préfecture de la Seine. — Coupe géologique des fouilles.
190 — Précautions imposées pour les travaux de construction ou de réparation, dans l'intérêt de la sûreté publique.
191 — Travaux aux façades. — Travaux confortatifs et non confortatifs.
192 — Clauses domaniales.
193 — Hauteur des bâtiments et des combles. — Règlement du 15 juillet 1848. — Nouveau règlement du 27 juillet 1859.
194 — Texte de la déclaration du roi du 10 avril 1783, et des lettres patentes du 25 août 1784, sur la hauteur des maisons.
195 — Fixation de la hauteur des maisons par l'arrêté du ministre de l'intérieur du 29 février 1855.
196 — Jurisprudence du conseil d'État sur la hauteur des maisons, sur les combles, faîtages et mansardes, sur les lucarnes et les attiques.
197 — Décret du 27 juillet 1859, portant règlement sur la hauteur des maisons, les combles et les lucarnes.
198 — Constructions provisoires et échoppes.
199 — Constructions en pans de bois.
200 — Saillies de grande voirie; comment on les distingue.
201 — Eaux pluviales et ménagères; eaux des latrines; gouttières et éviers. — Renvoi.
202 — Seuils des maisons.
203 — Caves sous les rues.
204 — Façades des maisons; nettoyage.
205 — Droits de grande voirie.
206 — Contraventions en matière de grande voirie. — Tribunaux compétents.
207 — Dispositions spéciales pour les maisons bordant la place de l'Étoile et la route départementale n° 4. — Prohibitions relatives au commerce et à l'industrie; pour les terrains du promenoir de Chaillot.

165 — Le décret du 27 octobre 1808 avait divisé la voirie de Paris en grande et en petite voirie. La grande voirie était placée dans les attributions du préfet de la Seine ; la petite voirie, ou voirie urbaine, dans celles du préfet de police.

Cette répartition de la voirie de Paris entre deux autorités égales entre elles, et cependant différentes quant à leur mission, était dans la pratique la source de méprises et de complications sans nombre. Nous en avions nous-même signalé les inconvénients[1]. Un décret du 10 octobre 1859 a fait cesser cet état de choses, en réunissant la grande et la petite voirie dans les mains du préfet de la Seine.

[1] *Revue des Deux-Mondes*, n° du 15 avril 1859, article sur la Commune de Paris et l'annexion de la banlieue.

Est-ce à dire néanmoins que ces deux matières seront désormais confondues ? Non, sans doute : la grande et la petite voirie restent ce qu'elles étaient avant d'être réunies dans les mains d'un seul fonctionnaire ; elles continueront d'être régies par leurs règles spéciales. Ainsi, les contraventions en matière de grande voirie seront toujours du ressort du conseil de préfecture, et celles de petite voirie, du ressort du tribunal de simple police. Le décret du 10 octobre 1859 n'a opéré qu'un déplacement d'attributions entre les deux préfectures ; il n'est pas allé au delà. Il est donc essentiel de distinguer, comme par le passé, la grande et la petite voirie.

166 — A quel signe peut-on reconnaître, à Paris, les objets de grande et de petite voirie ?

La distinction qui a été admise en cette matière, à Paris, est en dehors des règles ordinaires du droit administratif. En règle générale, on distingue la grande et la petite voirie par les lieux où l'une et l'autre s'exercent ; une saillie appartient à la grande voirie sur une grande route, et à la petite voirie, ou voirie urbaine, dans les rues d'une ville. Le décret du 27 octobre 1808 est parti d'un autre point : il a fait un triage entre tous les objets de voirie, et les a classés dans la grande ou la petite voirie, selon leur nature : il a placé, par exemple, les balcons dans la grande voirie, et les enseignes dans la petite voirie. On a dit que le décret avait distingué les objets fixes des objets mobiles, et que là était la base de sa classification. Cela n'est pas rigoureusement exact, car si la petite voirie comprend des objets mobiles, on voit aussi figurer dans la petite voirie les bornes, les perrons et d'autres objets qui sont fixes par leur nature. L'idée qui a présidé à la classification paraît plutôt avoir été celle-ci : on a compris dans la grande voirie les objets qui font partie de la construction même du bâtiment, et dans la petite voirie, ceux qui sont indépendants de cette construction.

Mais la meilleure règle à suivre, c'est de s'attacher à la classification donnée par le décret de 1808, qui seule fait loi. « En cas de difficulté sur la qualification des travaux, portait le projet de ce décret, le gouvernement pourra interpréter ou modifier leur classification en la forme prescrite par les règlements d'administration publique. » Cette disposition n'a point été admise, de sorte que le décret de 1808, qui porte un tarif de contribution municipale, ne pourrait être modifié que par une loi. Mais il appartient au conseil d'État, comme tribunal administratif, de statuer sur les difficultés d'interprétation que ce décret peut faire naître.

167 — Quel sera le résultat de l'annexion, pour les communes incorporées, relativement aux règlements de voirie qui étaient spéciaux à la ville de Paris? Ces communes seront-elles de plein droit soumises aux règles qui régissent la grande et la petite voirie parisiennes? Nous ne le pensons pas, et les observations que nous avons faites à l'égard des règlements de police doivent encore trouver ici leur application [1]. La voirie, grande et petite, est une des branches de la police. « Ce n'est pas comme chargés de l'administration civile que les préfets connaissent de la grande voirie, disait avec justesse Regnault de Saint-Jean-d'Angély au conseil d'État, c'est comme magistrats de police, » et l'on peut en dire autant pour la petite voirie. Dès lors, les règlements concernant la voirie parisienne ne pourront recevoir leur application dans les communes annexées qu'au fur et à mesure de leur publication dans ces communes, lesquelles, jusque-là, resteront sous l'empire de leurs règlements particuliers. C'est ainsi qu'a été publiée dans les communes annexées l'ordonnance de police du 1er septembre 1853 [2].

168 — Cela dit, nous réunirons, sous ce chapitre, tout ce qui a trait à la grande voirie.

Sous le rapport de la grande voirie, les attributions du préfet de la Seine embrassent les alignements, les constructions neuves, les travaux aux constructions anciennes, l'ouverture des nouvelles voies publiques, l'inscription du nom des rues, le numérotage des maisons. Cette partie de la voie publique relève directement du ministère de l'intérieur.

Les agents d'exécution sont les commissaires voyers divisionnaires, les commissaires voyers d'arrondissement, les inspecteurs particuliers de la voirie. Il y a un commissaire voyer par arrondissement.

Suivant M. Daubanton, le préfet de la Seine connaît encore en cette matière, sous l'autorité immédiate du directeur général des ponts et chaussées, des travaux des grandes routes, du pavé de Paris, des trottoirs et des boulevards [3]; des travaux relatifs à la navigation, des canaux, digues, ports, quais, et autres chemins

---

[1] Voyez ci-dessus, n° 38.
[2] *Appendice*, n° 26.
[3] Les contre-allées des boulevards de Paris en font partie intégrante, et dépendent comme eux de la grande voirie; d'où il suit que les contestations y relatives sont de la compétence du conseil de préfecture. (Cons. d'Ét. 7 avr. 1841. Ville de Paris.) D'après l'art. 37 de la loi du 6 octobre 1791, celui qui a endommagé les arbres des boulevards de Paris doit être condamné à une amende triple de la valeur de ces arbres.

de halage ; des bacs et bateaux ; des travaux de la rivière de Bièvre ; de la délimitation des quartiers affectés à l'exploitation des usines à gaz hydrogène, et des travaux sur et sous la voie publique relatifs à cette exploitation ; de la construction et de l'entretien des égouts de Paris ; de la distribution des eaux dans cette ville ; des pompes à feu, machines hydrauliques, fontaines et regards ; des travaux des voiries de Bondy et des voiries de dépôt ; des acquisitions relatives à ces divers établissements ; de la surveillance générale des carrières ; de la direction des travaux de consolidation dans les anciennes carrières sous et hors Paris.

Les agents d'exécution sont les ingénieurs des ponts et chaussées et des mines, les conducteurs et autres personnes attachées au même service.

169 — Dans ce chapitre, nous envisagerons surtout la grande voirie dans ses rapports avec la propriété privée, ce qui embrassera spécialement l'ouverture, l'élargissement et le redressement des rues, le numérotage des maisons, l'alignement et le nivellement, les travaux confortatifs et non corfortatifs, les clauses domaniales, la hauteur des bâtiments, les saillies, la construction des seuils et des caves, le nettoyage des façades, les droits de grande voirie, la poursuite des contraventions et la compétence des tribunaux en cette matière.

170 — Le décret du 26 mars 1852 a cru devoir déclarer que les rues de Paris continuent d'être soumises au régime de la grande voirie. Nous avons indiqué ailleurs les charges et les sacrifices qui sont imposés à la propriété privée pour la formation, l'élargissement et le redressement des rues de Paris, et les formalités qui sont observées dans ces divers cas[1]. Aucune rue ne peut être ouverte dans Paris qu'en vertu d'un décret. (Déclaration du 10 avril 1783, art. 1er.) Dans tout projet pour l'élargissement, le redressement ou la formation des rues, le plan soumis à l'enquête qui précède la déclaration d'utilité publique, comprend un projet de nivellement. (Décret du 27 décembre 1858, art. 6.)

Le nivellement de la voie publique est observé pour la construction des maisons et des égouts, et pour le pavage des rues. Aux termes du décret du 6 avril 1852, il doit être demandé par tout constructeur, en même temps que l'alignement[2]. Le niveau est établi de trois manières : 1° En le rappportant au plan horizontal supposé à 50 mètres au-dessus de la surface de l'eau

---

[1] Voir n°s 87 et 94.
[2] Voir n° 188.

du bassin de la Villette; 2° en indiquant la hauteur au-dessus des basses eaux de la Seine au pont de la Tournelle; 3° en donnant la hauteur au-dessus du niveau de la mer[1]. Le niveau est délivré par le préfet de la Seine. On le voit indiqué dans la plupart des rues sur des plaques en fonte aux armes de la ville, placées de distance en distance sur la façade des maisons ou édifices.

Les travaux de nivellement ou de redressement des rues peuvent avoir pour résultat, soit d'exhausser la voie publique, soit de l'abaisser dans des conditions telles que les maisons qui la bordent en éprouvent un dommage. Dans ce cas, l'administration est tenue de réparer le dommage causé, d'après les lois des 28 pluviôse an VIII et 16 septembre 1807. En cas de désaccord sur le chiffre de l'indemnité, deux experts sont désignés, l'un par le propriétaire, l'autre par le préfet. Le tiers-expert, s'il en est besoin, est de droit l'ingénieur en chef du département. La contestation, s'il y a lieu, est portée devant le conseil de préfecture. L'indemnité n'est due qu'à raison du dommage direct et matériel; mais elle est due pour tout dommage qui résulte directement et matériellement de l'exécution des travaux. On doit prendre en considération, non-seulement l'importance des travaux à exécuter par le propriétaire pour remettre les lieux en état, mais la dépréciation de la valeur locative, et la privation de jouissance pendant les travaux[2]. M. Husson estime que si les ouvrages effectués sur la voie publique ont fait condamner un propriétaire à payer à un locataire une indemnité de résiliation, l'administration lui doit le remboursement de cette indemnité, ainsi que les frais de l'instance mis à sa charge[3]. Quel est, en effet, le droit du locataire qui est atteint par l'exécution des travaux? Peut-il exiger que les lieux soient rétablis dans leur état primitif ou réparés pour la continuation de sa jouissance? Peut-il demander la résiliation de son bail avec une indemnité? En principe, le propriétaire doit entretenir les lieux en état de servir à l'usage pour lequel ils ont été loués[4]. Cette obligation cesse toutefois pour le propriétaire lorsque la chose louée est détruite en totalité ou en partie par cas fortuit; dans le premier cas, le bail est résilié de plein droit; dans le second, le locataire peut, suivant les circonstances, demander

---

[1] Horace Say, *Etudes sur l'administ. de Paris*, p. 402, et Dufour, *Traité de droit administratif*, tome VII, p. 460.
[2] Conseil d'Etat, 13 janv. 1853, Cabral; 30 juillet 1857, Langée; *Voy.* Le Bon, 1857, p. 624.
[3] *Législ. des travaux publics*, p. 348.
[4] Art. 1719, Code civil.

ou la diminution du prix, ou même la résiliation du bail; mais, dans l'un et l'autre cas, il n'y a lieu à aucun dédommagement. Ainsi dispose l'article 1722 du Code civil. Mais cet article est-il applicable à l'espèce? Est-il ici question d'un cas fortuit dans le sens absolu où l'entend cet article? Nous ne le pensons pas. S'il ne s'agit point d'une expropriation proprement dite, il s'agit d'une servitude d'utilité publique à raison de laquelle la loi offre au propriétaire un dédommagement, la réparation du préjudice causé. Comment donc le locataire qui est frappé par cette même servitude ne pourrait-il pas obtenir du propriétaire la réparation du préjudice qu'il éprouve, et à l'occasion duquel ce propriétaire se trouve indemnisé par l'administration? Le locataire pourra, selon nous, exiger une indemnité à raison de la privation de jouissance provenant directement des travaux; une réduction de loyer pour la dépréciation ou réduction de la chose louée; les réparations propres à assurer sa jouissance, ou la résiliation avec dommages-intérêts, car en définitive un recours est ouvert au propriétaire pour obtenir l'équivalent de ces choses de l'administration. Mais de même que l'on peut opposer au propriétaire la plus-value en compensation, nous pensons qu'il serait fondé à l'opposer, dans une mesure, au locataire, si celui-ci devait en profiter[1]. Il va sans dire que les contestations qui s'élèvent entre les propriétaires et les locataires sont de la compétence exclusive des tribunaux civils.

171 — Des particuliers peuvent aussi être autorisés à ouvrir des rues. Dans ce cas, l'ouverture des rues est soumise à l'examen de l'administration, qui fixe les conditions à remplir; l'acte d'autorisation est rendu avec ou sans concession du droit d'expropriation. C'est ainsi qu'un décret du 8 novembre 1852 a ratifié la convention arrêtée entre le conseil municipal de Paris et la compagnie Ardouin, pour l'exécution du boulevard de Sébastopol, depuis le boulevard Saint-Denis jusqu'à l'embarcadère du chemin de fer de Strasbourg. Mais un particulier ne saurait ouvrir une rue, même sur un terrain lui appartenant, sans l'autorisation formelle de l'administration. Ainsi dispose l'article 2 de la déclaration du 29 janvier 1726, qui est encore en vigueur : « Aucun particulier ne pourra percer ni ouvrir aucunes nouvelles rues, dans l'étendue de notre dite ville de Paris et de ses faubourgs, quand même lesdites nouvelles rues ne seraient ouvertes que par un bout ou qu'elles n'auraient que des entrées obliques, ni bâtir dans l'inté-

---

[1] *Voy.* les arrêts de la Cour de Paris, du 12 fév. 1833, Battou, et du 19 fév. 1844, Dutreix; l'arrêt de la Cour de cassation du 17 août 1859, Ardouin. *Voy.* aussi Duvergier, louage n° 523.

rieur d'un même terrain, quoique enclos de murs ou édifices, un nombre de maisons, quand même elles n'auraient, quant à présent, aucune issue sur les rues déjà formées, mais seulement sur une rue pratiquée dans l'intérieur dudit terrain enclos, qui pourrait, par l'ouverture de la clôture dudit terrain, former dans la suite une rue oblique : n'entendant néanmoins comprendre, dans lesdites défenses, les entrées des maisons ou avenues sur des rues déjà formées. »

Les mêmes défenses furent renouvelées par la déclaration du roi du 10 avril 1783, qui porte qu'il ne peut être ouvert et formé en la ville et faubourgs de Paris, aucune nouvelle rue qu'en vertu de lettres patentes (aujourd'hui d'un décret). Cette déclaration prononce une amende de 3,000 francs contre les propriétaires, et de 1,000 francs contre les maçons, charpentiers et autres ouvriers, en cas d'infraction à la disposition qui précède; elle prononce, en outre, la démolition des ouvrages, la confiscation des matériaux, et la réunion du sol des rues au domaine royal. Le conseil de préfecture de la Seine, appelé à faire application de ces anciens règlements, en a tempéré la rigueur, en prononçant seulement l'amende encourue, et en prescrivant la clôture des rues indûment ouvertes, par des murs en maçonnerie ou par des grilles [1]. Ainsi se trouvent fermés par des grilles à leurs extrémités, le passage Saulnier, la rue des Beaux-Arts, la rue Neuve-de-l'Université.

Les rues ouvertes par des particuliers ou des concessionnaires, conformément aux prescriptions de l'administration, demeurent soumises à toutes les lois de grande et de petite voirie, à dater de leur réception.

172 — Dans les communes que l'annexion a renfermées dans les limites de Paris, il existe un grand nombre de rues ou passages qui ont été formés par des propriétaires, isolés ou réunis. Ces voies de communications étaient considérées comme soustraites aux lois de la voirie [2]. Les règles à observer pour le bon ordre et l'entretien dans ces lieux, résultaient de conventions, soit entre propriétaires et locataires, soit entre propriétaires réunis et parfois constitués en syndicat. A quelles lois, à quelle autorité seront désormais soumis les rues et passages de ce genre? Même aujourd'hui, sous l'empire des lois et règlements spéciaux à la ville de Paris, nous pensons que ces rues et passages restent en dehors

---

[1] Conseil d'Etat, 10 janvier 1845 et 18 mai 1846.
[2] Cass. 13 mai et 27 juillet 1854.

des règles relatives à l'alignement, au pavage et autres mesures de grande voirie. Là subsistent le droit privé et les règles ordinaires de la propriété. Aujourd'hui, comme par le passé, le seul droit de l'administration résidera dans le droit de police municipale, en vertu duquel doivent être maintenues en tous lieux la sûreté, la commodité du passage et la salubrité [1].

Le préfet de police pourra donc prescrire toutes les mesures qui intéresseront la sûreté, la commodité et la salubrité dans ces rues ou passages; mais le préfet de la Seine sera sans autorité pour y exercer ses droits de grande voirie, tant que les rues ou passages n'auront pas été classés dans la catégorie des voies parisiennes. — En ce qui concerne le balayage, le nettoiement, l'arrosement et l'entretien du sol, qui ne sont plus dans les attributions du préfet de police, un arrêté du préfet de la Seine, du 28 juin 1860, a déclaré applicable aux cités, passages et rues particulières de la banlieue annexée, l'ordonnance de police du 1er septembre 1853 [2].

Les particuliers qui veulent ouvrir une rue sur leurs terrains sont tenus d'adresser leur demande au préfet de la Seine avec le plan des lieux. En général, l'autorisation est subordonnée aux conditions suivantes : 1° de donner à la rue nouvelle la largeur jugée nécessaire par l'administration pour les besoins de la circulation; 2° de lui donner une direction droite, entre deux lignes parallèles; 3° d'abandonner gratuitement à la voie publique le terrain que la rue nouvelle doit occuper; 4° d'établir des deux côtés de la rue des trottoirs en pierre dure; 5° de faire faire, à ses frais, le premier pavage et le premier relevé à bout de ce pavage par les entrepreneurs du pavé public et sous la direction des agents de l'administration; 6° de supporter les premiers frais de l'établissement de l'éclairage; 7° de pourvoir à l'écoulement des eaux [3].

173 — Quant aux passages proprement dits, une ordonnance du préfet de police du 20 août 1811 porte (art. 7) que : « à l'avenir aucun passage ne sera ouvert au public sur des propriétés particulières, qu'en vertu d'une permission du préfet de police. » Et comme les règlements sur la grande voirie parlent des rues et non des passages, on peut inférer de là que l'ouverture des passages n'est soumise qu'aux mesures qu'il convient au préfet de police de prescrire, dans l'intérêt de la sûreté, de la commodité

---

[1] Voy. l'arrêt de la Cour de cassation du 11 mai 1844, rendu pour la commune de Vaugirard.
[2] *Appendice*, n° 27.
[3] Daubanton, art. 167.

et de la salubrité. Les impasses sont également placées en dehors des lois et règlements sur la grande voirie [1]. Cependant, la cour de cassation a assimilé les impasses aux voies publiques dans un arrêt du 2 juin 1837, où elle déclare qu'elles sont, comme les rues, soumises aux règlements sur le balayage. Mais, en cela, la cour de cassation n'a fait que consacrer la distinction que nous avons établie entre les mesures de grande voirie et celles de police municipale ; les mesures de police municipale, en effet, peuvent être prises, dans l'intérêt de la sûreté et de la salubrité, à l'égard des impasses comme à l'égard des passages et des rues.

Mais à quoi reconnaître la rue publique et comment la distinguer du passage proprement dit? C'est là une question de fait qui est abandonnée à l'appréciation de la juridiction administrative. Le conseil d'État a considéré comme rues publiques, les passages qui mettent en communication les rues nouvelles, formées par la construction d'un certain nombre de maisons [2] ; les passages aboutissant, d'une esplanade et d'une cour communes à un certain nombre de maisons, aux rues de la ville [3]. Ces passages, ces rues et ces cours intérieures ont dès lors été astreints à toutes les règles de la voirie, pour les alignements et la largeur de la voie.

174 — La dénomination des rues est l'œuvre de l'administration; elle est arrêtée de concert par le préfet de la Seine, le conseil municipal et le ministre de l'intérieur; il en est de même du changement des dénominations, sur lequel cependant une enquête a parfois été faite dans les quartiers intéressés, pour constater le vœu de la population. Un décret du 23 mai 1806 avait ordonné la réinscription du nom des rues à Paris et imposé aux propriétaires l'entretien des inscriptions. Mais, en fait, ainsi que le remarque M. Husson, la charge de cet entretien ne leur a jamais été imposée, parce que l'inscription du nom des rues intéresse encore plus les habitants en général que les propriétaires en particulier, et dès lors offre le caractère d'une charge municipale [4]. Conformément à d'anciens règlements, on n'a maintenu à la charge des propriétaires que l'obligation de réserver les emplacements destinés à recevoir les inscriptions. D'après un arrêté du préfet de la Seine du 5 novembre 1844, la hauteur des emplacements est déterminée par le réverbère de l'éclairage public le plus rapproché, la base de chaque inscription devant être posée

[1] Conseil d'Etat, 9 janvier 1849.
[2] 19 juin 1828, Guyot et Baudrand.
[3] 2 décembre 1829, Delaunay.
[4] *Traité de la législation des travaux publics*, p. 881.

à cinq centimètres au-dessus du tube horizontal de la console de l'appareil d'éclairage. Le côté extérieur des inscriptions placées aux encoignures des voies publiques doit être également distant de cinq centimètres des constructions, et lorsqu'il s'agit de désigner des voies publiques dans lesquelles d'autres rues viennent déboucher perpendiculairement ou obliquement, les inscriptions sont posées dans l'axe même de ces rues. L'administration a adopté, pour les inscriptions, des plaques en lave de Volvic émaillée, fond bleu, avec lettres blanches.

175 — Le premier numérotage des maisons est à la charge de la ville; l'entretien reste à la charge des propriétaires. (Décret du 5 pluviôse an XIII.) Le propriétaire qui reconstruit ou change la façade d'une maison est tenu de rétablir à ses frais le numérotage. Les renouvellements généraux du numérotage sont à la charge de la ville. (Instruction ministérielle de l'intérieur, 8 mai 1823.) Le numérotage se fait au moyen de plaques en porcelaine disposées comme on vient de l'indiquer et dont le modèle a été arrêté par l'administration.

Le système actuel du numérotage des maisons, destiné à guider les passants en leur indiquant la direction qu'ils suivent d'après des lignes parallèles ou perpendiculaires au cours de la Seine, a été établi par le décret du 4 février 1805. Il résulte de ce décret que le numérotage doit être établi par une même suite de numéros pour la même rue, lors même qu'elle dépendrait de plusieurs arrondissements, et par un seul numéro qui est placé sur la porte principale de l'habitation. Ce numéro peut être répété sur les autres portes de la même maison, lorsqu'elles s'ouvrent sur la même rue que la porte principale ; dans le cas où elles s'ouvriraient sur une rue différente, elles prennent le numéro de la série appartenant à cette rue. (Même décret, art. 1, 2 et 3.) La même série est formée des nombres pairs pour le côté droit de la rue, et des nombres impairs pour le côté gauche. (Art. 4.)

Le côté d'une rue est déterminé, dans les rues perpendiculaires ou obliques au cours de la Seine, par la droite du passant se dirigeant vers la rivière, et dans celles parallèles, par la droite du passant marchant dans le sens du cours de la rivière. (Art. 5.)

Dans les îles, le grand canal de la rivière coulant au nord, détermine seul la position des rues. (Art. 6.)

Le premier numéro de la série, soit pair, soit impair, commence dans les rues perpendiculaires ou obliques au cours de la Seine, à l'entrée de la rue prise au point le plus rapproché de la rivière, et, dans les rues parallèles, à l'entrée prise en remontant le cours de la rivière, de manière que, dans les premières, les nombres croissent en s'éloignant de la rivière, et dans les secondes, en descendant. (Art. 7.)

Pour assurer la complète régularité du numérotage, l'administration a fait dresser dans ces derniers temps un plan perpendiculaire à chaque rue. Sur ce plan, qui indique exactement la nature des constructions riveraines, se trouvent portés, avec les noms des propriétaires, les numéros existants au moment de la régularisation.

Pour les rues bordées en partie de propriétés non bâties ou d'immeubles construits, mais d'une grande étendue et, dès lors, susceptibles d'être divisés dans l'avenir, on a réservé des numéros à raison de 1 pour chaque longueur de 15 mètres, dimension qui, en moyenne, est celle de la façade d'une maison à Paris. Ces numéros réservés sont indiqués sur le plan de la rue, et lorsqu'une construction nouvelle est établie, elle reçoit le numéro réservé, de telle sorte qu'il n'en résulte aucune irrégularité dans la série [1].

176 — Le pavage des rues a donné lieu à de nombreuses difficultés, parce qu'il n'a été réglementé par aucune loi. On suit encore à cet égard les errements de l'ancienne jurisprudence, d'après laquelle devaient être observés les usages dans chaque localité. Presque partout les propriétaires des maisons sont chargés de cette dépense dans une proportion plus ou moins forte. On a considéré que « si l'on faisait de cette servitude une charge commune à tous les habitants d'une ville, ce serait faire un présent aux propriétaires des maisons avec la bourse de ceux qui ne le sont pas. [2] » A Paris on a pris pour base de l'usage les anciens règlements et, notamment, les lettres patentes du 30 décembre 1785. D'après ces règlements, le conseil d'État a décidé que les frais d'établissement du premier pavage dans les rues nouvelles sont à la charge des riverains, chacun en droit soi, à raison de la façade des héritages, et jusqu'au milieu de la rue [3]. En cas d'élargissement d'une rue trop étroite, le premier pavage doit être également supporté par les riverains pour les élargissements prescrits en conformité des règlements en vigueur et spécialement de la loi du 16 septembre 1807 [4]. Mais les riverains

---

[1] Husson, p. 885.

[2] Paroles de M. Beugnot au conseil d'État, rapporteur de l'avis du 25 mars 1807.

[3] Conseil d'État, décrets des 9 mars, 14 avril, 28 décembre 1853 et 27 février 1854.

[4] Conseil d'État, 28 décembre 1853.

doivent être exonérés de cette charge, lorsque l'élargissement, fait en vue non des nécessités de la circulation, mais d'un simple embellissement, a lieu dans des conditions exceptionnelles et en dehors des mesures ordinaires de la voirie [1]. M. Husson constate en outre que, sur les quais et sur les places, le pavage à la charge des riverains n'est généralement exigé que sur une étendue de 6 mètres, la largeur normale de la voie publique étant considérée comme devant être de 12 mètres.

D'après le décret du 26 mars 1852 (art. 7), les propriétés riveraines des voies publiques empierrées supportent les frais de premier établissement de ces travaux suivant les règles qui existent à l'égard des propriétaires des rues pavées.

Mais les taxes auxquelles sont soumis les riverains pour les frais de premier pavage, ne doivent comprendre que les frais du pavage proprement dit, et non la dépense nécessitée par les travaux de nivellement et de terrassement exécutés pour la création de la rue nouvelle et pour son raccordement avec les voies publiques voisines [2].

177 — La cour de Paris a décidé, de son côté, que l'obligation du pavage constitue une charge inhérente au sol même des terrains des voies nouvelles, qui les suit en quelques mains qu'ils se trouvent, et s'exerce à l'encontre de tous tiers détenteurs, comme des créanciers inscrits, sans être soumise pour sa conservation, aux formalités hypothécaires [3]. Toutefois, le propriétaire apparent a son recours contre le propriétaire réel [4].

Suivant la Cour de cassation, les propriétaires riverains des rues non pavées peuvent même, en vertu de l'ordonnance de police du 8 août 1829, être contraints de réparer les trous et excavations qui se sont manifestés, chacun au droit de sa façade [5].

D'après l'ordonnance du bureau des finances du 2 août 1774, et les lettres patentes du 30 décembre 1785, les raccordements de pavé rendus nécessaires par les fouilles, tranchées et autres dégradations pratiquées par les particuliers, doivent être exécutés par l'entrepreneur du pavé de Paris aux frais de ces particuliers.

178 — Quant au premier relevé à bout, il n'est imposé aux

---

[1] Conseil d'Etat, décret du 23 mars 1850.
[2] Conseil d'Etat, 14 avril 1853.
[3] 4 mars 1852. — V. conforme, conseil d'Etat, 20 février 1835, Nodler et Pivent.
[4] Conseil d'Etat, 3 janvier 1834, Cognet.
[5] Cassation, 17 mars 1838. L'ordonnance de police du 8 août a été remplacée par celle du 1ᵉʳ septembre 1853, qui contient une disposition semblable (art. 8).

riverains par aucune disposition générale. Il ne pourrait donc être mis à leur charge qu'autant qu'il aurait été formellement spécifié par l'acte du gouvernement autorisant l'ouverture des voies publiques [1].

179 — Les difficultés qui s'étaient élevées à différentes époques sur l'entretien du pavé se trouvent aplanies par le décret du 12 avril 1856. D'après ce décret, à partir du 1er janvier 1856, les dépenses d'entretien des chaussées, des rues, quais, ponts, boulevards et places publiques de la ville de Paris, et les dépenses de personnel afférentes à cet entretien sont supportées, par portions égales, par l'État et par la ville. — Sont compris dans ces dépenses les frais de balayage et d'enlèvement des boues occasionnés par les chaussées empierrées. (Art. 1er.)

Ne sont pas, au contraire, compris dans ces dépenses, les frais relatifs à toute opération d'intérêt municipal, et notamment au balayage et à l'enlèvement des immondices, à l'arrosement des chaussées, à la construction, à l'entretien et au curage des égouts, aux conduites souterraines, aux plantations, aux indemnités pour retranchement de terrains ou pour changements de niveau de la voie publique [2]. Sont également exceptés et doivent être défalqués : 1º le prix de la vente des pavés de rebut; 2º tous les travaux de remaniement de la voie publique, dont le montant doit être remboursé par les administrations publiques, les compagnies ou les particuliers ; 3º les dépenses faites en vue de constructions ou d'opérations d'intérêt purement municipal, c'est-à-dire n'ayant pas pour but spécial l'entretien de la chaussée proprement dite. (Id., art. 4.)

180 — Les réclamations relatives à la taxe du pavage, les demandes en décharge ou réduction sont soumises au conseil de préfecture. La taxe du pavage est recouvrée dans la même forme que les contributions directes. Par suite de cette assimilation, l'action en recouvrement de cette taxe est frappée de déchéance s'il n'a été exercé aucune poursuite contre les débiteurs pendant trois années consécutives après que les états de recouvrement ont été rendus exécutoires. Ainsi, au moins, l'a décidé le conseil d'État par deux décrets à la date du 22 février 1855, en se fondant sur l'article 44 de la loi du 18 juillet 1837. Mais, ainsi que nous l'avons déjà fait observer, cette loi n'étant pas applicable à

---

[1] Avis du conseil général des ponts et chaussées du 6 août 1816. — Husson, p. 868.
[2] Voyez nº 243.

l'administration de la ville de Paris, la jurisprudence du conseil d'État paraît peu solide sur ce point.

181 — Les entrepreneurs de l'entretien du pavé de Paris ont reçu des arrêts du conseil des 22 juin 1706 et 7 septembre 1755, le privilége d'extraire des matériaux dans les propriétés privées qui leur sont indiquées par les devis et adjudications ou par les actes de l'autorité administrative, sans le consentement des propriétaires; mais le conseil d'État a décidé que ce privilége ne pouvait être revendiqué par les simples adjudicataires de fournitures de pavé[1].

182 — En ce qui concerne les trottoirs, comme leur établissement n'a pas été déclaré d'utilité publique pour la ville de Paris, conformément à la loi du 7 juin 1845, il est demeuré facultatif pour les propriétaires. « Pour inciter les propriétaires à faire construire ces ouvrages, dit M. Husson, il leur est offert et accordé des primes qui varient selon la nature des matériaux employés. Lorsque les prescriptions de l'administration ont été observées, les trottoirs sont reçus parmi les ouvrages à la charge de la ville, et les propriétaires sont affranchis désormais du soin de les entretenir. Mais il existe encore beaucoup de trottoirs anciennement construits et dont l'entretien est demeuré à la charge des propriétaires. Toutefois, si à l'égard des trottoirs ainsi entretenus, des travaux exécutés par les ordres de l'administration municipale entraînent des modifications dans le système de construction, si, par exemple, ils nécessitent le changement des gargouilles servant à l'écoulement des eaux, les frais de ce travail doivent être supportés entièrement par la ville[2]. » La prime accordée par la ville pour les trottoirs en granit est du tiers de la dépense; du sixième pour les dallages en bitume; du quart pour les trottoirs en pavés; mais l'administration municipale se réserve de prescrire l'emploi de tels ou tels matériaux suivant les quartiers et les rues où les trottoirs doivent être posés.

La cour de Paris a toutefois décidé qu'il n'y avait lieu de distinguer entre l'établissement du pavage et celui des trottoirs, qui n'en sont qu'une modification, et que l'un et l'autre étaient à la charge des propriétaires riverains[3]. Mais cette assimilation nous paraît peu fondée; les charges imposées à la propriété, les servi-

---

[1] Conseil d'État, 2 juillet 1847 et 5 juin 1848.
[2] Husson, *Législation des travaux publics*, p. 959, et décision du conseil d'État du 7 avril 1841.
[3] Paris, 4 mars 1852.

tudes d'utilité publique, sont de droit étroit ; il n'est pas loisible de les étendre par induction ou par des considérations tirées de l'analogie des cas. L'administration nous paraît mieux inspirée, car elle ne voit là qu'une simple faculté laissée à la propriété riveraine.

Une ordonnance de police du 8 août 1829 porte certaines dispositions relativement à la construction des trottoirs. Elle défend, notamment, de construire aucun trottoir sur la voie publique sans en avoir obtenu la permission de l'autorité compétente, c'est-à-dire aujourd'hui, du préfet de la Seine, et prescrit les mesures à observer pendant l'exécution des travaux.

183 — Le conseil d'État considère comme une contravention passible d'amende, d'après l'ordonnance du bureau des finances du 2 août 1774, le fait par un architecte de dégrader le trottoir d'une rue en faisant des travaux à la façade d'une maison [1].

184 — Aussi bien dans l'intérêt de la sécurité publique que dans un but d'embellissement pour la ville, la construction des maisons ou édifices a été environnée à Paris de prescriptions nombreuses. La première pierre ne saurait être posée sans que la vigilance de l'administration n'ait été éveillée par les entrepreneurs eux-mêmes, et jusqu'à l'achèvement des travaux on peut dire que cette vigilance ne fait pas un instant défaut. En général, la construction des maisons et édifices rentre dans la sphère de la grande voirie et se trouve placée dès lors sous la surveillance du préfet de la Seine. Ce qui touche plus spécialement à la sûreté et à la salubrité publiques est resté dans les attributions du préfet de police, comme investi de la police municipale [2]. Mais, en fait et surtout depuis la dernière organisation de la voirie, la préfecture de la Seine prescrit toutes les mesures de sûreté qui se rattachent aux constructions.

Ajoutons que la surveillance de l'administration n'est pas limitée aux travaux de construction qui s'exécutent sur la voie publique ; elle s'étend à ceux qui s'exécutent dans les cours et espaces intérieurs, d'après les articles 5 et 15 du décret du 27 juillet 1859 [3]. Enfin, elle n'a pas seulement pour objet les ouvrages neufs ; elle embrasse également les travaux de grosses constructions ou grosses réparations, tels que voûtes aux caves, ouilles, excavations, reprises de gros murs et des murs de re-

---

[1] Conseil d'Etat, 25 janvier 1851.
[2] Voyez n° 210.
[3] *Appendice* n° 28.

fend, pans de bois portant planchers, travaux par sous-œuvre ou autrement.

Maintenant, voici les règles qui sont prescrites aux propriétaires, architectes et entrepreneurs, avant de commencer toute construction.

Ces règles doivent être envisagées spécialement au point de vue de la police architecturale ; — de l'alignement et du nivellement ; — du plan et des coupes cotés des constructions ; — de la police municipale ou de la sûreté publique [2].

185 — En ce qui concerne la police architecturale, ayant pour objet la solidité, la bonne construction des édifices et leur disposition selon les règlements administratifs, il faut se reporter aux arrêtés rendus par le préfet de la Seine, à la date des 24 nivôse an IX, 23 brumaire an XII, et 22 août 1809. Ces trois arrêtés n'ont point réglé à l'avance la construction proprement dite des édifices; ils ont seulement fixé les rapports des propriétaires et entrepreneurs avec l'administration locale relativement à cette construction. On doit regretter, toutefois, que cette partie si importante de la voirie parisienne n'ait pas été réglementée d'une manière plus précise par l'administration. Nous empruntons aux ouvrages de MM. Husson et Daubanton les dispositions essentielles de ces arrêtés :

« Lorsque des propriétaires ont des travaux de construction à faire exécuter, ils doivent en faire préalablement la déclaration et indiquer les noms des entrepreneurs ou des ouvriers qu'ils entendent employer à ces travaux, ainsi que les noms des architectes chargés de les diriger. Cette déclaration est portée à la connaissance du commissaire voyer de l'arrondissement, qui est tenu de visiter journellement les bâtiments en construction ou en réparation. Si, dans l'exercice de cette surveillance, les commissaires voyers rencontrent un cas de contravention, ils se concertent avec un des commissaires voyers divisionnaires pour visiter de nouveau les lieux; ils sont autorisés à se faire assister dans leurs visites par deux entrepreneurs, l'un maçon, l'autre charpentier. A cet effet, il est formé chaque année, par le préfet, un tableau de soixante entrepreneurs, parmi lesquels, et suivant l'ordre du tableau, sont pris à tour de rôle ceux qui sont appelés à concourir aux dites visites. — Les commissaires voyers requièrent la rectification des malfaçons ou vices de construction qu'ils ont remar-

---

[1] Arrêté du préfet de la Seine du 24 nivôse an IX.
[2] Nos 185, 187, 189 et 190.

qués, et ils constatent dans des procès-verbaux, signés d'eux et des entrepreneurs qui les accompagnent, l'adhésion des constructeurs ou propriétaires aux dites réquisitions, ou leur refus d'y satisfaire. — En cas de non-adhésion de la part des constructeurs ou propriétaires, les commissaires voyers ordonnent provisoirement la suspension des travaux, et invitent en même temps les propriétaires ou constructeurs à se trouver à la plus prochaine séance du bureau de consultation de la grande voirie de l'Hôtel-de-Ville, pour y être entendus sommairement sur les motifs de leurs refus. Il est fait mention de cette invitation dans les procès-verbaux. Au jour assigné, et tant en l'absence qu'en présence des parties dûment invitées, les procès-verbaux dressés contre eux sont examinés et discutés. L'avis du bureau, présidé par le préfet ou par le chef de division compétent, est rendu à la majorité des voix. L'intéressé est invité à y adhérer, et s'il y consent, cette adhésion dispense de toute notification et procédure ultérieure. Dans le cas contraire, ou si l'entrepreneur ou le propriétaire a négligé de se rendre au bureau, les procès-verbaux de visite et autres pièces sont remis au conseil de préfecture, où le délinquant est cité pour y procéder dans les formes ordinaires[1]. »

186 — Il est bien entendu que le conseil de préfecture ne peut asseoir de décision que sur des lois ou règlements formels, prescrivant tel ou tel mode de construction, les restrictions au droit absolu de propriété et les pénalités étant de droit strict. Toutefois, on a douté de la compétence du conseil de préfecture en cette matière; on s'est demandé si les contraventions, en pareil cas, ne devaient pas être plutôt déférées à la connaissance du tribunal de simple police. Il nous semble que la règle ne peut être ici posée en termes absolus et qu'il y a une distinction à faire, qui tient au partage qui a été opéré dans les matières de la voirie parisienne entre le préfet de la Seine et le préfet de police. Avant tout, il faut rechercher si la matière, objet du litige, est classée dans les choses de grande ou de petite voirie, si elle appartient à l'autorité préfectorale, ou simplement à l'autorité municipale. Dans le premier cas, l'infraction sera soumise au conseil de préfecture; dans le second, au tribunal de simple police ; c'est, en effet, du conseil de préfecture que ressortissent les contraventions aux règlements de grande voirie, et au tribunal de simple police que doivent être déférées toutes les contraventions aux lois et rè-

---

[1] Husson, *Législation des travaux publics*, p. 943; Daubanton, *Code de la voirie*, p. 181.

glements sur la police municipale; et comme les objets de grande et de petite voirie ont reçu à Paris une classification spéciale, sans qu'il ait été dérogé par aucun texte à la compétence des conseils de préfecture et des tribunaux de simple police, en ce qui les concerne, c'est à cette classification qu'il convient de se reporter pour savoir quelle est la juridiction qui doit être saisie. Il pourra se présenter peut-être, dans certains cas, quelque difficulté sur la classification de l'objet en litige, car, ainsi que nous l'avons déjà dit[1], la classification des objets de grande et de petite voirie a été faite à Paris d'une manière peu rationnelle et en dehors des règles ordinaires de la voirie, telle qu'elles existent pour le reste de la France; mais ce serait là une difficulté secondaire sur laquelle le tribunal saisi aurait d'ailleurs à se prononcer pour fixer la limite de sa propre compétence. Il est à regretter que cette règle fondamentale d'attribution de juridiction n'ait pas été hardiment et plus clairement posée par le conseil d'État dans les deux arrêts qu'il a récemment rendus en cette matière, le premier portant la date du 16 mars 1850, par lequel il a décidé que les vices de construction et malfaçons, dans les bâtiments élevés sur la voie publique, qui sont de nature à compromettre la sûreté et la sécurité des passants, ne constituant pas des contraventions aux lois et règlements de la grande voirie, n'appartiennent point à la connaissance du conseil de préfecture; le second, du 29 juin 1850, qui qualifie de simple contravention le refus par le propriétaire d'une maison d'en disposer l'encoignure pour recevoir, dans les conditions déterminées par les règlements, l'inscription indicative du nom de la voie publique. Pour nous, nous avons essayé de simplifier ces questions de classification en spécifiant avec soin les pouvoirs du préfet de la Seine et ceux du préfet de police dans les matières de voirie comme dans toutes celles qui font l'objet de cet ouvrage.

187 — Outre les déclarations dont nous venons de parler, tout constructeur de maison doit, avant de se mettre à l'œuvre, demander l'alignement et le nivellement de la voie publique au-devant du terrain où il s'agit de bâtir, et se conformer à cet alignement et à ce nivellement. Telle est la prescription du décret du 26 mars 1852 (article 3), qui a fait entrer le nivellement dans l'étude des plans d'alignement, et l'a soumis aux formalités qui régissent l'alignement lui-même[2].

L'obligation de demander l'alignement, rappelée par le décret

[1] N° 166.
[2] Voyez, en outre, ce qui est dit n° 170.

du 26 mars 1852, était imposée par la déclaration du roi du 10 avril 1783 (art. 3), à tous propriétaires, architectes, entrepreneurs, maçons, charpentiers et autres, avant d'entreprendre ni commencer aucune construction ou reconstruction quelconque de mur de face sur rues; d'après la même déclaration, les alignements et permissions de bâtir ne pouvaient être accordés qu'en conformité des plans arrêtés par le roi. Nous avons eu déjà occasion de parler du plan de Paris[1]. Cette œuvre, entreprise pour la première fois en 1783, achevée en 1789, et appliquée à l'alignement des rues de Paris à partir de l'an v, appelle ici une attention plus spéciale. D'après les lettres patentes du 10 avril 1783, toutes les rues de Paris devaient avoir 10 mètres de largeur; celles qui n'avaient pas cette largeur devaient y être ramenées par un alignement, au fur et à mesure des constructions. C'est afin de donner plus d'ensemble à la mesure que la levée du plan de la ville, dans son ensemble et dans ses détails, avait été prescrite. Mais on s'écarta bientôt des lettres patentes de 1783. D'abord, un arrêté du ministre de l'intérieur du 25 nivôse an v divise les rues de Paris en cinq classes et leur assigne des dimensions différentes. Presque aussitôt est rendu un décret, du 13 germinal an v, qui autorise le ministre de l'intérieur à régler, sur les plans des rues de Paris, les élargissements et les redressements qu'exige chacune d'elles, et qui fixe pour les rues de nouvelles dimensions : les rues qui ne forment pas prolongement de grande route du premier et du second ordre n'auront pas plus de 10 mètres; les rues formant prolongement de grandes routes de premier ordre ne pourront être fixées à moins de 12 mètres de largeur, et celles du second ordre à moins de dix mètres; les rues de ces deux classes dont l'ouverture excède ces dimensions seront maintenues dans leur largeur, et les redressements qu'elles pourront exiger seront dirigés en raison de cette largeur. — Les rues dont la largeur correspond à leur fréquentation seront maintenues dans leur état actuel, lorsqu'elles ne présenteront ni pli, ni coude; les plis et les coudes seront redressés. — Ainsi disposait le décret, lequel disait encore qu'il ne serait tracé sur le plan de Paris qu'un seul alignement, et que cet alignement serait définitif.

Cependant la loi du 16 septembre 1807 avait disposé (art. 52) que les alignements des nouvelles rues, pour l'élargissement des anciennes, ou pour tout autre objet d'utilité publique, seraient donnés par l'autorité municipale conformément au plan dont les

[1] V. n° 10.

projets auraient été transmis au ministre de l'intérieur et arrêtés en conseil d'État. Cette loi s'appliquait-elle à la ville de Paris ? Le ministre de l'intérieur ne le pensa pas et continua de régler les plans d'alignement de Paris en vertu du décret du 13 germinal an v. Mais le 3 septembre 1811 fut rendu par le conseil d'État un avis duquel il résultait que les plans d'alignement de Paris étaient, comme ceux des autres communes, soumis aux formalités prescrites par la loi de 1807. Dès lors, devait s'élever la question de savoir quelle était la valeur des plans donnés jusqu'alors par le ministre de l'intérieur. Saisi de cette question, le conseil d'État a décidé que les plans approuvés jusqu'en 1807 par le ministre de l'intérieur étaient réguliers ainsi que les alignements délivrés d'après ces plans, mais que les plans approuvés depuis cette époque par le ministre ne pouvaient être considérés que comme de simples projets, que le préfet de la Seine était même autorisé à modifier en délivrant des arrêtés partiels d'alignement[1].

188 — Les alignements sont délivrés par le préfet de la Seine. A cet égard, le conseil d'État a décidé — que le propriétaire qui a demandé l'autorisation de construire un pan coupé pour masquer un angle rentrant doit attendre la décision de l'autorité avant de commencer les travaux, mais que si la construction est provisoire, et si d'ailleurs le propriétaire est de bonne foi, il y a lieu de surseoir à la démolition[2] ; — que les plans d'alignement ne pouvant cesser d'être exécutoires que par une déclaration expresse de l'autorité, les maisons restent jusque-là soumises aux servitudes que l'exécution de ce plan leur impose[3] ; — qu'il appartient au préfet de la Seine de donner des alignements provisoires, à défaut de ceux résultant de plans régulièrement adoptés[4] ; — que tant qu'il n'a pas été fait de plan général en exécution de l'art. 52 du décret du 6 septembre 1807, les alignements partiels qui sont demandés à l'administration de la ville de Paris doivent être donnés soit conformément aux alignements arrêtés par le ministre de l'intérieur, en vertu de l'arrêté du gouvernement du 13 germinal an v, dans les rues comprises aux dits alignements, soit en vertu de l'édit de 1783, dans les autres rues[5] ;

— Qu'il y a contravention à l'arrêt du 27 février 1765, lors-

---

[1] Conseil d'État, 8 avril 1829 (Loyre), 20 février 1840 (Chaplain), 15 juillet 1841 (de Turin).
[2] *Id.*, 10 juillet 1832, Denis.
[3] *Id.*, 12 décembre 1834, Pilhet.
[4] *Id.*, 28 août 1829.
[5] *Id.*, 23 mai 1838.

qu'un propriétaire fait réduire l'entablement d'une maison sans en avoir obtenu la permission du préfet de la Seine ;

— Qu'il en est ainsi lors même que cette reconstruction a pour objet de réduire la saillie de l'entablement à la limite fixée par l'ordonnance royale du 24 décembre 1823 et qu'il y a lieu dans ce cas, non-seulement à amende, mais encore à démolition, bien qu'il ne s'agisse pas de travaux confortatifs exécutés à une maison sujette à reculement, à moins que la permission n'ait été antérieurement accordée par l'administration [1] :

— Que le propriétaire d'une maison sujette à reculement ne peut faire exécuter sans autorisation des travaux excédant la hauteur légale, même dans les parties de l'immeuble placées en dehors de l'alignement et en arrière de la partie retranchable, mais qu'il n'y a pas lieu d'ordonner la démolition des travaux qu'il aurait ainsi indûment faits [2] ;

— Que lorsqu'une rue ouverte en vertu d'une ordonnance royale vient à être fermée avant son classement au nombre des voies publiques, par suite de l'inaccomplissement des conditions imposées aux entrepreneurs concessionnaires, cette rue doit être considérée comme n'étant jamais entrée sous le régime de la voirie, et, dès lors, que les particuliers peuvent y élever des constructions à l'alignement sans autorisation préalable [3] ;

— Que le propriétaire autorisé à construire un mur de clôture sur la voie publique peut, sans commettre aucune contravention, ouvrir dans ce mur des baies de boutique avec pieds-droits et dosserets en briques ou moellon ; qu'aucun règlement de voirie n'exige que ces pieds-droits et dosserets soient construits en pierre de taille [4] ;

— Qu'aux termes de l'arrêt du conseil du 26 février 1732, et en l'absence d'autre règlement qui détermine les alignements à suivre pour les constructions à faire sur les bords de la rivière de Bièvre à Paris, les propriétaires riverains sont dispensés de demander un alignement pour leurs constructions ou reconstructions, lorsqu'ils laissent sur chaque bord une berge ou marchepied de quatre pied de largeur, non compris le talus [5] ;

Que le décret du 27 janvier 1808, qui fixe l'alignement des quais du canal Saint-Martin, n'a pu être modifié au préjudice des

[1] *Id.*, 30 décembre 1843, Lebas.
[2] Conseil d'État, 15 février 1848, Boutaric, Phalipeau et Laroze.
[3] *Id.*, 24 juillet 1848, Saint-Salvi.
[4] *Id.*, 1er décembre 1853, Allouard.
[5] *Id.*, 26 octobre 1828, Moussier.

riverains par des ordonnances qui n'ont pas été rendues dans les formes prescrites par la loi du 16 septembre 1807[1];

Mais que les propriétaires de bâtiments ou terrains destinés à être occupés par le prolongement d'une rue nouvelle conservent pleinement, tant qu'ils n'ont pas été effectivement dépossédés, le droit d'y faire toute construction ou réparation qui leur convient, sans autorisation préalable[2].

189 — Le décret du 26 mars 1852 oblige également tout constructeur de maisons à adresser à l'administration un plan et des coupes côtés des constructions qu'il projette, et à se soumettre aux prescriptions qui lui sont faites, dans l'intérêt de la sûreté publique et de la salubrité. Vingt jours après le dépôt de ces plans et coupes au secrétariat de la préfecture de la Seine, le constructeur peut commencer ses travaux d'après son plan, s'il ne lui a été notifié aucune injonction. Enfin, d'après le même décret, une coupe géologique des fouilles pour fondation de bâtiment doit être dressé par tout architecte constructeur et remise à la préfecture de la Seine.

190 — En ce qui concerne la sûreté publique, les précautions à prendre pour les travaux de construction exécutés dans les propriétés riveraines de la voie publique sont encore déterminées par les ordonnances de police des 8 août 1829 et 29 mai 1837, bien que cette partie de la voirie parisienne soit aujourd'hui dans les attributions du préfet de la Seine.

D'après ces ordonnances, il est défendu de procéder à aucune construction ou réparation des murs de face ou de clôture des bâtiments et terrains riverains de la voie publique, sans avoir justifié au commissaire de police du quartier où se font les travaux, de la permission qui a dû être délivrée à cet effet par l'autorité compétente.

Dans le cas de construction, on ne doit commencer les travaux qu'après avoir établi, à la saillie déterminée par la permission, une barrière en charpente et planches ayant au moins trois mètres de hauteur.

Les échafauds servant aux constructions sont établis avec solidité et disposés de manière à prévenir la chute des matériaux et gravois sur la voie publique. Ils doivent monter de fond, et si les localités ne le permettent pas, ils sont établis en bascule à quatre mètres au moins du sol de la rue. — Il est défendu de les

---

[1] Conseil d'Etat, 29 juin 1832, Bartier et Rousseau.
[2] Cassation, 28 février 1846, Baril.

faire porter sur des écoperches ou boulins arc-boutés au mur de face dans la hauteur du rez-de-chaussée.

Toutes les fois que l'autorité le juge convenable, il est établi au-devant de la barrière posée au droit des bâtiments en démolition ou en construction, et à la hauteur ordinaire des trottoirs, un plancher en bois solidement assemblé, d'un mètre au moins de largeur, et soutenu par une bordure en charpente solidement fixée, ayant seize centimètres au moins de relief au-dessus du pavé. Ce plancher doit se raccorder avec les trottoirs adjacents, s'il y en a, ou être prolongé jusqu'au mur de face des maisons voisines.

A moins de circonstances particulières, il n'est point établi de barrières devant les maisons en réparation. — On est tenu, pour ces réparations, de faire usage d'échafauds volants ou en bascule, sans points d'appui directs sur la voie publique, et de 1 mètre 25 centimètres au plus de saillie sur le mur de face, de telle sorte que la circulation puisse continuer sur le trottoir ou au pied de la maison. — Si l'échafaud doit avoir plus de deux étages, on est tenu de garnir de planches l'étage d'échafaud au-dessous de celui sur lequel les ouvriers travaillent.

Lorsque des circonstances particulières exigent des points d'appui directs, ces points d'appui sont des sapines de toute la hauteur de la façade à réparer, afin d'éviter les entes de boulins les uns sur les autres.

Lors des démolitions qui peuvent faire craindre des accidents sur la voie publique, indépendamment des ouvriers munis d'une règle, que l'on est tenu de faire stationner pour avertir et éloigner les passants, la circulation au pied du bâtiment est encore défendue par une enceinte de cordes portées sur poteaux, qui comprend toute la partie de la voie publique sur laquelle les matériaux peuvent tomber.

Les voitures destinées aux approvisionnements ou à l'enlèvement des terres ou gravois, entrent dans l'intérieur de la propriété, toutes les fois que cela est possible. Dans le cas contraire, elles se placent parallèlement à la maison et jamais en travers de la rue.

Le sciage et la taille des pierres sur la voie publique sont interdits. L'entrepreneur de maçonnerie est spécialement tenu de maintenir la propreté de la voie publique, dans toute l'étendue de la façade en réparation ou en construction, pendant toute la durée des travaux et l'existence de la barrière ou des échafauds.

191 — Deux charges principales sont imposées aux propriétaires

dont les maisons sont sujettes à reculement. La première, c'est de n'entreprendre aucun travail à la façade des maisons sans l'autorisation préalable du préfet de la Seine[1]. La défense d'exécuter toute espèce d'ouvrages sur la voie publique sans une autorisation formelle trouve sa pénalité dans l'arrêt du conseil du 27 février 1765 et non dans la déclaration du 16 juin 1693. En conséquence, en cas de contravention, c'est une amende de 300 francs qui doit être prononcée, d'après cet arrêt[2].

En second lieu, il est défendu aux mêmes propriétaires de faire exécuter aux façades des maisons aucun travail confortatif. Le décret de décembre 1607 défendait au grand-voyer, aujourd'hui remplacé à Paris par le préfet de la Seine, de permettre de rééditier les bâtiments en saillie sur les routes et les rues des villes, ni de faire des ouvrages qui pussent les *conforter, conserver et soutenir*. Tel est le texte en vertu duquel sont encore prohibés les travaux confortatifs aux maisons sujettes à alignement. Mais que faut-il entendre par travaux confortatifs ? Ces travaux, susceptibles de prendre les formes les plus variées, ne pouvaient être spécifiés à l'avance. On a laissé à l'administration le soin de discerner ceux qui peuvent présenter ce caractère. Voici, à cet égard, ce qui a été décidé par le conseil d'État :

1º Lorsqu'une maison sujette à retranchement ne se trouve plus close par l'effet du reculement de la maison voisine, on doit, si elle a conservé son aplomb, accorder au propriétaire la faculté de se clore de ce côté soit par un ravalement extérieur en plâtre de huit centimètres d'épaisseur, soit même par une maçonnerie en briques à plat jusqu'au premier étage, avec ravalement des deux côtés. En pareil cas, le propriétaire qui a construit sa clôture sans permission, étant excusable à cause de l'absolue nécessité de pourvoir à sa sûreté, il y a lieu de lui faire remise de l'amende prononcée contre lui par le conseil de préfecture[3];

2º Si le propriétaire d'une maison sujette à reculement a placé un poteau en fer dans une baie de boutique où il n'avait été autorisé qu'à placer un poteau en charpente, et a en outre déplacé un ancien poteau en fer pour l'aligner avec le nouveau, il ne peut être déchargé des condamnations prononcées contre lui par le conseil de préfecture, sous prétexte qu'il ne s'est mis en contra-

---

[1] Conseil d'Etat, 14 juillet 1837, Plé et Delton, et 21 décembre 1837, Legrand.
[2] *Id.*, 5 décembre 1834, Lesieur.
[3] Conseil d'Etat, 3 juillet 1716. Delime.

vention que pour ne pas nuire à l'aspect de la maison, et par conséquent de la voie publique [1] ;

3° C'est avec raison que le préfet a refusé d'autoriser la réparation d'une jambe étrière qui est en surplomb sur la voie publique et en état de péril imminent, alors d'ailleurs que la façade de la maison est sujette à reculement [2] ;

4° Lorsqu'au lieu de bâtir dans l'alignement qu'il avait demandé et obtenu, un particulier a élevé, en dehors de son mur sujet à reculement, des constructions confortatives de ce mur, il doit être condamné à les démolir ; lui laisser la faculté de ne le faire qu'à la première réquisition de l'administration, ce serait le dispenser de se conformer dès à présent à l'alignement de grande voirie [3] ;

5° C'est à tort que l'administration s'oppose à la reconstruction lorsque le propriétaire d'une maison sujette à reculement, qui veut en reconstruire la voûte de cave, déclare qu'il tiendra la voûte à reconstruire éloignée du mur de face à une distance de six pouces [4] ;

6° Dans le cas où les travaux exécutés par un propriétaire au rez-de-chaussée de sa maison soumise au reculement, ont eu pour effet de consolider un des points d'appui de cette maison, il y a lieu de maintenir l'arrêté du conseil de préfecture qui a ordonné la démolition des travaux [5] ;

7° Si les travaux que le propriétaire d'une maison demande l'autorisation de faire doivent avoir pour effet de consolider un mur qui tombe en ruines et de retarder ainsi sur ce point l'exécution de l'alignement, il y a lieu de refuser l'autorisation [6] ;

8° Lorsqu'il est suffisamment constaté qu'un particulier, a sans autorisation, fait des travaux à une maison sujette à retranchement, il n'y a pas lieu d'ordonner une nouvelle visite de lieux [7] ;

9° Quand un mur mitoyen devient un mur de face par suite de la démolition de la maison voisine, il est soumis aux servitudes que les règlements de la voirie imposent aux constructions riveraines de la voie publique. Dès lors, il y a lieu de condamner à l'amende le propriétaire qui fait réparer ce mur sans autorisation préalable [8] ;

[1] *Id.*, 22 mars 1827. Dehanne.
[2] *Id.*, 26 décembre 1827, Vattier; et 6 juin 1830, André.
[3] Conseil d'Etat, 23 juin 1830, Courtot.
[4] *Id.*, 1er septembre 1832, Laffitte.
[5] *Id.*, 29 août 1834, Hochard.
[6] *Id.*, 27 février 1835, Fontenillet.
[7] *Id.*, 8 janvier 1836. Martin.
[8] *Id.*, 5 décembre 1834, Bertrand ; et 23 mars 1836, Mouroult.

10° Toutes les fois que des travaux ont été faits sans autorisation au mur de face, le propriétaire de la maison et l'entrepreneur sont passibles de l'amende [1];

11° Les propriétaires qui font des travaux dans l'intérieur ou même sur la partie retranchable des maisons sujettes à reculement, font ces travaux à leurs risques et périls, sans préjudice du droit de l'administration d'en poursuivre la démolition s'ils sont confortatifs du mur de face, et dans le cas où ce mur viendrait à tomber ou à compromettre la sûreté de la voie publique [2];

12° Doit être rejetée la demande en vérification du fait de reconfortation, s'il est impossible de constater l'ancien état des lieux. — Toutefois il peut être permis au propriétaire de solliciter une autorisation de conserver les poteaux; dans ce cas, il doit être sursis à la suppression, et l'amende peut être modérée [3];

13° Lorsque le propriétaire d'une maison sujette à reculement a, sans autorisation, fait placer des poteaux et des pans de bois les uns à la façade et les autres sur la partie non retranchable, il y a lieu d'ordonner la suppression de ceux qui reconfortent directement cette façade, et de laisser subsister les autres, s'ils ne présentent pas eux-mêmes un caractère confortatif [4];

14° Lorsqu'il résulte de l'instruction que des travaux exécutés à une maison ont un caractère confortatif, il n'y a pas lieu d'admettre les allégations du contrevenant si, par la suppression qu'il a faite des anciennes constructions, l'administration n'a pas été à même de vérifier leur dimension et leur état [5];

15° Est confortatif le remplacement par des colonnes en fer des poteaux de bois qui soutenaient le portail de la baie de la boutique d'une maison sujette à retranchement [6];

16° Si les divers travaux exécutés sans autorisation, par exemple la pose d'un poteau en bois et de linteaux en fer, ne constituent qu'une seule et même contravention, il n'y a lieu de prononcer qu'une seule amende [7];

17° Le propriétaire d'une maison dont le rez-de-chaussée se trouve en saillie sur la voie publique n'a pas besoin d'une autorisation pour rétablir sur ce rez-de-chaussée un plancher formant

---

[1] Conseil d'Etat, 23 mars 1836, Mouroult de Villeneuve.
[2] *Id.*, 28 mai 1835, Debure et Neveu.
[3] *Id.*, 25 mars 1836, Noiret.
[4] *Id.*, 2 août 1836, Cadot.
[5] *Id.*, 5 septembre 1836, Husbrocq.
[6] *Id.*, 5 septembre 1836, Désorme.
[7] *Id.*, 11 février 1836, Bussault, et 5 septembre 1836.

terrasse qu'il n'avait enlevé momentanément que pour faciliter les réparations à faire au mur de la maison dans la partie non retranchable. Il peut rétablir ce plancher à ses risques et périls, sauf à l'administration le droit de vérifier si les travaux étaient réconfortatifs du mur de face sujet à retranchement, et d'ordonner la destruction de tous les ouvrages situés sur la partie retranchable, dans le cas où le mur de face tomberait ou compromettrait la sûreté publique [1];

18° Un particulier qui, par suite de servitudes envers les égouts de la ville de Paris, a été obligé de démolir un mur de refend dans la partie de sa maison sujette à reculement, ne peut faire reconstruire ce mur si la reconstruction doit avoir pour effet de réconforter le mur de face [2];

19° Lorsqu'un pan de bois élevé sur la partie retranchable d'une maison ne se rattache nullement au mur de face sujet à reculement, le conseil de préfecture ne peut en ordonner la suppression sous prétexte qu'il réconforterait le mur de face. Dès lors, on ne peut appliquer l'amende de 300 francs au propriétaire et à l'entrepreneur qui auraient effectué les travaux sans autorisation [3];

20° Si aucune loi ne défend aux propriétaires des maisons sujettes à reculement de faire des travaux dans l'intérieur de ces maisons, même sur la partie retranchable, pourvu que ces travaux n'aient pas pour effet de réconforter le mur de face, ce n'est que sous la condition toutefois de souffrir la destruction des ouvrages compris dans cette partie, dans le cas où le mur de face viendrait à tomber ou à compromettre la sûreté de la voie publique. — Lorsqu'un bâtiment construit derrière un mur de face sujet à retranchement se relie solidement à ce mur et aux parties latérales, de manière à prêter au mur un appui qu'il n'avait pas auparavant, il y a lieu d'ordonner la démolition des travaux et de condamner le propriétaire et l'entrepreneur à l'amende [4];

21° Sont considérés comme confortatifs le ravalement et le recrépissage du mur de face d'une maison sujette à retranchement, si plusieurs parties de ce mur se trouvaient en mauvais état [5] :
— L'application sous le poitrail d'une maison sujette à reculement

---

[1] Conseil d'Etat, 20 décembre 1836, Moreau; 14 juillet 1832, Mayet; 25 mars 1835, Laffitte.
[2] Id., 6 février 1837, Baud.
[3] Id., 12 avril 1837, Boullard.
[4] Id., 14 juin 1837; Forgeron, 12 juillet 1837.
[5] Id., 12 juillet 1837, de Prémorvan.

de deux poteaux en fer renfermés dans deux colonnes en bois [1];
— le redressement d'un plancher et des applications d'enduit [2];
— la dépose et le remplacement sous un poitrail avarié de trois piliers en fer, auxquels il a été adapté par le haut et par le bas de fortes plaques de fer [3]; — un poitrail posé au rez-de-chaussée d'une maison sujette à reculement, en remplacement d'un trumeau et de linteaux qui existaient anciennement [4];

192 — Nous avons parlé déjà des clauses domaniales [5]. Dans les ventes de biens qu'il a opérées en vertu du décret du 5 juin 1793, le domaine a imposé aux adjudicataires la charge de livrer sans indemnité, soit pour l'ouverture de nouvelles rues sur les terrains vendus, soit pour l'élargissement des rues existantes, le terrain nécessaire, lorsqu'ils en seraient requis. La ville de Paris a revendiqué et revendique à chaque instant l'exécution de ces réserves, insérées dans les contrats d'aliénation de 1793 et des années suivantes. Les propriétaires des terrains ont souvent résisté aux réclamations de la ville, et comme les ventes de cette époque étaient opérées dans la forme administrative par les agents du domaine, les difficultés d'interprétation que ces ventes soulèvent ont dû être soumises au jugement des tribunaux administratifs. Saisi des contestations élevées à ce sujet, le conseil d'État a décidé, notamment, que lorsque la largeur des rues projetées n'a pas été déterminée lors de la vente, l'administration a pu réclamer une largeur de terrain de 12 mètres, suivant la dimension moyenne des nouvelles rues établies (28 décembre 1825 et 15 mars 1826); — que si l'adjudicataire a pris l'engagement de se conformer aux alignements arrêtés par la commission des travaux publics, il faut entendre par là les alignements arrêtés à l'époque de la vente nationale, et non ceux arrêtés depuis par l'administration; dès lors que l'adjudicataire doit le terrain compris dans les premiers alignements et non celui compris dans les seconds, si ces derniers ont donné une largeur plus considérable à la voie publique (27 juillet 1850 et 21 juillet 1853). — Enfin, on a soulevé la question de savoir si la prescription ne pouvait pas être opposée à la ville de Paris pour n'avoir pas revendiqué le bénéfice de la réserve domaniale dans les trente années du contrat. S'agissant alors non de l'interprétation, mais de l'application d'un acte administratif et d'une question

[1] Conseil d'État, 5 décembre 1837, Xavier.
[2] Id., 12 juillet 1837, Plé et Delton, et 21 décembre 1837.
[3] Id., 12 novembre 1838, Gibé.
[4] Id., 19 décembre 1838, Rouchon.
[5] V. n° 10 ci-dessus.

de droit, la connaissance du litige revenait à la Cour de cassation, qui a décidé, par arrêt du 17 janvier 1853, que la prescription ne pouvait commencer à courir contre la ville de Paris que du jour où l'adjudicataire avait été mis en demeure de livrer les terrains compris dans l'alignement.

« Attendu, dit l'arrêt, qu'aux termes de l'art. 2257 du code Napoléon, la prescription ne court point à l'égard d'une créance conditionnelle jusqu'à l'événement de la condition ; — attendu que le droit à l'indemnité des terrains retranchés, par voie d'alignement, au profit de la voie publique, ne s'ouvre pour les propriétaires de ces terrains qu'à partir de la réquisition d'alignement qui, seule, peut être considérée comme réalisant à leur égard la condition à laquelle ce droit est soumis ; — attendu que, par suite, et lorsqu'en vertu d'une stipulation contractuelle, le retranchement doit être opéré sans indemnité, la prescription contre le droit qui résulte au profit de la ville de cette stipulation, ne peut commencer à courir que le jour où le droit corrélatif du propriétaire à réclamer l'indemnité s'est lui-même ouvert contre la ville, c'est-à-dire à compter du jour de ladite réquisition d'alignement. »

193 — Quant à la hauteur des maisons et des combles dans Paris, elle a été fixée par la déclaration du 10 avril 1783 et les lettres patentes du 25 août 1784. L'application des dispositions de ces deux actes ayant soulevé de nombreuses difficultés d'interprétation, l'administration avait senti la nécessité de préciser toutes les règles de la matière dans un règlement nouveau. En conséquence, un arrêté du pouvoir exécutif, à la date du 15 juillet 1848, avait fixé dans un règlement général toutes les règles relatives à la hauteur des façades bordant la voie publique et en dehors de la voie publique, ainsi qu'à la hauteur des combles et à la disposition des lucarnes. Mais le conseil d'État, réuni en assemblée générale, ayant refusé de donner son approbation à cet arrêté (qu'on trouve cependant au *Bulletin des Lois*), par le motif qu'il n'appartient pas au pouvoir exécutif, mais au pouvoir législatif de prescrire des règles en cette matière et d'imposer des servitudes à la propriété, l'administration de l'intérieur a renoncé à poursuivre l'exécution de ce règlement, qui est resté comme non avenu. Partant de ce point, le conseil d'État a déclaré, malgré la disposition formelle de l'article 7 de ce règlement, qu'aucune loi ni aucun règlement obligatoire n'avait déterminé la hauteur des constructions ne joignant pas la voie publique, dans la ville de Paris[1]. Le décret du 26 mars 1852 avait annoncé qu'il

[1] Conseil d'État, 6 janvier 1853.

serait statué par un décret rendu dans la forme des règlements d'administration publique sur la hauteur des maisons, les combles et les lucarnes. Ce décret a été, en effet, rendu à la date du 27 juillet 1859. Mais comment le décret du 27 juillet 1859 peut-il avoir plus de force que l'arrêté du 15 juillet 1848 ? En ce que le décret du 26 mars 1852, qui en avait réservé l'émission par son article 7, a reçu lui-même force de loi de l'article final de la Constitution, comme tous les décrets rendus entre le 2 décembre et la réunion des grands corps de l'État.

Mais jusqu'à la promulgation du décret du 27 juillet 1859, la déclaration de 1783 et les lettres patentes de 1784, n'avaient pas cessé d'être en vigueur. Il a été fait application de leurs dispositions à la propriété parisienne, et les travaux qui ont été exécutés sous l'empire de ces règlements, ont été faits régulièrement. Il y a donc nécessité de rappeler ici les dispositions mêmes des règlements dont il s'agit, et de constater le sens que leur avaient donné la doctrine et la jurisprudence. Nous reviendrons ensuite au nouveau décret qui doit être observé désormais dans la construction des maisons à Paris.

194 — L'article 5 de la déclaration du 10 avril 1783, disposait en ces termes :

« La hauteur des maisons et bâtiments en la ville et fauxbourgs de Paris, autres que les édifices publics, sera et demeurera fixée, savoir : dans les rues de 30 pieds de largeur et au-dessus, à 60 pieds, lorsque les constructions seront faites en pierres et moellons, et à 48 pieds seulement, lorsqu'elles seront faites en pans de bois; dans les rues depuis 24 jusques et compris 29 pieds de largeur, à 48 pieds, et dans toutes les autres rues à 36 pieds seulement; le tout y compris les mansardes, attiques, toits et autres constructions quelconques au-dessus de l'entablement : ordonnons en conséquence que les maisons et bâtiments dont l'élévation excède celles ci-dessus fixées, y seront réduites lors de leur reconstruction. »

Les lettres patentes du 25 août 1784 sont ainsi conçues :

« Art. 1er. Ordonnons qu'à l'avenir, la hauteur des façades des maisons et bâtiments, en la ville et fauxbourgs de Paris, autres que celles des édifices publics, sera et demeurera fixée à raison de la largeur des différentes rues; savoir : dans les rues de 36 pieds de largeur et au-dessus, à 54 pieds; dans les rues depuis 24 jusques et y compris 29 pieds de largeur, à 45 pieds; et dans toutes celles au-dessous de 23 pieds de largeur, à 36 pieds; le tout mesuré du pavé des rues jusques et compris les corniches ou entablements. même les corniches des attiques, ainsi que la hauteur des étages en mansarde, qui tiendraient lieu desdits attiques ; voulons que les façades, ci-dessus fixées, ne puissent jamais être surmontées que d'un comble, lequel aura 10 pieds d'élévation, du dessus des corniches ou entablement, jusqu'à son faîte, pour les corps de logis simples en profondeur ; de 15 pieds pour les corps de logis doubles : défendons d'y contrevenir, sous quelque prétexte que ce soit, sous les peines portées par notre déclaration du 10 avril 1782.

« Art. 2. Permettons à tous propriétaires de maisons et bâtiments situés à l'encoignure de deux rues d'inégale largeur, de la reconstruire, en suivant, du côté de la rue la plus étroite, la hauteur fixée pour la rue la plus large, et ce, dans l'étendue seulement de la profondeur du corps de bâtiment ayant face sur la plus grande rue, soit que ledit corps de bâtiment soit simple ou double en profondeur, passé laquelle étendue, la partie restante de la maison ayant façade sur la rue la moins large sera assujettie aux hauteurs fixées par l'article précédent.

« Art. 3. Ordonnons, au surplus, que notre déclaration du 10 avril 1783 sera exécutée selon sa forme et teneur, en ce qui n'y est pas dérogé. »

195 — Ainsi qu'on le voit, par la comparaison des deux textes, les lettres patentes de 1784 avaient réduit les hauteurs assignées aux maisons par la déclaration de 1783. Le ministre de l'intérieur, voulant régler l'interprétation de ces textes, avait rendu, à la date du 29 février 1855, une décision aux termes de laquelle le maximum de hauteur des murs de face des maisons et bâtiments, dans la ville et les faubourgs de Paris, autres que les édifices publics, était fixé à raison de la largeur des différentes rues : pour les rues de 29 pieds (9^m 42) de largeur et au-dessus, à 54 pieds (17^m 54) ; pour les rues de 23 à 29 pieds (de 7^m 47 à 9^m 42) de largeur, à 45 pieds (14^m 62), et pour toutes les rues au-dessous de 23 pieds (7^m 47), à 36 pieds (11^m 69). Dans cette hauteur, il faut comprendre les attiques, les mansardes, les corniches ou entablements, et même les corniches des attiques[1].

196 — La déclaration de 1783 et les lettres patentes de 1784 ont donné lieu à une infinité de contestations sur lesquelles le conseil d'État a dû être appelé à statuer. L'ensemble des décisions qu'il a rendues constitue tout un corps de jurisprudence qu'il est important de connaître, puisqu'il révèle les diverses applications qui ont été faites de ces règlements dans la pratique des constructions de Paris, jusqu'à la promulgation du décret du 27 juillet 1859. Nous signalerons successivement les décisions qui ont été

[1] Daubanton, art. 174, et Dufour, tome VII.

rendues par le conseil d'État, en ce qui concerne : 1° la hauteur des maisons; 2° les combles, faîtages et mansardes; 3° les lucarnes ; 4° les attiques.

1° *Hauteur des maisons.* Un propriétaire ne peut élever sa maison à 17^m 54 (54 pieds) dans une rue dont la largeur n'est pas de 9^m 42 (29 pieds), bien qu'en face de sa maison cette largeur soit de plus de 29 pieds[1]; si le propriétaire condamné à la démolition et à l'amende pour avoir exhaussé le mur de face de sa maison de 74 centimètres au-dessus de la hauteur légale, n'a réellement excédé cette hauteur que de 42 centimètres, la contravention n'en existe pas moins, et dès lors, la condamnation doit être maintenue[2]; — a été justement condamné à la démolition le propriétaire dont la maison excède déjà la hauteur prescrite par les règlements, et qui a ajouté à l'ancienne surélévation un nouvel excédant de hauteur, bien que cette surélévation ait été faite derrière le mur de face sur l'alignement que devra avoir la maison quand elle sera abattue[3]; — doit être condamné à démolir le propriétaire qui, sans autorisation, a construit en pans de bois la façade de sa maison, et qui, en outre, a donné à sa maison une hauteur supérieure à celle qui est fixée par les règlements; vainement il soutiendrait qu'ayant élevé sa maison en retraite et sur l'alignement futur de la rue, il avait droit dès à présent à toute la hauteur qui lui serait permise lorsque la rue serait plus large[4];

Lorsque les maisons d'une rue sont susceptibles de recevoir une plus grande élévation par suite de l'élargissement futur de cette rue, un propriétaire ne peut élever derrière un mur de clôture des constructions à la hauteur à venir, à moins de réaliser l'alignement en démolissant ce même mur[5];

L'article 2 des lettres patentes de 1784, qui permet de reconstruire les bâtiments situés à l'encoignure de deux rues d'inégale largeur, en suivant du côté de la rue la plus étroite la hauteur fixée pour la rue la plus large, ne s'applique qu'au cas de reconstruction effectuée conformément à l'alignement adopté, et non lorsqu'il s'agit du simple rehaussement d'une maison non alignée[6];

La déclaration du roi du 10 avril 1783 et les lettres patentes

---

[1] Conseil d'Etat, 1er novembre 1826, Saint-Just.
[2] *Id.*, 26 octobre 1828, Bony.
[3] *Id.*, 8 juin 1832, Brajoux; 21 décembre 1837, Rollet.
[4] *Id.*, 25 octobre 1833, Lessorre.
[5] *Id.*, 21 décembre 1837, Piollet.
[6] *Id.*, 20 juillet 1836, Bourgoin, et 14 juillet 1837, Aubenet.

du 25 août 1784, qui limitent la hauteur des maisons, s'appliquent aux étages établis en retraite [1];

Quand une rue, d'après un nouveau plan d'alignement, doit être élargie de telle sorte que les maisons pourront être portées à une hauteur plus grande qu'auparavant, celles de ces maisons que le nouveau plan ne soumet pas au reculement, peuvent être portées à la nouvelle hauteur avant que la rue ait été élargie [2];

Le propriétaire qui, sans attendre l'adoption d'un nouveau projet d'alignement qui doit augmenter la largeur de la rue, construit sur l'ancien alignement, doit se conformer, pour la hauteur de la maison, à la largeur attribuée à la rue par cet ancien alignement, et s'il dépasse cette hauteur, il doit être condamné à la réduire, bien qu'elle se trouve proportionnelle à la nouvelle largeur attribuée à la rue par l'adoption de l'alignement nouveau [3];

Lorsqu'il est constaté qu'un particulier a excédé la hauteur qui lui avait été fixée pour construire conformément aux dispositions des lettres patentes du 25 août 1784, le conseil de préfecture a fait une juste application des règlements de voirie en ordonnant la démolition de la partie de la maison qui excède la hauteur légale, et, dans ce cas, l'amende encourue, aux termes de l'article 7 de la déclaration du 10 avril 1783, est une amende fixe de 2,000 fr. pour le propriétaire, et de 1,000 francs pour l'entrepreneur, les maîtres maçons, charpentiers et ouvriers qui ont exécuté les travaux [4];

Lorsqu'à un toit en appentis formant grenier et excédant la hauteur légale, a été substitué, derrière le dosseret d'une maison, un étage carré en menuiserie, qui dépasse lui-même la hauteur légale, il y a lieu d'en ordonner la démolition [5];

La construction d'une maison antérieurement à l'ordonnance qui autorise l'ouverture d'une rue bordant sa façade, et la saillie de son comble, ne constituent pas des contraventions de grande voirie [6];

Une construction élevée plus haut que ne le permettent les règlements ne constitue aucune contravention si le propriétaire

---

[1] Conseil d'Etat, 9 janvier 1843, Bracounot.
[2] Id., 3 février 1843, Deherain.
[3] Id., 30 juin 1843, Chaplain.
[4] Id., 14 juin 1837, Noël; 29 août 1845; de Chabannes, 18 août 1857, Payen et Pion. Mais ces amendes peuvent être modérées, en vertu de la loi du 23 mars 1842, jusqu'au minimum de 16 francs.
[5] Id., 3 juin 1858. Lesage, Hudron et Roy.
[6] Id., 31 janvier 1848, d'Écherny.

n'a fait que se conformer aux injonctions d'un agent de l'administration, avec lequel l'arrêté d'autorisation lui ordonnait de se concerter pour coordonner sa construction avec une maison contiguë [1];

La hauteur des maisons doit être mesurée, dans les rues déclives, du point milieu de la façade [2];

Les règlements qui fixent la hauteur des maisons, s'appliquent non-seulement aux constructions faisant partie du bâtiment, mais encore à celles qui y seraient superposées, et spécialement à une cage vitrée, pour daguerréotype, élevée sur terrasse, et s'y rattachant seulement par des pattes ou crochets en fer, et non par des scellements en plâtre [3];

2° *Combles, faîtages et mansardes.* Il y a contravention aux règlements sur la hauteur des maisons, alors même que la hauteur fixée par ces règlements n'a été dépassée que dans la construction des mansardes dépendant du comble [4];

Bien que la panne de brisis de l'étage en mansarde d'une maison fasse une légère saillie sur l'inclinaison d'un comble ordinaire à 45 degrés, dont le pied correspondrait au nu extérieur du mur de face, si cependant la saillie disparaît en portant l'inclinaison du comble jusqu'à la corniche, il n'y a pas de contravention, ce dernier mode n'étant pas interdit par les lois des bâtiments [5];

Lorsqu'un propriétaire construit plusieurs corps de logis dont un se trouve sur la rue, c'est la largeur de ce dernier qui doit déterminer la hauteur de tous les combles; en conséquence, il y a contravention si la hauteur des combles des logis situés sur la cour est fixée d'après la largeur donnée à chacun d'eux; mais si ces combles peuvent subsister dans leur état actuel sans inconvénient pour la salubrité publique, la démolition peut n'en être pas ordonnée [6];

Les étages ménagés dans les combles des maisons dont les façades ont toute la hauteur permise, ne peuvent être construits en maçonnerie, mais seulement en pans de bois et en plâtre [7];

Lorsqu'un propriétaire a établi derrière le mur de face de sa

---

[1] Conseil d'État. 21 décembre 1850, Paillard; 29 novembre 1851, Lamory.
[2] *Id.*, 22 juin 1850, Ternaux-Compans; 9 août 1851, Odiot; 13 août 1853, Philippon de la Madeleine.
[3] *Id.*, 10 septembre 1855, Leprou.
[4] *Id.*, 10 janvier 1827, Duffaut.
[5] *Id.*, 18 juillet 1827, Pothenot et Arson.
[6] *Id.*, 18 février 1829, Chabannes.
[7] *Id.*, 22 août 1834, Catherein.

maison, qui n'est qu'un simple masque, un étage carré substitué à des mansardes qui existaient précédemment, et que ces constructions, exécutées sans autorisation, ont porté l'élévation de la maison au-dessus de la hauteur fixée par les règlements, il doit être condamné à la démolition et à l'amende [1];

Quand il a été enjoint à un propriétaire de circonscrire, dans la ligne rampante de l'ancien comble, les constructions qu'il demandait la permission de faire au-dessus de sa maison, sujette à reculement, il y a lieu d'ordonner la démolition des constructions faites en contravention, c'est-à-dire qui excèdent la ligne fixe [2];

Lorsqu'un propriétaire a fait couvrir, sans autorisation préalable, la maison qu'il possède d'un comble circulaire excédant la hauteur fixée par les règlements, et qu'à raison de ce fait un arrêté du conseil de préfecture est intervenu et a condamné à l'amende et à la démolition des constructions, cet arrêté, quant à la démolition, peut être rapporté si le propriétaire obtient du ministre l'autorisation que le conseil de préfecture lui avait refusée [3];

Les lettres patentes du 25 août 1784 fixant à 15 pieds la plus grande élévation des combles des bâtiments, un propriétaire et un entrepreneur ne peuvent, sans contravention, donner aux combles une hauteur de 19 pieds; vainement exciperaient-ils de l'ancien usage d'après lequel l'administration tolérait qu'il fût donné aux combles une hauteur égale à la moitié de la largeur des bâtiments, si le bâtiment est terminé par un toit circulaire au lieu de l'être par un toit à deux plans formant angle droit au sommet [4];

La ligne rampante à inclinaison de 45 degrés, dans laquelle les combles des maisons doivent être inscrits d'après les règlements, peut être tirée, non du nu extérieur du mur de face, mais de l'extrémité de la corniche, et lorsqu'une corniche n'a pas toute la saillie que permettent les règlements, le propriétaire n'est pas fondé à prétendre que la ligne rampante doit être tirée du point jusqu'auquel cette saillie aurait pu être portée [5];

Le propriétaire qui a obtenu la permission d'établir un comble

---

[1] Conseil d'Etat, 10 juillet 1835, Jomeau.
[2] Id., 20 février 1835, Goyon. Mais l'administration permet, en dehors du rampant à 45 degrés, l'établissement de combles soit circulaires, soit brisés, pour les maisons situées sur les boulevards, les quais, les places publiques et les rues dont la largeur est au moins de 60 pieds. (Daubanton, *Code de la voirie*, article 75, page 103, et Dufour, tome VII, n° 581.)
[3] Id., 5 décembre 1839, Maisonneuve.
[4] Id., 14 juillet 1827, Hanquet, et 16 juillet 1840, Périleux.
[5] Id., 23 juillet 1841, Esnault.

circulaire sur une maison ayant face sur deux rues, à la condition que du côté de la rue la plus étroite le comble en quart de cercle s'arrêterait à la rencontre du premier mur de refend, et qui ne s'y est pas conformé, peut être condamné à la démolition et à l'amende [1];

Lorsque la hauteur du faîtage d'une maison est composée d'un corps de bâtiment principal donnant sur la rue et de deux ailes faisant retour du côté de la cour, la hauteur doit être calculée en raison de la profondeur du corps de bâtiment, et non en raison du développement des ailes [2];

Le propriétaire et l'entrepreneur qui font exécuter, sans autorisation, au-dessus et en retraite du mur de face d'une maison, lequel excède la hauteur déterminée par les lettres patentes du 25 août 1784, des travaux par lesquels ils substituent à l'ancien comble deux étages carrés compris dans le même périmètre que dans ledit comble, contreviennent aux dispositions des lettres patentes précitées, et encourent l'amende qu'elles prononcent; mais la démolition des travaux peut, en raison des circonstances, n'être pas ordonnée [3];

La hauteur de la façade et des combles des maisons, du côté de la cour, ne doit pas dépasser la hauteur légale du faîtage [4];

Le conseil d'État peut, d'après les circonstances, déclarer qu'il n'y a pas lieu d'ordonner la démolition des murs de face ou faîtages construits trop haut [5];

Il n'y a pas lieu d'ordonner la démolition du faîtage et des combles d'une maison dont le mur de face, mesuré suivant une ligne verticale élevée à l'alignement, n'excède pas la hauteur légale, alors que lesdites constructions ne dépassent pas le périmètre déterminé par cette ligne et par celle de l'inclinaison du comble établie à partir du sommet de ladite ligne verticale [6];

Si l'arrêté qui autorise la construction, fixe la hauteur des têtes de cheminées, et si cette hauteur n'a pas été dépassée, il n'y a pas contravention, alors même que ladite hauteur excéderait celle du faîtage [7];

La hauteur du faîtage d'une maison n'est point limitée à quinze

---

[1] Conseil d'Etat, 30 août 1843, Pontheu.
[2] *Id.*, 9 décembre 1845, Chevalier.
[3] *Id.*, 18 novembre 1846, Enghenard et Mignoton.
[4] *Id.*, 12 janvier 1850, Mequignon et Barbier.
[5] *Id.*, 26 mars 1850, Defly et Potonié.
[6] *Id.*, 23 novembre 1850, Auffroy.
[7] *Id.*, 28 décembre 1850, Messageries nationales.

pieds, suivant les lettres patentes du 24 août 1784; elle peut être égale à la moitié de l'épaisseur du corps de bâtiment, quel que soit le nombre de mètres occupé par cette moitié, conformément à la modification apportée aux dites lettres patentes par le parlement de Paris, lors de leur enregistrement [1];

Lorsque le faîtage d'une maison comporte des hauteurs différentes, à raison de la situation de cette maison à l'angle de deux rues d'inégales largeurs, on ne peut donner à toutes les parties de ce faîtage une hauteur moyenne, en compensant les différences [2];

3° *Lucarnes.* Aucune loi n'autorisant le préfet de la Seine à déterminer l'intervalle qui doit exister entre les lucarnes des maisons, ni la forme à donner aux dites lucarnes, l'inexécution de l'arrêté qui fixe cet intervalle et cette forme ne constitue pas une contravention [3];

Néanmoins, les lucarnes ne peuvent excéder, en aucun cas, la hauteur déterminée pour le faîtage lui-même par les lettres patentes du 25 août 1784, c'est-à-dire la moitié de l'épaisseur des bâtiments, soit simples, soit doubles en profondeur, et le conseil peut ordonner la démolition de l'excédant de hauteur [4];

Les lucarnes qui ne forment pas attique peuvent avoir telle hauteur ou telle dimension qu'il plaît au constructeur de leur donner, pourvu qu'elles n'excèdent pas la hauteur du faîtage [5];

4° *Attiques.* On ne peut considérer comme un attique ou étage complet trois lucarnes séparées par le rampant du comble, bien que ces ouvrages semblent avoir eu pour objet d'éluder en partie les mesures de police adoptées dans l'intérêt public [6];

Les règlements sur la voirie, à Paris, prohibant les attiques au-dessus des maisons qui ont déjà atteint la hauteur prescrite, il y a lieu d'ordonner la démolition d'une sablière qui lie entre elles le haut des lucarnes pour leur donner la forme d'un attique; il n'en est pas de même des lucarnes et d'un mur en retraite situé au-dessus de ces lucarnes et sous le plan d'inclinaison de la tenture [7];

[1] Conseil d'Etat, 9 décembre 1845, Chevalier; 23 décembre 1845, Pouillet; 26 mars 1850. Defly et Potenié; 13 août 1852, Pouillet et Lelièvre.
[2] *Id.*, 18 novembre 1852, Vallet-Cornier.
[3] *Id.*, 1er juin 1849, Palerma; 16 mars 1850, Carlier; 13 août 1852, Pouillet et Lelièvre. Voyez le décret du 27 juillet 1859, art. 12.
[4] *Id.*, 16 mars 1850, Poincelet; 28 décembre 1850, Messageries nationales; 21 mai 1852, Divier.
[5] *Id.*, 28 décembre 1850, Messageries nationales.
[6] *Id.*, 19 fév. 1833, ministre de l'intérieur C. de Courbonne.
[7] *Id.*, 24 mai 1836, Jullien.

Un propriétaire ne peut faire établir sur un des côtés de la maison, excédant déjà la hauteur fixée par les règlements, une lucarne en charpente formant attique[1];

Lorsque la hauteur de la façade en maçonnerie d'une maison a déjà été portée au delà de la limite légale, les étages en attique et en retraite au-dessus de l'entablement ne peuvent être construits en pierre, quelles que soient l'épaisseur et la qualité du mur qui les supporterait; ils doivent être construits en pans de bois[2];

Il y a contravention à la déclaration du 10 avril 1783 de la part du propriétaire qui, après avoir détruit l'ancienne toiture de sa maison, qui excédait la hauteur légale, l'a remplacée par deux étages en attique en dehors de la ligne rampante d'un comble à 45 degrés, et les constructions doivent être démolies[3];

Quand des lucarnes élevées à plomb du mur de face ont une largeur qui excède celle généralement usitée, elles doivent être considérées comme un étage en attique et comprises dans le mesurage de la hauteur de la maison[4];

Un attique en brique doit être considéré comme faisant partie non du comble, mais de la façade, et, par conséquent, si cet attique dépasse, pour le tout ou pour partie, la hauteur à laquelle la façade peut être élevée, il y a contravention[5];

Pareillement, des constructions en plâtre formant attique, lors même qu'elles ne sont élevées qu'aux deux extrémités de la façade, doivent être considérées comme faisant partie de cette façade[6];

197 — Nous l'avons déjà dit (n° 193), le décret du 27 juillet 1859 a réglementé en dernier lieu la hauteur des bâtiments, les combles et les lucarnes, dans la ville de Paris. C'est donc aux dispositions de ce décret que se trouvent soumises les nouvelles constructions ou reconstructions, depuis sa promulgation[7].

198 — Tout ce qui concerne les constructions provisoires et les échoppes est réglé par les articles 11 et 12 de l'ordonnance royale du 24 décembre 1823[8].

199 — Une déclaration du roi du 16 janvier 1693 a fait défense

---

[1] Conseil d'État, 14 juin 1837, Aubenet.
[2] Id., 22 août 1834, Cathrein; 14 juin 1837, Aubenet.
[3] Id., 16 juillet 1840, Périllieux et Richard.
[4] Id., 23 juillet 1841, Ernault.
[5] Id., 25 avril 1843, Lavallée.
[6] Id., 1er juin 1843, Née.
[7] Appendice, n° 28.
[8] Appendice, n° 29. — Voyez à cet égard les n°s 208 et 209 ci-après.

à tous particuliers, maçons et ouvriers d'élever aucun pan de bois sans une permission de l'administration. Cette déclaration est toujours en vigueur, et le conseil d'État en a fait plusieurs fois l'application. Il a décidé que le propriétaire qui, sans autorisation, a fait élever sur sa maison deux étages en pans de bois, doit être condamné à supprimer les étages et à payer une amende de 300 francs [1]. L'administration n'a point à tenir compte des jugements qui ont pu être rendus sur le fait même des constructions non autorisées entre le propriétaire et le locataire. Lors donc qu'un locataire a construit antérieurement à la permission de l'autorité administrative et a contrevenu, en outre, à cette permission qui n'autorisait que de légères réparations et aux règlements qui interdisent de construire les façades sur rue en pans de bois, c'est le propriétaire qui doit être condamné à démolir et à qui doit être imposée l'amende encourue [2].

200 — Quelques auteurs ont fait une distinction entre les saillies fixes, comme les pilastres, les entablements, les balcons — et les saillies qui, bien qu'ayant par elles-mêmes une certaine fixité, ne font pas corps avec les constructions, telles que les échoppes, les auvents, les étalages et toutes les saillies de cette espèce. Les premières appartiennent à la grande voirie; les secondes à la petite voirie. Cette classification, dit M. Davenne, est fondée sans doute sur ce que les premières, une fois établies conformément aux conditions prescrites, n'intéressant point la viabilité des rues, présentent une solidité qui dispense de toute surveillance ultérieure; tandis que les secondes, pouvant, par leur chute ou par l'excès de leurs dimensions, compromettre la sûreté publique ou gêner la circulation, appellent plus particulièrement l'attention de l'autorité, et, sous ce rapport, doivent être soumises à l'action de la police.

Au surplus, depuis le décret du 10 octobre 1859, qui a réuni la grande et la petite voirie dans les mains du préfet de la Seine, cette distinction n'a plus d'importance que sous le rapport de la juridiction appelée à connaître des contraventions en cette matière, d'après ce que nous avons dit sous le n° 165.

La dimension des saillies sur la voie publique a été réglée par l'ordonnance royale du 24 décembre 1823 [3].

Bien que cette ordonnance parle de saillies fixes et de saillies

[1] Conseil d'Etat, 9 novembre 1836, Ballu, et 12 juillet 1837, Délireux.
[2] *Id.*, 2 août 1826, Dunoux, et 5 décembre 1834, Lesieur.
[3] Appendice, n° 29.

mobiles, il ne faudrait cependant pas s'attacher aux indications qu'elle renferme à cet égard pour déterminer en cette matière la compétence du conseil de préfecture et celle du tribunal de simple police. L'ordonnance de 1823 n'a eu pour objet, ainsi que l'énonce son préambule, que de prévenir les accidents par une réglementation des saillies; elle n'a entendu rien changer à ce qui avait été antérieurement arrêté sous le rapport de la compétence spéciale des deux tribunaux. Or, c'est le décret du 27 octobre 1808 qui a déterminé, parmi les objets de voirie, les saillies qui sont de la grande et de la petite voirie. C'est à la classification établie par ce décret pour la perception des droits de grande et de petite voirie qu'il convient surtout de recourir pour savoir si, en cas de contravention, doit être saisi le conseil de préfecture ou le tribunal de simple police [1].

Les permissions pour l'établissement des saillies de grande voirie sont délivrées par le préfet de la Seine, après la visite et l'inspection d'un commissaire voyer.

201 — L'article 681 du Code civil, qui reconnaît au riverain le droit de verser les eaux pluviales sur la voie publique, a laissé aux règlements administratifs le soin de prescrire les moyens à employer pour l'écoulement de ces eaux. Mais comme tout ce qui concerne l'écoulement des eaux par la voie publique, et spécialement les eaux pluviales et ménagères, ainsi que les eaux des latrines, est du domaine de la petite voirie, nous renvoyons à ce mot pour les développements sur ce point. (*Voyez* n° 215.)

Pour les gouttières et les éviers, qui rentrent également dans la petite voirie, voyez les articles 19 et 23 de l'ordonnance royale du 24 décembre 1823 [2].

202 — D'après un arrêt du conseil du 22 mai 1725, il est interdit à tous propriétaires, architectes et maçons de poser aucun seuil de porte plus bas ni plus haut que le niveau de pente du pavé des rues, sous peine d'être obligés de rétablir le seuil et d'être condamnés à une amende de 50 francs. Lorsque les rues ne sont pas pavées, on doit s'adresser au préfet de la Seine, afin qu'il fasse indiquer par ses agents le niveau de pente suivant lequel les seuils doivent être posés [3].

203 — Il est défendu de faire creuser des caves sous les rues, sous peine de 300 livres d'amende et de destruction des caves.

---

[1] Voyez n° 166.
[2] Appendice, n° 29.
[3] Voyez pour le nivellement, n°.170.

L'amende est prononcée tant contre les propriétaires que contre les entrepreneurs et ouvriers [1].

204 — Les façades des maisons doivent être constamment tenues en bon état de propreté. Elles doivent être grattées, repeintes ou badigeonnées, au moins une fois tous les dix ans, sur l'injonction qui en est faite au propriétaire par l'autorité municipale. — Les contraventions sont passibles d'une amende qui ne peut excéder 100 francs [2].

205 — Il est perçu des droits pour les délivrances d'alignements, permissions de construire ou réparer, établissements de saillies, et autres permis qui se requièrent en grande ou en petite voirie.

La perception de ces droits est faite à la préfecture de la Seine, pour les objets de grande et de petite voirie, à l'instant même où les permis sont délivrés. (Décret du 27 octobre 1808, art. 2.)

Ces droits sont réglés, pour les différents objets de voirie, par le décret du 27 octobre 1808. La nomenclature donnée par ce décret a une importance toute particulière, car elle détermine les objets qui sont classés, soit dans la grande voirie, soit dans la petite.

En traitant de la petite voirie, nous rapporterons la nomenclature des objets de petite voirie qui donnent également lieu à la perception d'un droit, d'après le décret du 27 octobre 1808. Voici celle des objets de grande voirie, telle qu'elle est établie par le même décret :

Alignements, pour chaque mètre de longueur de face, savoir : d'un bâtiment dans une rue de moins de 8 mètres de large.	5 fr.	» c.
De 8 mètres jusqu'à 10	6	»
De 10 et au-dessus	7	»
D'un mur de clôture	1	»
D'une clôture provisoire en planches	»	25
Réparations partielles. (*Voy.* Jambe étrière, pied-droit, etc.)		
Avant-corps en pierre, et pilastre (*voy.* Colonnes), droit fixe pour chaque	10	»
Balcon (petit), avec construction nouvelle, pour chaque croisée	5	»
Balcon (grand), pour chaque mètre de longueur	10	»
Barrière au-devant des fouilles, cours, constructions et réparations	5	»

[1] Edit de décembre 1607 et ordonnance des trésoriers de France du 4 septembre 1778.
[2] Décret du 26 mars 1852, art. 3.

Bâtiments. (*Voy.* Alignements.)
Colonnes engagées en pierre, formant support, droit fixe pour chaque 5 centimètres de saillie en pierre. (*Rien, attendu qu'on ne permettra pas de prendre sur la voie publique.*)
Colonnes isolées, en pierre, droit fixe. (*Même observation qu'à l'article précédent.*)

Contre-fiches pour constructions et réparations, droit fixe.	5	»
Dosserets, droit fixe.	10	»
Encorbellement, pour chaque 5 centimètres de saillie.	5	»
Entablement avec échafaud, droit fixe.	10	»
Id. en partie.	5	»
Étais ou étrésillons. (*Voy.* Contre-fiches.)	5	»
Exhaussement d'un bâtiment aligné, droit fixe.	10	»
Id. d'un bâtiment non aligné. (*Voy.* Alignements.)		
Jambe étrière, reconstruite en la face d'une maison alignée, droit fixe.	10	»
Id. à reconstruire suivant l'alignement. (*Voy.* Alignements.)		
Linteau.	10	»
Mur. (*Voy.* Alignements.)		
Ouverture ou percement de boutiques ou croisées.	10	»
Pans de bois neuf, droit fixe, non compris l'alignement.	20	»
Id. pour rétablissement partiel, droit fixe.	10	»
Pied-droit à reconstruire en la face d'une maison alignée, droit fixe.	10	»
Id. à reconstruire suivant l'alignement. (*Voy.* Alignements.)		
Pilastres en pierre. (*Voy.* Colonnes.)		
Poitrail, droit fixe.	10	»
Poteaux en charpente, *id.* [1]	10	»

---

[1] Il y a ici, dans le texte officiel, une omission que nous avons réparée; il porte, en effet, cette seule indication : *Idem*.... 10 *fr.*, ce qui ne signifie rien et atteste une lacune. Voici comment se justifie notre rectification. Le projet du décret du 27 octobre 1808 portait d'abord ce qui suit :

>   Poitrail, droit fixe............   10 fr.
>   Portes (*Voy.* ouvertures de boutiques).
>   Poteaux en charpente, droit fixe...... 10 »

A une rédaction nouvelle, le second alinéa fut supprimé, comme faisant double emploi avec les *ouvertures de boutiques*, et les mots *droit fixe*, du troisième alinéa, furent remplacés par *idem*, pour éviter la répétition qui résultait de leur rapprochement avec le premier alinéa, de sorte que la rédaction fut alors celle-ci :

>   Poitrail, droit fixe............   10 fr.
>   Poteaux en charpente, *id*............   10 »

Il demeure alors évident que les mots : *poteaux en charpente* ont été ou-

Réparations en la face d'un bâtiment. (*Voy.* Alignements.)
Ravalement avec échafaud, droit fixe.................. 10 »
Id. partiel...................................... 5 »
Tour creuse ou enfoncement......................... 10 »
Tour ronde, ne sera plus autorisée................... *Mémoire.*
Trumeaux à reconstruire en la face d'une maison alignée, droit fixe....................................... 10 »
Id. à reconstruire suivant l'alignement. (*Voy.* Alignements.*

Il ne peut être rien perçu en sus des droits portés au tarif ou pour autres causes que celles qui y sont énoncées, même sous prétexte de droit de quittance, frais de timbre ou autres, à peine de concussion. (Décret du 27 octobre 1808, art. 7.)

206 — Toutes les contraventions de grande voirie rentrent dans la compétence du conseil de préfecture. Pour savoir si la contravention commise est ou non une contravention de grande voirie, on doit rechercher si l'infraction se rattache à un des objets compris dans la grande ou la petite voirie parisienne, conformément aux distinctions que nous avons établies sous les n°s 166, 200 et 205. Nulle difficulté ne saurait s'offrir lorsque l'objet du litige est nettement classé dans telle ou telle catégorie. Mais il peut se présenter des situations complexes. Ainsi, les grands balcons constituent des objets de grande voirie, et sont au nombre des choses sur lesquelles s'étend l'autorité du préfet de la Seine ; les balcons de cette espèce ne peuvent être posés sans la permission de ce fonctionnaire. Mais nous avons vu également que le préfet de police doit toujours être consulté sur l'établissement de ces balcons, aux termes de l'art. 10 de l'ordonnance royale du 24 décembre 1823, en ce qu'ils intéressent la sûreté de la voie publique[1]. D'un autre côté, l'art. 471, n° 6, du Code pénal défend d'exposer au devant des édifices des choses de nature à nuire par leur chute. Si le balcon est mal posé, à qui appartiendra-t-il de poursuivre l'infraction ? Nous répondrons : au préfet de la Seine et au préfet de police, chacun en ce qui le concerne, car il peut y avoir dans l'espèce une double contravention : contravention aux règlements de la grande voirie, si le balcon excède, par exemple, les dimensions voulues ; contravention aux règlements

---

bliés dans la copie livrée à l'impression ou omis dans la composition de l'imprimerie. Nous n'insistons que parce qu'il s'agit de la perception d'un droit et que toute perception doit être formellement autorisée par la loi.

[1] Voyez n° 200.

de police, s'il est posé de manière à pouvoir nuire par sa chute. En conséquence, poursuivre le contrevenant tout à la fois devant le conseil de préfecture et devant le tribunal de simple police, ce ne sera pas blesser la règle *non bis in idem*, puisqu'il aura été commis deux contraventions distinctes, relevant de deux ordres de faits différents [1]. Si, au contraire, le balcon, solidement établi, est fait en dehors des règles prescrites par les règlements de grande voirie, le conseil de préfecture seul devra connaître de l'infraction.

Le conseil de préfecture, appelé par la loi du 28 pluviôse an VIII à prononcer sur les difficultés en matière de grande voirie, est d'ailleurs, par cette seule attribution, investi du droit de faire tous les actes préparatoires nécessaires pour éclairer sa religion. En conséquence, il lui appartient de prescrire, au besoin, qu'il sera procédé par trois experts à la reconnaissance des travaux litigieux, à l'effet de s'assurer s'ils réconfortent une construction sujette à reculement [2].

Les contraventions de grande voirie sont constatées par des commissaires voyers. Le conseil d'État a décidé que si ces commissaires n'ont pas reçu le pouvoir de dresser des procès-verbaux faisant foi jusqu'à inscription de faux, ils peuvent, comme agents de l'administration, faire sur les contraventions en matière de grande voirie des rapports qui font foi, jusqu'à preuve contraire, lorsqu'ils sont vérifiés et approuvés par l'administration supérieure, et que ces procès-verbaux sont dispensés de la formalité de l'affirmation [3]. Mais, en matière de petite voirie et de contraventions de simple police, le pouvoir de ces commissaires voyers pourrait être sérieusement contesté, la loi ayant indiqué les seuls agents de la police judiciaire qui aient le droit de verbaliser, en pareil cas, sans y comprendre les commissaires voyers [4].

La preuve contraire étant réservée au contrevenant devant le conseil de préfecture, le propriétaire poursuivi à raison de travaux confortatifs faits à une maison sujette à reculement peut donc être admis à discuter les faits relatifs à la prétendue contravention [5].

Le préfet de la Seine n'a pas qualité pour se pourvoir devant le conseil d'État, au nom de la ville de Paris, contre les arrêtés du

---

[1] Voyez dans ce sens l'arrêt du conseil d'État du 1er juin 1843, Ponant.
[2] Conseil d'Etat, 18 janvier 1831, d'Herbercq.
[3] Conseil d'Etat, 5 septembre 1836, Husbrocq, et 16 juillet 1840, Perilleux et Richard.
[4] Voy. ce que nous avons dit à ce sujet dans *le Corps municipal*, p. 510.
[5] Conseil d'Etat, 8 juin et 20 juillet 1832.

conseil de préfecture statuant sur des contraventions de grande voirie [1] ; de même, il n'a point le droit d'intervention en cette matière [2]. A plus forte raison, la ville de Paris ne saurait-elle être condamnée aux dépens dans une instance relative à des contraventions de grande voirie, si elle n'est pas partie en la cause [3].

207 — Un décret du 13 août 1854 a prescrit des mesures spéciales pour la construction et la décoration extérieure des maisons sur les terrains bordant la place de l'Étoile et les parties latérales de la route départementale n° 4, entre la place de l'Étoile et la porte Dauphine du bois de Boulogne.

Aux termes de ce même décret, aucun genre de commerce ou d'industrie ne peut être exercé sur les terrains provenant du promenoir de Chaillot compris entre la place et la rue circulaire, et sur tous ceux qui ont pu être achetés par la ville de Paris dans les mêmes limites, si ce n'est en vertu d'une autorisation du préfet de la Seine, qui en détermine les conditions pour chaque cas. Ces autorisations sont toujours révocables.

[1] Conseil d'État, 23 et 30 juin 1846.
[2] Id., 1er décembre 1855.
[3] Id., 22 juin 1850.

CHAPITRE II.

DE LA PETITE VOIRIE.

208 — Nouvelles attributions du préfet de la Seine en matière de petite voirie.
209 — Droits réservés au préfet de police par le décret du 10 octobre 1859.
210 — Droits maintenus au préfet de police d'après l'arrêté du 12 messidor an VIII.
211 — Pouvoir réglementaire des deux préfets en cette matière.
212 — Contraventions de petite voirie.
213 — Balayage et arrosement.
214 — Eclairage et chauffage au gaz.
215 — Eaux pluviales et ménagères.
216 — Bâtiments menaçant ruine.
217 — Saillies en matière de petite voirie.
218 — Droits de petite voirie.

208 — Le décret du 10 octobre 1859 dispose qu'à l'avenir les attributions du préfet de la Seine comprendront, en outre de celles qui lui sont dès à présent conférées, « la petite voirie, telle qu'elle est définie par l'article 21 de l'arrêté du 12 messidor an VIII. »

Or, cet article 21 de l'arrêté du 12 messidor est ainsi conçu :

« Article 21. Le préfet de police sera chargé de tout ce qui a rapport à la petite voirie, sauf le recours au ministre de l'intérieur contre ses décisions.

« Il aura à cet effet, sous ses ordres, un commissaire chargé de surveiller, permettre ou défendre :

« L'ouverture des boutiques, étaux de boucherie et de charcuterie ;

« L'établissement des auvents ou constructions du même genre qui prennent sur la voie publique ;

« L'établissement des échoppes ou étalages mobiles ;

« D'ordonner la démolition ou réparation des bâtiments menaçant ruine. »

Le décret du 10 octobre a encore transporté dans les attributions du préfet de la Seine les objets suivants, empruntés à d'autres dispositions de l'arrêté du 12 messidor sur la petite voirie ou la police municipale, savoir :

1° L'éclairage, le balayage, l'arrosage de la voie publique, l'enlèvement des boues, neiges et glaces ;

2° Le curage des égouts et les fosses d'aisances ;

3° Les permissions pour établissements sur la rivière, les canaux et les ports ;

4° Les traités et tarifs concernant les voitures publiques et la concession des lieux de stationnement de ces voitures et de celles qui servent à l'approvisionnement des halles et marchés.

209 — Le même décret ajoute, toutefois, que lorsque les baux, marchés et adjudications relatifs aux services administratifs de la ville de Paris, intéresseront la circulation, l'entretien, l'éclairage de la voie publique et la salubrité, ils devront, avant d'être présentés au conseil municipal, être soumis à l'appréciation du préfet de police, et, en cas de dissentiment, transmis avec ses observations au ministre de l'intérieur, qui prononcera ; — que les marchés et adjudications relatifs aux services spéciaux de la préfecture de police continueront à être passés par le préfet de police.

D'après l'article 2 du même décret, le préfet de police continuera de veiller à ce que personne n'altère ou dégrade les monuments et édifices publics appartenant à l'État ou à la cité, et pourra requérir, quand il y aura lieu, les réparations et l'entretien des corps de garde de l'armée et des pompiers, des pompes, machines et ustensiles ; des halles et marchés ; des voiries et égouts ; des fontaines, regards, aqueducs, conduits, pompes à feu et autres ; des murs de clôture ; des carrières sous la ville et hors les murs ; des ports, quais, abreuvoirs, bords, francs-bords, puisoirs, gares, estacades, et des établissements et machines placés près de la rivière pour porter secours aux noyés ; de la Bourse ; des temples ou églises destinés aux cultes.

Si les indications et réquisitions du préfet de police ne sont pas suivies d'effet, il peut en référer au ministre compétent. Dans les mêmes cas, si le préfet de police fait opposition à l'exécution de travaux pouvant gêner la circulation, ils ne peuvent être commencés ou continués qu'en vertu de l'autorisation du ministre compétent.

D'après l'article 3 du même décret, le préfet de la Seine ne peut proposer au conseil municipal la concession d'aucun emplacement d'échoppe ou d'étalage fixe ou mobile, ni d'aucun lieu de stationnement de voitures sur la voie publique, et il ne peut délivrer d'autorisation concernant les établissements sur la rivière, les canaux et leurs dépendances, qu'après avoir pris l'avis du préfet de police. En cas d'opposition de ce magistrat, il ne peut être passé outre qu'en vertu d'une décision du ministre compétent.

Enfin, d'après l'article 4 du décret du 10 octobre, dans les circonstances motivant la concession de permissions d'étalage sur la voie publique, d'une durée moindre de quinze jours, ces permissions peuvent être accordées exceptionnellement par le préfet de police, après avoir pris l'avis du préfet de la Seine.

210 — Telle est la part faite au préfet de la Seine, par le décret du 10 octobre, en ce qui concerne la petite voirie. Si l'on rapproche les dispositions du décret du 10 octobre 1859 de celles de l'arrêté du 12 messidor an VIII, on voit que le préfet de police, aux termes des articles 22 et 23 de ce dernier arrêté, reste encore chargé, en cette matière, du soin : 1° de procurer la liberté et la sûreté de la voie publique, et, à cet effet, d'empêcher que personne n'y commette de dégradations ; d'empêcher qu'on expose rien sur les toits ou fenêtres qui puisse blesser les passants en tombant ; de faire observer les règlements sur l'établissement des conduits pour les eaux de pluie et les gouttières ; d'assurer la salubrité de la cité, en empêchant qu'on ne jette ou dépose dans les rues aucune substance malsaine.

On voit qu'il existe encore sur ces divers points des conflits possibles entre les deux préfectures et que le décret du 10 octobre 1859 n'a pas assez nettement circonscrit la matière qu'il entendait placer dans le ressort de la préfecture de la Seine. Pourquoi, par exemple, laisser à la préfecture de police l'exécution des règlements sur l'établissement des conduits pour les eaux pluviales et ménagères, lesquelles doivent être dirigées dans les égouts, qui sont dans les attributions de la préfecture de la Seine ?...

211 — Dans l'exercice des pouvoirs qui leur sont respectivement confiés en matière de petite voirie, le préfet de la Seine et le préfet de police ont le droit de prendre des arrêtés en se conformant aux lois de la matière. Ces arrêtés peuvent être attaqués devant le ministre de l'intérieur, à qui est réservé un droit de réformation. Ils peuvent même être déférés au conseil d'État par la voie contentieuse, lorsqu'ils contiennent un excès de pouvoir. Le recours au ministre n'est soumis à aucun délai ; le pourvoi au conseil d'État doit être formé dans les trois mois de la notification de l'arrêté.

212 — Les infractions aux arrêtés pris en cette matière constituent des contraventions de simple police et sont déférées, conformément à l'article 471, numéros 4, 5, 6, 7 et 15 du Code pénal, au tribunal de simple police [1]. Le juge de simple police est autorisé à vérifier la légalité des arrêtés pris par les deux préfets, et à refuser d'en faire application, lorsqu'il reconnaît qu'ils contiennent un excès de pouvoir. Les contraventions sont constatées par les officiers et agents de la police municipale [2].

213 — Le nettoiement de Paris comprend trois parties distinctes, le nettoiement à la charge des particuliers, le nettoiement à la charge de la ville et le nettoiement à la charge de l'État.

En ce qui concerne les particuliers, l'ordonnance de police du 1er septembre 1853 indique les mesures qui leur sont prescrites : les propriétaires ou locataires sont tenus de faire balayer complétement, chaque jour, la voie publique au devant de leurs maisons, boutiques, cours, jardins et autres emplacements. Le balayage est dû, jusqu'aux ruisseaux, dans les rues à chaussée fendue; jusqu'au milieu de la chaussée, dans les rues à chaussée bombée et sur les quais; jusqu'aux ruisseaux des chaussées sur les contre-allées des boulevards. Le balayage est fait entre cinq et six heures du matin, depuis le 1er avril jusqu'au 30 septembre, et entre six et sept heures du matin, depuis le 1er octobre jusqu'au 31 mars. En cas d'inexécution, le balayage est fait d'office aux frais des propriétaires ou locataires. Les propriétaires ou locataires sont encore tenus : 1° de faire gratter, laver et balayer chaque jour les trottoirs existant au devant de leurs propriétés ainsi que les bordures de ces trottoirs, ce qui s'applique aux dalles établies dans les contre-allées des boulevards; 2° de faire nettoyer intérieurement et dégager les gargouilles placées sous les trottoirs des rues et sous les dallages des boulevards, de toutes ordures; 3° de tenir libre le cours du ruisseau au devant des maisons, dans les rues à chaussée bombée, et d'y pourvoir conjointement avec le propriétaire ou le locataire qui leur font face, dans les rues à chaussée fendue.

Lorsque des travaux de pavage ont été exécutés, le balayage quotidien est suspendu sur les parties de la voie publique où les travaux ont été opérés. Il n'est repris que sur l'avis des agents de

---

[1] Pour l'organisation du tribunal de simple police, voyez le *Corps municipal*, p. 489 et suiv.

[2] En ce qui concerne la force probante des procès-verbaux, voyez le *Corps municipal*, p. 510.

l'administration, quinze jours après l'achèvement des travaux, pour le pavage neuf et les relevés à bout, c'est-à-dire les pavages entièrement refaits, et dès l'avis donné, pour les pavages en recherche, ou réparations partielles [1].

A défaut de conventions expresses, l'obligation de balayer est à la charge du propriétaire, lorsqu'il habite la maison, et non à celle du locataire du rez-de-chaussée. — Lorsque le propriétaire n'habite pas la maison, elle est à la charge du locataire principal. — Si la maison est inhabitée, c'est le propriétaire qui est tenu du balayage. (Cass., 6 avril et 10 août 1833, 13 novembre 1834 et 1er mars 1851.)

En cas de faillite du propriétaire, c'est sur le syndic de la faillite que pèse la charge du nettoyage de la voie publique au devant de la maison du failli, alors même que ce dernier occupe seul ladite maison. (*Id.*, 23 mai 1846.)

En outre, d'après une ordonnance du 27 juin 1843, pendant le temps des chaleurs, les propriétaires ou locataires sont tenus de faire arroser, à onze heures du matin et à trois heures de l'après-midi, la partie de la voie publique, au devant de leurs maisons, boutiques, jardins et autres emplacements, et de faire écouler les eaux des ruisseaux pour en éviter la stagnation; la même obligation est imposée aux propriétaires ou locataires des passages public et à ciel ouvert, existant sur des propriétés particulières.

En ce qui concerne la ville, c'est elle qui fait balayer les places publiques, les traverses et escaliers des boulevards, les ponts, la portion des quais qui n'est point à la charge des particuliers, les ports, abords intérieurs et extérieurs des barrières, et en général toutes les parties des voies et lieux publics qui ne sont point à la charge des habitants. — Elle fait également enlever les boues et immondices déposées sur la voie publique, et arroser pendant les chaleurs, les promenades et lieux où l'arrosage reste à sa charge. — Des entrepreneurs sont chargés de cette partie du service municipal, au moyen d'adjudications faites par voie de soumission. Ces adjudications sont faites aujourd'hui par le préfet de la Seine.

Quant aux frais de balayage et d'enlèvement des boues occasionnés par les chaussées empierrées, ils sont supportés par égales portions, par l'État et par la ville. (Décret du 1er janvier 1856.)

214 — L'éclairage et le chauffage au gaz dans la ville de Paris ont été concédés, par décret du 25 juillet 1855, à MM. Émile et

---

[1] *Appendice*, n° 26.

Isaac Pereire, pour cinquante années, à partir du 1ᵉʳ janvier 1856, aux clauses et conditions arrêtées avec la ville.

Il est établi près de la Compagnie parisienne d'éclairage et de chauffage par le gaz un commissaire chargé d'exercer une surveillance spéciale sur l'ensemble des opérations de la Société et de veiller à l'exécution des statuts. (Décret du 22 décembre 1855.)

Par son cahier des charges, la Société s'est engagée à fournir pendant cinquante années, tant pour l'éclairage public que pour l'éclairage particulier, le gaz aux prix, clauses et conditions arrêtés entre elle et la ville de Paris.

L'éclairage public comprend toutes les voies publiques, ainsi que tous les établissements municipaux et départementaux dans la ville de Paris, qui sont désignés comme tels à la Société par l'administration. Il comprend, en outre, les établissements militaires qui sont indiqués à la Société.

En ce qui concerne l'éclairage particulier, la Société est tenue de fournir le gaz à toute personne qui a contracté un abonnement de trois mois au moins, et qui s'est d'ailleurs conformée aux dispositions et règlements sur la pose des appareils. Les polices en vertu desquelles sont souscrits les abonnements sont conformes à un modèle approuvé par l'administration, et contiennent les dispositions essentielles du cahier des charges de la Société.

Le gaz est fourni soit au compteur, soit au bec ou à l'heure, à la volonté des abonnés. — Un modèle de chaque système de compteur, approuvé par l'administration, est déposé à la préfecture de la Seine. — Les compteurs sont à la charge des abonnés, qui ont la faculté de les prendre parmi les systèmes autorisés, et de les faire poser et entretenir par des ouvriers de leur choix, sauf les droits des fabricants brevetés. Mais ils ne peuvent être mis en service qu'après avoir été vérifiés et poinçonnés par l'administration.

En ce qui concerne l'application du gaz au chauffage, la Société se conforme à toutes les dispositions qui lui sont prescrites par l'administration municipale[1].

Pour les droits d'octroi qui sont à la charge des usines à gaz, voyez le n° 36.

215 — Un arrêt du conseil du 22 janvier 1785 avait défendu, d'une manière absolue, d'établir entre les maisons et les égouts des ouvertures de tuyaux de communication par lesquelles s'é-

---

[1] Voyez d'ailleurs le cahier des charges de la Société, inséré au *Moniteur* des 26 et 27 décembre 1855.

couleraient les eaux intérieures ou celles des latrines. Il paraît qu'on s'était écarté de cette défense, et que de nombreuses infractions à l'arrêt du conseil avaient été commises. Il fut nécessaire d'en prescrire de nouveau l'application ; mais, sur l'observation qui fut faite que, dans plusieurs quartiers de Paris, il existait des maisons dont le sol était plus bas que celui de la voie publique, il fut entendu que, par exception, il pourrait être permis de conduire par des tuyaux les eaux ménagères et pluviales dans l'égout le plus voisin, lorsque le sol du rez-de-chaussée, cour ou jardin, se trouvant au niveau du sol de la rue, il y aurait impossibilité reconnue et constatée de jeter ces eaux dans les ruisseaux par une pente d'eau moins 5 millimètres par mètre. Ainsi disposait l'ordonnance du 30 septembre 1814. Le décret du 26 mars 1852 (art. 6) a changé cet état de choses, en ce qui concerne les eaux pluviales et ménagères, et il a substitué la règle à l'exception ; il dispose, en effet, que toute construction nouvelle dans les rues pourvues d'égouts, doit être disposée de manière à y conduire ses eaux pluviales et ménagères. La même disposition doit être prise pour toute maison ancienne, en cas de grosses réparations, et, en tout cas, avant dix ans à partir de la promulgation du décret du 26 mars 1852.

La faculté laissée aux propriétaires de verser les eaux pluviales et ménagères dans les ruisseaux des rues où il n'existerait pas d'égout, peut être limitée par le préfet de police dans l'intérêt de la salubrité, surtout lorsqu'il s'agit d'une promenade publique. C'est ce qui a été décidé dans l'espèce suivante : le baron de Lamotte ayant négligé de se conformer à divers ordres, arrêtés et sommations émanés du préfet de police, tendant à ce qu'il fît procéder à la vidange des eaux bourbeuses et infectes provenant de la maison dont il était propriétaire, et séjournant dans l'une des cuvettes du rond-point des Champs-Élysées, fut cité devant le tribunal de simple police. Mais le tribunal de police se déclara incompétent, attendu, suivant lui, que l'autorité administrative pouvait seule connaître de la contestation. La Cour suprême cassa le jugement, par le motif que, d'une part, le tribunal avait méconnu sa compétence exclusive résultant de la loi du 24 août 1790, et que les faits constatés et reconnus intéressaient la salubrité d'une place publique de Paris, et l'exécution d'un arrêté de la police municipale de cette ville ; d'autre part parce que la peine à appliquer était inscrite dans l'article 471, n° 5, Code pénal ; que, voulût-on exciper de ce que la cuvette dont il s'agit avait été pratiquée pour tenir en bon état une rue formant prolongement de grande route, et, de ce motif, faire résulter, en faveur du conseil de préfecture une concurrence sous le rapport des mesures à prendre pour curer ladite cuvette, cela ne pouvait pas ôter à l'autorité municipale les pouvoirs qui lui sont attribués en matière de police par la loi du 24 août 1790, ni rendre le tribunal de police incompétent pour juger la contravention de police qui lui était soumise [1]. — L'arrêté de police fut alors déféré au ministre de l'intérieur, qui répondit que la faculté donnée aux propriétaires de laisser couler leurs eaux pluviales et ménagères sur la voie publique, étant subordonnée à des règles d'intérêt public, le préfet de police avait pu, dans la limite de sa compétence, ordonner aux propriétaires de déverser lesdites eaux sur une rue voisine, au moyen d'un conduit pratiqué à leurs frais sous la promenade.

C'est encore au préfet de police de faire exécuter les règlements sur cette matière, ainsi qu'on l'a vu déjà [2]. Le conseil d'État a décidé que les contraventions au décret du 26 mars 1852 doivent être considérées comme des contraventions de petite voirie et être poursuivies devant le tribunal de simple police [3].

216 — Pour les bâtiments menaçant ruine, le préfet de la Seine est désormais autorisé à en ordonner la réparation ou la démolition. Ce droit lui appartient, comme il appartenait au préfet de police, à l'exclusion du conseil de préfecture, qui ne saurait, sans excéder les bornes de sa compétence, prescrire aucune mesure de ce genre, à l'égard des édifices qui menacent ruine par suite de vice de construction [4]. D'après la doctrine et la jurisprudence en cette matière, il y a péril imminent dans les cas suivants : 1° lorsque c'est par vétusté que l'une ou plusieurs jambes-étrières, trumeaux ou pieds-droits sont en mauvais état ; 2° lorsque le mur de la surface est en surplomb de la moitié de son épaisseur ; 3° lorsque le mur sur rue est à fruit, et a occasionné sur la surface opposée un surplomb égal au fruit de la surface sur rue ; 4° si les fondations sont mauvaises ; 5° s'il y a un bombement égal au surplomb dans les parties inférieures du mur de face [5].

Sur le vu du procès-verbal constatant l'état de ruine du bâtiment, le préfet de la Seine prend un arrêté par lequel il ordonne de réparer ou de démolir la construction dans un délai déterminé. Cet arrêté est notifié au domicile du propriétaire, s'il est connu,

---

[1] Cassation, 15 avril 1824, de la Motte.
[2] Voyez n° 210.
[3] Conseil d'Etat, 12 juillet 1855, Riousset.
[4] Conseil d'Etat, 1er septembre 1832, Laffitte, et 1er juin 1843.
[5] Daubanton, *Code de la voirie*, p. 130, et Husson, p. 466.

ou aux personnes qui occupent la maison ou en ont la garde. La cour de cassation a décidé que lorsque le propriétaire d'une maison menaçant ruine est domicilié dans un autre lieu, il n'est pas nécessaire, à peine de nullité, que les significations lui soient faites à personne ou domicile ; il suffit qu'elles soient remises au mandataire qui a déjà stipulé pour lui, ou à son principal locataire, ou même à l'un des locataires [1].

L'arrêté désigne un expert chargé de procéder à la visite du bâtiment, au cas où l'utilité de la mesure serait contestée, avec indication du jour où la visite doit avoir lieu. Si le propriétaire conteste, il doit nommer, de son côté, un expert qu'il fait connaître au préfet de la Seine avant le jour fixé pour la visite des lieux. Si les deux experts ne tombent pas d'accord, un tiers expert est nommé par le préfet [2].

Si le rapport des experts établit la réalité du péril, le préfet prend un nouvel arrêté portant que, dans un délai déterminé, le propriétaire du bâtiment sera tenu de le faire cesser et d'y mettre les ouvriers, faute de quoi et ledit temps passé, sans qu'il soit besoin d'un nouvel arrêté, il sera procédé à la démolition par les soins de l'administration [3].

Les arrêtés pris en cette matière par le préfet de la Seine, peuvent être attaqués par la voie du recours devant le ministre de l'intérieur, et même par la voie contentieuse devant le conseil d'État, lorsqu'il y a eu excès de pouvoir de la part du préfet. Mais en cas de péril, et lorsqu'il y a danger immédiat pour la sûreté de la voie publique, le préfet peut ordonner la démolition de l'édifice menaçant ruine, sans attendre l'issue d'une expertise [4].

Les réclamations auxquelles donnerait lieu l'arrêté pris en pareil cas, ne pourraient plus porter alors, soit devant le ministre, soit devant le conseil d'État, que sur les indemnités à accorder au propriétaire, dans le cas où il serait reconnu que l'édifice ne menaçait pas ruine. — Les frais des travaux effectués d'office sont avancés par la préfecture et prélevés sur le prix des matériaux ; si ce prix est insuffisant, il est demandé aux tribunaux d'ordonner le remboursement des frais par privilège et préférence sur toutes autres créances, conformément à la déclaration du roi du 18 août 1730 [5].

---

[1] Cassation, 30 août 1833, Guerlain-Houel.
[2] Déclaration du roi du 18 août 1730, articles 7 et 8.
[3] *Id.*, article 9.
[4] *Id.*, article 10.
[5] Avis du comité de l'intérieur du 27 avril 1818.

Lorsqu'un propriétaire a fait abattre lui-même sa maison, ou lorsque cette maison a été démolie pour cause de vétusté, il ne lui est dû d'indemnité que pour la portion de terrain qui se trouve comprise dans l'alignement de la voie publique, si la maison était sujette à reculement [1]. Mais le propriétaire peut utiliser le reste de la construction, lorsqu'il a été satisfait aux mesures prescrites dans l'intérêt de la sûreté publique. « Le pouvoir de l'autorité administrative, en matière de sûreté publique, a raison de dire M. Husson, cesse là où le danger n'existe plus. Si donc un propriétaire, obligé de démolir les étages de sa maison pour cause de vétusté, entendait conserver le rez-de-chaussée, recouvert en forme de terrasse, il ne pourrait être contraint à livrer à la circulation la partie retranchable de sa propriété, si ce rez-de-chaussée pouvait être maintenu sans danger et sans aucune consolidation du mur de face [2]. » Ajoutons que l'administration paraît elle-même accepter cette doctrine et qu'elle a laissé dans plusieurs cas des propriétaires utiliser la portion retranchable de leur maison qui pouvait subsister sans danger dans l'état où elle était, après la démolition de ce qui menaçait ruine.

217 — L'élargissement des rues demeurerait sans résultat s'il était loisible aux habitants qui bordent les voies publiques de placer au devant de leurs maisons, de leurs boutiques, des saillies démesurées. L'esprit de concurrence qui anime le commerce, le désir de chacun de faire plus ou mieux que son voisin, amèneraient bientôt un envahissement intolérable dans les rues les plus belles et les plus spacieuses. C'est donc une sage mesure que celle qui, pour la commodité et la sûreté de la circulation, a déterminé la dimension des différentes saillies qui peuvent être tolérées dans Paris. Tel était l'objet des ordonnances du bureau des finances des 26 octobre 1666, 1er avril 1697, 14 décembre 1725, de l'arrêt du parlement du 11 mai 1735, de l'ordonnance du prévôt de Paris du 26 octobre 1600, des ordonnances de police des 13 juillet 1761 et 17 décembre 1764. Mais tous ces règlements étaient en quelque sorte tombés en désuétude ; émanés d'autorités que la révolution de 1789 avait fait disparaître, on s'était habitué à les regarder comme ayant perdu leur efficacité. Enseignes, tableaux, devantures de boutiques, eurent bientôt obstrué les rues : quand la police voulut ramener le bon ordre dans cette partie de l'administration, les contrevenants se retranchèrent derrière une

---

[1] Loi du 16 septembre 1807, article 50, et Cassation, 3 mai 1841.
[2] *Législation des travaux publics*, p. 470.

longue possession. Il fallait cependant couper court à tous ces abus. Vers la fin de 1813, le conseil d'État fut saisi de l'examen d'un projet de décret qui avait pour objet de régler les différentes saillies et de fixer les bornes qu'il ne serait plus permis de franchir. Ce projet de décret remettait en vigueur les dispositions des anciens règlements et les coordonnait entre elles ; tout en faisant la part des faits acquis, il contenait des prohibitions pour l'avenir, et supprimait les abus par trop criants. Les événements de 1814 mirent obstacle à la promulgation de ce décret. Retrouvé dans les cartons dix ans plus tard, il fut soumis à la sanction royale et devint, avec de légères modifications, l'ordonnance du 24 décembre 1823, qui régit aujourd'hui cette importante matière [1]. Une ordonnance de police du 9 juin 1824 vint régler ensuite quelques points du service.

Pour tout ce qui concerne les objets de petite voirie, il est défendu à tous propriétaires, locataires, entrepreneurs et autres, d'établir ni de faire établir aucun objet en saillie sur la voie publique, sans en avoir obtenu la permission du préfet de la Seine.

Les permissions sont délivrées sur les demandes des parties intéressées, après que les droits de petite voirie ont été acquittés ; l'espèce, le nombre et les dimensions des objets à établir doivent, autant que possible, être indiqués dans les demandes. On doit y joindre les plans qui sont jugés nécessaires. (Ordon. de police, 9 juin 1824.)

Aucune saillie établie en vertu d'une autorisation ne peut être renouvelée ni réparée sans la permission du préfet de la Seine ; aucune ne peut être repeinte, sans qu'au préalable une déclaration ait été faite à cet égard au commissaire de police. A défaut de déclaration, les saillies repeintes sont considérées comme saillies nouvelles, s'il n'y a preuve contraire, et, comme telles, sujettes au droit. (*Id.*, art. 10 et 13.)

Les permissions de petite voirie ne confèrent aucun droit de propriété ou de servitude aux impétrants qui, au contraire, sont obligés, à la première réquisition de l'autorité, de supprimer ou de réduire les saillies et d'enlever les objets établis en vertu des permissions délivrées, sans pouvoir prétendre à aucune indemnité, ni à aucune restitution des sommes payées pour droit de petite voirie. (*Id.*, art. 23.)

Les saillies autorisées doivent être établies dans l'année de la

---

[1] Voir le texte de cette ordonnance à l'Appendice, n° 29.

date des permissions. Dans le cas contraire, les permissions sont périmées et annulées, et l'on est tenu d'en prendre de nouvelles. (*Id.*, art. 24.)

218 — Il a été établi des droits, à Paris, pour la délivrance des permis et autorisations dont on est tenu de se pourvoir, en matière de petite voirie. Ces droits sont perçus à la préfecture de la Seine, au moment où les permis et autorisations sont accordés. Le tarif en a été fixé comme il suit, par le décret du 27 octobre 1808 :

Abat-jour...	4 fr.	» c.
Abat-vent des boutiques...........................	4	»
Appui à demeure, compris les soubassements..........	4	»
Appui sur les croisées ou fenêtres..................	2	»
Appui mobile..	4	»
Auvent ordinaire en menuiserie......................	4	»
Auvent (petit) au-dessus des croisées...............	2	»
Auvents cintrés en plâtre, avec fer et fentons.......	12	50
Baldaquin...	50	»
Balcons (petits) ou balustres aux fenêtres sans construction nouvelle................................	2	»
Nota. Pour les grands et petits balcons avec construction nouvelle, l'avis du préfet de police sera demandé [1].		
Banc..	4	»
Bannes...	4	»
Barreaux de boutiques et de croisées................	4	»
Barres de support...................................	4	»
Barrière au devant des maisons......................	50	»
Barrière au devant des démolitions pour cause de péril..	5	»
Bornes appuyées contre le mur, en quelque nombre qu'elles soient.............................	4	»
Bornes isolées.......................................	4	»
Bouchons de cabarets, ou couronnes.................	4	»
Bustes formant étalage...............................	4	»
Cadran. (*Voy.* Tableau.)............................	4	»
Cage. (*Voy.* Étalage.)		
Changement de menuiserie des croisées...............	4	»
Chardons de fer ou herses...........................	4	»
Châssis à verres, sédentaires ou mobiles.............	4	»
Clôture ou fermeture de rue pour bâtir. (*Voy.* Pieux.)		
Colonnes engagées en menuiserie, et parement de décorations..	20	»
Colonnes isolées.....................................	20	»

[1] Voyez, à l'Appendice, n° 29, l'ordonnance royale du 24 décembre 1823, et la note placée sous l'article 3 de cette ordonnance.

VOIRIE.

Comptoirs ou établis mobiles....................	4 fr.	» c.
Conduites ou tuyaux de plomb pour conduire les eaux des maisons....................................	4	»
Contre-fiches à placer en cas de péril...............	5	»
Contrevent ou fermeture de boutiques et croisées......	4	»
Corniches en bois...............................	4	»
Corniches en plâtre..............................	10	»
Cuvettes. (*Voy.* Conduites.)....................	4	»
Degrés. (*Voy.* Marches.).......................	4	»
Devanture de boutique en menuiserie.................	25	»
Dos d'âne ou étalage. (*Voy.* Étaux.)..............	4	»
Échoppes sédentaires ou demi-sédentaires............	10	»
Échoppes mobiles...............................	4	»
Enseigne. (*Voy* Tableau.).......................	4	»
Établis. (*Voy.* Comptoir.).......................	4	»
Étais ou étrésillons. (*Voy.* Contre-fiches.)		
Étalage.......................................	4	»
Étaux de boucher...............................	4	»
Éviers et gargouilles............................	4	»
Fermetures de boutiques. (*Voy.* Portes.)..........	4	»
Fermetures de croisées fixées. (*Voy.* Châssis.)......	4	»
Gargouilles d'éviers. (*Voy.* Éviers.)..............	4	»
Grilles de boutiques ou de croisées. (*Voy.* Barreaux.)....	4	»
Grilles de cave.................................	4	»
Herses ou chardons de fer. (*Voy.* Chardons.).......	4	»
Jalousies. (*Voy.* Châssis de verre.)................	4	»
Marches, pour chaque............................	5	»
S'il n'y en a qu'une.............................	4	»
Montre ou étalage...............................	4	»
Moulinet de boulanger............................	4	»
Perches, pour chacune...........................	10	»
Perron..	50	»
Pieux pour barrer les rues........................	25	»
Pilastres en bois................................	4	»
Plafonds......................................	4	»
Poêles ou tuyaux de poêle........................	4	»
Portes ouvrant en dehors.........................	4	»
Potence de fer ou en bois.........................	4	»
Poulies.......................................	4	»
Seuil...	4	»
Siéges de pierre ou de bois.......................	4	»
Soubassements.................................	5	»
Stores..	4	»
Tableau servant d'enseigne.......................	4	»
Tapis d'étalage. (*Voy.* Étalage.).................	4	»
Tuyaux de poêle. (*Voy.* Poêle.)..................	4	»
Volets servant d'enseigne.........................	4	»

15

CHAPITRE III.

DES CARRIÈRES ET DU MESURAGE DES PIERRES.

219 — Carrières sous Paris.
220 — Premiers règlements sur les carrières des départements de la Seine et de Seine-et-Oise.
221 — Règlement général sur les carrières, plâtrières, glaisières, sablonnières, marnières et crayères des départements de la Seine et de Seine-et-Oise.
222 — Règlements spéciaux sur les carrières à plâtre, les carrières de pierres à bâtir, les crayères et les marnières.
223 — Attributions et compétence du préfet de la Seine et de l'inspecteur général des carrières de Paris.
224 — Si l'autorisation d'exploiter est nécessaire et si le conseil de préfecture doit connaître des contraventions aux règlements.
225 — Défense d'exploiter des carrières de pierres à bâtir, moellons et pierres à chaux dans Paris.
226 — Mesurage des pierres destinées aux constructions de Paris, et perception du droit de mesurage au profit de la ville.

219 — A des époques très-reculées, des matériaux propres aux travaux de construction ont été extraits des lieux rapprochés de la ville; la ville s'étant successivement agrandie, a englobé dans ses limites les anciennes carrières creusées dans le voisinage, au-dessus desquelles des habitations se sont élevées. Une portion des maisons de Paris sur la rive gauche se trouve ainsi placée sur ces immenses et profondes excavations que l'on désigne sous le nom de catacombes, et où furent entassés les débris humains provenant des charniers et des cimetières dont la suppression était ordonnée dans Paris. Ainsi peut-être un jour serviront à l'asile des morts les carrières annexées de la banlieue, lorsqu'elles auront fourni leur dernière pierre à la demeure des vivants! D'autres excavations subsistant également sur la rive droite de la

Seine, dans plusieurs quartiers de la ville, il est devenu nécessaire de connaître exactement le Paris souterrain. On a dressé le plan de toutes les carrières qui existent sous le sol de Paris, en le faisant concorder avec le plan superficiel ; chaque galerie souterraine correspond à une rue de la surface du sol, et les numéros des maisons se reproduisent dans ces galeries, de telle sorte qu'à l'inspection du plan on peut voir les quartiers, les rues, les maisons au-dessus desquels les excavations existent, et en cas d'éboulement, on sait aussitôt à quelle partie des carrières des travaux de consolidation doivent être exécutés. C'est au moyen d'une surveillance constante que la sécurité est assurée dans plusieurs quartiers de Paris, surtout du côté de la rive gauche, car, ainsi que le fait remarquer Dulaure, l'Observatoire, le Luxembourg, l'Odéon, le Val-de-Grâce, le Panthéon, l'église Saint-Sulpice, les rues Saint-Jacques, de la Harpe, de Tournon, de Vaugirard, fondés sur le vide d'immenses carrières, sont pour ainsi dire suspendus sur des abîmes.

220 — Il existe dans le département de la Seine et dans celui de Seine-et-Oise, un grand nombre de carrières, qui répondent à la plupart des besoins de la capitale ; on en tire de la pierre à bâtir, de la pierre à plâtre, du sable, de la glaise, de la marne et de la craie. Pendant plusieurs siècles, l'exploitation de ces carrières demeura abandonnée au caprice et à la routine des ouvriers ; mais il arriva un moment où elles devinrent si nombreuses, et donnèrent lieu à de tels accidents, que le gouvernement dut exercer sur elles sa surveillance.

Les premiers règlements que l'on rencontre à ce sujet datent de 1741 ; ils fixaient les distances à observer entre les carrières et les chemins publics ; mais ils ne contenaient aucune disposition sur les travaux intérieurs. Des affaissements s'étant manifestés dans Paris et dans les environs, une commission spéciale créée en 1777, fut chargée d'en rechercher la cause et de prescrire les mesures à prendre. Plusieurs accidents avaient été attribués à l'exploitation par *cavages* et par *puits* ; ces deux modes d'exploitation furent interdits par le gouvernement et remplacés par les extractions à *ciel ouvert*. Mais ces sortes d'extractions n'étaient pas praticables pour toutes les substances et dans toutes les localités ; on ne put parvenir à les faire adopter d'une manière uniforme. Vainement, par deux arrêtés pris en 1800 et en 1801, le préfet de la Seine les prescrivit de nouveau, en apportant quelques modifications aux règlements. L'administration des mines comprit que de nouvelles mesures étaient à prendre, et elle proposa, par l'organe de l'ingénieur en chef chargé de l'inspection des carrières de Paris et des environs, 1° de conserver les exploitations à ciel ouvert dans les lieux où les circonstances pourraient l'exiger ou le permettre ; 2° d'autoriser les exploitations souterraines par galeries ou cavages ; 3° de tolérer les extractions par puits, lorsque la disposition des masses le permettrait ; 4° d'interdire, dans ces deux derniers modes d'exploitation, la méthode d'éboulement usitée dans l'exploitation des mines en masse.

221 — Les moyens proposés par l'ingénieur en chef furent adoptés par le préfet de la Seine qui rédigea un projet de règlement général, applicable à toutes les espèces d'exploitation, telles que carrières, plâtrières, sablonnières, glaisières, marnières, crayères. Après avoir été soumis au conseil général des mines, ce projet fut approuvé par un décret impérial du 22 mars 1813. Ce décret fixe les règles à suivre pendant l'exploitation, les formalités à remplir en cas de suspension ou cessation de l'exploitation, les cas d'interdiction des exploitations, la procédure des expertises, les amendes, les cas d'annulation des permissions [1].

222 — Mais il ne suffisait pas de prescrire, par un règlement général, les mesures qui doivent être prises dans toutes les espèces d'exploitations qui ont lieu dans les deux départements ; il était encore indispensable de fixer, par des règlements spéciaux, le mode qui doit être suivi pour chacune de ces exploitations, et qui varie suivant la nature de chaque espèce de substance à exploiter. Aussi fut-il successivement rédigé des règlements particuliers pour les diverses substances exploitables [1], par l'ingénieur des mines chargé de la direction des carrières de Paris, de concert avec le préfet de la Seine. Ces règlements, qui ont servi de modèle à ceux qui ont été appliqués dans les autres départements, et qui forment le code de la matière, furent approuvés, savoir : le règlement des carrières à plâtre, par décret du 22 mars 1813 ; le règlement sur les carrières de pierre à bâtir, par décret du 4 juillet 1813 ; le règlement sur les crayères et marnières, par ordonnance royale du 21 octobre 1814 [2].

Ces règlements s'appliquent non-seulement au département de la Seine, mais encore au département de Seine-et-Oise, qui l'entoure, et dont les exploitations, ayant pour objet les mêmes

---

[1] Voyez à l'*Appendice*, n° 30.
[2] Voyez à l'*Appendice*, n°ˢ 31, 32 et 33.

espèces de substances, servent également à l'approvisionnement et aux besoins de Paris.

223 — Les carrières du département de la Seine sont placées sous l'autorité du préfet de ce département et sous la surveillance immédiate d'un inspecteur général auquel sont adjoints deux inspecteurs particuliers. Les décrets d'approbation des règlements disposent que les fonctions attribuées à l'inspecteur général des carrières de Paris pour le département de la Seine, seront remplies, dans le département de Seine-et-Oise, par l'ingénieur en chef des mines en mission dans ce département, mais que les carrières situées dans les communes de Saint-Cloud, de Sèvres et de Meudon, appartenant au département de Seine-et-Oise, seront placées sous la surveillance de l'inspecteur général des carrières du département de la Seine. Cette extension des attributions de l'inspecteur général de la Seine a été motivée sur ce qu'il existait dans ces trois communes des bâtiments affectés au service du chef de l'État, sous lesquels les carrières nécessitaient une surveillance plus spéciale. Les mêmes décrets ne disent pas si l'autorité du préfet de la Seine s'étend aussi sur l'exploitation des carrières des communes de Saint-Cloud, Sèvres et Meudon. On peut supposer qu'il n'a pas été dans l'intention du rédacteur de ces décrets de modifier les rapports de l'inspecteur général, pour cette partie de son service, avec le préfet de la Seine, et de l'obliger à correspondre à cet égard avec le préfet du département de Seine-et-Oise. Cependant les décrets sont muets sur ce point, et tout ce qui tient aux attributions et à la compétence des fonctionnaires est de droit strict. Ajoutons que si l'autorité du préfet de police a été étendue par l'arrêté du 3 brumaire an ix aux communes de Saint-Cloud, Sèvres et Meudon, aucune loi n'a placé sous sa surveillance le mode et les conditions de l'exploitation des carrières.

224 — On a contesté la légalité des décrets dont nous nous occupons sur deux points. On a fait remarquer d'abord que le décret du 22 mars 1813 rendait nécessaire l'autorisation d'exploiter, et qu'aux termes de l'article 81 de la loi du 21 avril 1810, sur les mines, l'exploitation des carrières peut avoir lieu sans permission. Il paraît même que, dans la pratique, on dispenserait les exploitants de la permission, en exigeant d'eux seulement qu'ils fassent une déclaration de leur intention à l'autorité supérieure, tant on a été frappé de l'illégalité de la disposition. On a dit ensuite que le même décret, en attribuant juridiction au conseil de préfecture pour la répression des contraventions et en créant certaines pénalités (art. 30 et 31), avait également violé la loi du

21 avril 1810, qui posait la compétence des tribunaux civils et avait fixé les peines à prononcer par ces tribunaux [1]. Ces critiques sont fondées en principe. Nous ferons seulement remarquer que l'on a à peu près renoncé à se plaindre de l'illégalité des décrets de l'empire. Ou ces décrets étaient dictés par la puissante volonté du chef de l'État, ou bien ils émanaient des différents chefs de corps; pour les premiers, les protestations du conseil d'État eussent été vaines; pour les seconds, ils passaient quelquefois, dans les derniers temps surtout, au milieu des préoccupations de ce corps et de l'immensité des affaires dont il était chargé, sans donner lieu à une révision assez sévère. Quant au sénat, jamais il n'entreprit de faire aucune observation sur le peu de régularité des actes que publiait le Bulletin des lois. Qu'en résultait-il? Que les décrets les plus inconstitutionnels obtenaient force de loi du moment où ils n'avaient point été attaqués dans les formes légales, c'est-à-dire par le sénat conservateur. Aussi, la cour de cassation a-t-elle décidé que les décrets inconstitutionnels de l'empire non attaqués par le sénat ont conservé force de loi sous les nouveaux gouvernements [2].

225 — Les règlements du 22 mars 1813 (art. 57) et du 4 juillet suivant (art. 54) interdisent l'exploitation de plâtrières, de carrières de pierres à bâtir, moellons, pierre à chaux, etc., dans Paris. Le reculement des limites de Paris appelle l'attention de l'administration sur la disposition de ces règlements, qui peuvent modifier la situation des industries ayant pour objet l'extraction des matières dont il s'agit dans la banlieue annexée.

226 — Les pierres provenant des carrières du département de la Seine, du département de Seine-et-Oise et du département de Seine-et-Marne qui sont transportées à Paris pour les constructions publiques et particulières, ont été soumises au mesurage par le décret du 11 juin 1811. La légalité de ce décret constitutif d'un impôt a plusieurs fois été contestée; mais les tribunaux en ont maintenu la validité [3].

Le décret du 11 juin 1811 se réfère aux arrêts du conseil des 6 février 1778 et 26 mars 1779. Ces arrêts avaient été rendus sur la demande des carriers. Le décret de 1811 a été rendu sur la de-

---

[1] Voyez Husson, *Législation des travaux publics,* au mot *carrières.*
[2] Voyez les arrêts des 27 mai 1829 et 1er septembre 1831.
[3] Voyez notamment le jugement du tribunal de la Seine du 6 juillet 1836, et l'arrêt de la cour de cassation du 17 novembre 1839. Voyez n° 224.

mande des entrepreneurs. « Il m'a paru, disait le ministre de l'intérieur dans son rapport au chef de l'Etat, comme me le faisait observer M. le préfet du département de la Seine, que les arrêts du conseil des 6 février 1778 et 26 mars 1779, rendus dans le temps, sur la demande et dans les intérêts des carriers, avaient besoin, aujourd'hui que ce sont les carriers eux-mêmes qui abusent, d'interprétations et de modifications qui fissent servir les principes à l'intérêt de tous. » Le décret de 1811 apporta en effet aux anciens arrêts du conseil des modifications qui rendirent moins favorable la situation des carriers.

Le mesurage se fait par une section spéciale du bureau central du poids public de la ville et s'opère, savoir :

Aux lieux mêmes de leur extraction pour les pierres provenant des carrières du département de la Seine et celles des carrières des départements voisins où il a été jugé convenable d'établir des préposés mesureurs, si ces pierres sont destinées pour le département de la Seine ; et enfin, aux ports d'arrivage ou aux barrières d'entrée, pour les pierres envoyées à Paris de toutes autres carrières situées hors du département de la Seine où il n'a pas été établi des préposés mesureurs.

La perception du droit de mesurage des pierres se fait, au profit de la ville de Paris, par les préposés du bureau central du poids public et par les receveurs de l'octroi. Le droit de mesurage, différent du droit d'octroi, est de 75 centimes par mètre cube. Ce droit est à la charge du vendeur et acquitté par ses voituriers ou bateliers [1].

Un arrêté du préfet de la Seine du 24 décembre 1811, rendu pour l'exécution du décret impérial sur le mesurage des pierres, a divisé les carrières du département de la Seine en six arrondissements, et fixé les règles à suivre pour le mesurage des moellons et des pierres d'appareil et autres destinées aux constructions de Paris [2]. Depuis, le nombre des arrondissements a été porté à sept.

Le préfet de la Seine a décidé par divers arrêtés : 1° qu'il n'y a pas lieu de faire aux marbres et granits l'application du décret du 11 juin 1811 [3] ; — 2° que les pierres expédiées des carrières situées hors du département de la Seine et destinées à être employées dans les arrondissements ruraux de ce même département

---

[1] Décret du 11 juin 1811, art. 1, 2, 9 et 10. — Voyez *Appendice*, n° 34.
[2] Voyez à l'*Appendice*, n° 35.
[3] Arrêté du 30 mai 1812.

ne sont pas assujetties au mesurage[1]; — 3° que les bordereaux des droits à percevoir sont visés par le préfet et envoyés au receveur municipal de la ville qui décerne la contrainte contre les redevables, et que la contrainte est rendue exécutoire par le juge de paix du canton où le redevable a son domicile[2]; — 4° que les pierres extraites des carrières du département de la Seine ne sont admises au mesurage que vingt-quatre heures après leur extraction[3]; — 5° que les pierres de chaux ne sont pas soumises au mesurage[4]; — 6° qu'il en est de même des pierres et moellons traversant Paris en passe-debout[5]; — 7° que les pierres provenant de démolition sont passibles du droit de mesurage à leur introduction dans Paris[6]; — 8° que les pierres même autres que celles provenant des départements de la Seine, de Seine-et-Oise et de Seine-et-Marne sont soumises au mesurage[7]; — 9° que les dalles et carreaux ne sont pas soumis au mesurage[8]; — 10° qu'il serait attaché un employé du poids public au service de chacun des ports d'amont et d'aval, et un au service du canal dans Paris[9].

[1] Arrêté du 10 juin 1812.
[2] *Id.*, 31 décembre 1812.
[3] *Id.*, 14 mai 1813.
[4] *Id.*, 5 mai 1814.
[5] *Id.*, 26 juin 1818.
[6] *Id.*, 22 avril 1825.
[7] *Id.*, 8 octobre 1829.
[8] *Id.*, 1er avril 1830.
Id., 18 juillet 1835.

CHAPITRE IV.

DES CONTRIBUTIONS DIRECTES.

227 — Distinction entre les contributions directes et les contributions indirectes.
228 — Personnel de l'administration des contributions directes.
229 — Répartition des contributions directes, personnelle et mobilière, et des portes et fenêtres. — Rôle de ces contributions et des patentes.
230 — Contribution foncière. — Exemption.
231 — Mutations.
232 — Contribution personnelle et mobilière.
233 — Contribution des portes et fenêtres.
234 — Contribution des patentes.
235 — Taxe municipale sur les chiens.
236 — Infractions à la loi sur cette taxe.
237 — Frais de la confection des rôles et des avertissements pour cette même taxe.
238 — Centimes additionnels.
239 — Réclamations en matière de contributions directes et pour la taxe des chiens.
240 — Poursuites contre les contribuables.
241 — Contributions dues par les locataires. — Responsabilité des propriétaires.

227 — On sait que les impôts se divisent en contributions directes et indirectes. Les contributions indirectes sont celles qui portent sur les boissons, les sels, les tabacs, les cartes à jouer, les matières d'or et d'argent; de ce nombre sont encore les droits de douane et d'enregistrement. Les contributions directes comprennent les contributions foncière, personnelle et mobilière, des portes et fenêtres et les patentes. Il ne sera ici question que des contributions directes et de la taxe municipale sur les chiens.

228 — Le personnel de l'administration des contributions directes à Paris se compose, pour l'assiette de l'impôt : 1° d'un directeur, dont l'action embrasse le département tout entier, et qui a sous ses ordres un premier commis de direction et un in-

specteur ; 2° d'un contrôleur central, dont l'action s'étend également sur tout le département et qui a sous sa surveillance des contrôleurs ordinaires et des surnuméraires ; 3° d'une commission de répartition composée de cinq membres titulaires et d'un secrétaire ; 4° de répartiteurs adjoints, au nombre de dix-neuf, divisés en quatre classes et destinés à venir en aide aux répartiteurs titulaires.

Et pour le recouvrement de l'impôt : 1° d'un receveur central; 2° de percepteurs, qui ont la qualité de receveurs particuliers, et peuvent se faire remplacer pour la signature par un fondé de pouvoirs.

La constitution des perceptions pour les divers arrondissements de Paris et les arrondissements de Sceaux et de Saint-Denis a été réglée par le décret du 19 novembre 1859[1].

229 — Les contributions *foncière, personnelle et mobilière* et des *portes et fenêtres*, ont différents degrés de répartition :

1° Le Corps législatif, chaque année, en fixe le montant tant en principal qu'en centimes additionnels et indique, dans les états joints à la loi, le contingent qui doit être fourni par chaque département;

2° Le contingent de chaque arrondissement du département de la Seine et celui de la ville de Paris sont déterminés par le conseil général ;

3° Enfin celui de chaque contribuable, par les répartiteurs.

Le principal des trois impôts de répartition et celui des patentes figuraient aux rôles de 1857 pour la somme de 24,091,024 fr. 87 c., laquelle se décomposait ainsi qu'il suit :

Contributions foncières.............	8,181,193 fr.	
— personnelle et mobilière .	3,803,609	51 c.
— des portes et fenêtres...	2,686,295	
Patentes	9,419,927	36
Somme égale.......	24,091,024 fr.	87 c.

Les rôles des contributions foncière, mobilière, des portes et fenêtres et des patentes, dressés par le directeur des contributions, et rendus exécutoires par le préfet de la Seine, sont adressés par le directeur au receveur central pour être remis entre les mains des receveurs particuliers percepteurs chargés d'en opérer le recouvrement.

[1] Voyez à l'*Appendice*, n° 36.

Les règles suivant lesquelles sont assises les contributions foncière, personnelle et mobilière, des portes et fenêtres et des patentes, sont les suivantes :

230 — La contribution foncière est établie proportionnellement sur toutes les propriétés foncières bâties ou non bâties, à raison de leur revenu *imposable*, c'est-à-dire de leur revenu net, calculé sur un certain nombre d'années déterminé. Ce revenu est fixé par le cadastre.

Le revenu net imposable der terres est ce qui reste au propriétaire, déduction faite, sur le produit brut, des frais de culture, semences, récoltes, entretien et exploitation. (Instruction du ministre des finances, 1er décembre 1790.)

Le revenu net imposable des maisons, fabriques ou usines, est tout ce qui reste au propriétaire, déduction faite, sur leur valeur locative, calculée sur un nombre d'années déterminé, de la somme nécessaire pour l'indemniser du dépérissement, des frais d'entretien et de réparation. (Lois des 1er décembre 1790, 3 frimaire an VII.)

Toute propriété bâtie est évaluée en deux parties, savoir : la superficie, sur le pied des meilleures terres de labour, et l'élévation, d'après la valeur locative, déduction faite de l'estimation de la superficie. (Loi du 15 septembre 1807, art. 34.)

La valeur locative est calculée sur dix années, sous la déduction du quart de cette valeur locative pour les maisons d'habitation, et d'un tiers pour les usines, forges, moulins, manufactures et bains, en considération du dépérissement et des frais d'entretien et de réparation et sous la déduction également de l'évaluation donnée à la superficie. (Loi du 3 frimaire an VII, art. 82 et 87.

Lorsqu'une évaluation doit être faite sur le pied des meilleures terres labourables, il faut entendre celles de première classe situées dans la commune ; s'il n'y en a point, on prend pour terme de comparaison les meilleures terres labourables de la commune voisine.

Lorsqu'une maison a été inhabitée toute l'année, depuis le 1er janvier, elle peut, sur la demande du propriétaire, n'être imposée qu'à raison du terrain qu'elle enlève à l'agriculture, évalué sur le pied des meilleures terres labourables de la commune.

Ne sont également soumis à la contribution foncière qu'à raison du terrain qu'ils enlèvent à l'agriculture, les bâtiments servant aux exploitations rurales, savoir : les granges, écuries, caves, greniers, celliers, etc., ainsi que les cours des fermes ou métairies. (*Id.* art. 85.)

Pendant les deux années qui suivent leur construction ou reconstruction, les propriétés bâties, maisons ou usines, ne sont soumises à la contribution foncière que comme terrains nus; les règles et taux d'évaluation pour la propriété bâtie en général ne leur deviennent applicables qu'à partir de la troisième année. (Loi du 3 frimaire an VII, art. 88.)

Ont été exemptées, pendant 30 ans, à partir du 6 mai 1854, de la contribution foncière et de celle des portes et fenêtres, les maisons qui sont élevées sur les terrains vendus en exécution de la loi du 4 octobre 1849 (sur le dégagement des abords du Louvre), du décret du 23 décembre 1852 et du décret du 15 novembre 1853, et dont les façades sont assujetties à un système régulier de construction sur la rue de Rivoli, sur la place du Palais-Royal et en regard de la colonnade du Louvre. Cette exemption s'applique aux maisons et à leurs dépendances. — Les parties de constructions destinées à l'habitation personnelle donnent lieu, conformément à l'article 2 de la loi du 4 août 1844, à l'augmentation du contingent départemental dans la contribution personnelle et mobilière, à raison du vingtième de la valeur locative réelle, à dater de la troisième année de l'achèvement des bâtiments, comme si ces bâtiments ne jouissaient que de l'immunité ordinaire d'impôt foncier accordée par l'article 88 du 3 frimaire an VII, aux maisons et usines nouvellement construites ou reconstruites. (Loi du 3 mai 1854.)

Quant aux maisons qui ont été construites en façade dans la partie de la rue de Rivoli qui s'étend depuis la rue des Poulies jusqu'à l'Hôtel-de-Ville, ouverte en vertu de la loi du 4 août 1851, elles ont été dispensées pendant vingt années de la contribution foncière et de la contribution des portes et fenêtres, à dater du 8 août de la même année.

Sont exempts de la contribution foncière : les biens consacrés au service public, les rues, routes, rivières, églises, hospices, etc., les domaines nationaux non productifs et, parmi ceux productifs, les bois et forêts; les biens de la dotation de la couronne, sauf leur concours dans les dépenses départementales et communales.

La commune de Paris est soumise, relativement à ses biens, aux mêmes obligations que les particuliers; comme eux elle paie des contributions. Les halles, marchés et abattoirs sont soumis à la contribution foncière, car ils sont productifs de revenus pour la commune. (Avis du cons. d'Etat, 26 octobre 1836.)

Les biens des communes et des établissements publics constituent des biens de mainmorte et, à ce titre, ne participent point au mouvement que les mutations établissent pour les biens des particuliers. Pour tenir lieu des droits de mutation que supportent ces derniers biens, il a été établi par la loi du 20 février 1849 une taxe annuelle représentative des droits de transmission entre-vifs et par décès, sur les biens immeubles passibles de la contribution foncière, appartenant aux départements, communes, hospices, séminaires, fabriques, congrégations religieuses, consistoires, établissements de charité, bureaux de bienfaisance, sociétés anonymes et tous établissements publics légalement autorisés. — Les formes prescrites pour l'assiette et le recouvrement de la contribution foncière sont suivies pour l'établissement et la perception de cette taxe, qui est calculée à raison de 62 centimes 1/2 pour franc du principal de la contribution foncière. L'article 3 de la loi dispose que la taxe est à la charge du propriétaire seul, pour la durée des baux actuels, nonobstant toutes stipulations contraires.

Chaque propriété doit être évaluée sans égard aux charges dont elle est grevée, parce que ces charges ne changent en rien le revenu réel de la propriété.

En exécution de l'article 102 de la loi du 3 frimaire an VII, il a été entrepris, en 1851, une révision générale du produit imposable de toutes les propriétés bâties de la ville de Paris. Ce travail a duré plusieurs années, et les propriétaires ont été appelés à présenter leurs observations à ce sujet.

231 — Tout acquéreur, cessionnaire, héritier, légataire ou nouveau propriétaire, à quelque titre que ce soit, doit faire une déclaration des biens par lui acquis, à la mairie de l'arrondissement où ces biens sont situés. Il existe à cet effet, dans chaque mairie, un registre *des mutations* qui est coté, parafé et clos par le maire dans la forme indiquée sur des modèles fournis par l'administration. Ce registre est tenu par le secrétaire de la mairie. (Décision ministérielle notifiée le 8 mars 1835.)

232. — La contribution personnelle et mobilière est due par chaque habitant français et par chaque étranger de tout sexe jouissant de ses droits et non réputé indigent. Sont considérés comme jouissant de leurs droits les veuves et les femmes séparées de leur mari, les garçons et les filles majeurs ou mineurs ayant des moyens suffisants d'existence, soit par leur fortune personnelle, soit par leur profession, lors même qu'ils habitent avec leur père, mère ou curateur. (Loi du 21 avril 1832, art. 12.)

D'après l'art. 5 de la loi du 3 juillet 1846, dans les villes où, en vertu de l'art. 20 de la loi du 21 avril 1832, les conseils municipaux demandent qu'une partie du contingent personnel et mobilier soit prélévée sur la caisse municipale, la portion du contingent restant à percevoir au moyen d'un rôle peut, déduction faite des faibles loyers qui sont jugés devoir être exemptés de toute cotisation, être répartie en vertu des délibérations des conseils, d'après un tarif gradué en raison de la progression ascendante des loyers. Conformément à ces dispositions, la ville de Paris a établi pour la contribution personnelle mobilière un tarif par suite duquel, exonérant de toute cotisation les logements d'une valeur locative au-dessous de 250 fr., elle a soumis ceux d'une valeur locative supérieure à un tarif gradué qui a été approuvé pour l'année 1861 par un décret du 31 août 1860 [1].

La contribution mobilière est due par toute habitation meublée, située dans la commune, sans distinguer si cette commune est ou non celle du domicile réel. (Art. 13, *id.*)

Les habitants qui n'occupent que des appartements garnis ne sont assujettis à la contribution *mobilière* qu'à raison de la valeur locative de leur logement, évaluée comme un logement non meublé. (Art. 16, *id.*)

La taxe *mobilière* est proportionnelle à la valeur locative de l'habitation *personnelle* du contribuable et de sa famille. On ne doit donc pas y comprendre la valeur locative des magasins, boutiques, chantiers, ateliers et usines pour lesquels les habitants paient patente.

233 — La *contribution des portes et fenêtres* est assise généralement sur toutes les maisons habitées et sur celles qui sont susceptibles de l'être. Elle est établie sur les portes et fenêtres donnant sur les rues, cours et jardins des maisons, bâtiments, usines, magasins, hangars, boutiques et salles de spectacles. (Loi du 4 frimaire an VII, 24 novembre 1798.)

Sont imposables les fenêtres dites mansardes et autres ouvertures pratiquées dans la toiture des maisons, lorsqu'elles éclairent des appartements habitables. Ne sont pas imposables, les portes et fenêtres servant à éclairer ou aérer les granges, greniers, caves, et autres locaux qui ne servent pas à l'habitation des hommes, ainsi que toutes les ouvertures du comble et de la toiture des maisons qui n'éclairent pas des appartements habitables, les portes placées dans l'intérieur des escaliers ou des appartements. (Loi du 23 novembre 1798, et instruction du 24 du même mois.)

La loi du 21 avril 1832 a fixé le tarif des droits auxquels sont soumises les portes et fenêtres, d'après la nature des portes et fenêtres et la population des communes. Mais à Paris, on a re-

---

[1] Voyez à l'*Appendice*, n° 37.

connu la nécessité de recourir à un mode particulier de taxation. En effet, les contributions directes ont pour base la fortune présumée des contribuables, et cette fortune présumée, on en a recherché les éléments, notamment dans le nombre des ouvertures dont jouissent les contribuables dans les maisons qu'ils habitent. Or, comment admettre la même base d'évaluation pour les maisons des riches quartiers du centre de Paris et celles des autres quartiers où s'est retranchée la population ouvrière ? Evidemment, l'habitant de Paris possédant dix ouvertures ne saurait être présumé dans la même situation de fortune rue de la Paix et au faubourg Saint-Marceau. Dans sa séance du 10 novembre 1851, le conseil général de la Seine avait émis le vœu qu'il fût proposé une disposition législative qui permît aux conseils municipaux d'établir des tarifs spéciaux, combinés de manière à tenir compte à la fois de la valeur locative et du nombre des ouvertures. Par son article 10, la loi du 17 mars 1852 ayant accordé à la commission municipale de Paris l'autorisation qui avait été sollicitée, cette commission a, par une délibération du 10 août de la même année, établi un tarif dans lequel un droit fixe, égal pour toutes les ouvertures de même espèce, est combiné avec un droit proportionnel gradué selon l'importance du revenu des immeubles.

234 — L'impôt des patentes est aujourd'hui réglé par la loi du 25 avril 1844 et celle du 18 mai 1850, qui a étendu le cadre des patentables et apporté à la première loi certaines modifications.

Tout individu, Français ou étranger, qui exerce en France un commerce, une industrie, une profession non compris dans les exceptions spécialement déterminées, est assujetti à la contribution des patentes. (Loi du 25 avril 1844; art. 1er.)

La contribution des patentes se compose d'un droit fixe et d'un droit proportionnel. (*Id.*, art. 2.)

Le droit fixe est réglé conformément aux tableaux annexés à la loi. (*Id.*, art. 3.)

Les commerces, industries et professions non dénommés dans ces tableaux n'en sont pas moins assujettis à la patente. Le droit fixe auquel ils doivent être soumis est réglé, d'après l'analogie des opérations ou des objets de commerce, par un arrêté spécial du préfet, rendu sur la proposition du directeur des contributions directes, et après avoir pris l'avis du maire de l'arrondissement.

— Tous les cinq ans, des tableaux additionnels contenant la nomenclature des commerces, industries et professions classés par voie d'assimilation, depuis trois années au moins, sont soumis à la sanction législative. (*Id.*, art. 4.) C'est ainsi que la loi du 18 mai

1850 est venue compléter celle de 1844. Mais la loi de finances du 4 juin 1858 a profondément modifié ces deux lois.

Le droit proportionnel est fixé du quinzième au cinquantième de la valeur locative, selon les professions et les industries, d'après la loi du 4 juin 1858.

Le préfet de police est spécialement chargé de veiller à ce que cet impôt soit payé par qui de droit. A cet effet, il est autorisé à exiger de tout patentable l'exhibition de sa patente [1].

Les marchandises mises en vente par des individus non munis de patentes, et vendant hors de leur domicile, sont saisies ou séquestrées aux frais du vendeur, à moins qu'il ne donne caution suffisante jusqu'à la représentation de la patente ou la production de la preuve que la patente a été délivrée. Si l'individu non muni de patente exerce au lieu de son domicile, il est dressé un procès-verbal qui est transmis immédiatement aux agents des contributions directes. (Loi du 25 avril 1844, art. 27 et 28.)

Les contrôleurs procèdent annuellement au recensement des imposables et à la formation des matrices de patentes. Le maire peut assister le contrôleur dans cette opération, ou se faire représenter, à cet effet, par un délégué. — En cas de dissentiment entre les contrôleurs et les maires ou leurs délégués, les observations contradictoires de ces derniers sont consignées dans une colonne spéciale. — La matrice, dressée par le contrôleur, est déposée, pendant dix jours, au secrétariat de la mairie de chaque arrondissement, afin que les intéressés puissent en prendre connaissance et remettre au maire leurs observations. A l'expiration d'un second délai de dix jours, le maire, après avoir consigné ses observations sur la matrice, l'adresse au préfet. (*Id.*, art. 20.)

Les formules de patentes sont affranchies du droit de timbre. En remplacement de ce droit il a été ajouté quatre centimes au principal de la contribution. — Ces formules sont visées par le maire et revêtues du sceau municipal. (*Id.*, art. 26 et loi du 4 juin 1858, art. 12.)

Il est prélevé, sur le principal des rôles de patentes, huit centimes pour franc dont le produit est versé dans la caisse municipale. (*Id.*, art. 32.)

235. — La loi du 2 mai 1855 a établi une taxe municipale sur les chiens.

Cette taxe est perçue depuis le 1er janvier 1856 dans toutes les communes et à leur profit. Elle ne peut excéder 10 fr. ni être inférieure à 1 franc. (Dite loi, art. 1 et 2.)

---

[1] Arrêté du 12 messidor an VIII, art. 30.

Des décrets rendus en conseil d'Etat règlent, sur la proposition des conseils municipaux et après avis des conseils généraux, les tarifs à appliquer dans chaque commune. (*Id.*, art. 3.)

Les tarifs une fois établis peuvent être revisés à la fin de chaque période de trois ans.

Les tarifs pour l'établissement de l'impôt qui doit être perçu au profit des communes sur les chiens ne peuvent comprendre que deux taxes dans les limites de l'art. 2 de la loi du 2 mai 1855; la taxe la plus élevée porte sur les chiens d'agrément ou servant à la chasse; la taxe la moins élevée porte sur les chiens de garde, comprenant ceux qui servent à guider les aveugles, à garder les troupeaux, les habitations, magasins, ateliers, etc., et, en général, tous ceux qui ne sont pas compris dans la catégorie précédente. Les chiens qui ne peuvent être classés dans la première ou dans la seconde catégorie sont rangés dans celle dont la taxe est la plus élevée. (Décret du 4 août 1855, art. 1er.)

Un décret du 9 janvier 1856 a réglé la taxe à percevoir sur les chiens dans le département de la Seine, de la manière suivante :

Dans la ville de Paris :

A 10 francs pour les chiens d'agrément ou servant à la chasse; à 5 francs pour les chiens de garde.

Dans les autres communes du département :

A 8 francs pour les chiens d'agrément ou servant à la chasse; à 3 francs pour les chiens de garde.

La taxe est due pour les chiens possédés au 1er janvier, à l'exception de ceux qui, à cette époque, sont encore nourris par la mère. La taxe est due pour l'année entière. Lorsque le contribuable décède dans le courant de l'année, ses héritiers sont redevables de la portion de taxe non encore acquittée. En cas de déménagement du contribuable hors du ressort de la perception, la taxe est immédiatement exigible pour la totalité de l'année courante. (*Id.*, art. 2, 3 et 4.)

Du 1er octobre de chaque année au 15 janvier de l'année suivante, les possesseurs de chiens doivent faire à la mairie une déclaration indiquant le nombre de leurs chiens et les usages auxquels ils sont destinés, en se conformant aux distinctions établies ci-dessus. Ceux qui ont fait cette déclaration avant le 1er janvier, doivent la rectifier s'il est survenu quelque changement dans le nombre ou la destination de leurs chiens. (*Id.*, art. 5.)

Ces déclarations sont inscrites sur un registre spécial. Il en est donné reçu aux déclarants; les récépissés font mention des nom et prénoms du déclarant, de la date de la déclaration, du nombre et de l'usage des chiens déclarés. (*Id.*, art. 6.)

Du 15 au 31 janvier, le maire et les répartiteurs, assistés du percepteur des contributions directes, rédigent un état matrice des personnes imposables. L'état matrice présente les noms, prénoms et demeures des imposables, le nombre de chiens qu'ils possèdent et la catégorie à laquelle chaque animal appartient. L'état matrice relate, en outre, les déclarations faites par les possesseurs de chiens, avec les détails nécessaires pour permettre d'apprécier les différences entre les déclarations et les faits constatés. (*Id.*, art. 7 et 8.)

Du 1er au 15 février, le percepteur adresse au directeur des contributions directes les états matrices rédigés conformément aux prescriptions ci-dessus, pour servir de base à la confection des rôles.

Il est procédé pour cette confection, pour la mise à exécution et la publication des rôles, la distribution des avertissements et le recouvrement des taxes, comme en matière de contributions directes. Les imposés acquittent d'ailleurs leurs taxes, par portions égales, en autant de termes qu'il reste de mois à courir à dater de la publication des rôles, ainsi que cela est prescrit pour les patentés par l'article 24 de la loi du 25 avril 1844. (*Id.*, art. 9.)

236 — Sont passibles d'un accroissement de taxe : 1° celui qui, possédant un ou plusieurs chiens, n'a pas fait de déclaration ; 2° celui qui a fait une déclaration incomplète ou inexacte. Dans le premier cas, la taxe est triplée, et, dans le second, elle est doublée pour les chiens non déclarés ou portés avec une fausse désignation. Lorsqu'un contribuable a été soumis à un accroissement de taxe, et que, pour l'année suivante, il ne fait pas la déclaration exigée ou fait une déclaration incomplète ou inexacte, la taxe est quadruplée dans le premier cas, et triplée dans le second. (*Id.*, art. 10.)

Lorsque les faits pouvant donner lieu à des accroissements de taxe n'ont pas été constatés en temps utile pour entrer dans la formation du rôle primitif, il est dressé, à cet effet, dans le cours de l'année, un rôle supplémentaire, conformément aux dispositions qui précèdent. (*Id.*, art. 11.)

237 — Les frais d'impression relatifs à l'assiette de la taxe sur les chiens, ceux de la confection des rôles, de la confection et de la distribution des avertissements, sont à la charge des communes.

238 — Au capital des contributions directes s'ajoute un certain nombre de centimes additionnels, qui se divisent en centimes généraux, affectés aux besoins de l'État par la loi annuelle du budget, en centimes départementaux, votés par le conseil général ou autorisés par des lois spéciales pour des dépenses propres au département, et en centimes communaux ordinaires, spéciaux et extraordinaires, dont le produit fait retour à la commune.

C'est ainsi que toute commune, dont le conseil municipal n'a pas déclaré que cette contribution était inutile, est imposée, chaque année, de *cinq centimes*, destinés à subvenir, avec ses revenus ordinaires, aux dépenses, soit obligatoires, soit facultatives : ces centimes prennent le nom de centimes *communaux ordinaires*.

Indépendamment de ces centimes additionnels, les communes sont tenues de s'imposer, en cas d'insuffisance de leurs ressources, les centimes additionnels nécessaires pour les dépenses de l'*instruction primaire*, pour les dépenses des *chemins vicinaux* et le *salaire des gardes champêtres*. Ces centimes, dont le maximum est fixé à trois centimes pour les dépenses de l'instruction publique (lois des 28 juin 1833 et 15 mars 1850, art. 40) sont connus sous le nom de *centimes spéciaux*.

Enfin si, au moyen des centimes ordinaires et des centimes spéciaux, une commune ne peut satisfaire à toutes ses dépenses obligatoires, elle a la faculté de s'imposer *extraordinairement*, par addition aux contributions directes.

Les rôles de Paris ne comprennent ni centimes spéciaux pour le service de la vicinalité et pour le salaire des gardes champêtres, ni centimes communaux extraordinaires, mais on y voit ordinairement figurer des centimes communaux ordinaires et des centimes spéciaux pour les dépenses de l'instruction publique.

239 — Les maires des divers arrondissements reçoivent les réclamations présentées par les contribuables. (Loi du 2 messidor an VII.)

Ces réclamations, écrites sur papier timbré, signées des réclamants et accompagnées tant de l'avertissement que des quittances des douzièmes échus, sont déposées à la mairie de l'arrondissement, où elles sont inscrites sur un registre ouvert à cet effet. Les réclamations ayant pour objet une cote moindre de trente francs ne sont point assujetties au droit de timbre.

Les contributions directes peuvent donner lieu à quatre espèces différentes de réclamations, que l'on nomme : 1° demandes en décharge; 2° demandes en réduction; 3° demandes en remise; 4° demandes en modération.

Il y a lieu à la demande en décharge de la part de quiconque a été indûment porté sur le rôle, et à la demande en réduction lorsqu'une cote a été surtaxée.

Ces réclamations doivent être présentées, sur papier timbré, dans les trois mois de la publication des rôles. (Loi du 4 août 1844, art. 8.)

Les demandes en décharge et en réduction sont adressées au préfet, et renvoyées par ce dernier au contrôleur, qui vérifie les faits, et donne son avis après avoir pris celui des répartiteurs. Le directeur dresse son rapport, et, s'il conclut à l'admission de la demande, le conseil de préfecture est appelé aussitôt à prononcer; si, au contraire, il conclut au rejet de la demande, le réclamant est mis en demeure de prendre connaissance du dossier à la préfecture; après quoi, il est libre de produire de nouvelles pièces justificatives ou de provoquer une expertise. — S'il se décide pour l'expertise, deux experts sont nommés, l'un par lui, l'autre par le préfet; leur rapport est joint au dossier, et il est prononcé sur le tout par le conseil de préfecture.

Si la demande est reconnue fondée, la commune supporte les frais; sinon, ces frais sont à la charge du réclamant.

Il peut être appelé de la décision du conseil de préfecture au conseil d'État.

Les demandes en décharge et réduction, pour les biens de mainmorte, sont présentées, instruites et jugées dans les formes et délais prescrits pour la contribution foncière. (Instruct. des contributions directes, 10 mars 1849.) *Voyez* p. 236.

Il en est de même des réclamations pour la taxe des chiens. Ainsi, les contribuables portés aux rôles de la taxe municipale sur les chiens peuvent présenter des réclamations individuelles, et les receveurs particuliers percepteurs peuvent, s'il y a lieu, former des états de cotes indûment imposées et des états de cotes irrécouvrables. Ces réclamations sont déposées et enregistrées à la préfecture, transmises au directeur des contributions directes, renvoyées par lui aux contrôleurs, communiquées par ces derniers agents aux répartiteurs, et jugées ensuite par le conseil de préfecture. (Circ. fin., 26 sept. 1855.)

Il y a lieu à la demande en remise si le contribuable, justement taxé dans l'origine, vient à perdre la totalité des revenus, objets de la taxe, et à la demande en modération, lorsqu'il ne perd qu'une partie de ses revenus.

Ces deux espèces de réclamations se font par voie de pétition, et sont adressées au préfet, quinze jours au plus tard après les pertes et accidents qui y donnent lieu. (Circulaire ministérielle, 22 décembre 1826.)

A la fin de l'année, le préfet prononce sur toutes les demandes de cette nature. Les demandes en remise ou modération non accueillies par le préfet peuvent être renouvelées devant le ministre des finances, mais elles ne peuvent être soumises au conseil d'État par la voie contentieuse. (Décision du conseil d'État, 23 février 1841.)

Les réclamations en décharge ou réduction et les demandes en remise ou modération concernant les patentes doivent être communiquées aux maires par le contrôleur : elles sont d'ailleurs présentées, instruites et jugées dans les formes et délais prescrits pour les autres contributions directes. (Loi du 25 avril 1844, art. 22.)

240 — Lorsque les contribuables n'acquittent pas le montant de leurs cotisations, voici les mesures qui sont prises contre eux :

Le contribuable qui n'a pas acquitté, le 1er du mois, le douzième échu pour le mois précédent, est dans le cas d'être poursuivi. Les poursuites ne peuvent avoir lieu qu'après la remise d'une sommation sans frais, qui donne au contribuable un délai de huit jours pour se libérer. Ce délai passé, il lui est adressé une sommation, avec frais, de payer sous les trois jours. Puis, vient la garnison collective. Trois jours après l'exercice de la garnison, un commandement est adressé au redevable, avec injonction de payer. A défaut de payement, il est procédé à la saisie et à la vente de son mobilier.

241 — Certaines obligations sont imposées par la loi aux propriétaires qui veulent s'affranchir des poursuites en garantie de l'administration, relativement aux contributions dues par leurs locataires. Ces obligations, l'administration prend soin de les rappeler elle-même aux propriétaires. Nous dirons néanmoins en quoi elles consistent :

La contribution mobilière est due par le contribuable nominativement désigné au rôle; cependant, le propriétaire et le principal locataire sont garants du recouvrement, sauf leur recours :

1° Si, un mois avant l'époque du déménagement ou de l'enlèvement des meubles, ils n'ont pas eu soin de déclarer le déménagement au percepteur, et s'ils ne justifient pas d'une reconnaissance par écrit de cette déclaration;

2° Lorsque, dans le cas de déménagement furtif, ils ont négligé de faire constater ce déménagement dans les trois jours, soit par le commissaire de police du quartier, soit par le le juge de paix ou le maire de l'arrondissement;

3° Et enfin, quand les contribuables imposés sont logés chez eux en garni. Dans ce dernier cas, les propriétaires et principaux locataires demeurent responsables, nonobstant toute déclaration de leur part. (Art. 22 et 23 de la loi du 21 avril 1832.)

Les dispositions ci-dessus s'appliquent-elles également à la taxe municipale sur les chiens? Non, car aucun texte de loi ne le dit formellement.

La contribution des patentes est due également par le contribuable nominativement imposé; néanmoins, le propriétaire et le principal locataire demeurent responsables du dernier douzième échu et du douzième courant des taxes dues par le patenté :

1° Si, un mois avant le terme fixé par le bail ou les conventions particulières pour le déménagement de leurs locataires, ils n'ont pas donné avis de ce déménagement au percepteur;

2° Lorsque, dans le cas de déménagement furtif, ils ont négligé de donner avis de ce déménagement au percepteur dans les trois jours. (Art. 25 de la loi du 25 avril 1844.)

Les propriétaires et principaux locataires ne sont point dispensés des formalités prescrites par la loi, lors même que le déménagement devrait avoir lieu avant l'époque de la mise en recouvrement des rôles de la contribution mobilière et des patentes. La même obligation existe à l'égard de locataires emménagés postérieurement à l'émission des rôles.

Lorsqu'une taxe de patente est mise en recouvrement dans le cours de l'année, en vertu d'un rôle supplémentaire, ou bien lorsqu'un nom a été substitué à un autre sur le rôle mobilier ou des patentes, le propriétaire ou principal locataire de la maison habitée par le contribuable ainsi imposé est tenu de remplir à l'égard de ce dernier les mêmes formalités.

Dans le cas où le percepteur refuserait de recevoir la déclaration qui lui serait faite, un mois ou plus avant l'époque du déménagement, le propriétaire ou principal locataire a la faculté de porter cette déclaration devant le maire ou le juge de paix de son arrondissement, et d'en prendre acte, ou de la faire notifier par un huissier au percepteur refusant.

Le propriétaire ou principal locataire qui se croit fondé à réclamer pour raison des poursuites en garantie exercées contre lui se pourvoit près le préfet du département de la Seine. A cet effet, il présente une pétition et joint à l'appui la contrainte administrative qui lui a été adressée, ainsi que la reconnaissance de la déclaration du déménagement ordinaire ou le certificat du déménagement furtif. Cette pétition, écrite sur papier timbré pour toute taxe de 30 francs et au-dessus, est déposée au secrétariat de la préfecture, dans les trois mois de la réception de la contrainte, sous peine de déchéance.

CHAPITRE V.

DES ÉLECTIONS ET DU JURY.

242 — Des différentes élections et de la liste du jury.
243 — *Élections législatives.* — Observations générales. — Circonscription du département de la Seine.
244 — Éligibles.
245 — Liste des électeurs.
246 — Réclamation contre la liste des électeurs.
247 — Mode de révision de la liste électorale.
248 — Colléges électoraux.
249 — Option des députés élus dans plusieurs circonscriptions.
250 — Crimes et délits en matière électorale.
251 — *Élections consulaires.* — Composition du tribunal de commerce.
252 — Liste des notables. — Sa composition.
253 — Élections du président, des juges et des suppléants.
254 — Serment et installation.
255 — *Chambre de commerce.* — Sa composition et ses attributions.
256 — Élections de ses membres.
257 — Durée des fonctions.
258 — Bureau public pour le conditionnement et le tirage des soies et des laines.
259 — *Conseils de prud'hommes.* — Composition des conseils.
260 — Électeurs et éligibles.
261 — Dissolution des conseils de prud'hommes.
262 — Dépenses à la charge de la ville de Paris.
263 — *Jury.* — Composition de la liste annuelle des jurés titulaires et des jurés suppléants.
264 — Conditions spéciales d'aptitude et cas d'incapacité.
265 — Jurés dispensés et excusés.
266 — Tirage au sort des jurés.

242 — Les élections et la confection de la liste du jury rentrent dans les fonctions administratives du préfet de la Seine; c'est comme délégué du Gouvernement que le préfet est appelé à s'occuper des élections législatives, de l'élection des notables commerçants, de celle des conseils de prud'hommes et des membres

de la chambre de commerce, et de la confection de la liste du jury. Ces différentes matières feront l'objet du présent chapitre.

243 — Les élections législatives ont pour base la population ; chaque département a un député à raison de 35,000 électeurs ; les fractions excédant 25,000 électeurs sont aussi représentées par un député. Le nombre total des députés est fixé à deux cent soixante et un.

Il y a dans chaque département autant de circonscriptions électorales que de députés, chaque circonscription élisant un seul député. Le tableau des circonscriptions électorales est revisé tous les cinq ans. D'après le dernier tableau, annexé au décret du 20 mai 1857, le nombre des députés à élire est de dix pour le département de la Seine.

Les élections législatives sont réglées par la loi du 2 février 1852, dont nous allons analyser les dispositions.

244 — Sont éligibles, sans condition de domicile, tous les électeurs âgés de 25 ans. (Art. 26 de la loi.)

Sont déclarés indignes d'être élus les individus désignés aux articles 15 et 16 ci-après de la loi. — Voy. p. 251.

Est déchu de la qualité de membre du Corps législatif tout député qui, pendant la durée de son mandat, a été frappé d'une condamnation emportant la privation du droit d'être élu. La déchéance est prononcée par le Corps législatif sur le vu des pièces justificatives. (*Id.*, art 27 et 28.)

Toute fonction publique rétribuée est incompatible avec le mandat de député au Corps législatif. — Tout fonctionnaire rétribué, élu député au Corps législatif, est réputé démissionnaire de ses fonctions par le seul fait de son admission comme membre du Corps législatif, s'il n'a pas opté avant la vérification de ses pouvoirs. — Tout député au Corps législatif est réputé démissionnaire par le seul fait de l'acceptation de fonctions publiques salariées. (*Id.*, art. 29.)

Ne peuvent être élus dans tout ou partie de leur ressort, pendant les six mois qui suivraient leur destitution, leur démission ou tout autre changement de leur position, les fonctionnaires publics ci-après indiqués : les premiers présidents, les procureurs généraux ; — les présidents des tribunaux civils et les procureurs impériaux ; — le commandant supérieur des gardes nationales de la Seine ; — le préfet de police, les préfets et les sous-préfets ; — les archevêques, évêques et vicaires généraux ; — les officiers généraux commandant les divisions et subdivisions militaires ; — les préfets maritimes. (*Id.*, art. 30.)

245 — Le suffrage est direct et universel. — Tous les Français, âgés de vingt et un ans accomplis et en possession de leurs droits civils et politiques sont électeurs sans conditions de cens. (*Id.*, art. 3-12.)

La liste des électeurs est dressée pour chaque commune, et à Paris, pour chaque arrondissement, par le maire. Elle comprend, par ordre alphabétique : 1° tous les électeurs habitant dans la commune ou arrondissement, depuis six mois au moins ; 2° ceux qui, n'ayant pas atteint, lors de la formation de la liste, les conditions d'âge et d'habitation, doivent les acquérir avant la clôture définitive. (*Id.*, art. 13.)

Les militaires en activité de service et les hommes retenus pour le service des ports ou de la flotte, en vertu de leur immatriculation sur les rôles de l'inscription maritime, sont portés sur les listes des communes où ils étaient domiciliés avant leur départ.

Ils ne peuvent voter pour les députés au Corps législatif que lorsqu'ils sont présents, au moment de l'élection, dans la commune où ils sont inscrits. (*Id.*, art. 14.)

Ne doivent pas être inscrits sur les listes électorales :

1° Les individus privés de leurs droits civils et politiques par suite de condamnation, soit à des peines afflictives ou infamantes, soit à des peines infamantes seulement ;

2° Ceux auxquels les tribunaux, jugeant correctionnellement, ont interdit le droit de vote et d'élection, par application des lois qui autorisent cette interdiction ;

3° Les condamnés pour crime à l'emprisonnement, par application de l'art. 463 du Code pénal ;

4° Ceux qui ont été condamnés à trois mois de prison, par application des articles 318 et 423 du Code pénal ;

5° Les condamnés pour vol, escroquerie, abus de confiance, soustraction commise par les dépositaires de deniers publics, ou attentats aux mœurs, prévus par les articles 330 et 334 du Code pénal, quelle que soit la durée de l'emprisonnement auquel ils ont été condamnés ;

6° Les individus qui, par application de l'article 8 de la loi du 17 mai 1819 et de l'article 3 du décret du 11 août 1848, auront été condamnés pour outrage à la morale publique et religieuse ou aux bonnes mœurs, et pour attaque contre le principe de la propriété et les droits de la famille ;

7° Les individus condamnés à plus de trois mois d'emprisonnement en vertu des articles 31, 33, 34, 35, 36, 38, 39, 40, 41, 42,

45, 46 de la loi du 2 février 1852 (sur les élections). — Voy. p. 257 et suivantes.

8° Les notaires, greffiers et officiers ministériels destitués en vertu de jugements ou décisions judiciaires;

9° Les condamnés pour vagabondage ou mendicité;

10° Ceux qui ont été condamnés à trois mois de prison au moins, par application des articles 439, 443, 444, 445, 446, 447 et 452 du Code pénal;

11° Ceux qui ont été déclarés coupables des délits prévus par les articles 410 et 411 du Code pénal et par la loi du 21 mai 1836 portant prohibition des loteries;

12° Les militaires condamnés au boulet ou aux travaux publics;

13° Les individus condamnés à l'emprisonnement, par application des articles 38, 41, 43 et 45 de la loi du 21 mars 1832 sur le recrutement de l'armée;

14° Les individus condamnés à l'emprisonnement, par application de l'article 1er de la loi du 27 mars 1851 (sur les fraudes commises par les marchands);

15° Ceux qui ont été condamnés pour délit d'usure;

16° Les interdits;

17° Les faillis non réhabilités dont la faillite a été déclarée, soit par les tribunaux français, soit par jugements rendus à l'étranger, mais exécutoires en France. (*Id.*, art. 15.)

Les condamnés à plus d'un mois d'emprisonnement pour rébellion, outrages et violences envers les dépositaires de l'autorité ou de la force publique, pour outrages publics envers un juré à raison de ses fonctions ou envers un témoin à raison de sa déposition, pour délits prévus par la loi sur les attroupements et la loi sur les clubs, et pour infractions à la loi sur le colportage, ne peuvent pas être inscrits sur la liste électorale pendant cinq ans, à dater de l'expiration de leur peine. (*Id.*, art. 16.)

Les listes électorales sont permanentes.

Elles sont l'objet d'une révision annuelle. (*Id.*, art. 18.)

246 — Lors de la révision annuelle, tout citoyen omis sur la liste peut présenter sa réclamation à la mairie. Tout électeur inscrit sur l'une des listes de la circonscription électorale peut réclamer la radiation ou l'inscription d'un individu omis ou indûment inscrit. Le même droit appartient au préfet et aux sous-préfets.

Il est ouvert, dans chaque mairie, un registre sur lequel les réclamations sont inscrites par ordre de date. Le maire doit donner **récépissé de chaque réclamation.** L'électeur dont l'inscription a été contestée en est averti sans frais, par le maire, et peut présenter ses observations. (*Id.*, art. 19.)

Les réclamations sont jugées par une commission composée, à Paris, du maire et de deux adjoints ; partout ailleurs, du maire et de deux membres du conseil municipal désignés par le conseil. (*Id.*, art. 20.)

Notification de la décision est, dans les trois jours, faite aux parties intéressées par le ministère d'un agent assermenté. Elles peuvent interjeter appel dans les cinq jours de la notification. (*Id.*, art. 21.)

L'appel est porté devant le juge de paix du canton, et, à Paris, devant le juge de paix de chaque arrondissement; il est formé par simple déclaration au greffe : le juge de paix statue dans les dix jours, sans frais ni forme de procédure, et sur simple avertissement, donné trois jours à l'avance à toutes les parties intéressées. Toutefois, si la demande portée devant lui implique la solution préjudicielle d'une question d'État, il renvoie préalablement les parties à se pourvoir devant les juges compétents, et fixe un bref délai dans lequel la partie qui a élevé la question préjudicielle devra justifier de ses diligences. Il est procédé, en ce cas, conformément aux articles 855, 856 et 858 du Code de procédure. (*Id.*, art. 22.)

La décision du juge de paix est en dernier ressort, mais elle peut être déférée à la cour de cassation. Le pourvoi n'est recevable que s'il est formé dans les dix jours de la notification de la décision. Il n'est pas suspensif. Il est formé par simple requête, dénoncée aux défendeurs dans les dix jours qui suivent ; il est dispensé de l'intermédiaire d'un avocat à la cour et jugé d'urgence, sans frais ni consignation d'amende. Les pièces et mémoires fournis par les parties sont transmis, sans frais, par le greffier de la justice de paix au greffier de la cour de cassation. (*Id.*, art. 23.)

Tous les actes judiciaires sont, en matière électorale, dispensés de timbre et enregistrés gratis. (*Id.*, art. 24.)

247 — Le décret du 2 février 1852 a réglementé la révision annuelle des listes électorales de la manière suivante :

Du 1er au 10 janvier de chaque année, le maire de chaque commune et de chaque arrondissement, à Paris, ajoute à la liste les citoyens qu'il reconnaît avoir acquis les qualités exigées par la loi, ceux qui acquerront les conditions d'âge et d'habitation avant le 1er avril, et ceux qui auraient été précédemment omis.

Il en retranche :

1° Les individus décédés ; 2° ceux dont la radiation a été ordonnée par l'autorité compétente; 3° ceux qui ont perdu les qualités requises par la loi; 4° ceux qu'il reconnaît avoir été indûment inscrits, quoique leur inscription n'ait point été attaquée. Il tient un registre de toutes ces décisions et y mentionne les motifs et les pièces à l'appui. (Dit décret, art. 1er.)

Le tableau contenant les additions et retranchements faits par le maire à la liste électorale est déposé au plus tard le 15 janvier au secrétariat de la commune et à celui de l'arrondissement, à Paris. Ce tableau est communiqué à tout requérant, qui peut le recopier et le reproduire par la voie de l'impression. Le jour même de ce dépôt, avis en est donné par affiches aux lieux accoutumés. (*Id.*, art. 2.)

Une copie du tableau et du procès-verbal constatant l'accomplissement des formalités prescrites par l'article précédent est en même temps transmise dans les arrondissements de Sceaux et de Saint-Denis au sous-préfet de l'arrondissement, qui l'adresse, dans les deux jours, avec ses observations, au préfet du département, et, à Paris, au préfet de la Seine. (*Id.*, art. 3.)

Si le préfet estime que les formalités et les délais prescrits par la loi n'ont pas été observés, il doit, dans les deux jours de la réception du tableau, déférer les opérations du maire au conseil de préfecture du département, qui statue dans les trois jours et fixe, s'il y a lieu, le délai dans lequel les opérations annulées devront être refaites. (*Id.*, art. 4.)

Les demandes en inscription ou en radiation doivent être formées dans les dix jours, à compter de la publication des listes. (*Id.*, art. 5.)

Le juge de paix donne avis des infirmations par lui prononcées au préfet et au maire dans les trois jours de la décision. (*Id.*, art. 6.)

Le 31 mars de chaque année, le maire opère toutes les rectifications régulièrement ordonnées, transmet au préfet le tableau de ces rectifications et arrête définitivement la liste électorale de la commune, et, à Paris, de l'arrondissement.

La minute de la liste électorale reste déposée au secrétariat de la mairie : le tableau rectificatif transmis au préfet reste déposé avec la copie de la liste électorale au secrétariat général du département. Communication en doit toujours être donnée aux citoyens qui la demandent. (*Id.*, art. 7.)

La liste électorale reste, jusqu'au 31 mars de l'année suivante, telle qu'elle a été arrêtée, sauf néanmoins les changements qui y auraient été ordonnés par décision du juge de paix, et sauf aussi la radiation des noms des électeurs décédés ou privés des droits civils et politiques par jugement ayant force de chose jugée. (*Id.*, art. 8.)

248. — Les colléges électoraux doivent être réunis, autant que possible, un dimanche ou un jour férié. Ils ne peuvent s'occuper que de l'élection pour laquelle ils sont réunis. Toutes discussions, toutes délibérations, leur sont interdites. (*Id.*, art. 9.)

Le président du collége ou de la section a seul la police de l'assemblée. Nulle force armée ne peut, sans son autorisation, être placée dans la salle des séances, ni aux abords du lieu où se tient l'assemblée. Les autorités civiles et les commandants militaires sont tenus de déférer à ses réquisitions. (*Id.*, art. 11.)

Le bureau de chaque collége ou section est composé d'un président, de quatre assesseurs, et d'un secrétaire choisi par eux parmi les électeurs. Dans les délibérations du bureau, le secrétaire n'a que voix consultative. (*Id.*, art. 12.)

Les colléges et sections sont présidés par les maire, adjoints et conseillers municipaux de la commune; à leur défaut, les présidents sont désignés par le maire, parmi les électeurs sachant lire et écrire. A Paris, les sections sont présidées, dans chaque arrondissement, par le maire, les adjoints ou les électeurs désignés par eux. (*Id.*, art. 13.)

Les assesseurs sont pris, suivant l'ordre du tableau, parmi les conseillers municipaux sachant lire et écrire; à leur défaut, les assesseurs sont les deux plus âgés et les deux plus jeunes électeurs présents sachant lire et écrire. — A Paris, les fonctions d'assesseurs sont remplies dans chaque section par les deux plus âgés et les deux plus jeunes électeurs sachant lire et écrire. (*Id.*, art. 14.)

Trois membres du bureau au moins doivent être présents pendant tout le cours des opérations du collége. (*Id.*, art. 15.)

Le bureau prononce provisoirement sur les difficultés qui s'élèvent touchant les opérations du collége ou de la section. Ses décisions sont motivées. — Toutes les réclamations et décisions sont inscrites au procès-verbal; les pièces ou bulletins qui s'y rapportent y sont annexés, après avoir été parafés par le bureau. (*Id.*, art. 16.)

Pendant toute la durée des opérations électorales, une copie officielle de la liste des électeurs, contenant les noms, domicile et qualification de chacun des inscrits, reste déposée sur la table autour de laquelle siége le bureau. Tout électeur inscrit sur cette liste a le droit de prendre part au vote. Néanmoins, ce droit est suspendu pour les détenus, pour les accusés contumaces, et pour les personnes non interdites, mais retenues, en vertu de la loi du 30 juin 1838, dans un établissement public d'aliénés. (*Id.*, art. 17 et 18.)

Nul ne peut être admis à voter s'il n'est inscrit sur la liste. Toutefois, sont admis au vote, quoique non inscrits, les citoyens porteurs d'une décision du juge de paix ordonnant leur inscription, ou d'un arrêt de la cour de cassation annulant un jugement qui aurait prononcé une radiation. (*Id.*, art. 19.)

Nul électeur ne peut entrer dans le collége électoral s'il est porteur d'armes quelconques. (*Id.*, art. 20.)

Les électeurs sont appelés successivement par ordre alphabétique. Ils apportent leur bulletin préparé en dehors de l'assemblée. Le papier du bulletin doit être blanc et sans signes extérieurs. (*Id.*, art. 21.)

A l'appel de son nom, l'électeur remet au président son bulletin fermé. Le président le dépose dans la boîte du scrutin, laquelle doit, avant le commencement du vote, avoir été fermée à deux serrures, dont les clefs restent, l'une entre les mains du président, l'autre entre celles du scrutateur le plus âgé. (*Id.* art. 22.)

Le vote de chaque électeur est constaté par la signature ou le parafe de l'un des membres du bureau, apposée sur la liste, en marge du nom du votant. (*Id.*, art. 23.)

L'appel étant terminé, il est procédé au réappel de tous ceux qui n'ont pas voté. (*Id.*, art. 24.)

Le scrutin reste ouvert pendant deux jours : le premier jour, depuis huit heures du matin jusqu'à six heures du soir; et, le second jour, depuis huit heures du matin jusqu'à quatre heures du soir. (*Id.*, art. 25.)

Les boîtes du scrutin sont scellées et déposées pendant la nuit au secrétariat ou dans la salle de la mairie. Les scellés sont également apposés sur les ouvertures de la salle où les boîtes ont été déposées. (*Id.*, art. 26.)

Après la clôture du scrutin, il est procédé au dépouillement de la manière suivante : la boîte du scrutin est ouverte, et le nombre des bulletins vérifié. Si ce nombre est plus grand ou moindre que celui des votants, il en est fait mention au procès-verbal. Le bureau désigne parmi les électeurs présents un certain nombre de scrutateurs sachant lire et écrire, lesquels se divisent par tables de quatre au moins. Le président répartit entre les diverses tables les bulletins à vérifier. A chaque table, l'un des scrutateurs lit chaque bulletin à haute voix et le passe à un autre scrutateur; les noms portés sur les bulletins sont relevés sur des listes préparées à cet effet. (*Id.*, art. 27.)

Le président et les membres du bureau surveillent l'opération du dépouillement. Néanmoins, dans les colléges ou sections où il s'est présenté moins de trois cents votants, le bureau peut procéder lui-même, et sans l'intervention de scrutateurs supplémentaires, au dépouillement du scrutin. (*Id.*, art. 28.)

Les tables sur lesquelles s'opère le dépouillement du scrutin sont disposées de telle sorte que les électeurs puissent circuler alentour. (*Id.*, art. 29.)

Les bulletins blancs, ceux ne contenant pas une désignation suffisante, ou dans lesquels les votants se font connaître, n'entrent point en compte dans le résultat du dépouillement, mais ils sont annexés au procès-verbal. (*Id.*, art. 30.)

Immédiatement après le dépouillement, le résultat du scrutin est rendu public, et les bulletins autres que ceux qui, conformément aux articles 16 et 30, doivent être annexés au procès-verbal, sont brûlés en présence des électeurs. (*Id.*, art. 31.)

Pour les colléges divisés en plusieurs sections, le dépouillement du scrutin se fait dans chaque section. Le résultat est immédiatement arrêté et signé par le bureau; il est ensuite porté par le président au bureau de la première section, qui, en présence des présidents des autres sections, opère le recensement général des votes et en proclame le résultat. (*Id.*, art. 32.)

Les procès-verbaux des opérations électorales de chaque commune sont rédigés en double. L'un de ces doubles reste déposé au secrétariat de la mairie; l'autre double est transmis au sous-préfet de l'arrondissement, qui le fait parvenir au préfet du département. (*Id.*, art. 33.)

Le recensement général des votes, pour chaque circonscription électorale, se fait au chef-lieu du département, en séance publique. Il est opéré par une commission composée de trois membres du conseil général. A Paris, le recensement est fait par une commission de cinq membres du conseil général, désignés par le préfet de la Seine. Cette opération est constatée par un procès-verbal. (*Id.*, art. 34.)

Le recensement général des votes étant terminé, le président de la commission en fait connaître le résultat. Il proclame député au Corps législatif celui des candidats qui a satisfait aux deux conditions exigées. Nul n'est élu ni proclamé député au Corps législatif, au premier tour de scrutin, s'il n'a réuni : 1° la majorité absolue des suffrages exprimés ; 2° un nombre égal au quart de celui des électeurs inscrits sur la totalité des listes de la circonscription électorale. Au second tour de scrutin, l'élection a lieu à la majorité relative, quel que soit le nombre des votants; dans le cas où les candidats obtiennent un nombre égal de suffrages, le plus âgé est proclamé député. (*Id.*, art. 35, et loi organique du 2 février 1852, art. 6.)

Lorsqu'aucun candidat n'a obtenu la majorité absolue et le vote en sa faveur du quart au moins des électeurs inscrits, l'élection est continuée au deuxième dimanche qui suit le jour de la proclamation du scrutin. (Décret du 2 février 1852, art. 36.)

Aussitôt après la proclamation du résultat des opérations électorales, les procès-verbaux et les pièces y annexées sont transmis par les soins du préfet au Corps législatif. (*Id.*, art. 37.)

249. — Le député élu dans plusieurs circonscriptions électorales doit faire connaître son option au président du Corps législatif dans les dix jours qui suivent la déclaration de la validité de ces élections. (Décret organique, art. 7.)

En cas de vacance par option, décès, démission ou autrement, le collége électoral qui doit pourvoir à la vacance est réuni dans le délai de six mois. (*Id.*, art. 8.)

250. — Les crimes et délits en matière électorale sont prévus et punis par les art. 31 à 47 du décret organique du 2 février 1852 [1].

Les crimes sont jugés par la cour d'assises, et les délits par les tribunaux correctionnels; l'art. 463 du Code pénal peut être appliqué. (*Id.*, art. 48.)

L'action publique et l'action civile sont prescrites après trois mois, à partir du jour de la proclamation du résultat de l'élection. (*Id.*, art. 50.)

La condamnation, s'il en est prononcé, ne peut, en aucun cas, avoir pour effet d'annuler l'élection déclarée valide par les pouvoirs compétents, ou dûment définitive par l'absence de toute protestation régulière formée dans les délais voulus par les lois spéciales. (*Id*, art. 51.)

251. — Le tribunal de commerce de la Seine se compose d'un président, de dix juges et de seize suppléants [2].

Tout commerçant peut être nommé juge ou suppléant, s'il est âgé de trente ans, s'il exerce le commerce avec honneur et dis-

---

[1] Voyez le *corps municipal*, p. 285.
[2] Ord. royale, 17 juillet 1840.

tinction depuis cinq ans. Le président doit être âgé de quarante ans, et ne peut être choisi que parmi les anciens juges [1].

Les membres du tribunal de commerce sont élus dans une assemblée composée de commerçants notables, et principalement des chefs des maisons les plus anciennes et les plus recommandables par la probité, l'esprit d'ordre et d'économie. Les fonctions des juges de commerce sont seulement honorifiques [2].

Un décret du 28 août 1848 avait modifié ce mode d'élection des membres du tribunal de commerce ; mais un autre décret du 2 mars 1852 l'a rétabli en remettant en vigueur le décret du 6 octobre 1809, la loi du 3 mars 1840, et les art. 618, 619, 620, 621 et 629 du Code de commerce.

252 — La liste des notables est dressée sur tous les commerçants de l'arrondissement, c'est-à-dire du ressort du tribunal, par le préfet de la Seine, et approuvée par le ministre de l'intérieur. La loi attribue sous ce rapport au préfet un pouvoir discrétionnaire. Néanmoins une circulaire ministérielle du 19 mars 1852 a donné sur la composition de la liste les explications suivantes :

Nul ne doit figurer sur la liste des notables s'il n'est Français d'origine ou naturalisé, majeur et en possession des droits civiques et politiques. En outre, tout notable doit être patenté, l'obligation de payer patente étant une de celles qui caractérisent la profession commerciale.

Les anciens négociants peuvent être membres du tribunal de commerce, suivant la distinction établie par la loi du 13 août 1791 ; mais on ne saurait investir ni des droits d'électeurs, ni de la qualité d'éligible, les Français que les gouvernements étrangers se sont attachés en qualité d'agents consulaires ; ils ne peuvent figurer sur la liste des notables que lorsqu'ils ont cessé leurs fonctions.

Il est dans l'esprit de la loi d'admettre à l'exercice des droits d'électeur tout commerçant qui se trouve désigné au choix de l'autorité par la position qu'il occupe et la juste considération dont il jouit.

On peut consulter sur ce point le président du tribunal et celui de la chambre de commerce, les maires et adjoints des arrondissements de Paris et des autres communes du département.

D'après une circulaire du ministre de l'agriculture et du com-

---

[1] Code de commerce, art. 620.
[2] Id., art. 618 et 628.

merce, du 15 janvier 1853, les agents de change et courtiers ne peuvent concourir aux élections consulaires.

Aucune disposition de loi ni de règlement n'a prescrit d'époque pour le renouvellement de la liste des notables, mais la circulaire du 19 mars 1852 a décidé que cette liste serait revue, vérifiée et arrêtée chaque année,

253 — Le président et les juges sortant d'exercice après deux années peuvent être réélus immédiatement pour deux années. Cette nouvelle période expirée, ils ne sont éligibles qu'après un an d'intervalle. Tout membre élu en remplacement d'un autre, par suite de décès ou de toute autre cause, ne demeure en exercice que pendant la durée du mandat confié à son prédécesseur [1].

A la première élection, le président et la moitié des juges et des suppléants sont nommés pour deux ans : la seconde moitié des juges et des suppléants est nommée pour un an. Aux élections postérieures, toutes les nominations sont faites pour deux ans, de telle sorte que les juges et les suppléants sont renouvelés par moitié chaque année [2].

L'élection est faite au scrutin individuel, à la pluralité absolue des suffrages, et, lorsqu'il s'agit d'élire le président, l'objet spécial de cette élection est annoncé avant d'aller au scrutin [3].

Au jour fixé pour l'élection, l'assemblée des notables, convoqués par lettre spéciale, s'ouvre en présence d'un délégué du préfet. Elle constitue d'abord son bureau provisoire en désignant parmi les membres présents le doyen d'âge pour président, les trois commerçants les plus âgés pour scrutateurs, et le plus jeune pour secrétaire. — Immédiatement après la formation du bureau provisoire, et lorsque le fonctionnaire délégué s'est retiré, l'assemblée procède simultanément à la nomination des membres du bureau définitif, savoir : du président et du secrétaire, par voie du scrutin individuel ; des trois scrutateurs, par la voie du scrutin de liste simple.

Le bureau définitif s'étant installé, l'assemblée procède à l'élection du président du tribunal, de la moitié des juges et des suppléants formant la série à renouveler. Il y a, pour chaque tour de scrutin, un appel et un réappel, après quoi le président déclare le scrutin fermé. — Les procès-verbaux des opérations sont déposés à la préfecture de la Seine.

[1] Code de commerce, art. 623, et loi du 3 mars 1840.
[2] Code de commerce, art. 622.
[3] Id., art. 621.

254 — Les juges de commerce prêtent serment, avant d'entrer en fonction, à l'audience de la cour impériale [1], et sont installés par le préfet de la Seine.

255 — Les chambres de commerce ont pour attribution, 1° de donner au Gouvernement les avis et renseignements qui leur sont demandés sur les faits et les intérêts industriels et commerciaux ; 2° de présenter leurs vues sur les moyens d'accroître la prospérité de l'industrie et du commerce ; sur les améliorations à introduire dans toutes les branches de la législation commerciale, y compris les tarifs des douanes et octrois ; sur l'exécution des travaux et l'organisation des services publics qui peuvent intéresser le commerce ou l'industrie, tels que les travaux des ports, la navigation des fleuves, des rivières, les postes, les chemins de fer, etc. [2]

L'avis des chambres de commerce est demandé spécialement : sur les changements projetés dans la législation commerciale ; sur les érections et règlements des chambres de commerce ; sur les créations de bourses et les établissements d'agents de change ou de courtiers ; sur les tarifs des douanes ; sur les tarifs et règlements des services de transports et autres, établis à l'usage du commerce ; sur les usages commerciaux, les tarifs et règlements de courtage maritime et de courtage en matière d'assurances de marchandises, de change et d'effets publics ; sur les créations des tribunaux de commerce dans leur circonscription ; sur les établissements de banques, de comptoirs d'escompte et de succursales de la Banque de France ; sur les projets de travaux publics locaux relatifs au commerce ; sur les projets de règlements locaux en matière de commerce ou d'industrie [3].

La chambre de commerce de Paris se compose de vingt et un membres [4].

La chambre nomme tous les ans dans son sein un président et un vice-président. Elle nomme aussi un secrétaire et un trésorier. Ces nominations sont faites à la majorité absolue. Le préfet de la Seine est de droit membre de la chambre de commerce, et préside les séances auxquelles il assiste [5].

L'administration de la Bourse appartient à la chambre de com-

---

[1] Code de commerce, art. 629.
[2] Loi du 3 septembre 1851, art. 11.
[3] Id., art. 12.
[4] Décret du 6 janvier 1853.
Loi du 3 septembre 1851 art. 9.

merce, sans préjudice des droits de surveillance du préfet de police sur cet établissement [1].

Les chambres de commerce ont été déclarées établissements d'utilité publique par la loi du 3 septembre 1851. Sous ce rapport, quelle est leur capacité, au point de vue des actes de la vie civile? Peuvent-elles acheter, emprunter, posséder des immeubles? Nous avons ailleurs cherché à préciser la condition des établissements de ce genre [2].

256 — Les membres de la chambre de commerce sont nommés par les électeurs désignés, conformément aux articles 618 et 619 du Code de commerce, pour élire les membres du tribunal de commerce [3].

Une lettre de convocation est adressée à chacun des notables pour qu'il se rende à l'assemblée électorale aux lieu et jour fixés. L'assemblée est présidée par le préfet de la Seine ou par un délégué. Le président de l'assemblée est assisté de quatre électeurs, qui sont les deux plus âgés et les deux plus jeunes des membres présents. Le bureau, ainsi composé, nomme son secrétaire, pris dans l'assemblée. Il décide toutes les questions qui peuvent s'élever dans le cours de l'élection, à l'exception de celles qui sont relatives à la capacité des candidats élus [4].

L'élection a lieu sur une seule liste de candidats, au scrutin secret et à la majorité absolue des électeurs présents. Au second tour, la majorité relative suffit [5]. L'assemblée ayant terminé ses opérations, les procès-verbaux d'élection sont déposés à la préfecture de la Seine.

Sont éligibles :

Tout commerçant ayant au moins trente ans, et exerçant le commerce ou une industrie manufacturière depuis cinq ans au moins ; 2° les anciens négociants ou manufacturiers domiciliés dans la circonscription de la chambre, pourvu qu'ils aient au moins trente ans d'âge ; toutefois, les éligibles de la seconde catégorie ne peuvent jamais excéder le tiers du nombre des membres de la chambre [6].

Plusieurs associés en nom collectif ne peuvent faire partie

---

[1] Loi du 3 septembre 1851, art. 13.
[2] Voyez nos articles dans la *Revue pratique de droit français*, de 1857, p. 145 (octobre), et 1859, t. VIII, p. 503 et suiv.
[3] Décret du 30 août 1852, art. 1er. — Voyez n° 251.
[4] Id., art. 2
[5] Id., art. 5.
[6] Id., art. 4.

simultanément de la chambre. Dans le cas où plusieurs associés en nom collectif auraient été élus, celui qui a obtenu le plus de voix, ou, si le nombre de voix est égal, celui qui sera le plus âgé, sera préféré [1].

Ne peuvent être ni électeurs ni éligibles les faillis non réhabilités et tout commerçant qui aurait subi une condamnation pour un acte contraire à la probité ou aux mœurs [2].

Les membres sortants sont indéfiniment rééligibles [3].

257 — Les fonctions des membres durent six ans; le renouvellement a lieu par tiers tous les deux ans. Les membres qui s'abstiennent de se rendre aux convocations pendant six mois, sans motifs légitimes approuvés par la chambre, sont considérés comme démissionnaires, et remplacés à la plus prochaine élection. Les vacances accidentelles sont également remplies à la plus prochaine élection, mais seulement pour le temps qui reste à courir sur l'exercice du membre remplacé [4].

258 — La chambre de commerce de Paris a été autorisée à établir un bureau public pour le conditionnement et le tirage des soies et des laines, dont les opérations sont facultatives pour le commerce. Les statuts de cet établissement rédigés par la chambre de commerce sont annexés au décret d'autorisation du 2 mai 1853.

259 — Il a été établi à Paris quatre conseils de prud'hommes : conseil des métaux, conseil des tissus, conseil des produits chimiques, conseil des industries diverses. Chacun de ces conseils se compose de quinze membres titulaires, dont huit marchands fabricants ou entrepreneurs et sept chefs d'atelier, contre-maîtres ou ouvriers.

Chaque catégorie nomme, en outre, pour remplacer les membres titulaires, en cas de décès, de démission ou d'empêchement légitime, deux suppléants pris, l'un parmi les marchands fabricants ou entrepreneurs, et l'autre parmi les chefs d'atelier, contre-maîtres ou ouvriers [5]. La juridiction des quatre conseils de prud'hommes s'étend, comme celle du tribunal de commerce, à tout le département de la Seine. La classification des industries

---

[1] Décret du 3 septembre 1851, art. 4.
[2] Arrêté du 19 juin 1848, art. 7.
[3] Décret du 3 septembre 1851, art. 8.
[4] *Id.*, art. 7.
[5] Ord. royales des 29 décembre 1844 et 9 juin 1847, et loi du 1er juin 1853, art.

soumises à cette juridiction a été établie, en dernier lieu, par le décret du 26 juillet 1858.

260 — La loi du 1er juin 1853 a tracé des règles nouvelles pour l'élection des membres des conseils de prud'hommes.

Les conseils de prud'hommes de Paris sont élus par les patrons, chefs d'ateliers, contre-maîtres et ouvriers appartenant aux industries dénommées dans le décret du 26 juillet 1858[1].

On ne doit entendre par le mot *chef d'atelier* que l'ouvrier à façon qui, dans son domicile, soit seul, soit avec un ou plusieurs compagnons ou apprentis, met en œuvre des matières qui lui ont été confiées par autrui. Tout industriel qui convertit en produit des matières à lui appartenant doit être considéré comme patron. Les chefs d'atelier et les contre-maîtres se trouvent ainsi réunis aux ouvriers, avec lesquels ils ont beaucoup plus d'affinité qu'avec les patrons[2].

Les présidents et les vice-présidents des conseils de prud'hommes sont nommés par l'empereur. Ils peuvent être pris en dehors des éligibles. Leurs fonctions durent trois années. Ils peuvent être nommés de nouveau. Les secrétaires des mêmes conseils sont nommés et révoqués par le préfet de la Seine sur la proposition du président[3]. Sont électeurs : 1° Les patrons âgés de vingt-cinq ans accomplis et patentés depuis 5 années au moins et depuis trois ans dans la circonscription du conseil ; 2° les chefs d'ateliers, contre-maîtres et ouvriers, âgés de vingt-cinq ans accomplis, exerçant leur industrie depuis cinq ans au moins et domiciliés depuis trois ans dans la circonscription du conseil[4].

Sont éligibles les électeurs âgés de trente ans accomplis et sachant lire et écrire[5].

Ne peuvent être éligibles ni électeurs les étrangers ni aucun des individus désignés dans l'article 15 de la loi du 2 février 1852[6].

Dans chaque commune de la circonscription et dans chaque arrondissement de Paris, le maire, assisté de deux assesseurs qu'il choisit, l'un parmi les électeurs patrons, l'autre parmi les électeurs ouvriers, inscrit les électeurs sur un tableau qu'il adresse au préfet de la Seine. La liste électorale est dressée et arrêtée par le préfet[7].

---

[1] Loi du 1er juin 1853, art. 2.
[2] Instruction ministérielle du 5 juillet 1853.
[3] *Id.*, art. 3.
[4] *Id.*, art. 4.
[5] *Id.*, art. 5.
[6] *Id.*, art. 6.
[7] *Id.*, art. 7.

Les chefs d'ateliers, contre-maîtres et ouvriers ne peuvent être inscrits sur la liste électorale que sur la présentation de leur livret ou tout au moins la justification qu'ils satisfont à cette disposition expresse de l'article 15 de la loi du 22 juin 1854 sur les livrets.

En cas de réclamations, le recours est ouvert devant le conseil de préfecture ou devant les tribunaux civils, suivant les distinctions établies par la loi sur les élections municipales[1]. Les patrons, réunis en assemblée particulière, nomment directement les prud'hommes patrons. Les contre-maîtres, chefs d'ateliers et les ouvriers, également réunis en assemblée particulière, nomment les prud'hommes ouvriers en nombre égal à celui des patrons. Au premier tour de scrutin, la majorité absolue des suffrages est nécessaire, la majorité relative suffit au second tour[2]. Les conseils de prud'hommes sont renouvelés par moitié tous les trois ans. Le sort désigne ceux des prud'hommes qui sont remplacés la première fois. Les prud'hommes sont rééligibles. Lorsque, par un motif quelconque, il y a lieu de procéder au remplacement d'un ou plusieurs membres d'un conseil de prud'hommes, le préfet de la Seine convoque les électeurs. Tout membre élu en remplacement d'un autre ne demeure en fonction que pendant la durée du mandat confié à son prédécesseur[3].

La nomination des conseils de prud'homme n'est pas, comme celle des juges de commerce, soumise à la confirmation du chef de l'État; mais au moment de leur installation, les prud'hommes titulaires et suppléants prêtent serment entre les mains du préfet de la Seine, après que la régularité des élections a été constatée par le ministre de l'agriculture et du commerce[4].

Le bureau général est composé, indépendamment du président ou du vice-président, d'un nombre égal de prud'hommes patrons et de prud'hommes ouvriers. Ce nombre est au moins de deux prud'hommes patrons et de deux prud'hommes ouvriers, quel que soit celui des membres dont se compose le conseil[5].

Tout membre d'un conseil de prud'hommes qui, sans motifs légitimes, refuse de faire le service auquel il est appelé, peut, après procès-verbal du président dudit conseil constatant sa mise en de-

[1] Instruction ministérielle du 5 juillet 1853, art. 8.
[2] *Id.*, art. 9.
[3] *Id.*, art. 10.
[4] Loi du 1er juin 1853, art. 11.
[5] Ord. royale du 9 juin 1847, art. 4.

meure, être considéré comme démissionnaire. Le ministre de l'agriculture, du commerce et des travaux publics a seul le droit de déclarer la démission encourue [1].

261 — Les conseils de prud'hommes peuvent être dissous par un décret de l'empereur, sur la proposition du ministre compétent [2].

262 — La ville de Paris fournit le local nécessaire à la tenue des séances et pourvoit, tant aux dépenses de premier établissement et d'entretien qu'aux dépenses annuelles de chauffage, d'éclairage et autres menus frais, ainsi qu'au traitement des secrétaires et autres employés [3].

263 — La liste annuelle des jurés du département de la Seine comprend 2,000 noms, indépendamment de 200 jurés suppléants pour la ville de Paris; elle est formée des différents contingents arrêtés pour chaque arrondissement à Paris, et pour chaque canton dans le reste du département, suivant les proportions réglées par le préfet de la Seine, en conseil de préfecture, d'après le tableau de la population, dans la première quinzaine du mois d'octobre [4].

Dans la première huitaine de novembre de chaque année, une commission composée, dans chaque canton, du juge de paix, président, et de tous les maires, et, pour chaque arrondissement de Paris, du juge de paix, président, du maire et de ses adjoints, dresse une liste préparatoire contenant un nombre de noms triple de celui fixé pour le contingent du canton ou de l'arrondissement municipal. La liste dressée est signée séance tenante et envoyée à Paris, au préfet de la Seine, et aux sous-préfets dans les arrondissements de Sceaux et de Saint-Denis [5].

Dans la quinzaine qui suit la réception des listes préparatoires, une commission composée du sous-préfet, président, et de tous les juges de paix de l'arrondissement, doit se réunir, sur la convocation de son président, pour choisir les noms qui doivent figurer sur la liste définitive d'arrondissement, conformément à la répartition établie par le préfet. Aussitôt arrêtée, la liste définitive est signée, comme la liste préparatoire, séance tenante, et envoyée sans délai à la préfecture de la Seine. A Paris, cette commission

---

[1] Décret du 16 novembre 1854, art. 1 et 2.
[2] Loi du 1er juin 1853, art. 16.
[3] Ord. royale du 9 juin 1847, art. 7.
[4] Loi du 4 juin 1853, art. 6 et 7.
[5] *Id.*, art. 8, 9 et 10.

est formée du préfet de la Seine, président, et des juges de paix des différents arrondissements municipaux [1].

Une liste de 200 jurés suppléants, pris parmi les jurés de la ville de Paris, est aussi formée, chaque année, en dehors de la liste annuelle du jury. Une liste préparatoire de jurés suppléants est dressée en nombre triple dans les formes prescrites pour celle des jurés titulaires. La liste spéciale des jurés suppléants est dressée sur la liste préparatoire par une commission composée du préfet, président, du procureur impérial et des juges de paix des aarondissements de Paris [2].

Le préfet dresse immédiatement la liste annuelle du département, par ordre alphabétique, sur les listes d'arrondissement. Il dresse également la liste spéciale des jurés suppléants. Ces listes, ainsi rédigées, sont, avant le 15 décembre, transmises au greffe de la cour. — Le préfet instruit immédiatement le président de la cour des décès ou incapacités légales qui frappent les membres dont les noms sont portés sur la liste annuelle, afin qu'il soit statué conformément à l'article 390 du Code d'instruction criminelle [3].

264 — Aujourd'hui, les éléments de la liste du jury ne sont plus pris dans la liste électorale. « Le ministère de juré cesse d'être envisagé comme un droit, disait le rapporteur de loi, pour devenir une simple fonction ; on n'est plus appelé à l'exercer parce qu'on est en possession du droit de citoyen, mais seulement si l'on est jugé capable de le remplir. » Sont juges de cette capacité les commissions et les autorités dont il vient d'être parlé. Tout citoyen peut donc être désigné. La loi a cependant déterminé, sous peine de nullité, quelques conditions spéciales d'aptitude et certains cas d'incapacité qu'il nous reste à signaler :

— Nul ne peut remplir les fonctions de juré, à peine de nullité, s'il n'est âgé de trente ans accomplis, s'il ne jouit des droits politiques, civils et de famille, et s'il est dans l'un des cas d'incapacité ou d'incompatibilité prévus par la loi [4].

— Sont incapables d'être jurés : 1° les individus qui ont été condamnés, soit à des peines afflictive et infamantes, soit à des peines infamantes seulement ; 2° ceux qui ont été condamnés à des peines correctionnelles pour fait qualifié crime par la loi ; 3° les militaires condamnés au boulet ou aux travaux publics ;

---

[1] Loi du 4 juin 1853, art.
[2] *Id.*, art. 13.
[3] *Id.*, art. 14 et 15.
[4] Loi du 4 juin 1853, art. 1er.

4° les condamnés à un emprisonnement de trois mois au moins ; 5° les condamnés à l'emprisonnement, quelle que soit sa durée, pour vol, escroquerie, abus de confiance, soustraction commise par des dépositaires publics, attentats aux mœurs prévus par les articles 330 et 334 du Code pénal, outrage à la morale publique et religieuse, attaque contre le principe de la propriété et les droits de la famille, vagabondage ou mendicité, pour infraction aux dispositions des articles 38, 41, 43 et 45 de la loi du 21 mars 1832 sur le recrutement de l'armée, et aux dispositions des articles 318 et 423 du Code pénal et de l'article 1ᵉʳ de la loi du 27 mars 1851 ; 6° les condamnés pour délits d'usure ; 7° ceux qui sont en état d'accusation et de contumace ; 8° les notaires, greffiers et officiers ministériels destitués ; 9° les faillis non réhabilités ; 10° les interdits et les individus pourvus d'un conseil judiciaire ; 11° ceux auxquels les fonctions de juré ont été interdites, en vertu de l'article 396 du Code d'instruction criminelle et de l'article 42 du Code pénal ; 12° ceux qui sont sous mandat d'arrêt et de dépôt ; 13° sont incapables, pour cinq ans seulement, à dater de l'expiration de leur peine, les condamnés à un emprisonnement d'un mois au moins [1].

Les fonctions de juré sont incompatibles avec celles de :

Ministre, président du Sénat, président du Corps législatif, membre du conseil d'État, sous-secrétaire d'État ou secrétaire général d'un ministère, préfet et sous-préfet, conseiller de préfecture, juge, officier du ministère public près les cours et tribunaux de première instance, commissaire de police, ministre d'un culte reconnu par l'État, militaire de l'armée de terre ou de mer en activité de service et pourvu d'emploi, fonctionnaire ou préposé du service actif des douanes, des contributions indirectes, des forêts de l'État et de la couronne, et de l'administration des télégraphes, instituteur primaire communal [2].

Ne peuvent être jurés :

Les domestiques et serviteurs à gages ; ceux qui ne savent pas lire et écrire en français ; ceux qui sont placés dans un établissement public d'aliénés, en vertu de la loi du 30 juin 1838 [3].

265 — Sont dispensés des fonctions de jurés :

1° Les septuagénaires ; 2° ceux qui ont besoin pour vivre de leur travail manuel et journalier [4].

---

[1] Loi du 4 juin 1853, art. 2.
[2] *Id.*, art. 3.
[3] *Id.*, art. 4.
[4] *Id.*, art. 5.

Sont excusés sur leur demande :

1° Les Sénateurs et les membres du Corps législatif, pendant la durée des sessions seulement ; 2° ceux qui ont rempli les fonctions de juré pendant l'année courante et l'année précédente [1].

266 — Dix jours au moins avant l'ouverture des assises, le premier président de la cour impériale tire au sort, en audience publique, sur la liste annuelle, les noms des trente-six jurés qui forment la liste de la session. Il tire, en outre, quatre jurés suppléants sur la liste spéciale [2].

---

[1] Loi du 4 juin 1853, art. 16.
[2] *Id.*, art. 17.

CHAPITRE VI.

DE LA GARDE NATIONALE.

267 — Réorganisation de la garde nationale, en vertu du décret du 11 janvier 1852.
268 — Obligation du service.
269 — Conseil de recensement.
270 — Jury de révision.
271 — Nomination aux grades.
272 — Entretien et réparation des armes.
273 — Rang de la garde nationale avec les corps soldés.
274 — Dépenses de la garde nationale.
275 — Conseil d'administration.
276 — Règlement du service et réclamations.
277 — Uniforme.
278 — Peines applicables en matière de garde nationale.
279 — Conseil de discipline.
280 — Instruction et jugement. — Opposition. — Recours en cassation.
281 — Service de la musique.
282 — Service de santé.

267 — La garde nationale de Paris et celle du département sont placées sous l'autorité du préfet de la Seine et du ministre de l'intérieur.

La loi du 13 juin 1851 avait réglé l'organisation des gardes nationales; le décret du 11 janvier 1852 est venu les dissoudre et en prescrire l'organisation sur de nouvelles bases. Cette organisation, dans le département de la Seine, a eu lieu par bataillon, et a été confiée, par le même décret, au général commandant supérieur de la garde nationale. On lit en tête du décret :

« Considérant que la garde nationale doit être non une garantie contre le pouvoir, mais une garantie contre le désordre et l'insurrection; considérant que les principes appliqués à l'organisation de la garde nationale, à la suite de nos différentes révolutions, en armant indistinctement tout le monde, n'ont été qu'une préparation à la guerre civile; qu'une composition de la garde nationale faite avec discernement assure l'ordre public et le salut du pays. »

Ce décret a cependant déclaré maintenir les dispositions de la loi du 13 juin comprises sous les titres 4, 5, 6 et 7, c'est-à-dire depuis l'article 71 jusques y compris l'article 111. C'est donc à ces deux textes qu'il faut surtout se reporter aujourd'hui.

Quant aux lois et règlements antérieurs, ils n'ont été maintenus que dans les dispositions qui ne sont pas contraires à celles de la loi et du décret dont il s'agit. Voici les principales dispositions des textes restés en vigueur :

268 — Le service de la garde nationale consiste : 1° En service ordinaire dans l'intérieur de la commune; 2° en service de détachement hors du territoire de la commune. (Décret du 11 janvier 1852, art. 1er.)

Le service de la garde nationale est obligatoire pour tous les Français âgés de vingt-cinq à cinquante ans qui sont jugés aptes à ce service par le conseil de recensement. Néanmoins, le gouvernement fixe, pour chaque localité, le nombre des gardes nationaux. (*Id.*, art. 2.)

La garde nationale est organisée dans toutes les communes où le gouvernement le juge nécessaire; elle est dissoute et réorganisée suivant que les circonstances l'exigent. Elle est formée en compagnie, bataillon ou légion, selon les besoins du service déterminés par l'autorité administrative. La création de corps spéciaux de cavalerie, artillerie ou génie, ne peut avoir lieu que sur l'autorisation du ministre de l'intérieur. (*Id.*, art. 3.)

L'Empereur nomme un commandant supérieur, des colonels ou lieutenants-colonels dans les localités où il le juge convenable. (*Id.*, art. 4.)

Les citoyens ne peuvent ni prendre les armes, ni se rassembler comme gardes nationaux, avec ou sans uniforme, sans l'ordre des chefs immédiats, et ceux-ci ne peuvent donner cet ordre sans une réquisition de l'autorité civile. (*Id.*, art. 6.)

Aucun chef de poste ne peut faire distribuer des cartouches aux gardes nationaux placés sous son commandement, si ce n'est en vertu d'un ordre précis ou en cas d'attaque de vive force. (*Id.*, art. 7.)

La garde nationale se compose de tous les Français et des étrangers jouissant des droits civils qui sont armés par le conseil de recensement, à la condition d'être habillés suivant l'uniforme, qui est obligatoire. (*Id.*, art. 8.)

269 — Le conseil de recensement est composé, pour chaque bataillon, du chef de bataillon, président, et du capitaine de chacune des compagnies qui le composent; le capitaine peut se faire suppléer par son sergent-major.

Le conseil de recensement prononce sur les admissions et arrête le contrôle définitif. (*Id.*, art. 9.)

L'article 8 de la loi du 13 juin 1851 exemptait du service, notamment, ceux que des infirmités mettent toujours hors d'état de faire aucun service, et un règlement d'administration publique du 8 septembre 1851, rendu en exécution de cet article 8, avait spécifié la nature des infirmités qui rendaient impropre au service. Mais l'article 8 de la loi de 1851 a été abrogé par le décret du 11 janvier 1852, et cette abrogation a nécessairement entraîné celle du décret réglementaire du 8 septembre 1851. Il résulte de là que, si le conseil de recensement peut toujours consulter le décret réglementaire, il n'est plus tenu de s'y conformer et d'accepter comme des incapacités légales celles qui y sont déterminées. Il en résulte encore qu'une plus grande latitude est laissée au conseil de recensement dans l'appréciation des motifs d'exemption dont on excipe devant lui.

Les réclamations sont adressées au président du conseil de recensement. Elles sont inscrites sur un registre à ce destiné.

Le réclamant est averti du jour de la réunion du conseil de recensement, avec invitation de comparaître en personne ou par un fondé de pouvoirs. Au jour fixé, le conseil de recensement statue. (Décret du 5 septembre 1851, art. 2, 3 et 4.)

L'opposition à la décision par défaut doit être formée dans les cinq jours de la notification. Le conseil de recensement peut néanmoins, en cas d'empêchement constaté, relever le défaillant du délai d'opposition. (*Id.*, art. 6.)

L'appel des décisions du conseil de recensement est porté devant le jury de révision, et doit être interjeté dans la quinzaine de la décision contradictoire ou de la notification de la décision par défaut, rendue sur opposition, ou dans la quinzaine du jour où la décision par défaut est devenue définitive, faute d'opposition. L'appel est suspensif. L'acte d'appel est déposé au secrétariat de l'état-major et inscrit au registre spécial. Il en est donné récépissé. (*Id.*, art. 8.)

270 — A Paris, le jury de révision, institué à l'état-major général, est présidé par le chef d'état-major; à son défaut, par un

lieutenant-colonel d'état-major, et composé de : quatre chefs de bataillon ; deux chefs d'escadron d'état-major ; deux capitaines d'état-major ; un chef d'escadron rapporteur ; un capitaine, rapporteur-adjoint ; un capitaine, secrétaire ; un lieutenant, secrétaire-adjoint. (Décret du 11 janvier 1852, art. 10.)

271 — L'Empereur nomme les officiers de tous grades, sur la présentation du ministre de l'intérieur, d'après les propositions du commandant supérieur, dans le département de la Seine.

Les adjudants sous-officiers sont nommés par le chef de bataillon, qui nomme également à tous les emplois de sous-officiers et de caporaux, sur la présentation des commandants de compagnies. (*Id.*, art. 11.)

272 — La commune est responsable, sauf son recours contre les gardes nationaux, des armes que le Gouvernement a jugé nécessaire de leur délivrer ; ces armes restent la propriété de l'État. L'entretien de l'armement est à la charge du garde national ; les réparations, en cas d'accident causé par le service, sont à la charge de la commune. Les gardes nationaux détenteurs d'armes appartenant à l'État, qui ne présentent pas ou ne font pas présenter ces armes aux inspections générales annuelles prescrites par les règlements, peuvent être condamnés à une amende de 1 franc au moins et de 5 francs au plus, au profit de la commune. Cette amende est prononcée et recouvrée comme en matière de police municipale. (*Id.*, art. 12.)

273 — Dans tous les cas où les gardes nationales sont de service avec les corps soldés, elles prennent le rang sur eux. (*Id.*, art. 13.)

274 — Les dépenses de la garde nationale sont votées, réglées et surveillées comme toutes les autres dépenses municipales. (*Id.*, art. 14.)

Les dépenses de la garde nationale sont obligatoires ou facultatives.

Les dépenses obligatoires sont : 1° Les frais d'achat de drapeaux, tambours et trompettes ; 2° les réparations, l'entretien et le prix des armes, sauf recours contre les gardes nationaux, aux termes de l'article 12 ; 2° le loyer, l'entretien, le chauffage, l'éclairage et le mobilier des corps de garde ; 4° les frais des registres, papiers, contrôles, billets de garde et tous les menus frais de bureau qu'exige le service de la garde nationale ; 5° la solde des majors et des adjudants-majors ; 6° la solde et l'habillement des tambours et trompettes.

Toutes autres dépenses sont facultatives. (*Id.*, art. 15.)

275 — Dans le département de la Seine, il y a un conseil d'administration par un nombre de bataillons déterminé par le ministre de l'intérieur. Il est composé ainsi qu'il suit : un chef de bataillon, président; un officier par bataillon; le major attaché à ces bataillons est rapporteur du conseil; un secrétaire chargé, en outre, des écritures pour les conseils de discipline. Il est nommé un officier payeur pour ce même nombre de bataillons. (*Id.*, art. 18.)

276 — Le règlement relatif au service ordinaire, aux revues, exercices et prises d'armes, est arrêté, pour le département de la Seine, par le ministre de l'intérieur, sur la proposition du commandant supérieur.

Tout garde national commandé pour le service doit obéir, sauf à réclamer ensuite, s'il s'y croit fondé, devant le chef de corps. (*Id.*, art. 22.)

277 — L'uniforme de la garde nationale est réglé par le décret du 16 mars 1852.

278 — Les chefs de poste ou de détachement peuvent ordonner :

1° Une faction, patrouille ou autre service hors tour contre tout garde national qui a manqué à l'appel ou s'est absenté du poste sans autorisation;

2° La détention dans la prison du poste, jusqu'à la relevée de la garde, de tout sous-officier, caporal ou garde national de service en état d'ivresse, ou qui s'est rendu coupable de bruit, tapage, voies de fait ou de provocation au désordre ou à la violence; sans préjudice du renvoi au conseil de discipline, si la faute emporte une punition plus grave. (Loi du 13 juin 1851, art. 71.)

Les conseils de discipline peuvent infliger les peines suivantes :

1° La réprimande; 2° la réprimande avec mise à l'ordre des motifs du jugement; 3° la prison pour six heures au moins et trois jours au plus, avec ou sans mise à l'ordre; 4° la privation du grade, avec mise à l'ordre; 5° la radiation des contrôles avec mise à l'ordre. (*Id.*, art. 72.)

Est puni, selon la gravité des cas, de l'une des peines énoncées sous les numéros 1, 2, 3 et 4 de l'article précédent, tout officier qui, étant de service ou en uniforme, tient une conduite qui compromet son caractère ou porte atteinte à l'honneur de la garde nationale. Est puni de l'une des mêmes peines, selon la gravité des cas, tout officier ou chef de poste qui commet une infraction aux règles du service, à la discipline ou à l'honneur de la garde nationale. (*Id.*, art. 73.)

Est puni de la prison tout officier ou sous-officier, chef de poste ou de détachement, qui, étant de service, s'est rendu coupable :

D'inexécution d'ordres reçus; de manquement à un service commandé ou d'absence du poste non autorisée; d'inexactitude à signaler, dans les formes requises, les fautes commises par ses subordonnés; de désobéissance; d'insubordination; de manque de respect, de propos offensants ou d'insultes envers les officiers d'un grade supérieur ; de propos outrageants envers un subordonné, ou d'abus d'autorité. (*Id.*, art. 74.)

Dans le cas où l'ordre public est menacé, tout garde national qui, sans excuse légitime, ne se rend pas à l'appel, est puni d'un emprisonnement qui ne peut excéder trois jours. Tout officier, sous-officier ou caporal est, en outre, privé de son grade. Le jugement est mis à l'ordre. Le conseil de discipline peut, de plus, prononcer contre les condamnés la radiation des contrôles du service ordinaire, pour un temps qui n'excède pas cinq années, et ordonner l'affiche du jugement à leurs frais.

Tout garde national rayé des contrôles du service ordinaire est immédiatement désarmé. (*Id.*, art. 75.)

Peut être puni, selon la gravité des cas, de la réprimande, de la réprimande avec mise à l'ordre, ou de la prison pour deux jours au plus, et trois en cas de récidive :

1° Tout sous-officier, caporal ou garde national coupable d'inexécution des ordres reçus, de désobéissance, d'insubordination ou de refus d'un service commandé.

Sont considérés comme services commandés, non-seulement les services commandés dans la forme ordinaire, mais encore les prises d'armes par voie de rappel ou de convocation verbale.

2° Tout sous officier, caporal ou garde national de service qui est en état d'ivresse, profère des propos offensants contre l'autorité, ou tient une conduite qui porte atteinte à la discipline ou à l'ordre ;

3° Tout sous-officier, caporal ou garde national de service qui abandonne ses armes, sa faction ou son poste avant d'être relevé.

L'arrivée tardive au lieu de rassemblement, l'absence du poste sans autorisation, et l'absence prolongée au delà du terme fixé par l'autorisation, peuvent être considérées comme abandon du poste ;

4° Tout sous-officier, caporal ou garde national qui a pris les armes ou commandé un rassemblement sans ordre ou réquisition;

5° Tout sous-officier, caporal ou garde national dont l'armement est mal entretenu, ou qui ne fait pas son service en uniforme, dans les communes où l'uniforme est obligatoire. (*Id.*, art. 76.)

Les infractions commises par les officiers de l'état-major général, par les majors, adjudants-majors et les adjudants sous-officiers, sont punies des peines suivantes :

Les arrêts simples; les arrêts forcés avec remise d'armes. En aucun cas, ces arrêts n'excèdent dix jours. Les arrêts simples peuvent être appliqués par le supérieur à l'inférieur. Les arrêts forcés ne sont pronoucés que par le commandant supérieur ou le chef de corps. (*Id.*, art. 77.)

Pour les infractions prévues par l'article 76 de la présente loi, les tambours-majors, tambours-maîtres, tambours et trompettes soldés peuvent être punis, par tout officier sous les ordres duquel ils se trouvent, de la prison pour un temps qui n'excède pas trois jours. Cette peine peut être, selon les circonstances, élevée jusqu'à dix jours de prison par le chef de légion ou le chef de bataillon. (*Id.*, art. 79.)

Est privé de son grade par le jugement de condamnation tout officier, sous-officier ou caporal qui, après une première condamnation, est, dans les douze mois, puni de la prison, pour une seconde infraction, par le conseil de discipline. (*Id.*, art. 79.)

Tout officier, sous-officier ou caporal, privé de son grade par jugement, ne peut être réélu qu'aux élections générales. (*Id.*, art. 80.)

Le garde national qui vend, détourne ou détruit volontairement les armes de guerre, les munitions ou les effets d'équipement qui lui ont été confiés, est traduit devant le tribunal de police correctionnelle, et puni de la peine portée en l'article 408 du Code pénal, sauf l'application de l'article 463 du même Code. Le jugement de condamnation prononce la restitution, au profit de la commune, du prix des armes, munitions ou effets. (*Id.*, art. 81.)

Tout garde national qui, dans l'espace d'une année, a subi deux condamnations du conseil de discipline, peut être, par le jugement qui prononce la seconde condamnation, rayé des contrôles du service ordinaire, pour deux années au plus, avec mise à l'ordre. (*Id.*, art. 82.)

Après deux condamnations pour refus de service, le garde national est, en cas de troisième refus de service dans l'année, traduit devant le tribunal de police correctionnelle, et condamné à un emprisonnement qui ne peut être moindre de six jours ni excéder dix jours.

En cas de récidive dans l'année, à partir du jugement correctionnel, le garde national est traduit de nouveau devant le tribunal de police correctionnelle, et puni d'un emprisonnement qui ne peut être moindre de dix jours ni excéder vingt jours.

Il est, en outre, condamné aux frais et à une amende qui ne peut être moindre de 16 francs, ni excéder 30 francs dans le premier cas, et, dans le deuxième, être moindre de 30 francs, ni excéder 100 francs. (*Id.*, art. 83.)

Dans le cas où un chef de corps, poste ou détachement est poursuivi devant les tribunaux, comme coupable des délits prévus par les articles 234 et 258 du Code pénal, la poursuite entraîne la suspension ; en cas de condamnation, le jugement prononce la perte du grade. (*Id.*, art. 84.)

279 — Il y a un conseil de discipline par bataillon. Il y a un conseil de discipline pour juger les colonels et lieutenants-colonels. (*Id.*, art. 85 et 86.)

Le conseil de discipline de bataillon est composé de sept juges, savoir : le chef de bataillon, président ; un capitaine, un lieutenant ou un sous-lieutenant, un sergent, un caporal, et deux gardes nationaux. (*Id.*, art. 88.)

Le conseil de discipline pour les colonels et lieutenants-colonels est composé de sept juges, savoir : le commandant supérieur, président ; deux colonels ou lieutenants-colonels ; deux chefs de bataillon ou d'escadron ; deux capitaines. Le commandant supérieur peut déléguer un colonel pour le remplacer comme président. (*Id.*, art. 89.)

Lorsque l'inculpé est officier, deux officiers de son grade entrent dans le conseil de discipline en remplacement des deux derniers membres.

Si l'inculpé est chef de bataillon, trois officiers de ce grade entrent dans le conseil de discipline, le plus ancien comme président, et les deux autres comme juges, en remplacement des deux derniers membres.

Il y a, par conseil de discipline de bataillon ou de légion, un rapporteur et un secrétaire, et autant de rapporteurs et de secrétaires adjoints que les besoins du service l'exigent. Leur nombre, leur rang et le mode de leur nomination sont déterminés par des décrets. (*Id.*, art. 91.)

Les conseils de discipline sont permanents ; ils ne peuvent juger que lorsque cinq membres, au moins, sont présents dans les conseils de bataillon et de légion.

Les juges sont renouvelés tous les quatre mois ; néanmoins, à défaut d'autres officiers du même grade, ceux qui en font partie ne sont pas remplacés. (*Id.*, art. 92.)

Les membres des conseils de discipline sont pris successivement suivant l'ordre de leur inscription sur un tableau dressé par le président du conseil de recensement, assisté du chef de bataillon.

Ce tableau comprend, d'après le contrôle du service ordinaire, par grade et par ancienneté : 1° tous les officiers, la moitié des sous-officiers, le quart des caporaux; 2° un nombre égal des gardes nationaux de chaque bataillon.

Pour les conseils de discipline créés pour juger les colonels et les lieutenants-colonels, le préfet dresse un tableau par grade des colonels, lieutenants-colonels, chefs de bataillon ou d'escadron et capitaines.

Les tableaux prévus aux deux paragraphes précédents sont déposés au lieu des séances du conseil de discipline, où chaque garde national peut en prendre connaissance. (*Id.*, art. 93.)

Tout garde national qui a été condamné deux fois par le conseil de discipline ou une fois par le tribunal de police correctionnelle, est rayé pour une année du tableau servant à former le conseil de discipline. (*Id.*, art. 95.)

280 — Le conseil de discipline est saisi, par le renvoi que lui fait le chef de corps, de tous les rapports, procès-verbaux ou plaintes, constatant les faits qui peuvent donner lieu à une poursuite.

Lorsqu'il y a lieu à poursuite contre le chef de corps, le conseil de discipline est saisi par le préfet. (*Id.*, art. 96.)

L'officier rapporteur fait citer l'inculpé.

La citation est portée à domicile par un agent de la force publique. (*Id.*, art. 97.)

En cas d'absence, tout membre du conseil de discipline non valablement excusé est condamné par le conseil de discipline à une amende de 5 francs à 15 francs au profit de la commune, et il est remplacé par l'officier, sous-officier, caporal ou garde national qui doit être appelé immédiatement après lui. (*Id.*, art. 98.)

Le garde national cité comparaît en personne ou par un fondé de pouvoirs. Il peut être assisté d'un conseil. (*Id.*, art. 99.)

Si le prévenu ne comparaît pas au jour et à l'heure fixés par la citation, il est jugé par défaut.

L'opposition au jugement par défaut doit être formée dans le délai de trois jours, à compter de la notification du jugement. Cette opposition peut être faite par déclaration au bas de la signification. L'opposant est cité pour comparaître à la plus prochaine séance du conseil de discipline.

S'il n'y a pas opposition, ou si l'opposant ne comparaît pas à la séance indiquée, le jugement par défaut devient définitif. (*Id.*, art. 100.)

L'instruction de chaque affaire devant le conseil est publique, à peine de nullité.

La police de l'audience appartient au président, qui peut faire expulser ou arrêter quiconque troublerait l'ordre. Si le trouble est causé par un délit, il est dressé procès-verbal par le secrétaire sur l'ordre du président. L'auteur du trouble est jugé immédiatement par le conseil si c'est un garde national, et si la faute n'emporte qu'une peine que le conseil puisse prononcer. Dans tout autre cas, le procès-verbal est transmis au procureur impérial, et, s'il y a lieu, le délinquant est mis à la disposition de ce magistrat. (*Id.*, art. 101.)

L'instruction devant le conseil a lieu de la manière suivante :

Le secrétaire appelle l'affaire.

En cas de récusation, le conseil statue. Si la récusation est admise, le président appelle les juges suppléants nécessaires pour compléter le conseil.

Si le prévenu décline la juridiction du conseil de discipline, le conseil statue d'abord sur sa compétence ; s'il se déclare incompétent, l'affaire est renvoyée devant qui de droit.

Les témoins, s'il en a été appelé par le rapporteur ou l'inculpé, sont entendus, après avoir prêté le serment prescrit par l'art. 155 du Code d'instruction criminelle.

En cas de non comparution, tout témoin non valablement excusé est condamné, par le conseil de discipline, à une amende de 1 franc au moins et de 15 francs au plus.

Le prévenu ou son conseil est entendu.

Le rapporteur donne ses conclusions.

L'inculpé ou son fondé de pouvoirs et son conseil peuvent présenter leurs observations.

Le conseil délibère en secret et hors de la présence du rapporteur ; le jugement est motivé ; il est prononcé en séance publique, et signé du président et du secrétaire du conseil. (*Id.*, art. 102.)

Les mandats d'exécution de jugement des conseils de discipline sont délivrés dans la même forme que ceux des tribunaux de simple police. Toutefois, les agents de la force publique n'ont droit à aucune espèce d'indemnité pour la notification, de même que pour l'exécution forcée des jugements emportant la peine de l'emprisonnement. (*Id.*, art. 103.)

Il n'y a de recours contre les jugements définitifs des conseils de discipline que devant la cour de cassation, pour incompétence, excès de pouvoirs ou violation de la loi.

Le pourvoi en cassation est suspensif à l'égard des jugements prononçant soit l'emprisonnement, soit une autre peine avec mise à l'ordre, dans les cas prévus par les n°s 2, 4 et 5 de l'article 72.

Le condamné est dispensé de la mise en état. Dans tous les cas, ce recours n'est assujetti qu'à l'amende de 50 fr. pour les jugements contradictoires, et de 25 fr. pour les jugements par défaut. L'amende est déposée dans les dix jours du pourvoi, sous peine de déchéance. (*Id.*, art. 104.)

Le condamné a trois jours francs, à partir du jour de la notification, et le rapporteur a le même délai, à partir de la prononciation de jugement, pour se pourvoir en cassation. (*Id.*, art. 105.)

Les jugements des conseils de discipline ne peuvent, en aucun cas, prononcer de condamnation aux dépens.

Tous actes de poursuite devant les conseils de discipline, tous jugements, recours et arrêts rendus en vertu de la présente loi, sont dispensés du timbre et enregistrés gratis. (*Id.*, art. 106.)

281 — Le service de la musique est l'objet d'un règlement spécial arrêté par le commandant supérieur, sur la proposition du chef de légion et approuvé par le ministre de l'intérieur. Les musiciens sont désignés par le chef de légion, dans le département de la Seine. (Décret du 6 octobre 1851, art. 14 et 17.)

282 — Le service de santé des légions d'infanterie de la garde nationale de Paris est composé d'un chirurgien principal par légion, d'un chirurgien-major par bataillon et d'un chirurgien aide-major par compagnie. (*Id.*, art. 23.)

CHAPITRE VIII.

DU MONT-DE-PIÉTÉ ET DE SON ADMINISTRATION.

283 — Fondation et organisation du mont-de-piété.
284 — Capacité légale des monts-de-piété.
285 — Comptabilité du mont-de-piété.
286 — Sa dotation.
287 — Vente des nantissements et des marchandises neuves.
288 — Obligations et actes exempts des droits de timbre et d'enregistrement.
289 — Administration du mont-de-piété.
290 — Conseil de surveillance.
291 — Attributions du conseil de surveillance.
292 — Personnel de l'administration.
293 — Commissionnaires et agents intermédiaires accrédités près du mont-de-piété. — Droits du mont-de-piété et des commissionnaires. — Objets volés.
294 — Monts-de-piété établis à titre charitable.

283 — Le mont-de-piété fut créé à Paris en vertu de lettres patentes du 12 décembre 1777, à l'exemple de ceux qui existaient en Italie et dans la Flandre française. Le lieutenant général de police et quatre administrateurs de l'hôpital général étaient chargés de l'administration supérieure et gratuite de cet établissement. Un administrateur général était préposé à son administration immédiate. Tous les mois, il devait donner des états de situation et des bordereaux de recette et dépense à l'appui. Le compte annuel était rendu devant quatre conseillers de la grand'chambre et un substitut du procureur général. Les administrateurs étaient autorisés à faire tous les règlements d'administration, à la charge de l'homologation au parlement.

Le taux de l'intérêt fut fixé à 10 pour %. Les huissiers-priseurs étaient chargés, sous leur responsabilité, de l'évaluation des effets engagés. Le prêt était, pour les bijoux d'or ou d'argent, des quatre cinquièmes de l'évaluation et des deux tiers pour les autres effets.

Lors de sa fondation, le mont-de-piété n'ayant d'autres fonds que ceux de l'hôpital général, sa caisse fut rapidement épuisée. Dès 1778, il fut autorisé à emprunter quatre millions sur l'affectation des biens de l'hôpital général. Les étrangers, et notamment les Génois, furent admis à participer à cet emprunt, qui ne se couvrait pas. C'est alors que l'on fit construire rue de Paradis le vaste édifice qu'on y voit encore aujourd'hui.

La période révolutionnaire avait été fatale au mont-de-piété. Lorsqu'en l'an v on songea à le réorganiser, la caisse des hospices était vide et le trésor public était hors d'état d'y suppléer. Il fut décidé que la commission des hospices administrerait directement le mont-de-piété, comme étant une des propriétés des hospices, qu'elle ferait un emprunt par actions, et qu'un certain nombre d'actionnaires lui seraient adjoints pour délibérer. Il fut créé mille actions de 10,000 francs, subdivisées en coupures de 2,000 francs, pour être émises au fur et à mesure des besoins. Sous l'influence de cette organisation et de ces mesures, le mont-de-piété reprit avec succès le cours de ses opérations. Cependant, l'introduction d'actionnaires dans cette institution toute de bienfaisance en avait faussé l'action, car elle avait conduit à la réalisation de bénéfices qui, en définitive, se prélevaient, dans une mesure, sur l'indigence ou la gêne des déposants. En l'an x, le conseil du département de la Seine demanda la clôture des maisons de prêt ; les administrateurs du mont-de-piété réclamèrent le privilége exclusif, et les maisons de prêt de Paris la liberté absolue du prêt sur nantissement. La question fut portée au conseil d'État. Le conseil établit que le mont-de-piété prêtait à un taux plus modéré que les maisons de prêt, que les Lombards Lussan et Serilly, et qu'il y avait lieu de maintenir le privilége que lui avaient conféré les lettres patentes de 1777, dont aucune loi ni aucun règlement n'avaient d'ailleurs prononcé l'abrogation. Mais, en même temps, il pensa qu'il convenait de remettre l'administration du mont-de-piété à des fonctionnaires publics éclairés, probes et environnés d'estime ; de rétablir des surveillants pour la comptabilité, à la place des conseillers de grand'chambre. « Il faut enfin, disait Regnaud de Saint-Jean-d'Angely, il faut maintenir l'établissement pour des malheureux, afin qu'ils soient moins pauvres, et non pour des entrepreneurs, afin qu'ils soient plus riches ; il faut le réformer et non le renverser. » Tel fut l'objet du décret du 8 thermidor an XIII, qui réorganisa le mont-de-piété, en régla l'administration, dont le siége fut placé rue des Blancs-Manteaux, et, à l'imitation des lettres patentes de 1777, établit des succursales au nombre de six. Mais ces succursales restèrent à l'état de projet, et, par un arrêté du ministre de l'intérieur, du 11 brumaire an XIV, les commissionnaires au mont-de-piété furent autorisés à continuer, comme par le passé, leurs opérations.

L'organisation des monts-de-piété a subi une modification récente. La loi du 24 juin 1851 et le décret du 24 mars 1852 ont réglé cette organisation de la manière suivante :

284 — Les monts-de-piété, ou maisons de prêt sur nantissement, constituent des établissements publics ayant capacité légale pour acquérir des biens, meubles et immeubles, notamment par dons et legs [1].

285 — Le mont-de-piété est, quant aux règles de comptabilité, assimilé aux établissements de bienfaisance [2]. Ces règles sont fixées par l'ordonnance royale du 31 mai 1838.

286 — La dotation du mont-de-piété se compose :

1° Des biens meubles et immeubles affectés à sa fondation et de ceux dont il est ou deviendra propriétaire, notamment par dons et legs ; 2° des bénéfices et bonis constatés par les inventaires annuels, et capitalisés, 3° des subventions qui peuvent lui être attribuées sur les fonds de la commune, du département ou de l'État [3].

Il est pourvu aux opérations du mont-de-piété au moyen, 1° Des fonds disponibles sur sa dotation ; 2° de ceux qu'il se procure par voie d'emprunt, ou qui sont versés à intérêt dans sa caisse. Les conditions des emprunts sont réglées annuellement par l'administration, sous l'approbation du ministre de l'intérieur ou du préfet [4].

Le mont-de-piété conserve, en tout ou partie, et dans les limites déterminées par le décret d'institution, ses excédents de recette pour former ou accroître sa dotation. Lorsque la dotation suffit tant à couvrir les frais généraux qu'à abaisser l'intérêt au taux légal de 5 p. %, les excédants de recettes doivent être attribués aux hospices ou autres établissements de bienfaisance par arrêté du préfet, sur l'avis du conseil municipal [5].

---

[1] Loi du 24 juin 1851, art. 1er.
[2] *Id.*, art. 2.
[3] *Id.*, art. 3.
[4] *Id.*, art. 4.
[5] *Id.*, art. 5.

287 — Tout dépositaire, après un délai de trois mois à partir du jour du dépôt, peut requérir, aux époques des ventes fixées par les règlements du mont-de-piété, la vente de son nantissement, avant même le terme fixé sur sa reconnaissance. Le prix de cet objet est remis, sans délai, au propriétaire-emprunteur, déduction faite des intérêts échus et du montant des frais fixés par les règlements. Les marchandises neuves données en nantissement ne peuvent néanmoins être vendues qu'après l'expiration du délai d'une année [1].

288 — Les obligations, reconnaissances, et tous actes concernant l'administration du mont-de-piété sont exempts des droits de timbre et d'enregistrement.

289 — L'administration du mont-de-piété de Paris est placée sous l'autorité du préfet de la Seine et du ministre de l'intérieur ; elle est confiée à un directeur responsable, sous la surveillance d'un conseil dont les attributions sont ci-après déterminées. Le directeur est nommé par le ministre de l'intérieur sur une liste triple de candidats présentés par le préfet de la Seine [2].

Le directeur exerce son autorité sur les services intérieurs et extérieurs ; il prépare les budgets, ordonnance toutes les dépenses et présente le compte de son administration ; il représente le mont-de-piété en justice, soit en demandant, soit en défendant [3].

290 — Le conseil de surveillance est composé ainsi qu'il suit :

Le préfet de la Seine, président ; le préfet de police ; trois membres du conseil municipal ; trois membres pris, soit dans le conseil de surveillance de l'assistance publique, soit parmi les administrateurs des bureaux de bienfaisance ; trois citoyens domiciliés dans Paris [4].

Les membres du conseil de surveillance, autres que les préfets de la Seine et de police, sont choisis, par le ministre de l'intérieur, sur des listes triples présentées par le préfet de la Seine. [5]

Les membres du conseil, à l'exception des deux préfets, sont renouvelés par tiers tous les deux ans ; le renouvellement des deux premiers tiers a lieu par la voie du sort : le membre qui est

---

[1] *Id.*, art. 7.
[2] Décret du 24 mars 1852, art. 1 et 2.
[3] *Id.*, art. 3.
[4] *Id.*, art. 4.
[5] *Id.*, art. 5.

nommé par suite de vacance provenant de décès ou de toute autre cause, sort du conseil au moment où serait sorti le membre qu'il a remplacé ; les membres sortants sont rééligibles [1].

Le conseil est présidé par le préfet de la Seine, et, à son défaut, par un vice-président choisi par le conseil dans son sein, et élu tous les ans; en cas de partage, la voix du président est prépondérante.

L'un des inspecteurs remplit les fonctions de secrétaire du conseil; le préfet convoque le conseil au moins une fois par mois; le conseil se réunit plus souvent, s'il y a lieu, sur la convocation du préfet [2].

291 — Le conseil de surveillance est appelé à donner son avis sur les objets ci-après énoncés :

1° Les budgets et les comptes; 2° les projets de travaux neufs, de grosses réparations ou de démolition ; 3° l'acceptation ou la répudiation des dons et legs faits au mont-de-piété; 4° les actions judiciaires et les transactions; 5° la fixation du taux de l'intérêt des prêts et des emprunts ; 6° les règlements du service ; 7° les cahiers des charges des adjudications de travaux et fournitures, et, en général, tous les actes de propriété et de gestion qui intéressent l'établissement [3].

Le directeur de l'administration du mont-de-piété assiste aux séances du conseil de surveillance [4].

292 — Le directeur a sous ses ordres tout le personnel de l'administration. Les employés de tout grade sont nommés par le préfet, sur une liste triple de candidats présentés par le directeur. Le directeur nomme les surveillants et gens de service. Les révocations sont prononcées par l'autorité à laquelle est attribuée la nomination [5].

293 — Des commissionnaires ont été institués pour servir d'intermédiaires entre l'administration du mont-de-piété et les engagistes. En 1850 s'était élevée devant la cour de Paris la question de savoir quel était le caractère des commissionnaires établis dans les différents quartiers pour recevoir les nantissements. Etaient-ce des préposés de l'administration du mont-de-piété ou les agents des particuliers? La cour décida que c'étaient des agents particuliers exerçant leur industrie à leurs risques et périls, sans

---

[1] *Id.*, art. 6.
[2] *Id.*, art. 7.
[3] *Id.*, art. 8.
[4] *Id.*, art. 9.
[5] *Id.*, art. 10 et 11.

engager la responsabilité de l'administration du mont-de-piété [1].

Le même arrêt disposait que le traité intervenu entre un commissionnaire au mont-de-piété et le tiers qui se présente pour prendre la suite de ses affaires était valable, lorsque ce tiers avait été agréé par l'administration et accepté aux lieu et place du démissionnaire ; que si le droit de nomination ne peut être l'objet d'aucune transaction, il n'en est pas de même à l'égard de la clientèle formée par le titulaire et des accessoires de bureau ; que tous ces objets peuvent devenir la matière d'un contrat, subordonné dans ses effets à la nomination du cessionnaire par l'administration. Et, sur le pouvoir formé contre cet arrêt, la cour de cassation a admis les mêmes principes [2].

Lors de la discussion de la loi du 24 juin 1851, on avait proposé la suppression des commissionnaires. Après une assez longue discussion, l'article 6 de la loi fut adopté en ces termes : « Il sera pourvu, par règlement d'administration publique, à tout ce qui concerne l'institution et la surveillance des agents intermédiaires qui sont ou qui pourraient être accrédités près des monts-de-piété. » Mais depuis on a reconnu l'utilité de cette institution, à Paris surtout, où les opérations de prêt sur gages ne pourraient s'effectuer dans un seul établissement, et les commissionnaires ont été maintenus. Il y a à Paris dix-neuf bureaux de commissionnaires, que l'annexion doit rendre insuffisants pour la population totale de la commune.

Les droits du mont-de-piété s'élèvent à 13 p. 0/0 et se décomposent ainsi : droit principal, 9 p. 0/0 ; droit de prisée, 1/2 p. 0/0 ; droit de vente, 3 1/2 p. 0/0. — A ces droits, il faut ajouter ceux des commissionnaires, savoir : droit d'engagement, 2 p. 0/0 ; droit de dégagement, 1 p. 0/0 ; droit de renouvellement, 2 p. 0/0 ; droit de boni, 1 p. 0/0. — Le commissionnaire a droit encore à 1/2 p. 0/0 par mois pour l'excédant qu'il prête en dehors de l'avance du mont-de-piété.

D'après l'article 70 du règlement du mont-de-piété de Paris, du 27 juillet 1805, les objets volés ne peuvent être revendiqués que sous la condition du remboursement de la somme prêtée en capital, intérêts et frais. Cela veut-il dire que l'administration du mont-de-piété est déchargée de toute responsabilité ? Non assurément ; s'il était établi qu'elle eût reçu ces objets dans des circonstances qui devaient éveiller ses soupçons et provoquer une

---

[1] Arrêt du 10 août 1850. — Sirey, — 2, 533.
[2] Cass., 15 janvier 1855. — Sirey, — 1, 366.

vérification, l'administration serait tenue, à même titre que les particuliers, de sa négligence ou de son imprudence, et, dans ce cas, elle devrait rendre les objets sans pouvoir exiger le remboursement des avances par elle faites [1].

294 — Les monts-de-piété établis à titre purement charitable, et qui, au moyen de dons ou fondations spéciales, prêtent gratuitement ou à un intérêt inférieur au taux légal, sont régis par les conditions de leurs actes constitutifs [2].

[1] Cass., 21 juillet 1857. — Sirey, — 1, 681.
[2] Loi du 24 juin 1851, art. 10.

CHAPITRE IX.

DE L'ASSISTANCE PUBLIQUE.

295 — Objet et importance de l'assistance publique de Paris.
296 — Organisation de l'assistance publique.
297 — Fonctions du directeur.
298 — Composition du conseil de surveillance.
299 — Séances du conseil de surveillance.
300 — Attributions du conseil.
301 — Médecins, chirurgiens et pharmaciens des hôpitaux et du service des secours à domicile.
302 — Comptes et budgets de l'assistance publique.
303 — Hôpitaux généraux et spéciaux.
304 — Organisation des hôpitaux généraux.
305 — Organisation des hôpitaux spéciaux.
306 — Fondation Montyon et secours aux convalescents.
307 — Hospices et maisons de retraite.
308 — Organisation des hospices proprement dits.
309 — Organisation des maisons de retraite.
310 — Établissements divers (filature des indigents, amphithéâtre d'anatomie, direction municipale des nourrices) et établissements de service général.
311 — Indigents et infirmes des communes de la banlieue et des communes annexées.
312 — Secours à domicile et bureaux de bienfaisance. — Pauvres de Paris. — Legs à des établissements publics non reconnus.

295 — Après avoir admiré le luxe et le bien-être que Paris respire dans ses promenades et ses spectacles, il faudrait visiter les établissements de l'Assistance publique, pour apprendre ce qu'il renferme en même temps de misères et d'infirmités. C'est là d'ailleurs une des choses que la ville de Paris peut livrer à la contemplation des curieux, de l'étranger, du philosophe, avec le plus d'orgueil; nulle part, en effet, dans aucun pays du monde, l'humanité et la charité ne sont pratiquées plus largement et n'ont réuni plus d'efforts pour soulager la maladie et la pauvreté. On s'est même demandé si trop de facilités n'étaient pas données par là à l'insouciance et à la paresse! La ville de Paris compte 16 hôpitaux, 12 hospices et plusieurs autres établissements hospitaliers.

En outre, des bureaux de bienfaisance avec des maisons de secours sont établis dans chaque arrondissement. En 1860, la population des hospices et hôpitaux s'élevait à 39,000 individus; 69,000 indigents étaient inscrits aux bureaux de bienfaisance; 20,000 malades non inscrits, mais nécessiteux, étaient secourus à domicile; 35,000 indigents ou malades nécessiteux ont été ajoutés à ces chiffres par les communes annexées. C'est donc une population de plus 160,000 individus qui est secourue par l'assistance publique.

Il faut ajouter qu'en dehors de l'assistance publique, 63 sociétés de secours divers, entretenues par la charité privée, disposent encore de ressources considérables et reçoivent, chaque année, de la ville de Paris, une subvention de 100,000 fr. Un sentiment tout chrétien paraît ici dominer tous les autres : c'est qu'il vaut mieux faire quelques charités inutiles que de laisser en souffrance des besoins réels. Il reste à l'autorité supérieure à examiner si le mouvement de centralisation, ou plutôt de concentration, qui s'opère vers Paris, ne trouve pas dans les faveurs de l'assistance publique un trop puissant aliment.

Pour subvenir aux charges qui lui incombent, l'administration de l'assistance dispose d'un budget de près de 30 millions, composé des revenus des capitaux et des immeubles des hospices et hôpitaux, des perceptions sur les spectacles, de produits divers, et de la subvention de la ville de Paris, qui, à elle seule, s'élève à près de 9 millions.

296 — L'administration de l'assistance publique, à Paris, a reçu de la loi du 10 janvier 1849 et du décret du 24 avril de la même année, une organisation complète.

Elle comprend le service des hôpitaux et hospices civils, et le service des secours à domicile. Elle est placée sous l'autorité du préfet de la Seine et du ministre de l'intérieur; elle est confiée à un directeur responsable, sous la surveillance d'un conseil. (Loi du 10 janvier 1849, art. 1.)

297 — Le directeur est nommé par le ministre de l'intérieur, sur la proposition du préfet de la Seine. Il exerce son autorité sur les services intérieurs et extérieurs. Il prépare les budgets, ordonnance toutes les dépenses, et présente le compte de son administration. Il représente les établissements hospitaliers et de secours à domicile en justice, soit en demandant, soit en défendant. Il a la tutelle des enfants trouvés, abandonnés et orphelins, et aussi celle des aliénés. (*Id.*, art. 2 et 3.)

Lorsque l'administration intente une action dans l'intérêt des enfants abandonnés, des orphelins et des aliénés, elle procède sans l'autorisation du conseil de préfecture, parce qu'alors elle agit non comme établissement public, mais comme tutrice de simples particuliers et dans un intérêt purement privé. (Lettre du préfet de la Seine, du 24 juin 1850.)

Le directeur a sous ses ordres tout le personnel de l'administration centrale, de l'inspection et celui des établissements. Les employés de tout grade, tant de l'administration centrale et de l'inspection que des établissements, ayant droit à une pension de retraite, les architectes et inspecteurs des travaux, les préposés et médecins du service des enfants trouvés, sont nommés par le préfet, sur une liste de trois candidats présentés par le directeur. Le directeur nomme les surveillants et gens de service. Les révocations sont prononcées par l'autorité qui nomme aux emplois. (Décret du 24 avril 1849, art. 6.)

298 — Le conseil de surveillance de l'administration de l'Assistance publique est composé ainsi qu'il suit : le préfet de la Seine, président ; le préfet de police ; deux membres du conseil municipal ; deux maires ou adjoints ; deux administrateurs des bureaux de bienfaisance des arrondissements municipaux ; un conseiller d'État ou un maître des requêtes au conseil d'État ; un membre de la cour de cassation ; un médecin des hôpitaux et hospices, en exercice ; un chirurgien des hôpitaux et hospices en exercice ; un professeur de la Faculté de médecine ; un membre de la chambre de commerce ; un membre d'un des conseils des prud'hommes ; cinq membres pris en dehors des catégories indiquées ci-dessus. (*Id.*, art. 1er.)

Les membres du conseil de surveillance autres que les préfets de la Seine et de police sont nommés par l'Empereur, sur la proposition du ministre de l'intérieur. A cet effet, pour chaque nomination, il est adressé au ministre de l'intérieur une liste de candidats. Ces listes, à l'exception de celle présentée par les conseils des prud'hommes, doivent porter trois noms.

Les listes sont établies, savoir :

Par le conseil municipal, le conseil d'État, la cour de cassation, la Faculté de médecine, la chambre de commerce, pour les candidats à présenter par chacun de ces corps.

Par la réunion des médecins des hôpitaux et hospices en exercice, pour le médecin appelé à faire partie du conseil.

Par la réunion des chirurgiens des hôpitaux et hospices en exercice, pour le chirurgien appelé à faire partie du conseil.

Par les conseils de prud'hommes présentant chacun un candidat, pour le prud'homme appelé à faire partie du conseil.

Enfin, par le préfet, pour les candidats à choisir parmi les maires, les administrateurs des bureaux de bienfaisance, les membres pris en dehors de ces diverses catégories. (*Id.*, art. 2.)

Les membres du conseil, à l'exception des deux préfets, sont renouvelés par tiers tous les deux ans. Le renouvellement des deux premiers tiers a lieu par la voie du sort. Le membre qui est nommé par suite de vacance, provenant de décès ou de toute autre cause, sort du conseil au moment où serait sorti le membre qu'il a remplacé. Les membres sortants sont rééligibles. (*Id.*, art. 3.)

299 — Le conseil est présidé par le préfet de la Seine, et, à son défaut, par un vice-président, choisi par le conseil dans son sein et élu tous les ans. En cas de partage, la voix du président est prépondérante. Le secrétaire général de l'administration remplit les fonctions de secrétaire du conseil. — Le préfet convoque le conseil au moins une fois tous les quinze jours. Le conseil se réunit plus souvent s'il y a lieu, sur la convocation du préfet. — Le directeur de l'assistance publique a droit d'assister aux séances du conseil. (*Id.*, art. 4 et 5.)

300 — Le conseil de surveillance est appelé à donner son avis sur les objets ci-après énoncés :

1° Les budgets, les comptes, et en général toutes les recettes et dépenses des établissements hospitaliers et de secours à domicile; 2° les acquisitions, échanges, ventes de propriétés, et tout ce qui intéresse leur conservation et leur amélioration; 3° les conditions des baux à ferme ou à loyer, des biens affermés ou loués par ces établissements ou pour leur compte; 4° les projets de travaux neufs, de grosses réparations ou de démolitions; 5° les cahiers des charges des adjudications et l'exécution des conditions qui y sont insérées; 6° l'acceptation ou la répudiation des dons et legs faits aux établissements hospitaliers et de secours à domicile; 7° les placements de fonds et les emprunts; 8° les actions judiciaires et les transactions; 9° la comptabilité tant en deniers qu'en matières; 10° les règlements de service intérieur des établissements et du service de santé, et l'observation desdits règlements; 11° toutes les questions de discipline concernant les médecins, chirurgiens et pharmaciens; 12° toutes les communications qui lui seraient faites par l'autorité supérieure et par le directeur.

Les membres du conseil de surveillance visitent les établissements hospitaliers et de secours à domicile aussi souvent que le conseil le juge nécessaire. (Loi du 10 janvier 1849, art. 5.)

301 — Les médecins, chirurgiens et pharmaciens des hôpitaux et hospices, sont nommés au concours. Leur nomination est soumise à l'approbation du ministre de l'intérieur. Ils ne peuvent être révoqués que par le même ministre, sur l'avis du conseil de surveillance et sur la proposition du préfet de la Seine.

Les médecins et chirurgiens attachés au service des secours à domicile sont également nommés au concours ou par l'élection de leurs confrères : ils sont institués par le ministre de l'intérieur. Ils peuvent être révoqués par le même ministre, sur l'avis du conseil de surveillance. (*Id.*, art. 6 et 7.)

302 — Les comptes et budgets sont examinés, réglés et approuvés conformément aux dispositions de la loi du 18 juillet 1837 sur les attributions municipales. (*Id.*, art. 4.)

Depuis 1837, les comptes et budgets des hospices et hôpitaux sont publiés comme ceux de la ville de Paris. Chaque année, l'administration de l'Assistance publique fait imprimer le budget des services qui sont placés sous sa direction. Ces budgets sont accompagnés d'un compte moral et administratif qui offre souvent un grand intérêt; nous avons consulté avec profit ces documents et leur avons fait de fréquents emprunts pour la composition de ce chapitre.

303 — Les hôpitaux sont les établissements destinés au traitement des malades indigents curables. Ils se divisent en hôpitaux généraux et en hôpitaux spéciaux. Les premiers sont consacrés au traitement des affections aiguës et des blessures; les seconds sont exclusivement réservés au traitement d'affections d'une nature particulière.

On n'est admis dans les hôpitaux généraux que sur la présentation d'un bulletin délivré par les membres du bureau central. Néanmoins, en cas d'urgence ou lorsque le malade ne peut être porté au bureau central, il est reçu immédiatement dans l'hôpital où il est présenté.

304 — Les hôpitaux généraux sont au nombre de huit, savoir :

1° Hôtel-Dieu, parvis Notre-Dame, 842 lits[1], le plus ancien peut-être des hôpitaux de l'Europe;

2° La Pitié, rue Copeau, n° 1, 624 lits. Ancien refuge des mendiants, institué en 1612 par Marie de Médicis, et converti en hôpital succursale de l'Hôtel-Dieu en janvier 1809.

---

[1] Le nombre des lits dont dispose chaque établissement varie chaque année. Il est fixé par l'administration de l'Assistance publique dans son budget. Nous avons pris les chiffres fournis par les derniers comptes de l'administration.

3° La Charité, rue Jacob, n° 17, 494 lits. Fondé en 1606 par les frères de la congrégation de Saint-Jean-de-Dieu, auxquels leur règle imposait l'obligation de soigner les malades, et que Marie de Médicis fit venir dans ce but d'Italie.

4° Saint-Antoine, rue du Faubourg-Saint-Antoine, n° 290, 352 lits. Ancienne abbaye Saint-Antoine, convertie en hôpital par décret de la Convention du 17 janvier 1795.

5° Necker, rue de Sèvres, n° 151, 403 lits. Fondé en 1779 par Mme Necker.

6° Cochin, rue du Faubourg-Saint-Jacques, n° 45, 125 lits. Fondé en 1780 par M. Cochin, ancien curé de Saint-Jacques-du-Haut-Pas.

7° Beaujon, rue du Faubourg-du-Roule, n° 54, 440 lits. Fondé en 1780, par M. Beaujon, receveur général des finances, pour recueillir douze orphelins de la paroisse du Roule, et converti en hôpital par décret du 17 janvier 1795.

8° Lariboisière, rue Ambroise-Paré (clos Saint-Lazare), 612 lits. Commencé en 1846 et achevé dans ces dernières années à l'aide d'une donation de Mme de Lariboisière.

305. — L'admission dans les hôpitaux spéciaux est prononcée à l'hôpital même, à l'exception des Cliniques, où les malades sont, comme pour les hôpitaux généraux, envoyés par le bureau central.

Il y a huit hôpitaux spéciaux, savoir :

1° Saint-Louis, rue des Récollets, n° 2, 853 lits. Fondé en 1607 par Henri IV, il est devenu un des plus vastes établissements de l'Administration. On y admet les indigents atteints de maladies chroniques, soit contagieuses, soit rebelles et cachectiques.

2° Hôpital du Midi, Champ-des-Capucins, faubourg saint Jacques. Ancien couvent des capucins, approprié au traitement des maladies vénériennes, en 1784. Depuis 1836, on n'y reçoit plus que des hommes.

3° Lourcine, rue de Lourcine, n° 95. Fondé en 1836 par l'Administration actuelle; 276 lits y sont affectés aux femmes atteintes du mal vénérien.

4° Enfants-Malades, rue de Sèvres, n° 149, ancienne maison des Filles de l'Enfant-Jésus, 658 lits. Fondé en 1735 par Marie Leczinska et Laurent de Gergy, curé de Saint-Sulpice, et spécialement réservé, comme hôpital, aux enfants malades, par arrêté du 8 mai 1802. Les enfants des deux sexes, âgés de deux à quinze ans, y sont seuls admis, quelle que soit leur maladie. Une succursale de cet hôpital a été installée à Forges-les-Bains (Seine-et-Oise) pour les malades atteints d'affections scrofuleuses.

5° Sainte-Eugénie, rue de Charenton, 9, 425 lits, destiné autrefois, sous le nom d'hôpital Sainte-Marguerite, aux enfants adultes, et affecté, le 1er avril 1854, ainsi que l'hôpital des Enfants-Malades, au traitement des enfants malades des deux sexes, âgés de deux à quinze ans.

6° Maison d'Accouchement, rue de Port-Royal, n° 3. — Ancienne abbaye de Port-Royal, convertie en hôpital par décret du 13 juillet 1795. On y reçoit les femmes enceintes dans le huitième mois de leur grossesse, et plus tôt si elles se trouvent dans un état de dénûment qui justifie cette dérogation aux règlements. Un atelier de couture, ouvert dans la maison, leur fournit de l'occupation et un travail facile, dont un tarif règle le salaire. Le nombre des lits est de 402, dont dix environ sont occupés par des nourrices sédentaires pour allaiter les nouveau-nés.

A cet établissement est annexée une école pratique d'accouchement. La durée du cours est d'une année. Quatre-vingts élèves, à peu près, y reçoivent annuellement l'instruction nécessaire à la profession de sage-femme. Instruites, à peu d'exceptions près, aux frais des départements, elles vont répandre dans toute la France les saines doctrines qu'elles ont puisées dans les leçons de professeurs éclairés et dans une pratique de tous les jours.

7° Cliniques, place de l'École-de-Médecine, 146 lits. — La pensée première de cet utile établissement est due à Lamartinière, chirurgien de Louis XV. Réservé particulièrement aux affections qui présentent de l'intérêt au point de vue de l'art médical, la destination de cet établissement est tout à l'avantage de la science. Il se compose de deux Cliniques, une de chirurgie et une d'accouchement. Outre les démonstrations cliniques faites dans les salles mêmes, des cours sont professés journellement dans des amphithéâtres.

8° Maison municipale de Santé, où l'on n'est point admis gratuitement, comme dans les hôpitaux précédents : elle ne doit pas être confondue dans la même catégorie ; elle s'y rattache toutefois par sa destination, car elle est affectée comme eux au traitement des maladies.

Fondée en 1802 par l'Administration des hospices, elle a été transférée en 1816 rue du Faubourg-Saint-Denis, n° 112. Le but de son institution est d'offrir, moyennant un prix de journée, soit une chambre particulière, soit une place dans un dortoir commun, aux malades qui, ne pouvant se faire traiter chez eux, mais conservant encore quelques ressources, ne veulent point avoir recours à la charité publique. Toutes les maladies qui ne sont point contagieuses, incurables ou mentales, y sont traitées; la maison peut recevoir 300 pensionnaires des deux sexes.

306 — Les revenus de la Fondation Monthyon sont employés à donner aux convalescents sortant des hôpitaux le moyen d'attendre des occasions de travail et le retour de leurs forces.

M. Auget de Monthyon, conseiller d'Etat, légua, à cet effet, aux hospices de Paris une somme de 5,312,000 fr., dont l'acceptation fut autorisée par ordonnance royale du 29 juillet 1820. Un règlement, en date du 4 janvier 1837, et conforme aux intentions du donateur, en a fixé l'emploi. Des employés-visiteurs vont au domicile de chaque convalescent prendre des renseignements sur sa position, son dénûment, ses infirmités et sa durée de séjour à l'hôpital, qui ne doit pas avoir été moindre de cinq jours. D'après ces données, une commission centrale décide la quotité du secours, qui se compose d'une somme d'argent et de bons de pain, de bouillon et de viande. Une layette, quelques vêtures et les premier mois de nourrice sont accordés aux femmes accouchées qui consentent à garder leurs enfants.

307 — On désigne sous le nom d'hospices les asiles ouverts à tous ceux que l'indigence et la vieillesse, l'enfance et l'abandon, l'aliénation, l'idiotisme ou des infirmités incurables mettent hors d'état de pourvoir eux-mêmes aux besoins de leur existence. — On les divise en hospices proprement dits et en maisons de retraite. L'admission est gratuite dans les premiers; dans les seconds, elle n'a lieu que moyennant une pension annuelle ou le versement d'un capital équivalent.

308 — Les hospices proprement dits sont au nombre de neuf, savoir :

1° Deux Hospices de la Vieillesse. — Vieillesse-Hommes (autrefois Bicêtre), à Gentilly, près Paris; Vieillesse-Femmes (autrefois la Salpêtrière), boulevard de l'Hôpital. Le premier contient 3,120 lits, dont 800 pour aliénés et 2,320 pour des vieillards ou infirmes, et le second 4,783, dont 1,342 pour aliénées et 3,441 pour femmes âgées ou infirmes.

Fondés sous Louis XIV, par édit du 17 avril 1656, sous le titre d'Hôpital-Général, ils ont longtemps réuni le triple caractère de refuge de mendicité, de prison et d'hospice. Ils ne sont plus ouverts qu'à l'indigence, depuis 1802, pour la Vieillesse-Femmes, et pour la Vieillesse-Hommes depuis la suppression, en 1836, de la prison de Bicêtre. Ce sont les deux établissements les plus considérables en ce genre; organisés sur des bases réellement colossales, leur population dépasse celle de beaucoup de villes en

France ; 8,000 indigents, que l'âge et les infirmités réduisent à l'impossibilité absolue de travailler, y trouvent le logement, le vêtement, la nourriture, etc., etc. Divers ateliers offrent aux deux sexes les moyens d'utiliser leurs loisirs dans des travaux proportionnés à leurs forces, et qui, rémunérés suivant un tarif, leur permettent d'ajouter quelques douceurs au régime de la Maison.

Les admissions ont lieu soit sur présentation de nominateurs, soit à titre d'urgence.

Tout indigent qui se présente pour entrer dans les hospices de la vieillesse doit justifier : 1° d'un acte de naissance ; 2° d'un certificat du bureau de bienfaisance constatant l'indigence et l'inscription au livre des pauvres ; 3° lorsque l'indigent n'a pas 70 ans, d'un certificat des médecins du bureau central, constatant qu'il est dans l'impossibilité absolue de travailler ; 4° d'un certificat de bonne conduite ; 5° d'un certificat attestant que ses enfants et petits-enfants ne peuvent ou ne veulent subvenir à sa subsistance.

Dans chacune de ces deux maisons existe un quartier séparé pour le traitement des aliénés ; le département de la Seine n'ayant point d'établissement spécial pour ce traitement, il en rembourse la dépense à l'Administration de l'Assistance publique, qui en fait l'avance.

Les médecins ayant reconnu l'influence favorable du travail sur les aliénés, des ouvroirs ont été ouverts pour les femmes, et de vastes terrains, sous la dénomination de Ferme Sainte-Anne, ont été mis à la disposition des hommes.

Les aliénés sont admis soit d'office, sur l'ordre du préfet de police, quand leur état peut compromettre l'ordre public ou la sûreté des personnes ; soit à titre de placement volontaire, à la requête de toutes personnes intéressées, parent, tuteur, curateur ou ami.

Ceux qui réclament l'admission d'un aliéné doivent produire : 1° une demande d'admission ; 2° un certificat de médecine, n'ayant pas plus de quinze jours de date, constatant l'état mental de la personne à placer ; 3° le passe-port ou toute autre pièce propre à établir l'individualité du malade. — Sur le vu de ces pièces, l'admission, s'il y a lieu, est prononcée par le préfet de la Seine.

2° Deux Hospices des Incurables. — Incurables-Hommes, rue du Faubourg Saint-Martin, n° 150, 523 lits. — Incurables-Femmes, rue de Sèvres, n° 54, 658 lits.

On attribue à Saint-Vincent de Paul, en 1653, la fondation des Incurables-Hommes, et à Marguerite Bouillé, en 1632, celle des Incurables-Femmes. — Dans ces deux hospices, qui peuvent être considérés comme succursales des hospices de la Vieillesse, à cela près que les maladies mentales ou contagieuses en sont exclues, 1,180 indigents reçoivent une complète hospitalité. Un certain nombre de lits appartient à des fondateurs qui conservent et transmettent le droit de présenter, en cas de vacance, un candidat réunissant toutefois les conditions voulues par les règlements.

3° Hospice des Enfants-Assistés, rue d'Enfer, n° 100. — L'institution des Enfants-Trouvés est due à l'ardente charité de Saint-Vincent de Paul, et remonte à 1640.

Sont admis dans cet établissement, depuis le premier jour de leur naissance jusqu'à leur douzième année :

1° Les enfants trouvés ; 2° les enfants abandonnés ; 3° les orphelins pauvres. Les enfants sont immédiatement envoyés à la campagne, les nouveau-nés sont confiés à des nourrices qui les élèvent au sein, et les plus âgés sont placés chez des artisans ou des laboureurs. Ils restent sous la tutelle de l'Administration jusqu'à l'époque de leur majorité. L'hospice peut en contenir 609 et on évaluait, pour 1860, à 21,329 le nombre des enfants placés à la campagne.

Un tour a été maintenu ; mais, pour prévenir autant que possible l'abus des abandons, des agents placés sous la direction du préfet de police, exercent la surveillance nécessaire aux environs du tour et de l'hospice.

4° Hospice Saint-Michel, à Saint-Mandé, près Paris. — Fondé en 1825 par M. Boulard et ouvert en 1830 ; il assure une retraite tranquille à 12 pauvres honteux, âgés de 70 ans au moins, et présentés par le bureau de bienfaisance ;

5° Hospice de la Reconnaissance, à Garches (Seine-et-Oise). Fondé en 1829 par M. Brezin, et ouvert en 1833 ; il contient 316 lits réservés par le fondateur aux ouvriers pauvres, âgés au moins de 60 ans, et ayant exercé une des professions où l'on travaille les métaux ;

6° Hospice Devillas, rue du Regard, n° 28. Fondé par M. Devillas en 1832 et ouvert en 1835 ; il reçoit des indigents des deux sexes, ayant au moins 70 ans et des infirmités. On y compte 35 lits. Quatre cinquièmes des places appartiennent à la population indigente de Paris ; l'autre cinquième est à la disposition des deux consistoires de l'Église réformée.

7° Asile Lambrechts, à Courbevoie. Fondé en 1825, en vertu d'un legs de M. Lambrechts, ministre de la justice en l'an VI, puis sénateur, en faveur des pauvres du culte protestant du département de la Seine.

Ces quatre derniers établissements sont placés sous la direction de l'Administration de l'Assistance publique, mais ils pourvoient à leurs dépenses au moyen de leurs dotations particulières et sont régis selon les vœux de leurs fondateurs.

309 — On compte trois maisons de retraite, savoir :

1° Hospice des Ménages, rue de la Chaise, n° 28 ; 790 lits. Fondé en 1557, sous le nom de Petites-Maisons, sur l'emplacement et avec les matériaux d'une ancienne maladrerie, on y reçut d'abord indistinctement des fous, des enfants et des vieillards infirmes. L'ordonnance du 10 octobre 1801 l'a consacré exclusivement aux époux en ménage et aux personnes veuves, et un règlement du 11 avril 1804 a fixé définitivement son organisation actuelle.

On désigne sous le nom de Préau la partie de l'établissement dont les chambres sont destinées : 1° moyennant un versement de 3,200 fr., à des ménages dont les époux sont âgés l'un de 70 ans et l'autre de 60 ans au moins ; 2° moyennant un versement de 1,600 fr. à des veufs ou veuves justifiant de 60 ans d'âge et d'une durée de ménage de 10 ans. Chacun des pensionnaires logés dans les chambres particulières du Préau reçoit par jour 30 centimes et 90 décagrammes de pain, 60 décagrammes de viande crue tous les samedis, 2 stères de bois et 2 deux voies de charbon par an.

Sous le nom de Dortoirs, une section de l'hospice des Ménages comprend les salles communes dont les lits sont affectés à des veufs, ou personnes sexagénaires pouvant payer une somme de 1,000 fr. Chaque ménage ou individu est tenu d'apporter, à son entrée, un petit mobilier destiné à son usage.

2° Hospice de La Rochefoucauld, à Montrouge ; 248 lits. Fondé en 1781 par les frères de la Charité, sous le titre de Maison royale de santé, et destiné à des militaires et à des ecclésiastiques malades, il est devenu hôpital pendant la Révolution ; un arrêté du 10 octobre 1801 l'a définitivement converti en maison de retraite.

Il est destiné à recevoir : 1° les anciens employés des hospices (arrêté du 19 mars 1802), moyennant une déduction sur leur pension ; 2° douze ecclésiastiques âgés et infirmes ; 3° des personnes des deux sexes, âgées de 60 ans au moins ou percluses de leurs membres. La pension est fixée à 250 fr. pour les vieillards valides et à 312 fr. 50 pour les incurables et infirmes ; elle doit être payée par semestre et d'avance, et peut être remplacée par le versement d'un capital dont la quotité est calculée d'après l'âge des individus.

Le versement obligé pour l'admission dans ces deux maisons ne leur enlève en rien le caractère d'établissement de bienfaisance, et ils ne peuvent sous aucun rapport être assimilés à une pension bourgeoise. Le capital est loin de représenter le montant des dépenses du pensionnaire, et les revenus des hospices comblent le déficit. Mais ces revenus appartiennent, par leur destination, aux indigents ; et, pour ne pas les en détourner, l'administration impose à quiconque veut être admis dans l'un de ces deux établissements la condition indispensable de justifier, par un certificat du bureau de bienfaisance de son arrondissement, qu'il n'a pas des ressources suffisantes pour vivre d'une manière indépendante.

3° Institution de Sainte-Périne, grande rue de Chaillot, n° 99 *bis*; 245 lits. L'idée de cette institution appartient à M. Chamousset, et remonte à 1801 : au moyen de versements régulièrement acquittés, on pouvait s'y ménager une retraite pour ses vieux jours. La mortalité ayant été mal calculée, l'entreprise échoua : recommencée plus tard et menacée d'un pareil insuccès, le gouvernement intervint, et, par décret du 10 novembre 1807, plaça cette maison sous la direction de l'administration des hospices.

La pensée qui a présidé à la création de la Maison royale de santé a dicté le règlement du 1er avril 1808 et l'arrêté du 14 novembre 1810, qui régissent actuellement Sainte-Périne avec l'ordonnance royale du 16 octobre 1846. On y reçoit toute personne âgée de 60 ans, pouvant justifier de bonne vie et mœurs, exempte de toute infirmité répugnante, et qui, outre l'apport d'un trousseau, peut payer une pension annuelle de 700 fr.

310 — Il nous reste à signaler divers établissements qui figurent encore au budget de l'Assistance publique. Ce sont :

1° La filature des indigents, impasse des Hospitalières, n° 2.

Ancien hôpital de la Charité-Notre-Dame, supprimé pendant la Révolution et remplacé, en 1793, par l'établissement national de la filature.

Venir au secours des femmes infirmes, des mères de famille qui ne peuvent quitter leurs enfants; de toutes celles qui, quoique dans l'indigence, peuvent avec un peu d'aide subvenir à leurs besoins, mais en même temps attacher le secours au travail et éviter de faire des fonds destinés à l'infortune un encouragement à la paresse, tel a été le but de l'institution de la filature. Des femmes indigentes y reçoivent de la filasse pour la convertir en fil dans leur demeure ; un tarif règle le prix de leur main-d'œuvre. Les fils qui en proviennent sont employés à confectionner des toiles pour l'usage des établissements de bienfaisance : les prix en sont fixés par des experts choisis dans le commerce. La différence entre les produits et les dépenses de la filature représente le secours donné par l'administration aux indigents travailleurs.

2° L'amphithéâtre d'anatomie, rue Fer-à-Moulin, n° 1.

Construit en 1833 sur le terrain de Clamart, qui, depuis 1545, servait de cimetière aux hôpitaux, il a été ouvert le 1er novembre de la même année et a remplacé tous les amphithéâtres particuliers, supprimés par arrêté du 3 décembre 1834. Il est destiné à l'instruction des élèves en médecine et en chirurgie, qui y sont tous admis indistinctement, moyennant un léger droit de présence. Des salles de dissection, un musée d'anatomie, un amphithéâtre pour les cours, et le cimetière des hôpitaux, situé boulevard extérieur du Mont-Parnasse, forment le ressort de cet établissement.

3° La Direction des nourrices, rue Sainte-Apolline, n° 18. L'objet de cette institution est de procurer aux habitants de Paris et des environs de bonnes nourrices à des prix modérés, et, en même temps, d'assurer à ces dernières le payement de leur salaire, et d'établir les moyens de les surveiller. Sa haute utilité a été reconnue de tout temps : un établissement pareil était déjà connu au xive siècle sous le titre de Bureau des recommanderesses. On en retrouve deux en 1715, sous Louis XIV, qui en porte le nombre à quatre dans la même année; ils furent enfin réunis sous le titre de bureau général, le 24 juillet 1769. Après avoir passé sous plusieurs juridictions et avoir été transférée de quartiers en quartiers, elle a été placée dans les attributions de l'administration des hospices, et a pris possession le 23 mai 1804 de l'emplacement qu'il occupe. Le règlement qui la régit est de 1821.

A côté de ce bureau relevant de l'administration, on a laissé s'établir des entreprises purement privées sur lesquelles l'autorité ne saurait exercer une surveillance trop active. Tout ce qui touche à l'enfance et aux soins qui lui sont dus mérite toute sa sollicitude, surtout au milieu d'une population qui, comme celle de Paris, est obligée de recourir à ces bureaux où des nourrices attendent un placement qu'elles cherchent parfois à obtenir à l'aide de funestes dissimulations.

4° Dans une pensée d'économie facile à comprendre, l'Administration a organisé des établissements de service général pour la boulangerie, la boucherie, les vins et la pharmacie. Là sont préparés, conservés et centralisés tous les subsides que rend nécessaire la vaste administration des hôpitaux et des hospices, et dont sont admis à profiter quelques maisons de secours et certains établissements de bienfaisance.

5° Bureau central d'admission, parvis Notre-Dame. — Il est chargé d'examiner toutes les personnes qui se présentent pour entrer soit dans les hôpitaux, soit dans les hospices. Il délivre aux malades un bulletin qui leur indique l'établissement sur lequel ils doivent se diriger. Ceux dont l'état n'exige pas un traitement dans les hôpitaux reçoivent des consultations gratuites ou sont renvoyés à leurs bureaux de bienfaisance [1].

311 — Les communes de la banlieue peuvent faire admettre leurs malades dans les hôpitaux de Paris, en vertu d'abonnements annuels très-modérés, passés en conformité de la loi du 7 août 1851.

Quant aux communes annexées, si elles peuvent toujours envoyer leurs malades aux mêmes hôpitaux, elles n'ont plus à payer d'abonnement, attendu qu'elles font désormais partie de la ville de Paris.

En ce qui concerne les hospices ou maisons de retraite, les vieillards et infirmes de la banlieue n'y sont point admis en général ; chaque commune doit pourvoir au placement ou au soulagement de ses indigents vieux ou infirmes.

312 — Les secours à domicile dans la ville de Paris ont été organisés par l'ordonnance royale du 29 avril 1831 et l'arrêté ministériel du 24 septembre de la même année. Le service des secours à domicile dans Paris est spécialement confié à un bureau de bienfaisance, indépendamment des secours qui sont donnés directement par l'administration de l'Assistance publique et distribués par ses agents ou visiteurs. Les bureaux de bienfaisance avaient été placés par l'ordonnance royale sous la direction du préfet de la Seine et la surveillance du conseil général de l'administration des hospices. La loi du 10 janvier 1849 a réuni dans les mains du directeur de l'Assistance publique, sous l'autorité du préfet de la Seine, les établissements et services hospitaliers et les secours à domicile.

Chaque bureau est composé : 1° du maire de l'arrondissement, président né ; 2° des adjoints, membres nés ; 3° de douze administrateurs ; 4° d'un nombre illimité de commissaires de bienfaisance et de dames de charité, qui n'assistent aux séances qu'avec voix consultative et lorsqu'ils sont invités par le bureau ; 5° d'un secrétaire-trésorier.

[1] Recueil des arrêtés, instructions et circulaires concernant l'administration générale de l'Assistance publique (1849 à 1855), t. 2, p. 331 et suiv.

Chacun des administrateurs est choisi par le ministre de l'intérieur et sur l'avis du préfet, parmi quatre candidats, dont deux sont présentés par le directeur de l'Assistance publique et deux par le bureau dont il doit faire partie. — Dans la première formation, le préfet présente les deux candidats, dont la nomination est attribuée aux bureaux de bienfaisance.

Les commissaires de bienfaisance et les dames de charité sont nommés par les bureaux. — Les secrétaires-trésoriers sont salariés et fournissent un cautionnement. Ils sont nommés par le préfet de la Seine.

Les bureaux se renouvellent par quart chaque année; les trois premières années, les membres sortant sont désignés par le sort et ensuite par l'ancienneté.

Deux administrateurs des bureaux de bienfaisance des arrondissements municipaux entrent dans la composition du conseil de surveillance de l'administration de l'Assistance publique. Ils sont nommés par le ministre de l'intérieur, sur une liste de trois candidats présentés par le préfet. (Décret du 24 avril 1849, art. 2.)

Les bureaux de bienfaisance sont représentés en justice par le directeur de l'Assistance publique. (Loi du 10 janv. 1849, art. 2.)

C'est par lui également que sont acceptés les legs faits aux pauvres des divers arrondissements de Paris[1]. Les pauvres d'une commune constituent, en effet, un établissement public permanent, aux termes de l'article 910 du Code civil, et, à ce point de vue, l'on peut considérer les pauvres des divers arrondissements de Paris comme formant autant d'établissements de ce genre. — Sous ce rapport, la section de l'intérieur du conseil d'État a émis, à la date du 7 décembre 1858, un avis dont les termes pourraient égarer, s'ils étaient pris dans un sens trop absolu[2]. D'après cet avis, lorsque les legs portent évidemment le caractère de dispositions faites au profit, soit de la généralité des pauvres, soit d'une catégorie spéciale des indigents d'une commune, il y a lieu de permettre à l'autorité municipale de les accepter, bien qu'ils aient été faits à des établissements non légalement reconnus, mais rentrant dans les prévisions de l'ordonnance réglementaire du 2 avril 1817.

Renfermé dans ces termes, l'avis du conseil d'État est juridique; car, en effet, l'être moral objet du legs existe : c'est la personnalité des pauvres de la commune, laquelle est élevée, par l'article 910 du Code civil, au rang d'un établissement public, et

[1] Voyez n° 297.
[2] Cet avis est rapporté par Sirey. — *Lois annot.* 1859, p. 53.

subsiste, alors même qu'il n'a été institué dans la commune aucun établissement ou conseil spécial pour mettre le legs à exécution. Ainsi l'a pensé l'ordonnance royale du 2 avril 1817, laquelle a désigné le maire de la commune pour accepter les legs faits aux pauvres, en l'absence de bureaux de bienfaisance. Mais, étendu au delà de cette proposition, l'avis de la section de l'intérieur serait contraire aux principes de la matière. On doit regretter que cet avis, qui était destiné à tracer une ligne de conduite sur ce point de droit public, n'ait pas mieux dégagé les règles qui le gouvernent. On doit regretter surtout que la section de l'intérieur se soit bornée à énoncer vaguement, « qu'en règle générale, il y a lieu d'autoriser les administrations à accepter les libéralités faites à des établissements non légalement reconnus, lorsque ces libéralités rentrent dans les prévisions de l'ordonnance réglementaire du 2 avril 1817, » ce qui était vrai, nous le répétons, dans l'espèce, où il s'agissait de libéralités en faveur des pauvres, ce qui serait faux pour des établissements n'ayant aucune existence légale [1].

[1] Relativement à la capacité des divers établissements publics et aux legs faits à des établissements non autorisés, voyez notre article dans la *Revue pratique de droit français*, 1859, tome 8, p. 508 et suiv.

CHAPITRE X.

DE L'INSTRUCTION PUBLIQUE.

313 — Concours donné par la ville de Paris à l'instruction publique.
314 — Ressort de l'Académie de Paris. — Son administration. — Recteur et inspecteurs.
315 — Conseil académique et conseil départemental. — Charges de la ville et du département.
316 — Attributions du préfet de la Seine, en ce qui concerne l'instruction publique ou libre.
317 — Délégués cantonaux et spéciaux. — Surveillance locale.
318 — Admission gratuite des enfants dans les écoles. — Rétribution scolaire. — Mode de recouvrement. — Réclamations.
319 — Ce que comprend l'enseignement primaire. — Age des enfants. — Adultes.
320 — Écoles publiques de filles.
321 — Salles d'asile. — Comité local de patronage.
322 — Enseignement du chant. — Orphéon.
323 — Ouvroirs.

313 — Il est dans la haute pensée de nos lois de répandre libéralement sur tous les bienfaits de l'instruction. A Paris, on est heureux de pouvoir dire que l'ignorant est sans excuse, car, dans aucune ville de l'Europe, on n'a fait plus d'efforts pour rendre accessibles à toutes les classes de la société, à toutes les conditions, les établissements d'instruction publique, depuis la salle d'asile et l'école primaire jusqu'aux écoles supérieures et aux colléges, depuis le rudiment de la langue et des connaissances en tous genres jusqu'aux cours d'éloquence, jusqu'au dernier mot des sciences et des arts. La ville de Paris possède des ouvroirs, des salles d'asile, des écoles de garçons et de filles, un collége municipal, le collége Rollin; trois établissements d'instruction primaire supérieure, le collége municipal Chaptal et l'école Turgot, pour les études pro-

fessionnelles et l'école du passage Saint-Pierre, pour l'instruction primaire supérieure des jeunes filles. De plus, la ville de Paris fait figurer chaque année à son budget des bourses dans les cinq grands colléges universitaires et dans des institutions spéciales, telles que celles des Sourds-Muets, des Jeunes-Aveugles, l'école centrale des Arts et Manufactures.

Voici quelques-unes des règles qui président à l'instruction publique à Paris.

314 — Paris forme l'un des chefs-lieux des seize circonscriptions académiques. L'Académie de Paris comprend les départements du Cher, d'Eure-et-Loir, de Loir-et-Cher, du Loiret, de la Marne, de la Seine, de Seine-et-Marne et de Seine-et-Oise [1].

Chacune des académies est administrée par un recteur, assisté d'autant d'inspecteurs d'académie qu'il y a de départements dans la circonscription. Au chef-lieu de l'Académie de Paris, il y a huit inspecteurs sous l'autorité du recteur. Quatre d'entre eux sont attachés aux Facultés de droit, de médecine, des lettres et des sciences; deux à l'enseignement littéraire et scientifique des lycées et colléges de la ville de Paris; un est chargé des affaires qui concernent l'enseignement secondaire libre. Le huitième inspecteur d'académie est chargé, sous l'autorité du préfet, des affaires qui concernent les écoles primaires publiques et libres. Cet inspecteur a ses bureaux à la préfecture, et il fait partie du conseil académique avec l'inspecteur d'académie chargé des affaires qui concernent l'enseignement secondaire. Les inspecteurs primaires du département de la Seine sont particulièrement adjoints et subordonnés à cet inspecteur [2].

Le ministre de l'instruction publique peut exercer les fonctions de recteur de l'Académie de Paris. Il est assisté dans ses fonctions rectorales par un vice-recteur, dont les fonctions sont fixées par un arrêté ministériel [3].

315 — Il y a au chef-lieu de chaque académie un conseil académique qui connaît des affaires de l'enseignement public, secondaire ou supérieur. Il y a au chef-lieu de chaque département un conseil départemental de l'instruction publique, lequel connaît des affaires de l'instruction primaire et des affaires disciplinaires et contentieuses relatives aux établissements particuliers d'instruction secondaire. Les membres en sont nommés pour trois ans [4].

[1] Loi du 14 juin et décret du 22 août 1854.
[2] Décret du 4 août 1854, art. 30.
[3] Id., art. 29.
[4] Loi du 14 juin 1854, art. 3 et 7, et décret du 22 août 1854, art. 26.

Pour le département de la Seine, le conseil départemental de l'instruction publique se compose : 1° du préfet, président ; 2° du recteur de l'académie de Paris, vice-président ; 3° de deux des inspecteurs d'académie attachés au département de la Seine ; 4° de deux inspecteurs de l'instruction primaire de ce département ; 5° de l'archevêque de Paris ou son délégué, de trois ecclésiastiques désignés par l'archevêque, d'un ministre de l'église réformée, d'un ministre de l'église de la confession d'Augsbourg et d'un membre du consistoire israélite, désignés par le ministre ; 6° du procureur général près la Cour impériale, ou d'un membre du parquet désigné par lui ; 7° d'un membre de la Cour impériale et d'un membre du tribunal de première instance, désignés par le ministre ; 8° de quatre membres du conseil municipal de Paris et de deux membres du conseil général de la Seine, pris parmi ceux des arrondissements de Sceaux et de Saint-Denis, tous désignés par le ministre [1].

Les appels des décisions du conseil départemental, dans les matières qui intéressent la liberté d'enseignement, sont portés directement devant le conseil impérial de l'instruction publique [2].

Le local de l'académie, le mobilier du conseil académique et les bureaux du recteur sont fournis par la ville de Paris. — Le local et le mobilier nécessaires à la réunion du conseil départemental et les bureaux de l'inspecteur d'académie, ainsi que les frais de bureaux, sont à la charge du département. Ces dépenses sont obligatoires [3].

316 — Le préfet de la Seine exerce, sous l'autorité du ministre de l'instruction publique, et sur le rapport de l'inspecteur d'académie, les attributions qui étaient déférées au recteur par la loi du 15 mars 1850 et par le décret organique du 9 mars 1852, en ce qui concerne l'instruction publique ou libre ; en conséquence, il a le droit de nommer, de changer, de réprimander, de suspendre et de révoquer tous les instituteurs publics, adjoints, suppléants et communaux [4].

317 — Des délégués, ayant une mission bénévole et toute de confiance, ont entrée dans toutes les écoles libres ou publiques de leur circonscription, qu'ils sont chargés de visiter au moins une fois par mois. Ils communiquent aux inspecteurs de l'instruc-

---

[1] *Id.*, art. 6.
[2] *Id.*, art. 7.
[3] Loi du 14 juin 1854, art. 10.
[4] *Id.*, art. 8.

tion primaire tous les renseignements utiles qu'ils ont pu recueillir. Le conseil départemental désigne dans chaque arrondissement de Paris un délégué au moins par quartier. Il peut désigner, en outre, dans chaque arrondissement, des délégués spéciaux pour les écoles des cultes protestant et israélite. — L'inspecteur de l'instruction primaire assiste aux réunions mensuelles des délégués de l'arrondissement avec voix consultative [1].

Les délégués se réunissent au moins une fois tous les mois avec le maire ou adjoint, le juge de paix ou curé de l'arrondissement et un ecclésiastique, ces deux derniers désignés par l'archevêque, pour s'entendre au sujet de la surveillance locale et pour convenir des avis à transmettre au conseil départemental. Les ministres des cultes non catholiques reconnus, s'il y a dans l'arrondissement des écoles suivies par des enfants appartenant à ces cultes, assistent à ces réunions avec voix délibérative. La réunion est présidée par le maire [2].

Les autorités locales préposées à la surveillance et à la direction morale de l'enseignement primaire sont, pour chaque école, le maire, le curé, le pasteur ou le délégué du culte israélite et un ou plusieurs habitants de l'arrondissement délégués, comme il a été dit ci-dessus, par le conseil départemental. — Les ministres des différents cultes sont spécialement chargés de surveiller l'enseignement religieux de l'école. — L'entrée de l'école leur est toujours ouverte [3].

318 — A la fin de l'année scolaire, le préfet fixe, sur la proposition des délégués et l'avis de l'inspecteur de l'instruction primaire, le nombre maximum des enfants qui peuvent être admis gratuitement dans chaque école publique pendant le cours de l'année suivante. Ensuite, les maires, de concert avec les ministres des différents cultes, dressent une liste de ces enfants pour leurs arrondissements respectifs. Cette liste, qui ne peut pas dépasser le nombre fixé par le préfet, est approuvée par le conseil municipal et définitivement arrêtée par le préfet. Lorsque cette liste est arrêtée par le préfet, il en est délivré, par le maire, un extrait, sous forme de billet d'admission, à chaque enfant qui y est porté. Aucun élève ne peut être reçu gratuitement dans une

---

[1] Décret du 29 juillet 1850, art. 44, 45 et 47.
[2] Loi du 15 mars 1850, art. 43.
[3] *Id.*, art. 44. — A l'égard des conditions imposées aux instituteurs primaires publics ou pour ouvrir une école libre, voyez le *Corps municipal*, p. 314 et suiv.

école communale, s'il ne justifie d'un billet d'admission délivré par le maire[1].

Quant à la rétribution scolaire, elle est due par tous les élèves qui suivent les classes de l'école et qui ne sont pas portés sur la liste des admissions gratuites. Elle est perçue dans la même forme que les contributions publiques directes; elle est exempte des droits de timbre, et donne droit aux mêmes remises que les autres recouvrements. Néanmoins, sur l'avis conforme du conseil général, l'instituteur communal peut être autorisé par le conseil départemental à percevoir lui-même la rétribution scolaire[2].

Les instituteurs tiennent un registre matricule, commençant au 1er janvier de chaque année, de tous les enfants admis à l'école. La tenue de ce registre est obligatoire pour tous les instituteurs publics, laïques ou congréganistes, pour toutes les institutrices communales, que les écoles soient payantes ou gratuites.

La rétribution scolaire est payée à la fin de chaque trimestre; le rôle trimestriel comprend tous les enfants présents à l'école pendant le trimestre écoulé, avec l'indication du nombre de douzièmes dus par chacun d'eux. Il n'est tenu compte, dans le rôle trimestriel, d'aucune fraction de douzième, tout mois commencé étant dû en entier[3]. Néanmoins, la rétribution peut être payée par douzièmes. A cet effet, l'instituteur remet chaque mois au maire un extrait du registre matricule indiquant les enfants présents à l'école pendant le mois écoulé et qui sont compris dans le rôle trimestriel. Cet extrait sert au receveur municipal pour la perception des sommes qui lui sont offertes par les parents avant l'émission et la réception du rôle trimestriel; ce comptable émarge les payements qui lui ont été faits[4].

Les réclamations auxquelles la confection des rôles donne lieu sont rédigées sur papier timbré et déposées au secrétariat de la préfecture. Ces réclamations, ainsi que les états des cotes indûment imposées dressés par les receveurs municipaux, sont présentées dans les trois mois qui suivent la publication des rôles. Lorsqu'il s'agit de décharge ou de réduction, il est statué par le conseil de préfecture, sur l'avis du maire, du délégué et du préfet. Il y a lieu à décharge ou réduction, quand les cotes ont été indûment ou

---

[1] Loi du 15 mars 1850, art. 45, et décret du 31 déc. 1853, art. 13.
[2] Loi du 15 mars 1850, art. 41.
[3] Décret du 31 décembre 1853, art. 14.
[4] Décret du 7 octobre 1850, art. 23, et Instruction ministériel du 25 février 1860.

mal établies. Il est prononcé sur les demandes en remise par le préfet, après avis du conseil municipal [1].

Les remises dues au percepteur et les cotes qui deviennent irrécouvrables sont déclarées charges communales, et, comme telles, placées au nombre des dépenses obligatoires de la commune [2].

319 — L'enseignement *primaire* comprend nécessairement : l'instruction morale et religieuse, la lecture, l'écriture, les éléments de la langue française, le calcul et le système légal des poids et mesures. — Il peut comprendre, en outre, l'arithmétique appliquée aux opérations pratiques, les éléments de l'histoire et de la géographie, des notions des sciences physiques et de l'histoire naturelle applicables aux usages de la vie; des instructions élémentaires sur l'agriculture, l'industrie et l'hygiène; l'arpentage, le nivellement, le dessin linéaire; le chant et la gymnastique [3].

Les écoles publiques sont ouvertes à tous les enfants de la commune, depuis l'âge de six ans jusqu'à celui de treize. Comme, à cet âge, ils doivent avoir reçu ce qu'il y a de plus nécessaire à tout homme dans l'instruction primaire, il est juste qu'ils laissent la place à d'autres. Cela est surtout de rigueur dans le cas où l'école est pleine et où d'autres enfants attendent leur admission [4].

Mais il peut être créé, et il existe à Paris, des écoles primaires pour les adultes au-dessus de dix-huit ans, pour les apprentis au-dessus de douze ans. Le préfet désigne les instituteurs chargés de diriger les écoles communales d'adultes et d'apprentis. Il ne peut être reçu dans ces écoles d'élèves des deux sexes [5].

320 — L'enseignement primaire, dans les écoles de filles, comprend, outre les matières de l'enseignement primaire énoncées ci-dessus (n° 319), les travaux d'aiguille [6].

Tout ce qui se rapporte à l'examen des institutrices, à la surveillance et à l'inspection des écoles de filles, est réglé par le décret du 31 décembre 1853. — Les autres dispositions de la loi du 15 mars 1850, relatives aux écoles et aux instituteurs, sont applicables aux écoles de filles et aux institutrices [7].

Les écoles de filles, avec ou sans pensionnat, sont divisées en

---

[1] Décret du 7 octobre 1850, art. 30.
[2] *Id.*, art. 29.
[3] Loi du 15 mars 1850, art. 23.
[4] Déc. minist. de 1856.
[5] Loi du 15 mars 1850, art. 54.
[6] *Id.*, art. 48.
[7] *Id.*, art. 50.

deux ordres, savoir : Écoles de premier ordre, écoles de second ordre [1].

Aucune aspirante au brevet de capacité ne peut être admise à se présenter devant une commission d'examen si elle n'est âgée, au jour de l'ouverture de la session, de dix-huit ans accomplis. Le brevet de capacité mentionne l'ordre d'enseignement pour lequel il a été délivré [2].

Nulle institutrice laïque ne peut diriger une maison d'éducation de premier ordre si elle n'est pourvue d'un brevet de capacité délivré après un examen portant sur toutes celles des matières d'enseignement, énumérées aux articles 23 et 48 de la loi du 15 mars 1850, qui sont exigées pour l'éducation des femmes [3].

Toutes les écoles communales ou libres de filles, tenues soit par des institutrices laïques, soit par des associations religieuses non cloîtrées ou même cloîtrées, sont soumises, quant à l'inspection et à la surveillance de l'enseignement en ce qui concerne l'externat, aux autorités instituées par les articles 18 et 20 de la loi du 15 mars 1850 [4].

Le recteur de l'académie délègue, lorsqu'il y a lieu, des dames pour inspecter l'intérieur des pensionnats tenus par des institutrices laïques [5]. L'intérieur de ces pensionnats est inspecté, dans le département de la Seine, par quatre dames recevant un traitement sur les fonds départementaux.

L'inspection des pensionnats de filles tenus par des associations religieuses cloîtrées ou non cloîtrées est faite, lorsqu'il y a lieu, par des ecclésiastiques nommés par le ministre de l'instruction publique, sur la présentation de l'évêque diocésain. Les rapports constatant les résultats de cette inspection sont transmis directement au ministre [6].

La rétribution scolaire est perçue dans les écoles de filles de la même manière et dans les mêmes conditions que dans les écoles de garçons [7].

321 — Les salles d'asile, publiques ou privées, sont des établissements d'éducation où les enfants des deux sexes, de deux à sept ans, reçoivent les soins que réclame leur développement

---

[1] Décret du 31 déc. 1853, art. 6.
[2] *Id.*, art. 7.
[3] *Id.*, art. 8.
[4] *Id.*, art. 10.
[5] *Id.*, art. 11.
[6] *Id.*, art. 12.
[7] Loi du 14 juin 1859.

moral et physique. Les salles d'asile sont publiques ou libres[1].

L'article 58 de la loi du 15 mars 1850 avait confié au conseil municipal, sauf approbation du conseil départemental, la nomination des personnes chargées de la direction des salles d'asile publiques. Depuis, un simple décret, en date du 21 mars 1855, a réglé l'organisation des salles d'asile et a remis au préfet cette nomination.

L'enseignement dans les salles d'asile publiques et libres comprend : 1° les premiers principes de l'instruction religieuse, de la lecture, de l'écriture, du calcul verbal et du dessin linéaire ; 2° des connaissances usuelles à la portée des enfants ; 3° des ouvrages manuels appropriés à l'âge des enfants ; 4° des chants religieux, des exercices moraux et des exercices corporels. Les leçons et les exercices moraux ne durent jamais plus de dix à quinze minutes, et sont toujours entremêlés d'exercices corporels[2].

Aucun enfant n'est reçu, même provisoirement, par la directrice, dans une salle d'asile publique ou libre, s'il n'est pourvu d'un certificat de médecin dûment légalisé, constatant qu'il n'est atteint d'aucune maladie contagieuse, et qu'il a été vacciné. — L'admission des enfants dans les salles d'asile publiques ne devient définitive qu'autant qu'elle a été ratifiée par le maire. Dans les huit jours qui suivent l'admission provisoire d'un enfant dans une salle d'asile publique, les parents sont tenus de présenter à la directrice un billet d'admission délivré par le maire[3].

Les salles d'asile publiques sont ouvertes gratuitement à tous les enfants dont les familles sont reconnues hors d'état de payer la rétribution mensuelle[4].

Le maire, de concert avec les ministres des différents cultes reconnus, dresse la liste des enfants qui doivent être admis gratuitement dans les salles d'asile publiques ; cette liste est définitivement arrêtée par le conseil municipal. Les billets d'admission délivrés par les maires ne font aucune distinction entre les enfants payants et les enfants admis gratuitement[5].

Indépendamment des autorités instituées pour la surveillance et l'inspection des écoles, il existe à Paris, dans chaque arrondissement, un comité local de patronage nommé par le préfet. Ce comité, dont le curé fait partie de droit, et qui est présidé par le

---

[1] Loi du 15 mars 1850, art. 57.
[2] Décret du 21 mars 1855, art. 2.
[3] *Id.*, art. 10.
[4] *Id.*, art. 11.
[5] *Id.*, art. 12 et 13.

maire, est composé de dames qui se partagent la protection des salles d'asile du ressort.

Le comité local de patronage est chargé de recueillir les offrandes de la charité publique en faveur des salles d'asile de son ressort, de veiller au bon emploi des fonds alloués à ces établissements par la commune, le département ou l'Etat, et au maintien des méthodes adoptées pour les salles d'asile publiques. Il délibère sur tous les objets qu'il juge dignes de fixer l'attention du comité central. Il se réunit au moins une fois par mois [1].

Un ou plusieurs médecins, nommés par le maire, visitent, au moins une fois par semaine, les salles d'asile publiques. Chaque médecin inscrit ses observations et ses prescriptions sur un registre particulier [2].

Quant aux conditions d'âge et d'aptitude des directrices des salles d'asile, et à leur traitement, ils sont déterminés par les articles 19 et suivants du décret du 24 mars 1855. Le régime intérieur des salles d'asile a fait l'objet de l'arrêté du 22 mars 1855 [3].

322 — Le chant sans accompagnement est enseigné dans toutes les écoles communales, sauf quelques-unes des écoles des Frères, d'après la méthode de Wilhem. Les plus avancés parmi les élèves du chant sont admis dans une classe supérieure à laquelle a été donné le nom d'Orphéon. Grâce à cette institution, le chant s'est propagé dans la classe populaire et s'y est perfectionné à un point surprenant.

323 — Il existe également dans Paris un certain nombre d'ouvroirs ou maisons de travail entretenues par la ville, où les jeunes filles pauvres reçoivent une instruction professionnelle spéciale et où les matières premières employées par elles leur sont fournies gratuitement.

---

[1] Décret du 21 mars 1850, art. 14 et 15.
[2] *Id.*, art. 16.
[3] Voyez le *Manuel de législation et d'administration de l'instruction primaire* de M. Rapet, p. 188.

DEUXIÈME PARTIE.

PRÉFECTURE DE POLICE.

CHAPITRE Ier.

DES ATTRIBUTIONS DU PRÉFET DE POLICE.

324 — Diverses attributions du préfet de police. — Police judiciaire, police générale, police municipale.
325 — Autorité du préfet de police dans les communes du département de la Seine, dans les communes de Saint-Cloud, Sèvres et Meudon.
326 — Son pouvoir réglementaire. — Ordonnances de police. — Jusqu'où s'étend ce pouvoir.
327 — Réformation et annulation des ordonnances de police.
328 — De la police politique et de la direction de la sûreté publique.
329 — Attributions du préfet de police en matière d'administration et de comptabilité.
330 — Fonctionnaires et agents placés sous ses ordres. — Traitement.
331 — Commissaires de police de Paris et des communes du département de la Seine.
332 — Inspecteurs et surveillants.
333 — Garde de Paris, sapeurs-pompiers et force armée.
334 — Présidence du conseil de préfecture. — Conflits.
335 — Le décret du 25 mars 1852 sur la décentralisation administrative est applicable à la préfecture de police.
336 — Ce qui fera l'objet des chapitres suivants.

324 — Si les attributions du préfet de police sont aussi variées qu'étendues, du moins elles ont été précisées avec soin par le

législateur; elles reposent sur des règles positives, sur des textes qu'il suffit de lire pour comprendre l'ensemble et les détails de la vaste administration qu'elles embrassent et à laquelle on doit la tranquillité du foyer et la sécurité publique.

Nous nous sommes expliqué déjà sur le partage d'attributions qui a été opéré entre le préfet de police et le préfet de la Seine [1], et sur les conflits que ce partage peut faire naître [2]. Nous n'y reviendrons point ici. Nous n'aborderons pas non plus la partie historique de ce sujet, qui a fait l'objet de travaux estimables et érudits [3]. Nous nous attacherons exclusivement à préciser les attributions du préfet de police et à indiquer les éléments divers de l'importante administration qui lui est confiée.

Ces attributions s'appliquent tout à la fois à la police judiciaire, à la police générale et à la police municipale.

A l'égard de la police judiciaire, le préfet de police est autorisé, à Paris, d'après l'article 10 du Code d'instruction criminelle, à faire personnellement ou à requérir les officiers de police judiciaire, chacun en ce qui le concerne, de faire tous les actes nécessaires à l'effet de constater les crimes, délits et contraventions, et d'en livrer les auteurs aux tribunaux chargés de les punir.

La police générale appelle l'attention du préfet sur tout ce qui a rapport à la sûreté de l'État, à la défense des personnes et des biens, dans toutes les parties de la capitale. (Loi du 28 pluviôse an VIII, art. 16, et arrêté du 12 messidor, même année.)

Quant à la police municipale, le préfet exerce à Paris les attributions déférées aux maires dans toutes les autres communes, en ce qui concerne le repos, la salubrité et le bien-être dans la cité même (*Id., id.*)

325 — L'autorité du préfet de police a été étendue, par la loi du 10 juin 1853, à toutes les communes du département de la Seine, pour la police générale et la police municipale, telles qu'il les exerce à Paris, en vertu de l'arrêté des consuls du 12 messidor, sauf quelques restrictions que nous avons signalées ailleurs [4]. Pour quelques-uns des objets seulement, qui sont compris dans ces deux dernières espèces d'attributions, l'autorité du préfet de police,

---

[1] Voyez p. 93 et suiv.

[2] Voyez p. 215.

[3] MM. Eloin et Trébuchet ont placé, en tête de leur excellent *Dictionnaire de police*, une notice pleine d'intérêt sur la préfecture de police, et un savant magistrat, M. Nicias-Gaillard, président à la cour de cassation, a publié dans le *Droit* (numéro du 4 juin 1853) une étude remarquable sur le caractère général des lois de simple police.

[4] Voyez le *Corps municipal*, p. 606.

d'après l'arrêté du 3 brumaire, an IX, s'exerce également dans les communes de Saint-Cloud, de Sèvres et de Meudon, appartenant au département de Seine-et-Oise. On a voulu, par là, entourer les résidences du chef de l'État qui se trouvent dans ces localités, de la surveillance active et intelligente de la police parisienne [1].

326 — Dans l'exercice de ses fonctions, le préfet de police exerce le pouvoir réglementaire. Aux termes de l'article 2 de l'arrêté du 12 messidor an VIII, il peut publier de nouveau les lois et règlements de police, et rendre des ordonnances afin d'en assurer l'exécution. Son pouvoir à cet égard est égal à celui des préfets dans les départements, pour la police générale, et à celui des maires dans les communes, pour la police municipale. Sous ce dernier rapport, la source du pouvoir réglementaire qu'il exerce se trouve dans les articles 3 et 4, titre XI de la loi des 16-24 août 1790 et 46, titre Ier de celle des 19-22 juillet 1791. C'est ce que la Cour de cassation a décidé, par arrêt du 31 novembre 1834, en ces termes : « Attendu que l'article 16 de la loi du 28 pluviôse an VIII, qui ne charge les maires de la ville de Paris que de la partie administrative et des fonctions relatives à l'état civil, attribue expressément et exclusivement la police au préfet qu'elle a institué pour l'exercer ; qu'il suit de cette disposition combinée avec la section 3 de l'arrêté du gouvernement du 12 messidor an VIII, et notamment avec l'article 21 de cette section, intitulée : *Police municipale*, que le préfet de police est investi en cette matière du pouvoir conféré aux corps municipaux par les articles 3 et 4, titre XI, de la loi des 16-24 août 1790, et 46, titre Ier, de celle des 19-22 juillet 1791 ; — qu'il peut donc, comme les maires de toutes les autres communes du royaume, prescrire les mesures qui rentrent dans l'exercice régulier de l'autorité municipale, et que les ordonnances qu'il rend pour l'exécution des articles ci-dessus rappelés de ladite loi de 1790 sont de plein droit obligatoires, d'après l'article 21 dudit arrêté du 12 messidor an VIII, tant qu'elles n'auront pas été modifiées ou réformées par l'administration supérieure. »

Nous nous sommes expliqué ailleurs avec détail à l'égard des règlements que peuvent prendre les maires en exécution des lois de 1790 et de 1791, rappelées par cet arrêt [2], et qui marquent elles-mêmes la limite de l'autorité du préfet de police en matière purement municipale. Dans les communes en général, les arrêtés

---

[1] Voyez le *Corps municipal* (3e édition), p. 608.
[2] *Id.*, p. 193 à 232.

des maires sont portés sur un registre déposé à la mairie, où chacun est admis à en prendre connaissance, et publiés selon le mode en usage dans la localité. A Paris, les ordonnances de police d'intérêt général sont affichées ; celles qui n'ont qu'un intérêt individuel sont notifiées à personne ou domicile par un agent de l'administration. Le conseil d'État a même considéré comme de véritables ordonnances ou arrêtés des lettres écrites par le préfet de police sur un point de son administration, alors que ces lettres renferment un ordre ou des prescriptions. Les ordonnances de police forment un recueil déjà très-volumineux qui a été publié par les soins de l'administration, et où se trouvent toutes les mesures réglementaires édictées par la préfecture de police depuis l'année 1800, date de sa constitution définitive [1].

Le préfet de police peut, par ses ordonnances, rappeler à l'exécution d'arrêtés ou de règlements précédents, ou prescrire des mesures sur les objets qui rentrent dans ses attributions. Mais, en pareil cas, il ne saurait prescrire de mesures en contradiction avec des lois, des ordonnances royales ou des décrets; ses arrêtés seraient alors essentiellement nuls et sans effet ; les tribunaux devraient en refuser l'application. C'est ce qu'a décidé un arrêt de la Cour de cassation du 31 janvier 1857. « Attendu, dit cet arrêt, que les mesures de précaution à prendre, dans l'intérêt de la salubrité publique, pour la confection, l'entretien et la vidange des fosses d'aisances, rentrent bien dans le droit de réglementation conféré au préfet de police par les art. 3 et 4, titre XI de la loi des 16-24 août 1790, et par l'art. 23 de l'arrêté du 12 messidor an VIII; mais qu'une ordonnance royale du 24 septembre 1819 ayant elle-même réglementé le mode de construction de ces fosses dans la ville de Paris, et défendu par son art. 5, ainsi que l'avait antérieurement fait par son art. 6 le décret impérial, sur le même objet, du 10 mars 1809, l'établissement dans les fosses de compartiments ou divisions, le pouvoir du préfet de police, dont l'exercice doit s'arrêter devant les actes de l'autorité souveraine, même dans les matières qui rentrent naturellement dans ses attributions, n'a pu aller jusqu'à rapporter, en tout ou en partie, les prescriptions de l'ordonnance royale, et enjoindre aux propriétaires de maisons d'établir dans les fosses d'aisances des compartiments qui étaient prohibés par l'ordonnance royale [2]. » Et l'arrêt a cassé le jugement du tribunal correctionnel de la Seine, qui avait pro-

---

[1] Voyez ci-dessus, n° 39.
[2] Sirey, 1857, — 1, — 305.

noncé une amende en vertu de l'ordonnance illégale du préfet de police.

327 — La réformation des ordonnances du préfet de police peut être demandée au ministre de l'intérieur, sous l'autorité duquel est placé ce magistrat. L'annulation des ordonnances peut même être poursuivie directement devant le conseil d'État, lorsqu'elles contiennent un excès de pouvoir, lorsque, par exemple, le préfet a réglementé un point que les lois n'ont pas confié à sa vigilance et à son autorité. Il n'existe pas de délai fatal pour le recours au ministre ; mais le recours au conseil d'État doit avoir lieu dans les trois mois de la notification de l'ordonnance. La légalité des ordonnances peut être également contestée devant les tribunaux ordinaires, qui ont le pouvoir de la vérifier, et de décider si les ordonnances sont ou non obligatoires, et si l'application en doit être faite dans les poursuites qui sont dirigées devant eux contre les citoyens.

328 — A ces diverses attributions on peut encore ajouter la police politique, exercée par le préfet de police sous la surveillance du ministre de l'intérieur. Cette espèce de police, toute préventive de sa nature, s'exerce à l'aide d'agents spéciaux, sans caractère officiel, que le préfet choisit et révoque à volonté. Mais, ainsi que le remarque M. Vivien, la police politique n'est pas une attribution obligée de la préfecture de police ; elle n'y est placée que par une délégation du ministre, qui a toujours droit d'en fixer les conditions et l'importance [1]. Cependant, par un décret du 30 novembre 1859, le préfet de police a été chargé, sous l'autorité du ministre de l'intérieur, de la direction de la sûreté publique, et les bureaux, formant au ministère de l'intérieur la division de la sûreté générale, ont été placés sous sa direction. Par là, l'action de la police centrale peut rayonner et s'étendre sur tous les points de la France, du moins en ce qui touche à la sûreté publique, expression qui embrasse un peu tout, sans rien définir, et qui laisse à la police une grande latitude, laquelle toutefois doit s'arrêter devant la liberté individuelle, garantie par les lois d'ordre public. Voici d'ailleurs comment a été définie par le ministre de l'intérieur cette nouvelle fonction du préfet de police :

« Aux termes des lois qui ont institué la préfecture de police et déterminé l'étendue de son ressort, le préfet n'a d'action que dans Paris, le département de la Seine et les communes de Saint-Cloud, Sèvres et Meudon. Mais cette limitation légale se trouve conti-

---

[1] *Études administratives*, Préfecture de police, p. 349.

nuellement en contradiction avec la force des choses. D'une part, l'importance sans cesse croissante de Paris, le fait que cette grande cité est le siége du gouvernement et la résidence habituelle du souverain; d'autre part, l'extrême rapidité de correspondance et de locomotion, mise par le télégraphe et les chemins de fer à la disposition de tous, ont singulièrement augmenté la gravité des devoirs du préfet de police, et commandent, en ce qui concerne les limites de son action, une extension chaque jour plus nécessaire.

« Pour faire efficacement la police dans Paris, il faut en même temps pouvoir la faire au dehors : il faut que les mêmes yeux puissent suivre partout le malfaiteur, que la même main puisse partout l'atteindre; c'est d'ailleurs à la préfecture de police, et là seulement, que se trouve cette réunion d'agents habiles, dévoués, ayant une expérience, une sagacité, toutes spéciales; c'est à elle qu'il faut recourir quand, soit dans les départements, soit à l'étranger, il y a quelque mission importante ou difficile à bien remplir. Il semble donc opportun de réaliser d'un coup ce qu'amène peu à peu l'impérieuse exigence des faits, et de concentrer dans la main du préfet, sous l'autorité directe du ministre de l'intérieur, toute la police de l'Empire. Pour cela, sans toucher à aucune des lois existantes, sans troubler aucune des attributions qu'elles ont déterminées, sans créer aucune dépense nouvelle, il suffit que ce magistrat, tout en conservant son titre et ses pouvoirs actuels, soit en outre chargé, par le ministre de l'intérieur, de la direction générale de la sûreté publique, et prenne, sous cette direction, le personnel et les attributions des bureaux qui forment au ministère la division de la sûreté générale.

« Ainsi cesseront toutes les complications inutiles : l'impulsion sera concentrée là où se trouvaient déjà réunis les plus puissants moyens d'action et d'information. Relié plus intimement encore au ministre dont il doit avoir toute la confiance, le tenant informé de tout, et recevant chaque jour de lui des instructions directes, correspondant en son nom et par son ordre avec tous les fonctionnaires qui relèvent du ministère de l'intérieur, le préfet de police trouvera, dans cette situation agrandie, une nouvelle force et tous les pouvoirs nécessaires pour donner à ce vaste service du maintien de la paix et de la sécurité publiques la direction unique et ferme, l'impulsion sûre et rapide, qui sont les conditions fondamentales de son efficacité. »

329 — En dehors des attributions qui viennent d'être énumérées, le préfet de police doit encore ses soins à certains actes

d'administration et de comptabilité. Ainsi, c'est lui qui ordonnance les dépenses de réparation et d'entretien relatives à l'hôtel de la préfecture de police. Il était chargé, sous les ordres du ministre de l'intérieur, de faire les marchés, baux, adjudications et dépenses nécessaires pour le balayage, l'enlèvement des boues, l'arrosage et l'illumination de la ville. Mais le décret du 10 octobre 1859 a confié ce soin au préfet de la Seine, et, de plus, a fait passer la petite voirie dans ses attributions [1].

Le préfet de police est chargé de régler et d'arrêter les dépenses pour les visites d'officiers de santé et de vétérinaires, le transport des malades et blessés, le transport des cadavres, le retrait des noyés et les frais de fourrière, et d'ordonner les dépenses extraordinaires, en cas d'incendie, de débordement et de débâcle. (Arrêté du 12 messidor an VIII, art. 42 et 43.)

Il règle, sous l'autorité du ministre de l'intérieur, le nombre et le traitement des employés de ses bureaux et de ceux des agents placés sous ses ordres qui ne sont pas institués et dont le nombre n'est pas déterminé par les lois, comme les agents de la police secrète. (*Id.*, art. 44.)

Les dépenses générales de la préfecture de police, ainsi fixées par le ministre de l'intérieur, sont acquittées sur les centimes additionnels aux contributions, et sur les autres revenus de la commune de Paris, et ordonnancées par le préfet de police. (*Id.*, art. 45.)

Le conseil municipal en porte le montant au budget de la commune, sous un titre spécial.

330 — Le préfet de police a sous ses ordres, pour l'exercice de ses fonctions, — les commissaires de police, institués dans chaque quartier et secondés par un ou deux secrétaires, par un ou plusieurs inspecteurs de police, et par un porte-sonnette ; — les officiers de paix établis dans chacun des arrondissements et préposés à la direction d'une brigade d'inspecteurs et de sergents de ville, par qui s'exerce une surveillance continuelle sur tous les points de l'arrondissement.

Toutefois, le service des commissaires de police ne se lie pas à celui des officiers de paix. Les commissaires de police sont en communication directe avec le préfet, et, d'un autre côté, le Code d'instruction criminelle les met au rang des auxiliaires du procureur impérial. Les officiers de paix, ainsi que les agents placés sous leur direction, communiquent seulement avec le bureau cen-

---

[1] Voyez n°s 208 et suiv.

tral de la police municipale, dirigé à la préfecture par un commissaire de police qui reçoit les instructions du préfet.

D'après le décret du 17 septembre 1854, les traitements du personnel de la police municipale de Paris, composé de 4,616 individus, au nombre desquels figurent 3,676 sergents de ville, sont payés dans la proportion de trois cinquièmes par la ville et deux cinquièmes par l'État. Le cadre du personnel et des traitements est fixé par le décret du 27 novembre 1859 [1].

331 — Le nombre des commissaires de police de Paris a été porté de 48 à 80, un par chaque quartier [2]; mais, provisoirement, ce nombre a été fixé à 66, et, dans quelques localités, un seul commissaire a été institué pour deux quartiers réunis [3]. Ils sont divisés par tiers en trois classes, relativement au traitement, qui est de 7,000 fr. pour la première classe, de 6,000 fr. pour la seconde, et de 5,000 fr. pour la troisième. Le délai de deux ans d'exercice dans la classe inférieure est toujours exigé pour la promotion à la classe supérieure.

Il est alloué à chaque commissariat de police une indemnité à titre de frais de bureau. Pour l'attribution de cette indemnité, les commissariats de police sont divisés en deux catégories : l'indemnité est de 1,500 fr. pour les commissariats de la première catégorie, et de 1,200 fr. pour ceux de la seconde. La répartition des commissariats entre les deux catégories est faite par le ministre de l'intérieur.

Le nombre et les traitements des commissaires de police et agents nécessaires pour la surveillance des communes du département de la Seine, Paris excepté, ont été fixés par le décret du 17 décembre 1859 [4].

332 — Outre les commissaires de police et la police municipale, qui embrassent dans leur action toutes les attributions du préfet, un personnel distinct d'inspecteurs et agents est exclusivement attaché à plusieurs services spéciaux, ressortissant, selon leur objet, à l'une des deux divisions intérieures : la Bourse a son commissaire de police et ses 6 gardes; la halle aux grains et farines, son contrôleur et deux inspecteurs; les halles et marchés, leur inspecteur général, un inspecteur général adjoint, 40 inspecteurs, préposés ou commis, 240 contrôleurs, commis et préposés divers qui sont chargés de la surveillance des ventes à la criée des denrées,

---

[1] Voyez à l'*Appendice* n° 39.
[2] Décret du 8 décembre 1859.
[3] Décret du 17 décembre 1859.
[4] *Appendice* n° 40.

faites par le ministère de facteurs, 50 gardiens chargés de la surveillance de jour et de nuit des marchés ; les abattoirs ont 8 inspecteurs ; la navigation et les ports, 1 inspecteur général et 28 inspecteurs ; le service des combustibles, un inspecteur principal et 24 inspecteurs ; la vérification des poids et mesures a 9 commissaires de police inspecteurs, 1 vérificateur en chef au bureau d'étalonnage, 22 vérificateurs ou vérificateurs adjoints d'arrondissements ; le contrôle des matières d'or ou d'argent, 6 commissaires de police chargés d'accompagner les contrôleurs dans leurs visites ; 30 dégustateurs procèdent à la visite des caves et des vins du commerce en détail ; 11 architectes sont préposés au service de la voie publique ; les voitures publiques occupent 114 contrôleurs et surveillants ; la fourrière, un contrôleur, 6 commis ou inspecteurs et 4 vétérinaires.

Deux ingénieurs et 2 inspecteurs sont attachés à la surveillance des établissements dangereux, incommodes ou insalubres ; la surveillance des appareils à vapeur est confiée à 2 ingénieurs. La Morgue a 1 médecin, 1 greffier et 2 garçons de service. Un médecin est chargé de la direction des secours publics dans le département de la Seine ; enfin 16 médecins sont attachés au dispensaire de salubrité.

333 — Enfin, la garde municipale ou garde de Paris est à la disposition du préfet pour l'exercice de la police, et les sapeurs-pompiers pour le service des pompes et la prompte distribution des secours en cas d'incendie [1]. Le préfet de police peut aussi requérir la force armée en activité. (Arrêté du 12 messidor an VIII, art. 36.)

334 — Le conseil de préfecture, présidé par le préfet de police, connaît, dans une séance qui a lieu le vendredi de chaque semaine, de toutes les affaires contentieuses administratives qui sont dans les attributions du préfet de police, d'après le règlement du 12 messidor et autres postérieurs, et les dispositions de la loi du 29 floréal an X. (Arrêté du 6 mess. an X.)

Le préfet de police peut élever le conflit d'attributions pour les affaires administratives qui sont placées dans son ressort. (Ordon. 18 déc. 1822.)

335 — Il résulte d'une note publiée sous forme d'erratum au *Bulletin des lois*, à la suite du bulletin 524, n° 4,017, que l'article 7 du décret du 25 mars 1852, sur la décentralisation administrative, doit être rectifié en ce sens : « Les dispositions des ar-

---

[1] Voyez n° 334.

ticles 1, 2, 3, 4 et 5 ne sont pas applicables *au département de la Seine, en ce qui concerne l'administration départementale proprement dite, et celle de la ville et des établissements de bienfaisance de Paris.* » On en a conclu avec raison que la restriction du décret était étrangère dès lors à la préfecture de police et à l'action qu'elle exerce à Paris, dans le département de la Seine et dans les communes de Saint-Cloud, Sèvres et Meudon, au double point de vue de la police municipale et de la police générale ; que le préfet de police, comme autorité supérieure, jouisssait donc, dans la limite de ses attributions particulières, des prérogatives conférées aux préfets dans les autres départements par le décret sur la décentralisation administrative. En conséquence, au préfet de police revient le soin de statuer en dernier ressort sur les points de police municipale et de police générale où les préfets eux-mêmes ont été appelés, par le décret sur la décentralisation, à remplacer, à cet égard, le ministre compétent ou le chef de l'État [1].

336 — Les attributions les plus importantes du préfet de police sont celles qui concernent la police générale et la police municipale ; mais, ainsi que nous l'avons déjà remarqué, l'autorité du préfet de police est moins étendue sous ce rapport, dans le département de la Seine, et surtout dans les communes de Saint-Cloud, de Sèvres et de Meudon, que dans la commune de Paris même.

Nous reviendrons, d'abord, dans un premier chapitre, sur les divers objets de police générale et de police municipale qui sont de la compétence du préfet de police, à Paris. — Nous nous attacherons ensuite, dans des chapitres spéciaux, à quelques-uns de ces objets qui, à raison de leur importance, exigent une appréciation particulière et plus développée, tels que la boucherie de Paris, la boulangerie, le commerce des vins, les halles et marchés, les établissements et les logements insalubres, les conseils d'hygiène et de salubrité.

[1] Voyez le *Corps municipal*, p. 57 et 737.

CHAPITRE II.

DE LA POLICE GÉNÉRALE ET DE LA POLICE MUNICIPALE.

337 — Ce que comportent la police générale et la police municipale.
338 — Passe-ports pour l'intérieur et l'étranger.
339 — Cartes de sûreté et livrets des domestiques.
340 — Permis de séjour; registres des aubergistes, maîtres d'hôtels garnis et logeurs.
341 — Mendicité et vagabondage.
342 — Police et surveillance des prisons. — Conseil des prisons.
343 — Hôtels garnis, logeurs, maisons de jeu et de débauche.
344 — Attroupements et coalitions d'ouvriers.
345 — Librairie et imprimerie.
346 — Police des théâtres.
347 — Poudres et salpêtres.
348 — Lieux consacrés au culte.
349 — Police de la chasse; — chasse en temps de neige, — bêtes fauves, — oiseaux de passage, — gibier d'eau. — Délivrance des permis.
350 — Déserteurs.
351 — Fêtes publiques.
352 — Liberté et sûreté de la voie publique. — Aliénés.
353 — Salubrité de la cité.
354 — Incendies, débordements, accidents sur la rivière. — Sapeurs-pompiers.
355 — Police de la Bourse et du change.
356 — Sûreté du commerce; poids et mesures, matières d'or et d'argent.
357 — Taxes et mercuriales.
358 — Surveillance des patentes; marchandises prohibées.
359 — Surveillance des places et lieux publics.
360 — Approvisionnements; halles et marchés.
361 — Monuments et édifices publics.
362 — Chaudières, machines et bateaux à vapeur.
363 — Travail des enfants dans les manufactures. — Sociétés de secours mutuels. — Sociétés anonymes.

337 — En ce qui concerne la police générale et la police municipale, les attributions du préfet de police sont déterminées par l'arrêté des consuls du 12 messidor an VIII. Cet arrêté a compris, dans la police générale, les passe-ports, la mendicité et le vaga-

bondage, la police des prisons, les maisons publiques, les attroupements, la librairie et l'imprimerie, la police des théâtres, les poudres et salpêtres, les lieux consacrés à l'exercice du culte, les permis de chasse, les déserteurs et prisonniers de guerre, les fêtes publiques ;

Et dans la police municipale : — la petite voirie (aujourd'hui confiée en grande partie au préfet de la Seine), la liberté et la sûreté de la voie publique, la salubrité de la cité, les incendies, les débordements et accidents sur la rivière, la police de la Bourse et du change, la sûreté du commerce, les taxes et mercuriales, la libre circulation des subsistances, la surveillance de l'exécution de la loi sur les patentes, les marchandises prohibées, la surveillance des places et lieux publics, les approvisionnements, la conservation des monuments et édifices publics.

Nous nous arrêterons à chacun de ces objets en reproduisant successivement le texte de l'arrêté du 12 messidor qui les concerne, et en ajoutant à ce texte les développements qui doivent le compléter.

338. — Le préfet délivrera les passe-ports pour voyager de Paris dans l'intérieur de la France ;

Il visera les passe-ports des voyageurs. Les militaires ou marins qui auront obtenu des congés limités ou absolus, et qui voudront résider ou séjourner à Paris, seront tenus, indépendamment des formalités prescrites par les règlements militaires, de faire viser leurs permissions ou congés par le préfet de police. (Arrêté du 12 messidor an VIII, art. 3.)

L'article 3 de la loi du 3 brumaire an IX a étendu la mission du préfet de police, en cette matière, à la délivrance des passe-ports pour l'étranger.

339 — Le préfet de police délivrera les cartes de sûreté et d'hospitalité. S'il a besoin, à cet effet, de renseignements, il pourra faire prendre communication par les commissaires de police, ou demander des extraits des registres civiques, des tableaux de population que tiennent les municipalités et des états d'indigents : les bureaux de bienfaisance lui donneront copie de leurs états de distribution. (*Id.*, art. 4.)

Les cartes de sûreté ont à peu près perdu leur objet, et, dans la pratique, elles ont presque entièrement cessé d'être en usage.

Quant aux domestiques de Paris, un décret du 3 octobre 1810 les avait soumis à une inscription sur les registres de la préfecture de police ; mais ce décret était demeuré pour ainsi dire sans effet. Une ordonnance de police du 1er août 1853 en a prescrit rigoureusement l'exécution, et en a reproduit les dispositions principales. Voici les motifs qui avaient déterminé le gouvernement impérial à prendre ces mesures :

« La plupart des domestiques, disait le ministre de la police générale en proposant le décret de 1810, ne connaissent plus, ou du moins affectent de méconnaître les devoirs qu'ils contractent envers leurs maîtres. La domesticité n'est à leurs yeux qu'un échange d'industrie, de services, contre une rétribution pécuniaire, mais qui n'exige de leur part ni le sacrifice de leur volonté, ni les soins, les égards, le respect que les maîtres sont en droit d'attendre d'eux. La licence qui s'est introduite, surtout à Paris, parmi les domestiques, provient du défaut de règlements, ou plutôt de l'insuffisance de ceux qui existent. Il n'est aucun de ces règlements qui donne à la police les moyens d'action et de surveillance qu'elle doit pouvoir exercer, pour l'intérêt de la société, sur cette classe d'individus. Il arrive très-fréquemment que des domestiques se rendent coupables d'infidélités envers leurs maîtres. Ceux-ci, pour l'ordinaire, se contentent de les renvoyer, sans songer que leur indulgence peut compromettre les intérêts de plusieurs familles. Si la police avait connaissance de ces infidélités, elle punirait ou ferait punir les coupables, et préviendrait par là de nouveaux délits. Il importe essentiellement que la police fasse surveiller les domestiques de l'un et de l'autre sexe. Pour cela il est nécessaire de leur imposer l'obligation de se faire inscrire dans ses bureaux, sous peine d'une détention déterminée. Il doit être en même temps défendu aux maîtres de prendre à leur service aucun domestique, s'il n'est pourvu d'un bulletin d'inscription, et s'il sort de chez un autre maître, à moins qu'il ne justifie qu'il a fait viser son bulletin d'inscription à la police. »

C'est d'après ces considérations que les individus de l'un ou de l'autre sexe qui veulent se mettre en service dans la ville de Paris sont tenus, dans un délai de trois mois, de se munir d'un bulletin d'inscription ou livret, à peine d'une détention qui ne peut excéder trois mois ni être moindre de huit jours. Ce livret comprend les nom, prénoms, âge, lieu de naissance de l'impétrant, ainsi que son signalement et son état civil. (Décret de 1810 et ordonn. du 1ᵉʳ août 1853.)

Le livret est délivré à la préfecture de police, sur la production de documents propres à établir l'identité de l'impétrant, et sur le vu d'un certificat délivré par le commissaire de police de sa section. (*Id.*, *id.*)

Il n'est permis de recevoir et prendre à son service aucun domestique non pourvu d'un livret régulier. Ce livret reste entre les mains du maître. (*Id.*, *id.*)

Le maître, de chez lequel sort un domestique, ne peut, sous aucun prétexte, retenir le livret. Il est tenu de le porter ou de le faire remettre revêtu de son visa, le jour même de la sortie, au commissaire de police de sa section. Il y inscrit simplement le jour de l'entrée et le jour de la sortie, sans pouvoir y exprimer aucune mention de blâme ou de satisfaction. Dans le cas où il aurait à formuler des plaintes ou des observations sur la conduite du domestique sortant, il les adressera séparément au commissaire de police à qui sera transmis le livret. En cas de difficulté sur la remise ou le visa du livret, le commissaire de police prête son concours, s'il en est requis, et statue provisoirement. (*Id.*, *id.*)

Le domestique sortant est tenu de se présenter dans les quarante-huit heures au bureau de police où a été adressé le livret, et d'y faire connaître s'il veut continuer à servir, à peine d'un emprisonnement qui ne peut excéder quatre jours, ni être moindre de vingt-quatre heures. Le livret lui est rendu visé par le commissaire de police. (Art. 4 du décret de 1810, et dite ordonn.)

Les obligations imposées aux maîtres peuvent être remplies par les intendants des maisons où il y en a d'établis. (*Id.*, *id.*)

Les domestiques qui ne se conforment pas aux prescriptions qui viennent d'être indiquées peuvent encore, indépendamment des pénalités auxquelles ils sont soumis, être expulsés du département de la Seine, en vertu de la loi du 9 juillet 1852. (Ordonn. du 1er août 1854, art. 7.)

L'obligation du livret ne s'applique point aux domestiques qui sont dans la même maison depuis cinq ans. Cette obligation ne leur devient applicable que du jour où ils sortent de cette maison. (Même décret, art. 9, ordonn. du 25 octobre 1853.)

Il est encore interdit aux domestiques, par le décret du 3 octobre 1810, de louer aucunes chambres ou cabinets à l'insu de leurs maîtres, et sans en avoir prévenu le commissaire de police de la division où lesdites chambres ou cabinets sont situés, à peine d'une détention qui ne peut excéder trois mois ni être moindre de huit jours. Il est pareillement défendu aux propriétaires ou principaux locataires de leur louer ou sous-louer aucune chambre ni cabinet, sans en avoir fait la déclaration au même commissaire de police, à peine d'une amende qui ne peut excéder cent francs, ni être moindre de vingt francs. (Dit décret, art. 6.)

Aux termes de l'article 7 du même décret, tout domestique sans place pendant plus d'un mois, et qui ne justifie pas de moyens d'existence, est tenu de sortir de Paris, s'il n'est autorisé à y séjourner, à peine d'être arrêté et puni comme vagabond.

L'obligation du livret est imposée à tous ceux qui servent en qualité de domestiques, sous quelque dénomination que ce soit, à l'année, au mois, même au jour. Mais ceux qui servent comme domestiques de place, au mois ou au jour, sont tenus, en outre, d'avoir un domicile déclaré par eux à la préfecture de police, et de présenter un maître d'hôtel garni ou un autre citoyen domicilié qui réponde d'eux, sous peine d'être arrêtés et punis comme vagabonds. (Décret de 1810, art. 1 et 2.)

Les peines portées contre les domestiques se prescrivent par six mois, si le domestique qui les a encourues est replacé au service d'un nouveau maître. (*Id.*, art. 11.)

340 — Le préfet de police accordera les permissions de séjour aux voyageurs qui veulent résider à Paris plus de trois jours. (Arrêté du 12 messidor an 8, art. 5.)

Aujourd'hui, il est suppléé en quelque sorte aux permis de séjour par le relevé d'inscriptions que les délégués de la police opèrent chaque jour sur les registres des aubergistes, maîtres d'hôtels garnis et logeurs. Toutefois, une ordonnance du préfet de police, du 18 juin 1832, oblige les voyageurs à se présenter, dans les trois jours de leur arrivée, à la préfecture de police, pour y obtenir le visa de leurs passe-ports ou un permis de séjour. La même obligation existe pour les étrangers, mais seulement à l'expiration des trois jours qui suivent leur arrivée et pendant lesquels ils sont tenus de se faire reconnaître par l'ambassadeur, l'envoyé ou chargé d'affaires de leur gouvernement [1].

341 — Le préfet de police fera exécuter les lois sur la mendicité et le vagabondage. En conséquence, il pourra envoyer les mendiants, vagabonds et gens sans aveu, aux maisons de détention, même à celles qui sont hors de Paris, dans l'enceinte du département de la Seine. Dans ce dernier cas, les individus détenus par ordre du préfet de police ne pourront être mis en liberté que d'après son autorisation. Il fera délivrer, s'il y a lieu, aux indigents sans travail qui veulent retourner dans leur domicile les secours autorisés par la loi du 13 juin 1790 : 15 cent. par lieue. (*Id.*, art. 5.)

Les individus non valides, incapables de pourvoir par leur travail à leur subsistance, qui appartiennent à la ville de Paris ou aux communes du ressort de la préfecture de police, et ceux,

---

[1] Voyez n° 343.

même valides, que des malheurs imprévus, ou le manque absolu d'ouvrage ont réduits à l'indigence, peuvent être admis, sur leur demande, au dépôt de mendicité de Villers-Cotterets, institué par le décret du 22 décembre 1808. A cet effet, ils doivent se présenter devant les commissaires de police des quartiers ou devant les maires des communes qu'ils habitent, lesquels reçoivent leurs demandes et les transmettent au préfet de police.

Il y a également un dépôt de ce genre à Saint-Denis. Mais c'est là plus particulièrement que sont envoyés les vagabonds et les gens dangereux.

La mendicité est punie par les articles 274 à 282 du Code pénal.

342 — Le préfet de police aura la police des prisons, maisons d'arrêt, de justice, de force et de correction de la ville de Paris. Il aura la nomination des concierges, gardiens et guichetiers de ces maisons. Il délivrera les permissions de communiquer avec les détenus pour faits de police ; il fera délivrer aux détenus indigents, à l'expiration du temps de détention porté en leur jugement, les secours pour se rendre à leur domicile, suivant l'arrêté du 23 vendémiaire an v. (Arrêté du 12 messidor an VIII, art. 6.)

Le préfet de police est chargé, en outre, sous l'autorisation du ministre de l'intérieur, de tout ce qui est relatif au régime administratif et économique, tant des prisons, maisons de dépôt, d'arrêt, de justice, de force et de correction de Paris, que de la maison de répression établie à Saint-Denis, et du dépôt de mendicité du département de la Seine.

Les différentes prisons de Paris sont le dépôt de la préfecture de police, pour les individus arrêtés en flagrant délit et qui doivent être livrés à la justice : les maisons d'arrêt des Madelonnettes, de Mazas, aujourd'hui désignée sous le nom de maison d'arrêt cellulaire, et de Sainte-Pélagie, où sont placés les hommes en état de prévention ; Saint-Lazare, pour les femmes condamnées correctionnellement et pour celles qui n'ont pas encore été jugées ; la Conciergerie, où les prévenus justiciables de la cour d'assises sont transférés trois jours avant leur comparution ; la Roquette, pour les individus condamnés à un emprisonnement de moins d'une année, et pour ceux qui, après leur condamnation en cour d'assises, attendent leur transfèrement dans les bagnes et autres établissements ; la maison pour dettes, située rue de Clichy, et, enfin, la maison de correction des jeunes détenus.

Le préfet de police doit visiter ces établissements et veiller à ce que la nourriture des prisonniers soit saine et suffisante, et à ce que les lieux où ils sont retenus ne présentent aucune cause d'insalubrité. (C. d'instr. crim., art. 605 et suiv.)

En outre, les inspecteurs généraux des prisons, réunis en conseil des prisons, donnent leur avis sur les affaires générales et spéciales qui leur sont communiquées. Un comité permanent, composé de quatre inspecteurs généraux au moins, se réunissant chaque jour au ministère de l'intérieur, est consulté sur toutes les affaires concernant la gestion financière des prisons et établissements pénitentiaires. Il donne son avis sur les marchés et fournitures, adjudications, cahiers des charges; examine les budgets et vérifie les comptes. (Décret du 12 août 1856.)

343 — Le préfet de police exécutera les lois et règlements de police concernant les hôtels garnis et les logeurs. (Arrêté du 12 messidor an VIII, art. 7.)

Il se conformera, pour ce qui regarde la police des maisons de jeu, à ce qui est prescrit par la loi du 22 juillet 1791. (*Id.*, art. 8.)

En conformité de la même loi du 22 juillet 1791, il fera surveiller les maisons de débauche, ceux qui y résideront ou s'y trouveront. (*Id.*, art. 9.)

En ce qui concerne les aubergistes, maîtres d'hôtels garnis et logeurs, le visa des passe-ports et permis de séjour, on peut consulter l'ordonnance de police du 15 juin 1832 [1].

D'après l'article 10 de la loi du 22 juillet 1791, les officiers de police judiciaire et de police municipale peuvent entrer en tout temps dans les maisons où l'on donne habituellement à jouer des jeux de hasard, mais seulement sur la désignation qui leur en est donnée par deux citoyens domiciliés. Ils peuvent également entrer en tout temps dans les lieux livrés notoirement à la débauche.

344 — Le préfet de police prendra les mesures propres à prévenir ou dissiper les attroupements, les coalitions d'ouvriers pour cesser leur travail ou enchérir le prix des journées, les réunions tumultueuses ou menaçant la tranquillité publique. (*Id.*, art. 10.)

La loi du 10 avril 1831 et le décret du 7 juin 1848 défendent les attroupements. Il appartient au préfet de police de les dissiper et, à cet effet, de faire les sommations requises, lorsque, par les mesures qui sont à sa disposition, il n'a pu les prévenir. Il a le droit de requérir la force publique, en cas de résistance; le même droit

[1] *Appendice* n° 41.

est attribué, par l'article 1er de la loi du 10 avril, aux maires et aux adjoints de Paris [1].

345 — Le préfet de police fera exécuter les lois de police sur l'imprimerie et la librairie, en tout ce qui concerne les offenses faites aux mœurs et à l'honnêteté publique. (*Id.*, art. 11.)

Mais la police administrative de l'imprimerie et de la librairie est dans les attributions du ministre de l'intérieur.

346 — Le préfet de police aura la police des théâtres en ce qui touche la sûreté des personnes, les précautions à prendre pour prévenir les accidents et assurer le maintien de la tranquillité et du bon ordre tant au dedans qu'au dehors. (*Id.*, art. 12.)

Les nombreuses ordonnances que renferme le recueil officiel de la préfecture, sur les théâtres, attestent la profonde et constante sollicitude de l'administration de la police à l'égard de ces lieux, où la foule abonde et peut courir les plus grands dangers. Il serait trop long d'en donner ici l'énumération. Celle qui a été rendue à la date du 30 mars 1844 résume les règles de la police intérieure des théâtres.

347 — Le préfet de police surveillera la distribution et la vente des poudres et salpêtres. (*Id.*, art. 13.)

Nul ne peut fabriquer et vendre des poudres s'il n'a été autorisé à cet effet et n'a reçu une commission spéciale de l'administration. (Loi 13 fructidor an v et ordonn. royale 25 mars 1818.)

Il est également défendu d'introduire des poudres étrangères en France. Il est interdit aux particuliers de conserver chez eux, sans autorisation, plus de cinq kilogrammes de poudre. (*Id.*)

Enfin, la fabrication et le débit des poudres fulminantes et détonantes sont assujettis aux prescriptions de l'ordonnance royale du 25 juin 1823 sur les établissements insalubres.

Le préfet de police a mission de surveiller dans Paris l'exécution de ces lois et règlements. On peut voir au recueil officiel les diverses ordonnances qu'il a publiées à ce sujet.

348 — Le préfet de police surveillera les lieux où l'on se réunit pour l'exercice des cultes. (Arrêté 12 messidor an VIII, art. 17.)

349 — Le préfet de police recevra les déclarations et délivrera les permissions pour port d'armes à feu, pour l'entrée et la sortie de Paris avec fusils de chasse. (*Id.*, art. 18.)

La loi du 3 mai 1844 a établi de nouvelles règles en cette matière, et donné au préfet de police, soit pour la délivrance des

---

[1] Voyez, sur les attroupements et rébellions, le *Corps municipal* (3e édition), p. 473 et suivantes.

permis, soit pour la police de la chasse, des pouvoirs qu'il est utile de préciser.

Le temps pendant lequel il est permis de chasser est déterminé, chaque année, dans le département de la Seine, par le préfet de police. Un arrêté, publié au moins dix jours à l'avance, indique l'époque de l'ouverture et celle de la clôture de la chasse. (Loi du 3 mai 1844, art. 3.)

La chasse, pendant le temps de neige, ne constitue un délit qu'autant qu'elle a été défendue par l'autorité préfectorale. (*Id.*, *id.*)— Une ordonnance du préfet de police, en date du 17 février 1858, défend la chasse dans le département de la Seine, pendant le temps où la terre est couverte de neige [1].

Par exception aux règles ci-dessus, il est permis aux propriétaires, possesseurs ou fermiers, de détruire, sur leurs terres, en tout temps et sans être munis d'un permis de chasse, certaines espèces d'animaux malfaisants ou nuisibles (dite loi, art. 9), mais à cette double condition, 1° qu'il s'agisse d'animaux déclarés tels par le préfet ; 2° et que cette destruction ait lieu suivant le mode déterminé par le même fonctionnaire.

A côté de ce droit, dont l'exercice est soumis à une mesure réglementaire préalable, la loi en reconnaît un autre qu'elle n'astreint à aucune restriction, parce qu'il constitue un droit naturel : c'est celui qu'ont les propriétaires ou fermiers de repousser ou de détruire, même avec des armes à feu, les bêtes fauves qui portent dommage à leurs propriétés. (*Id.*, *id.*) [2].

En règle générale, la chasse aux oiseaux de passage est interdite dans le temps où la chasse est close ; mais, sur l'avis du conseil général, le préfet de police peut, au moyen d'un arrêté, assigner à cette espèce de chasse une époque toute spéciale, et même déterminer les modes et procédés suivant lesquels elle doit avoir lieu. La caille ne figure point au nombre des oiseaux de passage. (Dite loi, art. 11).

Sous l'empire de la loi du 30 avril 1790, les propriétaires et possesseurs avaient le droit de chasser, même en temps prohibé, dans leurs *lacs* et *étangs* (ce qui comprenait les *marais*), sans autre condition que d'être munis d'un permis de port d'armes. D'après la loi actuelle, la chasse dans les marais, sur les étangs,

---

[1] Voyez à l'*Appendice*, n° 42.
[2] Voyez les art. 3, 4, 5 et 9 de l'ordonnance de police du 17 février 1858, *Appendice*, n° 42.

fleuves et rivières, est soumise aux mêmes règles que la chasse ordinaire ; elle ne peut, par conséquent, avoir lieu dans le temps où celle-ci est prohibée, si ce n'est à l'égard du gibier d'eau, et alors seulement que ce dernier genre de chasse a été autorisé par le préfet [1].

Les permis de chasse sont délivrés, à Paris et dans le département de la Seine, par le préfet de police.

Toute demande de permis doit être adressée, sur papier timbré, au maire de la commune où l'impétrant est domicilié, ou de celle où il réside temporairement. — A Paris, les demandes sont adressées au commissaire de police du quartier où l'impétrant a sa résidence ou son domicile. L'autorité supérieure exige que l'impétrant fasse connaître s'il est personnellement inscrit, ou si son père ou sa mère est inscrit au rôle des contributions.

Les personnes auxquelles le permis de chasse *peut* ou *doit* être refusé par l'autorité supérieure sont rangées, par la loi du 3 mai 1844, dans ses articles 6, 7 et 8, en trois catégories distinctes.

D'après l'article 6, le préfet peut accorder ou refuser le permis de chasse, suivant qu'il juge à propos, savoir : 1° à tout individu majeur qui n'est pas personnellement inscrit, ou dont le père ou la mère n'est pas inscrit au rôle des contributions ; 2° à tout individu qui, par une condamnation judiciaire, a été privé de l'un ou de plusieurs des droits énumérés dans l'article 42 du Code pénal, autre que le droit de port d'armes ; 3° à tout individu condamné à un emprisonnement de plus de six mois, pour rébellion ou violence envers les agents de la force publique ; 4° à tout condamné pour délit d'association illicite, de fabrication, débit, distribution de poudre, armes ou autres munitions de guerre ; de menaces écrites ou de menaces verbales avec ou sans condition, d'entraves à la circulation des grains ; de dévastation d'arbres ou de récoltes sur pied, de plants venus naturellement ou faits de main d'homme ; 5° à ceux qui ont été condamnés pour vagabondage, mendicité, vol, escroquerie ou abus de confiance.

La faculté de refuser le permis de chasse aux condamnés dont il est question dans les paragraphes 3, 4 et 5 cesse cinq ans après l'expiration de la peine.

D'après l'article 7, le permis de chasse ne peut être délivré :

1° Aux mineurs qui n'ont pas seize ans accomplis ; 2° au mineurs de seize à vingt et un ans, à moins que le permis ne soit demandé pour eux par leurs père, mère, tuteur ou curateur portés

---

[1] Voyez la même ordonnance, art. 2, 8 et 9.

au rôle des contributions ; 3° aux interdits ; 4° aux gardes champêtres ou forestiers des communes et établissements publics, ainsi qu'aux gardes forestiers de l'État et aux gardes-pêche.

D'après l'article 8, le permis de chasse ne peut non plus être accordé :

1° A ceux qui, par suite de condamnations, sont privés du droit de port d'armes; 2° à ceux qui n'ont pas exécuté les condamnations prononcées contre eux pour l'un des délits prévus par la loi précitée ; 3° à tout condamné placé sous la surveillance de la haute police.

La délivrance des permis de chasse donne lieu au payement d'un droit de 15 francs au profit de l'État, et de 10 francs au profit de la commune dont le maire ou le commissaire de police a donné l'avis [1].

350 — Le préfet de police fera faire la recherche des militaires ou marins déserteurs et des prisonniers de guerre évadés. (Arrêté du 12 messidor an VIII, art. 19.)

351 — Il fera observer les lois et arrêtés sur les fêtes publiques. (*Id.* art. 20.)

352 — Le préfet de police procurera la liberté et sûreté de la voie publique, et sera chargé à cet effet : — d'empêcher que personne n'y commette de dégradation ; — de la faire éclairer ; — de faire surveiller le balayage auquel les habitants sont tenus devant leurs maisons, et de le faire faire aux frais de la ville dans les places et la circonférence des jardins et édifices publics [2] ; — de faire sabler, s'il survient du verglas, et de déblayer, au dégel, les ponts et lieux glissants des rues ; — d'empêcher qu'on n'expose rien sur les toits ou fenêtres qui puisse blesser les passants en tombant ; — il fera observer les règlements sur l'établissement des conduits pour les eaux de pluie et les gouttières [3] ; — il empêchera qu'on n'y laisse vaguer des furieux, des insensés, des animaux malfaisants ou dangereux ; — qu'on ne blesse les citoyens par la marche trop rapide des chevaux ou des voitures ; — qu'on n'obstrue la libre circulation, en arrêtant ou déchargeant des voitures et marchandises devant les maisons, dans les rues étroites, ou de toute autre manière. — Le préfet de police fera effectuer l'enlèvement des boues, matières malsaines, neiges, glaces, décombres, vases sur les bords de la rivière après les crues des eaux.

---

[1] Pour la police de la chasse et le transport du gibier, voyez *Corps municipal*, p. 447 et suiv.
[2] Voyez nos 208, 209 et 213.
[3] Voyez nos 210 et 215.

— Il fera faire les arrosements dans la ville, dans les lieux et dans la saison convenable. (Arrêté du 12 messidor, an VIII, art. 22.)

Les divers objets de police dont l'énumération précède ont été presque tous réglementés par plusieurs ordonnances du préfet, que l'on peut consulter au Recueil officiel [1].

A l'égard des insensés ou aliénés, la loi du 30 juin 1838 a complété l'arrêté du 12 messidor et réglé les placements volontaires et les placements d'office dans les établissements d'aliénés.

Le préfet de police, à Paris, est informé de tous les placements volontaires d'aliénés; il peut ordonner la sortie immédiate des personnes placées volontairement dans les établissements publics privés. (*Id.*, art. 16.) [2].

En outre, le préfet de police peut ordonner d'office le placement, dans un établissement d'aliénés, de toute personne interdite ou non interdite, dont l'état d'aliénation compromet l'ordre public ou la sûreté des personnes. (*Id.*, art. 18.)

En cas de danger imminent, attesté par le certificat d'un médecin ou par la notoriété publique, les commissaires de police, à Paris, et les maires, dans les autres communes, peuvent ordonner, à l'égard des personnes atteintes d'aliénation mentale, toutes les mesures provisoires nécessaires, à la charge d'en référer dans les vingt-quatre heures au préfet. (*Id.*, art. 19.)

353 — Le préfet de police assurera la salubrité de la ville :

En prenant des mesures pour prévenir et arrêter les épidémies, les épizooties, les maladies contagieuses; — en faisant observer les règlements de police sur les inhumations; — en faisant enfouir les cadavres d'animaux morts, surveiller les fosses vétérinaires, les construction, entretien et vidange des fosses d'aisances; — en faisant arrêter, visiter les animaux suspects de mal contagieux, et mettre à mort ceux qui en seront atteints; — en surveillant les échaudoirs, fondoirs, salles de dissection, et la basse-geôle; — en empêchant d'établir, dans l'intérieur de Paris, des ateliers, manufactures, laboratoires ou maisons de santé, qui doivent être hors de l'enceinte des villes, selon les lois et règlements; — en empêchant qu'on ne jette ni dépose dans les rues aucune substance malsaine; — en faisant saisir ou détruire dans les halles, marchés ou boutiques, chez les bouchers, boulangers, marchands de vins, brasseurs, limonadiers, épiciers, droguistes,

---

[1] Voyez n° 39.
[2] Voyez n° 308.

apothicaires ou tous autres, les comestibles ou médicaments gâtés, corrompus ou nuisibles. (Arrêté du 12 messidor, an VIII, art. 23.)

Pour la police des inhumations, voyez page 158 et suiv.; voyez, en outre, les mots fosses d'aisances, établissements dangereux, insalubres et incommodes, salubrité et hygiène.

354 — Le préfet de police sera chargé de prendre les mesures propres à prévenir ou arrêter les incendies;

Il donnera des ordres aux pompiers, requerra les ouvriers charpentiers, couvreurs, requerra la force publique et en déterminera l'emploi;

Il aura la surveillance du corps des pompiers, le placement et la distribution des corps de garde et magasins des pompes, réservoirs, tonneaux, sceaux à incendies, machines et ustensiles de tout genre, destinés à les arrêter.

En cas de débordements et débâcles, il ordonnera les mesures de précaution, telles que déménagement des maisons menacées, rupture de glaces, garage de bateaux.

Il sera chargé de faire administrer les secours aux noyés.

Il déterminera, à cet effet, le placement des boîtes fumigatoires et autres moyens de secours.

Il accordera et fera payer les gratifications et récompenses promises par les lois et règlements à ceux qui retirent les noyés de l'eau. (Arrêté du 12 messidor, an VIII, art. 24.)

Une ordonnance de police du 11 décembre 1852 prescrit toutes les mesures qu'il convient de prendre en cas d'incendie, et rappelle aux habitants de Paris les obligations qui leur sont imposées par les règlements, soit pour prévenir les incendies, soit pour concourir à les éteindre [1].

Grâce à l'admirable organisation du corps des pompiers, les incendies, dans aucune ville de l'Europe, ne sont plus rapidement arrêtés qu'à Paris. Le corps des pompiers a toujours été rattaché au service de la police de Paris. Il était originairement sous les ordres du lieutenant de police. En 1722, le commandant de ce corps, sous la dénomination de directeur général des pompiers, était chargé de l'entretien et du renouvellement des pompes, du payement de la solde des gardes-pompes, dont le nombre était fixé à soixante, à raison de 100 francs par an pour chacun; de fournir les habits et tous les ustensiles nécessaires, moyennant 20,000 francs par an. Par lettres patentes du 17 décembre 1770, les gardes-pompes furent assujettis à faire un service réglé; le nom-

[1] Voyez à l'*Appendice*, n° 43.

bre des gardes-pompes, qui ne formaient qu'une compagnie, fut porté à cent quarante-six hommes soldés et quatorze surnuméraires; leur solde fut aussi augmentée, et, pour subvenir à toutes ces dépenses, il fut accordé, par les mêmes lettres patentes, au directeur général des pompes, une somme de 73,000 francs par an pour être payée sur les ordonnances du lieutenant de police. Le 13 novembre, an II, le corps municipal, comme chargé de l'administration de la police, arrêta un règlement suivi d'un code de discipline concernant la compagnie des gardes-pompes. La loi du 9 ventôse, an III, organisa le corps des pompiers, en porta l'effectif à trois cent soixante et seize hommes, et le maintint dans les attributions de la police. Seul, l'arrêté du 17 messidor an IX s'était écarté de cette règle; il avait mis l'administration, l'instruction et le travail des pompiers dans les attributions du préfet du département, en réservant toutefois au préfet de police la surveillance du service des pompiers. Mais, sur les réclamations de M. Dubois, préfet de police, on en revint à l'ancienne organisation : « Que le préfet du département ait, disait-il, la construction et l'entretien des corps de garde, rien de mieux ; mais le soin de pourvoir aux incendies étant confié à la police, tout ce qui intéresse cet important service, quant aux hommes et quant aux choses, doit rester dans les mains du magistrat chargé de la police ; il doit avoir tout ce qui lui était attribué par les lois antérieures à l'arrêté du 17 messidor an IX, et notamment par la loi du 9 ventôse an III. » — Alors fut rendu le décret du 18 septembre 1811, qui règle encore aujourd'hui cette institution avec les ordonnances royales des 7 novembre 1821 et 28 août 1822.

D'après ces textes, le corps des sapeurs-pompiers est placé sous les ordres et l'administration du préfet de police, et sous l'autorité du ministre de l'intérieur. Il compte dans l'armée de Paris; mais il est entretenu aux frais de la ville.

Il se recrute par voie d'enrôlement volontaire, parmi les sous-officiers et soldats de l'armée munis de congés en bonne forme, et reconnus aptes à ce service, et parmi tous les citoyens non sujets au recrutement qui ont les qualités nécessaires.

La durée des engagements volontaires pour les sapeurs-pompiers est fixée à huit ans; celle des rengagements, à deux, quatre ou huit ans. Les engagements ne sont définitifs que lorsque le préfet de police a reconnu que les engagés réunissent les qualités requises pour le service du corps. En cas d'insuffisance des enrôlements volontaires, le corps est complété au moyen de l'admission des hommes des divers corps de l'armée qui demandent à y achever leur temps de service, d'après le mode prescrit par l'ordonnance du 5 avril 1820, concernant le recrutement de la gendarmerie.

La nomination aux grades est faite par le chef de l'État sur la proposition du préfet de police, approuvée par le ministre de l'intérieur. — Les officiers du grade de lieutenant sont choisis parmi les sous-officiers du corps ou les officiers des différents corps de l'armée qui demandent à y être admis.

Les officiers du corps roulent entre eux pour l'avancement, soit au choix, soit à l'ancienneté. La nomination du commandant a toujours lieu au choix entre les lieutenants-colonels ou les chefs de bataillon de l'armée et les capitaines du corps. Les officiers prennent rang dans l'armée d'après leur ancienneté de grade.

Les sous-officiers sont choisis par le préfet de police, sur la présentation du commandant, parmi les sapeurs-pompiers qui remplissent les conditions déterminées pour l'avancement dans l'armée. Leur nomination est soumise à l'approbation du ministre de la guerre.

Le trésorier, le chirurgien-major, l'aide-chirurgien, le garde-magasin et le marinier, sont nommés par le préfet de police, et leur nomination est soumise au ministre de l'intérieur.

D'après le décret du 7 décembre 1859, le complet du bataillon de sapeurs-pompiers de la ville de Paris est fixé à douze cent quatre-vingt-dix-huit, officiers et enfants de troupe compris. Ce corps est toujours commandé par un colonel ou un lieutenant-colonel. L'ingénieur est pourvu du grade de major; il a pour adjoint un capitaine d'artillerie ou du génie. Le cadre d'organisation comprend un état-major, un petit état-major et dix compagnies.

L'organisation du corps des sapeurs-pompiers est déterminée par l'ordonnance royale du 28 août 1822.

355 — Le préfet de police aura la police de la Bourse et des lieux publics où se réunissent les agents de change, courtiers, échangeurs et ceux qui négocient et trafiquent sur les effets publics. (Arrêté du 12 messidor an VIII, art. 25.)

La police de la Bourse appartient, à Paris, au préfet de police. Un commissaire de police est désigné par ce magistrat pour être présent à la Bourse, et en exercer la police pendant sa tenue. (Arrêté du 29 germinal an IX.)

Les agents de change eux-mêmes se réunissent et nomment, à la majorité absolue, un syndic et six adjoints, pour exercer une police intérieure, rechercher les contraventions aux lois et règlements, et les faire connaître à l'autorité publique. (*Id.*)

Le préfet de police peut faire les règlements qu'il juge nécessaires pour la police intérieure de la Bourse. (*Id.*)

Il est défendu de s'assembler ailleurs qu'à la Bourse et à d'autres heures que celles fixées par le règlement de police pour proposer et faire des négociations, à peine de destitution des agents de change ou courtiers qui auraient contrevenu, et, pour les autres individus, sous les peines portées par la loi contre ceux qui s'immiscent dans les négociations sans titre légal. (Arrêté du 27 prairial an x, art. 3.)

Les agents de change sont tenus, ainsi que les courtiers de commerce, de consigner leurs opérations sur des carnets, et de les transcrire, dans le jour, sur un journal timbré, coté et parafé par les juges du tribunal de commerce. Ils ne peuvent refuser de donner des reconnaissances des effets qui leur sont confiés. (*Id.*, art 11.)

Lorsque deux agents de change ou courtiers de commerce ont consommé une opération, chacun d'eux l'inscrit sur son carnet et le montre à l'autre. — Chaque agent de change devant avoir reçu de ses clients les effets qu'il vend, ou les sommes nécessaires pour payer ceux qu'il achète, est responsable de la livraison et du payement de ce qu'il a vendu et acheté : son cautionnement est affecté à cette garantie. (*Id.*, art. 12 et 13.)

Les agents de change doivent garder le secret le plus inviolable aux personnes qui les ont chargés de négociations, à moins que les parties ne consentent à être nommées, ou que la nature des opérations ne l'exige. (*Id.*, art. 19.)

Les agents de change et les courtiers de commerce ne peuvent exiger ni recevoir aucune somme au delà des droits qui leur sont attribués par le tarif arrêté par les tribunaux de commerce, sous peine de concussion. (*Id.*, art. 20.)

A Paris, les agents de change, étant sur le parquet, peuvent proposer à haute voix la vente ou l'achat d'effets publics et particuliers. Lorsque deux d'entre eux ont consommé une négociation, ils en donnent le cours à un crieur, qui l'annonce sur-le-champ au public. (*Id.*, art. 24.)

Les commerçants faillis ne peuvent se présenter à la Bourse tant qu'ils n'ont pas été réhabilités. (Code de comm., art. 613.)

Voyez, en outre, sur les Bourses de commerce, les agents de change et les courtiers, les art. 71 et suivants du Code de commerce, et, sur la police de la Bourse de Paris, les ordonnances de police des 20 juillet 1801 et 12 janvier 1831.

356 — Le préfet de police procurera la sûreté du commerce en faisant faire des visites chez les fabricants et les marchands, pour vérifier les balances, poids et mesures, et faire saisir ceux qui ne seront pas exacts ou étalonnés; en faisant inspecter les magasins, boutiques et ateliers des orfévres et bijoutiers, pour assurer la marque des matières d'or et d'argent, et l'exécution des lois sur la garantie. Indépendamment de ses fonctions ordinaires sur les poids et mesures, le préfet de police fera exécuter les lois qui prescrivent l'emploi des nouveaux poids et mesures. (Arrêté du 12 messidor an VIII, art. 26.)

357 — Le préfet de police fera observer les taxes légalement faites et publiées. Il fera tenir les registres des mercuriales et constater le cours des denrées de première nécessité. (*Id.*, art. 27 et 28.) Voy. n° 404.

358 — Il exigera la représentation des patentes des marchands forains. Il pourra se faire représenter les patentes des marchands domiciliés, et fera saisir les marchandises prohibées par les lois. (*Id.*, art. 30 et 31.) Voy. n° 234.

359 — Il fera veiller spécialement les foires, marchés, halles, places publiques et les marchands forains, colporteurs, revendeurs, portefaix, commissionnaires ;

La rivière, les chemins de halage, les ports, chantiers, quais, berges, gares, estacades, les coches, galiotes, les établissements qui sont sur la rivière pour les blanchisseries, le laminage ou autres travaux, les magasins de charbon, les passages d'eau, bacs, batelets, les bains publics, les écoles de natation et les mariniers, ouvriers arrimeurs, chargeurs, déchargeurs, tireurs de bois, pêcheurs et blanchisseurs [1] ;

Les abreuvoirs, puisoirs, fontaines, pompes, et les porteurs d'eau ;

Les places où se tiennent les voitures publiques pour la ville et la campagne, et les cochers, postillons, charretiers, brouetteurs, porteurs de chaises, porte-falots ;

Les encans et maisons de prêts ou monts-de-piété, et les fripiers, brocanteurs, prêteurs sur gage ;

Le bureau des nourrices, les nourrices et les meneurs. (*Id.*, art. 32) [2].

---

[1] Voyez ci-après Ports et Navigation.
[2] Voyez p. 299.

Pour les halles et marchés, voy. p. 342 ; pour le commerce du charbon ; p. 363 ; pour les monts-de-piété, p. 280.

360 — Le préfet de police assurera la libre circulation des subsistances, suivant les lois. Il fera inspecter les marchés, ports et lieux d'arrivage des comestibles, boissons et denrées dans l'intérieur de la ville ;

Il continuera de faire inspecter, comme par le passé, les marchés où se vendent les bestiaux pour l'approvisionnement de Paris, à Sceaux, Poissy, Lachapelle et Saint-Denis ;

Il rendra compte au ministre de l'intérieur des connaissances qu'il aura recueillies, par ses inspections, sur l'état des approvisements de la ville de Paris. (Arrêté du 12 messidor an VIII, art. 29 et 33.)

Voyez, pour le commerce des boissons, p. 391 ; pour le commerce de la boucherie, p. 384 ; pour la boulangerie, p. 368 ; pour les halles et marchés, p. 342.

361 — Le préfet de poilce fera veiller à ce que personne n'altère ou dégrade les monuments et édifices publics appartenant à la nation ou à la cité ;

Il indiquera au préfet du département et requerra les réparations, changements ou constructions qu'il croira nécessaires à la sûreté ou salubrité des prisons et maisons de détention qui seront sous sa surveillance ;

Il requerra aussi, quand il y aura lieu, les réparations et l'entretien des corps de garde de la force armée sédentaire ; des corps de garde des pompiers, des pompes, machines et ustensiles ; des halles et marchés ; des voiries et égouts ; des fontaines, regards, aqueducs, conduits, pompes à feu et autres ; des murs de clôture ; des carrières sous ville et hors les murs ; des ports, quais, abreuvoirs, bords, francs-bords, puisoirs, gares, estacades, et des établissements et machines placés près de la rivière pour porter secours aux noyés ; de la Bourse, des temples ou églises destinés aux cultes. (Arrêté du 12 messidor an VIII, art. 34.)

362 — Le préfet de police a, en outre, été chargé par l'ordonnance royale du 22 mai 1843, de surveiller les machines et chaudières à vapeur, et de délivrer les autorisations exigées pour leur établissement. A cet égard, ses attributions s'exercent dans toute l'étendue du département de la Seine et dans les communes de Saint-Cloud, Sèvres et Meudon, du département de Seine-et Oise. (Art. 79.)

Une autre ordonnance du 23 du même mois lui a confié, dans

la même circonscription, la surveillance des bateaux à vapeur et la délivrance des permis de navigation pour ces bateaux.

363 — Enfin, le préfet de police a été chargé de l'exécution de la loi sur le travail des enfants dans les manufactures [1]. — Il revise et approuve les statuts des sociétés de secours mutuels [2]; — il donne son avis sur les statuts des sociétés anonymes qui sollicitent l'approbation de l'autorité supérieure.

[1] Voyez le *Corps municipal*, p. 406.
[2] *Idem*, p. 177.

CHAPITRE III.

DES HALLES ET MARCHÉS.

364 — L'approvisionnement de Paris est sous l'autorité spéciale du préfet de police.
365 — Suppression des droits perçus sur les denrées en 1791, et rétablissement de ces droits par de simples ordonnances de police et par des décrets.
366 — Partage d'attributions entre la préfecture de la Seine et la préfecture de Police.
367 — Nature des droits perçus sur les denrées dans les halles et marchés. — Assiette de ces droits.
368 — Halles d'approvisionnement et évaluation des denrées annuellement consommées à Paris.
369 — Facteurs à la vente. — Pour quelles denrées leur intervention est obligatoire.
370 — Halles centrales. — Matières qui seront traitées dans ce chapitre.
371 — Halle au poisson d'eau douce.
372 — Réglementation de la vente du poisson d'eau douce. — Si le marchand forain est tenu de vendre à la halle.
373 — Halle à la marée.
374 — Halle aux huîtres.
375 — Halle à la volaille et au gibier.
376 — Halle aux grains et farines.
377 — Halle au beurre et aux œufs.
378 — Halle aux fruits et légumes.
379 — Marchés de Sceaux et de Poissy.
380 — Marchés de détail.
381 — Forts et porteurs des halles et marchés.
382 — Mesures de salubrité à observer dans les halles et marchés.
383 — Regrattières.
384 — Circulation et stationnement des voitures servant à l'approvisionnement.
385 — Tarif et perception des droits dans les halles et marchés.
386 — Approvisionnement en bois de chauffage.
387 — Approvisionnement en charbon de bois.
388 — Compagnies du commerce du bois flotté et du charbon de bois.
389 — Compagnies du haut ou de transport.
390 — Compagnies du commerce de Paris.

391 — Compagnies du commerce des bois de chauffage flottés.
392 — Compagnies du commerce des bois carrés.
393 — Compagnie du commerce de charbon de bois.

364 — L'approvisionnement de Paris a, de tout temps, excité la sollicitude de l'administration municipale et du gouvernement. L'approvisionnement est intimement lié à la sécurité et au bon ordre dans tous les grands centres de population, et à Paris plus qu'ailleurs. L'approvisionnement de Paris est spécialement confié à la vigilance du préfet de police ; l'arrêté du 12 messidor an VIII impose à ce magistrat le devoir de faire inspecter les marchés, ports et lieux d'arrivage des comestibles, boissons et denrées dans l'intérieur de la ville, ainsi que les marchés où se vendent les bestiaux destinés à la consommation de Paris, et de rendre compte au ministre de l'intérieur des connaissances qu'il a recueillies, par ses inspections, sur l'état des approvisionnements de la ville ; de faire veiller les foires, marchés, halles et les marchands forains, colporteurs, revendeurs, portefaix et commissionnaires ; d'assurer la libre circulation des subsistances[1]. Il peut même, aux termes d'un arrêté des consuls, du 1er messidor an XI, prendre d'urgence, et sans l'autorisation du ministre de l'intérieur, les mesures nécessaires pour assurer l'approvisionnement par eau des comestibles destinés à la ville de Paris.

Les nombreux règlements que l'on rencontre, lorsqu'on veut étudier le mécanisme de cet approvisionnement, témoignent des soins minutieux, souvent gênants et presque toujours restrictifs pour la liberté du commerce, avec lesquels l'administration a rempli, à toutes les époques, la tâche qui lui était dévolue. A cet égard deux grands intérêts ont toujours été en lutte ; celui de l'approvisionnement, qui veut que les denrées affluent pour tous avec abondance dans la ville ; celui de la municipalité, qui veut que les produits admis au privilége de la consommation soient frappés des droits et des taxes à l'aide desquels la ville pourvoit à ses besoins et à son luxe. C'est à maintenir un juste équilibre entre ces deux grands intérêts, également respectables, que doivent s'appliquer l'administration supérieure et le conseil municipal de Paris.

365 — Avant la révolution, il se percevait sur la vente en gros de la plupart des denrées des droits très-élevés ; ces droits étaient perçus par la ferme générale ; ils furent supprimés avec les compagnies de finances et cessèrent d'être perçus à partir du 1er mai

[1] Art. 29, 32 et 33.

1791. La location des places, dans les halles et marchés, donnait lieu également à la perception de droits considérables, qui étaient affermés à des particuliers. Ces derniers droits cessèrent aussi d'être perçus à la même époque. Dans la suite, des individus s'établirent de leur propre autorité, les uns fournisseurs d'abris dans les halles, les autres facteurs; les premiers se faisaient payer la location de leurs abris, les seconds des droits de commission. Tous s'appropriaient ainsi des bénéfices que la loi du 11 frimaire an VII avait rangés dans la classe des revenus des communes. Il était nécessaire de faire rentrer la ville de Paris dans la jouissance de cette large portion de ses revenus. M. le préfet de police Dubois avait essayé de régulariser la perception des droits par diverses ordonnances. C'est dans ce but qu'avaient été rendues l'ordonnance du 9 frimaire an X sur la vente de la marée; celle du 22 ventôse an XII, sur la vente du gibier et de la volaille; celle du 29 janvier 1806, sur la vente du beurre, du fromage et des œufs. Bien que ces ordonnances eussent emprunté leurs dispositions essentielles aux anciens règlements, on pensa qu'elles avaient besoin d'une sanction. Par ses délibérations des 26 germinal an XI et 6 nivôse an XIII, le conseil général du département de la Seine, faisant fonctions de conseil municipal, avait exprimé le vœu que les revenus de la ville de Paris fussent accrus : 1° par un droit sur les ventes en gros de comestibles, d'après le prix de vente; 2° par un droit de location des places dans les marchés. Il demandait, en conséquence, qu'une loi fut rendue à ce sujet; « considérant, disait-il, que la loi du 11 frimaire an VII n'accorde aux communes que les *droits de location des places* dans les halles et marchés, et qu'il n'y est nulle mention de *droits sur les ventes;* qu'il ne peut être perçu aucun droit qui ne soit expressément fixé par une loi. »

La question fut longtemps débattue au sein du conseil d'État: les uns pensaient qu'il ne s'agissait pas de créer une taxe, mais de substituer l'administration communale, qui avait droit à cette taxe, aux termes de la loi de frimaire an VII, à des particuliers qui en jouissaient sans droit; dès lors qu'une loi lui était inutile; les autres objectaient que, si la loi du 11 frimaire an VII autorisait la location des places dans les halles et marchés, la perception d'un droit de tant pour cent sur le prix d'une marchandise ou denrée, et l'institution de facteurs autorisés à le percevoir, exigeaient qu'on fit rendre une loi, sans laquelle ils regardaient la perception de cet impôt comme arbitraire. Ils ajoutaient que l'assemblée constituante avait abrogé toutes les lois et tous les règlements anciens sur le fait de ces perceptions, et qu'on ne pouvait les faire revivre que par une disposition législative.

« Je remarque, disait le ministre de l'intérieur dans son rapport au chef de l'État, je remarque que les ordonnances par lesquelles M. le préfet de police a créé des facteurs, leur a donné une sorte de privilége, les a assujettis à des cautionnements, a institué des pensions de retraite, ne sont pas absolument régulières. Elles rappellent, il est vrai, d'anciens règlements : ceux-ci étaient ou implicitement détruits par l'esprit général de la nouvelle législation, ou explicitement abolis par les lois relatives à la liberté des professions. Il aurait donc fallu, pour les faire revivre, en tout ou en partie, ou des lois ou des décrets de Votre Majesté. — Si l'on admet que les droits existants ne soient que le juste salaire des facteurs et que l'autorité locale ait pu en régulariser le payement, il faudra toujours reconnaître que des droits d'un autre genre, qui, tournant au profit de l'autorité publique, sont de vrais impôts, ne peuvent être créés que par des dispositions souveraines. On ne peut, en fait d'impôts, se tenir trop près du principe qui veut qu'ils ne résultent que d'une loi formelle, et je crois me conformer aux vues de Votre Majesté, en l'engageant à revêtir celui-ci (le décret présenté) des formes les plus solennelles. »

L'habitude que l'on avait alors de tout régler par des décrets l'emporta, et c'est par un simple décret que l'on résolut de régulariser les perceptions et les institutions de factage que le préfet de police n'avait organisées qu'à titre provisoire par ses ordonnances. Ces ordonnances parurent sagement conçues; on se borna à les approuver. Tel fut l'objet du décret organique du 21 septembre 1807, qui approuve l'ordonnance de police du 28 mai 1806 sur la halle aux farines, et celle du même jour, sur le commerce du beurre, du fromage et des œufs, et leur a donné force de décret. Le même décret a ratifié les perceptions établies par l'ordonnance de police du 9 frimaire an x, sur la vente de la marée, et par celle du 22 ventôse an xii, sur la vente de la volaille et du gibier. La vente du poisson d'eau douce fut régularisée par un décret spécial à la date du 28 janvier 1811.

366 — En ce qui concerne les halles et marchés de Paris, les attributions spéciales des deux préfectures n'ont pas été déterminées avec assez de précision. L'administration de la commune est bien dans les attributions du préfet de la Seine; mais, ainsi que nous l'avons dit, l'arrêté du 12 messidor an viii a confié au préfet de police le soin des approvisionnements. D'un autre côté, si le préfet de police doit réglementer les approvisionnements,

les lieux affectés à ces approvisionnements sont des propriétés communales, et l'administration des propriétés communales appartient au préfet de la Seine. Dès 1806, un conflit s'élevait entre ces deux fonctionnaires pour la location de l'île Louviers à la compagnie des marchands de bois. — Le décret du 21 septembre 1807 trancha en ce sens la difficulté (art. 15 et 17), que le préfet de la Seine fut chargé de conclure la location avec les marchands de bois moyennant une somme de 40,000 fr., et que le mode de répartition entre les marchands, arrêté par eux, fut remis à l'approbation du préfet de police. Par là, le décret maintenait le préfet de la Seine dans ses droits d'administration communale et marquait la limite qui les sépare de l'exercice de la police proprement dite.

Mais, s'expliquant ensuite sur les places dans les halles et marchés, le même décret ajoutait que les places seraient accordées par le préfet de police, qui commettrait des employés pour la perception du montant des tarifs dressés par lui, communiqués au préfet du département et arrêtés par le ministre de l'intérieur. (Art. 12 et 13.) Dans la pratique, il s'était fait entre les deux préfectures le partage suivant : Les halles et marchés avaient été divisés en halles d'approvisionnement et en marchés de détail. Sur les premiers, les droits attribués à la ville de Paris sur les prix des ventes étaient perçus par la préfecture de police et contrôlés par la préfecture de la Seine. Les droits de location de places dans les marchés de détail étaient perçus par la préfecture de la Seine. Mais le décret du 10 octobre 1859 a fait cesser ce partage dans les perceptions municipales et a placé dans les attributions exclusives du préfet de la Seine « les tarifs, l'assiette et la perception des droits municipaux de toute sorte dans les halles et marchés. » En conséquence, toutes les perceptions se font aujourd'hui sur les marchés d'approvisionnement et de détail par les agents de la préfecture de la Seine [1].

367 — Deux sortes de droits sont perçus sur les denrées qui entrent dans la consommation de Paris. Dans les marchés de détail, les droits sont perçus à raison de l'espace occupé par les denrées; dans les halles d'approvisionnement, à raison des quantités vendues. La première perception se réduit à une location de places; la seconde prend le caractère d'une taxe de consommation; or, les communes ne peuvent percevoir sur les denrées

[1] Cependant il existe encore à cet égard un conflit entre les deux administrations (septembre 1860).

alimentaires que des taxes d'octroi, et les taxes d'octroi doivent être autorisées par décret. Cependant, les taxes nouvelles portant sur les quantités vendues, établies en vertu de délibérations du conseil municipal, n'ont reçu que l'approbation ministérielle. Mais à Paris, les questions de légalité se soulèvent peu : un droit est imposé au contribuable, qui le paye, quel qu'il soit, sans en rechercher l'origine. Dans les petites communes, où la vie municipale est plus active, il serait difficile d'élever les taxes sans proportion et de les imposer en dehors des conditions prescrites par le droit public.

368 — Il existe à Paris sept halles d'approvisionnement, savoir : 1° au poisson d'eau douce ; 2° à la marée ; 3° aux huîtres ; 4° à la volaille et au gibier ; 5° aux grains et farines ; 6° au beurre et aux œufs ; 7° aux fruits et légumes.

A ces halles d'approvisionnement, il convient d'ajouter les marchés de Sceaux et de Poissy, les marchés aux veaux et aux vaches grasses, pour la viande de boucherie ; la halle aux vins du quai Saint-Bernard, pour les liquides [1], et les arrivages de bois et de charbon, pour les constructions et le combustible.

Dans son intéressant ouvrage sur les consommations de Paris, M. Husson porte à 13,444,850 kil. le poisson qui entre chaque année dans l'approvisionnement de Paris, et il décompose ce chiffre de la manière suivante :

Poisson de mer frais ou marée.....	9,937,340 kil.
Huîtres (poids net)...............	1,005,345
Poisson d'eau douce.............	690,075
Poisson de mer salé, dit saline....	1,502,000
Poisson mariné..................	311,000
Total égal...........	13,444,850 kil.

En 1853, date à laquelle le même auteur a arrêté ses évaluations pour la volaille et le gibier, ces deux branches de l'alimentation donnent le chiffre de 10,365,103 kil.

En 1854, il a été fabriqué, pour la consommation de Paris, 179,987,791 kil. de pain, représentant 1,430,299 quintaux de farine.

En 1853, la consommation du lait a été de	109,291,086 litres.
Celle du beurre de...................	10,198,239 kil.
Celle du fromage de.................	1,547,825

[1] Voyez n° 129.

Celle des œufs de..................	8,700,000 [1]
Celle des fruits de saison, de..........	427,498,823
Celle des légumes frais et de saison, de.	133,925,391
Celle de la viande de boucherie, de....	62.514,646
Celle de la viande de porc, de.........	10,814,199
Celle des vins, de..................	1,193,006 hectol.
Celle des bières, de.................	140,015
Celle des cidres, de.................	22,721
Celle des liquides spiritueux, de.......	150,047

369 — Les marchés de Paris seraient bientôt désertés par les marchands forains, si ceux-ci n'y trouvaient pas des facilités et des garanties de payement exceptionnelles. Aussi, de tout temps, a-t-on reconnu la nécessité d'instituer près les halles d'approvisionnement des facteurs qui épargnent au marchand forain la peine de venir à Paris ou d'y rester pour vendre ses denrées et répondent envers lui du produit des ventes, sur le cautionnement qu'ils sont tenus de déposer. Pour ses soins et aussi à raison des risques qu'il court, le facteur est autorisé à prélever sur le produit des ventes un droit dont l'importance est déterminée par les règlements. Les facteurs sont commissionnés par le préfet de police.

On a élevé la question de savoir si le ministère des facteurs est obligatoire pour toutes les denrées qui sont expédiées à Paris, et s'il n'est pas permis aux marchands forains d'adresser directement leurs expéditions à des marchands de Paris, sans les faire passer par le carreau des halles et par l'intermédiaire des facteurs. Cette question se présentait à l'occasion de l'établissement des frères Lesage, dans lequel étaient reçus, chaque jour, en quantité considérable, des fruits et des légumes, les uns expédiés à titre de consignation, et devant être vendus pour le compte des expéditeurs, moyennant un droit de commission ; les autres, achetés par les frères Lesage, des producteurs des départements et même de l'étranger, pour être revendus par ces derniers et à leurs risques et périls. La cour de cassation, saisie de l'examen de la question, a décidé que les marchands et négociants pouvaient, soit comme acheteurs, soit à titre de commissionnaires ou consignataires, recevoir directement dans leurs magasins les denrées qui leur sont expédiées à destination particulière et vendre ces denrées sans les faire passer par le carreau des halles [2].

[1] Représentant 174,000,000 œufs.
[2] Cass. 24 mars 1858, Sirey — 1 — 326.

La cour de cassation a décidé que les facteurs peuvent traiter de leur démission et de la clientèle attachée à leurs fonctions [1]. La Cour a distingué la commission proprement dite, qui est délivrée par l'autorité supérieure et ne peut être l'objet d'aucune cession, de l'agence qui est attachée à l'exercice de la charge ou fonction, laquelle agence, pouvant acquérir plus ou moins de développement et d'importance, selon l'aptitude du facteur, a paru à la Cour de cassation devoir être mise au nombre des choses qui sont dans le commerce, et sont dès lors susceptibles d'une transmission valable.

Il a été établi des facteurs pour la vente en gros du poisson d'eau douce, de la marée, des huîtres, de la volaille et du gibier, des grains et farines, du beurre et des œufs, des fruits et légumes, de la viande à la criée, et pour la vente du charbon de bois.

370 — La réglementation des diverses halles d'approvisionnement, et celle du factage dans les halles ou marchés où il a été établi, ont fait l'objet de dispositions spéciales, qu'il importe de préciser, et à l'égard desquelles nous entrerons ici dans quelques développements. Nous nous occuperons ensuite des marchés de détail et du commerce des bois et charbons.

Un marché central doit un jour réunir les marchés en gros et les marchés de détail. Les halles centrales, dont la construction est fort avancée, seront divisées en pavillons, et dans chaque pavillon sera établie et organisée la vente d'une denrée ou d'un produit spécial. Déjà la vente a lieu dans plusieurs pavillons.

371 — Des règlements anciens avaient statué que le poisson d'eau douce, venant par eau, serait vendu à la halle, et ne pourrait pas l'être sur les bateaux. Cet ordre de choses fut changé : il fut permis de vendre sur bateaux, au-dessus du pont Marie, et les approvisionneurs conservèrent cependant la faculté de vendre à la halle. Ils profitèrent peu de cette autorisation, et la presque totalité du poisson était vendue sur les bascules. Des facteurs ou commissionnaires s'étaient établis, qui avaient des bateaux servant de boutiques ou magasins à poissons. Les marchands forains les chargeaient de faire le triage de leur poisson et de le mettre dans les différents étuis des boutiques, suivant les espèces; ils les chargeaient de le vendre et leur payaient une location pour la fourniture du magasin et un droit de commission pour la vente. Pour placer ces magasins ou boutiques, les facteurs ou

[1] Cass. 27 juin 1852, Teinturier et Carriat.

commissionnaires obtenaient une permission de la ville et ne payaient point de location.

Des droits étaient établis sur cette denrée : portés jusqu'à vingt-un pour cent de la valeur du poisson, ils furent ensuite réduits à douze et demi. La perception était faite par des commis de la ferme générale : aussitôt qu'une bascule était arrivée, le facteur allait leur en faire la déclaration ; ils se transportaient au bateau, visitaient le poisson, et on en faisait, de concert, l'évaluation. Le facteur retenait le prix des droits sur le montant de la vente, et payait quand la vente était terminée.

Pendant la révolution, ce commerce avait beaucoup souffert; les étangs des départements du Cher, de la Nièvre, de l'Allier, de Saône-et-Loire, de la Marne et de l'Yonne, avaient été presque tous desséchés par suite des décrets de la Convention ; il fallut, pour encourager cette branche d'approvisionnement, ne l'assujettir à aucun droit ; aussi ne fut-elle pas comprise dans les objets soumis à l'octroi municipal et de bienfaisance. Cette précaution eut un plein succès : les étangs de ces départements furent remis en état, et apportèrent de nouveau leur tribut à la capitale [1].

372 — Le décret du 21 septembre 1807, qui avait réglé la vente de la marée, n'avait rien dit de la vente du poisson d'eau douce. Cependant, cette vente donna lieu à des abus dont les marchands forains étaient victimes ; tantôt il s'établissait une coalition entre les détaillantes pour ne mettre au poisson qu'un certain prix ; tantôt, après l'achat, les détaillantes élevaient des contestations sur le prix, sur la qualité du poisson ; le forain, obligé de repartir promptement, subissait les conditions qui lui étaient imposées. Enfin, les détaillantes achetaient en gros pour revendre au regrat, aux petits marchands, et par là écartaient toute concurrence.

Le décret du 28 janvier 1811 a eu pour objet de protéger les forains contre toutes ces manœuvres, et d'encourager l'approvisionnement par de sages mesures. Il a institué un facteur chargé d'opérer et d'inscrire les ventes et de constater les prix ; il répond au marchand forain, dans le jour même, du payement de sa marchandise. Ce facteur fournit un cautionnement et facilite la concurrence, en accordant aux détaillantes peu aisées, mais solvables, le crédit qui leur est nécessaire.

Le marchand forain de poisson d'eau douce apporté à Paris, soit par terre, soit par eau, n'est cependant pas tenu de vendre à la halle ; il reste libre de vendre ailleurs et par d'autres moyens

---

[1] Rapport du préfet de police au ministre de l'intérieur, du 6 mars 1806.

que ceux indiqués par le décret de 1811, si bon lui semble. A cet égard, il faut se rendre compte de l'esprit dans lequel fut rendu ce décret :

Pour éviter l'accaparement et la vente au regrat, un édit du mois de mai 1661 avait établi une halle au poisson d'eau douce, rue de la Cossonnerie, dans la maison dite des Quatre-Fils-Aymon. Tout le poisson arrivant, soit par eau, soit par terre, devait être apporté dans cette halle ; mais cet édit était tombé en désuétude. En effet, l'ordonnance du mois de décembre 1672, formant le code des approvisionnements par eau, avait bientôt permis aux marchands forains (ch. 15, art. 3), de vendre aux regrattiers sur les boutiques à poisson. Par conséquent, les forains se trouvaient dispensés de l'obligation de porter leur poisson et de le vendre à la halle, et affranchis de la défense de vendre ailleurs et autrement qu'à la halle.

Les ordonnances de police des 6 décembre 1672, 9 avril 1677 et 9 mars 1683, confirmées par un arrêt du Parlement du 30 juillet 1689, avaient maintenu l'obligation et la défense, mais elles n'avaient pas été exécutées ; la vente du poisson avait continué de se faire sur les boutiques et réservoirs. Lorsqu'il s'agit de statuer sur la vente du poisson d'eau douce, ces faits furent signalés. « Je ne dois pas dissimuler, disait M. le préfet de police Dubois, que les marchands forains s'assujettiraient difficilement à l'obligation de ne vendre qu'à la halle et par petites parties ; peut-être un meilleur ordre de choses les attirera-t-il davantage, mais il est douteux qu'on puisse y parvenir par la contrainte. »

Aussi, l'art. 1ᵉʳ du décret du 28 janvier 1811 ne rend-il obligatoire par le ministère d'un facteur que la vente du poisson d'eau douce amené à la halle : « La vente du poisson d'eau douce amené à la halle de notre bonne ville de Paris sera faite sur le carreau, par lots, comme la marée, et par le ministère d'un facteur. »

Il y a plus : il n'était perçu aucun droit sur la vente du poisson d'eau douce arrivant par eau, qui se vendait ailleurs que sur le carreau de la halle. Une ordonnance du 13 septembre 1814 vint le soumettre à la perception d'un droit, et déclara que le poisson d'eau douce pourrait continuer à être vendu à la criée « dans le cas de réquisition de la part des vendeurs ou des agents de la police, » mais que « cette vente aurait lieu dorénavant de gré à gré et avec les feuilles de compte et de vente, à l'instar de ce qui se pratique relativement à la vente de la volaille, du beurre et des œufs. »

Le décret du 28 janvier 1811 ne contient que quelques dispositions fondamentales. Il a posé des bases et a laissé à l'autorité administrative le soin de compléter l'institution de la factorerie pour les détails d'exécution. C'est dans ce but qu'ont été rendues, sur la vente du poisson d'eau douce, les ordonnances de police des 25 février et 20 septembre 1811, 1er décembre 1814 et 7 février 1822, auxquelles nous renvoyons, en donnant ici le décret organique du 28 janvier 1811 [1].

373 — La vente de la marée à la halle remonte à plusieurs siècles. Avant la révolution, ce commerce était sous la surveillance d'une chambre de la marée. C'était le Parlement qui faisait les règlements en cette partie. D'après ces règlements, la vente avait lieu, comme aujourd'hui, par adjudication au plus offrant. La ferme générale percevait des droits sur le produit des ventes pour payer le traitement du caissier, celui des employés et les frais de bureau. Fixés en dernier lieu à 27 p. 0/0, ces droits furent supprimés en 1791.

Il y avait une caisse à la marée, destinée au payement immédiat des mareyeurs. Les mareyeurs, prévoyant que la suppression des droits entraînerait celle de la caisse, consentirent à les remplacer dans leur destination par une retenue de 4 p. 0/0 sur le produit de la vente de leurs marchandises. Cinq factrices, instituées intermédiaires entre les mareyeurs et les détaillants, versèrent dans la caisse de la marée le produit des ventes, et les mareyeurs purent continuer à toucher leurs fonds avant de retourner dans leurs ports. Mais bientôt le désordre s'introduisit dans ce service. Les mareyeurs n'adressèrent plus leurs marchandises qu'aux factrices qui leur offraient des pour-boire. De leur côté, les factrices élevèrent jusqu'à 5 p. 0/0 leur droit de commission, et finirent par retirer leur cautionnement de la caisse. Une ordonnance de police du 9 frimaire an x fut rendue dans la pensée de faire revivre les dispositions des anciens règlements.

Cette ordonnance, qui forme encore le règlement fondamental de la halle à la marée, régularisa le service de la caisse, celui de la factorerie, et prescrivit aux mareyeurs les mesures qu'ils doivent observer dans l'expédition de leurs marchandises [2].

Une autre ordonnance de police du même jour a réglé les fonctions des préposés à la vente de la marée, tels que compteurs, verseurs, forts et gardiens.

[1] Voyez à l'*Appendice*, n° 44, et pour les droits perçus au profit de la ville, n° 43.
[2] Voyez le Recueil des ordonnances de police, t. 1, p. 118.

Sans approuver formellement l'ordonnance du 9 frimaire an x, le décret du 21 septembre 1807 prescrivit que les fonds provenant de la perception de 4 p. 0/0, faite sur le produit des ventes à la marée seraient versés mois par mois, et dans les cinq jours du mois suivant, dans la caisse du receveur municipal de la ville de Paris.

Aujourd'hui, les droits perçus sur la vente en gros de la marée sont portés à 16 p. 0/0 [1].

374 — Avant 1711, le droit de vendre des huîtres était affermé par année à raison de 20,000 livres en temps de guerre, et 25,000 livres en temps de paix. A cette date, ce droit fut supprimé. La vente des huîtres se faisait néanmoins par des factrices commissionnées par le lieutenant général de police. Les marchands avaient la faculté de vendre par eux-mêmes, et, lorsqu'ils employaient les factrices, ils leur payaient un droit de commission de 14 livres par chaque voiture; celles-ci recevaient, en outre, des écaillères 50 centimes d'*acquêt* par panier.

« Tel est l'état de choses, disait M. le préfet de police Dubois dans son rapport au ministre de l'intérieur, tel est l'état de choses que j'ai trouvé établi, et j'ai cru devoir le maintenir. Je me suis borné à renouveler, à différentes époques, les dispositions des anciens règlements. J'ai d'ailleurs autorisé la vente des huîtres pendant toute l'année, attendu qu'on ne les met en vente qu'après qu'elles ont été visitées par des inspecteurs, ce qui a été utile à cette branche de commerce, qui doit être favorisée, parce qu'elle fait vivre le pauvre aux dépens du riche. » L'ordonnance réglementaire sur la vente des huîtres, rendue par M. le préfet de police Dubois, porte la date du 29 fructidor an ix.

Un décret du 10 février 1811 a établi un droit sur la vente des huîtres, et a chargé les factrices de la marée de percevoir ce droit sans frais au profit de la ville. Cette perception a été régularisée par une ordonnance de police du 21 du même mois [2].

375 — Avant la révolution, les droits sur la volaille étaient perçus par la ferme générale sur le carreau de la Vallée, et à l'entrée de Paris pour ce qui était à destination particulière. Le droit sur les objets à destination était réglé par un tarif arrêté chaque semaine par le lieutenant général de police, d'après les mercuriales. Les droits furent portés jusqu'à 33 livres 16 sous pour cent de la valeur. En

---

[1] Appendice, n° 45.
[2] Voy. Recueil des ordonnances de police, t. 1, p. 104 et 501. — Pour les droits actuels, voyez à l'Appendice, n° 45.

1776, ils furent réduits à 18 livres pour cent, savoir : 12 livres pour le roi, et 6 livres pour les hôpitaux.

Indépendamment des droits, les marchands payaient le facteur qui vendait pour leur compte et avec lequel ils traitaient de gré à gré. Le prix était ordinairement de 20 sous par banasse ou grand panier [1].

Le 22 nivôse an XII, M. le préfet de police Dubois rendit une ordonnance destinée à régler la vente de la volaille et du gibier, dans l'intérêt de la consommation et de l'approvisionnement de Paris. « Pour prévenir le monopole, disait-il dans son rapport, je fis défense d'aller au devant des voitures chargées de volaille et de gibier pour en acheter ou arrher ; j'ordonnai que le gibier et la volaille seraient conduits directement au carreau de la Vallée, et ne pourraient être vendus ailleurs en gros. — J'ordonnai que la volaille et le gibier, achetés en gros au marché de la Vallée, ne pourraient être vendus qu'en détail et sur l'emplacement affecté à la vente au détail, afin d'empêcher qu'ils passassent par plusieurs mains avant de parvenir aux consommateurs. » Telle était en effet la donnée économique de l'ordonnance du 22 ventôse an XII, qui constitue, avec l'ordonnance du préfet de police Pasquier, du 27 janvier 1812, qui l'a complétée sur plusieurs points après l'établissement de la halle à la Vallée, le règlement fondamental de la halle à la volaille et au gibier. Cette ordonnance rétablissait en outre une caisse qui avait existé autrefois, et dans laquelle 8 facteurs avaient versé chacun 9,000 fr. pour leur cautionnement, 16 commis à la vente 2,090 fr. chacun, et 5 aides-commis 1,000 fr. Le produit de la vente est versé dans la caisse ; le marchand est payé immédiatement après la vente, soit qu'elle se fasse au comptant, soit qu'elle se fasse à crédit [2].

Le décret du 21 septembre 1807 ordonna qu'il serait versé chaque mois, et dans les cinq premiers jours du mois suivant, à la caisse du receveur municipal, par le caissier du commerce de la volaille et du gibier, un centime et demi pour cent sur le droit de deux centimes et demi par franc perçu sur les ventes, et qu'un centime par franc continuerait d'être perçu pour les facteurs. Le même décret autorisait la ville de Paris à acheter un terrain vis-à-vis le quai de la Vallée, pour y élever un marché spécialement affecté à l'arrivage de la volaille et du gibier à Paris [3].

[1] Rapport du préfet de police au ministre de l'intérieur, sur les halles et marchés, 1806.
[2] Voyez le Recueil des ordonnances de police, t. 1, p. 224 et 554.
[3] Pour les droits de vente actuels, voy. *Appendice*, nº 45.

376 — Bien qu'un arrêt du parlement du 19 juin 1779 eût imposé aux six facteurs à la vente en gros des farines l'obligation de déposer un cautionnement de 50,000 livres en immeubles, le service du factage n'était cependant point organisé. La plupart des cultivateurs vendaient eux-mêmes les denrées qu'ils amenaient aux marchés. Deux ou trois facteurs faisaient la vente du surplus, concurremment avec d'autres individus, qui s'immisçaient dans la vente des grains sans autorisation. En 1792, le nombre des facteurs à la vente en gros des farines fut porté à 10. En 1793, il s'élevait à 21, mais alors ils étaient admis sans cautionnement. Au mois d'octobre 1793, un *maximum* frappa toutes les denrées; la halle ne fut plus qu'un magasin d'approvisionnement où l'on versait les grains et farines provenant de réquisitions. Dès ce moment, les facteurs à la vente en gros des farines et ceux pour la vente des grains, dont le nombre s'était élevé successivement à 12, cessèrent leurs fonctions.

Cette interruption dura jusqu'à la suppression du maximum, en l'an III. Un arrêté du comité de salut public du 25 thermidor de la même année rappela les facteurs. Tous ceux qui avaient rempli ces places les reprirent aussitôt que le commerce commença à reparaître à la halle. En l'an IV, un arrêté du directoire exécutif du 5 germinal rendit au commerce l'approvisionnement de Paris. Un arrêté du bureau central du 15 du même mois fixa le nombre des facteurs à la vente en gros des farines à 11, avec 3 suppléants, c'est-à-dire à 14; celui pour la vente des grains à 11, et un même nombre pour la vente des farines en détail.

Partant de cette idée que les facteurs étaient trop nombreux et n'offraient plus de garanties sérieuses au commerce, le préfet de police Dubois prit un arrêté, à la date du 16 floréal an VIII, portant réduction, vacance arrivant, du nombre des facteurs, et fit revivre les dispositions de l'arrêt du 19 juin 1779, qui imposait aux facteurs un cautionnement de 50,000 fr. En 1806, au moment de la réorganisation des halles et marchés, on comptait 14 facteurs à la vente en gros des farines, 13 pour la vente des grains, lesquels n'étaient pas assujettis à un cautionnement, parce qu'ils comptent, tous les jours de marché, avec leurs commettants, et 10 détaillantes de farines. Aujourd'hui les facteurs chargés des ventes en gros sont au nombre de 24.

Une ordonnance de police du 28 mai 1806, approuvée par le décret du 21 septembre 1807, et annexée à ce décret, a fixé le droit de commission des facteurs à 60 centimes par sac du poids de 12 myriagrammes, pour les facteurs aux grains et grenailles.

Une autre ordonnance du 13 avril 1842 a fixé le même droit à 80 centimes par 100 kilogrammes, pour les facteurs à la vente en gros des farines [1].

Le ministère des facteurs à la halle au blé n'est pas obligatoire. Les marchands et blatiers munis de patentes, les propriétaires et cultivateurs, peuvent vendre sur le carreau de la halle les grains, farines et grenailles qu'ils déclarent leur appartenir, soit par eux-mêmes, soit par des préposés qu'ils munissent de pouvoirs *ad hoc* et dont ceux-ci justifient au contrôleur [2].

Les facteurs doivent tenir un journal de vente timbré, dont les feuillets sont cotés et parafés par le contrôleur de la halle, et un compte ouvert pour chaque marchand, sur lequel ils portent la quantité des sacs qu'ils ont reçus, de ceux qu'ils ont vendus, le prix de ces sacs et les sommes qu'ils ont payées aux marchands. Ils sont tenus de faire au bureau du contrôle de la halle leurs déclarations de vente, au fur et à mesure des opérations, en présence de l'acquéreur [3].

Les facteurs ou factrices chargés de la vente des farines en gros ne peuvent, sous peine de destitution, faire aucun commerce de grains, farines ou grenailles pour leur compte, ni s'associer avec les marchands sous aucun prétexte [4].

Les facteurs à la halle aux grains et farines ont un privilége sur les 15 sacs de farine que les boulangers de Paris doivent déposer à la réserve, à titre de garantie [5].

377 — D'après les anciens règlements rendus par le parlement et les lieutenants généraux de police, tous les beurres et œufs amenés dans une circonférence que ces règlements déterminent, et qui formait une espèce de banlieue, devaient être apportés sur le carreau de la halle. Il était défendu de les vendre en route, ni d'en faire aucun entrepôt ou magasin. Les marchands de beurre et œufs domiciliés à Paris, qui en achetaient pour leur commerce au delà de vingt lieues de Paris, étaient également obligés de les présenter sur le carreau. Ils ne pouvaient les transporter chez eux qu'après avoir fait vérifier les lettres de voiture.

Ces dispositions avaient pour but d'établir l'abondance et de faire baisser, autant que possible, le prix d'une denrée qui, par sa

---

[1] Emion, *Législation, jurisprudence et usages du commerce des céréales*, p. 369 et suiv.
[2] Règl. du 15 germin. an IV, art. 2, et 6 frim. an V, art 1er.
[3] Règl. du 15 germin. an IV, art. 5.
[4] *Id.*, art. 6.
[5] Décret du 27 février 1811.

nature, est de la classe des objets de première nécessité. La ferme générale percevait, pour le compte du roi et des hôpitaux, vingt pour cent sur le produit de la vente des beurres, et quatorze pour cent du produit de la vente des œufs. Ces droits, comme tous les autres, avaient été supprimés en 1791.

« Dès l'an VIII, disait M. Dubois dans son rapport, je fis revivre, par une première ordonnance du 23 prairial an VIII, tous ceux de ces règlements qui pouvaient se concilier avec le nouvel ordre de choses; j'ordonnai aux marchands forains qui approvisionnent la ville de Paris, d'apporter les beurres et œufs sur le carreau de la halle, et je défendis d'aller au-devant des voitures pour acheter ou arrher la marchandise. J'ai renouvelé cette ordonnance par une autre, du 29 janvier 1806, qui renferme à peu près les mêmes dispositions. »

Ces deux ordonnances ne sont pas exactement la reproduction l'une de l'autre; la première, dans laquelle sont indiqués les divers règlements dont on a cru pouvoir reproduire les dispositions, peut encore être utilement consultée, mais la seconde a une valeur particulière : spécialement maintenue par l'ordonnance de police du 28 mai 1806, laquelle a été approuvée par le décret du 21 septembre 1807 et annexée à ce décret, on pourrait dire qu'elle a en quelque sorte force de décret elle-même. Ses dispositions ont pour objet de régler les arrivages à destination, d'obtenir la déclaration des quantités, de fixer les jours et heures de vente, de réprimer le monopole et le regrat, et d'organiser le service des facteurs [1].

Tous les beurres, fromages et œufs destinés à l'approvisionnement de Paris doivent être apportés directement sur le carreau de la halle; il n'en peut être expédié à destination que pour les particuliers étrangers à ce genre de commerce et pour les marchands qui en font le commerce en boutique. Les beurres, fromages et œufs, expédiés à des particuliers étrangers à ce genre de commerce peuvent être conduits, immédiatement après leur déchargement, sur le carreau de la halle, aux adresses indiquées dans les factures ou lettres de voiture; ceux à expédier à des marchands qui en font le commerce en boutique ne peuvent être enlevés du carreau et conduits à leur destination qu'une heure après l'ouverture de la vente en gros [2].

Les marchands forains peuvent vendre eux-mêmes les marchan-

---

[1] Recueil des ordon. de police, t. 1, p. 305.
[2] Ordon. du 29 janv. 1806, art. 4, 5 et 6.

dises qu'ils apportent à la halle aux beurres et œufs; mais, lorsqu'ils ne vendent pas eux-mêmes, ils doivent employer le ministère d'un facteur [1]. Les facteurs, au nombre de quatre, sont commissionnés par le préfet de police et ont mission de recevoir et de vendre les beurres et œufs qui leur sont expédiés. Ils tiennent compte aux forains du prix de la vente et sont responsables de l'insolvabilité ou de la mauvaise foi des détaillantes. Ils sont tenus de fournir un cautionnement de 20,000 fr. [2]. La moitié du droit de deux et demi pour cent, autorisé au profit des facteurs, est versée par eux, chaque mois, et dans les cinq premiers jours du mois suivant, quitte de tous frais, dans la caisse du receveur municipal [3].

Les beurres et œufs expédiés aux halles sont soumis, avant la vente, au poids public, à raison duquel il est perçu un droit de 10 centimes par 100 kilog.

378 — Des lettres patentes du 28 avril 1790 avaient accordé à une compagnie, à titre de bail emphytéotique, pour quatre-vingt-dix-neuf ans, le privilége de louer les parasols et tréteaux sur toutes les halles du centre, et notamment sur la halle des fruits et légumes, située sur l'emplacement de l'église et du cimetière des Innocents. Cette compagnie payait une redevance annuelle de 8,000 fr.

Le préfet de police Dubois fit revivre les dispositions des anciens règlements, sur la vente des fruits et légumes, par une ordonnance du 14 thermidor an IX, laquelle a été reproduite et complétée par les ordonnances des 25 novembre 1817 et 31 octobre 1825.

Ces ordonnances renouvellent la disposition d'une ordonnance de 1672, qui défendait aux marchands de mettre au fond des paniers des fruits d'une espèce et d'une qualité inférieures à celles des fruits qui sont au-dessus, comme aussi de mettre dans les paniers d'autres bouchons que ceux qui sont nécessaires à la conservation des fruits, et celle d'une autre ordonnance de 1590, qui n'autorisait les marchands forains à vendre les denrées qu'ils amènent sur les carreaux que par eux-mêmes ou par des personnes de leur famille. L'arrivage et le stationnement des voitures des marchands forains sont réglés par les ordonnances des 21 septembre 1829 et 28 juin 1833. Aux termes de cette dernière ordonnance, il est défendu aux cultivateurs, jardiniers et marchands de

---

[1] *Id.*, art. 19.
[2] *Id.*, art. 17 et 18.
[3] Décret du 21 sept. 1807, art. 9. — Pour les droits perçus au profit de la ville, voy. à l'Appendice, n° 45.

gros légumes, de jardinage et de fruits, qui approvisionnent les marchés de Paris, de faire entrer, circuler et stationner leurs voitures et bêtes de somme dans la ville avant minuit.

379 — L'approvisionnement de Paris, en viande de boucherie, se fait principalement aux marchés de Sceaux et de Poissy, à la halle aux veaux et aux vaches grasses. Nous en parlerons en nous occupant du commerce de la boucherie à Paris [1]. Mais la viande est également vendue à la criée sur les marchés d'approvisionnement de Paris. Elle est soumise au poids public et paye un droit de 10 centimes par 100 kilog. à raison du pesage [2].

380 — Les marchandises achetées en gros sur les halles d'approvisionnement sont ensuite vendues en détail sur les marchés spéciaux; ces marchés, dits marchés de détail, sont fort nombreux. En voici la nomenclature :

1º Marché Saint Germain [3]; — 2º marché aux chevaux [4]; — 3º marché aux huîtres [5]; — 4º marché des Blancs-Manteaux [6]; — 5º marché Beauveau-Saint-Antoine [7]; — 6º marché rue de Sèvres [8]; — 7º marché Palu [9]; — 8º marché des Innocents [10]; — 9º marché à la volaille et gibier, transporté au pavillon nº 9 des Halles centrales; — 10º marché Saint-Honoré [11]; — 11º marché du Légat, transféré au pavillon nº 7 des Halles centrales [12]; — 12º halle aux veaux [13]; — 13º marché aux vaches grasses [14]; — 14º marché du Temple [15]; — 15º marché au vieux linge et à la ferraille; — 16º marchés aux fleurs [16], quais Desaix et Napoléon, place de la Madeleine [17],

---

[1] Voy. nº 425.
[2] Voy. nº 421.
[3] L'ouverture et la police des différents marchés de détail ont été fixées par de nombreux règlements de police que nous nous bornerons à indiquer par leur date. La police du marché Saint-Germain est réglée par l'ordonnance du 31 août 1844.
[4] Id. 12 sept. 1823 et 19 déc. 1829.
[5] Id. 29 fructid. an IX.
[6] Id. 19 août 1819 et 1er avril 1832.
[7] Id. 22 juin 1846.
[8] Id. 6 sept 1843.
[9] Id. 1 juin 1843.
[10] Id. 23 août 1834.
[11] Id. 14 nov. 1810.
[12] Id. 17 mars 1819.
[13] Id. 5 janv. 1829.
[14] 25 mars 1830 et 29 octob. 1836.
[15] Id. 8 fév. 1811.
[16] 10 juin 1824 et 13 juin 1843.
[17] Id. 24 avril 1834.

boulevard Saint-Martin [1] et place Saint-Sulpice [2]; — 17° marchés aux fourrages, situés boulevard du Mont-Parnasse, faubourg Saint-Martin et barrière du Trône [3]; — 18° halle aux grains et farines [4]; — 19° halle aux toiles [5]; — 20° marché Saint-Martin-des-Champs [6]; — 21° marché des Carmes [7]; — 22° vente de viande à la criée [8]; — 23° marché place Laborde; — 24° marché du Champ-des-Capucins; — 25° marché de Sceaux [9]; — 26° marché de la foire Saint-Laurent; — 27° marché du Gros-Caillou; — 28° marché au beurre et aux œufs [10]; — 29° marché aux oignons, transféré dans le pavillon n° 9 des Halles centrales; — 30° marché au poisson, transféré dans le pavillon n° 7 des Halles centrales [11]; — 31° Marché à la verdure, transféré dans le pavillon n° 9 des Halles centrales [12]; — 32° marché des Prouvaires, transféré, pour la vente de la volaille, dans le pavillon n° 9, et, pour celle des viandes cuites, dans le pavillon n° 10 des Halles centrales [13]; — 33° marché à la triperie [14]; — 34° Halles centrales, dont les pavillons 7, 9 et 10 sont consacrés à la vente en détail du poisson d'eau douce, de la marée et de la saline, de la volaille, du gibier et de la verdure; — 35° marché aux pommes, aux ports de la Grève et des Ormes [15].

Aucun détaillant ne peut s'établir dans les halles et marchés sans la permission du préfet de police. — L'inspecteur général des halles et marchés reçoit les demandes à fin de permissions, lesquelles sont délivrées conformément aux dispositions de l'ordonnance de police du 11 juin 1829 [16].

A côté des marchés de détail appartenant à la ville, il faut mentionner les marchés construits par des particuliers, comme ceux de la Madeleine et de Saint-Joseph, le Tattersal, destiné à la vente des chevaux, voitures et harnais, lesquels sont placés sous

[1] *Id*. 7 avril 1836
[2] *Id*. 18 avril 1845.
[3] *Id*. 13 septemb. 1834.
[4] *Id*. 25 nov. 1829.
[5] *Id*. 18 octob. 1836.
[6] *Id*. 12 juillet 1816.
[7] *Id*. 4 fév. 1819 et 4 juin 1823.
[8] *Id*. 9 mai et 24 août 1849.
[9] Voy. n° 425.
[10] *Id*. 18 juin 1823.
[11] *Id*. 7 fév. 1822.
[12] *Id*. 17 mars 1819.
[13] *Id*. 2 avril 1818.
[14] *Id*. 13 mai 1828.
[15] *Id*. 2 décembre 1850.
[16] Recueil des ordonn. de police, t. 2, p. 476.

la surveillance de la police, pour tout ce qui touche à la salubrité et à la sûreté publique.

381 — Des ouvriers, commissionnés par le préfet de police sous le nom de *forts*, sont exclusivement chargés, sous les ordres de l'inspecteur général des halles et marchés, de la décharge et du rangement des marchandises. Les forts sont responsables des marchandises par eux déchargées jusqu'à l'ouverture du marché dans les halles fermées. Dans ces halles, les marchandises sont placées sous la responsabilité des facteurs, et subsidiairement sous celle des forts, qui peuvent seuls enlever les marchandises pour les livrer aux porteurs ou aux gardiens que les acquéreurs ont désignés. Les forts sont également responsables des marchandises qui, dans les halles closes, sont mises en réserve, et confiées à leur garde. Ils sont porteurs d'une plaque aux armes de la ville [1].

Tous les travaux relatifs aux marchandises dans les halles et marchés, à l'exception de ceux réservés aux forts, comme on vient de l'indiquer, peuvent être faits par tous ouvriers qui ont rempli les formalités nécessaires pour obtenir le titre de porteur. Ces formalités consistent dans la production, à la préfecture de police, d'un certificat de bonne conduite délivré par le commissaire de police du quartier du postulant, sur l'attestation de deux témoins domiciliés qui déclarent le connaître. — Après ces justifications, il est fait remise au postulant d'une plaque ou médaille, valable pour une année, sur laquelle est gravé le numéro d'enregistrement du porteur, sur le registre ouvert à cet effet à l'inspection générale des marchés. — Les porteurs pourvus de plaques peuvent seuls être employés sur les marchés, sans préjudice toutefois du droit qu'a tout acquéreur d'emporter lui-même sa marchandise ou de la faire emporter par des personnes attachées à son service [2].

382 — Les mesures de salubrité à observer dans les halles et marchés sont prescrites par une ordonnance de police du 1er avril 1832.

383 — Les regrattières et autres, qui vendent sur éventaires, mannes ou mannettes, ne peuvent stationner à poste fixe sur aucun point de la voie publique [3].

384 — Dans l'intérêt de la sûreté de la voie publique, il a été

---

[1] Ordonn. de police du 13 mai 1831, art. 1 à 5.
[2] Même ordonn., art. 6, 7, 8, 9 et 11.
[3] Ordonn. de police du 24 mai 1831.

prescrit certaines mesures pour la circulation, surtout aux heures où se font les approvisionnements des halles. On peut consulter à cet égard l'ordonnance de police du 28 juin 1833, sur les heures d'entrée et la conduite des voitures ou bêtes de somme appartenant aux cultivateurs et jardiniers qui approvisionnent les marchés; celle du 21 janvier 1832, sur la circulation des voitures dans les halles du centre et leurs abords, et celle du 29 septembre 1848, sur le placement et le stationnement des voitures des marchands forains.

385 — Aux termes du décret du 1er septembre 1807, organique des marchés de Paris, le tarif des places et abris dans les halles et marchés devait être dressé par le préfet de police, communiqué au préfet de la Seine et arrêté par le ministre de l'intérieur. C'est aussi au préfet de police qu'était confié le soin d'accorder les places et de commettre les employés pour la perception du montant du tarif, dont il doit être tenu compte au receveur municipal de la ville. (Art. 12, 13 et 14.)

Nous avons déjà dit que les tarifs, l'assiette et la perception des droits municipaux, sont aujourd'hui dans les attributions exclusives du préfet de la Seine [1]. On trouvera à l'Appendice, sous le n° 45, le tableau des droits qui sont perçus sur les marchés d'approvisionnement et de détail de Paris, et sur les marchés de la banlieue annexée.

Les droits perçus sur les ventes en gros dans les halles et marchés se sont élevés, en 1857, à la somme de   3,634,293 fr. 06 c.

Et ceux perçus pour location des places dans les marchés de détail, à............   1,496,610   93

                      Somme totale......   5,130,903 fr. 99 c.

C'est donc un impôt de cinq millions qui pesait à cette époque sur la consommation de Paris, et sur les seules denrées amenées aux halles. Ces droits, qui ont augmenté encore, sont excessifs et, selon nous, en dehors de ce que devrait raisonnablement exiger la ville. Que l'on examine de combien de droits sont frappées les choses de première nécessité avant d'arriver au consommateur, et l'on verra d'où vient, pour une grande partie, ce renchérissement des denrées qui prend un caractère si inquiétant.

386 — Nous devons aussi ranger dans les approvisionnements de Paris le commerce des bois et charbons.

Tous les bois de chauffage qui arrivent pour l'approvisionnement

---

[1] Voy. n° 366.

de Paris, et qui sont destinés à être vendus, doivent être déposés dans des chantiers. Les chantiers, magasins ou dépôts de bois de chauffage, ne peuvent être formés sans l'autorisation du préfet de police. Les dépôts et chantiers de bois présentent de graves dangers en cas d'incendie, on les a toujours tenus à l'écart des lieux habités; mais les terrains vagues au milieu desquels ils doivent exister s'étant successivement couverts d'habitations, différentes ordonnances de police ont été rendues pour déterminer le rayon en deçà duquel ces chantiers ne pouvaient être établis. L'agrandissement de Paris nécessitera de nouvelles mesures sous ce rapport.

Une ordonnance de police du 27 ventôse an X, contemporaine de la réorganisation des halles et marchés, avait réglé l'approvisionnement en bois de la ville de Paris, en rappelant les dispositions des anciens règlements à cet égard. Ce règlement a été formellement rapporté par l'art. 14 de l'ordonnance du 1er septembre 1834. C'est cette ordonnance qui fixe actuellement la police des chantiers; elle détermine aussi le rayon dans lequel ils doivent être établis; mais les ordonnances du 15 novembre 1834 et du 6 juin 1837 ont indiqué de nouvelles délimitations. Le mesurage du bois a fait l'objet des ordonnances spéciales du 15 décembre 1835 et du 7 septembre 1850 [1].

Pour le transport par eau et le flottage du bois, on peut consulter l'ordonnance du 25 octobre 1840, sur la police de la navigation, art. 54, 67, 68, 116 et 194.

Un délai de six mois est accordé aux marchands de bois de chauffage pour le payement des droits d'octroi, mais les billets par eux souscrits en payement de ces droits, ne peuvent être d'une somme moindre de 300 francs [2].

Pareil délai a été accordé aux marchands de bois de charpente et de construction domiciliés à Paris, pour le payement des mêmes droits, par arrêté du 17 vendémiaire an XIII.

387—L'approvisionnement du charbon de bois se fait de deux manières; la plus grande partie est transportée par eau, et le reste par terre. Le commerce du charbon de bois a fait l'objet de nombreux règlements. Un édit de décembre 1672 avait réglementé la matière d'une manière complète. L'ordonnance de police du 20 pluviôse an VIII, qui la première avait réorganisé cette partie de l'approvisionnement de Paris, et celle du 2 décembre 1812, qui la complétait en la reproduisant, avaient emprunté plusieurs dispo-

---

[1] Voyez à l'*Appendice*, n°s 46 et 47.
[2] Arrêté du préfet de la Seine, du 17 fév. 1816.

sitions à l'édit de 1672. Une ordonnance royale du 4 février 1824, abrogeant les règlements de police des 2 décembre 1812 et 24 février 1817, avait réglé, à son tour, le transport et la vente des charbons arrivant par terre ou par eau dans Paris. Cette ordonnance a, elle-même, été rapportée par celle du 5 juillet 1834, pour l'exécution de laquelle a été rendue l'ordonnance de police du 15 décembre de la même année. Ce sont ces deux documents qui règlent actuellement la matière [1].

L'ordonnance de 1834 a affranchi le commerce du charbon de la plupart des entraves dont il était environné. D'après cette ordonnance, les charbons de bois amenés à Paris peuvent être conduits directement soit aux ports ou places affectés à la vente, soit dans les magasins particuliers, soit au domicile du consommateur.

Les charbons amenés par eau peuvent être vendus soit sur bateau dans les ports de vente, soit sur les places. Les bateaux de charbon sont admis indistinctement dans les ports de vente, suivant l'ordre d'arrivage, aux points les plus rapprochés de Paris, savoir : Choisy, pour les arrivages de la haute Seine ; Charenton, pour les arrivages de la Marne ; la Briche, pour les arrivages de la basse Seine ; le bassin de la Villette, pour les arrivages par le canal de l'Ourcq et celui de Saint-Denis. Ils y séjournent jusqu'à ce qu'ils puissent être admis dans les ports de vente [2].

Les lieux affectés à la vente du charbon de bois sur bateaux dans Paris sont les ports de la Grève, de l'Ecole, de la Tournelle, des Quatre-Nations, d'Orsay, et le bassin d'Angoulême, rive droite, canal Saint-Martin [3].

Il existe pour la vente du charbon des consignataires ou facteurs, mais leur intervention n'est pas obligatoire : tout marchand de charbon peut, dans les marchés publics, vendre par lui-même ou par un mandataire de son choix. Les facteurs sont nommés par le préfet de police et peuvent être révoqués par lui [4].

Il peut être établi des magasins particuliers dans Paris pour la vente des charbons de bois. Ces magasins sont rangés parmi les établissements dangereux, insalubres ou incommodes de seconde classe ; les lieux consacrés à la vente du charbon à la petite mesure, dans la troisième classe des mêmes établissements [5].

[1] Voyez à l'*Appendice*, nos 48 et 49.
[2] Dite ordonn., art. 1 et 2.
[3] Ordonn. de police du 25 octobre 1840, sur la police de la navigation, art. 100.
[4] Ordonn. royale du 5 juillet 1834, art. 6.
[5] *Id.* art. 8 et 9.

Le recensement et le mesurage des charbons sont réglés par l'ordonnance de police du 26 décembre 1812, et l'organisation et la discipline des ouvriers employés au commerce et au transport de ces charbons, par l'ordonnance du 29 janvier 1817, et par les art. 25 et suivants de celle du 15 décembre 1834. Pour la navigation des bateaux à charbon, il faut consulter les art. 100 et suivants de l'ordonnance de police, sur la navigation, du 25 octobre 1840.

388 — Il nous reste à parler des compagnies ou communautés qui se sont constituées dans l'intérêt général du commerce du bois flotté et du charbon de bois.

Les marchands de bois flotté pour l'approvisionnement de Paris sont assujettis chaque année à des dépenses assez considérables. Ces dépenses résultent, notamment, de l'obligation dans laquelle ils ont été maintenus par les décrets des 25 prairial an XII et 9 brumaire an XIII, de contribuer aux réparations, entretien et reconstruction des pertuis, digues et écluses de la partie supérieure de la rivière d'Yonne.

Ces dépenses résultent encore des frais occasionnés par la surveillance exercée pour l'amas d'eau ou éclusées; des frais provenant de l'emploi des chevaux pour faciliter l'avalage des trains, lorsque, dans le temps des eaux basses, les éclusées n'ont point la force suffisante; et de l'achat et entretien des agrès nécessaires pour le garage des trains. Ces commerçants sont d'ailleurs obligés de pourvoir au traitement des gardes et agents chargés de veiller à la conservation des marchandises déposées sur les rivières et ruisseaux affluents, dans un rayon de plus de 25 myriamètres, et exposées à être soustraites.

Quoique divisés d'intérêt, sous le rapport de la propriété, les marchands font en commun toutes les opérations relatives à la préparation des bois destinés au flottage, à l'usage des eaux et à la navigation des trains; aucune de ces opérations ne peut s'exécuter isolément; un seul ne peut être admis à employer, pour son intérêt privé, l'eau qui, au moyen des éclusées, devient utile à tous; un marchand ne saurait, dans aucun cas, suffire aux dépenses qui lui seraient personnelles.

Aussi les marchands de bois flotté ont-ils de tout temps formé une association et une bourse commune à l'effet de pourvoir à tous les besoins. Cette bourse commune se forme par une cotisation établie chaque année sur les trains, à raison des besoins présumés; tous les marchands sont individuellement appelés à la fixer. Si une campagne a permis des économies, la cotisation pour celle qui la suit est d'autant moins forte; si, au contraire, les dépenses s'élèvent au delà de la somme à laquelle on les avait évaluées, le commerce se trouve forcé de l'augmenter d'autant. Chaque marchand contribue en raison de l'importance des trains qu'il fait arriver, par conséquent en raison du plus ou moins d'étendue de son commerce et de ses facultés; ce mode, on ne peut plus juste, de répartition, a été constamment suivi depuis plusieurs siècles.

La délibération que prend annuellement cette branche de commerce était homologuée par le bureau de la ville de Paris; dans la suite, cette homologation fut attribuée au gouvernement [1]. On avait adopté cette disposition dans le principe, afin de prévenir qu'un seul marchand mal intentionné pût compromettre l'intérêt de tous et même la sûreté des approvisionnements; il est nécessaire d'ailleurs que l'administration ait la certitude que le commerce est en mesure de pourvoir à toutes les dépenses à sa charge, comme à celles extraordinaires résultant des réparations prévues ou imprévues sur les rivières pour lesquelles il serait exposé à être recherché en vertu des lois sur la grande voirie. Cependant, en 1844, la légalité de la cotisation fut contestée par un marchand de bois qui en refusa le payement. Saisie du litige, la cour de cassation avait décidé que cette cotisation constituait moins un impôt que la rémunération d'un service rendu, et qu'elle pouvait être fixée valablement, soit par la communauté des marchands de bois, soit par l'autorité administrative [2]. Pour éviter à l'avenir toute difficulté sur ce point, la compagnie des marchands de bois a obtenu que la cotisation, arrêtée par elle, fût portée, chaque année, au budget des recettes de l'État, et obtînt ainsi la consécration législative d'un impôt.

Les compagnies des marchands de bois et charbons se divisent en deux catégories : les compagnies dites *du haut* ou de transport et les compagnies de Paris. Les compagnies du haut font le transport par eau des combustibles qui sont vendus et livrés aux compagnies de Paris.

389 — Les compagnies *du haut* sont régies et administrées par un syndicat composé d'un syndic et de deux adjoints. Elles ont, de plus, un agent général, caissier, un garde général, et le nombre

---

[1] Voyez les arrêtés des 23 floréal an VII, 8 thermidor an VII, et 23 floréal an IX. — Rapport du ministre de l'intérieur, sur la cotisation des marchands de bois flotté, du 17 août 1812.

[2] Cass. 18 nov. 1844, syndic des marchands de bois de Paris. c. Bourgeois.

de gardes nécessaires à la surveillance des ports. Les statuts de ces compagnies, qui sont désignées au budget de 1860 sous le titre de *communautés des marchands de bois*, ont fait l'objet de règlements dont le plus complet porte la date du 12 mars 1825 et a été revêtu de l'approbation du ministre de l'intérieur.

390 — Les compagnies du commerce de Paris se composent de tous les marchands de bois et de charbons; elles se divisent en trois compagnies : 1° compagnie du commerce des bois de chauffage flottés en trains; 2° compagnie du commerce de bois carrés, charpente, sciage, etc.; 3° compagnie du commerce de charbon de bois arrivant aux ports de Paris. Les trois compagnies sont représentées par vingt-trois délégués formant l'assemblée générale des trois commerces.

391 — La compagnie du commerce des bois de chauffage flottés en trains est formée de tous les marchands de bois résidant à Paris. Les agents qu'elle emploie sont commissionnés par le sous-secrétaire du département des travaux publics. La compagnie a dans ses attributions le flottage en trains, le transport et la conservation des bois.

392 — La compagnie dite du *Commerce des bois carrés* s'occupe de l'approvisionnement de Paris en bois de charpente, sciage, charronnage et bois à œuvrer de toute espèce. Elle se compose de tous les marchands reconnus par l'autorité, et ayant chantier, munis de la patente de marchand de bois. Des délégués forment le bureau et représentent le commerce. Les statuts de cette compagnie ont été arrêtés par un règlement délibéré en assemblée générale le 29 avril 1817 et homologué le 23 août suivant.

393 — Quant à la compagnie du commerce de charbon de bois, ses statuts résultent d'une ordonnance du bureau de la ville du 5 janvier 1769, homologuant une délibération des marchands de charbon du 17 août 1767. D'après cette délibération, il est élu chaque année trois syndics, dont un est pris parmi les marchands de la rivière d'Yonne, un dans ceux de la rivière de Marne et les rivières y affluant, et un dans les marchands des rivières de Seine, de Loire, des canaux et rivières d'Aisne et d'Oise. Il est pareillement établi un commis général pour suivre, sous les ordres des syndics, les affaires générales du commerce.

CHAPITRE IV.

DE LA BOULANGERIE DE PARIS ET DU DEPARTEMENT DE LA SEINE [1]

394 — Organisation spéciale du commerce de la boulangerie. — Son caractère. — Etendue du privilége.
395 — Débat avec les pâtissiers.
396 — Droits et charges du boulanger.
397 — La boulangerie de Paris ne constitue pas un établissement public dans le vrai sens du mot.
398 — Nouvelle réglementation de la boulangerie.
399 — Attributions du préfet de la Seine et du préfet de police en cette matière.
400 — Organisation de la boulangerie de Paris et du département de la Seine.
401 — Conditions requises pour l'exercice de la profession de boulanger. — Cession, faillite et décès.
402 — Boulangerie commune.
403 — Marques et numéros.
404 — Taxe du pain et théorie de la taxe. — Pesage.
405 — Vente du pain dans les marchés. — Regrat.
406 — Dépôt d'approvisionnement et de garantie.
407 — Caisse du service de la boulangerie. — Son objet.
408 — Régie de la caisse. — Sa comptabilité.
409 — Comité consultatif de la caisse.
410 — Opérations de la caisse. — Dépôt. — Déclarations d'acquisition. — Mandats de payement. — Intérêts. — Différences.
411 — Organisation du syndicat. — Boulangers-électeurs.
412 — Attributions du syndicat.
413 — Rapports des patrons avec les ouvriers.

394. Le commerce de la boulangerie de Paris est soumis à des conditions spéciales. On s'est demandé quel était le caractère de son organisation. Doit-on y voir un établissement public dans le

---

[1] Depuis que nous avons écrit ce chapitre, la boulangerie de Paris et celle du département de la Seine sont passées dans les attributions du préfet de la Seine. La place naturelle de ce chapitre serait donc aujourd'hui sous le titre spécial à la préfecture de la Seine. Voy. n° 399.

vrai sens du mot, ou une corporation selon les errements de l'ancien droit ? Quelle est ici l'étendue du privilége ?

Rien assurément n'est plus opposé aux idées de corporation, de privilége et de monopole, que nos institutions modernes ; mais il faut reconnaître que pour quelques industries, surtout pour celles qui touchent à l'alimentation dans les grandes villes, nos lois ont quelquefois fléchi et livré passage à l'exception. Il est certain que la boulangerie de Paris a conservé l'empreinte de son ancienne organisation. Avant 1789, la boulangerie de Paris formait une communauté qui avait le droit exclusif « d'y faire, vendre et débiter, toutes sortes de pains, sans pouvoir entreprendre sur la profession du pâtissier. »

La suppression des jurandes rendit libre le commerce de la boulangerie et alors le nombre des boulangers s'accrut dans la ville de Paris. Mais, en même temps, l'approvisionnement cessa d'offrir les mêmes sûretés. Dès 1801, un arrêté des consuls soumettait l'exercice de la profession de boulanger à Paris à la permission spéciale du préfet de police, et créait un syndicat. Tout boulanger était tenu de verser quinze sacs de farine au grenier de Sainte-Elisabeth et d'avoir dans son magasin un approvisionnement de farine de première qualité.

En 1810, le maire de Bordeaux sollicita la réglementation de la boulangerie pour cette ville. Le conseil d'État, appelé à examiner le projet de décret qui lui était soumis à cette occasion, se demanda s'il ne convenait pas d'étendre la mesure à toutes les villes de l'empire. Un projet de réglementation générale fut préparé ; il reposait sur les mêmes bases que l'arrêté rendu pour Paris par les consuls, le 11 octobre 1801. La question économique de la mesure était ainsi envisagée par la section de l'intérieur : « Quand il serait vrai que la liberté laissée à chacun de prendre le métier qui lui convient, et de s'y gouverner sans autre règle que sa volonté, serait favorable aux progrès de l'industrie, encore faudrait-il convenir que l'industrie de chaque individu n'est pas toujours guidée par la probité. Peut-on penser sans pitié à tout ce qu'une adresse coupable ose inventer pour s'enrichir, en falsifiant les denrées sur lesquelles repose la subsistance, et, par suite, la sûreté de la classe si nombreuse des artisans? Les magistrats chargés de poursuivre les délits avouent que leur surveillance reste trop souvent en défaut, et qu'ils ne pourront répondre de l'exécution des lois les plus sages, tant que le nombre des individus faisant le métier de boulanger sera illimité. En effet, la plus forte garantie qu'un marchand puisse donner de sa probité à l'autorité tient surtout à l'assurance que l'autorité elle-même donne au marchand probe de n'avoir pas pour concurrents tous les gens sans aveu auxquels il plaira d'ouvrir une boutique. »

En ce qui concerne le caractère même de l'organisation du commerce de la boulangerie, la section de l'intérieur s'exprimait ainsi : « Tandis que le pouvoir souverain hésitait, avec une sagesse qu'on ne peut trop admirer, sur celles de nos anciennes institutions commerciales qu'il était utile ou dangereux de rétablir, l'autorité municipale, plus rapprochée des consommateurs, instruite au jour le jour des abus introduits par la faculté laissée à chacun de prendre et de quitter un métier selon ses caprices, adoptait par nécessité des règlements qui, peu à peu, ont acquis force de lois. Il s'agit donc moins aujourd'hui d'instituer la profession de boulanger, que de rendre régulière et générale la police de cette institution ; il s'agit d'apprendre aux magistrats municipaux qu'ils n'ont pu prendre que des mesures provisoires et que le gouvernement, n'ayant hésité que par prudence sur le rétablissement des corporations, du moment où il en avoue publiquement l'utilité, c'est à lui seul qu'il appartient de régler les conditions de leur existence. »

Cependant, le projet de réglementation générale ne fut point admis ; on se borna à en appliquer privativement les dispositions essentielles à la ville de Bordeaux, par décret du 22 décembre 1812, et aux grandes villes, comme Lyon et Marseille, qui sollicitèrent la même organisation.

Ce n'est point ici le lieu d'entrer dans la discussion que soulève en cette matière la question économique. Voulant préciser le caractère de l'organisation de la boulangerie à Paris, nous trouvons dans les documents qui précèdent de précieux éléments d'appréciation. Nous avons déjà dit que le règlement général préparé au conseil d'État reposait sur les mêmes données que l'arrêté des consuls de 1801, et nous apprenons du conseil d'État que le gouvernement voyait dans cette organisation le rétablissement des corporations, ce qui justifie sur ce point notre assertion. On ne saurait donc hésiter à reconnaître que la boulangerie de Paris constitue une corporation jouissant d'un privilége exclusif, à l'image de l'ancienne communauté des boulangers de la ville et faubourgs de Paris. On doit cependant remarquer dans son organisation un trait particulier qui la distingue des anciennes jurandes ou corporations en général, c'est le concours qu'elle vient donner à l'administration pour la sûreté de l'approvisionnement ; ce sont les rapports d'une espèce particulière qui existent entre la boulangerie et l'administration au point de vue du service public. Ici le monopole a été institué pour la garantie de l'alimentation, à laquelle doit pourvoir l'administration elle-même et dont répond le commerce de la boulangerie.

395 — Mais les pâtissiers, en faveur desquels les statuts de 1783 faisaient une réserve, sont rentrés depuis 1789 dans le droit commun ; de telle sorte que si les boulangers de Paris ont seuls le droit de faire du pain, tout le monde a le droit de faire de la pâtisserie, le boulanger comme d'autres, et, sous ce rapport, il peut même invoquer contre les pâtissiers les principes de 1789, que ces derniers ne sauraient invoquer contre lui, en présence des lois spéciales sur la boulangerie.

396 — Par la limitation de ce commerce, le boulanger a été soumis à certaines charges vis-à-vis de l'autorité à laquelle est confié le soin de l'approvisionnement de Paris ; il est tenu à un dépôt de garantie, et à un approvisionnement en farines ; il n'est pas libre de quitter sa profession et de l'exercer comme il l'entend. En compensation des charges qui lui sont imposées dans l'intérêt de l'approvisionnement, le boulanger a reçu l'assurance de l'administration qu'il n'aurait pas de concurrents, ainsi que le disait la section de l'intérieur. Sous la garantie de cette promesse, son établissement a obtenu la faveur de tous les établissements privilégiés ; le droit à cet établissement spécial nous paraît être de telle nature que le boulanger ne puisse en être arbitrairement dépossédé par l'administration. Le conseil d'Etat a rejeté, il est vrai, la demande d'indemnité formée par l'ancienne corporation de la boucherie de Paris pour laquelle nous avions formulé la même opinion. Nous n'en persistons pas moins à penser, avec d'éminents jurisconsultes, que ce droit des corporations, une fois entré dans le patrimoine des familles, ne peut être enlevé à ceux qui le possèdent sans une juste indemnité [1].

397 — Là, toutefois, se bornent les droits de la corporation qui, si elle a une existence légale, ne constitue pas, à proprement parler, un établissement public. La boulangerie de Paris ne saurait, par exemple, recevoir par legs et donation, acquérir des immeubles au même titre que ces établissements, parce qu'aucune loi ne lui a conféré cette qualité et ce pouvoir. L'institution de la

---

[1] La réclamation des marchands bouchers, rejetée par le conseil d'État, à la date du 30 juillet 1859, était appuyée d'une consultation portant la signature de MM. Berryer, Delaborde, Paillet, Le Berquier, Bourguignat, Gaudry, Dufaure et Senard.

caisse de la boulangerie n'a rien changé sous ce rapport. Cette caisse, à l'exemple de l'ancienne caisse de Poissy, a uniquement pour mission de payer pour le compte des boulangers et de recouvrer pour eux le montant de leurs achats; si elle peut emprunter, c'est seulement pour le service dont elle est chargée [1]. Rien dans son institution n'indique qu'elle ait été élevée au rang d'un établissement public, et d'ailleurs, un simple décret eût été insuffisant pour une création de cette nature.

398 — Un décret du 1er novembre 1854 a réorganisé la boulangerie de Paris et a soumis au même régime la boulangerie du département de la Seine. Un autre décret du 27 décembre 1853, suivi d'un décret réglementaire portant la date du 7 janvier 1854, avait institué une caisse pour le service de la boulangerie. Toutefois, la réglementation résultant de ces décrets n'est pas complète; pour donner à cette matière son entier développement, il est nécessaire de recourir aux dispositions des décrets et règlements antérieurs qui sont restés en vigueur sur plusieurs points.

399 — Tout ce qui touche aux subsistances et à l'approvisionnement avait été placé, par l'arrêté du 12 messidor an VIII, dans les attributions du préfet de police. Déjà la caisse de la boulangerie avait été transportée dans celles du préfet de la Seine par le décret du 7 janvier 1854, quand un nouveau décret du 24 octobre 1859 a complété l'œuvre et classé la boulangerie, ses approvisionnements et la taxe dans le domaine exclusif de la préfecture de la Seine. Le préfet de police demeure seulement chargé de faire observer et d'assurer la fidélité du débit du pain, conformément à l'article 27 de l'arrêté du 12 messidor an VIII.

400 — D'après le décret du 1er novembre 1854, le nombre des boulangers, à Paris, reste fixé à six cent un. Après chaque recensement nouveau de la population, ce nombre peut être augmenté de manière à ce qu'il y ait un boulanger pour dix huit cents habitants. (Art. 1er.)

Les dispositions des arrêtés, du gouvernement, décrets et ordonnances, relatifs à la boulangerie de Paris, sont applicables aux autres communes du département de la Seine. (*Id.*, art. 2.)

Le nombre actuel des boulangers dans ces dernières communes sera successivement réduit dans les proportions suivantes :

Dans les communes de dix mille habitants et au-dessus, il pourra y avoir un boulanger pour quinze cents habitants agglomérés.

---

[1] Un décret du 18 janv. 1854 a autorisé cette caisse à emprunter, sous la garantie de la ville de Paris, jusqu'à concurrence de 24 millions, pour l'exécution des services de la boulangerie.

L'établissement d'une boulangerie ou d'un dépôt de pain pourra être autorisé dans les communes et sections de commune de moins de mille habitants agglomérés. (*Id.*, art. 3.)

Les boulangers des communes du département de la Seine peuvent, avec l'autorisation du préfet de la Seine et aux conditions approuvées par lui, racheter les fonds qui excèdent les proportions qui viennent d'être indiquées. (*Id.*, art. 13.)

C'est le dernier recensement officiel qui sert de base pour déterminer le nombre des boulangers à maintenir ou à établir dans chaque localité. (*Id.*, art. 4.)

Les établissements de la boulangerie sont divisés en cinq classes :

La première comprend les établissements où l'on cuit, par jour, sept cent quatre-vingt-cinq kilogrammes nets de farine (cinq sacs et au-dessus).

La deuxième classe comprend ceux où l'on cuit de six cent vingt-huit à sept cent quatre-vingt-cinq kilogrammes (de quatre à cinq sacs).

La troisième classe comprend ceux où l'on cuit de quatre cent soixante-onze à six cent vingt-huit kilogrammes (de trois à quatre sacs).

La quatrième classe comprend ceux où l'on cuit de trois cent quatorze à quatre cent soixante-onze kilogrammes (de deux à trois sacs).

La cinquième classe comprend ceux où l'on cuit moins de quatre cent soixante-onze kilogrammes (deux sacs). (*Id.*, art. 5.)

La révision du classement des établissements de boulangerie a lieu annuellement par le préfet de la Seine. (*Id.*, art. 6.)

401 — Aux termes de l'article 1er de l'arrêté consulaire du 19 vendémiaire an x, nul ne peut exercer la profession de boulanger, à Paris et dans le département de la Seine, sans une permission spéciale du préfet de police, et aujourd'hui, du préfet de la Seine, lequel peut refuser cette permission [1]. On en a conclu, dans la pratique, que si les parties intéressées peuvent déterminer les conditions de la vente d'un fonds de boulangerie, ces conditions doivent être conditionnelles et totalement subordonnées à la ratification préfectorale.

La permission du préfet de la Seine n'est accordée que sous la double condition : 1° de verser, à titre de garantie, dans les magasins du grenier d'abondance, à Paris, et dans les magasins privés, dans

---

[1] Conseil d'Etat, 14 décemb. 1850, Rochais.

le département de la Seine, la quantité de farine de première qualité fixée par les règlements; — 2° de se soumettre à avoir constamment dans son magasin un approvisionnement de farine de première qualité.

La permission constate le versement de farine fait à titre de garantie et la soumission souscrite par le boulanger pour la quotité de son approvisionnement. (Arrêté consulaire du 19 vend. an x, art. 1 et 3.)

Les commissaires de police veillent à ce que les boulangers aient dans leurs magasins la quantité de farine fixée pour leur approvisionnement. (*Id.*, art. 4.)

Il est défendu à tout architecte, entrepreneur de bâtiments, maçon et à tous autres, de construire des fours de boulanger sans s'être préalablement fait présenter la permission délivrée par le préfet de la Seine. (Ordon. de police du 16 brumaire an x, art. 5.)

Nul boulanger ne peut restreindre le nombre de ses fournées sans l'autorisation du préfet de la Seine.

En cas de contravention à cette disposition et à celles relatives à l'approvisionnement auquel le boulanger se trouve assujetti, il est procédé contre le contrevenant par le préfet de la Seine qui, suivant les circonstances, peut prononcer, par *voie administrative*, une interdiction momentanée ou absolue de sa profession. (Arrêté du 19 vendémiaire, art. 9 et 10.)

D'après les articles 8 et 11 de l'arrêté du 19 vendémiaire, aucun boulanger ne peut quitter sa profession que six mois après la déclaration qu'il doit en faire au préfet de la Seine. Tout boulanger qui quitte sa profession sans y être autorisé par le préfet de la Seine (ou qui est définitivement interdit), ne peut réclamer les sacs de farine par lui fournis à titre de garantie; les farines sont vendues, et le produit en est versé à la Trésorerie.

Mais, dans la pratique, l'administration se relâche de la rigueur de cette disposition. Elle admet que le boulanger peut quitter son établissement dès que son successeur a satisfait à toutes les prescriptions administratives pour être permissionné. Quand des circonstances particulières l'exigent, l'administration délivre des autorisations de gérance provisoire.

En outre, aucun transfert de dépôts de garantie n'est autorisé qu'après la production d'un certificat de la caisse de la boulangerie constatant, soit que le dépôt dont le transfert est demandé n'est pas engagé pour un acte de nantissement, soit que les avances faites au boulanger cédant ont été remboursées par lui.

A la première réquisition de tout boulanger qui, avec l'autorisation du préfet de la Seine, renonce librement à l'exercice de sa profession, ou, à la réquisition des héritiers ou ayants cause d'un boulanger décédé dans le plein exercice de sa profession, les quinze sacs de farine déposés à titre de garantie sont restitués aux requérants. (Arrêté du 19 vendémiaire an x, art. 12).

A l'exemple du privilége qui est accordé aux marchands forains sur le cautionnement des facteurs à la halle aux farines, lorsqu'un boulanger quitte son commerce par l'effet d'une faillite, ou pour contravention à l'arrêté du 19 vendémiaire an x, les facteurs de la halle qui justifient, par le contrôle de l'inspecteur ou par toute autre pièce authentique, qu'il est leur débiteur pour farines livrées sur le carreau de la halle, ont un privilége sur le produit des sacs de farines formant son dépôt de garantie dont la confiscation a été ordonnée. En conséquence, ils sont admis à exercer en premier ordre, et de préférence à tout autre créancier, leurs droits sur le produit de la vente dudit dépôt, jusqu'à concurrence du montant de leur créance; les autres ayants droit viennent après : le surplus appartient au gouvernement par forme d'amende. (Décrets des 27 février 1811 et 17 mars 1812.)

402 — Une boulangerie commune est instituée pour les boulangers dont le travail est interrompu pour cause d'accidents ou de réparations dans leurs établissements.

403 — Les boulangers sont tenus d'apposer sur les pains qu'ils confectionnent une marque particulière destinée à faire reconnaître l'établissement dans lequel les pains ont été fabriqués. Ces marques sont distinguées par le numéro qui est attribué à chaque boulangerie. La marque doit être appliquée profondément sur la partie supérieure du pain en pâte dans le panneton, et qui fait *le plancher* du pain lorsqu'il est renversé sur la pelle d'enfournement. (Ordon. de police du 8 avril 1824.)

Le numéro du boulanger, peint en noir sur une plaque métallique recouverte d'une couleur jaune clair, doit être placé à l'endroit le plus éclairé et le plus apparent de la boutique. (*Id.*)

404 — Il est procédé à la taxe, tous les quinze jours, par le préfet de la Seine, d'après le cours des farines établi sur le prix de cent kilogrammes ou du quintal métrique (poids net) de cette marchandise. Le cours moyen officiel du quintal métrique de farines est constaté sur le relevé des déclarations d'achats faites à la caisse du service de la boulangerie. Chaque fois que le prix de la farine augmente de 1 fr. 30 cent. par quintal métrique, le prix du pain subit une augmentation d'un centime par kilogramme. La taxe indiquant le prix du kilogramme de pain de

première et de seconde qualité, on détermine d'abord le prix du kilogramme de pain de première qualité, d'après le taux des farines, puis l'on en retranche sept ou huit centimes et l'on a celui du kilogramme de pain de seconde qualité.

L'assiette de la taxe repose sur le calcul suivant : l'expérience a démontré qu'un sac de farine de 159 kilog., poids brut, donnait 102 pains de 2 kilog. chacun. On divise le total du produit des ventes de farines (première et deuxième nuances) qui ont eu lieu dans le ressort de la boulangerie, pendant la dernière quinzaine, par le nombre total de sacs de farines vendus pendant le même temps, et l'on a ainsi le prix du sac de farine. On ajoute à ce prix 11 fr. par sac de farine, représentant la cuisson et la main-d'œuvre pour le boulanger, et l'on divise la somme obtenue par le nombre 102, représentant le rendement en pains d'un sac de farine ; le quotient donne le prix du kilogramme de pain.

Ne sont point soumis à la taxe : 1° tout pain du poids d'un kilogramme ou d'un poids inférieur ; 2° tout pain de première qualité du poids de deux kilogrammes, dont la longueur excède 70 centimètres. Le prix du kilogramme de ces espèces de pains est réglé de gré à gré entre les boulangers et le public. (Ordon. de police du 2 novembre 1840, art. 3.)

Les boulangers sont tenus de peser, en le livrant, le pain qu'ils vendent dans leur boutique, sans qu'il soit besoin d'aucune réquisition de la part des acheteurs. Quant au pain porté à domicile, l'exactitude du poids pour lequel il est vendu doit être vérifiée à la demande de l'acheteur. A cet effet, les boulangers doivent pourvoir de balances les porteurs de pain. (*Id.*, art. 4.)

Quelles que soient la forme et l'espèce du pain vendu, l'acheteur n'est tenu de payer (au prix de la taxe pour le pain taxé et au prix fixé de gré à gré pour le pain non taxé) que la quantité de pain réellement indiquée par le pesage, sans que les boulangers puissent prétendre à aucune espèce de tolérance. (*Id.*, art. 5.)

A défaut de pain taxé, les boulangers doivent livrer au prix de la taxe les espèces de pain non taxées. Tout pain taxé ou non taxé doit être de bonne qualité et avoir le degré de cuisson convenable. (*Id.*, art. 6 et 7.)

Les boulangers sont tenus d'avoir, dans un cadre placé extérieurement et de la manière la plus apparente, l'affiche de la taxe du pain. (*Id.*, art. 9.)

405 — Les boulangers munis de permissions ont seuls le droit de vendre du pain. La vente du pain ne peut avoir lieu qu'en bou-

tique et sur les marchés affectés à cette destination. (Ordon. royale du 4 février 1815, art. 1 et 2.)

Il est défendu, sous peine de confiscation, de vendre du pain au regrat, en quelque lieu que ce soit, et d'en former des dépôts. En conséquence, les traiteurs, aubergistes, cabaretiers et tous autres qui font métier de donner à manger, ne peuvent tenir chez eux d'autre pain que celui nécessaire à leur propre consommation et à celle de leurs hôtes. (*Id.*, art. 4.)

406 — Le dépôt d'approvisionnement se compose, tant pour Paris que pour les autres communes du département, de la quantité de farine nécessaire pour alimenter pendant trois mois la fabrication de chaque établissement de boulangerie, suivant la classe dans laquelle il a été placé.

En conséquence, les dépôts sont :

1re classe,	de	84,780 kilogrammes	(540 sacs).
2e	do	de 63,585	do	(405 do).
3e	do	de 49,455	do	(315 do).
4e	do	de 35,325	do	(225 do).
5e	do	de 21,195	do	(135 do).

Le dépôt de garantie des boulangers de Paris est compris dans les quantités ci-dessus indiquées. (Décret du 1er novembre 1854, art. 8.)

A Paris, un septième de l'approvisionnement est conservé par chaque boulanger dans son magasin particulier. Les six autres septièmes sont déposés dans des magasins publics fournis par la ville.

Dans les autres communes du département de la Seine, des arrêtés spéciaux fixent la quantité de l'approvisionnement qui doit être déposé dans les magasins publics fournis par les communes, et déterminent les locaux où le dépôt doit être effectué. Le surplus est conservé par les boulangers dans leurs magasins particuliers. (*Id.*, art. 9.)

Lorsqu'il y a lieu par la caisse d'avancer aux boulangers le montant de la différence en moins, qui peut, en vertu de la délibération du conseil municipal, exister entre le prix de vente du pain réglé par la taxe municipale et le prix résultant de la mercuriale, les boulangers peuvent être autorisés à employer tout ou partie des farines formant leur dépôt d'approvisionnement. (*Id.*, art. 10.)

Des arrêtés spéciaux du préfet de la Seine déterminent les délais dans lesquels ce dépôt doit être rétabli, ainsi que les délais dans lesquels le dépôt d'approvisionnement doit être formé ou complété à Paris et dans les communes du département. (*Id.*, art. 11.)

D'après l'article 2 de l'ordonnance royale du 19 juillet 1836, le préfet de la Seine est également chargé de surveiller le dépôt de garantie des boulangers, de prescrire les mesures nécessaires pour son renouvellement et pour en constater l'état. A défaut par les boulangers d'obéir aux injonctions qui leur sont faites de renouveler le dépôt de garantie, le préfet peut autoriser le contrôleur général de la halle aux grains à vendre les farines non renouvelées et à les remplacer par des farines fraîches, aux dépens des retardataires.

Les frais de bureau et de garde-magasin du grenier d'abondance sont à la charge du corps de la boulangerie et acquittés sur les fonds affectés aux dépenses du bureau du syndicat. (Arrêté du préfet de police du 10 juin 1809.)

407 — Le décret du 27 décembre 1853 a institué, sous la garantie de la ville de Paris, et sous l'autorité du préfet de la Seine, une caisse de service pour la boulangerie de Paris. Cette caisse est chargée de payer pour le compte des boulangers et de recouvrer sur eux le montant de leurs achats de blé ou de farines. A cet effet, il est ouvert par le préfet de la Seine un crédit à chaque boulanger sur ses dépôts de garantie et de réserve et sur toutes autres valeurs acceptées par la caisse. (Art. 1 et 2.)

La caisse est en outre chargée d'avancer aux boulangers le montant de la différence en moins, qui peut, en vertu de délibération du conseil municipal, exister entre le prix de vente du pain réglé par la taxe municipale et le prix résultant de la mercuriale. Pour se couvrir de ses avances, elle reçoit en compensation les différences en plus. (*Id.*, art. 5.)

La caisse de la boulangerie peut, avec l'autorisation du conseil municipal, emprunter, sous la garantie de la ville de Paris, les fonds nécessaires aux services dont elle est chargée. (*Id.*, art. 6.)

Les frais d'administration de la caisse sont à la charge de la ville de Paris.

Les intérêts des avances faites aux boulangers ne peuvent excéder cinq pour cent. (*Id.*, art. 7.)

408 — La caisse du service de la boulangerie est régie par un directeur chargé, sous les ordres du préfet de la Seine,

« 1° D'assurer l'exécution des règlements et instructions la concernant; 2° de surveiller la gestion du caissier; 3° d'ordonner les mouvements de fonds, les payements, et en général toutes les opérations de la caisse; 4° de proposer au préfet le projet du budget annuel ; 5° de présenter, à la clôture de l'exercice, un compte moral et financier des opérations effectuées. (Décret du 7 janvier 1854, art. 1er.)

« Le caissier est responsable de sa gestion et de la régularité des payements effectués par la caisse ; il doit verser dans la caisse municipale un cautionnement dont le montant est fixé par le préfet, et qui produit intérêt au taux réglé pour les comptables de la ville ; il dresse chaque jour un état de situation et, chaque mois, une balance générale de la caisse. Ces documents sont remis au directeur, qui les transmet au préfet, après les avoir vérifiés et certifiés. Le caissier rend, pour chaque exercice, un compte de gestion qui est soumis au conseil municipal et arrêté par le préfet. (*Id.*, art. 2.)

« Un contrôle permanent est établi auprès de la caisse ; elle est, en outre, soumise à la vérification de l'inspecteur des caisses qui dépendent de l'administration municipale, sans préjudice des vérifications qui peuvent être faites par les inspecteurs des finances. (*Id.*, art. 3.)

« Le directeur est nommé, sur la proposition du préfet de la Seine, par le ministre de l'agriculture, du commerce et des travaux publics. Le caissier et les autres employés sont nommés par le préfet de la Seine. (*Id.*, art. 4.)

« Il est interdit au directeur, au caissier et à tous employés ou agents de la caisse de la boulangerie de s'immiscer ou de s'intéresser directement ou indirectement dans les opérations relatives au commerce des grains, des farines ou du pain. » (*Id.*, art. 5.)

La comptabilité de la caisse de service de la boulangerie est soumise aux formes suivies pour la caisse de Poissy. (*Id.*, art. 16.)

409 — Un comité consultatif est appelé à donner son avis : 1° Sur le montant du cautionnement à fournir par le caissier ; 2° sur les garanties offertes à l'appui des demandes de crédits supplémentaires faites par les boulangers ; 3° sur le délai demandé par eux, dans le cas prévu par le paragraphe 1er de l'article 11 ci-après, pour les remboursements non effectués dans la quinzaine ; 4° sur le taux d'intérêt des sommes reçues ou payées par la caisse dans les cas mentionnés dans l'article 12 ci-après ; 5° sur les opérations financières nécessitées par les besoins du service, notamment sur la forme des valeurs à émettre par la caisse, sur les époques d'émission et de remboursement, et sur toutes les conditions de la négociation de ces valeurs ; 6° sur le compte moral et financier présenté, chaque année, par le directeur, et sur toutes

les questions se rattachant à l'organisation de la caisse et à la marche de son service.

Le comité consultatif est présidé par le préfet de la Seine, et composé du gouverneur de la Banque, du directeur général de la caisse d'amortissement, du directeur du mouvement général des fonds au ministère des finances, et de trois membres pris dans la commission municipale et nommés par le ministre de l'agriculture, du commerce et des travaux publics, sur la proposition du préfet de la Seine. (*Id.*, art. 15.)

410 — Tous les payements de grains et farines, sans aucune exception, sont opérés par l'intermédiaire de la caisse. Les boulangers qui ne veulent pas profiter de leur crédit versent à la caisse, la veille au plus tard des échéances, le montant de leurs engagements. (Décret du 27 décembre 1853, art. 3.)

Chaque boulanger dépose en compte courant, à la caisse du service de la boulangerie, pour le payement de ses achats courants de blé ou de farines, une somme qui est ainsi fixée :

Pour les boulangers de 1re classe, 6,000 fr.
Pour ceux de 2e classe, 5,000 fr.
Pour ceux de 3e classe, 4,000 fr.
Pour ceux de 4e classe, 3,000 fr.
Pour ceux de 5e classe, 2,000 fr.

Cette somme est productive d'intérêts.

Tout boulanger, qui a fait emploi de tout ou partie de la somme ainsi déposée, est tenu de la rétablir ou de la compléter dans le délai de trente jours. (Décret du 1er novembre 1854, art. 12.)

Chaque boulanger est tenu de faire à la caisse, dans les trois jours de chaque acquisition, la déclaration des grains ou farines achetés par lui. Ces déclarations servent d'éléments pour l'établissement de la mercuriale. (Décret du 27 décembre 1853, art. 4.)

La déclaration que chaque boulanger doit faire à la caisse des grains et farines achetés par lui contient les nom, prénoms et domicile du déclarant, l'énonciation des quantités, qualités et marques de farines ou grains, l'indication et l'affirmation des prix et des conditions de la vente, et des époques de livraison et de payement. Elle est accompagnée du bordereau de la vente ou de la facture du vendeur. (Décret du 7 janvier 1854, art. 6.)

Le boulanger qui veut obtenir un crédit supérieur à cette valeur doit adresser au directeur une demande de supplément de crédit avec un bordereau des valeurs nouvelles qu'il offre en garantie. Chaque boulanger peut en outre déposer à la caisse, en compte courant, des sommes qui sont productives d'intérêt à son profit, cinq jours après le versement. (*Id.*, art. 9.)

Pour le payement de leurs achats de grains ou de farines, les boulangers délivrent à leurs vendeurs des mandats dont la formule est fournie par la caisse. Ces mandats peuvent être acceptés par elle dans la limite des crédits ouverts. (*Id.*, art. 10.)

Les boulangers qui ne peuvent effectuer, dans la quinzaine, le remboursement des avances faites pour leur compte, souscrivent, au profit de la caisse, des effets dont les échéances sont déterminées, eu égard à leur situation vis-à-vis de la caisse et à la somme de leurs achats restant à payer. Les sommes avancées par la caisse, pour le compte de chaque boulanger, portent intérêt à dater du payement. (*Id.*, art. 11.)

Le taux des intérêts à payer ou à recevoir par la caisse est réglé par des arrêtés du préfet de la Seine, dans la limite du maximum de cinq pour cent. Aucune commission n'est perçue pour les opérations de la caisse. (*Id.*, art. 12.)

Lorsqu'il y a lieu au payement des différences entre le prix de vente du pain réglé par la taxe municipale et le prix résultant de la mercuriale, les quantités de pain débitées par chaque boulanger sont constatées dans un état de quinzaine, dressé par le syndicat et transmis au préfet de la Seine. Cet état ne comprend pas les pains de luxe ou de fantaisie. Après un contrôle opéré, soit au moyen des documents possédés par la caisse, soit par des vérifications à domicile, cet état est arrêté par le préfet de la Seine. (*Id.*, art. 13.)

Les sommes revenant à chaque boulanger, lorsque le prix de vente du pain, réglé par la taxe municipale, est inférieur au prix résultant de la mercuriale, sont liquidées d'après les états de quinzaine et portées à son crédit, s'il n'en demande pas le remboursement. Ces sommes sont productives d'intérêts à son profit, cinq jours après la liquidation.

Si, au contraire, le prix de vente du pain est supérieur au prix résultant de la mercuriale, les différences en plus doivent être versées à la caisse par les boulangers, de cinq jours en cinq jours. En cas d'insuffisance de ces versements constatés par les états de quinzaine, les boulangers reliquataires doivent les intérêts sur les sommes non versées par eux. Les reliquats sont portés au débit de leur compte, en vertu d'un arrêté du préfet. (*Id.*, art. 14.)

411 — L'article 7 du décret du 1er novembre 1854 avait déclaré qu'il serait formé, par la boulangerie de chacun des arrondissements de Saint-Denis et de Sceaux, un syndicat qui aurait une

organisation et des attributions semblables à celles du syndicat de la boulangerie de Paris. La constitution de ces syndicats a été réglée par un arrêté du préfet de police du 14 décembre 1854, approuvée par le ministre de l'agriculture, le 16 du même mois.

D'après cet arrêté, il y a un syndicat pour la boulangerie de la ville de Paris, un pour la boulangerie de l'arrondissement de Saint-Denis, et un pour la boulangerie de l'arrondissement de Sceaux. (*Id.*, art. 1er.)

Les membres de chacun de ces syndicats sont au nombre de cinq. Ils sont nommés pour quatre ans et ils sont immédiatement rééligibles. (*Id.*, art. 2.)

Trois syndics de la première nomination sont désignés par la voie du sort, pour cesser leurs fonctions après deux ans d'exercice. Le renouvellement se fait ensuite alternativement par deux ou trois syndics tous les deux ans. ((*Id.*, art. 3.)

A Paris, les syndics sont élus par quarante-huit boulangers électeurs désignés par le préfet de la Seine.

Le nombre des électeurs est de trente-six pour l'arrondissement de Saint-Denis et de vingt-quatre pour l'arrondissement de Sceaux. Ils sont également choisis par le préfet de la Seine.

La durée de leurs fonctions est de quatre années; ils sont renouvelés par moitié, tous les deux ans, et peuvent être choisis de nouveau. (*Id.*, art. 4.)

Pour l'élection des syndics, les boulangers électeurs se réunissent, savoir : à Paris, à la préfecture de la Seine, et dans les arrondissements de Saint-Denis et de Sceaux, aux chefs-lieux de chaque arrondissement.

L'assemblée des électeurs est présidée, à Paris, par le secrétaire général de la préfecture de la Seine.

Dans les arrondissements de Saint-Denis et de Sceaux, la présidence de l'assemblée électorale des boulangers appartient au sous-préfet ou à un membre du conseil général ou du conseil d'arrondissement, délégué par le préfet de la Seine. (*Id.*, art. 5.)

Le vote a lieu au scrutin de liste, et chaque électeur inscrit sur son bulletin autant de noms qu'il y a de syndics à élire. (*Id.*, art. 6.)

Les membres des trois syndicats de Paris et de chacun des arrondissements de Saint-Denis et de Sceaux, peuvent être réunis en chambre syndicale, avec l'autorisation du préfet de la Seine, en cas de mesure générale intéressant toute la boulangerie du département de la Seine. Ils sont alors présidés par un fonctionnaire désigné par le préfet de la Seine. (*Id.*, art. 7.)

Les réunions de chacun des syndicats sont également présidées par un fonctionnaire désigné par le préfet de la Seine, lorsqu'elles ont pour objet la reddition des comptes de la boulangerie. (*Id.*, art. 8.)

412 — Quant aux attributions du syndicat, les règlements sur la boulangerie sont fort incomplets en ce qui les concerne. L'arrêté consulaire du 19 vendém. an x les a chargés de la surveillance et de l'administration des farines déposées à titre de garantie (art. 6). Un arrêté du préfet de police du 30 mars 1807 les a autorisés à faire, avec l'assistance d'un commissaire de police, des visites chez les personnes soupçonnées de vendre du pain au regrat et chez les boulangers vendant du pain ailleurs que dans leurs boutiques et sur les marchés spéciaux. Un autre arrêté du 27 juin de la même année les a autorisés à s'assurer, dans les visites qu'ils font chez les boulangers, si les garçons qu'ils y trouvent employés sont en règle, et s'ils sont les mêmes que ceux inscrits sur les livrets. Mais ce sont là des dispositions fort insuffisantes, en présence des principes des lois modernes qui veulent que les questions d'attributions soient décidées par le droit strict. En dehors du cercle purement administratif, le pouvoir du syndicat ne serait pas exempt de contestation. Tout ce qu'on peut dire, c'est qu'il existe sur ce point une lacune regrettable dans les règlements de la boulangerie, et qu'en pareille matière il ne saurait être suppléé par l'élasticité des interprétations au silence de la loi.

En fait, le syndicat exerce sur le commerce de la boulangerie une surveillance tutélaire et vient souvent en aide à l'administration elle-même. Ses arrêtés et ses délibérations n'ont, il est vrai, qu'une autorité morale, mais il est rare qu'il y soit désobéi par les membres de la corporation. Le syndicat représente et défend les intérêts de la corporation en justice, et là encore son intervention ne soulève généralement aucune réclamation.

413 — Les rapports des patrons avec les ouvriers sont régis par la loi du 22 juin 1854, le décret du 30 avril 1855 et l'ordonnance de police du 15 octobre de la même année, sur les livrets d'ouvriers, le décret du 25 mars 1852 et l'ordonnance de police du 15 octobre de la même année, sur les bureaux de placement.

CHAPITRE V.

DU COMMERCE DE LA BOUCHERIE [1].

414 — Ancienne réglementation du commerce de la boucherie.
415 — Système de la taxe et du commerce illimité. — Nouvelles attributions du préfet de la Seine.
416 — Nouvelle réglementation. — Conditions prescrites pour l'exercice de la profession de boucher.
417 — Colportage de la viande.
418 — Facteurs sur les marchés.
419 — Droit des propriétaires d'animaux de faire abattre, de vendre et de faire enlever pour l'extérieur.
420 — Bouchers forains.
421 — Vente de la viande à la criée.
422 — Marchés pourvus d'étaux.
423 — Droits d'octroi et d'abattoirs.
424 — Vente de veau trop jeune.
425 — Marchés d'approvisionnement. — Garantie spéciale de neuf jours pour les bœufs livrés à la consommation de Paris.

414 — Le commerce de la boucherie de Paris avait été soumis à une réglementation qui se rapprochait, sous beaucoup de rapports, de celle de la boulangerie. Cette réglementation, comme celle de la boulangerie, datait du commencement du premier empire. Dans cette branche de l'alimentation, le commerce illimité avait amené des désordres dont témoignent les rapports officiels de l'époque. La boucherie fut organisée et dut répondre de l'approvisionnement en viande de la ville de Paris. Il fallait que l'approvisionnement ne souffrît aucune interruption : défense fut faite à tout boucher de laisser son étal dégarni, même dans la mauvaise saison, sous peine de le voir fermer pendant six mois. Il fallait que l'approvisionnement se fît dans les meilleures conditions possibles : les bouchers furent contraints d'acheter sur les seuls mar-

---

[1] La boucherie de Paris a cessé d'être dans les attributions du préfet de police. Depuis que nous avons écrit ce chapitre, elle est passée dans celles du préfet de la Seine. Voy. n° 415.

chés, Sceaux et Poissy, où l'administration pouvait faire le triage du bétail. Il fallait que le commerce fût soustrait aux témérités de la concurrence et offrît pleine sécurité aux marchands forains : le nombre des bouchers fut limité et un cautionnement fut versé par eux dans une caisse chargée du payement des achats. Ainsi du moins avaient pensé les législateurs et les économistes de l'époque. A partir de ce moment, l'administration, chargée de pourvoir aux approvisionnements de Paris, put s'adresser à un conseil représentatif de la boucherie, lui donner des ordres, lui imposer même des sacrifices, dans les moments de crise, pour la garantie de l'alimentation. La vérité oblige de reconnaître que, sous ce régime, qu'il ne s'agit point de juger ici, le service de la boucherie n'a jamais fait défaut un seul jour dans Paris, et que, pendant les grandes chaleurs de l'été, où la déperdition est énorme, en 1832 et en 1849, lors du choléra, en 1848, lors des émeutes, dans tous les moments de cherté ou de crise, l'approvisionnement s'est toujours accompli avec le même ordre et la même exactitude.

La question d'économie pratique est désormais posée entre ceux qui ont vu dans la liberté du commerce la solution du problème que soulève la cherté des subsistances, et ceux qui, comme le conseil municipal de Paris lui-même, ont pu craindre « que les abus de la concurrence eussent pour conséquence la fermeture d'un grand nombre d'étaux et la concentration de l'approvisionnement de la capitale dans les mains de puissantes compagnies, qui pourraient élever leurs prix après les avoir abaissés momentanément et suivant leur volonté. » L'expérience dira de quel côté se trouvaient les plus sages prévisions [1].

415 — En 1855, sous l'influence d'un renchérissement qui n'a point encore cessé, on crut devoir appliquer la taxe au commerce de la boucherie : mesure difficile à expliquer et aujourd'hui condamnée. On ne comprenait pas, en effet, que deux animaux de boucherie différents, l'un gras, l'autre maigre, l'un de bonne provenance, l'autre d'une race inférieure, fussent exactement du même prix pour le consommateur, par cela seul que les parties de l'un et l'autre portaient le même nom et appartenaient à une même catégorie dans la structure de l'animal. Un décret du 24 février 1858 a mis fin à ce régime, et lui a substitué le commerce libre de la boucherie. Dès lors ont disparu le syndicat de boucherie, la caisse de Poissy, dont l'organisation a néanmoins été appliquée à la caisse de la boulangerie, les règlements spéciaux qui régissaient

---

[1] Voy. n° 396.

les rapports du commerce de la boucherie en général avec l'administration, avec les marchands forains, avec les employés et agents dans cet important service, et qui avaient pour base la limitation du commerce.

Depuis peu de temps, la boucherie de Paris a même cessé de dépendre de la préfecture de police, et a été placée sous la direction de la préfecture de la Seine. Ce déplacement d'attributions entre les deux préfectures ne ressort pas littéralement du décret du 10 octobre 1859. Ce décret dispose que la petite voirie, telle qu'elle est définie par l'article 21 de l'arrêté du 12 messidor an VIII, sera comprise désormais dans les attributions du préfet de la Seine. Or, en se reportant à cet article 21, on voit que le préfet de police, chargé de la petite voirie, avait sous ses ordres un commissaire de police chargé de surveiller, permettre ou défendre l'ouverture des boutiques, étaux de boucherie et de charcuterie. On a conclu de là que tout ce qui intéresse le commerce de la boucherie ressortissait désormais à la préfecture de la Seine.

416 — D'après le décret du 24 février 1858, tout individu qui veut exercer à Paris la profession de boucher doit faire à la préfecture de la Seine une déclaration où il fait connaître la rue ou la place et le numéro de la maison ou des maisons où la boucherie et ses dépendances doivent être établies. Cette déclaration doit être renouvelée chaque fois que la boucherie change de propriétaire ou de locaux. (Art. 2.)

Une ordonnance de police du 16 mars 1858 a subordonné l'ouverture des étaux aux conditions suivantes :

Le local doit avoir au moins 2 mètres 50 cent. d'élévation, 3 mètres 50 cent. de largeur, et 4 mètres de profondeur. Il doit être fermé dans toute sa hauteur par une grille en fer; la ventilation doit y être établie au moyen d'un courant d'air transversal ; le sol doit être entièrement dallé, avec pente en rigole et en surélévation de la voie publique; les murs doivent être revêtus d'enduits ou de matériaux imperméables.

Il ne peut y avoir dans l'étal ni âtre, ni cheminée, ni fourneaux; toute chambre à coucher doit en être éloignée ou séparée par des murs, sans communication directe ; à défaut de puits ou d'une concession d'eau pour le service de l'étal, il y est suppléé par un réservoir de la contenance d'un demi-mètre cube, qui doit être rempli tous les jours. (Art. 1er.)

A défaut d'opposition formée par la préfecture de la Seine dans un délai de quinze jours, à partir de la déclaration, l'étal peut être ouvert.

L'opposition ne peut être basée que sur l'inexécution des conditions ci-dessus déterminées.

Dans le cas d'opposition, le requérant doit, s'il persiste, faire subir au local les appropriations nécessaires; lorsqu'elles ont été exécutées, il en donne avis à la préfecture de la Seine; et si, dans un délai de quinze jours, à dater du dépôt de cet avis, la préfecture de la Seine ne notifie pas de nouvelle opposition, le requérant peut ouvrir son étal. (*Id.*, art. 1er.)

Le prix de la marchandise est désormais librement débattu entre le boucher et le consommateur. (*Id.*, art. 3.)

La viande est inspectée à l'abattoir et à l'entrée dans Paris, conformément aux règlements de police, sans préjudice de tous autres droits appartenant à l'administration, pour assurer la fidélité du débit et la salubrité des viandes vendues dans les étaux ou sur les marchés. (Décret du 24 février 1858, art. 3.)

Les dépenses relatives à l'inspection de la boucherie et au service des abattoirs généraux sont supportées par la ville de Paris. (*Id.*, art. 9.)

417 — Le colportage en quête d'acheteurs des viandes de boucherie est interdit dans Paris. (*Id.*, art. 4.)

418 — Il est institué sur les marchés à bestiaux autorisés pour l'approvisionnement de Paris, des facteurs dont la gestion est garantie par un cautionnement, et dont les fonctions consistent à recevoir en consignation les animaux sur pied, et à les vendre, soit à l'amiable, soit à la criée, et aux conditions indiquées par le propriétaire. L'emploi de ces facteurs est facultatif. (*Id.*, art. 5.)

419 — Tout propriétaire d'animaux jouit, comme les bouchers, du droit de faire abattre son bétail dans les abattoirs généraux, d'y faire vendre à l'amiable la viande provenant de ces animaux, de la faire enlever pour l'extérieur, en franchise du droit d'octroi, ou de l'envoyer sur les marchés intérieurs de la ville affectés à la criée des viandes abattues. (*Id.*, art. 6.)

420 — Les bouchers forains sont admis, concurremment avec les bouchers établis à Paris, à vendre ou faire vendre en détail sur les marchés publics, en se conformant aux règlements de police. (*Id.*, art. 7.)

421 — La vente de la viande à la criée est régie par l'ordonnance de police du 5 mai 1849. D'après cette ordonnance, rectifiée par celle du 24 août de la même année, les viandes fraîches de bœuf, vache, veau, mouton et porc, arrivant directement de l'extérieur, sont reçues tous les jours au marché des Prouvaires, pour y être vendues à la criée, par l'entremise d'un facteur com-

mis à cet effet et contrôlé par les agents du service des halles et marchés.

Le facteur à la vente en gros des fromages est provisoirement chargé de ce service, à la garantie duquel son cautionnement est également affecté. (Art. 1 et 2.)

Ce facteur a droit à une commission de un pour cent sur le produit brut des viandes vendues par son entremise, indépendamment du remboursement de ses déboursés pour droits d'octroi, transport, déchargement, gardage, ports de lettres, etc. Le produit net des ventes est par lui payé comptant aux propriétaires des marchandises. (*Id.*, art. 3.)

A leur arrivée au marché, les viandes destinées à la vente à la criée sont reçues par les gardiens, et, s'il y a lieu à les mettre en réserve, elles y sont conservées par les soins de ces employés, aux conditions du tarif fixé par l'administration. (*Id.*, art. 4.)

Les viandes vendues à la criée sont astreintes à un droit d'abri. (*Id.*, art. 5.)

Avant leur expédition en vente, ces viandes sont examinées, et celles qui sont trouvées gâtées, corrompues ou nuisibles, sont saisies ou détruites conformément aux art. 475 et 477 du Code pénal. (*Id.*, art. 6.)

La vente a lieu tous les jours; elle ouvre à huit heures du matin, pendant les mois de janvier, février, novembre et décembre; à sept heures, pendant les mois de mars et octobre; et à six heures, pendant les autres six mois. Elle se continue sans interruption jusqu'à la fin des enchères qui ne peuvent être moindres de *deux centimes* par kilogramme. (Ordon. de police du 16 février 1851, art. 3.)

Les viandes à destination de la vente à la criée doivent y être conduites directement. Il ne peut, sous aucun prétexte, en être déposé ni vendu ailleurs. (*Id.*, art. 12.)

Les viandes provenant de la vente à la criée ne peuvent être colportées ni être vendues en ville, si ce n'est dans les établissements de boucherie autorisés et dans les marchés pourvus d'étaux. (*Id.*, art. 14.)

422 — Les marchés pourvus d'étaux sont les halles centrales (pavillon n° 3), les marchés de Saint-Germain, des Carmes, des Blancs-Manteaux et Beauveau. (Ordon. de police du 14 août 1848 et du 26 septembre 1860.)

La répartition des places réservées dans les marchés de Paris pour la vente de la viande de boucherie se faisait, chaque année, par un tirage au sort entre les bouchers de Paris et les bouchers forains. Aujourd'hui ces places sont données à des étaliers qui les occupent toute l'année sans changement. (Ordon. de police du 22 fév. 1860.)

Toute vente de viande au regrat est défendue sur tous les marchés de Paris. Il est également défendu de colporter aucune viande, en quête d'acheteurs, soit dans la ville, soit dans les marchés, sans que cette défense déroge au droit d'apport et de vente à domicile. (Ordon. du 16 fév. 1851, art. 10.)

423 — Les droits d'octroi sont établis au poids. Sont soumis à ce droit les bœufs, vaches, veaux, moutons, porcs, sangliers, boucs et chèvres. Ces droits, ainsi que ceux dus pour la viande à la main, apportée de l'extérieur pour la charcuterie, les abats et issues, les suifs et autres provenances des bestiaux, sont perçus conformément au tarif annexé au décret du 3 novembre 1855 sur l'octroi de Paris, et au règlement annexé à l'ordonnance royale du 23 décembre 1846 [1].

Les droits d'abattoirs sont perçus conformément aux articles 17 et suivants du règlement annexé à l'ordonnance royale du 23 décembre 1846 [2].

La police des abattoirs, celle du commerce et de la fonte des suifs, celle du commerce de la triperie, sont réglées par l'ordonnance de police du 25 mars 1830.

424 — Aux termes de l'article 7 des lettres patentes de 1782, il est défendu d'exposer en vente des veaux âgés de moins de six semaines, et d'en vendre la viande dans les marchés ou étaux, et dans quelque lieu que ce soit, à peine de saisie et de 300 fr. d'amende.

425 — Les marchés d'approvisionnement pour la viande de boucherie sont les marchés de Poissy, Sceaux ; les marchés aux porcs et aux vaches grasses, à la Chapelle ; le marché aux vaches laitières, à la Maison-Blanche ; la halle aux veaux, rues de Pontoise et de Poissy, à Paris ; les parquets aux moutons à Vaugirard. De vastes terrains ont été récemment acquis par la ville pour établir un marché unique et central à la Villette.

Les bestiaux qui sont livrés à la consommation à Paris viennent pour la plupart de contrées fort éloignées. Dans leur parcours, ils sont presque toujours surmenés. Une garantie spéciale a été établie en faveur de la boucherie pour les animaux provenant des marchés d'approvisionnement, et cette garantie n'a rien de com-

[1] Voy. à l'*Appendice*, nos 6 et 50.
[2] *Id.*, n° 50.

mun avec celles qui sont spécifiées par la loi du 20 mai 1838 sur les vices rédhibitoires. Aux termes de l'arrêt de règlement du Parlement de Paris, du 4 septembre 1673, renouvelé le 13 juillet 1699, et confirmé par ordonnance du 1ᵉʳ juin 1782, les marchands forains sont responsables envers les marchands bouchers de la mort des bœufs destinés à la consommation de la ville de Paris, lorsqu'elle survient dans les neuf jours de la vente, « de quelques maladies que ce soit. » Et la Cour de Paris, par arrêt du 18 mai 1839, et la Cour de cassation, par arrêt du 19 janvier 1841, ont décidé que les règlements dont il s'agit, spécialement rendus pour les marchés d'approvisionnement de Sceaux et de Poissy, n'avaient pas cessé d'être en vigueur.

Lorsque des bestiaux meurent avant d'entrer dans les abattoirs, ils doivent être transportés à la ménagerie du Jardin du roi pour servir de pâture aux animaux. Avant de faire dépecer ces bestiaux, le boucher acquéreur est tenu, aux termes de l'ordonnance de police du 25 mars 1830, relative à la police des abattoirs, de présenter une requête au président du tribunal de commerce qui, sur le vu de cette requête, commet deux experts à l'effet de constater les causes de la mort. Ces experts doivent, d'après la Cour de cassation, prêter serment avant de remplir leur mission, conformément à l'article 305 du Code de procédure, sous peine de nullité de leurs procès-verbaux de constat [1].

[1] Cass. 29 avril 1844.

CHAPITRE VI.

DU COMMERCE DES VINS ET LIQUIDES.

426 — Importance de ce commerce à Paris.
427 — Organisation particulière du commerce des vins.
428 — Obligations imposées à quiconque veut exercer la profession de marchand de vins.
429 — Obligations imposées aux traiteurs, restaurateurs et aubergistes, ainsi qu'aux propriétaires vendant des vins de leur cru.
430 — Obligations imposées au marchand de vins qui change de domicile, veut ouvrir ou fermer une cave ou cesse son commerce. — Comptoirs.
431 — Droits sur les vins et esprits. — Taxe de remplacement. — Droits d'octroi.
432 — Distilleries dans Paris et dans la banlieue.—Ateliers de rectification.
433 — Fabrication des cidres et poirés dans Paris.
434 — Courtiers-Gourmets-Piqueurs.
435 — Commissionnaires en vins.

426 — Le commerce des vins, à Paris, vient se placer à côté de la boulangerie et de la boucherie et constitue l'une des trois grandes industries qui concourent essentiellement à l'approvisionnement et à l'alimentation de la ville. Paris absorbe pour sa consommation des quantités considérables de vins. M. Husson évalue à 1,444,610 hectolitres les vins qui ont été consommés à Paris de 1851 à 1854, y compris la consommation qui se fait aux barrières[1]. Dans ce chiffre, la consommation bourgeoise représente les deux dixièmes environ; la consommation des restaurants, les trois dixièmes. Les cinq autres dixièmes, ou la moitié de la consommation générale, alimentent la vente au détail, c'est-à-dire la vente qui s'effectue au comptoir des 4,408 marchands de vins qui, avant l'annexion, étaient disséminés dans l'étendue de la ville. Le même écrivain arrive à une moyenne de 137 litres pour la consommation annuelle de chaque habitant.

[1] *Consommations de Paris*, p. 204.

427 — Ainsi que la boulangerie et la boucherie, le commerce des vins est placé sous la surveillance de l'administration. Mais la boulangerie jouit d'une espèce de monopole. La boucherie se trouvait dans les mêmes conditions avant la suppression de son syndicat. Le commerce des vins a-t-il été l'objet de la même faveur? Son organisation particulière a besoin d'être signalée.

La proclamation de la liberté illimitée du commerce et l'abolition des jurandes avaient laissé le commerce des vins de Paris abandonné à lui-même depuis 1789. Dans le courant de 1812, le commerce des vins sollicita une réglementation particulière. Il se plaignait principalement de l'extrême multiplication des marchands et des maisons de débit, et du préjudice qui en résultait, autant pour les consommateurs que pour les marchands solvables et d'ancienne profession. Il n'y avait alors que 2,149 marchands de vins (dont 92 négociants en gros) inscrits à la préfecture de police; mais plus de 6,000 personnes vendaient du vin dans Paris. Les fruitiers, les épiciers, les limonadiers et une infinité d'autres marchands, confondaient le commerce du vin avec d'autres professions sans analogie, parce que la patente leur donnait le droit d'exercer l'ensemble des états compris en la série à laquelle elle s'adaptait, et dans les séries du maximum. Les propriétaires de vignobles, sous prétexte de vendre le produit de leurs récoltes, établissaient des maisons de débit. L'accroissement disproportionné des maisons de débit contribuait à tenir la denrée à haut prix, en rendant la concurrence excessive dans l'achat de première main. Le haut prix et la concurrence engendraient la falsification des boissons. Le commerce des vins de Paris proposait donc, comme moyen de remédier au mal, d'instituer une *patente spéciale* et de défendre de cumuler, avec le commerce des vins, l'exercice de toute autre profession, soit comme principal, soit comme accessoire; d'obliger les personnes exerçant le commerce des vins en gros à faire déclaration à la préfecture de police; de leur interdire la faculté d'avoir, dans leurs caves, des cidres, poirés, eaux-de-vie, esprits, sirops, ni aucune autre matière propre à fabriquer des vins factices.

Les réclamations du commerce des vins n'étaient que trop fondées. Appelé par le ministre des manufactures et du commerce à en apprécier la valeur, M. le préfet de police Pasquier leur donna l'appui de ses propres observations : « Longtemps bornée, disait-il, à quelques mixtions simples et d'un effet à peu près innocent, la pratique des falsifications s'est, depuis peu, considérablement étendue; il s'agit maintenant de véritables préparations chimiques; les matières alcooliques, les édulcorans de toute sorte, les substances tinctoriales, tout est mis en œuvre pour tromper et empoisonner le public; les fabriques où le vin est composé ou altéré sont devenues assez communes dans Paris; ce qui s'explique autant par l'abondance des moyens que par la facilité avec laquelle les produits s'écoulent par les maisons de débit ouvertes de toutes parts. »

L'idée de la patente spéciale fut accueillie par le préfet de police et par le ministre des manufactures et du commerce comme le moyen le plus sûr de ramener le commerce à de loyales habitudes. Quel était cependant le caractère de cette patente spéciale? A cet égard, le ministre et le préfet de police tenaient le même langage : « La mesure, disaient-ils, tend nécessairement au rétablissement des corporations, et en cela elle a, au moins, l'inconvénient, si c'en est un, d'anticiper sur les événements [1] : cependant il faut dire que ces inconvénients, dans le régime actuel du commerce, ne sont pas sans exemples; les bouchers et les boulangers ont été successivement tirés de l'ordre commun, et soumis à des règles particulières; et quoiqu'il n'y ait pas d'analogie parfaite entre ces deux classes et celle des marchands de vins, toujours est-il que ces premières exceptions semblent en autoriser d'autres, d'autant plus qu'elles se justifient toutes par un motif commun, l'intérêt public. »

Ainsi, dans la pensée des deux fonctionnaires qui posaient les bases de l'organisation du commerce des vins, cette organisation se rapprochait de celle de la boulangerie et de la boucherie, en ce qu'elle sortait de la ligne commune, mais elle en différait par d'autres points. En effet, ce qui donnait une consistance particulière à l'institution de la boulangerie et de la boucherie à Paris, c'était la nature des obligations qui étaient imposées à ces deux industries dans l'intérêt public de l'alimentation de la ville; c'étaient les garanties exigées d'elles pour la sûreté de cette alimentation. Le boulanger devait effectuer un dépôt de farines au grenier d'abondance; le boucher ne pouvait laisser son étal vide plus de trois jours, sous peine de le voir fermer par la préfecture de police. Aucune obligation de cette nature ne pesait sur le commerce des vins. Ce commerce, il est vrai, était soumis à un droit spécial, à un impôt exceptionnel; mais une compensation ne lui était-elle pas offerte dans la limitation industrielle qui en était la

[1] Ce fut un projet souvent médité et presque entièrement élaboré, sous l'empire, de rétablir les corporations.

conséquence, le nombre des marchands de vins étant arrêté à un certain chiffre par l'autorité administrative?

428 — C'est dans ces circonstances et sous l'influence de ces préoccupations que fut rendu le décret du 15 décembre 1813, sur la proposition du ministre des manufactures et du commerce et du préfet de police, et à la demande du commerce des vins de Paris. Si ce décret n'a point, à proprement parler, monopolisé le commerce de vins, à l'exemple de la boulangerie et de la boucherie, il en a limité l'exercice et lui a imposé des conditions particulières. Après avoir soumis le marchand de vins en gros et en détail à la patente spéciale de 100 fr., sans préjudice du droit proportionnel, le décret disposait ainsi : « Tout individu qui voudra à l'avenir exercer la profession de marchand de vins, sera tenu de se faire inscrire, comme il est dit à l'article précédent, (chez le syndic des marchands de vins), de faire connaître la rue et la maison où il veut s'établir, et d'en obtenir l'autorisation du préfet de police. »

Le droit de patente spéciale a disparu pour le commerce des vins, mais ce commerce est resté limité et soumis aux autres dispositions du décret du 15 décembre 1813. Un décret du 29 décembre 1851 a même généralisé l'application de ce décret du premier empire, car il dispose en ces termes pour toute la France : « Aucun café, cabaret ou autre débit de boissons à consommer sur place ne pourra être ouvert, à l'avenir, sans la permission préalable de l'autorité administrative. (Art. 1er.)

« La fermeture des établissements désignés en l'art. 1er, qui existent actuellement ou qui seront autorisés à l'avenir, pourra être ordonnée, par arrêté du préfet, soit après une condamnation pour contravention aux lois et règlements qui concernent les professions, soit par mesure de sûreté publique. (Art. 2.)

« Tout individu qui ouvrira un café, cabaret ou débit de boissons à consommer sur place, sans autorisation préalable ou contrairement à un arrêté de fermeture pris en vertu de l'article précédent, sera poursuivi devant les tribunaux correctionnels et puni d'une amende de 25 à 500 fr., et d'un emprisonnement de six jours à six mois. L'établissement sera fermé immédiatement. (Art. 3.) »

429 — D'après le décret du 15 décembre 1813, spécial à la ville de Paris, les traiteurs, restaurateurs et aubergistes peuvent, avec la patente de leur profession, vendre et débiter du vin en bouteille aux personnes auxquelles ils donnent à manger et qui le consomment dans leur établissement. Il n'a point été innové au droit qu'ont toujours eu les propriétaires de vendre le vin de leur

cru, en faisant leur déclaration à la préfecture de police, et à la charge par eux de joindre à leur déclaration un certificat du maire de la commune où leurs vignes sont situées, constatant que les vins qu'ils expédient à Paris proviennent de leur récolte. Tout habitant qui a acquitté les droits sur le vin qu'il possède dans sa cave, peut le céder ou le vendre sans être assujetti à aucun droit ni à aucune déclaration [1].

Il est interdit à toute personne, faisant le commerce de vins, de fabriquer, altérer ou falsifier les vins, d'avoir dans leurs caves, celliers et autres parties de leur domicile ou magasin, des cidres, bières, poirés, sirops, mélasse, bois de teinture, vins de la pressée, eaux colorées et préparées, et aucunes matières quelconques propres à fabriquer, falsifier ou mixtionner les vins, et ce, sous les peines portées aux articles 318, 475 et 476 du Code pénal (et par la loi du 5 mai 1855), et en outre sous peine de fermeture de leurs établissements, par arrêté du préfet de police [2].

430 — Tout marchand de vins qui veut changer de domicile, ou avoir une cave de débit de plus, est tenu de le déclarer et d'obtenir à cet effet l'autorisation du préfet de police [3].

Tout marchand de vins qui cesse le commerce, ou ferme une cave en ville, est tenu d'en faire la déclaration à la préfecture de police. Toute boutique ou cave fermée pendant six semaines ne peut être ouverte sans autorisation. Les marchands de vins sont tenus d'avoir des comptoirs couverts en étain au titre, et marqués du poinçon du fabricant. Il leur est interdit de les faire couvrir en plomb, à peine de confiscation et de 300 fr. d'amende [4].

431 — Le droit par hectolitre, établi sur les vins à destination de Paris, remplace tous les autres droits. Le droit de détail et celui d'entrée étant convertis en une taxe fixe par hectolitre, il ne se fait point d'exercice dans l'intérieur de Paris sur les boissons autres que les bières [5]. Quant au droit d'octroi, il est fixé par le décret du 3 novembre 1855, à 10 fr. l'hectolitre pour les vins en cercle, à 17 fr. l'hectolitre pour les vins en bouteilles, à 23 fr. 50

---

[1] Même décret, art. 2, 8 et 9 et ordonn. du préfet de police du 11 janv. 1814, art. 8 et 10.
[2] Id. art. 11.
[3] Id., art. 5.
[4] Ordonn. du préfet de police du 11 janv. 1814, art. 4, 5 et 6. — Voy. à l'*Appendice* le décret du 25 décembre 1813, et l'ordonn. de police réglementaire du 11 janv. 1814, sous les nos 31 et 32.
[5] Loi du 28 avril, 1816 art. 92. — Voy. nos 34 et 122.

pour l'alcool pur contenu dans les eaux-de-vie et esprits en cercles et en bouteilles, liqueurs et fruits à l'eau-de-vie, et à 3 fr. 80 pour les cidres, poirés et hydromels [1].

432 — Les distilleries d'eaux-de-vie et esprits sont interdites à Paris [2].

Il en est de même des ateliers de rectification [3].

Dans la banlieue, les distilleries ne peuvent être établies qu'avec l'autorisation du préfet de la Seine [4], et qu'après l'accomplissement des formalités prescrites pour les établissements insalubres et incommodes.

433 — La fabrication des cidres et poirés dans Paris est soumise aux règles prescrites par l'ordonnance royale du 18 juillet 1847. Il est permis à tout habitant, à tout chef d'établissement public de fabriquer du cidre ou du poiré pour sa consommation particulière ou celle de son établissement, mais en se conformant aux règles prescrites par l'article 13 de cette ordonnance [5].

434 — Il s'était introduit, dans le commerce des vins, de prétendus courtiers qui, sous le nom de gourmets, facilitaient souvent les sophistications, au moyen de concerts frauduleux avec les fabricants de boissons falsifiées. Dans l'intérêt du consommateur et du marchand même, on a fondé la compagnie des courtiers-gourmets-piqueurs, dont la position indépendante et officielle dut être considérée comme une sérieuse garantie pour tous. Les fonctions de courtiers-gourmets-piqueurs ont été déterminées par le décret du 15 décembre 1813; elles consistent : 1º à servir, exclusivement à tous autres, dans l'entrepôt, d'intermédiaires, quand ils en sont requis, entre les vendeurs et les acheteurs de boissons; — 2º à déguster, à cet effet, lesdites boissons, et à indiquer fidèlement le cru et la qualité; — 3º à servir aussi, exclusivement à tous autres, d'experts en cas de contestation sur la qualité des vins, et d'allégation entre les voituriers et bateliers arrivant sur les ports ou à l'entrepôt, que les vins ont été altérés ou falsifiés [6].

Les courtiers-piqueurs sont nommés par le ministre du commerce sur la présentation du préfet de police. Toutefois, les courtiers de commerce près la Bourse de Paris peuvent déguster, peser à l'aréomètre et constater la qualité des eaux-de-vie et esprits

---

[1] *Appendice*, nº 6.
[2] Loi et ordon. roy. du 11 mai 1822.
[3] Ordonn. 20 juillet 1825.
[4] Ordonn. roy. du 11 juin 1817, art. 16.
[5] Voy. à l'*Appendice*, nº 53.
[6] Décret du 15 décemb. 1813, art. 14. — *Appendice*, nº 51.

déposés à l'entrepôt, concurremment avec les courtiers-piqueurs de vins [1].

Les courtiers-piqueurs, au nombre de cinquante, forment entre eux une compagnie, nomment entre eux un syndic et six adjoints, qui forment un comité chargé d'exercer la discipline et d'administrer les affaires de la compagnie, sous la surveillance du préfet de police et l'autorité du ministre du commerce [2]. Ils avaient une bourse commune qui a été supprimée par l'ordonnance du 27 septembre 1826.

Une ordonnance du préfet de police, du 25 septembre 1815, a complété, sur quelques points, le décret du 15 décembre 1813, sur les courtiers-piqueurs.

435 — D'après l'ordonnance de police du 11 janvier 1814, tout individu vendant des vins par commission pour plusieurs propriétaires, est tenu, à Paris, de se faire inscrire à la préfecture de police. (Art. 13.)

[1] *Id*. art. 25.
[2] *Id*., art. 22.

CHAPITRE VII.

DE LA SALUBRITÉ ET DE L'HYGIÈNE PUBLIQUE.

436 — Autorité du préfet de police en matière de salubrité et d'hygiène publique.
437 — Établissements dangereux, insalubres ou incommodes. — Leur classification.
438 — Attributions du préfet de police. — Demandes à fin d'autorisation.
439 — Formalités prescrites pour les établissements de première classe. — Autorisation. — Oppositions et recours.
440 — Règles spéciales pour les boyauderies, les établissements d'équarrissage, les dépôts d'engrais et les fabriques de fulminate de mercure.
441 — Établissements de seconde classe. — Formalités. — Oppositions et recours.
442 — Règles spéciales pour les machines et chaudières à vapeur et les usines à gaz hydrogène. — Vente du gaz dans Paris.
443 — Établissements de troisième classe. — Autorisation. — Réclamations des postulants et des tiers.
444 — Avis du conseil d'hygiène publique.
445 — Poursuites en réparation du dommage causé par les établissements dangereux, insalubres ou incommodes, devant les tribunaux civils.
446 — Application à Paris de la loi sur les logements insalubres.
447 — Composition de la commission.
448 — Mesures administratives.
449 — Mesures de police.
450 — Mesures d'expropriation.
451 — Amendes.
452 — Construction, reconstruction et réparation des fosses d'aisances à Paris et dans le département de la Seine. — Force obligatoire des règlements de police.
453 — Conseil d'hygiène publique et de salubrité du département de la Seine, son organisation et ses attributions.
454 — Commission d'hygiène et de salubrité des arrondissements de Paris et de ceux de Sceaux et de Saint-Denis. — Leur organisation.
455 — Attributions des commissions d'hygiène et de salubrité.

436 — Tout ce qui concerne la salubrité et l'hygiène publiques est placé sous l'autorité du préfet de police. Cette autorité s'exerce notamment sur les établissements industriels dangereux ou incom-

modes et sur les logements insalubres ; elle s'est exercée jusqu'en 1859 sur la construction des fosses d'aisances. Auprès du préfet est placé un conseil de salubrité et d'hygiène publiques, destiné à appeler son attention sur les mesures qui peuvent intéresser le bien-être de la population, dans le ressort de la préfecture de police. Au-dessous de ce conseil, fonctionnent des commissions d'hygiène et de salubrité, réparties dans chacun des arrondissements de Paris et dans ceux de Sceaux et de Saint-Denis, lesquelles ont pour mission de signaler au préfet les causes particulières d'insalubrité qui peuvent exister dans leurs circonscriptions respectives.

Nous examinerons successivement, sous ce chapitre, les règles relatives aux établissements dangereux ou incommodes, aux logements insalubres, aux fosses d'aisances, l'organisation et les attributions du conseil et des commissions de salubrité et d'hygiène publiques.

437. — S'il est juste de tenir compte aux fabricants du zèle qu'ils mettent à poursuivre leurs travaux et à les multiplier, ainsi que des sacrifices que souvent ils font avant même d'avoir acquis la certitude du succès, on ne saurait néanmoins leur laisser le libre choix des localités où ils se proposent de fonder leurs établissements. Préoccupés surtout de l'emploi des moyens qui peuvent amener les résultats qu'ils poursuivent, ils s'attacheraient beaucoup moins à s'assurer si les matières premières dont ils se servent, si les établissements mêmes qu'ils exploitent, sont nuisibles ou dangereux pour les habitations voisines. L'autorité supérieure a dû intervenir, lors de la création des établissements industriels, dans l'intérêt de la sûreté et de la salubrité publiques. Mais le droit qui lui a été confié sous ce rapport ne pouvait être lui-même absolu et sans limites. La loi a pris soin de tracer les règles qui régissent la fondation des établissements dangereux, insalubres ou incommodes, et ces règles sont les suivantes :

Les établissements dangereux, insalubres ou incommodes, se divisent en trois classes : la première comprend ceux qui doivent être éloignés des habitations particulières ; la seconde, ceux dont l'éloignement des habitations n'est pas rigoureusement nécessaire, mais dont il importe de ne permettre la formation qu'après avoir acquis la certitude que les opérations qu'on y pratique sont exécutées de manière à n'être ni incommodes ni dangereuses pour les personnes du voisinage ; enfin, dans la troisième classe, sont rangés ceux qui peuvent exister sans inconvénient auprès des habitations, mais doivent rester sous la surveillance de la police. (Décret du 15 octobre 1810.)

Tous les établissements qui rentrent dans l'une de ces trois classes sont énumérés et rangés, suivant leur nature, dans un tableau annexé au décret organique du 15 octobre 1810. En 1815 et en 1825, ce tableau a été refondu et complété par les soins du ministre de l'intérieur. Depuis cette époque, de nombreuses ordonnances sont venues le modifier et en augmenter la nomenclature. Ces modifications s'étendent et se renouvellent toutes les fois que l'industrie met au jour un procédé jusqu'alors inconnu. Nous donnons, à l'Appendice, la classification alphabétique des établissements dangereux, insalubres ou incommodes dont la formation ne peut avoir lieu sans une permission de l'autorité administrative [1].

438 — L'article 8 du décret du 15 octobre 1810 disait que les manufactures et établissements de la troisième classe ne pourraient se former, à Paris, que sur la permission du préfet de police. Une ordonnance du 14 janvier 1815 avait déclaré ensuite que les attributions conférées aux préfets et aux sous-préfets par le décret du 15 octobre, relativement à la formation des établissements insalubres, seraient exercées par le directeur général de la police, dans toute l'étendue du département de la Seine et dans les communes de Saint-Cloud, de Meudon et de Sèvres. Depuis la suppression de cette charge, le préfet de police se trouve investi des attributions qui en dépendaient, et, dès lors, à lui seul revient la mission, non-seulement d'accorder les permissions à Paris pour la formation des établissements de troisième classe, mais encore d'exercer, dans tout le département de la Seine et dans les communes de Saint-Cloud, de Sèvres et de Meudon, les fonctions attribuées, en cette matière, aux préfets et aux sous-préfets, comme nous l'avons exposé plus haut [2].

Ainsi, toute personne qui veut établir, dans le ressort qui vient d'être signalé, des manufactures ou ateliers compris dans l'une des trois classes indiquées ci-dessus, doit adresser une demande en autorisation au préfet de police.

Aucune demande en autorisation d'établissements classés n'est instruite, s'il n'y est joint un plan en double expédition, dessiné sur une échelle de cinq millimètres par mètre, et indiquant les détails de l'exploitation. Ce plan doit indiquer les tenants et les aboutissants aux ateliers. (Ordonn. de police, 30 novembre 1837.)

Lorsque la demande concerne un établissement de la troisième

[1] Voy. n° 54.
[2] Voy. n° 325.

classe, il doit être produit, en outre, par le pétitionnaire, un second plan, également en double expédition, dressé sur une échelle de vingt-cinq millimètres pour cent mètres, donnant l'indication de toutes les habitations situées dans un rayon de huit cents mètres au moins. (*Id.*)

Il ne peut être fait aucun changement dans un établissement classé et autorisé, sans une autorisation nouvelle. (*Id.*)

439 — La permission pour les manufactures et fabriques de première classe n'est accordée qu'après l'accomplissement des formalités suivantes :

La demande en autorisation est présentée au préfet, et affichée par son ordre dans toutes les communes, à 5 kilomètres de rayon. Dans ce délai, tout particulier est admis à présenter ses moyens d'opposition. Les maires des communes ont la même faculté. (Décret du 15 octobre 1810, art. 3.)

Outre l'apposition des affiches, il est procédé à une enquête de *commodo* et *incommodo*, dont l'acte est dressé, à Paris, par les commissaires de police, et, dans le département de la Seine, par les maires. (Ordonn. royale 14 janvier 1815, art. 2.)

Le préfet n'a point à transmettre les pièces au ministre ni à le consulter; c'est à lui de prononcer directement par un arrêté qui accorde ou qui refuse l'autorisation. (Décret du 25 mars 1852, art. 2 et 7.)

Lorsque l'autorisation est refusée, l'industriel peut déférer l'arrêté directement au conseil d'État, sans passer par le ministère, dans le délai de trois mois, à partir de la notification.

Quand elle est accordée, les tiers intéressés sont admis à produire leurs oppositions devant le conseil de préfecture.

Le maire peut exercer le même droit au nom de la commune. (Décret du 15 octobre 1810, art. 3.)

Les oppositions, s'il en existe, sont vidées par le conseil de préfecture, sauf recours au conseil d'État.

440. — Quelques règles spéciales sont indiquées pour la formation des boyauderies et des fabriques de cordes à instruments par l'ordonnance de police du 14 avril 1819; pour celle des établissements d'équarrissage, par l'ordonnance de police du 24 août 1811; pour celle des dépôts d'engrais, par l'ordonnance de police du 31 mai 1821; et pour celle des fabriques de fulminate de mercure, amorces fulminantes, et autres matières dans la préparation desquelles entre le fulminate de mercure, par l'ordonnance royale du 30 octobre 1836.

441 — Pour les établissements de la seconde classe, la de-

mande d'autorisation n'est point affichée ; il est seulement procédé à une enquête de *commodo* et *incommodo*. Le préfet de police statue ensuite et le recours des parties intéressées et des tiers s'exerce comme en matière d'établissements de première classe.

442 — Au nombre des établissements de seconde classe sont les machines et chaudières à vapeur et les usines à gaz hydrogène, lesquelles ont été soumises à des conditions particulières : les premières, par l'ordonnance royale du 22 mai 1843, et les secondes, par celle du 27 janvier 1846. La vente du gaz dans Paris est réglée par l'ordonnance de police du 26 décembre de cette dernière année [1].

443. — Quant aux établissements de troisième classe, bien qu'à la rigueur l'enquête ne soit pas exigée, le préfet de police y soumet les demandes de formation de ces établissements, et c'est là une mesure dont assurément nul ne saurait se plaindre.

Les réclamations, soit des parties intéressées, soit des tiers, sont ici portées devant le conseil de préfecture, et en appel devant le conseil d'État.

444 — Les demandes en autorisation, translation ou révocation des établissements dangereux, insalubres ou incommodes, peuvent être soumises au conseil d'hygiène publique et de salubrité du département de la Seine.

445 — La création d'établissements insalubres et incommodes, même avec toutes les formalités prescrites par la loi, ne met point obstacle à ce que les particuliers qui éprouvent un dommage à cette occasion en poursuivent la réparation devant les tribunaux civils, par les voies ordinaires. (Cass. 17 juillet 1845 et 28 février 1848.)

446 — D'après la loi du 22 avril 1850, dans toute commune où le conseil municipal l'a déclaré nécessaire par une délibération spéciale, il est nommé une commission chargée de rechercher et indiquer les mesures indispensables d'assainissement des logements et dépendances insalubres mis en location ou occupés par d'autres que le propriétaire, l'usufruitier ou l'usager. Sont réputés insalubres les logements qui se trouvent dans des conditions de nature à porter atteinte à la vie ou à la santé de leurs habitants. (Loi du 22 avril 1850, art. 1er.)

Le conseil municipal de Paris a déclaré cette loi applicable à la ville de Paris par délibération du 14 juin 1850.

447 — La commission se compose à Paris de douze membres. En font nécessairement partie un médecin et un architecte ou tout

---

[1] Voy. l'*Appendice*, nos 55 et 56 ; voy. aussi ci-dessus, n° 214.

autre homme de l'art, ainsi qu'un membre d'un bureau de bienfaisance et du conseil des prud'hommes. La présidence appartient au maire ou à l'adjoint. La commission se renouvelle tous les deux ans par tiers; les membres sortants sont indéfiniment rééligibles. (*Id.*, art. 2.)

448 — Dans l'application de la loi du 22 avril 1850, il y a lieu de distinguer les mesures administratives, les mesures de police et les mesures d'expropriation.

Les mesures administratives sont les suivantes :

La commission visite les lieux signalés comme insalubres. Elle détermine l'état d'insalubrité, et indique les causes, ainsi que les moyens d'y remédier. Elle désigne les logements qui ne seraient pas susceptibles d'assainissement. (*Id.*, art. 3.)

Les rapports de la commission sont déposés au secrétariat de la mairie, et les parties intéressées mises en demeure d'en prendre communication et de produire leurs observations dans le délai d'un mois. (*Id.*, art. 4.)

A l'expiration de ce délai, les rapports et observations sont soumis au conseil municipal, qui détermine : 1° les travaux d'assainissement et les lieux où ils devront être entièrement ou partiellement exécutés, ainsi que les délais de leur achèvement; 2° les habitations qui ne sont pas susceptibles d'assainissement. (*Id.*, art. 5.)

Un recours est ouvert aux intéressés contre ces décisions devant le conseil de préfecture, dans le délai d'un mois à dater de la notification de l'arrêté municipal. Ce recours est suspensif. (*Id.*, art. 6.)

449 — Viennent ensuite les mesures de police :

En vertu de la décision du conseil municipal ou de celle du conseil de préfecture, en cas de recours, s'il a été reconnu que les causes d'insalubrité sont dépendantes du fait du propriétaire ou de l'usufruitier, l'autorité municipale lui enjoint, par mesure d'ordre et de police, d'exécuter les travaux jugés nécessaires. (*Id.*, art. 7.)

Les ouvertures pratiquées pour l'exécution des travaux d'assainissement sont exemptées, pendant trois ans, de la contribution des portes et fenêtres. (*Id.*, art. 8.)

En cas d'inexécution, dans les délais déterminés, des travaux jugés nécessaires, et, si le logement continue d'être occupé par un tiers, le propriétaire ou l'usufruitier est passible d'une amende de seize francs à cent francs. Si les travaux n'ont pas été exécutés dans l'année qui a suivi la condamnation, et si le logement insalubre a continué d'être occupé par un tiers, le propriétaire ou l'usufruitier est passible d'une amende égale à la valeur des travaux, et pouvant être élevée au double. (*Id.*, art. 9.)

S'il est reconnu que le logement n'est pas susceptible d'assainissement, et que les causes d'insalubrité sont dépendantes de l'habitation elle-même, l'autorité municipale peut, dans le délai qu'elle fixe, en interdire provisoirement la location à titre d'habitation.

L'interdiction absolue ne peut être prononcée que par le conseil de préfecture, et, dans ce cas, il y a recours de sa décision devant le conseil d'État.

Le propriétaire ou l'usufruitier qui a contrevenu à l'interdiction prononcée est condamné à une amende de seize à cent francs, et, en cas de récidive dans l'année, à une amende égale au double de la valeur locative du logement interdit. (*Id.*, art. 10.)

En cas de contravention à la loi, il peut être fait application de l'article 463 du Code pénal, relatif aux circonstances atténuantes. (*Id.*, art 12.)

Lorsque, par suite de l'exécution de la loi, il y a lieu à résiliation des baux, cette résiliation n'emporte en faveur du locataire aucuns dommages-intérêts. (*Id.*, art. 11.)

450 — Enfin, il y a lieu de recourir à l'expropriation dans les circonstances suivantes :

Lorsque l'insalubrité est le résultat de causes extérieures et permanentes, ou lorsque ces causes ne peuvent être détruites que par des travaux d'ensemble, la commune peut acquérir, suivant les formes et après l'accomplissement des formalités prescrites par la loi du 3 mai 1841, la totalité des propriétés comprises dans le périmètre des travaux. (*Id.*, art. 13.) [1]

Les portions de ces propriétés qui, après l'assainissement opéré, restent en dehors des alignements arrêtés pour les nouvelles constructions, peuvent être revendues aux enchères publiques, sans que, dans ce cas, les anciens propriétaires ou leurs ayants droit puissent demander, par application des articles 60 et 61 de a loi du 3 mai 1841, à être préférés à tous autres acquéreurs. (*Id.*, *id.*)

451 — Les amendes prononcées en vertu de la loi sont attribuées en entier au bureau ou établissement de bienfaisance de la localité où sont situées les habitations à raison desquelles ces amendes ont été encourues. (*Id.*, art. 14.)

---

[1] Voy. nos 87 et suiv.

452 — L'article 193 de la coutume de Paris imposait à tous propriétaires l'obligation d'avoir en leurs maisons des latrines proportionnées au nombre de personnes qui en avaient l'usage. Cette obligation subsiste encore aujourd'hui.

Aux termes de l'article 674 du Code Napoléon, il n'est permis de creuser une fosse d'aisances près d'un mur mitoyen ou non qu'à la condition d'observer la distance ou d'exécuter les travaux prescrits par les règlements et usages. L'usage à Paris est de faire un contre-mur d'un pied d'épaisseur ; s'il y a puits d'un côté et aisances de l'autre, l'épaisseur de la maçonnerie doit être de quatre pieds en comprenant les épaisseurs des murs d'une part et d'autre. L'inaccomplissement des règlements donne au voisin le droit d'exiger la reconstruction de la fosse ; leur accomplissement ne l'empêche point, en cas d'infiltration, d'exiger une indemnité. La convention par laquelle un propriétaire permettrait à son voisin d'établir une fosse sans contre-mur serait nulle.

Les frais de réparation ou de reconstruction d'une fosse qui dessert deux maisons, se répartissent conformément aux titres. A défaut de titres, ils doivent être supportés par moitié. La prescription d'une fosse d'aisances est acquise par trente ans.

La construction, reconstruction ou réparation des fosses d'aisance à Paris, est régie par l'ordonnance du 24 septembre 1819[1].

La cour de cassation a décidé, par arrêt du 31 janvier 1857, que si le préfet de police pouvait prendre sur ce point d'administration tous les arrêtés que nécessite la salubrité dans la ville de Paris ; il ne devait cependant rien prescrire sous ce rapport qui fût contraire aux dispositions formelles de l'ordonnance royale de 1819.

Par une ordonnance du 1er décembre 1853, le préfet de police a prescrit les mesures qui doivent être observées relativement aux fosses d'aisances et au service de la vidange dans les communes rurales du ressort de la préfecture de police[2].

Les fosses d'aisances ont été classées dans les attributions du préfet de la Seine par le décret du 10 octobre 1859. C'est donc à ce fonctionnaire de prescrire désormais toutes les mesures qui étaient antérieurement dans les attributions du préfet de police. — (Voy. n° 208.)

453 — De plus, il a été institué près la préfecture de police un conseil de salubrité, qui prend le titre de conseil d'hygiène publique et de salubrité du département de la Seine. La nomina-

---

[1] *Appendice*, n° 37.
[2] *Appendice*, n° 58.

tion des membres du conseil d'hygiène publique et de salubrité est faite par le préfet de police, et est soumise à l'approbation du ministre de l'agriculture et du commerce. Elle est chargée, en cette qualité, dans le ressort de la préfecture de police, des attributions déterminées par les articles 9, 10 et 12 de l'arrêté du 18 décembre 1848 [1].

454 — Le même décret du 15 décembre 1851 a institué, dans chacun des arrondissements de la ville de Paris et dans chacun des arrondissements de Sceaux et de Saint-Denis, une commission d'hygiène et de salubrité composée de neuf membres et présidée, à Paris, par le maire de l'arrondissement, et dans chacun des arrondissements ruraux, par le sous-préfet.

Les membres de ces commissions sont nommés, par le préfet de police, sur une liste de trois candidats présentés, pour chaque place, par le maire de l'arrondissement à Paris, par les sous-préfets de Sceaux et de Saint-Denis, dans les arrondissements ruraux. Les candidats sont choisis parmi les habitants notables de l'arrondissement. Dans chaque commission, il y a toujours deux médecins au moins, un pharmacien, un vétérinaire reçu dans les écoles spéciales, un architecte, un ingénieur. S'il n'y a pas de candidats dans ces trois dernières professions, les choix doivent porter, de préférence, sur les mécaniciens, directeurs d'usines ou de manufactures.

Les membres des commissions d'hygiène publique du département de la Seine sont nommés pour six ans, et renouvelés par tiers tous les ans. Les membres sortants peuvent être réélus.

Il est établi, pour les trois communes de Saint-Cloud, Sèvres et Meudon, annexées au ressort de la préfecture de police par l'arrêté du 3 brumaire an IX, une commission centrale d'hygiène et de salubrité, qui est présidée par le plus âgé des maires de ces communes, et dont le siége est au lieu de la résidence du président. Toutes les dispositions qui précèdent sont, du reste, applicables à cette commission.

Cette dernière commission et chacune des commissions d'hygiène d'arrondissement élisent un vice-président et un secrétaire, qui sont renouvelés tous les deux ans. Le préfet de police peut, lorsqu'il le juge utile, déléguer un des membres du conseil d'hygiène publique du département auprès de chacune desdites commissions, pour prendre part à ses délibérations avec voix consultative.

[1] *Appendice*, n° 89.

Les commissions d'hygiène publique et de salubrité se réunissent au moins une fois par mois, à la mairie ou au chef-lieu de la sous-préfecture, ou, pour ce qui concerne la commission centrale des communes de Saint-Cloud, Sèvres et Meudon, à la mairie de la résidence de son président, et elles sont convoquées extraordinairement toutes les fois que l'exigent les besoins du service.

455. — Les commissions d'hygiène recueillent toutes les informations qui peuvent intéresser la santé publique, dans l'étendue de leur circonscription. Elles appellent l'attention du préfet de police sur les causes d'insalubrité qui peuvent exister dans leurs arrondissements respectifs, et elles donnent leur avis sur les moyens de les faire disparaître. Elles peuvent être consultées, d'après l'avis du conseil d'hygiène publique et de salubrité du département, sur les mesures et dans les cas déterminés par l'article 9 de l'arrêté du gouvernement du 18 décembre 1848.

Elles concourent à l'exécution de la loi du 22 avril 1850, relative à l'assainissement des logements insalubres, soit en provoquant, lorsqu'il y a lieu, dans les arrondissements ruraux, la nomination des commissions spéciales qui peuvent être créées par les conseils municipaux en vertu de l'article 1er de ladite loi, soit en signalant aux commissions déjà instituées les logements dont elles auraient reconnu l'insalubrité.

En cas de maladies épidémiques, elles sont appelées à prendre part à l'exécution des mesures extraordinaires qui peuvent être ordonnées pour combattre les maladies, ou pour procurer de prompts secours aux personnes qui en seraient atteintes.

Les commissions d'hygiène publique et de salubrité réunissent les documents relatifs à la mortalité et à ses causes, à la topographie et à la statistique de l'arrondissement, en ce qui concerne la salubrité. Ces documents sont transmis au préfet de police, et communiqués au conseil d'hygiène publique, qui est chargé de les coordonner, de les faire compléter, s'il y a lieu, et de les résumer dans des rapports.

Le conseil d'hygiène et de salubrité du département de la Seine fait chaque mois, sur l'ensemble de ses travaux et sur l'ensemble des travaux des commissions d'arrondissement, un rapport général qui est transmis par le préfet de police au ministre de l'agriculture et du commerce.

CHAPITRE VIII.

DE LA POLICE DE LA NAVIGATION ET DES PORTS.

456 — Police de la rivière et des ports.
457 — Etablissements sur la rivière, les canaux et les ports. — Permissions.
458 — Service de l'inspection générale de la navigation et des ports.
459 — Service de la navigation.
460 — Règlements sur la navigation et la police de la rivière, des canaux et des ports.

456 — La police de la rivière est confiée au préfet de police. L'article 32 de l'arrêté du 12 messidor an VIII a spécialement chargé ce magistrat de faire veiller la rivière, les chemins de halage, les ports, chantiers, quais, berges, gares, estacades, les coches, galiotes, les établissements qui sont sur la rivière pour les blanchisseries, le laminage ou autres travaux, les magasins de charbon, les passages d'eau, bacs, batelets, les bains publics, les écoles de natation et les mariniers, ouvriers arrimeurs, chargeurs, déchargeurs, tireurs de bois, pêcheurs et blanchisseurs.

457 — Mais le décret du 10 octobre 1859 a placé dans les attributions du préfet de la Seine, sans doute à raison de la perception municipale qui s'y rattache, les permissions pour établissements sur la rivière, les canaux et les ports. Ces permissions ne peuvent toutefois être délivrées par lui qu'après avoir pris l'avis du préfet de police [1].

458 — Le service de l'inspection générale de la navigation et des ports est réglementé par l'arrêté du préfet de police du 20 juin 1832. D'après cet arrêté, le service de la navigation est dirigé par un inspecteur général qui veille principalement à l'exécution des lois et règlements de police concernant les rivières, la navigation, les ports, quais et berges, dans le ressort de la pré-

---

[1] Voy. n°s 208 et 209.

fecture de police, constate ou fait constater les contraventions, fait exécuter les ordres et décisions du préfet de police. Il est assisté d'un inspecteur général adjoint qui exerce les mêmes fonctions sous ses ordres et le supplée en cas d'absence ou de maladie.

459 — Le service de la navigation est divisé en sept arrondissements d'inspections particulières. Les inspecteurs particuliers exercent, chacun dans son arrondissement, les mêmes fonctions que l'inspecteur général adjoint et sont assistés eux-mêmes de sous-inspecteurs.

Quant aux bureaux d'arrivage, ils sont au nombre de trois et sont établis à la Briche, à Charenton et à Choisy. Les préposés aux arrivages remplissent, dans leurs arrondissements respectifs, les fonctions d'inspecteurs particuliers [1].

460 — A la date du 25 octobre 1840, le préfet de police, reproduisant et complétant les dispositions de tous les règlements antérieurs, a rendu une ordonnance relative à la police de la navigation, des rivières, des canaux et des ports, qui peut être considérée comme le Code le plus complet de la matière. Elle embrasse dans ses dispositions : 1° les bateaux et trains en cours de navigation (art. 1er à 9) ; 2° les garages (art. 10 à 18) ; 3° les mouvements entre les gares et les ports, billage, lâchage, conduite des bateaux et trains à port (art. 19 à 51) ; 4° la police des bateaux et trains à port (art. 52 à 54) ; 5° la police des ports de chargement et de déchargement, ports de Choisy-le-Roi, des Carrières-Charenton, de Bercy, de la Gare, de l'Entrepôt général des vins et eaux-de-vie, de la Briche-Saint Denis (art. 55 à 96) ; 6° les ports de vente, charbon de terre, charbon de bois (art. 97 à 108); 7° Le remontage des bateaux vides en amont de Paris (art. 109 et 110) ; 8° les canaux (art. 111 à 121) ; 9° la navigation accélérée (art. 122 à 129) ; 10° les bateaux à vapeur (art. 130 à 168); 11° les passages d'eau (art. 169 à 171); 12° le bachotage (art. 172 à 182); 13° les établissements publics ou particuliers, tels que bateaux à lessive, établissements de bains, puisoirs et abreuvoirs (art. 183 à 191) ; 14° les travaux en rivière ou sur les canaux, tels que tirage du sable, repêchage des bois, décharge de bateaux (art. 192 à 198) ; 15° les ouvriers des ports (art. 199 à 202) ; 16° les glaces et grosses eaux (art. 203 à 205) ; 17° les règles générales sur la police des rivières et canaux (art. 206 à 227) [2].

---

[1] *Appendice*, n° 60.
[2] Voy. cette ordonnance au Recueil officiel des ordonn. de police, t. 3, p. 368 et suiv.

Nous devons encore signaler l'ordonnance de police du 25 février 1846, concernant l'établissement d'un service de parage des cordes des bateaux halés sur la Seine, le long du quai de Passy; celle du 28 juillet 1846, sur le remontage des bateaux entre le pont de la Tournelle et le port à l'Anglais.

Le service du làchage et du remontage des bateaux sous les ponts de Paris est donné à bail avec le titre de chef des ponts de Paris par adjudication sur soumissions cachetées. Les obligations du chef des ponts de Paris sont réglées par un cahier des charges, qui, à raison des tarifs qu'il contient, est homologué par décret.

TROISIÈME PARTIE.

ARRONDISSEMENTS DE PARIS.

CHAPITRE UNIQUE.

DES ATTRIBUTIONS DES MAIRES ET ADJOINTS.

461 — Les arrondissements de Paris ne constituent pas une personne morale ayant ses droits et ses intérêts propres.
462 — Fonctions incompatibles avec celles de maires et adjoints.
463 — Absence ou empêchement des maires.
464 — Etat civil. — Circonscription. — Registres anciens et nouveaux.
465 — Diverses attributions des maires.
466 — Personnel des bureaux. — Son organisation.

461 — Il y a dans chacun des vingt arrondissements de Paris un maire et deux adjoints qui sont à la nomination de l'Empereur [1].

Les arrondissements de Paris ne constituent pas en eux-mêmes une personne morale, ayant ses droits et ses intérêts propres ; ils s'effacent devant la personnalité de la commune de Paris avec laquelle ils se confondent ; ce sont des bureaux de la municipalité répartis dans la ville en nombre suffisant pour le service public, pour l'état civil, beaucoup plus que pour le service communal propre-

---

[1] Lois des 5 mai 1855, art. 2. et 16 juin 1859, art. 3.

ment dit ; de là cette position exceptionnelle des maires d'arrondissement, qui n'exercent pour ainsi dire aucune fonction municipale ; qui sont maires et n'ont pas de commune à gérer ; qui sont censés représenter une portion de la grande cité et ne font pas partie du conseil municipal. Depuis près d'un demi-siècle, les maires de Paris demeurent étrangers aux intérêts proprement dits de la commune. La loi du 20 avril 1834 avait voulu qu'ils reçussent en partie leur titre de l'élection. Une autre loi se préparait qui devait régler leurs attributions et les étendre à quelques points de l'administration municipale, lorsque la révolution de 1848 est venue anéantir ce projet. Le décret du 3 juillet 1848 avait lui-même promis en cette matière une loi spéciale, mais cette promesse n'a point été remplie, et le choix et la révocation des maires et adjoints appartiennent exclusivement au pouvoir exécutif.

462 — Les lois des 21 mars 1831 et 20 avril 1834 réglaient les cas d'incompatibilité pour les fonctions de maires et adjoints. D'après ces lois, ne pouvaient être maires et adjoints, 1° les membres des cours et tribunaux de première instance et des justices de paix ; — 2° les ministres des cultes ; — 3° les militaires et employés des armées de terre et de mer en activité de service ou en disponibilité ; — 4° les ingénieurs des ponts et chaussées et des mines en activité de service ; — 5° les agents et employés des administrations financières et des forêts ; — 6° les fonctionnaires et employés des collèges communaux et les instituteurs primaires ; — 7° les commissaires et agents de police [1].

Ces lois doivent-elles être encore observées sur ce point ? Nous le pensons, car leurs dispositions reposent sur des principes essentiels en matière d'administration locale. Mais il faut ajouter que la nomination des maires et adjoints ne procède plus aujourd'hui de la même source que sous l'empire de ces lois, et qu'une nomination qui, dans les circonstances actuelles, serait en opposition avec leurs dispositions, ne saurait être critiquée avec les mêmes avantages qu'autrefois.

463 — En cas d'absence ou d'empêchement, le maire est remplacé par l'adjoint disponible, le premier dans l'ordre des nominations [2].

464 — Dans l'organisation actuelle de la commune de Paris, qui est toujours celle de l'an VIII [3], les maires et adjoints sont avant tout et surtout des officiers de l'état civil. A ce point de vue

---

[1] Loi des 21 mars 1831, art. 6, et 20 avril 1834, art. 21.
[2] Id., id.
[3] Voy. n° 89.

spécial, les divers arrondissements de Paris sont considérés comme formant autant de communes distinctes. Cependant, cette situation leur a été contestée, notamment en ce qui concerne le dépôt des minutes des registres. L'article 43 du Code civil, disait-on, dispose que l'un des doubles registres sera déposé « aux archives de la commune, » l'autre au greffe du tribunal de première instance. Or, ajoutait-on, les archives de la commune de Paris sont à l'Hôtel-de-Ville ; c'est donc là qu'il faut transporter les minutes des registres avec les pièces annexées. Mais il était facile de répondre que la loi du 3 ventôse an III, relative au mode de constatation des actes de l'état civil à Paris, en divisant la commune de Paris en douze arrondissements, avait assimilé chacun de ces arrondissements aux communes, où il y avait alors un agent municipal. Aussi, les doubles registres de l'état civil sont-ils restés à la mairie de chaque arrondissement [1].

Les registres de l'état civil sont conservés à Paris dans divers dépôts : ceux des temps les plus reculés jusqu'à l'époque actuelle se trouvent en seconde minute au greffe du tribunal de première instance ; les premières minutes de ces mêmes registres, à partir des temps anciens, mais seulement jusqu'au mois de messidor an III, étaient aux archives de la préfecture. Les premières minutes de ceux de l'an III et des années suivantes, jusqu'à l'époque actuelle, étaient déposées dans les archives des municipalités des douze arrondissements de Paris.

Par suite d'un travail récent, 1° tous les registres de l'état civil depuis 1515 (règne de François Ier) jusqu'au 16 juin 1795, qui étaient enfouis dans les combles de l'aile du midi de l'Hôtel-de-Ville ;

2° Tous les registres de l'état civil des anciennes douze mairies, depuis 1795 jusqu'au 1er janvier 1860 ;

3° Et tous les registres de l'état civil des communes suburbaines annexées à la capitale le 1er janvier, depuis 1795 jusqu'au 1er janvier 1860, ont été réunis dans un vaste local faisant partie des nouveaux bureaux de l'Hôtel-de-Ville, avenue Victoria, 4, où les familles peuvent trouver les actes de naissance, mariage et décès qui les intéressent.

Nous avons traité ailleurs avec détails l'importante matière de l'état civil. Nous n'y reviendrons point ici [2]. Rappelons seulement que toute personne est autorisée à se faire délivrer des extraits des actes de l'état civil, en acquittant les droits attachés à cette

---

[1] Bulletin des archives du conseil d'État. 1808, n° 1745.
[2] Voy. le *Corps municipal*, pag. 547 et suiv.

délivrance. (Code civil, art. 45.) Ces droits sont à Paris, de 2 fr. pour chaque extrait d'acte de naissance, de décès et de publication de mariage, et de 2 fr. 75 centimes pour les extraits d'actes de mariage, d'adoption et de divorce. (Décret du 12 juillet 1807 et loi du 28 avril 1816, art. 63.)

465 — Quant aux autres attributions des maires et adjoints, nous les avons indiquées pour la plupart dans le cours de cet ouvrage, en traitant des différentes parties de l'administration publique et municipale. Ainsi, les maires sont de droit membres des conseils de fabrique, où ils représentent la commune (Voy. n°s 149 et 150); en matière de contributions directes, ils aident et assistent le contrôleur pour la formation des matrices de patentes, visent les formules des patentes (n° 234), reçoivent les déclarations pour la taxe municipale des chiens (n° 235), et les réclamations pour toutes les contributions directes (n° 239); dressent la liste des électeurs pour chaque arrondissement (n° 245) et reçoivent les réclamations contre la formation de ces listes (n° 246); revisent ces listes (n° 247); président les sections électorales (n° 248); forment pour les conseils de prud'hommes le tableau des électeurs qui est adressé au préfet (n° 260); font partie de la commission chargée de la confection de la liste préparatoire des jurés (n° 263); deux maires ou adjoints font partie du conseil de surveillance de l'Assistance publique (n° 298); les maires président les bureaux de bienfaisance (n° 312); se réunissent avec les délégués pour s'entendre sur la surveillance locale des écoles, à laquelle ils sont préposés (n° 317); dressent la liste des enfants qui doivent être admis gratuitement dans les écoles (n° 318) et dans les salles d'asile (n° 321), président le comité local de patronage (*id.*); reçoivent les demandes d'admission dans les dépôts de mendicité (n° 341); président les commissions d'hygiène et de salubrité et dressent la liste des candidats à présenter pour ces commissions (n° 454).

Les maires doivent préparer et transmettre chaque année au préfet la liste des personnes habitant l'arrondissement qui exercent l'art de guérir. (Loi du 21 germinal an XI.)

Ils doivent aussi parafer les registres des pharmaciens sur lesquels sont inscrits les noms, qualités et demeures des personnes qui achètent des substances vénéneuses. (*Id.*)

Ils visent les acquits-à-caution pour l'importation des armes fabriquées à l'étranger. (Loi du 22 août 1792.)

Ils délivrent des certificats dans les mêmes circonstances que les maires des autres communes [1]. Ils doivent aussi légaliser la signature des habitants de l'arrondissement communal, lorsque ceux-ci sont obligés d'en faire usage dans un lieu où elle n'aurait pas par elle-même l'authenticité voulue.

La loi du 21 mars 1832 ne dit pas d'une manière expresse que les maires de Paris doivent concourir aux opérations du recrutement; mais la nature même des choses exige qu'ils remplissent à cet égard la mission qui est confiée aux magistrats municipaux dans les autres communes.

En conséquence, dans les premiers jours de janvier, les maires de Paris dressent un tableau de recensement des jeunes gens qui, à cette époque ou plutôt au 1er janvier, ont atteint leur vingtième année ; ils assistent à l'examen des tableaux et au conseil de révision ; reçoivent les engagements volontaires, délivrent aux jeunes gens et aux soldats les certificats que ceux-ci sont tenus de produire devant les autorités supérieures, et donnent les ordres de départ; le tout, conformément à la loi du 21 mars 1832 et aux autres lois et règlements sur la matière [2].

466 — Le personnel des bureaux des mairies est assimilé au personnel des bureaux de la préfecture. Il a été organisé par un règlement du préfet de la Seine du 15 décembre 1859 [3].

---

[1] Voy. *le Corps municipal*, p. 243.
[2] Voyez le *Corps municipal*, p. 350 et suiv.
[3] *Appendice*, n° 61.

QUATRIÈME PARTIE.

CONSEIL MUNICIPAL.

467 — Constitution actuelle du conseil municipal.
468 — Son organisation.
469 — Tenue des séances.
470 — Les attributions du conseil municipal ne sont point définies.
471 — Budget.—Budgets de 1847 et de 1860.

467 — Nous avons déjà remarqué que, dans le langage du droit administratif, on ne saurait considérer comme un conseil municipal une réunion de citoyens désignés par l'autorité supérieure pour délibérer sur les affaires d'une commune; que c'était là, dans le même langage, une commission et non un conseil municipal [1].

Est-ce là une simple distinction de juriste, et le langage du droit est-il seul intéressé dans la question? Non, évidemment; la distinction est capitale et touche au fond même des choses dans l'administration de la ville de Paris. Il résulte de là, en effet, que la ville de Paris n'a point de conseil et de représentation à l'Hôtel-de-Ville, et qu'elle ne participe en rien au gouvernement de ses affaires, au vote des subsides qu'elle paye, des taxes et des contributions qu'elle supporte. — Est-ce un bien, est-ce un mal?— On pourrait se demander comment ce qui est un bien, une chose nécessaire dans les trente-sept mille communes de France, deviendrait un mal à Paris seulement. — Mais, dit-on, les membres choisis

---

[1] Voy. nos 26, 58 et 59.

sont gens de bien! — Qui en doute? Mais cela suffit-il au maniement des affaires d'une commune? Sans parler de la capacité spéciale, l'indépendance n'est-elle donc comptée pour rien en cette matière? La question reviendra donc à celle-ci : Les membres d'un conseil, qui sont à la nomination et à la révocation de l'autorité supérieure, sont-ils véritablement dans les conditions voulues d'indépendance vis-à-vis de cette autorité? Pour les autres communes, la question est résolue par la loi, qui a formulé les incompatibilités. — Qu'importe! dit-on encore. Paris n'a-t-il pas de belles rues, de splendides monuments, un budget énorme? Quelle autre preuve voulez-vous donc de la prospérité des affaires municipales! — Oui, sans aucun doute, les rues sont spacieuses, admirables, le budget magnifique, même comparé avec celui de petits États, et singulièrement progressif, puisqu'il est passé de 46 à 100 millions dans ces quatorze dernières années. Toutefois, l'élévation du budget est-il un signe incontestable de l'accroissement des ressources d'une commune? La question s'est trouvée précisément posée dans ces termes entre deux députés de Paris[1], lors de la discussion de la loi sur l'annexion. En principe, elle est facile à résoudre : Oui, l'élévation du budget est le signe de la prospérité d'une commune, lorsque l'élévation provient de ses ressources naturelles sagement ménagées; non, si l'élévation du budget vient d'emprunts ou de la surcharge des taxes locales. En fait, comment pourrait être résolue la question, dans l'espèce? Par la seule comparaison, selon nous, des taxes perçues dans une période déterminée. C'est là un travail, ce nous semble, que tout contribuable pourrait faire sans difficulté, et après lequel il formulerait sûrement son opinion sur une question fort souvent agitée, toujours intéressante pour la population de Paris, et sur laquelle nous ne pouvions nous dispenser de nous arrêter un moment avant d'exposer l'organisation actuelle du conseil municipal.

468 — Ainsi que nous l'avons dit déjà, le conseil municipal de Paris se compose de soixante membres, qui sont à la nomination de l'Empereur. Deux membres au moins sont pris dans chacun des arrondissements; ils doivent y être domiciliés ou y posséder un établissement. Le conseil est renouvelé tous les cinq ans. Il est présidé par un de ses membres, également désigné par l'Empereur[2]. Le secrétaire est élu, chaque année, par les membres du conseil et parmi eux[3].

[1] MM. Devinck et Émile Ollivier.
[2] Loi des 5 mai 1855, art. 14, et 16 juin 1859, art. 3.
[3] Loi du 20 avril 1834, art. 15.

Huit membres sont ajoutés au conseil municipal pour former le conseil général du département de la Seine. Ainsi, ce sont les mêmes délégués qui s'occupent des affaires du département et des affaires de la cité. Toutefois, les intérêts départementaux et les intérêts propres à la commune sont débattus dans des assemblées spéciales. Les huit membres nouveaux sont appelés à représenter à l'assemblée les arrondissements de Sceaux et de Saint-Denis.

469 — La loi du 5 mai 1855 porte dans son article 14 « qu'il n'est pas autrement dérogé aux lois spéciales qui régissent l'organisation municipale dans la ville de Paris. » Quelles sont ces lois? Il ne peut guère être question ici que de la loi du 20 avril 1834, qui réglait l'organisation spéciale du conseil municipal de Paris. Bien que cette loi eût été faite pour un conseil électif, nous pensons que l'on peut encore lui emprunter quelques règles sur la tenue des séances.

Le conseil municipal ne s'assemble que sur la convocation du préfet de la Seine. Il ne peut délibérer que sur les questions que lui soumet le préfet, et lorsque la majorité de ses membres assiste à la séance. (Loi du 20 avril 1834, art. 17.)

Il y a, chaque année, une session ordinaire, qui est spécialement consacrée à la présentation et à la discussion du budget. Cette session ne peut durer plus de six semaines. L'époque de la convocation doit être notifiée à chaque membre du conseil au moins un mois à l'avance. (*Id.*, art. 18.)

Les autres réunions ont lieu sur la simple convocation du préfet. Ces réunions sont pour ainsi dire permanentes. Le cours des affaires exige que le conseil municipal soit appelé toutes les semaines à délibérer sur les nombreux objets qui rentrent dans ses attributions.

Lorsqu'un membre du conseil municipal a manqué à une session ordinaire et à trois convocations extraordinaires consécutives, sans excuses légitimes ou empêchements admis par le conseil, il est déclaré démissionnaire par un arrêté du préfet, et il est procédé à son remplacement. (*Id.*, art. 19.)

Les membres du conseil municipal prêtent serment la première fois qu'ils prennent séance, s'ils ne l'ont déjà prêté en qualité de membres du conseil général. (*Id.*, art. 20.)

470 — Le conseil municipal est appelé à délibérer sur tous les actes, sur toutes les mesures qui touchent à l'administration communale proprement dite, soit directement, soit indirectement. Mais ses attributions ne sont définies par aucune loi ; on pourrait même se demander, sur beaucoup de points, si le vote du conseil

est nécessaire, et s'il y aurait nullité dans l'acte qui n'aurait pas reçu son approbation. On ne saurait indiquer un vice plus radical dans l'organisation d'une commune qui dispose d'un budget aussi élevé.

471 — Nous disions à l'instant que le budget de la ville de Paris s'était accru depuis quatorze ans dans des proportions considérables. Nous pensons qu'il sera intéressant de comparer les budgets de 1847 et de 1860 ; on jugera par là de l'importance qu'ont prise certaines parties du service municipal et de l'augmentation qui s'est manifestée dans le produit de quelques-unes des taxes, notamment dans celles d'octroi.

BUDGET DE 1847.

CHAPITRE DES RECETTES.

1º Centimes communaux........................	1,061,100	»
5 c. sur principal contribution foncière...... 379,600		
5 c. sur principal — mobilière...... 173,500		
8 c. sur principal des patentes............ 506,000		
Remboursement des frais d'expertise....... 2,000		
2º Octroi...................................	30,800,000	»
Droits d'octroi et décime additionnel..... 30,722,000		
Produit des amendes, saisies, etc...... 78,000		
3º Location de place dans les halles et marchés.......	2,351,850	»
4º Poids publics et mesurage......................	260,300	»
5º Grande et petite voirie.........................	218,700	»
6º Produit des établissements hydrauliques..........	1,070,000	»
7º Caisse de Poissy.............................	40,000	»
8º Abattoirs....................................	1,100,000	»
9º Entrepôts...................................	460,000	»
10º Locations d'emplacements sur la voie publique.......	685,151	»
11º Loyers des propriétés communales...............	169,265	27
12º Expéditions d'actes.........................	103,000	»
13º Taxe des inhumations.......................	401,400	»
14º Concessions de terrains dans les cimetières........	685,480	»
15º Exploitation des voiries.....................	446,050	»
16º Garde municipale, subvention de l'Etat..........	1,996,903	43
17º Recettes diverses annuelles..................	1,416,493	30
18º Recettes extraordinaires, accidentelles............	3,301,000	»
Total..........	46,566,693	»

CHAPITRE DES DÉPENSES.
Dépenses fixes annuelles.

1º Dette municipale composée d'arrérages de rentes, d'intérêt d'emprunts et d'intérêt de dettes..................... 4,589,304 f. 68 c.

MUNICIPAL.

2° État civil.. 44,000 »
3° Contribution foncière, y compris les polices d'assurances, 600 fr................................. 85,600 »
4° Prélèvements, au profit du trésor, d'un dixième sur les produits nets de l'octroi, déduction faite de la partie de ces prélèvements, dont la ville doit être affranchie, en vertu de l'art. 12 de la loi du 3 juillet 1846, en ce qu'ils s'appliquent à des objets d'utilité générale et locale............... 1,122,558 f. 31 c.
Autres prélèvements............ 2,828,000 » } 3,950,558 31

Total............ 8,669,462 99

Dépenses variables.

5° Préfecture, mairie centrale....................... 751,150 »
6° Mairies d'arrondissement .... 464,440 »
7° Frais d'exploitation ou de perception............. 3,024,898 »
8° Instruction primaire............................ 1,070.850 »
9° Cultes 84,325 44
10° Inhumations et cimetières...................... 422,750 »
11° Garde nationale et service militaire.............. 951,352 »
12° Grande voirie................................. 862,000 »
13° Travaux d'entretien............................ 2,708,782 »
14° Grosses réparations........................... 190,000 »
15° Frais de direction de travaux................... 382,870 »
16° Dépenses diverses............................ 207,100 »
17° Hospices et établissements de bienfaisance........ 5,439,297 93
18° Arriéré....................................... » »

Préfecture de police.

19° Dépenses portées au budget de M. le préfet de police... 10,720,072 36

Total............ 27,279,087 73

Dépenses facultatives et annuelles ordinaires.

20° Bibliothèques, promenades et travaux d'art....... 132,330 »
21° Collèges et établissements d'instruction publique... 116,870 »
22° Pensions et secours........................... 11,810 »
23° Fêtes publiques .... 277,500 »

Total........... 538,510 »

Dépenses extraordinaires.

24° Dépenses imprévues........................... 1,957,836 82
25° Grands travaux neufs.......................... 8,121,795 46

Total............ 10,079,632 28

Récapitulation générale.

Dépenses fixes annuelles............................	8,669,462	99
Dépenses variables.................................	27,279,087	73
Dépenses facultatives et annuelles ordinaires.........	538.510	»
Dépenses extraordinaires...........................	10,079,632	28
Total général........	46,566,693	»

BUDGET DE 1860.

Recettes ordinaires.

1. Centimes communaux........................	2,565,500	»
2. Octroi......................................	67,344,000	»
3. Halles et marchés...........................	6,121,200	»
4. Poids publics et mesurage....................	572,000	»
5. Droits de voirie.............................	340,000	»
6. Établissements hydrauliques..................	1,950,000	»
7. Abattoirs...................................	1,540,000	»
8. Entrepôts..................................	380,000	»
9. Location d'emplacements sur la voie publique....	2,317,975	»
10. Loyers de propriétés communales..............	743,985	05
11. Expéditions d'actes..........................	114,500	»
12. Taxe des inhumations........................	250,000	»
13. Concession de terrains dans les cimetières......	1,350,300	»
14. Exploitation des voiries......................	570,000	»
15. Contributions, legs et donations pour travaux et services divers.................................	8,287,154	18
16. Recettes diverses annuelles...................	2,216,768	»
Total.......	96,663,382	23

Recettes extraordinaires.

17. Articles divers.............................	6,901,232	»
Total des recettes ordinaires et extraordinaires.	103,564,614	23

Dépenses annuelles ordinaires.

1. Dette municipale (charges annuelles)...........	8,103.240	64
2. Charges de la Ville envers l'État...............	1,836,000	»
3. Préfecture, mairie centrale....................	1,341,900	»
4. Octroi et autres services de perception.........	6,117.121	»
5. Mairies d'arrondissement.....................	921,050	»
6. Garde nationale, Garde de Paris, poste de sûreté et recrutement.................................	2,953,331	»
7. Cultes.....................................	125,071	»

MUNICIPAL. 423

8. Inhumations	629.150	»
9. Établissements de bienfaisance	8.605,794	90
10. Lycées, colléges et institutions spéciales	140,160	»
11. Instruction primaire	2,277,603	95
12. Entretien des édifices et établissements communaux	1.314.312	»
13. Alignement et plan de Paris	1.605,300	»
14. Voie publique et carrières	10,491,798	05
15. Eaux et égouts	1,768,700	»
16. Promenades et plantations	1,940,700	»
17. Pensions et secours	169 877	»
18. Fêtes et cérémonies publiques	681,000	»
19. Dépenses diverses	300,200	»
20. Dépenses imprévues	320,465	97
	51,642,775	48
21. Préfecture de police	11,930,184	23
Total	63.572,959	71

Dépenses extraordinaires.

22. Dette municipale (remboursements)	9,935,244	52
23. Subventions extraordinaires à l'administration de l'Assistance publique	1,261,410	»
24. Grands travaux d'architecture et beaux-arts	4,000,000	»
25. Grands travaux de ponts et chaussées	4,795,000	»
26. Grande voirie (service extraordinaire)	15,000,000	»
27. Réserve pour dépenses extraordinaires de toute nature, motivées par l'extension des limites de Paris	5,000,000	»
Total des dépenses ordinaires et extraordinaires	103,564,614	23

CINQUIÈME PARTIE.

CONSEIL GÉNÉRAL DE LA SEINE.

472 — Organisation du conseil général.
473 — Sessions.
474 — Diverses classes d'attributions du conseil.
475 — Attributions du conseil comme délégué du pouvoir législatif.
476 — Comme représentant du département.
477 — Comme conseil.
478 — Comme surveillant.
479 — Budget départemental.
480 — Comptabilité.
481 — Comptes d'administration.
482 — Publications des délibérations.
483 — Omissions.
484 — Acquisitions, aliénations, échanges.
485 — Propriétés départementales.
486 — Legs et donations.
487 — Constructions.
488 — Contributions extraordinaires.
489 — Emprunts.
490 — Travaux communs.
491 — Actions judiciaires.
492 — Transactions.

472 — Le conseil général du département de la Seine, désigné plus exactement sous le nom de commission départementale, se compose des soixante membres du conseil municipal de Paris et de huit membres désignés pour représenter à l'assemblée les arrondissements de Sceaux et de Saint-Denis [1]. Tous sont à la nomination de l'Empereur.

[1] Voy. n° 468.

Le président, le vice-président et le secrétaire sont nommés pour chaque session, et choisis parmi les membres du conseil par l'Empereur. Les séances du conseil ne sont pas publiques [1].

473 — Le conseil général ne peut se réunir s'il n'a été convoqué par le préfet, en vertu d'un décret qui détermine l'époque et la durée de la session. — Au jour indiqué pour la réunion du conseil général, le préfet donne lecture du décret de convocation, reçoit le serment des conseillers nouvellement nommés, et déclare au nom de l'Empereur que la session est ouverte. — Les membres nouvellement nommés, qui n'ont pas assisté à l'ouverture de la session, ne prennent séance qu'après avoir prêté serment entre les mains du président [2].

Le préfet a entrée au conseil général ; il est entendu quand il le demande, et assiste aux délibérations, excepté lorsqu'il s'agit de l'apurement de ses comptes. (*Id.*, *id.*, art. 12.)

Le conseil ne peut délibérer que si la moitié plus un des conseillers sont présents ; les votes sont recueillis au scrutin secret toutes les fois que quatre des conseillers présents le réclament. (*Id.*, *id.*, art. 13.)

Tout acte ou toute délibération du conseil, relatifs à des objets qui ne sont pas légalement compris dans ses attributions, sont nuls et de nul effet. La nullité est prononcée par un décret. (*Id.*, *id.*, art. 14.)

Toute délibération prise hors de la réunion légale du conseil général est nulle de droit. Le préfet, par un arrêté pris en conseil de préfecture, déclare la réunion illégale, prononce la nullité des actes, prend toutes les mesures nécessaires pour que l'assemblée se sépare immédiatement, et transmet son arrêté au procureur général du ressort, pour l'exécution des lois et l'application, s'il y a lieu, des peines déterminées par l'article 258 du Code pénal. En cas de condamnation, les membres condamnés sont exclus du conseil. (*Id.*, *id.*, art. 15.)

Il est interdit au conseil général de se mettre en correspondance avec un ou plusieurs conseils d'arrondissement ou de département. En cas d'infraction à cette disposition, le conseil général est suspendu par le préfet, en attendant que l'Empereur ait statué. (*Id.*, *id.*, art. 16.)

Il lui est également interdit de faire ou de publier aucune proclamation ou adresse. En cas d'infraction à cette dispo-

---

[1] Loi du 7 juillet 1852, art. 5.
[2] Loi du 22 juin 1833, art. 12.

sition, le préfet déclare par arrêté que la session du conseil général est suspendue ; il est statué définitivement par décret impérial. (*Id.*, *id.*, art. 17.)

Dans les cas prévus par les deux articles précédents, le préfet transmet son arrêté au procureur général du ressort pour l'exécution des lois, et l'application, s'il y a lieu, des peines déterminées par l'article 123 du Code pénal. (*Id.*, *id.*, art. 18.)

Tout éditeur, imprimeur, journaliste ou autre, qui rend publics les actes interdits au conseil général par les articles 15, 16 et 17, est passible des peines portées par l'article 123 du Code pénal. (*Id.*, *id.*, art. 19.)

474 — Si l'organisation du conseil général de la Seine a été l'objet de règles particulières, ses attributions ne diffèrent en rien de celles des autres conseils généraux.

Ces attributions, disait le rapporteur de la loi du 10 mai 1838, se renferment toutes dans les limites du département ; elles se rattachent aux intérêts de cette circonscription territoriale et tendent toutes au même but, mais elles sont de nature diverse. Le conseil général prononce sur les questions qui lui sont soumises, tantôt comme délégué du pouvoir législatif, tantôt comme représentant légal du département, tantôt enfin comme simple conseil du gouvernement. L'étendue de ses pouvoirs se modifie selon le caractère de ces attributions variées.

Les attributions relatives à la répartition de l'impôt ont été conférées aux conseils généraux par une délégation du pouvoir législatif. Les Chambres font elles-mêmes cette répartition entre les départements ; le soin de l'effectuer entre les arrondissements a été remis aux conseils généraux.

La seconde classe des attributions des conseils généraux comprend celles qu'ils exercent, comme représentant le département, dans les intérêts de toute nature qui lui sont spéciaux ; les pouvoirs qu'ils exercent à ce titre sont tantôt souverains, tantôt subordonnés ; dans le premier cas, ils votent ou règlent ; dans le second ils délibèrent seulement.

Comme conseils, ils donnent leur avis : 1° sur les changements qui peuvent affecter les circonscriptions départementales ; 2° sur l'établissement des foires et marchés, qui peuvent exercer une si grande influence sur le mouvement agricole et commercial ; enfin, sur tous les objets sur lesquels ils sont consultés, en exécution des lois et spontanément par l'administration.

Comme surveillants, ils peuvent transmettre directement au ministère les réclamations que leur suggère l'intérêt spécial du département, et leur opinion sur l'état et les besoins des différents services publics; enfin, ils vérifient l'état des archives et des mobiliers appartenant au département.

Maintenant, voici de quelle manière sont réglées ces attributions par la loi du 10 mai 1838 :

475 — Le conseil général du département répartit, chaque année, les contributions directes entre les arrondissements, conformément aux règles établies par les lois. — Avant d'effectuer cette répartition, il statue sur les demandes délibérées par les conseils d'arrondissement en réduction du contingent assigné à l'arrondissement. (Art. 1er.)

Le conseil général prononce définitivement sur les demandes en réduction de contingent formées par les communes, et préalablement soumises au conseil d'arrondissement. (*Id.*, art. 2.)

Le conseil général vote les centimes additionnels dont la perception est autorisée par les lois. (*Id.*, art. 3.)

476 — Le conseil général délibère :

1° Sur les contributions extraordinaires à établir et les emprunts à contracter dans l'intérêt du département; 2° sur les acquisitions, aliénations et échanges des propriétés départementales; 3° sur le changement de destination ou d'affectation des édifices départementaux; 4° sur le mode de gestion des propriétés départementales; 5° sur les actions à intenter ou à soutenir au nom du département, sauf les cas d'urgence prévus par l'article 36 ci-après; 6° sur les transactions qui concernent les droits du département; 7° sur l'acceptation des dons et legs faits au département; 8° sur le classement et la direction des routes départementales; 9° sur les projets, plans et devis de tous les autres travaux exécutés sur les fonds du département; 10° sur les offres faites par des communes, par des associations ou des particuliers, pour concourir à la dépense des routes départementales ou d'autres travaux à la charge du département; 11° sur la concession des associations, à des compagnies ou à des particuliers, de travaux d'intérêt départemental; 12° sur la part contributive à imposer au département dans la dépense des travaux exécutés par l'État, et qui intéressent le département; 13° sur la part contributive du département aux dépenses des travaux qui intéressent à la fois le département et les communes; 14° sur l'établissement et l'organisation des caisses de retraite ou autre mode de rémunération en faveur des employés des préfectures et des sous-préfectures; 15° sur la part de la dépense des aliénés et des enfants trouvés et abandonnés qui sera mise à la charge des communes, et sur les bases de la répartition à faire entre elles ; 10° sur tous les autres objets sur lesquels il est appelé à délibérer par les lois et règlements. (*Id.*, art. 4.)

Les délibérations du conseil général sont soumises à l'approbation de l'Empereur, du ministre compétent ou du préfet, selon les cas déterminés par les lois ou par les règlements d'administration publique. (*Id.*, art. 5.)

477 — Le conseil général donne son avis :

1° Sur les changements proposés à la circonscription du territoire du département, des arrondissements, des cantons et des communes, et à la désignation des chefs-lieux ; 2° sur les difficultés élevées relativement à la répartition de la dépense des travaux qui intéressent plusieurs communes ; 3° sur l'établissement, la suppression ou le changement des foires et marchés ; 4° et généralement sur tous les objets sur lesquels il est appelé à donner son avis en vertu des lois et règlements, ou sur lesquels il est consulté par l'administration. (*Id.*, art. 6.)

478 — Le conseil général peut adresser directement au ministre chargé de l'administration départementale, par l'intermédiaire de son président, les réclamations qu'il aurait à présenter dans l'intérêt spécial du département, ainsi que son opinion sur l'état et les besoins des différents services publics, en ce qui touche le département. (*Id.*, art. 7.)

Le conseil général vérifie l'état des archives et celui du mobilier appartenant au département. (*Id.*, art. 8.)

479 — Les dépenses à inscrire au budget du département, sont :

1° Les dépenses ordinaires pour lesquelles il est créé des ressources annuelles au budget de l'État ; 2° les dépenses facultatives d'utilité départementale ; 3° les dépenses extraordinaires autorisées par des lois spéciales ; 4° les dépenses mises à la charge des départements ou autorisées par des lois spéciales. (*Id.*, art. 9.)

Les recettes du département se composent :

1° Du produit des centimes additionnels aux contributions directes affectés par la loi de finances aux dépenses ordinaires des départements, et de la part allouée au département dans le fonds commun établi par la même loi ; 2° du produit des centimes additionnels facultatifs votés annuellement par le conseil général, dans les limites déterminées par la loi de finances ; 3° du produit des centimes additionnels extraordinaires imposés en vertu de lois spéciales ; 4° du produit des centimes additionnels affectés par les lois générales à diverses branches du service public ; 5° du revenu et du produit des propriétés du département non affectées à un service départemental ; 6º du revenu et du produit des autres propriétés du département, tant mobilières qu'immobilières ; 7º du produit des expéditions d'anciennes pièces ou d'actes de la préfecture déposés aux archives ; 8º du produit des droits de péage autorisés par le gouvernement au profit du département, ainsi que des autres droits et perceptions concédés au département par les lois. (*Id.*, art. 10.)

Le budget du département est présenté par le préfet, délibéré par le conseil général, et réglé définitivement par décret impérial.

Il est divisé en sections.

La *première section* comprend les dépenses ordinaires suivantes :

1º Les grosses réparations et l'entretien des édifices et bâtiments départementaux ; 2º les contributions dues par les propriétés du département ; 3º le loyer, s'il y a lieu, des hôtels de préfecture et de sous-préfecture ; 4º l'ameublement et l'entretien du mobilier de l'hôtel de préfecture et des bureaux de sous-préfectures, 5º le casernement ordinaire de la gendarmerie ; 6º les dépenses ordinaires des prisons départementales ; 7º les frais de translation des détenus, des vagabonds et des forçats libérés ; 8º le loyer, mobilier et menues dépenses des cours et tribunaux, et les menues dépenses des justices de paix ; 9º le chauffage et l'éclairage des corps de garde des établissements départementaux ; 10º les travaux d'entretien des routes départementales et des ouvrages d'art qui en font partie ; 11º les dépenses des enfants trouvés et abandonnés, ainsi que celles des aliénés, pour la part afférente au département, conformément aux lois ; 12º les frais de route accordés aux voyageurs indigents ; 13º les frais d'impression et de publication des listes électorales et du jury ; 14º les frais de tenue des colléges et des assemblées convoqués pour nommer les membres de la Chambre des députés ; 15º les frais d'impression des budgets et des comptes des recettes et dépenses du département ; 16 la portion à la charge du département dans les frais des tables décennales de l'état civil ; 17º les frais relatifs aux mesures qui ont pour objet d'arrêter le cours des épidémies et des épizooties ; 18º les primes fixées par les règlements d'administration publique pour la destruction des animaux nuisibles ; 19º les dépenses de garde et conservation des archives du département. (*Id.*, art. 12.)

Il est pourvu à ces dépenses au moyen :

1° Des centimes affectés à cet emploi par la loi de finances ; 2° de la part allouée au département dans le fonds commun ; 3° des produits éventuels énoncés aux n°ˢ 6, 7 et 8 de l'article 10. (*Id.*, art. 13.)

Les dépenses ordinaires qui doivent être portées dans la première section, aux termes de l'article 12, peuvent y être inscrites ou être augmentées d'office, jusqu'à concurrence du montant des recettes destinées à y pourvoir, par le décret impérial qui règle le budget. (*Id.*, art. 14.)

Aucune dépense facultative ne peut être inscrite dans la première section du budget. (*Id.*, art. 15.)

La *seconde section* comprend les dépenses facultatives d'utilité départementale.

Le conseil général peut aussi y porter les autres dépenses énoncées en l'article 12. (*Id.*, art. 16.)

Il est pourvu aux dépenses portées dans la seconde section du budget, au moyen des centimes additionnels facultatifs et des produits énoncés au n° 5 de l'article 10.

Toutefois, après épuisement du maximum des centimes facultatifs employés à des dépenses autres que les dépenses spéciales, et des ressources énoncées au paragraphe précédent, une portion du fonds commun, dont la quotité est déterminée chaque année par la loi de finances, peut être distribuée aux départements, à titre de secours, pour complément de la dépense des travaux de construction des édifices départementaux d'intérêt général et des ouvrages d'art dépendant des routes départementales.

La répartition du fonds commun est réglée annuellement par décret inséré au *Bulletin des Lois*. (*Id.*, art 17.)

Aucune dépense ne peut être inscrite d'office dans cette seconde section, et les allocations qui y sont portées par le conseil général ne peuvent être ni changées ni modifiées par le décret qui règle le budget. (*Id.*, art. 18.)

Des *sections particulières* comprennent les dépenses imputées sur des centimes spéciaux ou extraordinaires. Aucune dépense ne peut y être imputée que sur les centimes destinés par la loi à y pourvoir. (*Id.*, art. 19.)

Les dettes départementales contractées pour des dépenses ordinaires sont portées à la première section du budget, et soumises à toutes les règles applicables à ces dépenses.

Les dettes contractées pour pourvoir à d'autres dépenses sont inscrites par le conseil général dans la seconde section, et dans le cas où il aurait omis ou refusé de faire cette inscription, il y est pourvu au moyen d'une contribution extraordinaire établie par une loi spéciale. (*Id.*, art. 20.)

Les fonds qui n'ont pu recevoir leur emploi dans le cours de l'exercice sont reportés, après clôture, sur l'exercice en cours d'exécution, avec l'affectation qu'ils avaient au budget voté par le conseil général, et les fonds restés libres sont cumulés avec les ressources du budget nouveau, suivant la nature de leur origine. (*Id.*, art. 21.)

480 — Le comptable chargé du recouvrement des ressources éventuelles est tenu de faire, sous sa responsabilité, toutes les diligences nécessaires pour la rentrée de ces produits. Les rôles et états de produits sont rendus exécutoires par le préfet et par lui remis au comptable. Les oppositions, lorsque la matière est de la compétence des tribunaux ordinaires, sont jugées comme affaires sommaires. (*Id.*, art. 22.)

Le comptable chargé du service des dépenses départementales ne peut payer que sur des mandats délivrés par le préfet dans la limite des crédits ouverts par les budgets du département. (*Id.*, art. 23.)

481 — Le conseil général entend et débat les comptes d'administration qui lui sont présentés par le préfet : 1° des recettes et dépenses, conformément aux budgets du département; 2° du fonds de non-valeurs; 3° du produit des centimes additionnels spécialement affectés, par les lois générales, à diverses branches du service public. Les observations du conseil général sur les comptes présentés à son examen sont adressées directement, par son président, au ministre chargé de l'administration départementale. Ces comptes, provisoirement arrêtés par le conseil général, sont définitivement réglés par décret. (*Id.*, art. 24.)

Les budgets et les comptes du département définitivement réglés sont rendus publics par la voie de l'impression. (*Id.*, art. 25.)

482 — Le conseil général peut ordonner la publication de tout ou partie de ses délibérations ou procès-verbaux.

Les procès-verbaux, rédigés par le secrétaire et arrêtés au commencement de chaque séance, contiennent l'analyse de la discussion : les noms des membres qui ont pris part à cette discussion n'y sont pas insérés. (*Id.*, art. 26.)

483 — Si le conseil général ne se réunissait pas, ou s'il se séparait sans avoir arrêté la répartition des contributions directes, les mandements des contingents assignés à chaque arrondissement seraient délivrés par le préfet, d'après les bases de la ré-

partition précédente, sauf les modifications à porter dans le contingent en exécution des lois. (*Id.*, art. 27.)

Si le conseil ne se réunissait pas, ou s'il se séparait sans avoir arrêté le budget des dépenses ordinaires du département, le préfet, en conseil de préfecture, établirait d'office ce budget, qui serait réglé par un décret. (*Id.*, art. 28.)

484 — Les délibérations du conseil général relatives à des acquisitions, aliénations et échanges de propriétés départementales, ainsi qu'aux changements de destination des édifices et bâtiments départementaux, doivent être approuvées par un décret impérial, le conseil d'État entendu. Toutefois, l'autorisation du préfet, en conseil de préfecture, est suffisante pour les acquisitions, aliénations et échanges, lorsqu'il ne s'agit que d'une valeur n'excédant pas vingt mille francs. (*Id.*, art. 29.)

485 — Les délibérations du conseil général relatives au mode de gestion des propriétés départementales sont soumises à l'approbation du ministre compétent. En cas d'urgence, le préfet pourvoit provisoirement à la gestion. (*Id.*, art. 30.)

486 — L'acceptation ou le refus des legs et donations faits au département ne peuvent être autorisés que par un décret impérial, le conseil d'État entendu. Le préfet peut toujours, à titre conservatoire, accepter les legs et dons faits au département : le décret d'autorisation qui intervient ensuite a effet du jour de cette acceptation. (*Id.*, art. 31.)

487 — Lorsque les dépenses de constructions, de reconstructions ou réparations des édifices départementaux, sont évaluées à plus de cinquante mille francs, les projets et les devis doivent être préalablement soumis au ministre chargé de l'administration des communes. (*Id.*, art. 32.)

488 — Les contributions extraordinaires que le conseil général vote pour subvenir aux dépenses du département ne peuvent être autorisées que par une loi. (*Id.*, art. 33.)

489 — Dans le cas où le conseil général vote un emprunt pour subvenir à des dépenses du département, cet emprunt ne peut être contracté qu'en vertu d'une loi. (*Id.*, art. 34.)

490 — En cas de désaccord sur la répartition de la dépense de travaux intéressant à la fois le département et les communes, il est statué par décret impérial, les conseils municipaux, les conseils d'arrondissement et le conseil général entendus. (*Id.*, art. 35.)

491 — Les actions du département sont exercées par le préfet,

en vertu des délibérations du conseil général et avec l'autorisation de l'empereur en son conseil d'État.

Le département ne peut se pourvoir devant un autre degré de juridiction qu'en vertu d'une nouvelle autorisation.

Le préfet peut, en vertu des délibérations du conseil général, et sans autre autorisation, défendre à toute action.

En cas d'urgence, le préfet peut intenter toute action ou y défendre, sans délibération du conseil général, ni autorisation préalable.

Il fait tous actes conservatoires ou interruptifs de la déchéance.

En cas de litige entre l'État et le département, l'action est intentée ou soutenue au nom du département par le membre du conseil de préfecture le plus ancien en fonctions. *Id.*, art. 36.)

Aucune action judiciaire, autre que les actions possessoires, ne peut, à peine de nullité, être intentée contre le département qu'autant que le demandeur a préalablement adressé au préfet un mémoire exposant l'objet et les motifs de sa réclamation. — Il lui en est donné récépissé. — L'action ne peut être portée devant les tribunaux que deux mois après la date du récépissé, sans préjudice des actes conservatoires. — Durant cet intervalle, le cours de la prescription demeure interrompu. (*Id.*, art. 37.)

492 — Les transactions délibérées par le conseil général ne peuvent être autorisées que par decret de l'Empereur, le conseil d'État entendu. (*Id.*, art. 38.)

SIXIÈME PARTIE.

CONSEILS D'ARRONDISSEMENT

DE SCEAUX ET DE SAINT-DENIS.

493 — Nomination des membres de ces conseils d'arrondissement.
494 — Sessions de ces conseils.
495 — Leurs attributions.

493 — Les membres des conseils d'arrondissement de Sceaux et de Saint-Denis sont, comme les membres du conseil général de la Seine, à la nomination de l'empereur.

494 — Les conseils d'arrondissement ne peuvent se réunir s'ils n'ont été convoqués par le préfet, en vertu d'un décret de l'empereur, qui détermine l'époque et la durée de la session.

Au jour indiqué pour la réunion d'un conseil d'arrondissement, le sous-préfet donne lecture du décret, reçoit le serment des conseillers, et déclare, au nom de l'empereur, que la session est ouverte.

Les membres qui n'ont point assisté à l'ouverture de la session ne prennent séance qu'après avoir prêté serment entre les mains du président du conseil d'arrondissement [1].

Le président, le vice-président et le secrétaire des conseils d'arrondissement sont nommés pour chaque session et choisis parmi les membres du conseil, par le préfet [1].

[1] Loi du 22 juin 1833, art. 27.

Le sous-préfet a entrée dans le conseil d'arrondissement ; il est entendu quand il le demande, et assiste aux délibérations [1].

Ce qui est dit, p. 426 et suiv., des séances du conseil général, des délibérations et actes qui lui sont interdits, et de la publication de ces actes par les imprimeurs ou journalistes, s'applique, dans les mêmes cas, aux conseils d'arrondissement. (*Id.*, *id.*, art. 28.)

495 — La session ordinaire des conseils d'arrondissement se divise en deux parties : la première précède et la seconde suit la session du conseil général. (Loi du 10 mai 1838, art. 39.)

Dans la première partie de sa session, le conseil d'arrondissement délibère sur les réclamations auxquelles donne lieu la fixation du contingent de l'arrondissement dans les contributions directes. Il délibère également sur les demandes en réduction de contributions formées par les communes. (*Id.*, art. 40.)

Le conseil d'arrondissement donne son avis :

1° Sur les changements proposés à la circonscription du territoire de l'arrondissement, des cantons et des communes, et à la désignation de leurs chefs-lieux ; — 2° sur le classement et la direction des chemins vicinaux de grande communication ; — 3° sur l'établissement et la suppression, ou le changement des foires et des marchés ; — 4° sur les réclamations élevées au sujet de la part contributive des communes respectives dans les travaux intéressant à la fois plusieurs communes, ou les communes et le département ; — 5° et généralement sur tous les objets sur lesquels il est appelé à donner son avis en vertu des lois et règlements, ou sur lesquels il serait consulté par l'administration. (*Id.*, art. 41.)

Le conseil d'arrondissement peut donner son avis :

1° Sur les travaux de routes, de navigation et autres objets d'utilité publique qui intéressent l'arrondissement ; — 2° sur le classement et la direction des routes départementales qui intéressent l'arrondissement ; — 3° sur les acquisitions, aliénations, échanges, constructions et reconstructions des édifices et bâtiments destinés à la sous-préfecture, au tribunal de première instance, à la maison d'arrêt ou à d'autres services publics spéciaux à l'arrondissement, ainsi que sur les changements de destination de ces édifices ; — 4° et généralement sur tous les objets sur lesquels le conseil général est appelé à délibérer, en tant qu'ils intéressent l'arrondissement. (*Id.*, art. 42.)

[1] Loi du 22 juin 1833, art. 27.

Le préfet communique au conseil d'arrondissement le compte de l'emploi des fonds de non-valeurs, en ce qui concerne l'arrondissement. (*Id.*, art. 43.)

Le conseil d'arrondissement peut adresser directement au préfet, par l'intermédiaire de son président, son opinion sur l'état et les besoins des différents services publics, en ce qui touche l'arrondissement. (*Id.*, art. 44.)

Dans la seconde partie de la session, le conseil d'arrondissement répartit entre les communes les contributions directes. (*Id.*, art. 45.)

Le conseil d'arrondissement est tenu de se conformer, dans la répartition de l'impôt, aux décisions rendues par le conseil général sur les réclamations des communes. — Faute par le conseil d'arrondissement de s'y être conformé, le préfet, en conseil de préfecture, établit la répartition d'après lesdites décisions. — En ce cas, la somme dont la contribution de la commune déchargée se trouve réduite est répartie, au centime le franc, sur toutes les autres communes de l'arrondissement. (*Id.*, art. 46.)

Si le conseil d'arrondissement ne se réunissait pas, ou s'il se séparait sans avoir arrêté la répartition des contributions directes, les mandements des contingents assignés à chaque commune seraient délivrés par le préfet, d'après les bases de la répartition précédente, sauf les modifications à apporter dans le contingent en exécution des lois. (*Id.*, art. 47.)

SEPTIÈME PARTIE.

CONSEIL DE PRÉFECTURE

DE LA SEINE.

496 — Composition et séances du conseil.
497 — Ses attributions.
498 — Procédure devant le conseil.
499 — Appel des décisions.
500 — Secrétaire général de la préfecture.

496 — Auprès du préfet de chaque département est un conseil de préfecture dont il doit prendre l'avis, dans certains cas déterminés par la loi et aux lumières duquel il est toujours libre de recourir pour les besoins de l'administration. Le même conseil représente, au sein du département, un tribunal administratif du premier degré, auquel sont déférées toutes les contestations du ressort de l'administration.

Le conseil de préfecture de la Seine est composé de six membres. (Loi du 28 pluviôse an VIII, art. 2; décret du 6 mai 1859.)

Les membres du conseil de préfecture sont à la nomination de l'Empereur et amovibles comme tous les administrateurs.

Lorsque le préfet assiste au conseil de préfecture, il le préside de droit; en cas de partage, il a voix prépondérante. (*Id.*, art. 5.)

497 — Le conseil de préfecture prononce, comme tribunal administratif :

Sur les demandes des particuliers tendant à obtenir la décharge ou la réduction de leur cote de contributions directes ;

Sur les difficultés qui peuvent s'élever entre les entrepreneurs des travaux publics et l'administration, concernant le sens ou l'exécution des clauses de leurs marchés ;

Sur les contestations relatives aux torts et dommages que des particuliers prétendent avoir éprouvés dans leurs propriétés, par le fait des entrepreneurs de travaux publics ou de leurs ouvriers, et non par le fait de l'administration ;

Sur les demandes et contestations concernant les indemnités dues aux particuliers, à raison des terrains pris ou fouillés pour la confection des chemins, canaux et autres ouvrages publics;

Sur les difficultés qui peuvent s'élever en matière de grande voirie;

Sur les demandes qui sont présentées par les communes pour être autorisées à plaider;

Enfin, sur le contentieux des domaines nationaux.

Telles sont les attributions que la loi du 28 pluviôse an VIII confère au conseil de préfecture. Mais des lois spéciales sont venues étendre sa juridiction, qui embrasse, en outre :

Les oppositions à la formation des établissements insalubres ou incommodes; — Voyez p. 401 et suiv.

L'appréciation de la régularité des opérations de révision des listes électorales; — Voyez p. 253.

Les contestations et contraventions concernant les servitudes militaires; — Voyez n°s 48 et suiv.

Et d'autres matières encore appartenant au domaine de l'administration.

498 — La procédure a lieu devant le conseil de préfecture par simple mémoire ou pétition et sans frais. Les arrêtés rendus saisissent les particuliers sur une simple notification administrative et sans qu'il soit besoin du ministère d'huissiers.

499 — L'appel des décisions du conseil de préfecture, statuant comme tribunal administratif, est porté devant le conseil d'État. Mais, ce qui est bien différent, l'appel d'une décision du préfet en conseil de préfecture doit être formulé en recours à l'Empereur, qui rend un décret contre-signé d'un ministre.

L'appel au conseil d'État se fait par ministère d'huissier et est notifié à la personne du préfet, sur papier libre, et enregistré gratis. Il n'est pas nécessaire que le préfet vise l'original. Il convient de désigner dans le recours un avocat à la cour de cassation à qui on adresse ses pièces. On a trois mois pour se pourvoir, à compter de la notification des arrêtés du conseil de préfecture. (Avis du conseil d'État, 16 avril 1834.)

500 — Il existe, à la préfecture, un secrétaire général qui a la garde des papiers et signe les expéditions. En l'absence du préfet, le secrétaire général peut en exercer les fonctions, en vertu d'une délégation approuvée par le ministre de l'intérieur. (Loi 28 pluv. an VIII, art. 7 et ordon. 29 mars 1821.)

HUITIÈME ET DERNIÈRE PARTIE.

ADMINISTRATION DES COMMUNES

DU DÉPARTEMENT DE LA SEINE.

501 — Nomination du conseil municipal, des maires et adjoints dans ces communes.
502 — De l'administration spéciale de ces communes. — Renvoi.

501 — Dans les communes du département de la Seine, le conseil municipal est nommé par l'empereur, tous les cinq ans, et présidé par un de ses membres, également désigné par l'empereur [1].

Quant aux maires et adjoints, ils sont nommés par l'empereur dans les chefs-lieux d'arrondissement et de canton, et dans les communes de trois mille habitants et au-dessus. — Dans les autres communes, ils sont nommés par le préfet au nom de l'empereur. Ils doivent être âgés de 25 ans accomplis et inscrits, dans les communes, sur le rôle de l'une des quatre contributions directes. Les adjoints, comme le maire, peuvent être pris en dehors du conseil municipal [2].

502 — L'administration des communes du département de la Seine a été soumise à des règles spéciales que nous avons exposées dans le *Corps municipal*, p. 606 et suiv. Nous renverrons donc le lecteur à cet ouvrage, ne pouvant nous répéter ici.

---

[1] Loi du 5 mai 1855, art. 14.
[2] *Id.*, art. 2.

APPENDICE.

N° 1.

Loi sur l'extension des Limites de Paris, du 16 Juin 1859.

ARTICLE 1er. Les limites de Paris sont portées jusqu'au pied du glacis de l'enceinte fortifiée.

En conséquence, les communes de Passy, Auteuil, Batignolles-Monceaux, Montmartre, la Chapelle, la Villette, Belleville, Charonne, Bercy, Vaugirard et Grenelle, sont supprimées.

Sont annexés à Paris les territoires ou portions de territoire de ces communes et des communes de Neuilly, Clichy, Saint-Ouen, Aubervilliers, Pantin, Prés-Saint-Gervais, Saint-Mandé, Bagnolet, Ivry, Gentilly, Montrouge, Vanves et Issy, compris dans les limites fixées par le paragraphe 1er.

Les portions des territoires d'Auteuil, Passy, Batignolles-Monceaux, Montmartre, la Chapelle, Charonne et Bercy, qui restent au delà de ces limites, sont réunies, savoir :

Celles provenant d'Auteuil et de Passy, à la commune de Boulogne ;

Celles provenant des Batignolles-Monceaux à la commune de Clichy ;

Celle provenant de Montmartre, à la commune de Saint-Ouen ;

Celle provenant de la Chapelle, partie à la commune de Saint-Ouen, partie à la commune de Saint-Denis, et partie à la commune d'Aubervilliers ;

Celle provenant de Charonne, partie à la commune de Montreuil, partie à la commune de Bagnolet ;

Celle provenant de Bercy, à la commune de Charenton ;

Le tout conformément au plan A annexé à la présente loi.

ART. 2. La nouvelle commune de Paris est divisée en vingt arrondissements municipaux formant autant de cantons de justice de paix, suivant les lignes tracées sur le plan B annexé à la présente loi.

ART. 3. Le conseil municipal de Paris se composera désormais de soixante membres, qui seront nommés par l'Empereur, conformément à la loi du 5 mai 1855.

Deux membres, au moins, seront pris dans chacun des arrondissements ; ils devront y être domiciliés ou y posséder un établissement.

Chaque arrondissement municipal aura un maire et deux adjoints.

ART. 4. A partir du 1er janvier 1860, le régime de l'octroi de Paris sera étendu jusqu'aux nouvelles limites de cette ville.

Art. 5. Les magasins en gros pour les matières et les denrées soumises dans Paris aux droits d'octroi, dont l'existence aura été constatée au 1er janvier 1859 sur les territoires annexés à Paris, jouiront, sur la demande des intéressés, pour dix années, à partir du 1er janvier 1860, de la faculté d'entrepôt à domicile, conformément aux dispositions de l'art. 41 de l'ordonnance royale du 9 décembre 1814 et de l'art. 39 de la loi du 28 avril 1816, et ce, nonobstant, en ce qui concerne les boissons, les dispositions de l'art. 9 de la loi du 28 juin 1833.

La même faculté d'entrepôt s'applique aux dépôts de combustibles et de matières premières annexés, pour leur approvisionnement, aux usines en activité au 1er janvier 1859.

A l'expiration des dix années, la faculté d'entrepôt pourra, après avis du conseil municipal, être prorogée, et, dans ce cas, elle devra être étendue à toute la ville de Paris.

Cette mesure, en ce qui concerne les boissons, ne pourra être prise qu'en vertu d'une loi.

Art. 6. Ceux des établissements mentionnés ci-dessus qui ne réclameraient pas le bénéfice de l'entrepôt à domicile pourront être admis à jouir, pour l'acquittement des droits d'octroi constatés à leur charge, des facilités de crédit analogues à celles qui sont maintenant accordées dans Paris au commerce des bois et au commerce des huiles.

Cette disposition n'est pas applicable aux objets qui sont à la fois passibles de droits d'entrée au profit du trésor et de droits d'octroi.

Art. 7. Les usines en activité à la date du 1er janvier 1859, dans le périmètre du territoire réuni à Paris, ne pourront être, pendant le délai de sept ans, assujetties, pour la fabrication de leurs produits non soumis aux droits d'octroi ou de ceux qui devront être expédiés hors du territoire de Paris, à des droits supérieurs à ceux qu'elles payent actuellement dans les communes où elles sont situées, pour les combustibles employés à la fabrication et pour les matières premières dont on peut suivre et constater la transformation.

Toutefois, les usines à gaz pourront être astreintes au payement de la totalité du droit auquel la houille est soumise à l'entrée de Paris, à moins qu'elles ne préférent continuer de payer la redevance de deux centimes par mètre cube, perçue sur le gaz consommé dans Paris, en vertu du traité passé, le 23 juillet 1855, entre la ville de Paris et la compagnie parisienne d'éclairage et de chauffage par le gaz.

Art. 8. Les contributions directes dont le taux est déterminé à raison de la population continueront, pendant cinq ans, à partir du 1er janvier 1860, à être établies d'après les tarifs actuels dans les communes ou portions de communes annexées à Paris.

Après ce délai, ainsi que l'art. 5 de la loi du 25 avril 1844 l'a réglé pour les communes passant d'une catégorie dans une autre, l'augmentation que devront subir les droits fixes de patentes, pour être portés au niveau de ceux de Paris, n'aura lieu que pour moitié, et ne sera complétée qu'après une seconde période de cinq années.

Art. 9. Les dettes des communes supprimées qui ne seraient pas couvertes par l'actif de ces communes au moment de leur suppression seront acquittées par la ville de Paris.

A l'égard des communes dont une partie seulement est annexée à Paris, un décret rendu en conseil d'État réglera le partage de leur dette et de leur actif mobilier et immobilier.

Toutefois, la propriété des édifices et autres immeubles servant à usage public suivra de plein droit l'attribution des territoires sur lesquels ils sont situés.

Art. 10. Les dispositions des lois et décrets qui interdisent les inhumations dans l'enceinte des villes ne deviendront pas, par le seul fait de la présente loi, applicables aux cimetières actuellement existants dans l'intérieur de l'enceinte nouvelle de Paris.

Art. 11. Un règlement d'administration publique déterminera les mesures à prendre pour l'application des art. 4, 5, 6 et 7 de la présente loi.[1]

N° 2.

Décret portant règlement d'administration publique pour l'exécution des articles 4, 5, 6 et 7 de la loi du 16 juin 1859, en ce qui concerne l'application de l'octroi de Paris aux nouvelles limites de cette ville, du 19 décembre 1859.

Sur le rapport de notre ministre secrétaire d'État au département des finances.

Vu les articles 4, 5, 6, 7 et 11 de la loi du 16 juin 1858, sur l'extension des limites de Paris.

Vu l'ordonnance du 9 décembre 1814 et les dispositions des lois des 28 avril 1816 et 24 juin 1824, relatives aux octrois;

Vu la loi du 12 décembre 1830 et le tarif y annexé, pour la perception du droit d'entrée sur les boissons;

Vu la loi du 24 mai 1834;

Vu la loi du 11 juin 1842;

Vu la loi du 10 mai 1846;

Vu le décret du 17 mars 1852;

Vu l'article 18 de la loi de finances du 22 juin 1854;

Vu les délibérations des conseils municipaux des communes de Neuilly et de Boulogne;

Vu la délibération du conseil municipal de la ville de Paris, en date du 30 septembre 1859, tendant à :

1° La réunion à l'octroi de Paris des octrois établis dans les communes de Passy, Auteuil, Batignolles-Monceaux, Montmartre, la Chapelle, la Villette, Belleville, Charonne, Bercy, Vaugirard et Grenelle;

2° L'extension aux parties de ces anciennes communes comprises dans l'enceinte fortifiée de Paris du tarif en vigueur dans ladite ville;

3° L'approbation d'un règlement pour la perception dudit octroi;

Vu l'avis du préfet du département de la Seine, en date du 5 octobre suivant :

Vu les observations de notre ministre secrétaire d'État au département de l'intérieur;

Notre conseil d'État entendu,

Avons décrété et décrétons ce qui suit :

Art. 1er. A partir du 1er janvier 1860, la législation, les règlements et les tarifs de l'octroi de Paris actuellement en vigueur seront appliqués aux ter-

---

(1) Voyez ci-après n° 2.

ritoires réunis à cette ville par l'article 1er de la loi du 16 juin 1859, sous les exceptions portées par la loi et par le présent règlement.

Art. 2. Pour faciliter la circulation entre Paris et le bois de Boulogne, il ne sera établi, aux barrières de l'enceinte fortifiée donnant sur le bois, qu'un simple service de surveillance; mais, pour garantir complétement les intérêts de la perception, le territoire de cette promenade, avec son saut de loup, ses grilles et ses pavillons d'entrée, ses boulevards et chemins extérieurs, et le rivage de la Seine qui la limite à l'ouest, seront, à la même époque du 1er janvier 1860, et par l'application des articles 9 et 10 du décret du 17 mai 1806 et de l'article 152 de la loi du 28 avril 1816, soumis au régime de l'octroi de Paris.

Toutefois, aucune introduction d'objets assujettis aux droits, autre que celle pour l'approvisionnement de ses habitants, ne pourra s'effectuer par le bois de Boulogne. Il n'y aura, aux grilles extérieures de cette annexe et sur les limites, qu'un service de vérification, et toute introduction ou tentative d'introduction constituera une contravention qui sera poursuivie conformément aux lois des 29 mars 1832 et 24 mai 1834.

Art. 3. Il sera établi tel nombre de bureaux de déclaration, de recette, de vérification et de surveillance qu'il sera jugé nécessaire, tant aux portes autres que celles donnant sur le bois de Boulogne, qui sont ménagées dans le mur des fortifications, qu'aux nouvelles entrées par eau, sur les ports de déchargements, dans les gares et sur les lignes de chemins de fer, depuis le point où la voie franchit l'enceinte de Paris, jusqu'à son extrémité à l'intérieur.

Des bureaux et services seront également organisés à l'intérieur des territoires réunis à la ville de Paris, pour assurer la perception dans les abattoirs, marchés et établissements publics, dans les entrepôts à domicile autorisés par l'article 5 de la loi précitée, dans les usines appelées à jouir du bénéfice de l'article 7, ainsi que dans les fabriques et autres lieux de production d'objets assujettis aux droits d'octroi.

Art. 4. Des arrêtés du préfet de la Seine, le conseil municipal consulté, continueront à déterminer, suivant les localités et les besoins de la perception, la nature du service auquel chacun des bureaux établis en vertu de l'article précédent devra être affecté, les heures d'ouverture et de fermeture desdits bureaux.

Ces arrêtés seront publiés et affichés dans l'intérieur et à l'extérieur des bureaux.

Objets existant dans le commerce au 1er janvier 1860 sur le territoire annexé.

Art. 5. Tous les objets compris aux tarifs des droits d'octroi de Paris, existant dans le commerce au 1er janvier 1860 sur le territoire annexé à l'ancien rayon, seront frappés desdits droits, sous la déduction des taxes qu'ils auront acquittées à l'octroi de la commune dont dépendait l'établissement dans lequel ces objets seraient reconnus, sauf l'admission en entrepôts fictifs, s'il y a lieu.

Art. 6. Tout commerçant en gros ou en détail, tout fabricant, tout chef d'usine, et tout détenteur ou dépositaire de marchandises assujetties à l'octroi et destinées à être revendues, sera tenu, dans les dix premiers jours du mois de janvier 1860, de déclarer, au bureau de l'octroi désigné à cet effet, ou aux employés qui se présenteraient pour recevoir lesdites déclarations, tous les objets compris au tarif qu'il avait en sa possession au 1er dudit mois de janvier, soit dans ses magasins, caves, celliers ou ateliers, soit dans tout autre lieu.

Lesdites déclarations devront énoncer exactement la nature, la quantité desdits objets, et les lieux où ils sont placés. Elles pourront être vérifiées par les employés de l'octroi.

A défaut de déclaration ou en cas de déclaration fausse ou inexacte, les contrevenants seront poursuivis en vertu de l'article 8 de la loi du 29 mars 1832.

Art. 7. Le droit d'octroi à percevoir en exécution de l'article 5 ci-dessus sera exigible, immédiatement après la remise au redevable du décompte des sommes dues d'après les quantités constatées, comme il est dit dans l'article 6, à moins que lesdits objets ne soient admis à l'entrepôt fictif autorisé par l'article 5 de la loi sur l'annexion, en faveur des magasins en gros et des usines dont l'existence aura été constatée au 1er janvier 1859.

Des facilités de payement pourront être accordées par l'administration, eu égard à l'importance des sommes dues sur les marchandises non entreposées et aux garanties offertes par les contribuables.

Art. 8. Les marchands en gros de boissons, qui auraient établi des magasins postérieurement au 1er janvier 1859, ne pouvant prétendre à l'entrepôt à domicile, concédé par l'article 5 de la loi du 16 juin 1859, et les débitants cessant également à la même époque d'être exercés, seront tenus, les uns et les autres, d'acquitter les droits d'octroi de Paris sur toutes les boissons restant en leur possession au 31 décembre 1859. Le recouvrement de ces droits s'effectuera en même temps que celui de la taxe unique attribuée au Trésor public, conformément à l'article 42 de la loi du 21 avril 1832.

Art. 9. L'exercice des contributions indirectes dans les magasins en gros de boissons existant au 1er janvier 1859, qui conserveront l'entrepôt à domicile, aura lieu dans l'intérêt commun de l'État et de la ville, ainsi que le prescrit l'article 91 de l'ordonnance du 9 décembre 1814.

Les boissons que ces entrepôts livreront à la consommation de Paris acquitteront les droits d'octroi avant l'enlèvement, d'après les règles suivies par la régie des contributions indirectes pour ses propres perceptions, et conformément aux prescriptions des articles 18 et 19 du présent règlement en tout ce qui peut concerner l'octroi de Paris.

Art. 10. Toute personne qui, après la mise à exécution de la loi d'annexion livrerait, soit aux commerçants, soit aux consommateurs, des objets soumis aux droits d'octroi, qu'elle aurait accumulés et recélés, soit pour son compte, soit pour le compte d'autrui, et pour lesquels elle n'aurait pas fait la déclaration prescrite par l'article 6 du présent règlement, sera poursuivie en vertu de l'article 8 de la loi du 29 mars 1832. Les objets transportés ainsi que ceux qui existeront dans le dépôt non déclaré seront saisis.

La présente disposition ne pourra s'étendre aux particuliers transportant leurs approvisionnements ordinaires dans un autre domicile, ou qui céderaient tout ou partie de ces approvisionnements à d'autres personnes.

Des entrepôts à domicile.

Art. 11. Les magasins en gros d'objets soumis aux droits d'octrois pouvant prétendre à l'entrepôt à domicile concédé pour dix années, par l'article 5 de la loi du 16 juin 1859, seront admis au bénéfice de cette disposition, sur une demande des intéressés, présentée à l'administration de l'octroi, indiquant la situation des magasins, la description des lieux, la nature du commerce, et appuyée des titres, pièces et documents divers constatant l'existence de ces établissements comme magasins en gros au 1er janvier 1859, sur les territoires annexés à la ville de Paris, ainsi que les droits des demandeurs.

Toutes les questions qui s'élèveraient relativement à l'admission au bénéfice de l'entrepôt, en ce qui concerne les objets assujettis exclusivement à l'octroi, seront portées devant le préfet de la Seine, qui prononcera.

Art. 12. La concession de l'entrepôt à domicile n'étant prononcée qu'en faveur du commerce en gros, tout commerce en détail dans lesdits magasins exclut la faculté d'y recevoir des marchandises en entrepôts; mais l'entrepositaire peut effectuer la vente en détail dans tout local distinct qui n'a aucune communication avec les magasins réservés à la vente en gros.

Ces derniers magasins ne devront communiquer avec la voie publique que par le nombre d'issues indispensables pour l'exploitation de l'établissement, et de telle sorte qu'aucun objet enlevé desdits locaux ne puisse être soustrait à la surveillance des employés.

La situation de ces ouvertures sera désignée et décrite dans la demande d'entrepôt présentée par les intéressés conformément à l'article précédent. Aucun changement ne pourra y être apporté qu'après déclaration acceptée par l'administration de l'octroi.

Toute sortie des entrepôts, opérée par d'autres ouvertures que celles qui auraient été ainsi désignées, et dont le service aurait reconnu l'utilité, sera considérée comme introduction furtive dans la ville, lors même qu'il serait représenté des bulletins d'enlèvement ou quittances des droits; la saisie des objets transportés sera déclarée, et les peines édictées par la loi du 29 mars 1832 seront invoquées contre les délinquants.

Art. 13. Tout magasin admis à l'entrepôt sera enregistré à l'administration de l'octroi, et donnera lieu à délivrance d'un permis d'entrepôt. Les cessions d'établissement faites dans le cours des dix années accordées par l'article 3 de la loi d'annexion seront déclarées à l'octroi de la manière prescrite par l'article 4 ci-dessus, et les nouveaux possesseurs ne pourront exercer la qualité d'entrepositaires qu'après avoir obtenu un nouveau permis.

Art. 14. Dans le cas de décès, de faillite ou de disparition d'un entrepositaire, les droits sur les manquants et les restes en magasin devront être immédiatement acquittés par ses héritiers ou ayants cause, à moins que ceux-ci ne soient reconnus fondés à réclamer la continuation de la faculté d'entrepôt pour les mêmes magasins.

Art. 15. Les entrepositaires d'objets soumis aux droits d'octroi devront, comme les entrepositaires de boissons, auxquels l'article 38 de la loi du 21 avril 1832 en impose l'obligation, présenter une caution solvable, domiciliée dans Paris, qui s'engagera, conjointement et solidairement avec eux, au payement des droits sur les quantités manquantes, pour lesquelles il ne serait justifié ni de l'acquittement des droits ni de la sortie du rayon.

L'administration pourra exiger une nouvelle caution lorsqu'elle le jugera nécessaire. Faute de satisfaire à cette demande, l'entrepositaire et la caution pourront être contraints au payement des droits sur la totalité des objets en magasin.

Art. 16. Sont désignés dans le tableau ci-après les objets admis à l'entrepôt à domicile, ainsi que les quantités au-dessous desquelles la faculté de l'entrepôt ne pourra être accordée et le certificat de sortie délivré.

S'il est reconnu nécessaire d'étendre la faculté de l'entrepôt à d'autres objets que ceux qui sont énoncés audit tableau, le préfet de la Seine, le conseil municipal entendu, prononcera.

N° 2.

Tableau des objets soumis aux droits d'octroi de Paris, admis aux entrepôts à domicile concédés par la loi du 16 juin 1859, relative à l'extension des limites de Paris, et des quantités au-dessous desquelles la faculté de l'entrepôt ne pourra être accordée et le certificat de sortie délivré.

DÉSIGNATION DES OBJETS.		MINIMUM DES QUANTITÉS	
		pouvant être admises à l'entrepôt.	pouvant être reconnues à la sortie.
Boissons.....	Pour les boissons, on suit les règles établies par la législation des contributions indirectes..................	»	»
Liquides.....	Vinaigres........................	1 hect.	1 hect.
	Bière............................	5 —	75 litres.
	Huile { d'olive...................	1 —	50 —
	{ de toute autre espèce......	1 —	1 hect.
	Vernis...........................	1 —	50 litres.
	Essence..........................	1 —	1 hect.
Comestibles..	Viandes salées...................	500 kilog.	50 kilog.
	Beurres salés....................	500 —	100 —
Combustibles.	Bois à brûler....................	4 stères.	2 stères.
	Charbons de bois.................	30 hect.	2 hect.
	Charbons de terre................	1,200 kilog.	1,000 kilog.
Matériaux....	Ciments..........................	2,500 —	1,000 —
	Fers et fontes...................	1,000 —	500 —
	Ardoises.........................	5,000 —	3,000 —
	Briques..........................	1,500 —	1,000 —
	Tuiles...........................	1,000 —	500 —
	Carreaux.........................	1,500 —	1,000 —
	Poterie..........................	1,000 —	500 —
Construction..	Bois à ouvrer....................	3 stères.	2 stères.
	Lattes...........................	500 bottes.	100 bottes.
Fourrages....	Foin.............................	200 —	200 —
	Paille...........................	200 —	200 —
	Avoine...........................	2,000 kilog.	500 kilog.
	Orge.............................	2,000 —	500 —
Objets divers.	Fromages.........................	200 —	100 —
	Sels.............................	1,000 —	100 —
	Cires............................	50 —	25 —
	Bougies et stéarines.............	500 —	100 —
	Suifs............................	1,000 —	500 —

Art. 17. Tout marchand en gros, jouissant de la faculté d'entrepôt, qui voudra faire conduire dans les magasins, caves ou celliers où il est autorisé à exercer cette faculté, des marchandises soumises aux droits, sera tenu, sous les peines portées par la loi du 29 mars 1832, d'en faire la déclaration préalable aux bureaux d'octroi affectés à ces introductions, de s'engager à acquitter les droits sur les quantités qu'il ne justifierait pas avoir fait sortir de la commune, et de se munir d'un bulletin d'entrepôt, le tout suivant les prescriptions de l'article 42 de l'ordonnance du 9 décembre 1814.

Art. 18. Aucun objet admis en entrepôt ne pourra être enlevé du lieu où il a été déposé qu'après déclaration préalable faite aux bureaux de l'octroi désignés à cet effet, et qu'autant qu'il serait accompagné d'un bulletin d'enlèvement ou d'une quittance des droits portés au tarif.

La déclaration devra être faite une heure au moins avant la sortie de l'entrepôt; elle indiquera la nature, la quantité et la destination des objets ainsi que l'heure de la mise en cours de transport.

Si l'enlèvement a lieu pour l'extérieur de Paris, les objets seront représentés aux employés des barrières ou portes, qui, après vérification des quantités et espèces, constateront la sortie.

Si l'enlèvement a lieu à destination d'un autre entrepôt, le bulletin contiendra toutes les indications nécessaires pour assurer la régularité du transport et la prise en charge dans ce dernier établissement.

Si, enfin, les objets sortant des entrepôts sont destinés à la consommation locale, les droits en seront acquittés au moment même de la déclaration d'enlèvement.

Art. 19. Les bulletins d'enlèvement ou les quittances des droits payés seront représentés à toute réquisition des employés chargés de la surveillance extérieure des entrepôts.

Faute de représentation desdits bulletins ou quittances, en cas de double emploi, de défaut d'identité dans la nature des objets, ou d'excédants reconnus sur les chargements, ou d'enlèvement hors de l'heure déterminée, les objets transportés seront saisis, et les peines prononcées par la loi du 29 mars 1832, pour les contraventions aux entrées de Paris, seront invoquées contre les délinquants.

La même pénalité sera encourue à la sortie de Paris, en cas de représentation de quantités inférieures à celles qui auront été portées au bulletin d'enlèvement pour l'extérieur, ou de substitution d'objets taxés à des droits moins élevés que ceux qui frappent les marchandises énoncées audit bulletin.

Art. 20. Les employés de l'octroi tiendront un compte d'entrée et de sortie des marchandises entreposées; à cet effet, ils pourront, en tout temps, faire à domicile dans les magasins, chantiers, caves ou celliers des entrepositaires, toutes les vérifications nécessaires pour reconnaître les objets entreposés, constater les quantités restantes et établir le compte des droits dus sur celles pour lesquelles il ne sera pas représenté de certificat de sortie ou de quittances de droits acquittés sur les livraisons faites à l'intérieur.

Les sommes dues, par suite de l'établissement de ce décompte, seront acquittées immédiatement par les entrepositaires, et, à défaut, il sera décerné contre eux des contraintes qui seront exécutoires, nonobstant opposition et sans y préjudicier.

La quotité des déductions à accorder sur les marchandises dont le poids ou la quantité est susceptible de diminuer, sera déterminée par des arrêtés préfectoraux.

Art. 21. Les entrepositaires ne pourront avoir, dans les magasins qui leur serviront d'entrepôt, aucune marchandise ayant acquitté les droits, de la nature de celles qui y seront entreposées.

Toute substitution ou altération dans la nature ou l'espèce des objets entreposés ayant pour but de dissimuler des manquants et d'éluder le payement des droits, donnera lieu à l'application des peines portées par la loi du 29 mars 1832.

Art. 22. Les entrepositaires seront tenus de disposer les marchandises de telle sorte qu'elles puissent être vérifiées sans déplacement, de fournir aux employés de l'octroi et de mettre à leur disposition les hommes et les ustensiles nécessaires pour faciliter la reconnaissance, le pesage ou le mesurage des objets existants dans les entrepôts. Le non-accomplissement de ces obligations constituera un cas d'opposition aux visites et exercices des employés, et fera encourir aux contrevenants la peine de cinquante francs d'amende, prononcée par l'art. 12 de la loi du 27 vendémiaire an VII. Il sera procédé d'office auxdites vérifications, et les frais en seront supportés par les entrepositaires.

Art. 23. Tout refus de subir les visites, vérifications et exercices des employés de l'octroi sera constaté par procès-verbal. Les prétextes d'absence seront réputés refus formel. Les employés, après un refus de visite, pourront requérir l'assistance d'un officier de police, faire ouvrir en sa présence les caves, chantiers, celliers ou magasins, et procéder aux vérifications prescrites par l'article 20.

Facilités de crédit accordées pour l'acquittement des droits d'octroi.

Art. 24. Le minimum des droits d'octroi pouvant motiver la concession des facilités de crédit mentionnées en l'article 6 de la loi du 16 juin 1859, est fixé à deux cents francs.

Pour les soumissions annuelles, la présentation des cautions et avals, l'admission des valeurs offertes en dépôt, à défaut de caution, l'établissement des décomptes, la forme et l'échéance des billets et engagements, les bureaux où ils devront être souscrits, et autres obligations à remplir par les intéressés, il sera procédé généralement suivant les règles appliquées au commerce de bois dans Paris.

Des arrêtés préfectoraux pourvoiront aux modifications que comporterait la nature du commerce et des opérations des magasins en gros auxquels la loi a entendu accorder ces facilités.

Usines appelées à profiter, pendant sept ans, de modifications et franchises de droits.

Art. 25. Les usines qui étaient en activité, au 1er janvier 1859, sur les territoires réunis à la ville de Paris, jouiront, à partir du 1er janvier 1860, de la faculté qui leur est concédée par le second paragraphe de l'article 5 de la loi du 16 juin 1859, relatif aux magasins en gros, de recevoir en entrepôt, à domicile, les combustibles et matières premières comprises au tarif de l'octroi, nécessaires pour la fabrication de leurs produits, si la consommation annuelle de ces combustibles et matières premières est assez importante pour que l'approvisionnement en soit assimilable à un commerce en gros.

Art. 26. L'admission en entrepôt à domicile des combustibles et matières premières a seulement pour effet d'affranchir les usines de l'obligation de consigner les droits jusqu'au moment de l'emploi de ces éléments de fabrication, et ces approvisionnements ne peuvent devenir l'objet d'aucun commerce dans les usines. Toutefois, l'administration pourra, exceptionnellement, autoriser des cessions de ces marchandises, et en régler les conditions relativement à l'octroi; mais toute sortie de ces établissements, sans ladite autorisation, d'une partie quelconque des combustibles et matières premières tenus en entrepôt, constituera une introduction frauduleuse dans l'intérieur de la ville; les quantités transportées seront saisies, et l'amende ainsi que la confiscation seront encourues.

Art. 27. A dater de la même époque, ces usines seront mises, de la manière suivante, en possession des franchises et modérations de taxes prononcées par l'article 7 de ladite loi.

§ 1ᵉʳ. — COMBUSTIBLES.

Les combustibles employés exclusivement à la fabrication de produits non compris au tarif de l'octroi de Paris, ou qui, s'y trouvant compris, sont destinés à être expédiés à l'extérieur, seront affranchis des droits portés audit tarif; mais ces combustibles seront assujettis à des droits égaux à ceux qu'ils payent actuellement dans les communes où les usines sont situées.

§ 2. — MATIÈRES PREMIÈRES COMPRISES AU TARIF DE L'OCTROI.

Les matières premières comprises au tarif de l'octroi, qui seront entrées dans la fabrication de produits non imposés, et dont les employés de l'octroi auront constaté la complète transformation sans retour possible à l'état primitif, et celles de ces matières qui entreront dans la formation de produits imposés, mais destinés à être expédiés au dehors, seront affranchies des droits d'octroi de Paris; mais elles seront assujetties à des droits égaux à ceux qu'elles payent actuellement, comme il est dit au paragraphe premier ci-dessus pour les combustibles.

§ 3. — DISPOSITION COMMUNE.

Les combustibles et matières premières employés dans la fabrication des produits imposés, destinés à être livrés à la consommation de Paris, jouiront de la même franchise, mais sous la même réserve.

Art. 28. L'emploi des combustibles et matières premières sera suivi par les employés de l'octroi, au moyen d'un compte d'entrée et d'emploi de ces marchandises. Les charges résulteront des arrivages provenant, soit de l'extérieur, soit des entrepôts de l'intérieur de Paris. La décharge sera tirée de la constatation, par les mêmes employés, de la mise en consommation ou de la transformation desdits approvisionnements.

A cet effet, les chefs des usines, ou les agents désignés pour les remplacer, devront faire, au bureau de l'octroi qui leur sera assigné, toutes les déclarations qui seront reconnues nécessaires pour que les employés chargés de suivre les mouvements de ladite consommation puissent assister aux opérations, faire toutes vérifications et passer les écritures qui devront amener la décharge du compte d'entrepôt. Ces formalités et généralement la marche à suivre pour l'application des articles 5 et 7 de la loi, dans les relations à établir entre le service de l'octroi et les diverses usines, selon les besoins et la nature des travaux de chaque industrie, seront réglées par le préfet de la Seine.

Lorsque les recensements des combustibles et matières premières auront fait ressortir des manquants, ceux-ci seront frappés des droits d'octroi de Paris, sous la déduction des décharges qui auraient été constatées, et le payement devra en être effectué immédiatement.

Art. 29. Les objets compris au tarif de l'octroi, fabriqués dans les usines, formeront la matière d'un second compte d'entrepôt qui présentera : en charge, les produits de la fabrication au moment où elle sera constatée; en décharge, les quantités livrées à la consommation intérieure qui auront acquitté les droits, et celles dont la sortie de Paris sera justifiée. Sous ces divers rapports, les usines seront traitées en tout point comme les magasins en gros, et seront soumises aux mêmes obligations pendant le délai de sept années qui leur est concédé.

Art. 30. Les combustibles dont l'existence au 1er janvier 1860 aura été déclarée ou reconnue, conformément à l'article 6 du présent règlement, dans les usines admises au bénéfice de l'entrepôt, seront pris en charge.

Les matières premières soumises audit octroi seront inventoriées à la même époque, et mises également en entrepôt comme éléments de fabrication.

Art. 31. Sur la demande des intéressés, formée et examinée conformément à l'article 11 du présent règlement concernant les magasins en gros, les usines seront admises au bénéfice résultant des articles 5 et 7 de la loi du 16 juin 1859.

Outre les indications, titres et documents à fournir, conformément audit article 11, la demande devra énoncer d'une manière précise la nature des combustibles et matières premières pour lesquels l'entrepôt est demandé, l'évaluation des quantités nécessaires pour une année, la nature des produits fabriqués et la proportion dans laquelle ont lieu les expéditions à l'extérieur.

Art. 32. Les magasins, ateliers et locaux divers où seront déposés les combustibles et matières premières tenus en compte d'entrepôt, ainsi que les produits fabriqués soumis aux droits d'octroi de Paris, ne devront, comme les magasins en gros, communiquer avec la voie publique que par les issues indispensables pour l'exploitation.

Sous ce rapport, l'article 12 du présent règlement s'appliquera aux usines exercées par les employés de l'octroi comme auxdits magasins. Il en sera de même des articles 13 et 14, en cas de transmission ou de cession d'exploitation, de décès, faillite ou disparition.

Enfin, les dispositions des articles 15 à 23 seront également applicables à tous les cas prévus ou analogues qui se produiraient dans lesdites usines.

Usines à gaz.

Art. 33. Les usines à gaz qui payeront, conformément au paragraphe 2 de l'article 7 de la loi, la totalité du droit auquel la houille est soumise à l'entrée dans Paris, seront affranchies de tout droit sur le gaz et sur le coke par elles produits et livrés à la consommation intérieure; dans le cas où elles préféreraient continuer à payer la redevance de deux centimes par mètre cube, perçue aujourd'hui sur le gaz consommé dans la ville, elles seront assujetties au payement des droits d'octroi pour les quantités de coke par elles introduites.

Toutefois, les usines pourront demander l'entrepôt à domicile pour la houille de leur consommation et pour leurs produits, en se soumettant à l'exercice des employés de l'octroi. Les quantités expédiées hors Paris seront portées en décharge au compte de cette fabrication, sur la représentation du certificat de sortie délivré aux barrières.

Les droits seront perçus au fur et à mesure des livraisons faites à l'intérieur de Paris ainsi que sur les manquants aux charges, qui seront constatés.

Chemins de fer.

Art. 34. A partir du 1er janvier 1860, le régime de l'octroi de Paris, suivi dans les gares des chemins de fer situées à l'intérieur, s'étendra jusqu'au point où la voie franchit les fortifications.

Les employés de l'octroi auront accès sur toute la ligne, ainsi que dans les gares ou établissements existant sur ce parcours où ils auront à assurer la perception des droits du Trésor public et des droits d'octroi sur tous les objets soumis à ces taxes.

ART. 35. Les droits dus seront exigibles au moment de l'arrivée, comme aux autres entrées de Paris, sur les objets destinés à la consommation locale.

Toutefois, en raison de la nature des transports exécutés par les chemins de fer, ainsi que des destinations diverses que reçoivent les chargements et conformément aux dispositions de l'article 30 de l'ordonnance du 9 décembre 1814, les gares seront considérées comme lieu de transit, sous la condition d'un classement distinct des marchandises assujetties, qui les tienne entièrement séparées des ateliers, magasins et approvisionnements de toutes sortes, affectés aux travaux de l'exploitation, étrangers aux mouvements des marchandises.

Bien que soumis, dès leur arrivée, à la surveillance générale du service de l'octroi, les objets imposables n'acquitteront les droits que lors de la sortie des gares.

Il en sera de même pour toutes les formalités relatives aux expéditions vers les entrepôts de l'intérieur ou en passe-debout.

Aucune déclaration ne sera exigée pour les marchandises imposables réexpédiées des gares, soit directement par la voie d'arrivée, soit d'une gare à l'autre par le chemin de ceinture, à moins que, par suite d'opérations particulières, il n'y ait prise en charge et compte tenu par les employés de l'octroi nécessitant la reconnaissance à la sortie des marchandises.

ART. 36. Les compagnies des chemins de fer fourniront, tant dans les gares que sur la voie, à partir des fortifications et jusqu'au point extrême à l'intérieur, les bureaux, locaux et emplacements qui seront réclamés par le service des perceptions et de surveillance de l'octroi.

Les ouvertures donnant entrée dans Paris seront réparties sur l'enceinte des gares, et le nombre en sera limité, de façon à concentrer l'action des employés et à prévenir les introductions abusives, tout en donnant au mouvement des chemins de fer les facilités indispensables à leur exploitation.

L'article 3 du présent règlement mettant les ouvertures des gares sur Paris au rang des portes pratiquées dans les fortifications pour les besoins généraux de la circulation, et l'article 4 attribuant au préfet de la Seine les décisions à prendre pour le placement des postes et bureaux sur tous les points donnant accès dans Paris, les questions qui pourraient s'élever, en ce qui touche les portes de gares, seront soumises à la décision de l'autorité préfectorale.

En cas de réclamations des compagnies de chemins de fer contre l'exécution du présent article, il sera statué par le ministre des travaux publics de concert avec le ministre de l'intérieur.

Bestiaux arrivant à destination des abattoirs ou des marchés publics.

ART. 37. Le règlement du 23 décembre 1846, relatif à la perception du droit d'octroi sur la viande de boucherie et la viande de charcuterie à Paris, devenant applicable aux territoires annexés à la ville de Paris, toutes ses dispositions y seront obligatoires à partir du 1er janvier 1860.

En conséquence, les obligations imposées par l'article 2 seront remplies aux nouveaux bureaux de l'octroi. La consignation du droit fixe par tête sera exigée pour les bestiaux destinés aux abattoirs publics, à moins que les bouchers et charcutiers ne se reconnaissent responsables des agents chargés d'effectuer la déclaration et la conduite de ces animaux. Des soumissions dans ce sens seront fournies à l'administration par les bouchers occupant des places dans les abattoirs et recevant des bestiaux sous leur nom.

Les personnes autres que les bouchers admis au crédit autorisé par l'article 9 du règlement pour l'acquittement du droit sur les viandes, qui feraient conduire des bestiaux dans les abattoirs, ne pourront être dispensées de la consignation du droit fixe qu'en vertu d'autorisations données par l'administration de l'octroi, d'après les garanties offertes par les intéressés.

Art. 38. La consignation devra toujours être effectuée sur les bestiaux arrivant à destination des marchés publics de l'intérieur de Paris (article 2 du règlement précité), ainsi que pour ceux qui seraient conduits à domicile pour y être entretenus jusqu'à leur entrée aux abattoirs ou à leur réexpédition hors de la ville. Des bulletins de consignation seront délivrés par chaque tête de bétail, ainsi que cela se pratique pour l'ancien territoire ; et les sommes déposées seront remboursées sur la justification de l'entrée des animaux dans les abattoirs ou de leur sortie de Paris.

Bestiaux entretenus à domicile.

Art. 39. Les propriétaires de bestiaux entretenus dans les territoires annexés à la ville de Paris devront, au 1er janvier 1860, faire la déclaration, aux bureaux de l'octroi désignés, de tous ceux qu'ils auront en ce moment en leur possession.

Les employés vérifieront ces déclarations et feront les recherches nécessaires pour découvrir les bestiaux qui n'auraient pas été déclarés. Ces derniers seront saisis, et les peines prononcées par la loi du 29 mars 1832 seront appliquées, s'il y a lieu.

Les bestiaux reconnus, au 1er janvier 1860, sur le territoire réuni, deviendront immédiatement passibles de la consignation du droit fixe par tête, comme le sont ceux qui sont entretenus dans l'étendue de l'ancien périmètre. Toutefois des délais pourront être accordés, pour le versement desdites consignations, aux propriétaires qui donneraient des garanties suffisantes.

Art. 40. Jusqu'à ce que la consignation du droit fixe ait été complétement réalisée pour les bestiaux inventoriés au 1er janvier 1860, les employés de l'octroi ne tiendront aucun compte d'entrepôt et y porteront en décharge ceux dont l'envoi aux abattoirs ou hors de Paris sera justifié, ou pour lesquels les consignations ajournées auraient été versées. Ils feront des visites et recensement pour s'assurer du nombre des bestiaux existant encore dans les étables, et feront acquitter immédiatement le droit fixe pour ceux qui ne seraient pas représentés. Après cet apurement, le compte d'entrepôt ouvert transitoirement sera clos.

Art. 41. Les bestiaux nés dans l'intérieur du rayon de l'octroi seront également passibles des droits ; déclaration en sera faite à l'octroi, trois jours après la naissance, et le droit fixe par tête devra être consigné dès que l'octroi en réclamera le dépôt. Les employés tiendront les animaux en compte et en suivront la destination jusqu'à leur entrée dans les abattoirs ou leur envoi hors de Paris.

Art. 42. Toute personne qui entretiendra des bestiaux à domicile sera tenue de subir les visites et exercices des employés de l'octroi. En cas de refus ou opposition, procès-verbal sera rapporté, et le contrevenant encourra l'amende de 50 francs prononcée par la loi.

Objets traversant Paris en passe-debout ou destinés aux halles, marchés et entrepôts réels.

Art. 43. Les changements d'objets soumis à l'octroi, traversant Paris avec escorte, à destination des halles, marchés ou entrepôts réels, devront se rendre du bureau d'entrée au bureau de sortie assigné à l'expédition ou à leur destination à l'intérieur, sans s'arrêter pendant le trajet et en suivant les itinéraires qui auront été réglés par l'autorité municipale.

Le délai fixé par le décret du 29 nivôse an VII pour le transport s'exécutant par terre sera prolongé en raison des distances à parcourir après l'agrandissement de Paris.

Toute substitution et toute altération faite dans la nature ou l'espèce des objets en passe-debout, pendant la durée du parcours, fera encourir au contrevenant une amende de 100 francs à 200 francs, et entraînera, en outre, la confiscation des objets représentés et le payement d'une somme égale à la différence de leur valeur avec celle des objets reconnus à l'entrée, laquelle sera déterminée d'après le prix moyen dans le lieu sujet.

Sauf le cas de force majeure ou de circonstances imprévues justifiées, les peines ci-dessus seront également applicables, hors du parcours, à tout fait de déchargement ou de livraison en ville qui n'aurait pas été immédiatement déclaré au plus prochain bureau d'octroi.

Les dispositions ci-dessus seront communes aux chargements d'objets soumis aux droits, conduits hors de Paris et sortant des entrepôts réels.

Art. 44. Lorsqu'il sera possible de faire escorter les chargements, le conducteur sera dispensé de consigner ou de faire cautionner les droits.

Les frais de l'escorte, en cas de passe-debout ou de transports exécutés hors des heures fixées pour les convois gratuits se rendant aux halles et marchés, aux entrepôts réels, ou sortant de ces établissements pour l'extérieur, seront, comme aujourd'hui, payés à l'octroi par les conducteurs.

A partir du 1er janvier 1860, l'indemnité due pour ce service sera de 2 francs par voiture pour les transports par terre, et de 4 francs par bateau ou train flottant.

Droit d'abattoir.

Art. 45. L'art. 12 du règlement du 23 décembre 1846 sera appliqué dans les abattoirs publics existant ou à établir sur le territoire annexé à la ville de Paris au 1er janvier 1860.

Dispositions générales.

Art. 46. Les dispositions de l'ordonnance du 9 décembre 1814, rendues applicables à l'octroi de Paris par l'art. 18 de l'ordonnance du 22 juillet 1831, continueront d'être observées en ce qui n'est pas contraire au présent règlement.

Art. 47. Notre ministre secrétaire d'État au département des finances est chargé de l'exécution du présent décret, qui sera inséré au *Bulletin des lois*.

N° 3.

Arrêté du préfet de la Seine sur les circonscriptions des arrondissements et quartiers de Paris, du 3 novembre 1859.

Le sénateur préfet de la Seine, grand officier de l'ordre impérial de la Légion d'honneur;

Vu la loi du 16 juin 1859, relative à l'extension des limites de Paris;

Vu le décret du 1er novembre 1859, rendu pour l'exécution des art. 1er et 2 de cette loi,

Arrête :

Les quartiers des nouveaux arrondissements de Paris, formés d'après le plan annexé au décret du 1er novembre présent mois, seront désignés selon les indications de ce plan, rappelées au tableau joint au présent arrêté.

Ce tableau, qui fait connaître avec détail les circonscriptions des nouveaux arrondissements et quartiers, sera publié par voie d'affiches.

Fait à Paris, le 3 novembre 1859.

G.-E. HAUSSMANN.

1er, ARRONDISSEMENT DU LOUVRE.

Une ligne partant du milieu de la Seine, en face de l'angle sud-ouest du jardin des Tuileries, suivant les murs côté ouest dudit jardin, et l'axe des rues Saint-Florentin, Richepance et Duphot jusqu'au boulevard de la Madeleine, — l'axe dudit boulevard et celui des rues Neuve-des-Capucines, Neuve-des-Petits-Champs jusqu'à la place des Victoires; — de ce point, jusqu'au boulevard de Sébastopol, la limite de l'arrondissement sera formée plus tard par l'axe du prolongement projeté de la rue aux Ours; quant à présent elle est déterminée par une ligne suivant le milieu de la rue Pagevin jusqu'au mur mitoyen entre les deux nos 32, — le mur du fond du premier n° 32 et des nos 30 et 28 et celui séparant les nos 11 et 13 de la rue Soly, — l'axe de ladite rue Soly, celui de la rue de la Jussienne, les murs mitoyens, côté sud, des propriétés n° 10 de ladite rue de la Jussienne, 35, 33, 31 de la rue Montmartre, ceux côté ouest des propriétés nos 17, 19 et 21 rue Jean-Jacques Rousseau, et celui côté nord de ladite propriété n° 21 jusqu'à cette dernière rue, — l'axe de ladite rue Jean-Jacques Rousseau et celui de la rue Tiquetonne jusqu'au mur mitoyen séparant les nos 15 et 13, — les murs mitoyens ouest et sud dudit n° 13, ceux côtés ouest et nord des propriétés 29, 31, 33, rue Montorgueil, — traversant ensuite le Parc aux huitres jusqu'à l'angle des murs séparant cet établissement de la propriété rue Françoise, n° 7, — suivant les limites ouest des propriétés 5 et 3 de ladite rue et le mur mitoyen de gauche de cette dernière propriété jusqu'à la rue Françoise, l'axe de la rue Françoise, celui des rues Mauconseil et aux Ours prolongée jusqu'au boulevard de Sébastopol, à partir de ce point par une ligne suivant l'axe dudit boulevard jusqu'au milieu du pont Saint-Michel, et le milieu de la Seine jusqu'au point de départ.

APPENDICE

DÉLIMITATIONS DES QUARTIERS.

1. *Saint-Germain-l'Auxerrois.*

Une ligne partant du milieu de la Seine en face de l'angle sud-ouest du jardin des Tuileries, et suivant les murs, côté ouest, dudit jardin, — l'axe de la rue de Rivoli, — celui du boulevard de Sébastopol jusqu'au milieu du pont Saint-Michel — et le milieu de la Seine jusqu'au point de départ.

2. *Des Halles.*

Une ligne partant du milieu de la rue de Rivoli, en face de la rue de Marengo, et suivant l'axe des rues de Marengo et de la Croix-des-Petits-Champs, jusqu'à la place des Victoires, — l'axe de prolongement de la rue aux Ours jusqu'au boulevard de Sébastopol, tel qu'il est indiqué ci-contre à la délimitation du 1er arrondissement, — et enfin l'axe dudit boulevard de Sébastopol et de la rue de Rivoli jusqu'au point de départ.

3. *Du Palais-Royal.*

Une ligne partant de la rue de Rivoli, et suivant l'axe des rues du Dauphin et Neuve-Saint-Roch, — Neuve-des-Petits-Champs, de la place des Victoires, — des rues de la Croix-des-Petits-Champs, de Marengo — et de Rivoli jusqu'au point de départ.

4. *De la place Vendôme.*

Une ligne partant de la rue de Rivoli et suivant l'axe des rues de Saint-Florentin, Richepance et Duphot, — des rues Neuve-des-Capucines, Neuve-des-Petits-Champs, — Neuve-Saint-Roch, du Dauphin — et de Rivoli jusqu'au point de départ.

2e, ARRONDISSEMENT DE LA BOURSE.

Une ligne partant du boulevard des Capucines, en face de la rue Neuve-des-Capucines et suivant l'axe dudit boulevard, et des boulevards des Italiens, Montmartre, Poissonnière, de Bonne-Nouvelle, Saint-Denis, jusqu'au boulevard Sébastopol, — l'axe dudit boulevard jusqu'à la rue aux Ours, — l'axe du prolongement de ladite rue jusqu'à la place des Victoires, tel qu'il a été indiqué ci-dessus à la délimitation du 1er arrondissement, — l'axe de la place des Victoires et celui des rues Neuve-des-Petits-Champs et Neuve-des-Capucines jusqu'au point de départ.

DÉLIMITATIONS DES QUARTIERS.

5. *Gaillon.*

Une ligne partant du boulevard des Capucines, en face de la rue Neuve-des-Capucines, et suivant l'axe dudit boulevard des Italiens, —des rues de Grammont, Sainte-Anne, — Neuve-des-Petits-Champs jusqu'au point de départ.

6. *Vivienne.*

Une ligne partant de la rue Neuve-des-Petits-Champs et suivant l'axe des rues Sainte-Anne et de Grammont, — des boulevards des Italiens et Montmartre, des rues Montmartre, Notre-Dame-des-Victoires, Vide-Gousset, — de la place des Victoires et de la rue Neuve-des-Petits-Champs jusqu'au point de départ.

7. *Du Mail.*

Une ligne partant de la place des Victoires et suivant l'axe des rues Vide-Gousset, Notre-Dame-des-Victoires et Montmartre, — du boulevard Poissonnière, — des rues Poissonnière, des Petits-Carreaux, Montorgueil, — et du prolongement de la rue aux Ours jusqu'à la place des Victoires, tel qu'il est indiqué ci-contre à la délimitation de l'arrondissement.

8. *De Bonne-Nouvelle.*

Une ligne partant de l'axe du prolongement de la rue aux Ours et suivant l'axe des rues Montorgueil, des Petits-Carreaux et Poissonnière, — des boulevards de Bonne-Nouvelle et Saint-Denis, — de Sébastopol jusqu'à la rue aux Ours, — et enfin l'axe du prolongement de ladite rue jusqu'à la rue Montorgueil, tel qu'il est indiqué ci-contre à la délimitation du 1er arrondissement.

3e. ARRONDISSEMENT DU TEMPLE.

Une ligne partant du boulevard de Sébastopol en face la rue de Rambuteau et suivant l'axe du boulevard de Sébastopol jusqu'au boulevard Saint-Denis, — des boulevards Saint-Denis, Saint-Martin, du Temple, des Filles-du Calvaire, de Beaumarchais jusqu'à la rue du Pas-de la-Mule; — l'axe de ladite rue, de celle formant le côté nord de la place Royale et des rues de l'Écharpe, Neuve-Sainte-Catherine, des Francs-Bourgeois, de Paradis et de Rambuteau jusqu'au point de départ.

DÉLIMITATIONS DES QUARTIERS.

9. *Des Arts et Métiers.*

Une ligne partant du boulevard de Sébastopol, en face de la rue du Grand-Hurleur, et suivant l'axe des boulevards de Sébastopol, — Saint-Denis et Saint-Martin, — des rues du Temple, des Gravilliers et du Grand-Hurleur jusqu'au point de départ.

10. *Des Enfants-Rouges.*

Une ligne partant de la rue du Temple en face de la rue Pastourel, et suivant l'axe de la rue du Temple, — des boulevards du Temple, des Filles-du-Calvaire, — des rues du Pont-aux-Choux, de l'Oseille, de Poitou, d'Anjou et Pastourel jusqu'au point de départ.

11. *Des Archives.*

Une ligne partant de la rue du Chaume, en face de la rue de Paradis et suivant l'axe des rues du Chaume, du Grand-Chantier, — d'Anjou, de Poitou, de l'Oseille, du Pont aux Choux, — du boulevard de Beaumarchais, — de la rue du Pas-de-la-Mule, de la rue bordant au nord la place Royale, et des rues de l'Écharpe, Neuve-Sainte-Catherine, des Francs-Bourgeois et de Paradis jusqu'au point de départ.

12. *Sainte-Avoie.*

Une ligne partant du boulevard de Sébastopol, en face de la rue de Rambuteau, suivant l'axe dudit boulevard, — celui des rues du Grand-Hurleur, des Gravilliers, Pastourel, — du Grand-Chantier — et de Rambuteau jusqu'au point de départ.

4e. ARRONDISSEMENT DE L'HOTEL-DE-VILLE.

Une ligne partant du milieu du Pont-Saint-Michel et suivant l'axe du boulevard de Sébastopol jusqu'à la rue de Rambuteau, — l'axe de cette rue et celui des rues de Paradis, des Francs-Bourgeois, Neuve-Sainte-Catherine, l'Écharpe, latérale au nord de la place Royale, du Pas-de-la-Mule, — du boulevard de Beaumarchais, — de la place de la Bastille — de la gare de l'Arsenal, et enfin le milieu de la Seine jusqu'au point de départ.

DÉLIMITATIONS DES QUARTIERS.

13. *Saint-Merri.*

Une ligne partant du milieu du pont au Change et suivant l'axe du boulevard Sébastopol, — de la rue de Rambuteau, des rues du Chaume, de l'Homme-Armé, des Billettes, des Deux-Portes et Lobau, — et le milieu du grand bras de la Seine jusqu'au point de départ.

14. *Saint-Gervais.*

Une ligne partant du milieu de la Seine, en face de la rue Lobau, et suivant l'axe des rues Lobau, des Deux-Portes, des Billettes, de l'Homme-Armé et du Chaume, des rues de Paradis, des Francs-Bourgeois, Neuve-Sainte-Catherine, des rues du Val-Sainte-Catherine et Saint-Paul, et le milieu du petit bras de la Seine jusqu'au point de départ.

15. *De l'Arsenal.*

Une ligne partant du milieu du petit bras de la Seine, en face de la rue Saint-Paul, et suivant l'axe des rues Saint-Paul et du Val-Sainte-Catherine, — des rues de l'Écharpe, latérale, au nord de la place Royale, de la rue du Pas-de-la-Mule, du boulevard de Beaumarchais, — de la place de la Bastille, le milieu de la gare de l'Arsenal, — le milieu de la Seine jusqu'à l'estacade et le milieu du petit bras de la Seine jusqu'au point de départ.

16. *Notre-Dame.*

Une ligne partant du milieu du pont Saint-Michel, suivant l'axe du boulevard de Sébastopol jusqu'au milieu du pont au Change, — le milieu du grand et du petit bras de la Seine jusqu'à l'estacade, — et, redescendant par le milieu du grand et du petit bras, jusqu'au point de départ.

5e, ARRONDISSEMENT DU PANTHÉON.

Une ligne partant du carrefour de l'Observatoire, suivant l'axe du boulevard de Sébastopol jusqu'au milieu du pont Saint-Michel, — le milieu du petit et du grand bras de la Seine jusqu'au pont d'Austerlitz, — l'axe du pont d'Austerlitz et du boulevard de l'Hôpital jusqu'au Marché-aux-Chevaux; — de ce point jusqu'au carrefour de l'Observatoire, la limite de l'arrondissement sera formée plus tard par l'axe du boulevard Saint-Marcel; quant à présent, elle est déterminée par une ligne suivant l'axe du Marché-aux-Chevaux, — des rues du Marché-aux-Chevaux, du Cendrier, des Fossés-Saint-Marcel, des Francs-Bourgeois-Saint-Marcel, — traversant la place de la Collégiale, — suivant les murs mitoyens nord des propriétés portant les n°⁸ 15, place de la Collégiale, et 223, rue Mouffetard, — l'axe des rues Mouffetard et des Trois-Couronnes, — le mur mitoyen de gauche de la propriété portant le n° 8 sur cette dernière rue, les murs de fond des propriétés n°⁸ 2, 4, 6, 8, 10 et 12 de la rue Saint-Hippolyte, — le milieu de la rivière de Bièvre, — le mur mitoyen nord de la propriété n° 29, rue Pascal, — l'axe des rues Pascal, Cochin, des Bourguignons, du Champ-des-Capucins, du Port-Royal et du boulevard du Mont-Parnasse jusqu'au point de départ.

DÉLIMITATIONS DES QUARTIERS.

17. *Saint-Victor.*

Une ligne partant de la rue Mouffetard, en face de la rue de la Contrescarpe, et suivant l'axe des rues Mouffetard, Descartes, de la Montagne-Sainte-Geneviève, de la place Maubert et de la rue du Haut-Pavé jusqu'au milieu de la Seine, — le milieu de la Seine jusqu'en face de la rue Cuvier, — l'axe de la rue Cuvier et celui de la rue Lacépède jusqu'au point de départ.

18. *Du Jardin des Plantes.*

Une ligne partant de la rue Pascal, en face de la rue Cochin, et suivant l'axe des rues Pascal et Mouffetard, — des rues Lacépède et Cuvier, — le milieu de la Seine jusqu'au pont d'Austerlitz, — l'axe de ce pont, celui du boulevard de l'Hôpital et enfin celui du boulevard Saint-Marcel jusqu'à la rue Pascal, tel qu'il est indiqué plus haut à la délimitation de l'arrondissement.

19. *Du Val-de-Grâce.*

Une ligne partant du carrefour de l'Observatoire et suivant l'axe du boulevard de Sébastopol jusqu'à la rue Soufflot, l'axe des rues Soufflot, Saint-Hyacinthe, des Fossés-Saint-Jacques, de la place de l'Estrapade, des rues de la Vieille-Estrapade et Contrescarpe, — Mouffetard et Pascal jusqu'à la rue Cochin, — de ce point jusqu'au carrefour de l'Observatoire, l'axe du boulevard Saint-Marcel, tel qu'il est indiqué plus haut à la délimitation de l'arrondissement.

20. *De la Sorbonne.*

Une ligne partant du boulevard de Sébastopol, en face de la rue Soufflot, et suivant l'axe dudit boulevard jusqu'au milieu du pont Saint-Michel, — le petit bras de la Seine jusqu'en face de la rue du Haut-Pavé, — l'axe de cette rue et celui de la place Maubert, des rues de la Montagne-Sainte-Geneviève, Descartes et Mouffetard, — et enfin des rues de la Contrescarpe, de la Vieille-Estrapade, de la place de l'Estrapade et des rues des Fossés-Saint-Jacques, Saint-Hyacinthe et Soufflot jusqu'au point de départ.

6e, ARRONDISSEMENT DU LUXEMBOURG.

Une ligne partant de la rue de Sèvres, en face du boulevard du Mont-Parnasse, suivant l'axe de la rue de Sèvres jusqu'aux nos 10 et 8 de ladite rue; de ce point jusqu'à la rue de Grenelle; la limite de l'arrondissement sera formée plus tard par l'axe du prolongement projeté de la rue des Saints-Pères; quant à présent, elle est déterminée par une ligne suivant l'axe des murs mitoyens ouest des propriétés n° 8, rue de Sèvres, et n° 7, rue de Grenelle (mairie du 10e arrondissement), par l'axe de la rue des Saints-Pères et du pont du Carrousel jusqu'au milieu de la Seine, — le milieu de la Seine jusqu'au milieu du pont Saint-Michel, l'axe dudit pont et du boulevard de Sébastopol jusqu'au carrefour de l'Observatoire, — et enfin par l'axe du boulevard du Mont-Parnasse jusqu'au point de départ.

DÉLIMITATIONS DES QUARTIERS.

21. *De la Monnaie.*

Une ligne partant de la rue de Seine, en face de la rue de l'École-de-Médecine, suivant l'axe de la rue de Seine jusqu'au quai Malaquais, longeant à l'ouest les bâtiments de l'Institut, se prolongeant jusqu'au milieu de la Seine, — et suivant le milieu du petit bras jusqu'au milieu du pont Saint-Michel, — l'axe du boulevard de Sébastopol, — et enfin celui de la rue de l'École-de-Médecine jusqu'au point de départ.

22. *De l'Odéon.*

Une ligne partant du carrefour de l'Observatoire et suivant l'axe des rues de l'Ouest, de Madame, du Gindre, du Vieux-Colombier, Neuve-Guillemin, — du Four et l'École-de-Médecine, — et enfin du boulevard de Sébastopol jusqu'au point de départ.

23. *Notre-Dame-des-Champs.*

Une ligne partant de la rue de Sèvres, en face du boulevard de Mont-Parnasse, et suivant l'axe de ladite rue, du carrefour de la Croix-Rouge, de la rue du Four, — des rues Neuve-Guillemain, du Vieux-Colombier, du Gindre, de Madame, de l'Ouest, du carrefour de l'Observatoire, — et enfin du boulevard de Mont-Parnasse jusqu'au point de départ.

24. *Saint-Germain-des-Prés.*

Une ligne partant de la rue de Sèvres, en face des nos 8 et 10, suivant l'axe de prolongement projeté de la rue des Saints-Pères, tel qu'il est indiqué ci-contre à la délimitation de l'arrondissement, — l'axe de la rue des Saints-Pères et du pont du Carrousel, — le milieu de la Seine jusqu'en face du pavillon ouest de l'Institut, longeant la face ouest dudit pavillon, et suivant l'axe de la rue de Seine, — et enfin des rues de l'École-de-Médecine, du Four, du carrefour de la Croix-Rouge et de la rue de Sèvres jusqu'au point de départ.

7e, ARRONDISSEMENT DU PALAIS-BOURBON.

Une ligne partant du milieu de la Seine, en face de l'avenue de Suffren, remontant le cours du fleuve jusqu'au milieu du pont du Carrousel, — et suivant l'axe dudit pont, celui du quai Voltaire, — de la rue des Saints-Pères tel qu'il est indiqué à la délimitation du 6e arrondissement, — l'axe de la rue de Sèvres, — de l'avenue de Saxe, de la rue Pérignon jusqu'au prolongement de l'avenue de Suffren, l'axe dudit prolongement et celui de l'avenue de Suffren jusqu'au point de départ.

DÉLIMITATIONS DES QUARTIERS.

25. Saint-Thomas-d'Aquin.

Une ligne partant du milieu de la Seine, en face de la rue de Bellechasse, remontant le cours du fleuve jusqu'au milieu du pont du Carrousel, et suivant l'axe dudit pont, — celui du quai Voltaire, — de la rue des Saints-Pères jusqu'à la rue de Grenelle et de son prolongement tel qu'il est indiqué à la délimitation du 6e arrondissement, — l'axe des rues de Sèvres, — Vanneau et de Bellechasse jusqu'au point de départ.

26. Des Invalides.

Une ligne partant du milieu du pont des Invalides, remontant le cours de la Seine jusqu'en face de la rue de Bellechasse, — et suivant l'axe des rues de Bellechasse, Vanneau, de Babylone, — du boulevard des Invalides, — de l'avenue de Tourville, — du boulevard de La Tour-Maubourg et de son prolongement jusqu'au point de départ; — provisoirement, pour la section comprise entre l'avenue de la Motte-Piquet et la rue Saint-Dominique, la délimitation est déterminée par une ligne passant à l'ouest du bâtiment de la Buanderie des Invalides, suivant le mur pignon de droite du bâtiment n° 129, l'axe de la rue et de l'impasse de Grenelle, les murs mitoyens sud et est de la propriété située au fond de ladite impasse et le mur mitoyen est de la propriété portant les nos 149 et 151 sur la rue Saint-Dominique.

27. De l'École-Militaire.

Une ligne partant de l'avenue de Suffren, à l'angle ouest de l'École-Militaire, passant au devant des bâtiments de ladite école ayant face sur le Champ-de-Mars, suivant ensuite l'axe de l'avenue de Tourville, — du boulevard des Invalides, — des rues de Babylone, — Vanneau et de Sèvres, — de l'avenue de Saxe, — de la rue de Pérignon jusqu'au prolongement de l'axe de l'avenue de Suffren, l'axe dudit prolongement jusqu'au point de départ.

28. Du Gros-Caillou.

Une ligne partant du milieu de la Seine, en face de l'avenue de Suffren, remontant le cours du fleuve jusqu'au milieu du pont des Invalides, — suivant l'axe dudit pont, l'axe du prolongement du boulevard de La Tour-Maubourg, tel qu'il est indiqué à la délimitation du quartier des Invalides, l'axe dudit boulevard de la Tour-Maubourg, — celui de l'avenue de Tourville jusqu'à l'avenue de La Bourdonnaie, passant au droit des bâtiments de l'École-Militaire en façade au Champ-de-Mars et suivant l'axe de l'avenue de Suffren jusqu'au point de départ.

8e, ARRONDISSEMENT DE L'ÉLYSÉE.

Une ligne partant du milieu du pont de l'Alma, suivant l'axe de ce pont et plus tard celui du boulevard projeté, entre ledit pont et la place de l'Étoile; — quant à présent, la limite de l'arrondissement sera déterminée par une ligne suivant les murs de fond des propriétés situées sur le côté impair de la rue Bizet, du n° 1 à 19, — l'axe de la rue Bizet, celui du boulevard projeté jusqu'aux murs de fond des propriétés n°s 54 et 56, rue de Chaillot, le mur séparant cette dernière propriété du n° 58, — l'axe des rues de Chaillot et Sainte-Geneviève jusqu'à la ruelle des Jardins, les murs de fond des propriétés n°s 91, 93 et 95 de la rue de Chaillot, — l'axe du boulevard projeté jusqu'à la place de l'Étoile; suivant ensuite l'axe de ladite place, celui des boulevards de l'Étoile, de Courcelles, de Monceaux, des Batignolles, — des rues d'Amsterdam, du Havre, de la Ferme-des-Mathurins, du boulevard de la Madeleine, — des rues Duphot, Richepance et de Saint-Florentin, les murs ouest du jardin des Tuileries, — et enfin, du milieu de la Seine jusqu'au point de départ.

DÉLIMITATIONS DES QUARTIERS.

29. *Des Champs-Élysées.*

Une ligne partant du milieu du pont de l'Alma et suivant l'axe dudit pont et celui du boulevard projeté entre ce pont et la place de l'Étoile, tel qu'il est indiqué ci-contre à la délimitation de l'arrondissement, l'axe de ladite place de l'Étoile, — celui des avenues des Champs-Élysées, — de Matignon, — Gabriel, de la partie nord de la place de la Concorde, — les murs ouest du jardin des Tuileries, — et le milieu de la Seine jusqu'au point de départ.

30. *Du Faubourg-du-Roule.*

Une ligne partant du milieu de l'arc de triomphe de l'Étoile et suivant l'axe des boulevards de l'Étoile et de Courcelles, l'axe des rues de Courcelles, — de la Pépinière, — du Faubourg-Saint-Honoré, — Montaigne, Rabelais, — et enfin des avenues de Matignon et des Champs-Élysées jusqu'au point de départ.

31. *De la Madeleine.*

Une ligne partant de l'avenue de Matignon, en face de l'avenue Gabriel, suivant l'axe de l'avenue de Matignon, — des rues Rabelais, Montaigne, — et du Faubourg-Saint-Honoré, — des rues de la Pépinière et Saint-Lazare, — des rues du Havre, de la Ferme-des-Mathurins, — du boulevard de la Madeleine, des rues Duphot, — Richepance et de Saint-Florentin, de la partie nord de la place de la Concorde, et enfin de l'avenue Gabriel jusqu'au point de départ.

32. *De l'Europe.*

Une ligne partant du boulevard de Courcelles, en face de la rue du même nom, et suivant l'axe des boulevards de Courcelles, de Monceau, des Batignolles, des rues d'Amsterdam, Saint-Lazare, de la Pépinière, et enfin de Courcelles jusqu'au point de départ.

9ᵉ ARRONDISSEMENT DE L'OPÉRA.

Une ligne partant du boulevard de la Madeleine et suivant l'axe des rues de la Ferme-des-Mathurins, du Havre et d'Amsterdam, — des boulevards de Clichy, Pigalle, des Martyrs, de Rochechouart et des Poissonniers, — de la rue du Faubourg-Poissonnière, — et enfin des boulevards Poissonnière, Montmartre, des Italiens, des Capucines et de la Madeleine jusqu'au point de départ.

DÉLIMITATIONS DES QUARTIERS.

33. *Saint-Georges.*

Une ligne partant de la rue Saint-Lazare et suivant l'axe de la rue d'Amsterdam, — des boulevards de Clichy, Pigalle, des Martyrs, — et enfin de la rue Saint-Lazare jusqu'au point de départ.

34. *De la Chaussée-d'Antin.*

Une ligne partant du boulevard de la Madeleine et suivant l'axe des rues de Ferme-des-Mathurins et du Havre, — des rues Fléchier et Laffitte, — et enfin des boulevards des Italiens, des Capucines et de la Madeleine jusqu'au point de départ.

35. *Du Faubourg-Montmartre.*

Une ligne partant du boulevard des Italiens et suivant l'axe des rues Laffitte et Fléchier, — des rues de Lamartine et de Montholon, — de la rue du Faubourg-Poissonnière, — et enfin des boulevards Poissonnière, Montmartre et des Italiens jusqu'au point de départ.

36. *De Rochechouart.*

Une ligne partant de l'extrémité de la rue Lamartine et suivant l'axe de la rue des Martyrs, — des boulevards de Rochechouart et des Poissonniers, — de la rue du Faubourg-Poissonnière jusqu'à la rue Montholon, — et enfin l'axe de cette dernière rue et de la rue de Lamartine jusqu'au point de départ.

10ᵉ. ARRONDISSEMENT DE L'ENCLOS SAINT-LAURENT.

Une ligne partant de l'extrémité du boulevard de Bonne-Nouvelle et suivant l'axe de la rue du Faubourg-Poissonnière, — des boulevards de la Chapelle, des Vertus, de la Villette, de la place de la Rotonde, des boulevards de la Butte-Chaumont, du Combat et de la Chopinette, — de la rue du Faubourg-du-Temple, — et enfin des boulevards Saint-Martin, Saint-Denis et de Bonne-Nouvelle jusqu'au point de départ.

DÉLIMITATIONS DES QUARTIERS.

37. Saint-Vincent-de-Paul.

Une ligne partant de l'extrémité de la rue de Chabrol et suivant l'axe de la rue du Faubourg-Poissonnière, — des boulevards de la Chapelle, des Vertus et de la Villette, — de la rue du Faubourg-Saint-Martin, — et enfin des rues de Strasbourg et de Chabrol jusqu'au point de départ.

38. De la Porte-Saint-Denis.

Une ligne partant de l'extrémité du boulevard de Bonne-Nouvelle et suivant l'axe de la rue du Faubourg-Poissonnière, — des rues de Chabrol et de Strasbourg jusqu'au boulevard de Sébastopol, — l'axe dudit boulevard jusqu'au boulevard Saint-Denis, — et enfin des boulevards Saint-Denis et de Bonne-Nouvelle jusqu'au point de départ.

39. De la Porte-Saint-Martin.

Une ligne partant du boulevard Saint-Denis et suivant l'axe du boulevard de Sébastopol, — des rues de Strasbourg, — du Faubourg-Saint-Martin, — des Récollets, Bichat, — de la rue du Faubourg-du-Temple, — et enfin des boulevards Saint-Martin et Saint-Denis jusqu'au point de départ.

40. De l'Hôpital Saint-Louis.

Une ligne partant de l'extrémité de la rue des Récollets et suivant l'axe de la rue du Faubourg-Saint-Martin, — de la place de la Rotonde et des boulevards de la Butte-Chaumont, du Combat et de la Chopinette, — de la rue du Faubourg-du-Temple, — et enfin des rues Bichat et des Récollets jusqu'au point de départ.

11e. ARRONDISSEMENT DE POPINCOURT.

Une ligne partant de l'extrémité du boulevard du Temple et suivant l'axe de la rue du Faubourg-du-Temple, — des boulevards de Belleville, des Trois-Couronnes, des Amandiers, d'Aunay, de Fontarabie, de Charonne et de Montreuil, — de l'avenue et de la place du Trône, — de la rue du Faubourg-Saint-Antoine, et de la place de la Bastille, — et enfin des boulevards Beaumarchais, des Filles-du-Calvaire et du Temple jusqu'au point de départ.

DÉLIMITATIONS DES QUARTIERS.

41. De la Folie-Méricourt.

Une ligne partant de l'extrémité du boulevard du Temple et suivant l'axe de la rue du Faubourg-du-Temple, — des boulevards de Belleville et des Trois-Couronnes, — de la rue Ménilmontant, — et enfin des boulevards des Filles-du-Calvaire et du Temple jusqu'au point de départ.

42. Saint Ambroise.

Une ligne partant du boulevard des Filles-du-Calvaire et suivant l'axe de la rue de Ménilmontant, — du boulevard des Amandiers, — des rues des Amandiers et du Chemin-Vert, — et enfin des boulevards de Beaumarchais et des Filles-du-Calvaire jusqu'au point de départ.

43. *De la Roquette.*

Une ligne partant de la place de la Bastille et suivant l'axe du boulevard de Beaumarchais, — des rues du Chemin-Vert et des Amandiers, — des boulevards d'Aunay et de Fontarabie, — des rues de Charonne et du Faubourg-Saint-Antoine jusqu'au point de départ.

44. *Sainte-Marguerite.*

Une ligne partant de la rue du Faubourg-Saint-Antoine et suivant l'axe de la rue de Charonne, — des boulevards de Charonne et de Montreuil, — de l'avenue et de la place du Trône, et de la rue du Faubourg-Saint-Antoine jusqu'au point de départ.

12e, ARRONDISSEMENT DE REUILLY.

Une ligne partant du milieu de la Seine, en face du débouché de la gare de l'Arsenal, et suivant l'axe de ladite gare et de la place de la Bastille, — de la rue du Faubourg-Saint-Antoine, de la place et de l'avenue du Trône et du cours de Vincennes jusqu'à la limite des terrains militaires, — le pied du glacis jusqu'à la Seine, — et enfin, le milieu dudit fleuve jusqu'au point de départ.

DÉLIMITATIONS DES QUARTIERS.

45. *Du Bel-Air.*

Une ligne partant du milieu du cours de Vincennes, en face le boulevard de Montreuil, et suivant l'axe dudit cours jusqu'à la limite des terrains militaires, — le pied du glacis jusqu'au prolongement du chemin de la Croix-Rouge, et suivant l'axe dudit chemin, — et des boulevards de Picpus et de Saint-Mandé jusqu'au point de départ.

46. *De Picpus.*

Une ligne partant du carrefour de Reuilly, suivant l'axe de la rue du Faubourg-Saint-Antoine, de la place et de l'avenue du Trône, — des boulevards de Saint-Mandé et de Picpus, — du chemin de la Croix-Rouge et son prolongement direct jusqu'au pied du glacis, — suivant le pied dudit glacis jusqu'à la rue de Charenton et l'axe de la rue de Charenton jusqu'au carrefour de la rue de Rambouillet; — de ce point, la limite du quartier sera déterminée plus tard par l'axe d'une rue projetée entre ledit carrefour et celui de Reuilly; mais, quant à présent, cette limite suivra une ligne fictive partant de l'extrémité de droite du mur de face de la propriété, rue de Charenton, n° 143, traversant le boulevard Mazas, au débouché de l'amorce de la rue ouverte entre les propriétés récemment élevées sur ce boulevard, se prolongeant directement jusqu'à l'angle formé par les murs de fond des propriétés n° 6, rue de Reuilly, et n° 200, rue du Faubourg-Saint-Antoine, et suivant le mur mitoyen séparant cette dernière propriété dudit n° 5. et des n°s 2 et 4 sur la rue de Reuilly.

47. *De Bercy.*

Une ligne partant du milieu de la Seine et suivant l'axe des rues Villiot et de Rambouillet, — de la rue de Charenton jusqu'à la limite des terrains militaires, — le pied du glacis jusqu'à la Seine, — et le milieu dudit fleuve jusqu'à la rue Villiot.

48. *Des Quinze-Vingts.*

Une ligne partant du milieu de la Seine, en face du débouché de la gare de l'Arsenal, et suivant l'axe de ladite gare et de la place de la Bastille, — de la rue du Faubourg-Saint-Antoine, — celui de la rue projetée entre les carrefours de Reuilly et de Rambouillet, tel qu'il est ci-dessus décrit à la délimitation du quartier de Piepus, — l'axe des rues de Rambouillet et Villiot, — et le milieu de la Seine jusqu'au point de départ.

13e ARRONDISSEMENT DES GOBELINS.

Une ligne partant du Champ-des-Capucins et suivant l'axe du boulevard Saint-Marcel jusqu'au boulevard de l'Hôpital, tel qu'il est indiqué à la délimitation du 5e arrondissement, l'axe du boulevard de l'Hôpital et du pont d'Austerlitz jusqu'au milieu dudit pont, — le milieu de la Seine jusqu'au droit des limites des terrains militaires, — suivant le pied du glacis jusqu'à la rue de la Glacière, — et l'axe de cette rue et de la rue de la Santé jusqu'au point de départ.

DÉLIMITATIONS DES QUARTIERS.

49. *De la Salpêtrière.*

Une ligne partant de la rue Mouffetard et suivant l'axe du boulevard Saint-Marcel jusqu'au boulevard de l'Hôpital, tel qu'il est indiqué à la délimitation du 5e arrondissement, l'axe du boulevard de l'Hôpital, du pont d'Austerlitz, jusqu'au milieu dudit pont, — le milieu de la Seine jusqu'au milieu du pont de Bercy, — l'axe dudit pont et des boulevards de la Gare d'Ivry, — de la place de la barrière d'Italie et de la rue Mouffetard jusqu'au point de départ.

50. *De la Gare.*

Une ligne partant de la route de Choisy et suivant l'axe des boulevards d'Ivry et de la Gare, du pont de Bercy jusqu'au milieu du pont, — le milieu de la Seine jusqu'au droit de la limite des terrains militaires, le pied du glacis jusqu'à la route de Choisy, — et l'axe de ladite route jusqu'au point de départ.

51. *De la Maison-Blanche.*

Une ligne partant de la rue de la Santé et suivant l'axe des boulevards de la Glacière et d'Italie, — de la route de Choisy jusqu'à la limite des terrains militaires, — le pied du Glacis jusqu'à la rue de la Glacière, — l'axe de cette rue et de la rue de la Santé jusqu'au point de départ.

52. *De Croulebarbe.*

Une ligne partant du Champ-des-Capucins et suivant l'axe du boulevard Saint-Marcel jusqu'à la rue Mouffetard, tel qu'il est indiqué à la délimitation du 5e arrondissement, l'axe de ladite rue Mouffetard, de la place de la barrière d'Italie, — des boulevards d'Italie et de la Glacière, — et enfin de la rue de la Santé jusqu'au point de départ.

14e. ARRONDISSEMENT DE L'OBSERVATOIRE.

Une ligne partant du boulevard du Mont-Parnasse, en face de la rue du Départ, suivant l'axe dudit boulevard et celui du boulevard Saint-Marcel jusqu'à la rue de la Santé, tel qu'il est indiqué à la délimitation du 5e arrondissement, — l'axe des rues de la Santé et de la Glacière jusqu'à la limite des terrains militaires, — et suivant le pied du glacis jusqu'au chemin de fer de l'Ouest, et les limites, côté est, dudit chemin de fer jusqu'au point de départ.

DÉLIMITATIONS DES QUARTIERS.

53. *De Mont-Parnasse.*

Une ligne partant du boulevard de Mont-Parnasse en face de la rue du Départ, suivant le côté est des bâtiments et du viaduc du chemin de fer de l'Ouest jusqu'à la chaussée du Maine, l'axe de ladite chaussée, — de la rue de la Pépinière, — de la route d'Orléans; de la place de la barrière d'Enfer et du boulevard Saint-Jacques jusqu'à la rue de la Santé, — l'axe de cette dernière rue — et du boulevard Saint-Marcel, tel qu'il est indiqué à la délimitation du 5e arrondissement, — et enfin du boulevard du Mont-Parnasse jusqu'au point de départ.

54. *De la Santé.*

Une ligne partant de la place Saint-Jacques et suivant l'axe du boulevard Saint-Jacques, — de la rue de la Santé et de la rue de la Glacière jusqu'à la limite des terrains militaires, — suivant le pied du glacis jusqu'au prolongement de l'axe de la rue de la Tombe-Issoire, — et enfin ledit axe jusqu'au point de départ.

55. *Du Petit-Montrouge.*

Une ligne partant de la rue de la Pépinière, en face d'une ruelle en prolongement de la rue du Chemin-des-Plantes et suivant l'axe de la rue de la Pépinière, de la route d'Orléans et de la place de la barrière d'Enfer, du boulevard Saint-Jacques, — de la rue de la Tombe-Issoire et de son prolongement jusqu'à la limite des terrains militaires, — suivant le pied du glacis jusqu'à la route de Châtillon, — l'axe de la route de Châtillon, celui de la route militaire, du chemin de la Croix-du-Gord, de la rue du Chemin-des-Plantes jusqu'à la rue des Bœufs, et se prolongeant en ligne droite jusqu'à la rue de la Pépinière, en suivant à l'ouest les limites des terrains et dépendances de la mairie actuelle.

56. *De Plaisance.*

Une ligne partant de la limite des terrains militaires, au débouché du chemin de fer de l'Ouest, suivant la limite, côté est, dudit chemin de fer jusqu'à la chaussée du Maine, — l'axe de ladite chaussée et de la rue de la Pépinière, jusqu'à la ruelle ouverte en prolongement des limites, côté ouest, de l'ancienne mairie de Montrouge, — suivant l'axe de ladite ruelle, les limites de la mairie et une ligne qui en forme le prolongement direct jusqu'à la rue des Bœufs en face de la rue du Chemin-des-Plantes, l'axe de ladite rue du Chemin-des-Plantes, celui du chemin de la Croix-du-Gord, de la route militaire, de la route de Châtillon, et enfin le pied du glacis jusqu'au point de départ.

15e, ARRONDISSEMENT DE VAUGIRARD.

Une ligne partant du milieu de la Seine, au droit des limites des terrains militaires, remontant le cours du fleuve jusqu'à l'avenue de Suffren, — suivant l'axe de ladite avenue et de son prolongement jusqu'à la rue Pérignon, — celui de la rue Pérignon, — de l'avenue de Saxe, — de la rue de Sèvres, — du boulevard du Mont-Parnasse jusqu'à la rue du Départ, — suivant ensuite les limites, côté est, du chemin de fer de l'Ouest jusqu'à la limite des terrains militaires, — et le pied du glacis jusqu'au point de départ.

DÉLIMITATIONS DES QUARTIERS.

57. Saint-Lambert.

Une ligne partant de la limite des terrains militaires, à la rencontre du chemin des Charbonniers, suivant l'axe dudit chemin, de la route militaire, des rues de Sèvres, de la Croix-Nivert, — Mademoiselle, de l'École, de Vaugirard et de la Procession jusqu'au chemin de fer de l'Ouest, — les limites, côté est, dudit chemin jusqu'à l'extrémité des terrains militaires, — et le pied du glacis jusqu'au point du départ.

58. Necker.

Une ligne partant de la rue de la Croix-Nivert, en face de là rue Mademoiselle, suivant l'axe de ladite rue, de la place de l'École, de l'avenue de Lowendal, — du prolongement de l'avenue de Suffren jusqu'à l'avenue Pérignon, celui de la rue Pérignon, de l'avenue de Saxe, de la rue de Sèvres, du boulevard du Mont-Parnasse jusqu'à la rue du Départ, — les limites, côté est, du chemin de fer de l'Ouest, jusqu'à la rue de la Procession, — l'axe de ladite rue et des rues de Vaugirard, de l'École et Mademoiselle jusqu'au point de départ.

59. De Grenelle.

Une ligne partant du pont de Grenelle, au milieu du grand bras, remontant le cours du fleuve jusqu'à l'avenue de Suffren — et suivant l'axe des avenues de Suffren, — de Lowendal, de la place de l'École, des rues de la Croix-Nivert, — des Entrepreneurs et du Pont, et l'axe du pont de Grenelle jusqu'au point de départ.

60. De Javel.

Une ligne partant du milieu de la Seine, au droit des limites des terrains militaires, remontant le cours du fleuve jusqu'au pont de Grenelle, — et suivant l'axe dudit pont, et des rues du Pont, des Entrepreneurs, — de la Croix-Nivert et de Sèvres, de la route militaire et du chemin des Charbonniers jusqu'à

la limite des terrains militaires, — et enfin le pied du glacis jusqu'au point d
départ.

16e, ARRONDISSEMENT DE PASSY.

Une ligne partant du milieu de la Seine, au droit de la limite des terrains militaires, suivant le pied du glacis jusqu'à l'avenue de la porte Maillot, — suivant l'axe de ladite avenue, de la place de l'Étoile, — du boulevard projeté entre cette place et le pont de l'Alma, tel qu'il est indiqué à la délimitation du 8e arrondissement, l'axe du pont de l'Alma, — et le milieu du grand bras de la Seine jusqu'au point de départ.

DÉLIMITATIONS DES QUARTIERS.

61. *D'Auteuil.*

Une ligne partant du milieu de la Seine, au droit de la limite des terrains militaires et suivant le pied du glacis jusqu'à l'avenue conduisant à la porte de Passy, — l'axe de ladite avenue, celui de la route militaire jusqu'au prolongement de l'axe de la rue de l'Assomption, l'axe de ladite rue et celui de l'avenue de Boulainvilliers et du pont de Grenelle, — et le milieu de la Seine jusqu'au point de départ.

62. *De la Muette.*

Une ligne partant de la limite des terrains militaires, au milieu de l'avenue conduisant à la porte de Passy et suivant le pied du glacis jusqu'à la porte de la Muette, — l'axe de l'avenue de Saint Cloud, des rues de la Tour prolongée, de la Croix, des Moulins, Vineuse, le côté ouest du mur d'octroi et son prolongement jusqu'au milieu de la Seine, — le milieu du grand bras jusqu'au pont de Grenelle, — l'axe dudit pont, de l'avenue de Boulainvilliers, de la rue de l'Assomption et de son prolongement jusqu'à la route militaire, celui de la route militaire et de l'avenue en face de la porte de Passy jusqu'au point de départ.

63. *De la Porte-Dauphine.*

Une ligne partant de la porte de la Muette et suivant le pied du glacis jusqu'à l'avenue de la porte Maillot, — l'axe de ladite avenue, celui de l'avenue de Saint-Denis, du boulevard de Longchamps, des rues Vineuse, — des Moulins, de la Croix, de la Tour prolongée, et de l'avenue de Saint-Cloud jusqu'au point de départ.

64. *Des Bassins.*

Une ligne partant du milieu de la Seine, en face du prolongement de la face ouest du mur d'octroi, la face dudit mur, — l'axe du boulevard de Longchamps des avenues de Saint-Denis, — de la porte Maillot, de la place de l'Étoile et du boulevard projeté entre cette place et le pont de l'Alma, tel qu'il est indiqué à la délimitation du 8e arrondissement, l'axe dudit pont, et enfin le milieu de la Seine jusqu'au point de départ.

17e, ARRONDISSEMENT DES BATIGNOLLES-MONCEAUX.

Une ligne partant de la porte Maillot, au droit de la limite des terrains militaires, et suivant le pied du glacis jusqu'à l'avenue de Saint-Ouen, — l'axe de ladite avenue, — de la grande rue des Batignolles, — des boulevards des Batignolles de Monceaux, de Courcelles et de l'Étoile, de la place de l'Étoile, — et enfin de l'avenue de la porte Maillot jusqu'au point de départ.

DÉLIMITATIONS DES QUARTIERS.

65. Des Ternes.

Une ligne partant de l'avenue de la porte Maillot, au droit de la limite des terrains militaires, et suivant le pied du glacis jusqu'à la route de la Révolte, — l'axe de ladite route, des rues de la Fontaine-des-Ternes, Lombard, des Dames, Desrenaudes. — des boulevards de Courcelles et de l'Étoile, de la place de l'Étoile, — et celui de l'avenue de la porte Maillot jusqu'au point de départ.

66. De la plaine de Monceaux.

Une ligne partant du boulevard de Courcelles, en face de la rue Desrenaudes et suivant l'axe de ladite rue, celui des rues des Dames, Lombard, de la Fontaine-des-Ternes, — de la route de la Révolte, le pied du glacis jusqu'à la route d'Asnières, — l'axe de ladite route, de la rue de Levis, — des boulevards de Monceaux et de Courcelles jusqu'au point de départ.

67. Des Batignolles.

Une ligne partant du boulevard des Batignolles et suivant l'axe de la rue de Levis et de la route d'Asnières, — le pied du glacis jusqu'à l'avenue de Clichy, — l'axe de ladite avenue, de la route militaire, du chemin de ronde, de l'Entrepôt, des rues Cardinet, Lemercier et de la Paix, de l'avenue de Clichy, de la Grande rue des Batignolles, — et enfin du boulevard des Batignolles jusqu'au point de départ.

68. Des Épinettes.

Une ligne partant de l'avenue de Clichy, au droit de la limite des terrains militaires, et suivant le pied du glacis jusqu'à l'avenue de Saint-Ouen, — l'axe de ladite avenue, — celui de l'avenue de Clichy, des rues de la Paix, Lemercier et Cardinet, du chemin de ronde de l'Entrepôt, de la route militaire et de l'avenue de Clichy jusqu'au point de départ.

18e. ARRONDISSEMENT DE LA BUTTE-MONTMARTRE.

Une ligne partant de l'extrémité ouest du boulevard de Clichy, et suivant l'axe de la Grande rue des Batignolles, de l'avenue de Saint-Ouen, jusqu'à la limite des terrains militaires, — le pied du glacis jusqu'au chemin d'Aubervilliers, — l'axe dudit chemin et de la rue d'Aubervilliers, — des boulevards des Vertus, de la Chapelle, des Poissonniers, de Rochechouart, des Martyrs, Pigale et de Clichy jusqu'au point de départ.

DÉLIMITATIONS DES QUARTIERS.

69. Des Grandes-Carrières.

Une ligne partant de l'extrémité ouest du boulevard de Clichy et suivant l'axe de la Grande rue des Batignolles, de l'avenue de Saint-Ouen, le pied du glacis jusqu'au chemin de Saint-Ouen, — l'axe dudit chemin et du chemin du Ruisseau, celui de la rue Marcadet, du prolongement de la rue des Fontaines, de la rue des Fontaines, de la rue du Vieux-Chemin, de la place de l'Abbaye, de la petite rue Royale, et des boulevards Pigalle et de Clichy jusqu'au point de départ.

70. *De Clignancourt.*

Une ligne partant des boulevards Pigalle et des Martyrs et suivant l'axe de la petite rue Royale, de la place de l'Abbaye, des rues du Vieux-Chemin, des Fontaines et de la rue Marcadet et des chemins du Ruisseau et de Saint-Ouen,— le pied du glacis jusqu'au chemin de Saint-Ouen à la Chapelle,— l'axe du débouché dudit chemin au-dessous des ouvrages militaires, l'axe de la route militaire et du chemin et de la rue des Poissonniers, — et enfin, celui des boulevards des Poissonniers, de Rochechouart et des Martyrs, jusqu'au point de départ.

71. *De la Goutte-d'Or.*

Une ligne partant des boulevards des Poissonniers et de la Chapelle et suivant l'axe de la rue et du chemin des Poissonniers, de la route militaire, du débouché sous les ouvrages militaires du chemin de Saint-Denis à la Chapelle jusqu'au pied du glacis, — le pied du glacis, — l'axe de la route de Saint-Denis et de la Grande rue de la Chapelle, — et du boulevard de la Chapelle jusqu'au point de départ.

72. *De la Chapelle.*

Une ligne partant des boulevards de la Chapelle et des Vertus et suivant l'axe de la Grande rue de la Chapelle, de la route de Saint-Denis jusqu'à la limite des terrains militaires, — le pied du glacis, — l'axe du chemin et de la rue d'Aubervilliers, — et du boulevard des Vertus jusqu'au point de départ.

19e, ARRONDISSEMENT DES BUTTES-CHAUMONT.

Une ligne partant des boulevards des Vertus et de la Villette, et suivant l'axe de la rue et du chemin d'Aubervilliers jusqu'à la limite des terrains militaires, — le pied du glacis jusqu'à la route de Romainville, — l'axe de ladite route, des rues du Parc et de Paris, — et des boulevards de la Chopinette, du Combat et de la Butte Chaumont, de la place de la Rotonde, et enfin du boulevard de la Villette jusqu'au point de départ.

DÉLIMITATIONS DES QUARTIERS.

73. *De la Villette.*

Une ligne partant des boulevards de la Villette et des Vertus, et suivant l'axe de la rue et du chemin d'Aubervilliers jusqu'au chemin de Saint-Ouen, — l'axe dudit chemin, des rues Saint-Denis et Royale, — de la route d'Allemagne, de la rue de Meaux, — du boulevard de la Butte Chaumont, de la place de la Rotonde et du boulevard de la Villette jusqu'au point de départ.

APPENDICE,

74. *Du Pont de Flandres.*

Une ligne partant du chemin d'Aubervilliers, en face du chemin de Saint Ouen, et suivant l'axe du chemin d'Aubervilliers, — le pied du glacis jusqu'à la route d'Allemagne, — l'axe de ladite route, — celui des rues Royale et Saint-Denis, et du chemin de Saint-Ouen jusqu'au point de départ,

75. *D'Amérique.*

Une ligne partant de la rue de Paris et suivant l'axe des rues de la Villette et de Crimée, — de la route d'Allemagne jusqu'à la limite des terrains militaires, — le pied du glacis jusqu'à la route de Romainville, l'axe de ladite route, et enfin, l'axe des rues du Parc et de Paris, jusqu'au point de départ.

76. *Du Combat*

Une ligne partant des boulevards de la Butte-Chaumont et du Combat, et suivant l'axe de la rue de Meaux et de la route d'Allemagne, — et des rues de Crimée et de la Villette, — et la rue de Paris, — et enfin des boulevards de la Chopinette et du Combat jusqu'au point de départ.

20ᵉ, ARRONDISSEMENT DE MÉNILMONTANT.

Une ligne partant des boulevards de la Chopinette et de Belleville, suivant l'axe des rues de Paris et du Parc, de la route de Romainville jusqu'à la limite des terrains militaires, — le pied du glacis jusqu'au cours de Vincennes, — l'axe dudit cours, — et celui des boulevards de Montreuil, de Charonne, de Fontarabie, d'Aunay, des Amandiers, des Trois-Couronnes et de Belleville jusqu'au point de départ.

DÉLIMITATIONS DES QUARTIERS.

77. *De Belleville.*

Une ligne partant des boulevards de la Chopinette et de Belleville et suivant l'axe des rues de Paris, — de Calais, — de la chaussée de Ménilmontant, — et des boulevards des Trois Couronnes et de Belleville jusqu'au point de départ.

78. *Saint-Fargeau.*

Une ligne partant de la rue du Parc, en face de la rue de Calais, et suivant l'axe de ladite rue du Parc, de la route de Romainville jusqu'à la limite des terrains militaires, — le pied du glacis jusqu'à la route de Bagnolet, — l'axe de ladite route, — de celle de Pantin à Charonne, de la rue de Charonne, — de la chaussée de Ménilmontant, — et de la rue de Calais jusqu'au point de départ.

79. *Du Père-Lachaise.*

Une ligne partant des boulevards des Trois-Couronnes et des Amandiers et suivant l'axe de la chaussée de Ménilmontant, — de la rue de Charonne, de la route de Pantin à Charonne, — de la route de Bagnolet, des rues de Paris et

N° 4.

de Fontarabie, — des boulevards de Fontarabie, d'Aunay et des Amandiers jusqu'au point de départ.

80. *De Charonne*

Une ligne partant des boulevards de Fontarabie et de Charonne et suivant l'axe des rues de Fontarabie et de Paris, de la route de Bagnolet jusqu'à la limite des terrains militaires, — suivant le pied du glacis jusqu'au cours de Vincennes, — l'axe dudit cours, — et enfin des boulevards de Montreuil et de Charonne jusqu'au point de départ.

N° 4.

Loi qui approuve les articles 4 et 8 de la Convention passée entre l'État et la ville de Paris, pour l'ouverture ou l'achèvement de diverses grandes voies de communication dans cette ville, du 28 Mai 1858.

ARTICLE UNIQUE. Sont approuvés les articles 4 et 8 de la convention ci-annexée, passée entre le ministre des finances, le ministre de l'agriculture, du commerce et des travaux publics, agissant au nom de l'État, d'une part, et le préfet du département de la Seine, agissant au nom de la ville de Paris, d'autre part; lesdits articles relatifs aux engagements mis à la charge du Trésor par cette convention.

Convention entre l'État et la ville de Paris, ayant pour objet l'ouverture et l'achèvement de diverses grandes voies de communication dans cette ville.

L'an mil huit cent cinquante-huit, et le trois mai,
Entre les soussignés :
Le ministre des finances et le ministre de l'agriculture, du commerce et des travaux publics, agissant au nom de l'État, sous la réserve de l'approbation des présentes par le décret de l'Empereur, et par la loi en ce qui concerne les clauses financières, d'une part;
Et le préfet de la Seine, agissant au nom de la ville de Paris, sous réserve de ratification par délibération du conseil municipal et l'approbation de cette délibération par le ministre de l'intérieur, d'autre part,
Il a été convenu ce qui suit :
ART. 1er. La ville de Paris prend l'engagement d'exécuter, dans un délai de dix ans, qui courra du 1er janvier 1859, les projets ci-après désignés :
1° Boulevard du Prince-Eugène, du Château-d'Eau à la barrière du Trône; boulevard du Nord, du Château-d'Eau à la barrière Poissonnière, y compris l'élargissement de la rue Saint-Quentin entre le boulevard et la gare du Nord; rue de vingt mètres, du Château-d'Eau à la pointe Saint-Eustache;
2° Avenue de trente-deux mètres de largeur, commençant à la place de la Bastille et se dirigeant sur le bois de Vincennes par la barrière de Reuilly;
3° Rue de Rouen, vingt-deux mètres de largeur, entre le boulevard des Capucines et la rue du Havre, avec embranchement se dirigeant du boulevard sur la rue de la Chaussée-d'Antin et dégagement de la gare de l'Ouest par

l'ouverture de la rue de Rome, sur une largeur de vingt mètres entre la rue Saint-Lazare et la barrière dite *de la Réforme*; ensemble, la rectification de la place de l'Europe et le prolongement de la rue de Madrid jusqu'à la rue de Malesherbes, avec embranchement rue de la Bienfaisance;

4º Boulevard de Malesherbes, de la place de la Madeleine au boulevard extérieur de Monceaux;

5º Boulevard de Beaujon, entre le boulevard de Malesherbes et la place de l'Étoile, rectification et nivellement du boulevard extérieur de Passy, complément de l'exécution du décret du 13 août 1854 pour les abords de l'Arc-de-Triomphe;

6º Deux boulevards de quarante mètres à ouvrir, l'un en prolongement direct du pont de l'Alma, entre le quai de Billy et l'Avenue des Champs-Élysées; et l'autre partant du même point et aboutissant à la barrière Sainte-Marie;

7º Boulevard de trente-six mètres, entre le pont de l'Alma (rive gauche) et l'École militaire; ouverture de l'avenue du Champ-de-Mars allant du même point à l'extrémité de la rue Saint-Dominique, et prolongement de l'avenue de Latour-Maubourg jusqu'au pont des Invalides;

8º Boulevard Saint-Marcel, entre le boulevard de l'Hôpital et le boulevard de Mont-Parnasse, avec embranchement de la rue Mouffetard à la barrière d'Enfer; élargissement à quarante mètres de la rue Mouffetard, entre la barrière d'Italie et le carrefour formé par les rues de l'Ourcine et Censier, et ouverture d'une rue de vingt mètres entre ce carrefour et l'extrémité de la rue Soufflot, et d'une autre rue de vingt mètres entre ce carrefour et la place Maubert;

9º Élargissement du boulevard de Sébastopol dans la traversée de la Cité, prolongement du même boulevard entre la place Saint-Michel et le carrefour de l'Observatoire et ouverture d'une rue de vingt mètres isolant le Luxembourg, allant du carrefour formé à la rencontre des rues de Vaugirard, Molière et Corneille au boulevard de Sébastopol en face de la rue Soufflot.

2. Les expropriations et évictions nécessaires à la réalisation des projets dont l'énoncé précède seront faites par la Ville à ses risques et périls, et elle payera toutes les indemnités réglées, soit à l'amiable, soit judiciairement.

3. La Ville établira tous les travaux d'établissement de la viabilité et de raccordement des voies transversales, et payera pareillement les indemnités de toute sorte auxquelles ces travaux pourront donner ouverture.

Le prix ou la valeur des matériaux de démolition et des parcelles de terrain qui resteront disponibles en dehors des alignements seront portés en déduction de ses dépenses.

4. En retour des engagements ci-dessus, l'État s'oblige à concourir pour un tiers dans la dépense nette et finale que la ville de Paris aura faite en exécution des art 3 et 4 ci-dessus, sans toutefois que la subvention de l'État puisse, en aucun cas et sous quelque prétexte que ce soit, excéder un maximum fixé à la somme de cinquante millions (50,000,000 fr.).

Dans le cas où un ou plusieurs travaux énumérés dans l'article 1er ne seraient pas exécutés, la subvention sera réduite proportionnellement à l'importance des travaux non exécutés.

5. L'état général des dépenses opérées dans le cour de chaque année sera soumis, dans les trois premiers mois qui suivront la clôture de l'exercice, au contrôle d'une commission spéciale, composée d'un conseiller d'État, d'un inspecteur général des finances et d'un inspecteur général des ponts et chaussées.

Cette commission pourra se faire représenter toutes les pièces justificatives.

Les comptes définitifs des mêmes dépenses seront produits dans l'année qui suivra l'achèvement des travaux et seront soumis à la même commission.

En cas de non-acceptation, soit par l'État, soit par la Ville, du résultat dudit travail de la commission, il sera statué par le ministre compétent, sauf recours au conseil d'État, sur les difficultés qui pourraient s'élever à l'occasion du règlement des comptes.

6. Les comptes et les dépenses faites et à faire par la ville de Paris, avec le concours de l'État, en vertu d'actes antérieurs à la présente convention et restant encore à liquider, seront également soumis à la commission mentionnée à l'article 5 ci-dessus.

7. Il ne sera pas donné suite au projet de traité passé, le 28 avril 1854, entre le ministre des finances et le préfet de la Seine, relativement au projet de construction d'un nouvel hôtel des Postes entre la place du Châtelet et le quai de la Mégisserie, et au percement de nouvelles rues à travers l'hôtel des Postes actuel.

La commission instituée par l'article 5 appréciera les demandes d'indemnités qui pourraient être réclamées par la ville de Paris, par suite des dommages qu'elle aurait éprouvés en raison du commencent d'exécution donné audit projet de traité.

8. Les sommes à payer par l'État à la ville de Paris pour les opérations et travaux qui font l'objet de la présente convention, et celles qui restent à payer pour les dépenses déjà engagées en vertu d'actes antérieurs, seront acquittées de la manière suivante :

En 1859..................... 2,083,333 fr.
En 1860..................... 4,000,000
En 1861..................... 6,000,000

Et le solde en sept annuités égales à partir de 1862.

9. La présente convention ne sera passible d'aucun droit d'enregistrement.

N° 5.

Ordonnance du roi pour l'organisation et la comptabilité de la régie de l'octroi à Paris, du 22 juillet 1831.

ART. 1er. L'octroi de Paris, ainsi que les entrepôts et établissements qui en dépendent, continueront d'être régis et administrés suivant les règlements particuliers actuellement en vigueur, sous l'autorité immédiate du préfet de la Seine et sous la surveillance générale de notre directeur de l'administration des contributions indirectes, par un directeur et trois régisseurs, formant un conseil d'administration présidé par le directeur. Le dernier sera en même temps directeur des droits d'entrée perçus au profit du trésor public.

2. Les directeurs et régisseurs seront nommés, savoir : le directeur par nous, sur la proposition du ministre des finances ; et les régisseurs par le ministre du commerce et des travaux publics, sur la proposition du préfet de la Seine.

Tous les autres préposés seront nommés par le préfet de la Seine, et par avancement, dans l'ordre des grades, sur une liste de sujets propres aux emplois vacants, qui sera présentée par le conseil d'administration. Néanmoins le préfet pourra nommer, sans présentation, au quart des emplois de receveurs qui viendront à vaquer. Un règlement délibéré par le conseil d'administration, et soumis par le préfet à l'approbation de notre ministre du commerce et des travaux publics, déterminera les conditions d'admission au surnumérariat.

Les préposés de l'octroi seront révocables dans les cas prévus par l'art. 156 de la loi du 28 avril 1816, sur la demande de notre directeur de l'administration des contributions indirectes.

3. Le directeur de l'octroi, en sa qualité de président du conseil d'administration, recevra la correspondance, et donnera les ordres d'urgence.

4. Chacun des régisseurs de l'octroi sera chargé d'une partie de l'administration, qui sera déterminée par le préfet.

5. Toutes les mesures concernant l'administration, le personnel, la perception, la comptabilité et les instances à suivre devant les tribunaux, seront délibérées en conseil d'administration et soumises au préfet de la Seine, sauf les exceptions pour objets à traiter d'urgence, lesquels seront déterminés par un règlement particulier concerté entre nos ministres des finances, du commerce et des travaux publics.

6. Tous les ans, le budget des frais de perception de l'octroi sera préparé par le conseil d'administration et présenté au préfet, qui le soumettra, avec les modifications qu'il aura jugées convenables, à la délibération du conseil municipal. Après cette délibération, le budget sera envoyé au ministre des finances pour être approuvé par lui, sur le rapport du directeur de l'administration des contributions indirectes.

Les frais extraordinaires d'établissement jugés nécessaires dans le courant de l'année seront préparés, délibérés et approuvés de la même manière.

7. L'époque et le mode des versements des produits de l'octroi dans la caisse municipale seront déterminés par le préfet de la Seine : ceux des versements des produits des droits du Trésor seront déterminés par l'administration des contributions indirectes.

A l'expiration de chaque mois, le conseil d'administration de l'octroi établira un décompte provisoire des dix pour cent du produit net revenant au Trésor, dont le montant sera immédiatement versé par le receveur municipal dans les caisses de la régie des contributions indirectes. Le règlement définitif de ce prélèvement aura lieu à la fin de chaque exercice.

8. Les dépenses de l'octroi et de l'entrepôt de Paris seront, conformément aux ordonnances royales des 23 avril 1823 et 23 juillet 1826, acquittées, comme toutes les autres dépenses communales, par le receveur municipal, sur les mandats du préfet de la Seine, après avoir été certifiées par le conseil d'administration de l'octroi.

Néanmoins les appointements, remises, frais de bureau et autres sommes dus aux employés en vertu des règlements et décisions, seront payés par les receveurs que l'administration de l'octroi désignera, et sous leur responsabilité, sur des états émargés par les parties prenantes, lesquels seront, après le payement, immédiatement transmis par le conseil d'administration au préfet de la Seine, qui en ordonnancera le montant sur le trésorier municipal à la décharge des comptables en ayant fait l'avance.

Tous autres frais ordinaires de perception qui n'excéderont pas trois cents francs seront payés et ordonnancés de la même manière.

Le conseil d'administration de l'octroi ne pourra, sous sa responsabilité, dépasser les limites fixées par chaque article du budget, en suivant les imputations déterminées, auxquelles il ne pourra faire aucun changement qu'en vertu d'une autorisation du préfet de la Seine, approuvée par le ministre des finances.

9. La perception des droits établis aux entrées de Paris pour le compte du trésor public continuera d'être faite par les préposés de l'octroi, qui se conformeront, à cet effet, à tous les règlements, ordres et instructions de l'administration des contributions indirectes.

10. L'administration des contributions indirectes pourra faire exercer une surveillance immédiate sur les receveurs et autres préposés de l'octroi : elle pourra faire vérifier les caisses, arrêter les registres et faire verser immédiatement les fonds dans les caisses auxquelles ils sont destinés.

11. L'administration des contributions indirectes pourra placer dans les entrepôts et autres établissements de l'octroi le nombre d'employés qu'elle jugera nécessaire pour son service.

12. Les droits d'octroi à la fabrication des bières continueront d'être constatés chez les brasseurs par les employés des contributions indirectes, qui pourront en outre, s'il y a lieu, et sur la demande de l'administration municipale, être chargés de constater les autres droits d'octroi dans l'intérieur de Paris.

13. L'état de répartition des sommes portées, chaque année, par le budget du ministère des finances, à titre d'indemnités allouées aux préposés de l'octroi, pour la perception des droits d'entrée, sera dressé conformément aux instructions qui seront données par l'administration des contributions indirectes, et communiqué au préfet de la Seine.

Le budget de la ville de Paris comprendra en recette le produit des saisies et amendes pour contravention en matière d'octroi. L'emploi du produit de ces amendes et confiscations, dans le cas de contraventions en matière d'octroi, ou de contraventions communes aux deux services, sera fait d'après les règles qui seront propres à chaque administration.

14. Les fraudes et contraventions qui ne concernent que l'octroi seront poursuivies par le directeur, au nom du préfet de la Seine. Les transactions que le directeur pourra consentir ne seront définitives qu'après avoir été approuvées par le préfet, sur l'avis émis par le conseil d'administration.

A l'égard des fraudes et contraventions communes à l'octroi et aux droits d'entrée perçus au profit du Trésor, et de celles qui pourraient être particulières à ces derniers droits, le directeur pourra seul suivre l'effet des procès-verbaux devant les tribunaux, ou consentir des transactions d'après les règles propres à l'administration des contributions indirectes.

Celles de ces transactions applicables à des saisies communes qui devront être soumises à l'approbation du directeur de l'administration des contributions indirectes, ou à celle de notre ministre des finances, suivant les peines encourues, seront communiquées au préfet de la Seine, qui pourra donner son avis.

Les décharges ou restitutions du droit d'octroi seront autorisées par le préfet de la Seine, sur la proposition du conseil d'administration.

15. Le préfet pourra, toutes les fois qu'il le jugera convenable, former et réunir une commission consultative de l'octroi, qu'il composera de quatre membres du conseil municipal, du directeur des contributions indirectes dans le département de la Seine, du directeur et des trois régisseurs de l'octroi.

Le préfet présidera ladite commission, et, en son absence, il sera suppléé par le secrétaire général.

16. Les délibérations de la commission instituée par l'article précédent auront uniquement pour objet les mesures à prendre pour améliorer le service de l'octroi.

17. Le conseil d'administration de l'octroi fournira au préfet de la Seine et à l'administration des contributions indirectes tous les états quotidiens des produits de l'octroi, bordereaux de mois, comptes moraux trimestriels et autres renseignements relatifs à la perception et au personnel du service qui seront jugées nécessaires.

18. Les dispositions de l'ordonnance du 9 décembre 1814 continueront

d'être observées pour l'octroi de Paris en ce qui n'est pas contraire à la présente.

L'ordonnance du 23 décembre 1814 est rapportée.

N° 6.

Décret impérial concernant le Tarif de l'Octroi de Paris, du 3 novembre 1855.

Sur le rapport de notre ministre secrétaire d'État au département des finances,

Vu l'ordonnance du 9 décembre 1814 et les dispositions des lois des 28 avril 1816 et 24 juin 1824, relatives aux octrois;

Vu la loi du 12 décembre 1830 et le tarif y annexé, pour la perception du droit d'entrée sur les boissons; la loi du 24 mai 1834; la loi du 11 juin 1842; la loi du 10 mai 1846; le décret du 17 mars 1852; l'article 18 de la loi de finances du 22 juin 1854;

Vu la délibération du conseil municipal de la commune de Paris, en date du 5 septembre 1855, tendant au remaniement du tarif d'octroi en vigueur;

Vu l'avis du préfet du département de la Seine, en date du 13 du même mois; vu les observations de notre ministre secrétaire d'État au département de l'intérieur; notre conseil d'État entendu,

Avons décrété et décrétons ce qui suit:

ART. 1er. A partir de la publication du présent décret, la perception sera opérée, à l'octroi de Paris, département de la Seine, conformément au tarif ci-annexé.

ART. 2. Toutes les taxes du tarif seront passibles:

1° Du décime par franc applicable à toutes les taxes, établi par l'ordonnance du 10 août 1815, et maintenu indéfiniment par celle du 17 août 1832 et par l'arrêté du gouvernement du 17 juin 1848;

2° Du second décime par franc applicable à toutes les taxes autres que celles qui frappent les vins en cercles, les cidres et poirés, les bières fabriquées dans Paris et les viandes, lequel a été établi par l'arrêté précité du 17 juin 1848, et maintenu, jusqu'au 1er janvier 1871, par décret en date du 2 octobre 1851.

ART. 3. Notre ministre secrétaire d'État au département des finances est chargé de l'exécution du présent décret, qui sera inséré au *Bulletin des Lois*.

OCTROI DE PARIS. — TARIF.

DÉSIGNATION des OBJETS ASSUJETTIS AUX DROITS.	UNITÉ sur laquelle portent les droits.	DROITS décimes non compris.	DISPOSITIONS RÉGLEMENTAIRES.
BOISSONS ET ALCOOLS DÉNATURÉS.		fr c.	
Vins en cercles..............	Hectolitre.	10 »	La vendange payera le même droit que le vin, dans la proportion de trois hectolitres de vendange pour deux de vin. Les vins introduits à la main dans des vases d'une contenance supérieure à cinq litres payeront le droit dans les proportions de celui fixé pour les vins en cercles.
Vins en bouteilles............	Id.	17 »	La bouteille inférieure au litre et la demi-bouteille sont assimilées aux litre et demi-litre pour la perception des droits sur les boissons et autres liquides mentionnés au présent tarif.
Alcool pur contenu dans les eaux-de-vie et esprits en cercles, eaux-de-vie et esprits en bouteilles, liqueurs et fruits à l'eau-de-vie.	Id.	23 50	Les boissons, eaux de senteur, vernis et tout liquide ou préparations quelconques mélangés d'alcool, ou qui ont l'alcool pour base, autres que les alcools dénaturés conformément aux prescriptions de l'ordonnance du 14 juin 1841, payent le droit à raison de la quantité d'alcool qu'ils contiennent. Lorsque la nature de ces liquides ou mélanges ne permet pas de déterminer la quantité d'alcool nécessaire pour les préparer, ils acquittent à raison de cinquante pour cent de leur volume. Les fruits et conserves à l'eau-de-vie, à l'huile ou au vinaigre, avec ou sans liquides, sont imposés sur leur volume total.
Cidres, poirés et hydromels.....	Id.	3 80	Les fruits secs à cidre et à poiré payeront le droit à l'entrée dans la proportion de cinquante kilogrammes de fruits pour un hectolitre de cidre ou de poiré. Pour la perception du droit d'entrée au profit du trésor, vingt-cinq kilogrammes de fruits secs comptent comme un hectolitre de cidre ou de poiré. (Art. 23 de la loi du 28 avril 1816.)
Alcools dénaturés.. { de 2 à 3 dixièmes.....	Id.	7 »	
{ de 3 à 4 dixièmes.....	Id.	6 10	
{ de 4 à 5 dixièmes.....	Id.	5 20	
{ au-dessus de 5 dixièmes	Id.	4 30	
AUTRES LIQUIDES.			
Vinaigres de toute espèce, fruits et conserves au vinaigre, verjus,	Id.	10 »	Toute lie qui n'est pas dans un état de siccité complète est passible du droit.

DÉSIGNATION des OBJETS ASSUJETTIS AUX DROITS.	UNITÉ sur laquelle portent les droits.	DROITS, décimes non compris.	DISPOSITIONS RÉGLEMENTAIRES.
sureau, hièble en fruits ou en jus, vins gâtés et lies liquides ou épaisses et toute autre substance ou liquide servant à la fabrication des vinaigres ou pouvant en tenir lieu.		fr. c.	L'acide acétique, les vinaigres concentrés et tous autres liquides qui, étendus, peuvent être employés comme vinaigre ordinaire, seront imposés en proportion de la quantité qu'ils en peuvent produire.
Bière à l'entrée................	Hectolitre.	3 80	
Bière à la fabrication..........	Id.	2 85	
Chasselas, muscat et autres raisins non foulés de toute espèce.	100 kilog.	4 80	
Huile d'olive, fruits et conserves à l'huile, huiles parfumées de toute espèce.	Hectolitre.	38 »	
Huile de colza, d'œillette, de faîne, ou de toute autre espèce provenant de substances animales, végétales ou minérales, acide oléique et toute substance pouvant être employée comme huile.	Id.	21 »	Le droit est dû à l'entrée sur les huiles de toute espèce, quel que soit leur emploi. Les huiles de toute espèce provenant de substances animales, végétales ou minérales, l'acide oléique et tous autres corps gras pouvant être employés comme huile, cuits, altérés ou mélangés ensemble ou avec d'autres substances sont soumis pour leur volume entier et sont classés d'après la nature de l'huile imposée au droit le plus élevé qu'ils contiennent. Il n'est fait aucune déduction pour suif, sédiment ou pied d'huile. Les graines oléagineuses, les farines en provenant sont soumises aux droits d'après la quantité d'huile qu'elles sont présumées contenir, et qui sera déterminée par l'administration de l'octroi, sous l'approbation de M. le préfet de la Seine. Les tourteaux de ces mêmes graines qui ne seraient pas dans un état complet de dessication seront assujettis au droit dans la proportion de l'huile qu'ils contiendront. Les pieds de bœuf ou de vache provenant de l'extérieur ou sortant des abattoirs de Paris sont assujettis au droit des huiles autres que celle d'olive, à raison d'un litre d'huile pour dix pieds ou dans la proportion.
Vernis de toute espèce autres que ceux à l'alcool, blanc de céruse, de zinc et autres couleurs en pâte, broyées ou préparées à l'huile, à l'acide oléique ou avec tous autres corps gras; dégras de toute espèce, graisse dite muciline, fuit, pied d'huile et autres résidus.	Id.	9 50	Les vernis, les dégras et autres produits désignés en l'article ci-contre qui contiennent plus de moitié de leur volume en huile, acide oléique ou autres corps gras, sont imposés en entier aux droits des huiles autres que celles d'olive. Les mastics acquittent pour la quantité d'huile qu'ils contiennent.
Essences de toute nature autres que celles parfumées, goudrons liquides, résidus de gaz et autres liquides pouvant être employés comme essence.	Id.	8 50	Les essences de térébenthine et autres, et toute substance pouvant être employée comme essence, cuite, altérée ou mélangée sont taxées comme essence pure. Les feutres, cuirs, laines et objets quelconques traités ou préparés à l'al

DÉSIGNATION des OBJETS ASSUJETTIS AUX DROITS.	UNITÉ sur laquelle portent les droits.	DROITS, décimes non compris.		DISPOSITIONS RÉGLEMENTAIRES.
COMESTIBLES.		fr.	c.	cool ou à l'huile, qui laisseraient échapper de ces liquides ou dont il serait possible de les extraire, seront imposés à raison de la quantité totale qu'ils en contiendront.
Viande de bœuf, vache, veau, mouton, bouc et chèvre sortant des abattoirs de la ville de Paris.	100 kilog.	8	85	Aucune déduction n'est faite sur le poids des animaux abattus de toute espèce pour la peau qui serait adhérente ni pour les abats et issues qui n'en auraient point été séparés.
Les mêmes viandes venant de l'extérieur, fraîches ou salées, dites à la main.	Id.	10	55	Les langues de bœuf ou de vache payent comme viande : on en évalue le poids lorsqu'elles tiennent encore à la
Abats et issues de veau sortant des abattoirs ou venant de l'extérieur.	Id.	7	55	tête ; les cervelles et rognons des mêmes animaux, les foies, ris et cervelles de veau et les rognons de mouton détachés des issues payent également comme viande.
Porcs abattus, viande dépecée fraîche provenant de ces animaux, cochons de lait, graisses, gras de porcs et ratis fondus ou non, sortant des abattoirs de la ville de Paris.	Id.	8	85	Le droit de la viande de boucherie à la main et celui des porcs abattus sont dus, conformément à l'article 36 de l'ordonnance du 9 décembre 1814 sur les animaux nés dans l'intérieur, ainsi que sur ceux entrés vivants sur consignation et abattus exceptionnellement hors des abattoirs publics.
Les mêmes viandes et graisses comestibles de toute nature venant de l'extérieur, lards salés et petit salé de porc.	Id.	10	55	
Saucissons, jambons, viandes fumées de toute espèce et toute charcuterie.	Id.	20	70	
Abats et issues de porc sortant des abattoirs et venant de l'extérieur.	Id.	3	80	
Truffes, pâtés et terrines truffés, volaille et gibier truffés, faisans, gelinottes, ortolans et becfigues.	Id.	120	»	
Volaille de toute espèce autre que les dindes et oies domestiques, gibier à plumes autres que celui indiqué ci-dessus, sangliers, marcassins, chevreuils, daims, cerfs, lièvres et lapins de garenne, pâtés et terrines non truffés, viandes confites, anchois et autres poissons marines ou à l'huile.	Id.	30	»	
Dindes, oies et lapins domestiques, agneaux et chevreaux.	Id.	15	»	Les agneaux et chevreaux vivants non conduits aux abattoirs publics acquittent à raison de soixante pour cent de leur poids brut.
Saumons, turbots, esturgeons, thon frais, barbues, truites, aloses, bars, éperlans, mulets, rougets, barbots, soles, homards, langoustes, crevettes et écrevisses.	Id.	60	»	
Tous autres poissons de mer et d'eau douce.	Id.	15	»	

DÉSIGNATION des OBJETS ASSUJETTIS AUX DROITS.	UNITÉ sur laquelle portent les droits.	DROITS, décimes non compris.	DISPOSITIONS RÉGLEMENTAIRES.
Huîtres ordinaires.................	100 kilog.	fr. c. 5 »	Les droits sur les huîtres seront perçus sur le poids brut, sans aucune déduction pour paniers, barils ou emballage, sauf le droit qu'aura toujours l'introducteur de déballer ses huîtres et de les faire peser séparément.
Huîtres de Marennes et huîtres marinées.	Id.	10 »	
Huîtres d'Ostende ou toutes autres que celles ci-dessus.	Id.	15 »	
Beurres de toute espèce, frais ou fondus, salés ou non.	Id.	10 »	
Œufs...........................	Id.	2 50	
COMBUSTIBLES.			
Bois à brûler autres que ceux désignés ci-après. { d'essence dure.	Stère.	2 50	En cas de mélanges de bois dur, de bois blanc ou de menuise, la distinction cessera d'être observée et le droit le plus élevé sera appliqué sur la totalité du chargement.
{ d'essence tendre.	Id.	1 85	
Cotrets de bois dur autres que ceux de menuise.	Id.	1 50	Tout cotret de bois dur ayant plus de soixante-six centimètres de longueur et de cinquante centimètres de circonférence et contenant moins de quatre morceaux est imposé au droit de bois dur.
Menuise de bois dur ou de bois blanc, cotrets de menuise et fagots de toute espèce.	Id.	» 90	La menuise est le bois rond coupé à la longueur d'un mètre treize centimètres, ayant moins de treize centimètres de circonférence. Les cotrets de menuise qui contiendraient des morceaux de seize centimètres et au-dessus seront imposés comme cotrets de bois dur. Les perches ayant moins de seize centimètres de circonférence moyenne acquitteront comme menuise; de seize à trente-huit centimètres, elles payent comme bois à brûler; au-dessus de trente-huit centimètres, elles acquittent comme bois à ouvrer. Les fagots de toute espèce payent le droit entier. Tout parement ayant seize centimètres de circonférence et au-dessus sera distrait du fagot et rangé pour la taxe dans la classe du bois dur ou du bois blanc; le surplus restera imposable comme fagot. Le cubage servira de base pour établir la perception sur les chargements de bois, de bois à brûler, et généralement de tous les bateaux, trains et voitures susceptibles d'être cubés.
Charbon de bois, charbon artificiel et toute composition pouvant remplacer le charbon de bois.	Hectolitre.	» 50	
Poussier de charbon de bois, tan carbonisé et toute composition pouvant remplacer le poussier de charbon de bois et ne dépassant pas sa dimension.	Id	» 25	Le poussier de charbon de bois se compose de fragments ayant trois centimètres au plus de longueur.
Charbon de terre, coke et tourbe carbonisée ou épurée, goudrons et résidus provenant de la	100 kilog.	» 60	La quantité de charbon de terre, coke et tourbe carbonisée contenue dans chaque bateau sera reconnue d'a-

N° 6.   485

DÉSIGNATION des OBJETS ASSUJETTIS AUX DROITS.	UNITÉ sur laquelle portent les droits.	DROITS, décimes non compris.		DISPOSITIONS RÉGLEMENTAIRES.
houille et du gaz, non imposables comme essences (*).				près le volume d'eau déplacé par le bateau. L'escarbille, les briquettes et tous les combustibles dans lesquels il entre des charbons de terre acquittent le droit entier. Les quantités inférieures à celles qui sont déterminées au présent tarif seront imposées proportionnellement.
MATÉRIAUX.		fr.	c.	
Chaux grasse et chaux hydraulique.	Hectolitre.	1	15	La chaux grasse éteinte, la chaux hydraulique pulvérisée, le mortier dans lequel il entre de la chaux, la pierre à chaux et le poussier de cette pierre ne payent que demi-droit. La pierre à plâtre et le poussier de pierre à plâtre payent à raison des sept dixièmes de leur volume. La pierre dite *granit de Cherbourg* est, pour la perception, assimilée à la pierre de taille.
Ciment de toute espèce contenant de la chaux.	100 kilog.	»	90	
Plâtre..............	Hectolitre.	»	35	
Moellons de toute espèce et meulière de toute dimension.	Mètre cube.	»	50	
Pierres de taille, dalles et carreaux de pierre de toute espèce.	Id.	2	»	
Marbre et granit............	Id.	15	»	
Poitrails, solives, pièces pour combles, marches d'escaliers et autres pièces en fer ou en	en fer.	3	»	Les déclarations devront indiquer le nombre de pièces de chaque espèce, leurs dimensions et le poids total du fer et de la fonte composant chaque chargement. En cas de mélange de fer et de fonte qui ne permettrait pas de faire des vérifications par nature de métal, le tout sera imposé comme fer. Les quantités arrivant par eau pourront être reconnues par le volume d'eau déplacé par le bateau.
fonte façonnées pouvant entrer dans les constructions.	en fonte.	2	»	
Ardoises de grande dimension...	Millier.	4	»	La dimension des grandes ardoises est de quatre cent cinquante et un à sept cents centimètres de superficie. Celle des petites est de quatre cent cinquante centimètres et au-dessous. Les ardoises ayant une surface supérieure à sept cents centimètres sont soumises à un droit proportionnel.
Ardoises de petite dimension....	Id.	2	50	
Briques de dimension ordinaire..	Id.	5	75	Les dimensions de la brique ordinaire sont, au maximum, de quinze cents centimètres cubes; celles de la tuile de sept cent cinquante centimètres carrés, et du carreau de trois cents centimètres carrés. Les briques, tuiles, carreaux, pots creux, mitres, tuyaux et poterie de toute espèce, non cuits, acquittent le droit entier. Les briques, tuiles et carreaux cassés ne payent que le demi-droit.
Tuiles de dimension ordinaire...	Id.	7	»	
Carreaux de dimension ordinaire.	Id.	4	75	
Briques, tuiles, carreaux de toute autre dimension, pots creux, mitres, tuyaux et poteries de toute espèce employés dans les constructions ou dans le jardinage.	100 kilog.	25	»	
Argile, terre glaise et sable gras.	Mètre cube.	»	60	

(*) Ces trois derniers articles sont ici portés tels qu'ils ont été réglés par le tarif supplémentaire de l'octroi, approuvé par décret du 29 juillet 1858.

DÉSIGNATION des OBJETS ASSUJETTIS AUX DROITS.	UNITÉ sur laquelle portent les droits.	DROITS, décimes non compris.	DISPOSITIONS RÉGLEMENTAIRES.
			Les briques et autres terres cuites pulvérisées, ainsi que les pouzzolanes ne contenant pas de chaux, sont exemptes des droits.
BOIS A OUVRER, BATEAUX ET BOIS DE DÉCHIRAGE.		fr. c.	
Bois de chêne, châtaignier, orme, frêne, charme, noyer, merisier, acacia, érable, prunier, pommier et autres d'essence dure, en grume ou équarris, débités en sciage ou en fente, façonnés ou non.	Le stère.	9 40	Dans l'application du droit il est fait déduction de l'écorce. Il est accordé sur les longueurs, et suivant l'étendue du mal, pour malandres visibles et palpables, nœuds pourris ou vermoulus, une déduction qui ne pourra excéder un mètre.
Bois de sapin, platane, peuplier, bouleau, orme, tilleul, saule, marronnier et autres d'essence tendre en grume ou équarris, débités en sciage ou en fente, façonnés ou non.	Id.	7 50	Tous les bois neufs ouvrés, plaqués ou non, ferrés ou non, sont soumis aux mêmes droits que les bois non travaillés. Ceux qui par leur forme ou leur volume offriraient des difficultés de mesurage seront imposés dans la proportion de neuf cents kilogrammes pour un stère de bois dur et de six cents kilogrammes pour un stère de bois blanc. Les bois de démolition ou autres ayant servi acquittent les mêmes droits que les bois neufs, sous déduction des défectuosités qu'ils présenteront. Lorsque ces bois seront reconnus ne pouvoir être employés comme bois de travail, ils seront imposés comme bois de chauffage, suivant leur nature.
Lattes et treillages............	100 bottes.	9 40	La botte de lattes se compose de cinquante lattes d'un mètre trente centimètres de longueur et de cinq centimètres de largeur; la botte de treillage contient soixante et dix mètres de longueur de treillage. Au-dessus de ces nombres et dimensions le droit est proportionnel.
Bateaux en chêne.............	Par bateau.	24 »	Tout bateau faisant exception par la dimension à la toue ordinaire payera le droit par mètre carré.
Bateaux en sapin.............	Id.	12 »	
Bois de déchirage en chêne......	Mètre carré.	» 18	
Bois de déchirage en sapin......	Id.	» 10	
FOURRAGES.			
Foin, sainfoin, luzerne et autres fourrages secs.	100 bottes de 5 kil.	5 »	Le droit se perçoit sur le nombre total des bottes, sans aucune déduction ni tolérance. Les fourrages non bottelés payent le droit au poids dans la proportion réglée ci-contre. Lorsque le poids des bottes excédera cinq kilogrammes, le droit sera perçu dans la proportion de l'excédant. Les foins et fourrages verts sont exempts du droit.
Paille	Id.	2 »	

N° 6.

DÉSIGNATION des OBJETS ASSUJETTIS AUX DROITS.	UNITÉ sur laquelle portent les droits.	DROITS, décimes non compris.	DISPOSITIONS RÉGLEMENTAIRES.
Avoine....................	100 kilog.	fr. c. 1 25	L'avoine et l'orge en gerbes acquittent séparément pour la quantité de grain et de paille. Les avoines et orges moulues acquittent comme en grain.
Orge.......................	Id.	1 60	L'orge mondé est exempt de droit.
OBJETS DIVERS.			
Fromages secs.............	100 kilog.	9 50	
Sel gris et blanc...........	Id.	5 »	Les eaux salées payent le droit dans la proportion du sel qu'elles contiennent.
Cire blanche, spermacéti raffiné ou pressé.	Id.	28 »	
Cire jaune et spermacéti brut....	Id.	19 »	Les filés de cire jaune ne sont soumis qu'au demi-droit.
Bougie stéarique, acides stéarique et margarique et autres substances pouvant remplacer la cire.	Id.	16 »	
Suifs de toute espèce, bruts ou fondus, sous toutes formes, vieux oings et graisse de toute espèce non comestibles, sortant des abattoirs ou venant de l'extérieur.	Id.	6 40	Les suifs et graisses mélangés de toute autre substance, les chandelles, torches et lampions composés des mêmes mélanges acquittent comme suif.
Glaces à rafraîchir.........	Id.	5 »	

DÉCIMES.

Les taxes qui précèdent continueront d'être surmontées :
1° Du décime pour franc applicable à toutes les taxes d'octroi établies par l'ordonnance du 10 août 1815, et maintenu indéfiniment par l'ordonnance du 17 août 1832 et par l'arrêté du gouvernement du 17 juin 1848;
2° Du second décime pour franc applicable à toutes les taxes autres que celles qui frappent les vins en cercle, les cidres et poirés, les bières fabriquées dans Paris et les viandes, établi par l'arrêté susvisé du 17 juin 1848, et maintenu jusqu'au 1er janvier 1871 par décret du président de la République en date du 2 octobre 1851.

DISPOSITIONS GÉNÉRALES.

Sont passibles des droits d'octroi tous les objets compris au présent tarif, récoltés, préparés ou fabriqués dans l'intérieur de Paris, conformément à l'article 11 de la loi du 27 frimaire an VIII et à l'article 36 de l'ordonnance royale du 9 décembre 1814.

Les droits d'octroi qui auraient été acquittés sur les matières employées dans les préparations ou fabrications et dont le payement serait régulièrement justifié, seront précomptés sur les droits dus par les nouveaux produits confectionnés, mais sans que ce décompte puisse jamais donner lieu à remboursement d'aucune portion des droits payés à l'entrée, dans le cas où ils se trouveraient excéder ceux des nouveaux produits.

Tout mélange d'objets imposés avec des objets non compris au tarif ou d'objets assujettis à des droits différents donne lieu, dans le premier cas, au payement du droit sur le tout; dans le second cas, à l'application, également sur le tout, du droit le plus élevé, sans préjudice de la saisie pour non-déclaration de ces mélanges.

Pour tous les objets tarifés au poids, il est fait déduction de la tare des tonneaux, caisses, paniers ou vases qui les contiennent.

Vu pour être annexé au décret en date du 3 novembre 1855.

Le Ministre Secrétaire d'État des finances,
Signé : P. MAGNE.

N° 7.

Arrêté du préfet de la Seine réglant le service de l'entrepôt fictif dans les circonscriptions admises dans le périmètre de l'octroi de Paris, du 12 juin 1860.

Art. 1er. Le service des entrepôts autorisés dans Paris par la loi du 16 juin 1859 et par le décret réglementaire du 19 décembre suivant, sera suivi par l'administration de l'octroi, eu égard à la situation de chaque magasin ou de chaque usine, d'après la division territoriale, et conformément à l'état des circonscriptions déterminées par le tableau ci-annexé [1].

Art. 2. Les dispositions de l'art. 2 de l'arrêté du 23 décembre dernier seront étendues aux marchands de matériaux de toute nature compris au tarif d'octroi qui auraient droit à l'entrepôt.

Art. 3. Tout commerçant admis à régler ses introductions de marchandises, soit au comptant, soit par billets et sous déduction des quantités sorties, sera tenu de faire connaître, au moment de chaque déclaration d'entrée, sa qualité d'entrepositaire, et de se faire délivrer un bulletin détaché d'un registre spécial pour cette nature d'introduction, sous peine d'encourir la déchéance de la concession qui lui est faite de compenser des marchandises entrant dans Paris avec des marchandises réexportées.

Art. 4. La compensation déterminée dans l'article précédent ne pourra jamais avoir lieu que dans les limites des quantités déterminées par les introductions sur lesquelles la compensation serait demandée, et sans qu'il puisse être procédé à aucun fractionnement des quantités indiquées par un bulletin de sortie qui ne trouverait pas son équivalent dans une introduction nouvelle.

Art. 5. Tout commerçant qui voudra se prévaloir de bulletins justificatifs de sortie pour faire entrer en franchise des objets de même nature sera tenu de préparer à l'avance, par espèce et quantité et par numéros de bulletins, suivant la formule délivrée par l'administration de l'octroi, le relevé des marchandises dont il voudrait obtenir la déduction et de remettre ce relevé avec les bulletins de sortie s'y rattachant au moment même de ces déclarations d'entrée.

N° 7 bis.

Arrêté du préfet de la Seine portant désignation des portes affectées à la perception et à l'entrée ou à la sortie des marchandises jouissant de l'entrepôt ou traversant la ville, du 30 décembre 1859.

Vu les propositions du conseil d'administration de l'octroi relatives aux mesures à prendre pour assurer le service de la perception dans les nouveaux bureaux d'octroi;

---

[1] Nous ne pouvons donner ici ce tableau à cause de la complication et du développement qu'il présente. Il est d'ailleur placardé dans les bureaux de l'octroi.

N° 8.

Vu la délibération du conseil municipal en date du 30 décembre présent mois;

Arrête :

ART. 1er. Sont affectées à la perception et à l'entrée ou à la sortie des marchandises jouissant de l'entrepôt ou traversant la ville en passe-debout, es portes ci-après désignées :

NOMS QUE REÇOIVENT LES PORTES AFFECTÉES AU SERVICE INDIQUÉ CI-DESSUS.	
BERCY (à l'entrée en ville, rive droite).	LES TERNES.
CHARENTON.	SAINT-CLOUD (route de Versailles).
VINCENNES.	BAS-MEUDON (rive gauche à la sortie de Paris).
MONTREUIL.	
BAGNOLET.	VERSAILLES.
ROMAINVILLE.	CHATILLON.
PANTIN.	ORLÉANS.
LA VILLETTE.	GENTILLY.
LA CHAPELLE-SAINT-DENIS.	ITALIE.
SAINT-OUEN.	CHOISY.
CLICHY (LA GARENNE).	IVRY.
ASNIÈRES.	LA GARE (à l'entrée de Paris, r. gauc.)

ART. 2. Les autres portes seront affectées, comme le sont aujourd'hui les petites barrières, aux introductions des mêmes objets portés à la main et dont les droits n'excèdent pas un franc en principal.

Des bureaux d'octroi seront ouverts dans les gares des chemins de fer situées sur le territoire réuni à la ville de Paris. Les perceptions et vérifications qu'exigent les mouvements des entrepôts s'opéreront également dans ces bureaux.

Le service de l'octroi sur la Seine, les canaux et les ports, conserve son organisation actuelle. Ce service s'étendra et se pratiquera de la même manière sur la partie de la Seine, les canaux, les ports et berges compris dans le territoire réuni à la ville de Paris.

ART. 3. Le présent arrêté recevra son exécution à partir du 1er janvier 1860.

N° 8.

Ordonnance du roi, qui modifie le règlement du bureau central de vérification établi près la direction de l'octroi de Paris, du 10 juillet 1827.

ART. 1er. Les fromages secs, les viandes fumées ou salées, le houblon, la cire et le spermacéti de toute espèce pourront, à l'avenir, être admis en entrepôt au bureau central de vérification établi à l'hôtel de la direction de l'octroi de Paris.

2. A compter du jour de la publication de la présente ordonnance, tous les objets, sujets ou non sujets aux droits d'octroi, arrivant à Paris, et que les pro-

priétaires, destinataires ou conducteurs voudront être dispensés de décharger ou d'ouvrir aux barrières avant l'introduction, pourront également être conduits sous escorte au bureau central de vérification pour y être soumis à la visite, à couvert, en présence du propriétaire, ou pour y être conservés en dépôt ou transit et sans visite, lorsqu'ils devront être réexpédiés hors Paris.

Les marchandises sous plomb des douanes qui ne devront pas être conduites aux bureaux de cette administration le seront également au bureau central de vérification.

3. Ne pourront être admis à la faveur accordée par l'article précédent :

1º Les acides nitriques et sulfuriques et tous autres produits chimiques et substances quelconques pouvant occasionner des risques d'incendie;

2º Les bois à brûler et bois de construction, les charbons, fourrages et matériaux;

3º Les bestiaux et viandes fraîches de boucherie;

4º Les objets pour lesquels il existe un entrepôt municipal à Paris, à moins qu'ils ne se trouvent en petite quantité dans des chargements dont ils ne pourraient pas être facilement distraits.

4. Lorsque des marchandises à réexpédier du bureau central à l'extérieur ne seront pas en quantité suffisante pour former un chargement entier, les propriétaires ou commissionnaires auront la faculté de faire conduire au bureau, dans l'emplacement qui aura été désigné à cet effet, les autres marchandises nécessaires pour compléter le chargement.

5. La durée du séjour des objets déposés dans le bureau central, autres que ceux admis en entrepôt, quelle que soit leur destination, ne pourra excéder un an.

6 Le droit fixe de cinquante centimes par mois, établi par notre ordonnance du 28 décembre 1825, pour magasinage de chaque colis au bureau central, sera désormais proportionnel et réglé ainsi qu'il suit pour les colis non admis en entrepôt :

Par mois et pour chaque colis du poids de 100 kilogrammes et au-dessous .... 0 fr. 25 c.
    De 101 à 300 kilogrammes 0 50
    De 301 kilogrammes et au-dessus 1 00

Les mêmes droits seront provisoirement perçus pour les colis admis en entrepôt.

7. Des abonnements pourront être consentis par la régie de l'octroi, sous l'approbation de notre préfet de la Seine, pour le payement des droits de magasinage.

La régie pourra de la même manière traiter de gré à gré avec les propriétaires, destinataires ou conducteurs, pour les frais de plombage et la rétribution d'escorte extraordinaire, sans pouvoir dépasser les fixations établies par l'article 15 de notre ordonnance du 28 décembre 1825.

8. Notre ordonnance du 28 décembre 1825 continuera d'être exécutée en tout ce qui n'est pas contraire à la présente.

9. Notre ministre secrétaire d'État des finances est chargé de l'exécution de la présente ordonnance.

N° 9.

Ordonnance du roi, portant établissement de droits d'octroi dans la banlieue de Paris, du 11 juin 1817.

TITRE 1er.

De l'établissement d'une Perception de banlieue aux environs de la ville de Paris.

Art. 1er. Il sera établi, autour de notre bonne ville de Paris, une perception de banlieue sur les eaux-de-vie, esprits et liqueurs.

Elle s'étendra à toutes les communes des arrondissements de Sceaux et de Saint-Denis.

Art. 2. Dans le rayon assigné à la perception de banlieue, les eaux-de-vie, esprits et liqueurs seront soumis aux droits de consommation réglés par le tarif ci-après, et aux autres dispositions de la présente ordonnance.

TARIF.

DÉSIGNATION des EAUX-DE-VIE, ESPRITS ET LIQUEURS.	MONTANT du droit par hectolitre.	OBSERVATIONS.
Eaux-de-vie en cercles au-dessous de 22 degrés....................	fr. c. 15 »	Il sera perçu à la distillation des eaux-de-vie de grains, mélasse, vins, marcs, cidres ou autres substances, un droit égal à celui imposé à l'entrée de la banlieue. Les eaux-de-vie ou esprits altérés par quelque mélange que ce soit sont assujettis aux mêmes droits que les eaux-de-vie ou esprits purs.
Eaux-de-vie en cercles de 22 degrés jusqu'à 28 exclusivement.........	20 »	
Eaux-de-vie rectifiées à 28 degrés et au-dessus, esprits, eau-de-vie de toute espèce en bouteilles. — Eaux de senteur et liqueurs composées d'eau-de-vie et d'esprit, tant en cercles qu'en bouteilles.............	30 »	

Art. 3. La direction de l'octroi de Paris sera chargée de la recette et des autres mesures d'exécution, avec le concours et sous la surveillance des maires, des sous-préfets, et sous l'autorité de notre préfet du département de la Seine et de notre directeur général des contributions indirectes, chacun dans l'ordre de ses attributions.

Art. 4. Ladite perception de banlieue ayant pour but de prévenir la fraude aux entrées de Paris, et de procurer aux communes rurales du département de la Seine des revenus dont elles ont besoin, les frais de perception seront supportés par lesdites communes et par l'octroi de Paris.

Le prélèvement sur les recettes à la charge des communes rurales ne pourra excéder dix pour cent des produits bruts. La quotité de ce prélèvement sera réglée par notre préfet du département de la Seine, et soumise par notre directeur général des contributions indirectes à l'approbation de notre ministre des finances.

Art. 5. La moitié des produits de la perception sera répartie, à la fin de chaque mois, entre les communes situées dans la banlieue, en proportion de leur population respective.

Il sera fait de l'autre moitié un fonds de réserve et de prévoyance, tant pour subvenir au payement des parts et portions qui, à raison de leur intérêt à des dépenses reconnues communes à plusieurs municipalités, pourront leur être assignées par la répartition à faire de ces dépenses dans les formes prescrites par l'article 46 de la loi du 25 mars dernier, que pour accorder des secours à celles qui éprouveraient des besoins impérieux et auraient à pourvoir à des dépenses extraordinaires.

Art. 6. Le fonds de réserve sera versé chaque mois à la caisse des dépôts volontaires, et il ne pourra en être fait emploi que d'après les règles prescrites par notre ordonnance du 7 mars dernier.

Art. 7. Le produit net de la perception sera passible du prélèvement des dix pour cent ordonnés au profit du trésor par l'article 153 de la loi du 28 août 1816.

Art. 8. Le directeur de l'octroi de Paris fera verser dans les caisses des contributions indirectes le montant des dix pour cent revenant au trésor, et dans celles du receveur général du département le surplus du produit net.

Ce receveur versera sans retard, et en proportion de ses rentrées, dans les caisses des communes, les sommes qui leur seront allouées, soit comme fonds ordinaire, soit comme fonds de supplément.

Art. 9. A l'expiration de chaque exercice, le directeur et les régisseurs de l'octroi de Paris présenteront le compte général de la perception de banlieue au préfet de la Seine, qui le transmettra avec ses observations au conseil général du département, pour être examiné, discuté et arrêté.

Les doubles de ce compte seront adressés aux sous-préfets des arrondissements de Saint-Denis et de Sceaux, et à notre directeur général des contributions indirectes.

Les sommes allouées aux communes en vertu des articles précédents feront partie de leur comptabilité, qui continuera à être réglée dans la forme ordinaire.

TITRE II.

De la perception des droits.

Art. 10. Les limites de la perception, objet de la présente ordonnance, seront déterminées par des poteaux portant ces mots : *Perception de la banlieue de Paris, sur les eaux-de-vie, esprits et liqueurs.*

Le placement des bureaux sera déterminé par un arrêté du préfet de la Seine.[1]

Art. 11. Tout porteur ou conducteur de boissons spécifiées en l'article 2 sera tenu, avant d'entrer dans la banlieue, de les déclarer à l'un des bureaux qui seront établis à cet effet sur les limites, et d'exhiber aux préposés les lettres de voiture, passavants, congés, acquits-à-caution ou toutes autres expéditions délivrées pour lesdites boissons par la régie des contributions indirectes.

Art. 12. Lorsque les boissons seront destinées pour la banlieue, le porteur ou conducteur sera tenu d'acquitter le droit au moment même de la déclaration et avant l'introduction, à moins qu'étant porteur d'un acquit-à-caution, il ne déclare vouloir l'acquitter au moment de la décharge de cette expédition.

[1] L'arrêté fixant le placement des poteaux porte la date du 24 juillet 1821.

Art. 13. Les porteurs ou conducteurs de boissons arrivant en destination de Paris ou de l'entrepôt général de cette ville, seront tenus de se munir d'acquits-à-caution au bureau d'entrée de la banlieue, si déjà ces boissons ne sont accompagnées d'une semblable expédition délivrée par l'administration des contributions indirectes.

Il en sera de même à l'égard des eaux-de-vie, esprits et liqueurs qui, ayant pour destination un lieu situé hors de la banlieue, en traverseront le territoire pour y arriver.

Art. 14. Les eaux-de-vie, esprits et liqueurs qui sortiront de l'entrepôt général ne pourront être enlevés qu'avec un acquit-à-caution.

Art. 15. Les acquits-à-caution délivrés en exécution des articles précédents seront déchargés par les employés de l'octroi de Paris ou des contributions indirectes, soit après l'acquittement des droits aux entrées de Paris, soit après la prise en charge à l'entrepôt général, soit enfin après la vérification, au bureau de sortie de la banlieue, des eaux-de-vie, esprits et liqueurs qui seront expédiés pour le dehors.

Art. 16. Il ne pourra être établi de distilleries dans la banlieue qu'en vertu d'une autorisation donnée par le préfet de la Seine.[1]

Art. 17. Il sera fait mention sur les congés ou acquits-à-caution délivrés par les préposés des contributions indirectes, pour les eaux-de-vie, esprits ou liqueurs qui seront enlevés de l'intérieur de la banlieue, que l'expéditeur a justifié de l'acquittement du droit de banlieue.

Art. 18. Les eaux-de-vie, esprits et liqueurs circulant dans la banlieue sans acquits-à-caution de l'octroi, ou sans quittance du droit de banlieue, ou sans que les expéditions dont ils seront accompagnés pour les contributions indirectes présentent la mention voulue par l'article précédent, seront saisis par les préposés de l'octroi ou des contributions indirectes.

Art. 19. Conformément à l'article 53 de la loi du 28 avril 1816, les débitants de boissons seront tenus de représenter aux employés des contributions indirectes les quittances du droit de banlieue pour les eaux-de-vie, esprits et liqueurs qu'ils auront introduits dans leur débit : celles de ces boissons pour lesquelles ils ne pourront justifier de l'acquit de ce droit seront saisies et confisquées.

TITRE III.

Dispositions transitoires.

Art. 20. Les eaux-de-vie, esprits et liqueurs qui existeraient en charge, lors de la promulgation de la présente ordonnance, dans les comptes ouverts par les préposés des contributions indirectes aux marchands en gros, commissionnaires, facteurs, dépositaires, courtiers, bouilleurs, distillateurs, débitants et autres faisant un commerce quelconque de ces boissons dans le rayon assigné à ladite perception, seront soumis aux droits de banlieue, si, dans le délai de dix jours, ces boissons ne sont expédiées, soit à l'entrepôt général, soit à l'extérieur.

TITRE IV.

Dispositions générales.

Art. 21. Les eaux-de-vie, esprits et liqueurs ne pourront être entreposés

---

[1] L'autorisation du préfet de police est également nécessaire — Voyez *Établissements insalubres et incommodes.*

dans la banlieue; celles desdites boissons qui auront été déclarées lors de l'introduction comme ayant une destination extérieure, et dont le transport serait interrompu par une cause quelconque, devront être conduites à l'entrepôt général de la ville de Paris.[1]

Art. 22. Toute contravention aux dispositions de la présente ordonnance sera punie de la confiscation des objets saisis, conformément aux lois en matière d'octroi.

Art. 23. Le produit de ces confiscations sera réparti conformément aux règles prescrites pour l'octroi de Paris.

Art. 24. Dans tous les cas non prévus par les dispositions qui précèdent, on se conformera, en tout ce qui n'est pas abrogé par les lois en vigueur, aux dispositions de nos ordonnances des 9 et 23 décembre 1814, portant règlement d'octroi.

Art. 25. Nos ministres secrétaires d'État, des finances et de l'intérieur, sont chargés, chacun en ce qui le concerne, de l'exécution de la présente ordonnance.

N° 10.

Décret pour la formation d'un marché et d'un entrepôt franc des vins et eaux-de-vie, à Paris, du 30 mars 1808.

Art. 1er. Il sera formé dans notre bonne ville de Paris un marché et un entrepôt franc pour les vins et eaux-de-vie, dans les terrains situés sur le quai Saint-Bernard, entre les rues de Seine et des Fossés-Saint-Bernard.

Art. 2. Les vins et eaux-de-vie conduits à l'entrepôt conserveront la faculté d'être réexportés hors de la ville sans acquitter l'octroi.

Art. 3. Cette exportation ne pourra avoir lieu que par la rivière, ou par les deux barrières de Bercy et de la Gare.

Dans ce dernier cas, les transports devront suivre le quai et sortir en deux heures.

Art. 4. Les vins destinés à l'approvisionnement de Paris n'acquitteront les droits d'octroi qu'au moment de la sortie de l'entrepôt.

Art. 5. L'entrepôt sera disposé pour placer, tant à couvert, qu'à découvert, jusqu'à cent cinquante mille pièces de vin.

Art. 6. Notre ministre de l'intérieur nous soumettra, d'ici au 1er juin, l'aperçu des dépenses que pourraient exiger l'achat des terrains et les devis des constructions à faire.

Art. 7. Le tarif des droits à percevoir pour la location des abris et pour le séjour des vins sur l'emplacement découvert de l'entrepôt sera réglé d'après l'évaluation des dépenses indiquées à l'article précédent, et de manière à procurer un revenu de six pour cent sur le capital employé à ces dépenses.

Art. 8. Une compagnie d'actionnaires pourra être admise à traiter et à se charger des dépenses susdites, sous la jouissance du produit des droits qui auront été réglés par nous.

Art. 9. À compter de l'époque de l'ouverture de l'entrepôt, les vins arrivant à Paris ne pourront plus stationner à Bercy, à la Râpée et sous le quai Saint-Bernard.

[1] Voyez l'article 3 de la loi du 23 juillet 1820.

Art. 10. L'entrepôt et les abris qu'il contiendra seront sous la clef de la régie de l'octroi municipal.

Un règlement déterminera les heures auxquelles les marchands et les acheteurs seront admis au marché de l'entrepôt.

Art. 11. Un règlement particulier déterminera également les formes et les règles à établir pour l'entrée des vins et eaux-de-vie à l'entrepôt, leur sortie, leur surveillance et leur conservation.

Art. 12. Ces règlements, rédigés par le conseiller d'État, préfet du département de la Seine, seront soumis, avec l'avis du conseiller d'État, directeur général des droits réunis, à l'approbation de notre ministre des finances.

N° 11.

Extrait d'un décret portant établissement de droits d'entrepôt au profit de la ville de Paris, du 11 avril 1813.

TITRE II.

Droit d'entrepôt à la halle aux vins.

Art. 7. Les vins, esprits, eaux-de-vie et liqueurs qui seront admis à l'entrepôt général seront assujettis :

1° A un droit d'admission et de sortie une fois payé de vingt-cinq centimes par hectolitre;

2° A un droit de magasinage de vingt-cinq centimes par mois et par hectolitre.

Art. 8. Le droit de magasinage est dû pour un mois entier, lors même que les vins, eaux-de-vie et liqueurs sortiront de l'entrepôt avant l'expiration du mois.

Le mois commencera à dater du jour de l'introduction des boissons à l'entrepôt.

Art. 9. En cas de transfert ou de mutation dans l'entrepôt, les vins, eaux-de-vie, esprits et liqueurs seront soumis au droit d'admission et de sortie, et au droit de magasinage, à chaque transfert ou à chaque mutation; ces droits seront acquittés par les nouveaux propriétaires.

Art. 10. Les vins qui seront entreposés dans les celliers ou caves de l'entrepôt payeront, indépendamment des droits fixés par l'article 7 du présent décret, un droit de location, à raison d'un franc par mètre linéaire de chantier et par an.

Art. 11. Un règlement particulier, concerté entre notre conseiller d'État directeur général des droits réunis et le préfet de la Seine, déterminera les formalités d'admission dans l'entrepôt, ainsi que les mesures de police et de service intérieur et extérieur.

Ce règlement nous sera soumis par nos ministres des finances et de l'intérieur, dans le courant du mois de mai prochain.

25. Notre ministre de l'intérieur, etc.

N° 12.

Décret contenant diverses dispositions relatives à l'entrepôt des vins établi à Paris, du 5 décembre 1813.

Art. 1er. Le droit de vingt-cinq centimes pour l'admission et de vingt-cinq centimes pour la sortie de l'entrepôt, établi par l'article 7 dudit décret, formant ensemble cinquante centimes par hectolitre, sera payé en entier à la sortie de l'entrepôt.

Art. 2. On payera également à la sortie le droit de magasinage fixé à vingt-cinq centimes par mois et par hectolitre, par le paragraphe 2 du même article 7 le tout sur une seule et même quittance.

Art. 3. Pour la perception du droit de magasinage, les boissons introduites à l'entrepôt pendant la première quinzaine du mois seront considérées comme entrées le premier du mois, et celles introduites dans la seconde quinzaine seront considérées comme entrées le 16 du mois.

Art. 4. Le remplage des boissons sera fait sur le quai Saint-Bernard, pour les boissons à destination particulière, en présence des employés qui en dresseront acte, et par des tonneliers de l'entrepôt : l'acte de remplage servira de base pour la perception.

Art. 5. Le remplage des boissons à destination de l'entrepôt sera fait dans l'entrepôt et de la même manière énoncée en l'article précédent.

Art. 6. La faculté de remplage sur le quai Saint-Bernard et à l'entrepôt ne dispense pas de faire à l'arrivée, à la Râpée, les déclarations et soumissions relatives à la perception des droits d'octroi et des droits réunis, et, en général, de remplir les formalités prescrites par les lois et règlements.

Art. 7. Le remplage des boissons arrivant par terre et à destination pour Paris continuera d'avoir lieu comme par le passé, avant l'arrivée des voitures à la barrière.

Les conducteurs qui ne pourront faire ce remplage avant l'entrée seront admis à l'opérer dans l'entrepôt en exemption de tout droit d'entrepôt, en se conformant aux formalités prescrites et notamment à celle sur le transit.

Art. 8. Toutefois il ne pourra descendre sur la rivière, vis-à-vis du quai, pour y être déchargés, plus de dix à quinze bateaux à la fois ; à l'effet de quoi, les inspecteurs et employés de la navigation seront tenus de donner les ordres et de prendre les précautions nécessaires.

Art. 9. Le vin déchargé et ayant une destination particulière ne pourra rester sur le port plus de trois jours.

Art. 10. Les marchands et commissionnaires ayant des vins à l'entrepôt pourront avoir, dans l'intérieur dudit entrepôt, des cabinets ou barraques en bois portatifs, pour y tenir leurs livres et y faire leurs écritures.

Ils seront tenus d'en obtenir préalablement la permission du directeur de l'octroi, et cette faculté leur sera retirée s'ils sont surpris pratiquant aucune espèce de fraude.

Les cabinets ne pourront être placés dans les carrés où sont déposés les eaux-de-vie et esprits de vin.

On ne pourra y apporter ni y faire du feu d'aucune manière.

Les lumières y seront placées dans des cylindres de verre, pour prévenir tout accident du feu.

La forme de la construction sera réglée par l'administration d'une manière uniforme.

Art. 11. Le règlement général pour l'entrepôt nous sera présenté incessamment, pour être arrêté par nous en notre Conseil, et mis à exécution au premier janvier prochain, conformément à l'article 11 de notre dit décret du 11 avril dernier.

Art. 12. Les heures d'ouverture et de clôture de l'entrepôt seront fixées par l'administration de l'octroi.

Art. 13. Nos ministres des manufactures et du commerce, de l'intérieur et des finances, sont chargés, etc.

N° 13.

Décret portant règlement sur le marché et entrepôt franc des vins et eaux-de-vie à Paris, du 2 janvier 1814[1]

TITRE Ier.

De l'admission des vins et eaux de-vie dans l'entrepôt.

Art. 1er. Les vins, eaux-de-vie et liqueurs de toute espèce, tant en cercles qu'en bouteilles, seront reçus au marché et entrepôt franc créé par décrets des 30 mars 1808 et avril 1813.

Néanmoins, ils ne pourront y être admis en quantités moindres d'un hectolitre, pour les eaux-de-vie, esprits ou liqueurs, et de cinq hectolitres pour les vins, à moins que le propriétaire n'ait déjà des vins en entrepôt.

Art. 2. La durée de l'entrepôt est illimitée.

Art. 3. Les boissons destinées pour l'entrepôt et arrivant par eau seront déclarées au bureau de la patache d'arrivée, où elles subiront une première vérification. Les propriétaires ou conducteurs seront tenus de représenter en même temps les congés, acquits-à-caution ou passavants, aux termes de la loi, sans préjudice de la déclaration à faire au bureau des arrivages de la préfecture de police.

Art. 4. Le résultat de la vérification sera consigné sur une feuille extraite du registre des déclarations, et qui sera remise au propriétaire ou conducteur avec les expéditions qu'il aura représentées.

Les boissons seront accompagnées par des employés jusqu'à leur arrivée à l'entrepôt, où la feuille de déclaration sera déchargée.

Art. 5. Les boissons arrivant par terre et destinées pour l'entrepôt subiront également, à la barrière d'entrée, une première vérification. Elles devront être rendues à leur destination dans le délai fixé par la feuille de déclaration, qui sera délivrée au propriétaire ou conducteur comme pour les boissons arrivant par eau.

Le propriétaire sera tenu en outre de consigner tous les droits dus à l'entrée ou d'en donner caution valable.

La consignation sera rendue ou la caution libérée sur la représentation du certificat d'arrivée des boissons à l'entrepôt dans le délai fixé sur la feuille de déclaration.

Art. 6. Si, dans les trois jours après l'expiration de ce délai, le propriétaire

---

[1] Voyez l'ordonnance royale du 22 mars 1833, p. 504.

; u conducteur ne représente pas le certificat d'arrivée des boissons à l'entrepôt, ainsi qu'il est prescrit ci-dessus, la somme consignée ou cautionnée sera irrévocablement acquise à l'administration.

Art. 7. Les boissons arrivant, soit par terre, soit par eau, ne pourront stationner en aucun endroit, depuis la barrière, pendant leur trajet jusqu'à l'entrepôt. Il ne pourra non plus être fait, dans les pièces ou vases qui les contiendront, aucun remplissage ni changement quelconque, sauf les cas d'accidents ou force majeure légalement constatés ou prouvés.

Art. 8. A leur arrivée à l'entrepôt et avant d'y être admises, les boissons seront vérifiées définitivement d'après les expéditions qui devront les accompagner. Si ces expéditions sont reconnues régulières, les boissons seront reçues à l'entrepôt, où elles seront inscrites sur un registre à souche à ce destiné. Une expédition détachée de la souche de ce registre sera remise à l'entrepositaire, dont elle énoncera les nom, prénoms, qualités, profession et demeure, ainsi que la quantité et l'espèce des boissons. La souche du registre sera signée par l'entrepositaire ou son fondé de pouvoir.

Art. 9. Immédiatement après la vérification définitive et l'inscription des eaux-de-vie, esprits ou liqueurs, sur le registre d'entrée, les pièces, caisses ou paniers, seront numérotés. L'entrepositaire pourra aussi, s'il le juge convenable, apposer sur chacune de ces pièces, caisses ou paniers, sa marque particulière, mais sans pouvoir faire usage de feu.

Art. 10. Quant aux pièces, caisses ou paniers de vin, l'administration assignera à chaque entrepositoire un numéro spécial et commun à toute la partie entrée, qu'il sera tenu de faire mettre sur toutes ses pièces, caisses ou paniers, à mesure de leur introduction dans l'entrepôt.

Art. 11. Les entrepositaires seront admis à transférer la propriété de tout ou partie des boissons qu'ils possèdent dans l'établissement, pourvu que la quantité ainsi tranférée ne soit pas moindre d'un hectolitre pour les eaux-de-vie, esprits et liqueurs, et de cinq hectolitres pour les vins.

Art. 12. Ces transferts seront constatés sur un registre à souche dont l'expédition sera remise à l'acheteur devenu entrepositaire. Celui-ci, ainsi que le vendeur, devront signer la souche de ce registre.

Art. 13. Les boissons ainsi tranférées seront inscrites sous le nom du cessionnaire; et les droits seront acquittés par le nouveau propriétaire, conformément à nos décrets des 11 avril et 5 décembre 1813.

TITRE II.

De la surveillance et de la conservation des vins et eaux-de-vie dans l'entrepôt.

Art. 14. Le soin de la conservation des boissons entreposées est à la charge des entrepositaires. Ils pourront faire les opérations du remplage et celles usitées dans le commerce, pour en faciliter la conservation que la vente, en se conformant toutefois aux règlements de police relatifs à la salubrité des boissons, et aux lois et règlements qui concernent l'administration des droits réunis.

Art. 15. Les employés attachés à l'entrepôt sont expressément tenus de veiller à ce que les boissons n'y soient point altérées par des mixtions interdites par les règlements de police.

Dans le cas où ils reconnaîtraient de semblables altérations, ils saisiront les boissons et en dresseront leur procès-verbal, qui sera transmis au préfet de police, pour, sur l'avis de deux gourmets piqueurs de vins, nommés l'un par le propriétaire, l'autre par l'administration, et ensuite par tous autres vérificateurs ou chimistes, s'il est jugé nécessaire d'en employer, être prononcé envers les propriétaires, par les tribunaux en cas de contestations, ce qu'il appartiendra, sans préjudice de la surveillance qu'exerceront, selon les lois et règlements, les employés de la préfecture de police.

L'administration sera responsable des altérations ou avaries qui seront prouvées provenir de la faute de ses préposés.

Art. 16. Toutes les mesures et précautions convenables seront prises par l'administration chargée de l'octroi de Paris, pour le maintien du bon ordre dans l'entrepôt, ainsi que pour la sûreté de cet établissement, sans qu'elle puisse néanmoins être responsable des pertes, coulages et avaries provenant, soit de la durée du séjour ou de la nature des marchandises, soit du défaut des futailles, vases ou caisses, ou du fait des entrepositaires, soit enfin des accidents de force majeure dûment constatés.

Art. 17. La même administration prescrira dans l'entrepôt toutes les mesures relatives au service général, à la manutention des marchandises et à l'entretien et bonne tenue du local.

Art. 18. Le préfet de police exercera sa surveillance, conformément aux lois et règlements; à l'effet de quoi il déléguera le nombre d'agents nécessaires chargés d'intervenir, soit d'office, soit sur la réquisition de l'administration ou des particuliers, pour le maintien de la police et la répression des délits.

Art. 19. Le 1er octobre de chaque année, il sera fait un inventaire de toutes les boissons existantes dans l'entrepôt. S'il s'en trouve d'avariées et hors de vente, il en sera dressé procès-verbal. En cas de contestation entre l'administration et les propriétaires sur l'usage à faire desdites boissons, il y sera statué comme il est dit article 15.

Art. 20. Le compte des entrepositaires sera arrêté et réglé à l'époque déterminée ci-dessus. Il sera déchargé des quantités manquantes, sans préjudice toutefois des fraudes qui auraient été commises, que les employés de l'entrepôt auront le droit de constater et de poursuivre dans les formes établies.

TITRE III.

De la sortie des vins et eaux-de-vie de l'entrepôt.

Art. 21. Les propriétaires ou leurs fondés de pouvoir reconnus pourront seuls demander la sortie de l'entrepôt des boissons à eux appartenant, en représentant l'expédition d'admission. Les droits dus seront acquittés avant la sortie de l'entrepôt; à cet effet, le jaugeage sera fait par les employés de la régie, et, en cas de contestation, le propriétaire pourra demander la vérification du jaugeage par les employés du mesurage public.

Art. 22. Lorsque les boissons seront destinées pour l'extérieur de Paris, elles seront accompagnées de congés ou d'acquits-à-caution, selon qu'il y aura lieu. Indépendamment de ces expéditions, il sera remis à l'entrepositaire une feuille d'exportation, qui énoncera le délai dans lequel les boissons devront sortir de Paris. Les employés de la barrière certifieront sur cette feuille la sortie des boissons, après en avoir constaté l'identité.

Art. 23. L'exportation des boissons sortant de l'entrepôt ne pourra avoir lieu que par la rivière ou par l'une des barrières de Passy, du Roule, de la Villette, du Trône, d'Enfer, d'Italie et de la Chapelle.

Art. 24. Les boissons exportées par eau seront accompagnées par les employés jusqu'à la sortie.

Art. 25. Les entrepositaires des vins et eaux-de-vie qui feront sortir par terre ces liquides pour les exporter seront tenus de consigner ou cautionner le droit d'entrée et d'octroi.

Art. 26. La consignation sera restituée ou la caution déchargée en justifiant de la sortie par la barrière et dans le délai désigné sur l'expédition. A défaut de cette justification dans les trois jours, il y aura lieu à appliquer aux droits consignés ou cautionnés les dispositions de l'article 6 du présent règlement.

Art. 27. Les boissons entreposées ne pourront sortir de l'entrepôt en futaille en quantité inférieure à un hectolitre, et en bouteilles dans une quantité au-dessous de vingt-cinq.

Art. 28. L'entrepositaire ou son fondé de pouvoir donnera décharge bonne et valable des boissons qu'il fera sortir sur les registres de l'entrepôt dont il est parlé articles 8 et 12.

TITRE IV.

Des tonneliers et ouvriers attachés à l'entrepôt.

Art. 29. Le service de l'entrepôt et du port Saint-Bernard sera fait par des ouvriers et hommes de peine attachés à l'entrepôt.

Art. 30. Ils seront divisés en trois classes ou compagnies :

1º Les tonneliers, qui déchargent les bateaux, rangent les boissons dans l'entrepôt, remplissent les futailles, les réparent, et ont en général soin des boissons;

2º Les dérouleurs, qui reçoivent les pièces à la sortie du bateau et les mènent à l'entrepôt;

3º Les chargeurs et déchargeurs des boissons expédiées par terre.

Art. 31. Les tonneliers seront désignés par le préfet de police sur une liste double qui sera présentée par les délégués du commerce de vins.

Ne pourront être portés sur cette liste que des individus ayant patente ou pourvus d'un livret du préfet de police.

Ils recevront une carte d'admission, qui sera soumise au *visa* de l'administration de l'entrepôt, où ils seront aussi enregistrés.

Ils seront porteurs d'une médaille de cuivre qui portera ces mots : *entrepôt des vins*, et de l'autre côté, les armes de la ville.

Art. 32. La compagnie actuelle des dérouleurs continuera de subsister et de procéder au déroulage sur le port et dans l'entrepôt.

Quand il y aura des nominations à faire, il y sera procédé comme il est dit article 31.

Art. 33. Le salaire des tonneliers et ouvriers, ainsi que le prix des fournitures qu'ils pourront faire, seront fixés par un tarif que le préfet de police arrêtera après avoir entendu les délégués du commerce des vins et eaux-de-vie : ce tarif sera soumis à l'approbation de notre ministre des manufactures et du commerce.

Art. 34. Les compagnies des tonneliers et ouvriers seront responsables de tous dommages ou avaries provenant de la négligence ou du fait de l'un ou de plusieurs de leurs membres.

Art. 35. Si l'administration juge convenable de renvoyer un ouvrier, elle lui interdira l'entrée de l'entrepôt, et en préviendra le préfet de police, qui retirera la carte et la médaille de l'ouvrier.

Il sera pourvu à son remplacement suivant le mode déterminé ci-dessus.

Art. 36. Ces tonneliers seront formés en compagnies et brigades, selon les besoins du service, ainsi que le sont les dérouleurs.

Art. 37. Un règlement particulier déterminera le mode d'après lequel cette compagnie de tonneliers et ouvriers sera organisée.

Art. 38. Ce règlement sera fait par notre préfet de police, et présenté à l'approbation de notre ministre des manufactures et du commerce, après avoir pris l'avis de notre directeur général des droits réunis et avoir entendu les délégués du commerce de vins entrepositaires.

TITRE V.

Dispositions pour l'extérieur.

Art. 39. Les boissons expédiées à la destination de Paris ne pourront être conduites qu'à destination dans la ville ou à l'entrepôt, et ne pourront être déposées en aucun lieu hors des barrières, conformément au décret du 3 février 1810.

Art. 40. Il n'est pas dérogé par le présent à notre décret du 3 février 1810, qui prohibe la vente en gros des eaux-de-vie, esprits ou liqueurs dans le rayon de trois myriamètres de Paris.

Art. 41. Les vins, eaux-de-vie, esprits ou liqueurs en passe-debout continueront à être soumis aux formalités prescrites par le règlement de l'octroi et par notre décret du 21 décembre 1808.

Art. 42. Toute contravention aux dispositions du présent décret sera punie de la confiscation des objets saisis, et de l'amende de cent francs au moins et de mille francs au plus. Les tribunaux pourront l'augmenter en cas de récidive.

Art. 43. Nos ministres des finances, de l'intérieur, et des manufactures et du commerce, sont chargés, etc.

N° 14.

Ordonnance du roi concernant les formalités à observer pour le remplissage des vins, cidres, poirés, vinaigres, eaux-de-vie, esprits et liqueurs arrivant à Paris, du 18 juin 1817.

Art. 1er. Le remplissage des vins, cidres, poirés, vinaigres, eaux-de-vie, esprits et liqueurs, arrivant à Paris par la haute Seine, se fera dans le bassin de la Râpée [1].

Art. 2. Le remplissage des eaux-de-vie, esprits et liqueurs à destination de l'entrepôt général de Paris, ainsi que celui de toutes les boissons arrivant par la basse Seine, pourra continuer d'avoir lieu dans cet établissement ou sur le port Saint-Nicolas; mais il ne sera accordé qu'un délai de trois jours pour remplir sur le port.

Art. 3. La perception des droits d'octroi, à Paris, se fera sans aucune déduction de vidange sur tous les fûts dont le remplissage aura dû avoir lieu dans le bassin de la Râpée. Lorsque tout ou partie de ces fûts seront destinés pour l'entrepôt, ils n'y seront admis qu'après avoir été reconnus comme entièrement pleins. La même disposition s'applique aux fûts dont le remplissage aurait été effectué sur le port Saint-Nicolas.

[1] Voy. l'ordonnance royale du 27 octobre 1819, p. 502.

N° 15.

Ordonnance du roi, qui détermine les formalités à observer pour le remplissage des vins, etc., arrivant à Paris par la haute Seine, et déclare le port Saint-Bernard annexe de l'entrepôt, du 27 octobre 1819.

Art. 1er. Le remplissage des vins, cidres, poirés, vinaigres, eaux-de-vie, esprits et liqueurs arrivant à Paris par la haute Seine et destinés à être livrés immédiatement à la consommation de Paris, continuera à se faire dans le bassin de la Râpée, conformément aux dispositions de notre ordonnance du 18 juin 1817, et ces boissons seront exclusivement dirigées sur le port aux Tuiles.

Art. 2. Les vins conduits à la vente et destinés à être entreposés à Paris ne seront point remplis dans le bassin de la Râpée, et seront dirigés sur le port Saint-Bernard, qui est déclaré annexe de l'entrepôt, à partir du pont de la Tournelle jusqu'à la rue de Seine.

Art. 3. Les vins déposés sur le port annexe pourront y être remplis, vendus et y séjourner, comme ceux qui sont placés dans les cours et magasins de l'entrepôt, à la charge par les entrepositaires de se conformer aux règlements d'entrepôt et de police.

Aucune opération de remplissage, de transvasion, ou autre, ne pourra avoir lieu dans les bateaux chargés de vins stationnant devant le port annexe.

Art. 4. Le droit d'entrepôt, fixé précédemment à un franc par hectolitre de vin, est réduit à cinquante centimes; mais ce droit sera perçu sur les vins enlevés du port annexe, aussi bien que sur ceux expédiés de l'entrepôt : il sera exigible à la sortie des vins, quelle que soit la durée du séjour sur ce port ou dans l'entrepôt.

Art. 5. Des règlements, concertés entre notre directeur général des contributions indirectes et notre préfet de la Seine, détermineront les mesures d'exécution commandées par la présente ordonnance : ils pourvoiront à ce qu'il ne puisse résulter d'abus du séjour des boissons sur le port; ils préviendront tout encombrement; enfin ils détermineront le mode de la surveillance qui devra être exercée sur ledit port, dans l'intérêt de la ville et du trésor.

N° 16.

Ordonnance royale concernant l'annexe de l'entrepôt général des vins à Paris, du 17 février 1830.

Art. 1er. Le droit d'entrepôt, fixé par l'article 4 de l'ordonnance du 27 octobre 1819 à cinquante centimes par hectolitre, sera réduit, sur l'annexe de l'entrepôt général des vins à Paris, à vingt-cinq centimes pour le vin seulement [1].

Art. 2. La faculté de laisser séjourner les eaux-de-vie sur ladite annexe

---

[1] Voy. l'article 1er de l'ordonnance royale du 7 janvier 1833, n° 17, ci-après.

pendant trois jours est accordée au commerce, mais sans réduction du droit pour ces liquides [1].

Art. 3. Le port aux Tuiles, jusqu'au ruisseau de la rue Pontoise, est adjoint au port annexe, sauf à affecter d'autres emplacements au débarquement des marchandises arrivant à destination, et qui débarquent actuellement audit port aux Tuiles [2].

Art. 4. Il est accordé au commerce la faculté d'expédier directement les marchandises de l'annexe à l'extérieur, soit par eau, soit par terre, sous la condition que les expéditions par cette dernière voie continueront à passer par l'entrepôt, pour la décharge des comptes-matière, et sans que ce passage puisse donner lieu à la perception du droit de cinquante centimes, lequel continuera à être perçu seulement sur les boissons qui séjourneront à l'entrepôt.

N° 17.

Ordonnance du roi contenant des modifications au régime de l'entrepôt des vins à Paris, du 7 janvier 1833.

Art. 1er. Le droit de vingt-cinq centimes par hectolitre, établi par l'ordonnance du 17 février 1830, sur les vins reçus au port annexe de l'entrepôt général des boissons de la ville de Paris, est supprimé.

Art. 2. Les eaux-de-vie et les vinaigres seront admis au marché dudit port annexe.

Art. 3. L'administration de l'octroi prendra en compte tous les liquides qui seront déchargés au port annexe et que l'on y conservera sur les bateaux. Elle passera les écritures et fera fournir les soumissions nécessaires pour assurer la perception des droits d'octroi et de ceux d'entrée établis au profit du trésor. Sa surveillance aura seulement pour objet de prévenir la fraude. La garde et la conservation des boissons sont laissées au commerce.

Art. 4. Les droits d'octroi et d'entrée seront toujours perçus, avant l'enlèvement, sur tous les liquides destinés pour Paris. Toute contravention à ces dispositions sera punie des peines portées par les lois sur la fraude aux entrées de Paris.

Art. 5. Les liquides reçus au port annexe pourront être expédiés directement hors de la ville, en remplissant les conditions du passe-debout.

Art. 6. Les transports des liquides de l'annexe à l'entrepôt s'effectueront avec les formalités prescrites par l'administration de l'octroi pour la garantie des droits.

Art. 7. Il sera perçu provisoirement sur les eaux-de-vie et esprits déposés à l'entrepôt les mêmes droits de magasinage et de location des caves et celliers qui sont perçus sur les vins.

---

[1] Voy. l'article 2 de l'ordonnance ci-après du 7 janvier 1833.
[2] Cet article 3 a été abrogé par l'ordonnance royale du 21 février 1841, qui a adjoint au port annexe la partie circulaire construite en amont de ce port, à partir de la rue Cuvier.

N° 18.

Ordonnance du roi sur l'entrepôt général des boissons de la ville de Paris, du 22 mars 1833.

Art. 1er. L'entrepôt général de l'octroi de la ville de Paris et le marché ouvert dans l'intérieur de cet établissement par le décret constitutif du 30 mars 1808 sont affectés aux vins, eaux-de-vie, esprits, liqueurs, huiles et vinaigres.

Les quantités présentées à l'entrée seront d'un hectolitre au moins.

Art. 2. Les liquides destinés pour l'entrepôt ou le port annexe seront déclarés à l'entrée de Paris. Ceux arrivant par terre seront soumis à une première vérification à la barrière d'introduction. Les liquides arrivant par eau ne seront reconnus qu'à l'entrepôt ou au port annexe.

Art. 3. Les chargements seront escortés sans frais lorsqu'ils arriveront aux heures fixées pour les convois gratuits. Aucun stationnement ne sera permis pendant le trajet. Les droits d'octroi et d'entrée seront exigibles, s'il n'est pas justifié de l'arrivée à l'entrepôt ou au port annexe dans le délai fixé par la déclaration.

Art. 4. A leur arrivée à l'entrepôt, les liquides seront vérifiés, et les expéditions qui devront les accompagner déchargées, s'il y a lieu. Les quantités reconnues seront inscrites sur un registre général d'entrée, où sera mentionné *pour ordre* le nom du destinataire. Les liquides seront ensuite conduits immédiatement et par ses soins aux caves, celliers et emplacements qui lui appartiendront.

Art. 5. Les eaux-de-vie, esprits et liqueurs seront entièrement séparés des vins; il n'en peut être placé et vendu que dans les locaux qui leur sont affectés par l'administration de l'octroi. Lorsqu'il devra en être transporté dans les autres caves et magasins pour être versé sur des vins, déclaration préalable sera faite aux employés, qui veilleront à ce que les proportions fixées par l'article 7 de la loi du 24 juin 1824 ne soient pas dépassées.

De la garde et de la conservation des liquides.

Art. 6. La garde et la conservation des liquides entreposés et tous les soins qu'ils peuvent exiger sont à la charge des entrepositaires.

Art. 7. L'administration de l'octroi ne prend aucune part à la manutention des marchandises; sa mission est seulement de maintenir le bon ordre dans l'entrepôt, de prendre toutes les précautions convenables pour la sûreté de l'établissement, et de veiller, dans l'intérêt des acheteurs, à ce que les boissons ne soient pas altérées par des mixtions nuisibles à la santé. Envers les entrepositaires, elle n'est responsable que des altérations ou avaries qui seraient prouvées provenir du fait des préposés de l'octroi.

Toutefois des magasins particuliers pourront être affectés aux eaux-de-vie et esprits que des négociants voudraient placer sous la garantie de la ville. La nature de cette garantie et le régime de ces magasins seront déterminés par le préfet de la Seine, qui prendra l'avis du conseil municipal. Les arrêtés pris à cet égard par le préfet ne seront exécutoires qu'après l'approbation du ministre du commerce et des travaux publics.

Art. 8. Dans l'intérêt des tiers et pour la conservation des loyers, l'administration pourvoira d'office à l'entretien des marchandises abandonnées et fera procéder à leur vente dans les cas prévus et en remplissant les formalités prescrites par l'article 55 de l'ordonnance du 9 décembre 1814 sur les octrois.

Le produit net de la vente, déduction faite des sommes dues, sera versé à la caisse des dépôts et consignations, et tenu à la disposition du propriétaire.

Des mutations dans l'intérieur et de la sortie des liquides.

Art. 9. Les cessions de marchandises et toutes autres opérations commerciales s'effectueront dans l'intérieur de l'entrepôt, sans aucune déclaration à l'administration de l'octroi.

Art. 10. Les sorties de l'entrepôt auront lieu sur une déclaration écrite, signée du vendeur ou de ses agents, mais sans que l'administration réponde en aucune façon de la validité de ces signatures ; elle passera écriture, pour ordre, de toutes les sorties sur un registre général.

Les quantités enlevées de l'entrepôt ne pourront être inférieures à l'hectolitre en cercles, ou à vingt-cinq litres en bouteilles, sauf les exceptions pour les restants des caves.

Art. 11. Les liquides seront vérifiés à la sortie de l'entrepôt. Les droits d'octroi et ceux d'entrée dus au trésor seront perçus avant l'enlèvement sur toutes les parties destinées pour Paris.

Art. 12. Les expéditions faites hors de la ville seront soumises aux conditions de passe-debout, comme si les chargements traversaient Paris d'une barrière à l'autre. Des escortes gratuites seront accordées à des heures déterminées, tant pour ces envois que pour ceux du port annexe.

De la distribution intérieure et des locations.

Art. 13. L'intérieur de l'entrepôt se divise en caves, celliers, magasins généraux et emplacements à découvert.

Le prix des locations est réglé conformément au tarif ci-annexé.[1]

Art. 14. Les caves et celliers sont loués d'après leur superficie intérieure ; les locataires en ont la clef. Les employés de l'octroi, sauf le cas d'incendie, de circonstances fortuites exigeant des secours immédiats, n'y ont accès que pendant le jour, en présence de l'entrepositaire ou de ses agents, et seulement pour exercer la surveillance attribuée à l'administration par l'article 7 du présent règlement et vérifier l'état des lieux.

La jouissance des trottoirs au-devant des caves et celliers appartient aux locataires.

La durée, les autres conditions et la forme des baux sont déterminés par le préfet de la Seine.

Tous les cas non prévus rentrent dans le droit commun.

Art. 15. Les emplacements dans les magasins généraux seront loués par chantier au mètre courant et par mois ; ils pourront être également loués, soit par mètre carré de la superficie occupée, soit par hectolitre de liquide entreposé, suivant ce qui sera jugé préférable.

Ces locations seront inscrites sur un registre à souche.

[1] Remplacé par le tarif annexé au décret du 10 décembre 1859. — Voyez p. 507.

Mesures d'ordre et dispositions générales.

Art. 16. Un règlement arrêté par le préfet de la Seine, sur la proposition de l'administration de l'octroi concertée avec le commerce de l'entrepôt, déterminera :

1º Les barrières d'entrée et de sortie des liquides destinés pour l'entrepôt et le port annexe, ou qui seront expédiés de ces établissements ;

2º Les heures d'ouverture et de fermeture de ces marchés ;

3º Celles des convois gratuits, tant pour l'arrivée que pour la sortie des marchandises.

Les escortes qui seront demandées hors des heures fixées pour les convois par terre donneront lieu au payement de l'indemnité, fixée antérieurement, d'un franc par voiture. L'indemnité sera de deux francs par bateau pour le transport par eau.

17. Conformément à l'article 7 de la présente ordonnance, l'administration de l'octroi prescrira dans l'entrepôt et sur le port annexe toutes les mesures nécessaires pour que les passages, rues, cours et terrains non réservés au stationnement des liquides soient entièrement libres et débarrassés de fûts vides ou pleins et de tous objets qui pourraient gêner la circulation et nuire à la sûreté, à l'ordre et à la surveillance de ces établissements. Au besoin et après avertissements préalables, l'administration pourra faire enlever les fûts et autres objets aux frais de qui de droit.

18. Les entrepositaires pourront confier la manutention de leurs marchandises et faire exécuter leurs travaux par telles personnes qu'ils jugeront convenable, sauf les règlements de police. Mais l'administration de l'octroi, après avoir prévenu les entrepositaires, pourra interdire l'entrée de l'entrepôt et du port annexe à ceux de ces ouvriers qui troubleraient l'ordre et refuseraient de se soumettre aux règlements intérieurs. La même mesure s'appliquera aux individus repris de fraude.

19. Le 1er septembre de chaque année, il sera fait un recensement général de tous les liquides existant dans l'entrepôt. Les entrepositaires devront faciliter cette opération, dont l'objet est de fournir les éléments du compte d'ordre a rendre annuellement par l'administration de l'octroi.

20. En cas d'altération ou de falsification des boissons, les employés de l'octroi en prononceront la saisie et en rapporteront procès-verbal.

Ils constateront également, dans la même forme qu'aux entrées de Paris, les introductions frauduleuses qui seraient tentées avec les liquides entreposés, et les mêmes peines seront appliquées.

21. Tout le local situé hors de l'entrepôt et formant succursale de cet établissement sera soumis au même régime que l'intérieur de l'entrepôt.

22. Le préfet de la Seine pourvoira, sur la proposition de l'administration de l'octroi, par des arrêtés réglementaires, aux dispositions non prévues par la présente, tant pour l'entrepôt général que pour le port annexe.

Dispositions transitoires.

23. L'article 4 de l'arrêté du préfet de la Seine du 23 février 1815, approuvé par décret du 27 avril suivant, qui autorisait les locataires soumissionnaires de caves et celliers à prolonger à leur gré la durée de leur jouissance annuelle, est rapporté.

24. Les entrepositaires qui préféreraient rester sous le régime du règlement actuel pour l'acquittement du prix de leur bail continueront d'être passibles

du droit de magasinage sur toutes les quantités qu'ils ont dans leurs caves et sur celles qu'ils recevront à l'avenir, soit qu'elles proviennent de l'extérieur ou de l'intérieur de l'entrepôt, sous une déduction de trois pour cent.

Ces droits seront exigibles à l'expiration de chaque mois pour toutes les quantités prises en charge dans le cours dudit mois, au compte qui sera tenu avec ces entrepositaires. Le décompte du premier mois comprendra les quantités restant en charge au moment de la publication de la présente.

Ces entrepositaires ne pourront recevoir de liquides des autres marchands de l'intérieur qu'en vertu de transferts déclarés à l'administration de l'octroi dans la forme prescrite par le règlement du 2 janvier 1814 ; à défaut de cette déclaration, la franchise des droits de magasinage, qui existait précédemment sur les transferts, sera retirée, et il sera dû un droit de magasinage par le cédant, qui deviendra solidaire avec l'acheteur pour le montant des deux droits dus sur ces mutations.

Les employés de l'octroi pourront faire les recensements nécessaires pour constater les transferts qui n'auraient pas été déclarés.

25. Les droits de magasinage seront exigibles sur tous les liquides actuellement en magasin général, à moins que les entrepositaires ne les placent dans des caves et celliers dont ils prendraient location à l'année immédiatement après la publication de la présente.

26. Le préfet de la Seine fixera la date de la mise en exécution du présent règlement par un arrêté qui sera affiché dix jours à l'avance.

Après ce délai, les comptes particuliers des entrepositaires cesseront d'être tenus, et la responsabilité de l'administration de l'octroi, dans le cas où elle pouvait se trouver engagée par l'ancien règlement, cessera de plein droit pour toutes les marchandises qui seront laissées dans l'entrepôt, sauf le cas de garantie prévu par l'article 7.

27. Le décret du 2 janvier 1814 portant règlement sur l'entrepôt général des boissons à Paris est rapporté, ainsi que les autres dispositions antérieures contraires à la présente.

Toutefois, ce décret demeurera en vigueur temporairement pour le cas prévu par l'article 24 de la présente ordonnance.

Tarif pour la location des caves, celliers et localités affectées aux dépôts sur chantiers, dans l'entrepôt de l'octroi de Paris, annexé au décret du 10 décembre 1839.

Tous celliers affectés aux eaux-de-vie	Par mètre carré de la superficie totale intérieure, par année.	8f	»c
Caves et celliers voûtés, autres que les caves de la galerie souterraine.	Idem..........................	6	»
Caves de cette galerie............	Idem..........................	3	»
Celliers des magasins de l'Yonne et de la Marne.	Idem..........................	5	50
Celliers des magasins de la Seine et de la Loire.	Idem..........................	4	»

La devanture intérieure adjacente au cellier du magasin des eaux-de-vie et du rhum sera comprise dans la superficie desdits celliers et louée au même prix de 8 francs le mètre carré.

Des prix inférieurs pourront être consentis pour les caves de la galerie souterraine, toutes n'étant pas également saines. Les plus insalubres pourront même être louées au mètre courant de chantier par mois.

Les locataires pourront obtenir la jouissance d'un mètre de largeur à prendre à l'extérieur sur les couloirs, dans toute la longueur de leurs celliers. Cet emplacement sera ajouté à la superficie intérieure du cellier et loué au même prix.

Localités affectées aux chantiers.....	Par mètre courant de chantier affecté aux eaux-de-vie et esprits, par mois.	1	»
	Par mètre courant de chantier affecté aux vins, par mois.	»	60
	Idem aux huiles d'olives............	»	60
	Idem aux huiles de toute autre espèce.	»	30

Le prix de ces locations est payable d'avance de mois en mois.
Le mois commencé se paye en entier.
L'équivalent de ces prix peut être perçu par mètre carré du local loué, ou par hectolitre de liquide emmagasiné, si ces modes paraissent préférables.
Sur la proposition de l'administration de l'octroi, le préfet pourra abaisser le tarif de location des localités affectées aux dépôts sur chantiers.

Autres locaux et emplacements pouvant être affectés au dépôt des liquides par suite de conventions particulières.	Les prix de ces locaux et emplacements seront débattus par l'administration de l'octroi approuvés par le préfet de la Seine.

N° 19.

Arrêté de M. le préfet de la Seine portant règlement pour le service de la conservation de l'entrepôt des boissons de la ville de Paris, du 8 septembre 1836.

ART. 1er. La conservation des bâtiments et du matériel de l'entrepôt général des boissons de la ville de Paris est confiée, sous la surveillance du conseil d'administration de l'octroi, à un conservateur nommé directement par nous, et logé dans les bâtiments de l'entrepôt.

2. Le conservateur maintient le bon ordre dans l'intérieur de l'entrepôt, et prend toutes les mesures nécessaires pour que les passages, rues, cours et terrains non réservés au stationnement des liquides, soient entièrement libres et débarrassés de fûts vides ou pleins, et de tous objets qui pourraient gêner la circulation et nuire à la surveillance des agents de la perception, conformément aux articles 7 et 17 du règlement du 22 mars 1833. Il pourvoit à la sûreté de l'entrepôt, à l'éclairage, au balayage et à toutes les dispositions à prendre pour prévenir ou arrêter les incendies et dégradations et assurer complétement la conservation des bâtiments et du matériel appartenant à la ville.

3. En cas de résistance de la part des entrepositaires ou de leurs agents à l'exécution des mesures d'ordre et autres prises ou prescrites par le conservateur, il en est référé par lui au conseil d'administration de l'octroi, qui, s'il y a lieu, ordonne l'emploi des moyens de droit et de ceux que le règlement met à sa disposition, et, dans tous les cas, nous rend compte des faits.

4. La garde, l'entretien et la vente des marchandises abandonnées dans le cas prévu par l'art. 8 dudit règlement et de celles provenant des saisies sont attribuées au conservateur.

5. Les demandes de location de caves, celliers et autres emplacements, de résiliation ou de mutations, sont reçues, examinées, débattues et soumises par le conservateur avec ses propositions au conseil d'administration de l'octroi.

Le conservateur prend les précautions et dispositions qu'exige la conservation des loyers, propose les réductions et décharges, forme les états des sommes à recouvrer pour le prix de location, et les adresse au conseil d'administration de l'octroi, qui provoque notre décision sur les dégrèvements, vérifie et arrête les états de loyers et en fait effectuer le recouvrement dans la forme ordinaire.

6. Le conservateur assure la libre et pleine jouissance des locataires, leur livre les chantiers, fait exécuter d'urgence les réparations à la charge de la ville qui n'excèdent pas 50 fr., et propose les travaux plus considérables réclamés par les locataires dans les rapports que le conseil d'administration de l'octroi nous soumet avec son avis

7. Le conservateur a entrée dans les caves et celliers, pendant le jour, en présence de l'entrepositaire ou de ses agents, concurremment avec les employés chargés de la perception, en exécution de l'art. 14 du règlement du 22 mars 1833. Il s'assure que les lieux sont en bon état, qu'ils sont garnis de marchandises suffisantes pour répondre des loyers, et ne sont occupés que par ceux à qui ils ont été loués; qu'ils ne contiennent aucune cause d'incendie, et que, dans les caves et celliers spécialement affectés aux vins, huiles et vinaigres, il n'a point été placé d'eaux de-vie, esprits ni liqueurs, ainsi que le défend l'article 5 du règlement précité.

8. Le conservateur recherche et provoque tous les moyens d'améliorer le revenu de l'entrepôt; il propose les modifications que lui paraissent exiger les tarifs des locations; il indique les changements à faire dans la distribution des lieux; réclame les réparations et travaux de toute nature à faire pour l'entretien des bâtiments, du pavage, des clôtures; enfin, il présente ses vues sur tout ce qui peut faire prospérer l'entrepôt comme établissement commercial et comme propriété communale. Ses rapports, soit généraux, soit spéciaux, sur ces matières, seront adressés au conseil d'administration de l'octroi, qui nous le transmettra avec ses observations et son avis.

9. Dans tous les cas, le conservateur nous transmettra copie des rapports qu'il adressera au conseil d'administration de l'octroi; et nous nous réservons, dans des cas graves et urgents, de lui donner directement nos instructions en même temps qu'au conseil d'administration de l'octroi.

10. Hors les fonctions confiées au conservateur, les employés de l'octroi placés par l'administration dans l'entrepôt et ses annexes, pour la perception, y conservent toutes les attributions que leur confèrent les règlements, et notamment la garde des portes et grilles, ces établissements continuant à rester sous la clef de l'administration de l'octroi, conformément à l'article 10 du décret constitutif du 30 mars 1808.

11. Le conseil d'administration de l'octroi est chargé de l'exécution du présent arrêté, dont les dispositions s'appliquent également aux annexes de l'entrepôt général des boissons.

N° 20.

Arrêté de M. le préfet de la Seine portant règlement pour l'entrepôt général des boissons de la ville de Paris, du 22 mars 1837.

DISPOSITIONS GÉNÉRALES.

Forme des baux.

ART. 1er. Les caves et celliers de l'entrepôt et de ses annexes seront loués sur une simple soumission contenant les dispositions du bail.

Il sera délivré au locataire, par le conservateur, une ampliation de cette soumission acceptée par celui-ci au nom de la ville de Paris.

Un état des lieux devra être dressé contradictoirement avant l'entrée en jouissance du locataire. Un double, signé par celui-ci, restera déposé entre les mains du conservateur.

La soumission et l'état des lieux seront, sur papier timbré, aux frais du preneur.

Durée des baux; faculté et droit de résiliation.

2. La jouissance, consentie par l'administration, aura une durée de neuf années consécutives, si le locataire l'exige.

Les locataires auront la faculté de faire cesser la location à l'expiration de chaque terme d'usage, en donnant congé six mois d'avance s'il s'agit d'un loyer de cinq cents francs et au-dessus, et trois mois d'avance si le loyer est au-dessous de cinq cents francs. La jouissance devra cesser le dernier jour du terme final, sans addition pour l'évacuation et la remise des lieux d'aucun des délais d'usage.

3. L'administration municipale se réserve expressément le droit de résilier la location, après un semblable avertissement d'avance, dans le cas où elle jugerait utile de changer la destination ou la distribution du local loué.

La résiliation aura lieu de plein droit contre les locataires dans le cas d'inexécution de l'une des conditions de la jouissance, ou à défaut par eux de se conformer aux dispositions de l'ordonnance royale du 22 mars 1833 et des règlements de l'entrepôt.

Dans ce dernier cas, les locataires seront tenus, sur simple sommation administrative, d'évacuer immédiatement les lieux.

Prix du loyer; époque du payement.

4. Le prix de location fixé par le tarif annexé à l'ordonnance royale du 22 mars 1833[1] continuera à être payé par semestre.

L'époque de payement sera la même pour les locations qui auraient commencé dans le cours d'un semestre.

Garantie des loyers.

5. Les locataires seront tenus de garnir immédiatement les locaux par eux loués et de les tenir constamment garnis de marchandises en quantité suffisante pour répondre des loyers.

A défaut de cette garantie, le payement du loyer du semestre courant et du semestre suivant sera exigible, et les locataires devront l'effectuer dans les huit jours de l'avertissement qui leur sera donné par le conservateur.

Cession des baux.

6. La jouissance des caves, celliers et magasins pourra être cédée par les locataires, à condition d'en prévenir le conservateur.

Le nouveau locataire ne pourra entrer en jouissance qu'après avoir signé une nouvelle soumission et reconnu l'état des lieux.

Réparations.

7. Les locataires ne sont point tenus de faire les réparations qui ne résultent

---

[1] Voyez la note de la page 505.

que de l'usage des lieux en bon père de famille; mais les réparations occasionnées par les dégradations provenant du fait des locataires ou de leurs agents sont à leur charge, et elles pourront être exigées immédiatement par le conservateur qui, en cas de refus, les fera exécuter d'office à leurs frais, risques et périls.

Exclusion du commerce des futailles.

ART. 8. Les caves, celliers et magasins étant destinés exclusivement à recevoir des boissons, ne pourront être loués pour emmagasiner des futailles vides, et les locataires n'y pourront déposer que celles nécessaires aux besoins de leur commerce.

Travaux à l'intérieur des celliers.

Les locataires ne pourront faire, dans l'intérieur des caves, celliers et magasins qui leur seront loués, aucune construction ni aucun travail tendant à changer la disposition des lieux, sans l'autorisation préalable de l'administration; cette autorisation ne sera accordée qu'à la condition par les locataires de rétablir les lieux dans leur état primitif à l'expiration de la jouissance.

Interdiction du feu.

ART. 9. Les locataires ne pourront avoir du feu dans l'intérieur des caves, celliers et magasins, même pour le chauffage des bureaux qu'ils seront autorisés à y établir.

Jouissance des trottoirs.

ART. 10. La jouissance des trottoirs au-devant des caves et celliers, attribuée aux locataires par l'article 14 de l'ordonnance du 22 mars 1833, ne peut s'étendre qu'à l'usage concernant le mouvement des marchandises.

En conséquence, toute construction, toute plantation et tout dépôt de futailles y sont interdits.

Risques d'incendie.

ART. 11. La garde et la conservation des marchandises étant à la charge des locataires, d'après l'art. 6 de l'ordonnance du 22 mars 1833, la ville ne peut, dans aucun cas, être responsable des faits d'incendie ou de tout autre accident.

Supplément de loyer pour les auvents.

ART. 12. Dans le cas où l'administration ferait établir des auvents pour couvrir les trottoirs au-devant des caves, les locataires seront tenus de payer un supplément de loyer représentant à la fois l'intérêt du capital employé à la dépense de construction de ces auvents et les frais d'entretien.

Ce supplément de loyer, réglé par l'administration pour chaque locataire, sera exigible en même temps que le prix principal du loyer.

Bureaux.

ART. 13. Les emplacements sur lesquels il sera permis d'établir des bureaux sont indiqués au plan approuvé par l'administration, et qui restera déposé entre les mains du conservateur de l'entrepôt.

Ces bureaux et les treillages qui les entoureraient devront être conformes à l'un des deux modèles arrêtés par l'administration, et qui resteront également déposés dans les mains du conservateur.

Ces bureaux, de forme carrée, auront trois mètres de côté, suivant le modèle n° 1, et deux mètres, suivant le modèle n° 2.

Les bureaux et les treillages ne pourront occuper que la superficie indiquée au plan.

ART. 14. Les emplacements destinés à établir des bureaux ne seront accordés qu'à des entrepositaires payant un loyer annuel de cinq cents francs et au-dessus, et aux courtiers jurés.

Toutefois, deux entrepositaires payant ensemble un loyer annuel de six cents francs pourront obtenir l'autorisation d'avoir un bureau en commun.

Nul ne pourra avoir deux bureaux.

Le propriétaire d'un bureau, qui cessera de payer une location de cinq cents francs ou qui sera rayé de la liste des courtiers de vins, sera tenu d'enlever ce bureau s'il n'est cédé à quelqu'un remplissant l'une des conditions auxquelles les bureaux peuvent être possédés.

Interdiction de toute construction ou plantation particulière.

ART. 15. Toute construction particulière dans l'entrepôt autre que celles des bureaux et treillages, selon les modèles de l'administration, est formellement interdite, ainsi que toute plantation d'arbres et de plantes grimpantes, soit autour des bureaux, soit au pied des murs, soit partout ailleurs.

Enseignes.

Il est également défendu de clouer des enseignes contre les bâtiments de l'entrepôt ou en saillie des bureaux particuliers.

Les locataires pourront seulement faire inscrire leur nom, conformément au modèle uniforme approuvé par l'administration, au-dessus de la porte des caves et celliers par eux occupés.

Affiches.

ART. 16. Il ne pourra être placardé des affiches dans l'entrepôt qu'avec l'autorisation du conservateur et dans les endroits qu'il aura indiqués.

Le conservateur n'autorisera que les affiches des actes de l'autorité et celles relatives au commerce.

Marchands ambulants.

Aucun marchand ambulant ne pourra stationner ni circuler dans l'entrepôt sans l'autorisation du conservateur, qui ne l'accordera qu'à ceux qui seront connus et domiciliés.

L'entrée de l'établissement sera interdite à ces marchands les dimanches et jours fériés.

Voituriers et brouetteurs..

ART. 17. Un emplacement spécial sera désigné par le conservateur pour le stationnement des haquets et pour le dépôt des coffres et des poulains des voituriers.

Il est enjoint aux voituriers et aux brouetteurs qui fréquentent l'entrepôt de se conformer, à cet égard et en tous points, aux ordres du conservateur, sous peine de se voir interdire l'entrée de cet établissement.

Le conservateur désignera, s'il y a lieu, un emplacement sur lequel il pourra être permis aux voituriers de se créer un abri dont la forme et la disposition seraient approuvées par l'architecte de l'administration.

Entrée des ouvriers les jours fériés.

Art. 18. Les ouvriers ne seront admis dans l'entrepôt les jours fériés pour y faire la visite des caves et celliers des entrepositaires qui les occupent, qu'autant qu'ils seront munis d'une autorisation spéciale de ces entrepositaires. Ils devront exhiber cette autorisation aux employés de service à la porte d'entrée.

Les ouvriers devront avoir quitté l'entrepôt à neuf heures du matin, à moins que des travaux urgents et autorisés par le conservateur n'exigent qu'ils y restent plus longtemps.

Art. 19. Tous les cas non prévus au présent règlement rentrent dans le droit commun, conformément au dernier paragraphe de l'ar. 14 de l'ordonnance royale du 22 mars 1833.

Annexes de l'entrepôt.

Art. 20. Les dispositions qui précèdent sont applicables à toutes les localités déclarées annexes de l'entrepôt.

DISPOSITIONS TRANSITOIRES ET D'EXÉCUTION.

Constructions à l'intérieur.

Art. 21. Les locataires qui, sans avoir obtenu l'autorisation, ont fait exécuter des constructions, des changements de distribution, ou qui ont altéré, en quoi que soit, l'état des lieux, dans l'intérieur des caves et celliers qu'ils occupent, seront tenus de rétablir immédiatement lesdits lieux dans leur état primitif, si ces constructions et ouvrages sont jugés, par le conservateur et l'architecte de l'entrepôt, présenter quelques dangers ou quelques inconvénients.

Mais, si ces ouvrages paraissent utiles, si même ils ne sont pas jugés nuisibles, les locataires pourront être autorisés à les conserver jusqu'à la fin de leur jouissance et à ne rétablir qu'à cette époque les lieux dans leur état primitif.

Auvents.

Art. 22. Dans le cas prévu par l'art. 12 du présent règlement, où la ville ferait construire des auvents au-dessus des portes des caves, ceux établis par les locataires seront enlevés. Dans le cas contraire, ils seront soumis à une régularisation, d'après le modèle approuvé par l'administration, qui sera déposé dans le bureau de la conservation.

Bureaux.

Art. 23. Le placement régulier des bureaux actuellement existants dans l'entrepôt devra avoir lieu immédiatement, sauf l'exception faite par l'art. 27, aux frais des propriétaires de ces bureaux, sur l'ordre qui leur en sera donné par le conservateur et sous la direction de l'architecte de l'entrepôt.

En cas de refus de la part des propriétaires, ce placement sera effectué d'office à leurs frais, risques et périls.

ART. 24. Chaque place sera accordée au bureau qui s'en trouve actuellement le plus rapproché, à moins que le propriétaire ne préfère une place vacante plus à la proximité des caves et celliers dont il est locataire; toutefois, il ne sera placé que des bureaux du *grand modèle* sur les deux lignes qui bordent immédiatement le préau; ceux des bureaux actuellement établis sur les deux lignes du côté du quai, qui excèdent le nombre des places indiquées au plan, seront transportés aux places libres sur les lignes de l'autre côté du préau, à moins que les propriétaires ne préfèrent avoir ces bureaux dans la rue de Touraine, où ils pourront être établis.

Il en sera de même de ceux des bureaux actuellement placés au-devant des rampes du magasin de la Seine, qui excèdent le nombre voulu.

ART. 25. Les places restant vacantes, soit sur les lignes de la façade, soit dans la rue de Touraine, seront accordées aux propriétaires des bureaux adossés aux rampes dans la rue de la Côte-d'or, aux marchands de vins qui ont les leurs sur les trottoirs de cette même rue et des rues de Languedoc, de Bordeaux et de Champagne.

ART. 26. Les seize places indiquées au plan sur les terrasses du bâtiment aux eaux-de-vie, sont spécialement réservées aux bureaux des marchands d'eaux-de-vie actuellement établis sur les trottoirs de la rue de la Côte-d'or.

Les deux bureaux symétriquement placés dans le renfoncement de l'escalier du bâtiment des eaux-de-vie, en face de la rue de Bordeaux, pourront y rester tant que cet emplacement n'aura pas reçu une autre destination.

ART. 27. Sont exceptés de l'obligation de faire porter immédiatement leurs bureaux sur les emplacements indiqués au plan les propriétaires des bureaux placés sur les trottoirs des celliers dont ils jouissent. Ils pourront les conserver aux places qu'ils occupent pendant le délai de six mois, à l'expiration duquel ils seront tenus de les enlever.

A cette époque, ceux de ces bureaux qui sont conformes aux modèles adoptés par l'administration pourront être transportés sur les emplacements définitifs désignés au plan.

ART. 28. A défaut de places restant alors vacantes, ces bureaux devront être enlevés de l'entrepôt ou placés dans l'intérieur des celliers ou magasins.

Il en sera de même de tous les petits bureaux ayant une moindre dimension que celle du modèle n° 2, lesquels ne pourront, dans aucun cas, être placés, même provisoirement, sur la première ligne du préau, au-devant de la façade des bâtiments, ni sur les deux lignes du côté du quai.

Treillages et plantations.

ART. 29. Les treillages autres que ceux qui entourent les bureaux, qui sont conformes au modèle adopté par l'administration, ainsi que toute autre clôture; les enseignes, les constructions particulières non autorisées, seront enlevés immédiatement.

Les arbres de plantations particulières et les plantes grimpantes, soit autour des bureaux, soit le long des murs des bâtiments, seront de même immédiatement arrachés.

En cas d'inexécution des dispositions de cet article dans le délai de quinze jours, il y sera pourvu d'office par le conservateur.

Bourse d'été.

ART. 30. L'emplacement primitivement destiné à la construction d'un pavillon symétrisant avec celui qui renferme les bureaux de l'octroi et de la conservation de l'entrepôt sera rendu entièrement libre.

Le sol de cet emplacement sera réglé, sablé et entouré d'arbres, pour servir provisoirement de bourse ou de lieu de réunion, en été, pour le commerce.

N° 24.

Arrêté portant règlement pour le service des ouvriers tonneliers, dérouleurs, chargeurs et déchargeurs, employés dans l'entrepôt général des vins, et sur le port en dépendant, du 22 janvier 1840, approuvé par M. le ministre du commerce le 20 mai 1840.

Nous, Conseiller d'état, Préfet de police,

Vu les dispositions du décret du 2 janvier 1814, relatives aux ouvriers tonneliers, dérouleurs, chargeurs et déchargeurs, employés dans l'entrepôt général des vins et eaux-de-vie, et sur le port en dépendant;

Considérant qu'en raison des modifications importantes qu'a subies le régime intérieur de l'entrepôt général, et des travaux récemment faits au port annexe de cet établissement, qui en changent les dispositions, il importe de reviser les anciens règlements et de réorganiser le service des ouvriers attachés à l'entrepôt, de manière à assurer à la fois le maintien de l'ordre et les intérêts du commerce;

Arrêtons ce qui suit :

Article 1er. Le service de l'entrepôt général des vins et eaux-de-vie, et du port en dépendant, sera fait exclusivement par des ouvriers nommés par nous et dont nous réglerons le nombre suivant les besoins du service.

Ces ouvriers seront divisés en trois sections :

La première se composera de tonneliers; la deuxième, de dérouleurs; et la troisième, de chargeurs et déchargeurs.

Les deux premières sections auront chacune un chef et un sous-chef, la troisième aura seulement un chef.

Les trois sections seront sous l'autorité immédiate de l'inspecteur de la navigation du deuxième arrondissement.

Des Tonneliers.

Art. 2. Le nombre des tonneliers est, quant à présent, fixé à cinquante.

Leur travail sur le port consiste à prendre les pièces de liquide dans les bateaux et à les déposer sur le port, en dehors des débarcadères et de leurs rampes.

Le transbordement et le rangeage dans les bateaux seront faits exclusivement par les tonneliers.

Dans le cas où ces travaux nécessiteraient la mise à terre d'un certain nombre de pièces, soit sur les débarcadères, soit sur le bas du port, les dérouleurs ne pourront prétendre à aucun partage du prix desdits travaux.

Art. 3. Toutes les fois qu'une pièce sera dans un état de vidange extraordinaire, les tonneliers devront, sous leur responsabilité, en prévenir le propriétaire, avant de la déranger de la place qu'elle occupe dans le bateau.

Si le propriétaire n'est pas présent au déchargement, le chef des tonneliers devra prévenir l'inspecteur de la navigation, qui fera immédiatement, et en sa présence, constater par procès-verbal la vidange de la pièce, et ses causes apparentes.

Le chef et le sous-chef des tonneliers, le chef de l'équipe employé au débarquement, et l'inspecteur de la navigation, signeront le procès-verbal, qui devra rester entre les mains de ce dernier, pour être remis à qui de droit.

Art. 4. Les tonneliers devront être constamment pourvus des ustensiles nécessaires à leurs travaux.

Art. 5. Il sera fait, au 1er juillet de chaque année, en présence de l'inspecteur général de la navigation, un inventaire estimatif de tous les ustensiles appartenant aux tonneliers.

Expédition de cet inventaire nous sera transmise.

Art. 6. Les ouvriers qui, à l'avenir, seront admis parmi les tonneliers, payeront une somme de 50 fr. pour leur portion contributive dans la valeur du mobilier en communauté.

Art. 7. Lorsque, par suite de décès ou de démission, une place de tonnelier sera vacante, la somme de 50 fr., ci-dessus mentionnée, devra être remboursée au dernier titulaire ou à ses ayants cause.

En cas de révocation, ladite somme restera acquise à la section.

Art. 8. Les tonneliers seront tenus d'aller prendre et de rapporter au magasin les cordages, planches et autres ustensiles dont ils auront besoin dans la journée.

Des Dérouleurs.

Art. 9. Le nombre des dérouleurs est, quant à présent, fixé à soixante.

Leur travail consiste à prendre les pièces de liquide sur les points où elles ont été déposées par les tonneliers; à les conduire aux endroits indiqués par les propriétaires de la marchandise sur les parties du port désignées pour le débarquement par l'inspecteur de la navigation, et, autant que possible, au droit des bateaux en déchargement; puis, à les remonter ultérieurement au bas du mur du quai, pour être chargées sur les voitures qui doivent en opérer le transport.

Ils devront aussi prendre dans les bateaux et les transporter sur le port les caisses de vin arrivées par eau, ce travail leur étant réservé à l'exclusion des tonneliers.

Tout travail à faire pendant la nuit, sur le port ou dans les bateaux, sera exécuté exclusivement aussi par les dérouleurs; et il en sera de même du travail à faire pendant le jour, pour retirer du port les pièces de liquide qui seraient atteintes par les eaux.

Des Chargeurs et des Déchargeurs.

Art. 10. Le nombre des ouvriers chargeurs et déchargeurs est, quant à présent, fixé à douze.

Leur travail consiste à décharger les voitures de roulage amenant des vins et eaux-de-vie au port de l'Entrepôt général ou dans cet établissement; et à charger les marchandises de même nature qui sortiraient de l'entrepôt général ou du port en dépendant, par la voie du roulage, quand d'ailleurs, les négociants de l'entrepôt général ne jugeront pas convenable d'employer leurs propres ouvriers à l'une ou à l'autre de ces opérations.

Dispositions générales.

Art. 11. Lorsqu'une place sera vacante parmi les ouvriers dont le classement est ci-dessus établi, il y sera pourvu par nous, sur une liste double qui devra nous être présentée par les délégués du commerce des vins.

Art. 12. Les tonneliers, les dérouleurs et les chargeurs devront porter une plaque en métal, sur laquelle seront gravées les armes de la ville de Paris, avec ces mots autour : *Entrepôt des vins*.

Art. 13. Le chef de section des tonneliers, des dérouleurs et des chargeurs et déchargeurs recevront le montant de leur salaire et leur en feront la distribution chaque semaine; ils seront responsables envers ces derniers du montant de la recette; en conséquence, ils tiendront chacun un registre sur lequel ils inscriront journellement les recettes et dépenses de leur section respective.

Ces registres seront constamment à la disposition de l'inspecteur de la navigation qui veillera à leur bonne tenue.

Art. 14. Les chefs de section remettront tous les lundis à l'inspecteur de la navigation un état certifié par eux des travaux qui auront été faits dans chaque section, pendant la semaine précédente, et des recettes et dépenses auxquelles ces travaux ont donné lieu.

Art. 15. L'inspecteur de la navigation aura la direction de l'ensemble des travaux.

Les chefs de section composeront les équipes en sa présence, et les distribueront suivant les besoins du service.

Ils surveilleront, sous ses ordres, la bonne exécution des travaux.

Art. 16. Les tonneliers, les dérouleurs, les chargeurs et déchargeurs, se rendront tous les jours à leur bureau respectif pour être employés comme il est dit ci-dessus.

Ceux qui manqueront à l'appel, qui sera fait avant l'ouverture du port de l'Entrepôt et de cet établissement, seront suspendus ou privés de travail pendant un temps qui sera déterminé par l'inspecteur de la navigation, lequel en rendra compte immédiatement à l'inspecteur général.

Les ouvriers ainsi suspendus ou privés de travail n'en seront pas moins tenus d'assister tous les matins à l'appel.

Art. 17. Si le nombre des tonneliers, des dérouleurs ou des chargeurs et déchargeurs venait à se trouver momentanément insuffisant pour le service, ils pourront s'adjoindre, sous leur responsabilité, des ouvriers supplémentaires dont les noms seront donnés par les chefs de section à l'inspecteur de la navigation.

Dans le cas, au contraire, où le manque de travaux ne permettrait point d'occuper tous les tonneliers, dérouleurs, ou chargeurs et déchargeurs, un certain nombre d'entre eux pourra, sur l'avis des chefs de section, être autorisé par l'inspecteur de la navigation à s'absenter; mais à la charge de verser, chaque semaine, à la caisse, les vingt centimes par journée de travail, mentionnés dans l'art. 28.

Art. 18. Le chef de chaque section inscrira tous les jours, sur un registre à ce affecté, les noms des ouvriers présents, ainsi que la distribution des équipes.

Art. 19. Le travail des équipes sera dirigé par des chefs que nommeront les chefs de section.

Chacun de ces chefs d'équipe devra être pourvu de l'état nominatif des ouvriers attachés à son équipe et sera tenu de le représenter à toute réquisition de qui de droit.

Art. 20. Les tonneliers et les dérouleurs ne pourront, sans une autorisation du sous-chef de leur section respective, qui en rendra compte au chef, et les chargeurs et déchargeurs, sans une autorisation de leur chef, quitter l'équipe à laquelle ils auront été attachés lors de la distribution du travail, à peine de perdre le salaire de leur journée.

Art. 21. Le sous-chef des tonneliers devra prendre note du travail de manière à dresser, à la fin de chaque opération, un état de la quantité de pièces qui auront été déchargées, et des divers travaux qu'elles auront nécessités.

Il devra dresser aussi l'état des travaux exécutés isolément.

Le sous-chef des dérouleurs dressera pareils états des travaux exécutés par les ouvriers de sa section.

Ces divers états seront remis aux chefs de section et leur serviront à établir le compte des travaux de la semaine.

Le chef de la section des chargeurs et des déchargeurs dressera, aux mêmes fins, des états semblables à ceux ci-dessus mentionnés.

Art. 22. Les sous-chefs rendront compte, à leur chef respectif de section, de la conduite des ouvriers pendant le travail.

Art. 23. L'ouvrier tonnelier, dérouleur ou déchargeur qui sera blessé, en travaillant pour le compte de la section dont il fera partie, recevra, pendant tout le temps de son inactivité, la totalité de la paye d'un ouvrier de même catégorie en activité.

Il ne pourra lui être accordé aucune indemnité s'il était dans un état d'ivresse.

Les blessures seront constatées par un chirurgien, sur le certificat duquel le secours accordé au blessé sera continué ou retiré.

Art. 24. L'inspecteur de la navigation pourra suspendre les tonneliers, les dérouleurs ou les chargeurs et déchargeurs pour un temps déterminé, dans le cas où leur conduite donnerait lieu à des plaintes, et s'ils étaient trouvés en état d'ivresse dans le cours de leur travail.

En cas de récidive, il y aura lieu à révocation.

Si les plaintes portées contre les tonneliers, les dérouleurs ou les chargeurs et déchargeurs avaient pour objet une infidélité commise par eux, ils seraient mis à la disposition du procureur du roi, et la valeur du vol devrait être remboursée à qui de droit, soit par les tonneliers, soit par les dérouleurs, soit par les chargeurs et déchargeurs, suivant la catégorie à laquelle appartiendrait l'auteur du dommage.

L'inspecteur général de la navigation nous rendra compte, chaque semaine, des suspensions qui auront été prononcées et nous proposera les révocations auxquelles pourraient donner lieu les fautes commises par les ouvriers, et les cas de récidives.

Art. 25. Les tonneliers, les dérouleurs et les chargeurs et déchargeurs, sont tenus de se conformer strictement aux dispositions des lois et règlements concernant le régime de l'Entrepôt général des vins et eaux-de-vie.

Art. 26. Les tonneliers sont collectivement et solidairement responsables des avaries qui proviendraient du fait ou de la négligence de l'un ou de plusieurs d'entre eux, ou qui seraient causées par les ouvriers supplémentaires qu'ils auraient employés.

Il en est de même des dérouleurs et des chargeurs et déchargeurs.

Les uns et les autres sont aussi responsables de la vidange des pièces sur lesquelles un ou plusieurs d'entre eux seraient pris à boire.

Art. 27. Lorsque la perte aura été régulièrement constatée, le chef de la section à laquelle appartiendront les auteurs du dommage sera tenu d'en rembourser le montant à qui de droit.

Art. 28. Pour subvenir aux dépenses communes de chacune des sections des ouvriers de l'Entrepôt, il sera fait une retenue auxdits ouvriers de vingt centimes par chaque journée de travail.

Cette retenue sera opérée à la fin de chaque semaine, lorsque les tonneliers, les dérouleurs, les chargeurs et déchargeurs recevront leurs salaires.

Art. 29. Les fonds provenant des retenues faites aux tonneliers, aux chargeurs et déchargeurs serviront à payer :

1° L'achat et l'entretien des cordages, planches, chemins, etc., formant le mobilier commun ;
2° Les avaries provenant de leur fait, ou qui leur seraient imputables ;
3° Les secours accordés aux blessés ;
4° Le loyer et les frais de bureau ;
5° La valeur des infidélités qui pourraient être commises au préjudice du commerce.

Les dérouleurs n'ayant point de mobilier en commun, les retenues qui leur seront faites serviront seulement à payer :
1° Les avaries provenant de leur fait ou qui leur seraient imputables ;
2° Les secours accordés aux blessés ;
3° Le loyer et les frais de bureau ;
4° La valeur des infidélités commises au préjudice du commerce, et qui seraient à leur charge.

ART. 30. Le chef de chaque section tiendra un registre exact des sommes reçues et dépensées.

L'inspecteur de la navigation fournira tous les mois un état séparé des recettes et des dépenses de chaque section. Cet état sera vérifié et arrêté par l'inspecteur général de la navigation, qui demeure chargé de nous le transmettre.

ART. 31. Dans le cas où, à la fin de l'année, il existerait, soit dans la caisse des tonneliers, soit dans celle des dérouleurs, soit dans celle des chargeurs et déchargeurs, des fonds sans emploi, nous nous réservons d'en fixer la destination.

Dans l'hypothèse contraire, c'est-à-dire s'il y avait insuffisance de recette, nous prescririons telle mesure que de droit pour combler le déficit.

ART. 32. Les salaires des tonneliers, des dérouleurs, des chargeurs et déchargeurs, seront perçus d'après le tarif annexé au présent.

Il est défendu à ces ouvriers d'exiger des prix plus élevés que ceux portés audit tarif.

Les sommes reçues seront distribuées chaque semaine entre les ayants droit de la manière suivante :

Les chefs de section des tonneliers et dérouleurs recevront chacun double part ; le chef de la section des chargeurs et déchargeurs recevra une part d'abord, plus une indemnité de six francs par semaine ; les sous-chefs de section recevront part et demie, et chacun des ouvriers une part seulement.

ART. 33. Les tonneliers et dérouleurs sont tenus, lorsqu'ils en sont requis, de faire sur les ports autres que celui de l'Entrepôt général des vins et eaux-de-vie, et aux mêmes conditions, le déchargement, le déroulage et la mise en débord des marchandises à destination dudit Entrepôt.

ART. 34. Ils devront déférer à toutes les réquisitions de l'inspecteur général de la navigation pour les travaux d'urgence nécessités par les besoins de son service, les cas d'avarie, de naufrage, d'inondation, de glace et tous autres de force majeure ; enfin pour le déblayement du port et le maintien de sa propreté.

TARIF

TARIF des prix à payer aux tonneliers, aux dérouleurs, aux chargeurs et déchargeurs, pour le déroulage, le dépôt sur le port, etc., etc., des liquides de toute nature à destination de l'Entrepôt général des vins et eaux-de-vie, ou sortant de cet Entrepôt par la voie du roulage.

	fr.	c.
DÉCHARGEMENT DES LIQUIDES AMENÉS PAR BATEAUX.		
Par quart de 115 litres et au-dessus..............................	»	7 1/2
— feuillette ou par deux quarts de Bourgogne................	»	7 1/2
— gros quart ou petite barrique de 140 à 199 litres..........	»	10
— toutes pièces de 200 à 255 litres................................	»	15
— pièce de Languedoc ou d'Auvergne, de 256 à 345 litres...	»	25
— demi-muid de 346 à 535 litres....................................	»	45
— pipe de 536 à 700 litres..	»	80
— Foudre de 701 litres et au-dessus, par hectolitre...........	»	25
Le transbordement et l'embarquement seront payés les mêmes prix que ceux ci-dessus.		
DÉROULAGE DES LIQUIDES.		
Par quart de 136 litres et au-dessus..............................	»	7 1/2
— feuillette ou par deux quarts de Bourgogne................	»	7 1/2
— gros quart ou petite barrique de 140 à 199 litres..........	»	10
— toute espèce de pièce de 200 à 255 litres....................	»	10
— pièce de Languedoc ou d'Auvergne de 256 à 345 litres...	»	20
— demi-muid de 346 à 535 litres....................................	»	30
— pipe de 536 à 700 litres..	»	35
Foudre de 701 litres et au-dessus, par hectolitre.............	»	10
TRANSPORT DES CAISSES DE VIN DU BATEAU SUR LE PORT.		
Par caisse de 12 bouteilles...	»	10
— 25 —	»	20
— 50 —	»	40
— 100 —	»	80
REMONTAGE DES LIQUIDES.		
Par quart de 136 litres et au-dessus..............................	»	5
— feuillette ou par deux quarts de Bourgogne................	»	5
— gros quart ou petite barrique de 140 à 199 litres..........	»	10
— toute espèce de pièces de 200 à 255 litres..................	»	10
— pièce de Languedoc ou d'Auvergne de 256 à 345 litres...	»	20
— demi-muid de 346 à 535 litres....................................	»	20
— pipe de 536 à 700 litres..	»	30
Foudre de 701 litres et au-dessus, par hectolitre.............	»	5
TRANSPORT DES CAISSES DE VIN AU BAS DES RAMPES DU PORT.		
Par caisse de 12 bouteilles...	»	5
— 25 —	»	10
— 50 —	»	20
— 100 —	»	40
CHARGEMENT DES LIQUIDES SUR VOITURES.		
Pour tout quart, indistinctement, de 115 litres et au-dessus.	»	20
Par feuillette de Bourgogne...	»	30
Pour toutes pièces de 140 à 255 litres...........................	»	50
Par pièce de Languedoc ou d'Auvergne de 256 à 345 litres..	»	75
— demi-muid de 346 à 535 litres....................................	1	»
— pipe de 536 à 700 litres..	1	50
DÉCHARGEMENT DES LIQUIDES AMENÉS PAR VOITURES.		
Pour le déchargement des liquides amenés par voitures, il sera payé un tiers des prix ci-dessus fixés.		

Nota. Les travaux extraordinaires, mentionnés dans le dernier paragraphe de l'article 9 du règlement qui précède, seront payés le triple des prix portés au présent tarif.

N° 22.

Arrêté de M. le préfet de la Seine relatif aux concessions de terrain dans les cimetières pour sépultures particulières et de famille, approuvé par ordonnance royale du 5 mai 1830, et exécuté à partir du 2 juin suivant, du 8 décembres 1829.

Vu les art. 10, 11, 12 et 14 du décret du 23 prairial an XII.
Arrêtons ce qui suit :

§ Ier. — *Dispositions générales.*

ART. 1er. Des concessions temporaires et perpétuelles de terrain pour sépultures particulières seront accordées, comme par le passé, dans les cimetières de la ville de Paris.

§ II. — *Des concessions temporaires.*

ART. 2. La durée de la concession temporaire sera de cinq années.
ART. 3. Cette concession ne pourra être renouvelée, et le terrain en sera repris par la ville, dans le courant de la sixième année, suivant le mode qui sera indiqué ci-après.
ART. 4. Le prix de cette concession, dont la superfice ne pourra excéder 2 mètres carrés, demeure fixé à la somme de 50 francs au profit de la ville.

§ III. — *Des concessions perpétuelles pour fondation de sépultures, soit individuelles, soit de famille.*

ART. 5. La concession individuelle comprendra au moins 2 mètres carrés de terrain pour chaque personne au-dessus de sept ans, et 1 mètre pour celles au-dessous de cet âge.
ART. 6. Le prix de chaque mètre, pour cette concession, sera de 250 fr., dont 200 fr. pour la ville, et 50 fr. à titre d'offrande pour les hospices de cette ville.
ART. 7. Le concessionnaire aura la faculté de payer ce prix, soit comptant en totalité, soit un quart comptant et les trois autres quarts en un seul payement, dans l'espace de dix ans, à compter du jour de la concession; mais, dans ce dernier cas, sous la condition expresse que, si, dans les dix ans, ces trois quarts n'ont pas été acquittés, le contrat sera résolu de droit, et la reprise du terrain concédé aura lieu dans les trois mois qui suivront l'expiration du délai, sans jugement, demande, ni aucune autre formalité, sans restitution du quart payé, qui demeurera acquis à la ville pour la jouissance temporaire des dix années écoulées.
ART. 8. Les concessions pour sépultures de famille et les concessions individuelles pour lesquelles il sera demandé plus de 2 mètres seront payées comptant, d'après le tarif suivant :
Les 2 premiers mètres, à raison de 500 francs, conformément à l'art. 6 ;
Au delà de 2 mètres, chaque mètre excédant, jusqu'à 4 mètres ; 400 fr., plus le quart pour les hospices, 500 fr. par mètre ;

Au delà de 4 mètres jusqu'à 6 mètres, chaque mètre excédant, sera payé 600 fr., plus le quart pour les hospices, 750 fr. par mètre;

Enfin, au delà de 6 mètres, chaque mètre excédant sera payé 800 fr., outre le quart pour les hospices, 1,000 fr. par mètre.

Art. 9. D'après les règlements qui donnaient aux concessionnaires la faculté d'obtenir le renouvellement des concessions temporaires, celles de ces concessions dont la durée ne sera pas expirée à l'époque de la mise à exécution du présent arrêté pourront être renouvelées pour cinq ans, ou converties en concessions perpétuelles, le tout aux prix et conditions qui sont énoncés dans cet arrêté.

§ IV. — *De la reprise des terrains concédés temporairement.*

Art. 10. La ville fera procéder, dans le cours de la présente année et des années suivantes, à la reprise des terrains concédés temporairement, dont les concessions remontent à plus de 6 ans, en commençant cette opération par celles des concessions qui ont une date plus ancienne.

Art. 11. Avant de procéder à cette reprise, il en sera donné avis aux familles par la voie des journaux. Cet avis contiendra uniquement l'indication de l'année ou des années sur lesquelles elle s'exercera, et sera réitéré au moins deux fois, avec l'invitation de faire enlever, dans un délai de trois mois, les pierres, colonnes, monuments, signes funéraires et objets quelconques existant sur le terrain.

Art. 12. Le même mode sera suivi, à l'avenir, pour la reprise des terrains concédés temporairement, en conformité de l'art. 3 du paragraphe 2.

N° 23.

Arrêté du préfet de la Seine, portant règlement général des cimetières de la ville de Paris, du 14 septembre 1850.

Vu le décret du 23 prairial en XII (12 juin 1804);

Arrêtons comme il suit le règlement général concernant les cimetières de la ville de Paris :

TITRE 1er.

DISPOSITIONS FONDAMENTALES.

Art. 1er. Quatre cimetières sont affectés à l'inhumation des individus décédés dans l'étendue de la ville de Paris :

Le *Cimetière du Nord* ou *Montmartre;*
Le *Cimetière de l'Est* ou *Père-Lachaise;*
Le *Cimetière du Sud* ou *Mont-Parnasse;*
Le *Cimetière* dit *des Hospices.*

Art. 2. Le cimetière du Nord reçoit les corps provenant des 1er, 2e, 3e, 4e, 5e arrondissements municipaux.

Le cimetière de l'Est est affecté aux 6e, 7e, 8e et 9e arrondissements.

Les décédés des 10e, 11e et 12e arrondissements sont portés au cimetière du Sud.

Le cimetière dit des Hospices reçoit les corps des individus décédés dans les établissements hospitaliers, et dont les restes mortels n'ont pas été réclamés par les familles.

Art. 3. Ne seront inhumés dans les cimetières susdésignés que les individus décédés à Paris et les habitants de cette ville décédés à l'extérieur.

Toutefois, les corps des personnes étrangères à la ville de Paris et décédées hors de ses murs pourront également être inhumés dans ces cimetières, mais seulement dans les terrains concédés à titre perpétuel.

Art. 4. Un enclos est réservé dans chacun des cimetières de l'Est et du Nord aux décédés du culte israélite.

L'enclos du cimetière du Nord est affecté aux divers modes de sépulture qui vont être déterminés par l'art. 5.

Celui du cimetière de l'Est ne reçoit que les corps qui doivent être inhumés dans des sépultures concédées à perpétuité.

Art. 5. Les inhumations sont faites, soit en tranchée, soit dans des fosses ou sépultures particulières concédées, comme il sera dit ci-après.

Dans tous les cas, les fosses doivent être ouvertes sur 1 m 50 centimètres de profondeur, 80 centimètres de largeur et 2 mètres de longueur, sauf les dispositions relatives aux sépultures d'enfants et qui font l'objet de l'art. 22 ci-après.

Art. 6. L'inhumation des individus décédés dans les hospices et hôpitaux, lorsqu'elle n'a pas lieu dans l'un des trois cimetières généraux de la ville, est opérée selon des règles qui feront l'objet d'un règlement particulier.

Art. 7. Tout particulier peut faire placer sur la fosse de son parent ou de son ami une pierre sépulcrale ou autre signe indicatif de sépulture, sauf par lui à se conformer aux dispositions qui font l'objet du titre X, art. 58, 60, 63 et suivants.

TITRE II.

DU PERSONNEL DES CIMETIÈRES.

Art. 8. Le personnel des cimetières se compose : 1º d'un inspecteur, et, sous ses ordres, de conservateurs, de commis, de gardes, de portiers et de fossoyeurs ; 2º de l'un des architectes de la ville ; 3º d'un géomètre.

Un règlement particulier détermine les attributions et les devoirs de ces agents.

TITRE III.

DES INHUMATIONS EN TRANCHÉE.

Art. 9. Il y a dans chacun des trois cimetières une fosse ou tranchée affectée à l'inhumation des décédés pour lesquels il n'a point été demandé de concession de terrain.

Cette fosse doit avoir la profondeur indiquée à l'art. 5 du présent règlement.

Les cercueils y sont placés l'un contre l'autre, mais sans jamais être superposés.

Les tranchées seront séparées, entre elles, par un passage de 50 centimètres de largeur.

Art. 10. Les emplacements dans lesquels auront eu lieu des inhumations en tranchée ne seront repris qu'après la cinquième année, à compter du jour de la dernière inhumation.

Les reprises seront effectuées d'après les besoins du service, en commençant toujours par la tranchée la plus ancienne.

ART. 11. Les personnes qui désireront placer des signes funéraires sur les tombes de leurs parents ou amis, inhumés suivant le mode qui fait l'objet du du présent titre, se conformeront à ce qui est prescrit plus loin, art. 58 et suivants.

TITRE IV.

DES INHUMATIONS DANS LES TERRAINS CONCÉDÉS.

ART. 12. Des terrains pourront être concédés, dans les cimetières de Paris, pour sépultures particulières.

Ces concessions seront faites conformément au règlement spécial en vigueur.

ART. 13. Il ne sera accordé de concession de terrain qu'à ceux qui justifieront avoir acquitté ou être en état d'acquitter la taxe d'inhumation et le prix de la bière.

ART. 14. Les concessions de terrain dans les cimetières ne pouvant être obtenues dans un but commercial, à raison de leur destination particulière, ne sont susceptibles d'être transmises que par voie de succession et partage, ou de donation entre parents.

Toute cession qui en serait faite, en tout ou en partie, à des personnes étrangères à la famille, est déclarée nulle et de nul effet.

§ 1er. — *Des concessions de terrain faites pour cinq ans, dites concessions temporaires.*

ART. 15. La superficie du terrain affecté à chaque fosse particulière concédée pour cinq ans est de 2 mètres.

Le prix de cette concession demeure fixé à 50 fr. Il sera versé à la mairie de l'arrondissement du décédé.

Nous nous réservons de livrer directement, s'il y a lieu, 1º les concessions de cinq ans qui seraient demandées au jour de l'inhumation pour un cimetière autre que celui de la circonscription à laquelle le décédé appartiendrait; 2º et les concessions de fosses de même nature dont les familles voudraient opérer le renouvellement à l'époque de la reprise, conformément à l'art. 20 ci-après.

ART. 16. Les concessions pour cinq ans ne seront, en aucun cas, accordées à l'avance, c'est-à-dire avant le jour du décès ou de l'inhumation des individus dont les restes devront y être déposés.

ART. 17. On ne pourra inhumer dans les terrains ainsi concédés qu'un seul corps. Toutefois, sur notre autorisation, deux enfants appartenant à la même famille pourront y être inhumés sans augmentation du prix de concession, s'ils sont décédés tous les deux âgés de moins de sept ans, et si la seconde inhumation peut être faite dans le cours de la même année.

Les ossements provenant de sépultures en reprise pourront également, sur notre autorisation, être déposés dans les terrains concédés temporairement, lorsqu'ils pourront être placés à une profondeur convenable.

ART. 18. Les sépultures concédées pour cinq ans seront disposées de manière qu'elles aient uniformément 2 mètres de longueur sur 1 mètre de largeur.

Elles seront délivrées dans l'ordre de leur ouverture.

Elles ne jouiront d'aucun isolement à la tête et sur les côtés; mais chaque fosse sera rendue accessible au pied, au moyen d'un passage d'un mètre ménagé entre les lignes.

Art. 19. Aucun monument ou caveau ne pourra être construit sur les terrains concédés pour cinq ans.

Il n'y sera placé que des pierres sépulcrales, croix, entourages et autres signes dont l'enlèvement puisse être facilement opéré lors des reprises.

Art. 20. Les concessions de cinq années peuvent être renouvelées moyennant le prix fixé au § 2 de l'art. 15.

Ce renouvellement ne peut avoir lieu sans exhumation que lorsque les terrains où ont eu lieu les concessions continuent d'être affectés, dans les mêmes dispositions, aux concessions de même espèce, et lorsque lesdits terrains sont remis immédiatement en service.

Dans tous les cas, le renouvellement ne sera accordé qu'après que la reprise de la première concession aura été prescrite : il donnera droit à une nouvelle occupation de cinq années, à partir du jour de la délivrance du nouveau titre.

§ 2. — *Des concessions de terrain à perpétuité.*

Art. 21. Les concessions de terrain à titre perpétuel seront faites par nous directement, d'après les soumissions souscrites par les demandeurs ou leurs fondés de pouvoirs.

Art. 22. La superficie du terrain affecté à chaque concession perpétuelle ne peut être moindre de 1 mètre pour la sépulture d'un enfant décédé âgé de moins de sept ans, et de 2 mètres pour toute autre sépulture.

Une décision spéciale sera nécessaire pour autoriser toute concession excédant 16 mètres.

Art. 23. Les terrains dont la concession aura été faite seront livrés aux concessionnaires par le conservateur de chaque cimetière, sur la représentation d'une autorisation du Préfet, laquelle restera entre les mains du conservateur.

La livraison du terrain à occuper ne sera définitive que lorsque le géomètre en aura déterminé, sur place, les limites dont les points de repère seront immédiatement rapportés sur le registre du cimetière.

Art. 24. Les concessions de terrain seront occupées à la suite, et sans interruption, dans les emplacements désignés comme il sera dit ci-après.

Il ne pourra être dérogé à cette règle que dans les cas suivants :

1º En ce qui concerne les concessions de 2 mètres et plus, lorsque l'état des travaux entrepris sur un terrain concédé ne permettra pas l'occupation immédiate du terrain contigu, ou lorsqu'à raison de circonstances particulières nous aurons accordé une autorisation motivée ;

2º Pour les concessions de 1 mètre, lorsque les diverses parties du cimetière offriront des emplacements restés disponibles, et qui ne pourraient être utilisés pour des concessions d'une plus grande superficie ;

3º Et dans les cas prévus par les articles 60, 61 et 62 ci-après.

Dans tous les cas, les concessionnaires devront se conformer aux indications qui leur seront données par les agents de l'administration.

Pour assurer l'exécution de ces dispositions, chaque mois, et plus souvent s'il est nécessaire, l'architecte, l'inspecteur et le géomètre des cimetières se réuniront pour déterminer les zones de terrains en état d'être concédées et les emplacements qui ne pourraient être livrés que pour une superficie déterminée.

Cette opération devra avoir lieu de manière à concentrer, autant que possible, les inhumations de chaque espèce, et à empêcher la dissémination des sépultures sur les divers points des cimetières.

Les indications de terrain, faites comme il vient d'être dit, seront reportées sur un registre spécial, sous forme de procès-verbaux qui recevront la signature des trois agents.

Les terrains dont la concession est expirée et qui devraient être repris prochainement seront désignés dans la même forme.

Le résultat de ces opérations sera porté immédiatement à notre connaissance.

Art. 25. Il y aura entre chaque concession un isolement de 30 à 40 centimètres à la tête et sur les côtés, et de 1 mètre au pied.

Art. 26. Les concessions de 2 mètres superficiels seront faites uniformément sur 2 mètres de longueur et 1 mètre de largeur : celles de 1 mètre devront avoir 1 mètre 43 centimètres de long et 70 centimètres de large.

En général, et toutes les fois que l'emplacement le permettra, les terrains concédés seront livrés dans la forme d'un quadrilatère rectangulaire; et cette livraison sera définitive, quelque soit le mode ultérieur d'occupation adopté par les concessionnaires.

Les concessionnaires ne pourront, dans aucun cas, établir leurs constructions, clôtures ou plantations, au delà des limites du terrain livré : les parties de ce terrain restées inoccupées ne donneront lieu à aucune restitution sur le prix de la concession.

Art. 27. Les terrains concédés qui ne seraient pas occupés immédiatement après leur livraison devront être marqués d'une borne en pierre comportant 20 centimètres de côté et énonçant sur sa face principale la superficie, la date et le numéro de la concession.

Ces signes devront être entretenus en bon état par les familles, sous la sanction portée en l'article 71 ci-après.

Art. 28. Les concessionnaires peuvent faire élever des monuments, placer des signes funéraires, bâtir des caveaux sur les terrains dont ils ont été mis en possession, à la charge par eux de se conformer aux dispositions de l'article 57 et suivants.

La construction de caveaux au-dessus du sol est formellement interdite. Il ne pourra être fait d'inhumation dans les caveaux de cette espèce actuellement existants, qu'autant que chaque corps serait renfermé dans un cercueil de plomb.

Tout entrepreneur ou jardinier chargé de l'entretien d'une tombe sera tenu d'apposer, dans un endroit peu apparent du monument ou sur l'entourage, un signe convenu et distinct qui le fasse suffisamment connaître de l'administration. Il devra s'abstenir d'inscrire son nom autrement que par des initiales.

Art. 29. Aucune fosse concédée pour cinq années ne sera convertie, sur place et sans exhumation, en concession perpétuelle, que dans le cas où l'emplacement occupé par des concessions de la première espèce serait désigné par l'administration pour recevoir des sépultures concédées à titre perpétuel, et et lorsque la disposition de la fosse à convertir pourra être maintenue sans aucune perte pour l'administration, et sans gêner aucunement la distribution régulière des autres emplacements.

Art. 30. Aucune nouvelle inhumation ne pourra avoir lieu, dans une même sépulture, qu'avec notre autorisation et en se conformant à toutes les prescriptions du décret du 23 prairial an XII.

Cette disposition toutefois n'est point applicable aux caveaux construits selon les conditions prescrites par l'administration et dans lesquels il se trouverait des cases disponibles.

TITRE V.

DES CHAPELLES.

Art. 31. Des chapelles pourront être ouvertes au service religieux dans les cimetières de Paris.

La chapelle qui existe dans le cimetière de l'Est, comme celles qui seraient établies dans les autres cimetières, est exclusivement destinée aux personnes qui désirent y venir prier pour les morts.

Les familles seront toutefois admises à y faire dire des messes commémoratives; mais les services solennels, la présentation et le dépôt des corps, les processions et les quêtes, et, en général, les cérémonies qui appartiennent au service paroissial n'y pourront avoir lieu.

TITRE VI.

DES DÉPOSITOIRES.

Art. 32. En attendant la construction de dépositoires publics dans les cimetières, les caveaux appartenant à des entrepreneurs de monuments funéraires, et qui servent au dépôt provisoire des corps, seront tolérés, sans toutefois qu'il en puisse être construit de nouveaux pour cet usage, sous quelque prétexte que ce soit.

La faculté de déposer des corps dans lesdits caveaux ne pourra s'exercer qu'autant qu'on représenterait aux agents des cimetières un titre de concession définitive ou conditionnelle, applicable au décédé, ou que la famille justifierait, par la représentation de son titre et le consentement écrit du concessionnaire, que le corps à déposer pourra être placé dans une sépulture perpétuelle non encore disposée à cet effet. Toutefois, la faculté de dépôt ne sera accordée, dans ce dernier cas, qu'autant que la tombe où devrait être déposé le corps serait en état de le recevoir sans travaux, au besoin, en le recouvrant de terre à la profondeur voulue, si l'administration était dans la nécessité de l'y faire inhumer d'office.

TITRE VII.

DU SERVICE DES INHUMATIONS DANS L'INTÉRIEUR DES CIMETIÈRES.

Art. 33. Les convois seront introduits dans les cimetières par les portes principales.

L'ordonnateur précédera le corps; il sera suivi immédiatement des porteurs.

Art. 34. A son entrée dans le cimetière, l'ordonnateur exhibera au conservateur l'ordre d'inhumation délivré par le maire, ainsi que le bon de fosse si l'inhumation doit avoir lieu dans un terrain concédé; il communiquera l'ordre d'inhumation au garde chargé du service de la fosse, et remettra ensuite le tout, avant la sortie du cimetière, au conservateur qui lui délivrera récépissé du corps.

Art. 35. Lorsque le convoi sera parvenu au lieu de la sépulture ou dans l'endroit le plus voisin où le char puisse pénétrer, le cercueil sera, sur l'ordre de l'ordonnateur, descendu avec respect par les porteurs, et porté à pas lents sur le bord de la fosse ou du caveau.

Lorsque le char et les voitures de deuil ne pourront être conduits sans inconvénients jusqu'au lieu de l'inhumation, l'ordonnateur les fera arrêter aux points qui lui seront indiqués par les agents du cimetière.

Le char qui aura transporté le corps sera conduit immédiatement hors du cimetière, sans attendre la fin de la cérémonie de l'inhumation.

Art. 36. L'ordonnateur remettra le corps aux fossoyeurs, et les requerra de procéder, sans délai, à l'inhumation.

Il ne se retirera que lorsque l'inhumation sera consommée.

Art. 37. L'ordonnateur veillera, de concert avec les agents du service des cimetières, à ce que les porteurs, fossoyeurs, cochers et autres agents employés, soit par l'administration, soit par l'entreprise des pompes funèbres, ne sollicitent ou ne reçoivent des familles aucune rémunération quelconque, à raison de leurs fonctions.

Toute infraction à cette disposition sera constatée par des rapports qui seront adressés par ces agents à leur chefs respectifs, et que ces derniers nous transmettront sans aucun délai.

Art. 38. Les convois de nuit sont expressément interdits.

On ne pourra, dans les convois qui ont lieu aux heures autorisées, introduire dans les cimetières des torches résineuses ou formées d'autres matières analogues.

TITRE VIII.

DU CONTROLE DES CONCESSIONS.

Art. 39. Après l'achèvement des travaux faits par les familles sur les terrains concédés, le géomètre des cimetières s'assurera, par une nouvelle vérification sur place, si les concessionnaires se sont renfermés dans les limites qui leur auront été indiquées, conformément à l'article 26.

Art. 40. A cet effet, tous les quinze jours, l'état des concessions accordées dans la quinzaine précédente continuera d'être dressé par nos soins et transmis successivement à l'inspecteur et au géomètre des cimetières.

L'inspecteur vérifiera si les énonciations de l'état sont en parfaite conformité avec les autorisations ou bons de fosse remis par les familles aux conservateurs.

Le géomètre constatera l'occupation, eu égard au titre.

Art. 41. Lorsque le géomètre aura reconnu une infraction aux dispositions de nos arrêtés de concession, il nous en fera rapport pour être ordonné par nous ce que de droit. Ces rapports seront communiqués à l'inspecteur pour avoir son avis, lorsqu'ils toucheront à des questions intéressant le service général des inhumations.

Néanmoins, si le concessionnaire consent à se restreindre sur-le-champ dans les limites qui lui ont été assignées, le géomètre se bornera à en faire l'observation sur l'état de quinzaine dont il vient d'être parlé.

Dans le cas prévu au premier paragraphe du présent article, la contravention sera toujours constatée par un procès-verbal de l'un des gardes, indépendamment du rapport dont elle aura été l'objet.

TITRE IX.

DE LA REPRISE DES TERRAINS AFFECTÉS AUX CONCESSIONS.

Art. 42. Lorsque nous aurons prescrit la reprise des concessions dont le terme sera expiré, cette opération sera annoncée aux intéressés, trois mois à l'avance, par la voie des affiches et des journaux.

Art. 43. Pendant ce délai de trois mois, les familles pourront, en vertu de nos autorisations, reprendre les signes funéraires et autres objets qu'elles auraient placés sur les sépultures.

Art. 44. A défaut par les familles de réclamer les objets qui leur appartiennent, dans le délai ci-dessus déterminé, l'administration fera opérer à ses frais l'arrachage des arbustes, la démolition ou le déplacement des monuments et signes funéraires, et reprendra immédiatement possession des terrains concédés.

Art. 45. Les pierres, entourages en fer et autres signes durables qui n'auraient pas été enlevés par les familles, resteront à leur disposition pendant un an et un jour.

Durant ce délai, les familles pourront être autorisées à enlever les objets existant dans les magasins et leur appartenant, à la charge par elles de les reprendre dans l'état où ils se trouveraient, et de verser à la caisse municipale la somme nécessaire pour indemniser la ville de Paris des frais de démolition, déplacement, transport et conservation desdits objets; cette somme sera de 6 francs pour les sépultures de cinq années; elle sera fixée, suivant les cas, pour les sépultures conditionnelles.

La recherche de ces objets sera faite en présence des agents de l'administration, aux frais et par les soins des familles.

Quant aux bois provenant des reprises des terrains concédés, ils seront brisés avant leur sortie du cimetière et livrés immédiatement à l'administration de l'Assistance publique.

TITRE X.

DES MESURES D'ORDRE INTÉRIEUR ET DE LA SURVEILLANCE.

§ 1er. — *Des mesures d'ordre et de la surveillance générale.*

Art. 46. Les portes des cimetières pourront être ouvertes au public, savoir:

Du 1er février au 15 mars, de sept heures du matin à cinq heures du soir;
Du 16 mars au 30 avril, de six heures du matin à six heures du soir;
Du 1er mai au 31 août, de six heures du matin à sept heures du soir;
Du 1er septembre au 15 octobre, de six heures du matin à six heures du soir;
Du 16 octobre au 30 novembre, de sept heures du matin à cinq heures du soir;
Du 1er décembre au 31 janvier, de sept heures et demie du matin à quatre heures et demie du soir.

Art. 47. L'ouverture des portes principales n'aura lieu que pour le passage des convois, des voitures de deuil et des autres véhicules susceptibles d'être admis dans le cimetière.

Les personnes marchant isolément entreront et sortiront par l'une des portes latérales, là où il en existe.

L'introduction et la sortie des matériaux de construction, signes et objets funéraires, outils aratoires et autres ustensiles servant aux travaux dans l'intérieur du cimetière de l'Est, s'effectueront exclusivement par l'ancienne porte de cet établissement.

Art. 48. L'entrée des cimetières sera interdite aux gens ivres, aux fumeurs, aux marchands ambulants, aux enfants non accompagnés, aux pensionnats en promenade, aux individus qui seraient suivis par des chiens ou autres animaux domestiques; enfin, à toute personne qui ne serait pas vêtue décemment.

Les pères, mères, tuteurs, maîtres et instituteurs encourront, à l'égard de leurs enfants, pupilles, ouvriers et élèves, la responsabilité prévue par l'art. 1384 du Code civil.

Les individus admis dans les cimetières, et qui ne s'y comporteraient pas avec tout le respect convenable ou qui enfreindraient ou l'une des dispositions du présent règlement, seront expulsés par les gardes, sans préjudice des poursuites de droit.

Art. 49. Il est expressément défendu :

1° D'escalader les murs de clôture des cimetières, les grilles ou treillages des sépultures, de traverser les pelouses, de monter sur les arbres et sur les monuments, de s'asseoir ou se coucher sur les gazons, de rien écrire sur les monuments et pierres tumulaires, de couper ou arracher les fleurs plantées sur les tombes ; enfin, d'endommager d'une manière quelconque les sépultures ;

2° De déposer des ordures dans quelque partie que ce soit des cimetières ;

3° D'errer dans les chemins de séparation des sépultures et de s'y arrêter sans nécessité.

Toute infraction à ces dispositions sera constatée par les gardes.

Art. 50. L'administration ne pourra jamais être rendue responsable des vols qui seraient commis au préjudice des familles ; celles-ci devront éviter de rien déposer sur les tombes qui puisse tenter la cupidité.

Art. 51. Toute personne soupçonnée d'emporter, sans autorisation régulière, un ou plusieurs objets provenant d'une sépulture ou des outils appartenant aux ateliers existant dans le cimetière, sera invitée à entrer au bureau du conservateur, qui vérifiera les faits. Le délinquant sera immédiatement conduit devant l'autorité compétente.

Art. 52. Nul ne pourra faire dans l'intérieur des cimetières, aux visiteurs ou aux personnes suivant les convois, aucune offre de service ou remise de cartes ou adresses, ni stationner soit aux portes de ces établissements, soit aux abords des sépultures ou dans les chemins de circulation ou d'isolement.

Ceux qui contreviendraient à cette disposition seront immédiatement expulsés, et leur contravention sera constatée dans la forme voulue.

§ 2. — *Des mesures d'ordre et de la surveillance concernant les chemins.*

Art. 53. Les chemins de circulation intérieure seront constamment maintenus libres.

Les voitures ou chariots admis dans les cimetières se rangeront et s'arrêteront pour laisser passer les convois.

Ils ne pourront stationner dans les chemins sans nécessité.

Art. 54. Il est interdit d'attacher des cordages aux arbres plantés sur le bord des chemins, d'y appuyer des instruments ou des échafaudages, de déposer à leur pied des matériaux de construction, et généralement de leur causer aucune détérioration.

Art. 55. Le transport des matériaux de construction et des terres provenant des fouilles ne pourra être effectué dans les cimetières qu'au moyen de voitures à roues dont les jantes auront au moins $0^m 15$ de largeur. Il est accordé un délai d'un an, à partir de la mise en vigueur du présent règlement, pour l'exécution de cette mesure.

La circulation de ces voitures sera interdite dans les temps du dégel.

Art. 56. Lorsque les concessionnaires ou constructeurs auront dégradé les chemins ou les trottoirs, brisé ou endommagé les arbres en déchargeant des matériaux ou autrement, le dommage sera constaté de telle sorte que l'administration puisse en poursuivre, au besoin, la réparation, et faire prononcer la peine encourue par le contrevenant.

§ 3. — *Des mesures d'ordre et de la surveillance concernant les constructions, plantations, signes funéraires, inscriptions, etc.*

ART. 57. Toute personne qui possède, dans l'un des cimetières de Paris, un terrain concédé à titre perpétuel, peut y élever un monument ou y construire un caveau de famille. Cette construction doit porter d'une manière visible la date et le numéro de la concession.

Lorsqu'il y aura construction de caveau avec cases, la dalle de fond de la case supérieure devra être placée à 1^m 50 centimètres au moins en contre-bas du niveau du sol, conformément à ce qui est prescrit ci-dessus art. 5, pour la profondeur des fosses.

L'entrée des caveaux doit se fermer et s'ouvrir dans les limites mêmes de la concession, sans que l'on puisse, sous aucun prétexte, établir cette entrée par voie d'anticipation sur les chemins ou espacements.

ART. 58. L'administration surveillera les travaux de construction de manière à prévenir les anticipations, les dangers qui pourraient résulter d'une mauvaise construction ; enfin tout ce qui pourrait nuire aux sépultures voisines.

A cet effet, tout concessionnaire qui sera dans l'intention de construire un monument ou un caveau devra en faire la déclaration au bureau du conservateur du cimetière.

Cette déclaration sera consignée dans un registre à ce destiné.

Afin de rendre la surveillance plus facile et plus exacte, il sera remis au déclarant par le conservateur un permis de fouille, indiquant la situation du terrain et la quantité acquise, le nom du concessionnaire et la nature des travaux à exécuter.

Ce permis devra être représenté à toute réquisition des agents de l'administration.

Dans le cas où les limites d'une concession seraient dépassées dans l'exécution, et où il y aurait usurpation, soit au-dessus, soit au-dessous du sol, le conservateur ou le géomètre, sur le refus du constructeur de se restreindre dans la superficie concédée, fera immédiatement suspendre les travaux ; et il requerra à cet effet, s'il en est besoin, l'emploi de la force publique.

Les travaux ne pourront être continués que lorsque la portion de terrain usurpée aura été concédée régulièrement par addition; et lorsque cette concession additionnelle ne pourra avoir lieu, la démolition des travaux sera requise par les voies de droit.

Tout caveau construit sur 2 mètres de terrain devra offrir, tant en ce qui concerne les cases que les portes de chapelle, un minimum d'ouverture fixé à 65 centimètres. Dans le cas où ces mêmes caveaux se termineraient à la surface du sol par un sarcophage, l'ouverture, indépendamment des 65 centimètres de largeur, devra présenter 80 centimètres de hauteur, afin de faciliter la descente des corps.

ART. 59. L'approche des fouilles ouvertes pour l'établissement des sépultures ou des caveaux en construction devra être défendue au moyen d'obstacles visibles, tels que couvercle, entourage et autres signes analogues, par les soins des concessionnaires ou constructeurs, afin que les personnes qui fréquentent les cimetières ne puissent tomber dans lesdites ouvertures.

Ceux qui contreviendraient à cette disposition seront poursuivis, sans préjudice de la responsabilité civile qui pourrait être invoquée contre eux.

Art. 60. Lorsqu'il s'agira d'établir des sépultures dans l'épaisseur des talus, la construction devant être soumise, dans ce cas, à des dispositions particulières, ne pourra être entreprise que sur l'autorisation préalable et spéciale du préfet, qui en réglera les conditions.

Art. 61. Lorsque des terrains en déclivité auront été désignés pour recevoir des sépultures concédées à perpétuité, les concessionnaires devront pourvoir à leurs frais à la construction des murs de soutènement que l'administration jugerait nécessaires pour prévenir les éboulements et assurer la régulière distribution des sépultures. Quand l'administration aura reconnu nécessaire de procéder à l'avance et par elle-même à la construction desdits murs, la dépense lui en sera remboursée par les concessionnaires, chacun pour ce qui le concerne. Les familles seront prévenues, avant la livraison des terrains, des obligations qui pourront leur incomber à ce sujet.

Art. 62. Afin de donner à l'allée principale du cimetière de l'Est, depuis la porte d'entrée jusqu'au terre-plein de la chapelle, la régularité désirable, l'administration se réserve d'autoriser spécialement, d'après les plans qui lui seront soumis, la construction des monuments que les familles désireraient élever de chaque côté de ladite allée et sur la première ligne.

Il en sera de même dans l'allée principale de chacun des cimetières du Nord et du Sud.

Art. 63. Les saillies formant anticipation, soit au-dessus, soit au-dessous du sol, sont prohibées.

Toutefois, on tolérera des emmarchements au-devant des sépultures, lorsqu'ils auront été reconnus nécessaires, soit à cause de l'état antérieur du sol, soit par suite des modifications qu'il aurait subies.

Ces tolérances ne pourront être accordées que sur notre autorisation spéciale.

L'administration permettra un empiétement souterrain de 0^m 20 centimètres autour et en dehors du terrain concédé à titre perpétuel.

Cet empiétement, qui ne sera toléré que pour la fondation d'un monument à élever, pourra être amené jusqu'à l'affleurement du sol.

Lorsque les fondations des monuments ou caveaux auront été faites en meulières ou moellons, elles devront être couronnées par un fort dallage en granit ou tout autre pierre dure, taillé en forme de caniveau, lequel pourra être engagé sous le monument, mais qui, en toute circonstance, devra suivre l'inflexion du sol.

L'administration tolérera les corniches ou entablements en saillie, pourvu que ces saillies n'excèdent pas 0^m 15 centimètres, et qu'elles soient établies à une hauteur de 2 mètres au moins à partir du sol.

Des patères ou porte-couronnes pourront être tolérés, mais seulement au-devant des monuments, et à une hauteur qui ne pourra jamais être moindre de 2 mètres, et la saillie ne pourra excéder 0^m 15 centimètres.

A l'égard des caniveaux et des patères, les concessionnaires devront au préalable faire déclaration de leur intention au bureau de la conservation ; et, sur l'avis de cette déclaration, le géomètre de l'administration donnera les cotes nécessaires pour l'établissement des constructions.

Les concessionnaires seront d'ailleurs tenus de se conformer en tout temps aux dispositions qui pourraient leur être prescrites postérieurement même à l'établissement desdites constructions.

Les gouttières en plomb ou zinc, ainsi que tous autres détails d'architecture formant saillie sur les entablements ou les corniches, sont prohibés.

Art. 64. Le sciage et la taille des pierres destinées à la construction des monuments sont interdits dans l'intérieur des cimetières.

En conséquence, les portiers ne laisseront entrer que les matériaux déjà travaillés et prêts à être mis en place. Ils ne permettront l'introduction d'aucun outil propre au sciage des pierres, et les autres agents veilleront de leur côté à ce qu'il n'en puisse être fait usage.

De même aussi la chaux devra être introduite éteinte et prête à être employée.

Art. 65. Les matériaux nécessaires pour les constructions et les terres provenant des fouilles seront déposés provisoirement dans les emplacements qui auront été désignés par le conservateur, lorsqu'ils ne pourront l'être sur le terrain concédé.

Le dépôt provisoire des terres ne pourra avoir une durée de plus de trois jours, le tout sans préjudice des prescriptions contenues en l'art. 68 ci après.

Art. 66. Tout échafaudage nécessaire pour les travaux de construction devra être dressé de manière à ne point nuire aux constructions voisines ni aux plantations existant sur les sépultures.

Aucun dépôt, même momentané, de terres, matériaux, outils, vêtements et autres objets quelconques, ne pourra être effectué sur les tombes riveraines.

On ne pourra non plus, sous aucun prétexte, même pour faciliter l'exécution des travaux, déplacer ou enlever les signes funéraires existant aux abords de la construction, sans l'autorisation des familles intéressées et l'agrément de l'administration.

Les concessionnaires ou constructeurs auront recours, sous leur responsabilité, à tous les moyens nécessaires pour préserver les sépultures voisines de toute détérioration quelconque.

Art. 67. Les concessionnaires ou constructeurs seront tenus d'ailleurs de se conformer aux dispositions qui seront prescrites, tant par le conservateur que par le géomètre, pour l'exécution des fouilles, pour les précautions à prendre, enfin, pour tout ce qui peut tendre à assurer la conservation des sépultures, la liberté de la circulation et, en général, l'exécution du présent règlement.

Art. 68. Les concessionnaires ou constructeurs feront enlever et conduire sans délai, soit à l'intérieur du cimetière, dans les endroits qui leur seraient indiqués, soit aux décharges publiques hors du cimetière, les terres provenant des fouilles et qui ne devraient pas y être rejetées. Dans le dernier cas, les terres ne pourront être admises à sortir du cimetière qu'après que les agents se seront assurés qu'elles ne contiennent aucun ossement.

Il en sera de même des gravois, pierres, débris, etc., existant sur place après l'exécution des travaux. Ils devront toujours être recueillis et enlevés avec soin, de telle sorte que les abords du monument soient libres et nets comme avant la construction.

Art. 69. Lorsqu'il sera résulté des travaux exécutés par les concessionnaires ou constructeurs une dégradation quelconque pour les sépultures voisines, copie du procès-verbal qui l'aura constatée sera adressée au concessionnaire intéressé, afin que celui-ci puisse, s'il le juge convenable, exercer telle action que de droit contre les auteurs du dommage,

Art. 70. Les ouvriers travaillant dans les cimetières n'y déposeront aucune ordure.

Tout ouvrier qui ne se conformerait pas aux dispositions qui font l'objet du présent règlement sera expulsé du cimetière, sans préjudice, d'ailleurs, de toutes poursuites de droit.

Art. 71. À défaut de conservation, par les familles, des signes indiquant le lieu et les limites de leurs sépultures, l'administration n'est pas responsable des erreurs ou anticipations qui pourraient en résulter.

Si un monument vient à s'écrouler et que, dans sa chute, il endommage quelque sépulture voisine, procès-verbal sera dressé pour constater le fait; copie de ce procès-verbal sera laissée à la disposition des intéressés.

Art. 72. Aucun travail de construction, de terrassement ou de plantation, n'aura lieu dans les cimetières les jours de dimanches et fêtes, que dans les cas d'urgence et sur notre autorisation, ou, à défaut, sur celle de l'inspecteur.

Art. 73. Les plantations seront faites, sans aucune exception, dans la zone affectée à chaque sépulture, et de telle sorte qu'en aucun cas elles ne puissent produire anticipation par suite de la croissance des arbres, arbustes ou autrement. Elles devront toujours être disposées de manière à ne point gêner la surveillance et le passage ; celles qui seraient reconnues nuisibles devront être élaguées ou abatues. si besoin est, à la première réquisition de l'administration.

Dans le cas où il ne serait pas obtempéré aux injonctions qui seraient faites à cet effet, le refus sera constaté par un procès-verbal auquel il sera donné telle suite que de droit.

Art. 74. Les entourages qui seront placés sur les sépultures en tranchée ne pourront excéder 1 mètre 50 centimètres de longueur sur $0^m 65$ centimètres de largeur.

Art. 75. Aucune inscription ou épitaphe ne sera inscrite sur une croix, pierre tumulaire ou monument. soit à l'extérieur, soit dans l'intérieur desdits monuments. et ne sera admise dans l'un des cimetières de Paris, si elle n'a reçu préalablement notre visa ou celui de l'inspecteur délégué à cet effet. Il en sera de même des inscriptions qui seraient renouvelées, ou auxquelles il serait fait des changements ou additions.

En conséquence, et jusqu'à ce qu'il en soit autrement ordonné, lesdites inscriptions ou épitaphes seront déposées aux bureaux des conservateurs desdits cimetières dans une boîte fermant à clef.

Cette mesure étant prise pour faciliter le travail de l'administration et le classement des inscriptions admises, le papier nécessaire sera mis gratuitement à la disposition des personnes qui en auront besoin, sur un récépissé qu'elles en donneront.

L'inspecteur des cimetières se rendra chaque semaine, un jour fixé à l'avance, dans chacun des cimetières de Paris, et y procédera à l'examen et au visa, s'il y a lieu, des inscriptions et épitaphes qui auront été déposées dans les boîtes avant son arrivée ou pendant sa présence au cimetière.

Il différera de viser et nous transmettra les inscriptions dont l'appréciation lui paraîtrait présenter des difficultés.

Art. 76. Les fleurs, arbustes, croix, grilles, entourages et les signes funéraires de toutes sortes, ne pourront être déplacés ou transportés hors du cimetière sans une autorisation expresse des familles et du conservateur.

L'autorisation de l'administration sera nécessaire pour l'enlèvement des signes funéraires existant sur les sépultures en reprise.

Art. 77. Il est interdit d'apposer des affiches, tableaux ou autres signes d'annonces aux murs et portes des cimetières.

Toute contravention à cette prohibition sera poursuivie conformément à la loi.

Art. 78. Il ne pourra être formé, soit dans l'intérieur des cimetières, soit dans les avenues intérieures ou extérieures en dépendant, aucun dépôt de croix, grilles, entourages et autres objets funéraires.

Tous ces objets ne seront admis dans les cimetières que revêtus des inscriptions qu'ils sont susceptibles de recevoir.

Chaque objet sera inscrit sur un registre spécial portant la date de l'entrée et l'indication de la sépulture à laquelle il est destiné.

TITRE XI.

DES EXHUMATIONS ET DES TRANSPORTS.

ART. 79. Aucune exhumation ne pourra avoir lieu sans qu'au préalable on ait représenté une autorisation de M. le préfet de police.

Les fossoyeurs, dans l'exécution des fouilles nécessaires pour opérer ces exhumations, auront soin de ne point mettre à découvert les corps voisins.

ART. 80. Les exhumations seront opérées à des jours fixés à l'avance pour chaque cimetière.

Il devra y être procédé de grand matin, en présence des seules personnes ayant qualité pour y assister.

ART. 81. Les dispositions des deux articles précédents ne sont point applicables aux exhumations ordonnées par l'autorité judiciaire.

ART. 82. Sous aucun prétexte, il ne sera accordé de permission de réinhumer, en fosse commune ou dans une fosse temporaire, un corps inhumé précédemment dans un terrain concédé à perpétuité.

ART. 83. Les frais de chaque exhumation sont à la charge des familles; le tarif en est fixé à la somme de 10 francs, qui sera répartie entre les agents et fossoyeurs pour leurs vacations et salaires, dans les proportions qui sont fixées par un arrêté spécial.

Les familles supporteront, en outre, la dépense résultant du renouvellement du cercueil.

Il ne sera payé que ladite somme de 10 francs pour toute fosse ouverte, lors même qu'elle contiendrait les restes de plusieurs corps, si ces mêmes restes sont à l'instant réinhumés dans une même fosse ou un même caveau.

ART. 84. Il sera payé pour salaire du fossoyage une somme de 3 francs par chaque inhumation faite dans les circonstances prévues au § 2 de l'art. 3.

ART. 85. Les corps des Israélites décédés dans l'étendue du consistoire de la circonscription de Paris, et qu'on est dans l'usage de transporter dans les cimetières de cette ville, à défaut de cimetière spécial dans le lieu du décès, continueront provisoirement d'être admis dans les enclos affectés au culte israélite.

TITRE XII.

CONCESSIONS CONDITITIONNELLES.

ART. 86. Les concessions de terrains faites à titre conditionnel, en vertu du règlement du 8 décembre 1829, approuvé par ordonnance royale du 5 mai 1830, continueront d'être reprises, ainsi qu'il est stipulé tant par ledit règlement que par les actes de concession, lorsque, dans le délai fixé, la condition n'aura pas été remplie.

ART. 87. Les concessions de cette espèce continueront de n'être réputées sépultures de famille que lorsqu'elles seront devenues perpétuelles à titre définitif, par l'effet du versement de la totalité du prix déterminé. En conséquence, il demeure interdit d'inhumer un second corps dans les sépultures dont il s'agit, tant que la condition résultant de l'acte de concession n'a pas été exécutée.

Toutefois, aux époques de la reprise par l'administration des terrains ayant servi à des inhumations, les ossements que les familles auraient obtenu la permission d'exhumer pourront, comme par le passé, être enfouis ou déposés dans lesdites sépultures, en vertu de nos autorisations.

De même, dans le cas où une concession conditionnelle ne renfermerait encore que des ossements, les familles pourront être admises à y déposer un corps, tant que la première période de quatre ans ne sera pas écoulée, s'il s'agit d'inhumation en terre. Ce délai sera limité à trois années, si l'inhumation doit avoir lieu dans un caveau. Le tout sur notre autorisation, et sous la condition que le corps ainsi ajouté pourra être descendu à la profondeur voulue par la loi.

TITRE XIII.

DISPOSITIONS FINALES.

Art. 88. Sont rapportées les dispositions contenues dans les arrêtés et règlements antérieurs, en ce qu'elles seraient contraires à celles qui font l'objet du présent règlement.

N° 24.

Arrêté du préfet de la Seine portant réorganisation du du service des exhumations, du 25 mai 1850.

Art. 2. A l'avenir, la constatation des exhumations et réinhumations qui auront lieu dans les cimetières de Paris sera faite directement par les soins des conservateurs de ces établissements, en vertu de l'autorisation spéciale qui leur sera délivrée à cet effet par M. le préfet de police.

Art. 3. Le tarif des exhumations fixé à 13 francs, par arrêté du 26 avril 1848, est réduit à 10 francs. Cette somme sera attribuée par moitié au conservateur et au fossoyeur.

Art. 4. La partie fixe du traitement alloué précédemment aux conservateurs, s'élevant pour le conservateur du cimetière de l'Est à 1,800 francs et pour chacun des deux autres à 1.200 francs, est supprimée; les émoluments de ces agents devant consister uniquement désormais dans la rétribution de 5 francs par exhumation ci-dessus fixée.

Cette rétribution de 5 francs sera réunie en fonds commun, versée dans la caisse municipale, et répartie de la manière indiquée dans l'arrêté du 26 avril 1848. En conséquence, les sommes dont se composera ce fonds commun seront distribuées mensuellement aux trois conservateurs, dans les proportions suivantes :

Conservateur du cimetière de l'Est...... 58 0/0
       du Nord.. 34 »
       du Sud.... 28 »

Art. 5. Le présent arrêté recevra son exécution à partir du 1er juin prochain.

N° 25.

Arrêté du préfet de la Seine sur l'organisation du fossoyage, du 20 décembre 1859.

Vu la loi du 16 juin 1859, relative à l'extension des limites de Paris ;

Vu l'arrêté en date de ce jour, qui désigne les cimetières de Paris qui demeurent affectés aux inhumations ;

Vu les arrêtés en date des 24 février 1844 et 24 janvier 1848, qui ont organisé le service du fossoyage dans les cimetières du Nord et de l'Est ;

Considérant qu'il convient d'étendre la même organisation tant au cimetière du Sud qu'aux cimetières des anciennes communes où des inhumations continueront de s'effectuer,

Arrête :

Art. 1er. Dans tous les cimetières de la ville de Paris affectés aux inhumations, les travaux de fossoyage seront confiés directement à des ouvriers terrassiers employés à la journée.

Art. 2. Le nombre de ces ouvriers est fixé ainsi qu'il suit :

Sept pour le cimetière de l'Est,

Cinq pour le cimetière du Nord,

Cinq pour le cimetière du Sud,

Et deux pour chacun des autres cimetières.

Art. 3. Le salaire des fossoyeurs est fixé à trois francs par jour, et, dans les cimetières de l'Est, du Nord et du Sud, à trois francs vingt-cinq centimes pour les chefs d'atelier.

Indépendamment du salaire journalier attribué aux ouvriers, chacun desdits ouvriers jouira d'une haute paye de cinquante centimes par chaque exhumation opérée dans le cimetière auquel il est attaché. Néanmoins, cette haute paye ne sera accordée que sur la proposition de l'inspecteur du service et sur l'attestation donnée par cet agent que le travail et la conduite des ouvriers proposés ne laissent rien à désirer.

Art. 4. Tout ouvrier fossoyeur qui demandera aux personnes qui accompagnent les convois, ou qui recevra de ces mêmes personnes, même sans sollicitation, des sommes quelconques, sera immédiatement renvoyé.

Art. 5. Dans chacun des cimetières de l'Est, du Nord et de Sud, les fossoyeurs fonctionnent sous la direction et la surveillance immédiate d'un agent spécial, ayant le titre de garde-fossoyeur.

Art. 6. Le garde-fossoyeur porte l'uniforme attribué aux gardes des cimetières de Paris. Il transmet aux ouvriers fossoyeurs les indications de l'ingénieur et du géomètre, en ce qui concerne les alignements et la disposition du terrain à employer aux inhumations, ainsi que les ordres de l'inspecteur et du conservateur, pour tout ce qui est relatif au service.

Il veille à ce qu'il y ait en tout temps une quantité suffisante de tranchées et de fosses ouvertes, à l'avance.

Il mesure chaque jour, et plus souvent au besoin, les tranchées et les fosses ouvertes, et il tient la main à ce qu'elles aient toujours les dimensions en profondeur, largeur et longueur, ainsi que l'espacement prescrits par les règlements.

Il va à la rencontre des convois à leur entrée dans le cimetière et indique à l'ordonnateur le lieu de l'inhumation.

Il fait faire place autour de la fosse et en assure l'approche à la famille et aux amis du défunt, en ayant soin d'écarter les gens étrangers au convoi, et notamment les gens venant faire des offres aux familles.

Il surveille le remblayement et le nivellement de chaque fosse, ainsi que le placement régulier des signes funéraires qui pourront y être posés.

Il empêche les demandes et remises de pourboire, tant en ce qui concerne les ouvriers fossoyeurs et les agents du service des pompes funèbres, qu'en ce qui touche tous autres individus.

Il prend l'indication et le numéro de chaque fosse et les transmet sur-le-champ au conservateur, pour la tenue des registres d'inscription.

Il dirige et surveille les ouvriers fossoyeurs dans tous les travaux qu'ils sont appelés à exécuter; il veille au bon emploi de leur temps, constate leurs absences ou leurs retards sur un carnet qui doit être communiqué chaque soir au conservateur. Celui-ci doit rendre immédiatement compte à l'inspecteur des cas qui motiveraient une retenue sur le prix de la journée ou une punition plus forte.

Enfin, le garde-fossoyeur concourt à la surveillance du cimetière; il constate par des procès-verbaux les contraventions qui pourraient être commises, et informe le conservateur et l'inspecteur de tous les faits concernant le service.

Le garde-fossoyeur jouira d'un traitement de mille francs par an. Il sera, ainsi que les fossoyeurs, placé sous l'autorité des agents supérieurs du service.

Art. 7. Dans les autres cimetières de Paris affectés aux inhumations, les fonctions attribuées au garde-fossoyeur seront remplies par le concierge-gardien du cimetière.

Art. 8. Les salaires donnés à divers titres aux fossoyeurs, et généralement toutes les dépenses relatives au fossoyage dans tous les cimetières de Paris, seront payés jusqu'à due concurrence, savoir :

1º Sur le crédit porté chaque année au budget communal pour représenter le montant de soixante centimes par corps versés par l'entrepreneur du service des pompes funèbres, conformément à son cahier des charges ;

2º Sur le produit à provenir des salaires dus par les particuliers aux fossoyeurs, à raison des exhumations et des transports.

Art. 9. Les salaires dus aux fossoyeurs pour les exhumations et les transports continueront d'être perçus par les conservateurs et les concierges des cimetières, et le montant en sera par eux versé tous les quinze jours à la caisse municipale, d'après les états dressés par eux, certifiés par l'inspecteur du service et qui comprendront les noms des décédés.

Les sommes ainsi versées seront portées et réunies par le receveur municipal au compte des dépôts, pour être employées suivant leur destination.

Art. 10. Le présent arrêté recevra son exécution à partir du 1er janvier prochain.

N° 26.

Arrêté du préfet de la Seine, concernant le balayage, la propreté de la voie publique et le transport des matières insalubres, du 1er janvier 1860.

Art. 1er. Les dispositions contenues dans l'ordonnance de police du 1er septembre 1853, concernant le balayage, la propreté de la voie publique et le transport des matières insalubres, sont déclarées applicables aux territoires annexés à Paris.

En conséquence, le texte de cette ordonnance sera publié par voie d'affiche dans toute l'étendue de ces territoires, à la suite du présent arrêté.

Ordonnance de police du 1er septembre 1853.

TITRE Ier.

Balayage de la voie publique et nettoiement des trottoirs, des ruisseaux, des devantures de boutiques et des abords des bâtiments en construction, ateliers ou chantiers des travaux.

ART. 1er. Les propriétaires ou locataires sont tenus de faire balayer complètement, chaque jour, sauf les cas prévus par l'article 3 ci-après, la voie publique au-devant de leurs maisons, boutiques, cours, jardins et autres emplacements.

Le balayage sera fait jusqu'aux ruisseaux, dans les rues à chaussée fendue.

Dans les rues à chaussée bombée et sur les quais, le balayage sera fait jusqu'au milieu de la chaussée.

Le balayage sera également fait sur les contre-allées des boulevards jusqu'aux ruisseaux des chaussées.

Les boues et immondices seront mis en tas; ces tas devront être placés de la manière suivante, selon les localités, savoir :

Dans les rues sans trottoirs, entre les bornes; dans les rues à trottoirs, le long des ruisseaux du côté de la chaussée, si la rue est à chaussée bombée; et le long des trottoirs, si la rue est à chaussée fendue; sur les boulevards, au bord des trottoirs du côté de la chaussée.

Dans tous les cas, les tas devront être placés à une distance d'au moins deux mètres des grilles ou des bouches d'égouts.

Nul ne pourra pousser les boues et immondices devant les propriétés de ses voisins.

ART. 2. Le balayage sera fait entre cinq heures et six heures du matin, depuis le 1er avril jusqu'au 30 septembre, et entre six heures et sept heures du matin, du 1er octobre au 31 mars.

En cas d'inexécution, le balayage sera fait d'office, aux frais des contrevenants.

Sauf les cas prévus par les articles 7, 13 et 20 ci-après, il est interdit à toute personne étrangère à l'administration municipale de balayer ou de faire balayer la voie publique en dehors des heures ci-dessus fixées.

ART. 3. Lorsque les travaux de pavage auront été exécutés, le balayage quotidien, prescrit par l'art. 1er, sera suspendu sur les parties de la voie publique où ces travaux auront été opérés.

En ce qui concerne le pavage neuf et les relevés à bout, c'est-à-dire les pavages entièrement refaits, le balayage ne sera repris que 15 jours après l'achèvement des travaux, lorsque les entrepreneurs de la ville auront relevé et enlevé les résidus du sable répandu pour la consolidation du pavé, et que les agents de l'administration auront averti les propriétaires et locataires que le balayage devra être repris.

En ce qui concerne les pavages en recherche ou réparations partielles, le balayage sera repris dès l'avis donné par les agents de l'administration.

Les sables balayés et relevés avant les 15 jours de l'achèvement des travaux, ou avant les avis donnés par les agents de l'administration, seront répandus de nouveau aux frais des contrevenants.

ART. 4. En outre du balayage prescrit par l'article 1er, les propriétaires ou locataires seront tenus de faire gratter, laver et balayer chaque jour les trottoirs existant au-devant de leurs propriétés, ainsi que les bordures desdits trottoirs, aux heures fixées par l'art. 2.

Cette disposition est applicable aux dalles établies dans les contre-allées des boulevards; les propriétaires ou locataires seront tenus de les faire gratter, laver et balayer chaque jour; les boues et ordures provenant de ce balayage seront mises en tas, ainsi qu'il est prescrit par l'art. 1er.

L'eau du lavage des trottoirs et des dalles devra être balayée et coulée au ruisseau.

Les propriétaires ou locataires devront également faire nettoyer intérieurement et dégager les gargouilles placées sous les trottoirs des rues et sous les dallages des boulevards, de toutes ordures et objets quelconques qui pourraient les obstruer. Ce nettoiement doit être fait chaque jour aux heures prescrites pour le balayage.

Art. 5. Les devantures de boutique ne pourront être lavées après les heures fixées pour le balayage, et l'eau du lavage devra être balayée et coulée au ruisseau.

Art. 6. Dans les rues à chaussée bombée, chaque propriétaire ou locataire doit tenir libre le cours du ruisseau au-devant de sa maison; dans les rues à chaussée fendue, il y pourvoira conjointement avec le propriétaire ou locataire qui lui fait face.

Les ruisseaux sous trottoirs, dits en encorbellement, devront être dégagés des boues et ordures et tenus toujours libres et en état de propreté.

Art. 7. Il est prescrit aux entrepreneurs de travaux exécutés sur la voie publique ou dans des propriétés qui l'avoisinent de tenir la voie publique en état constant de propreté, aux abords de leurs ateliers ou chantiers, et sur tous les points qui auraient été salis par suite de leurs travaux; il leur est également prescrit d'assurer aux ruisseaux un libre écoulement.

En cas d'inexécution, le nettoiement de ces points de la voie publique sera opéré d'office et aux frais des entrepreneurs.

TITRE II.

Entretien des rues ou parties de rues non pavées.

Il est enjoint à tout propriétaire ou locataire de maisons ou terrains situés le long des rues ou parties de rues non pavées de faire combler, chacun au droit de soi, les excavations, enfoncements et ornières, et d'entretenir le sol en bon état; de conserver et de rétablir les pentes nécessaires pour procurer aux eaux un écoulement facile, et de faire, en un mot, toutes les dispositions convenables pour que la liberté, la sûreté de la circulation et la salubrité ne soient pas compromises.

Art. 9. Les concierges, portiers ou gardiens des établissements publics et maisons domaniales sont personnellement responsables de l'exécution des dispositions ci-dessus, en ce qui concerne le balayage de la voie publique, le nettoiement des trottoirs, des ruisseaux, des devantures de boutiques, ainsi que l'entretien des rues ou parties de rues non pavées, au-devant des établissements et maisons auxquels ils sont attachés.

TITRE III.

Dépôts et projections sur la voie publique, dans la rivière et dans les égouts.

Art. 10. Il est expressément défendu de déposer dans les rues, sur les places, quais, ports, berges, et en général sur aucunes parties de la voie publique, des menus gravois, des décombres, du mâchefer, des pailles, des coquilles d'huîtres, des cendres, des résidus de fabrication, de jardin, de commerce de fruiterie et autres résidus analogues. Ces objets devront être portés directement aux voitures du nettoiement et remis aux desservants de ces voitures, lors de leur passage.

Il en sera de même des bouteilles cassées, des morceaux de verre, de poterie, de faïence, et de tous autres objets pouvant occasionner des accidents.

Art. 11. Les ordures et résidus de ménage pourront être déposés de cinq à six heures du matin, depuis le 1er avril jusqu'au 30 septembre, et de six à sept heures du matin, du 1er octobre au 31 mars, sur les points de la voie publique désignés en l'article 1er, pour la mise en tas des produits du balayage.

En dehors des heures ci-dessus, ces dépôts sont formellement interdits.

Lorsque nous le jugerons nécessaire, la tolérance résultant du premier paragraphe du présent article pourra être retirée ou suspendue, soit généralement, soit partiellement, en vertu d'ordonnances spéciales.

Cette tolérance ne sera, dans aucun cas, applicable à des résidus passés à l'état de putréfaction et répandant une mauvaise odeur.

Art. 12. Il est interdit de déposer, sur aucune partie de la voie publique, des pierres, terres, sables gravois et autres matériaux.

Dans le cas où des réparations à faire dans l'intérieur des maisons nécessiteraient le dépôt momentané de terres, sables, gravois et autres matériaux sur la voie publique, ce dépôt ne pourra avoir lieu que sur l'autorisation préalable du commissaire de police de la section.

La quantité des objets déposés ne devra jamais excéder le chargement d'un tombereau, et leur enlèvement complet devra toujours être effectué avant la nuit. Si, par suite de force majeure, cet enlèvement n'avait pu être opéré complétement, les terres, sables, gravois ou autres matériaux, devront être suffisamment éclairés pendant la nuit.

Sont formellement exceptés de la tolérance, les terres, moellons ou autres objets provenant des fosses d'aisances; ces débris devront être immédiatement emportés, sans pouvoir jamais être déposés sur la voie publique.

En cas d'inexécution, il sera procédé d'office et aux frais des contrevenants, soit à l'éclairage, soit à l'enlèvement des dépôts.

Art. 13. Il est interdit aux marchands ambulants de jeter sur la voie publique des débris de légumes et de fruits ou tous autres résidus.

Les étalagistes, ou tous autres individus autorisés à s'établir sur la voie publique pour y exercer une industrie, doivent tenir constamment propre l'emplacement qu'ils occupent, ainsi que les abords de cet emplacement.

Art. 14. Il est défendu de secouer sur la voie publique des tapis et autres objets pouvant salir ou incommoder les passants, et généralement d'y rien jeter des habitations.

Art. 15. Il est défendu de jeter des pailles ou des ordures ménagères à la rivière, sur les berges, sur les parapets, cordons ou corniches des ponts.

Art. 16. Il est défendu de jeter des eaux sur la voie publique; ces eaux devront être portées au ruisseau pour y être versées, de manière à ne pas incommoder les passants.

Il est également défendu d'y jeter et faire couler des urines et des eaux infectes.

Art. 17. Il est expressément défendu de jeter dans les égouts des urines, des boues et immondices solides, des matières fécales, et généralement tout corps ou matière pouvant obstruer ou infecter lesdits égouts. Il est également interdit de laisser écouler dans les égouts des eaux acides qui ne seraient pas préalablement neutralisées, de manière à prévenir la détérioration des égouts.

TITRE IV.

Urinoirs publics.

Art. 18. Dans les voies publiques où des urinoirs sont établis, il est interdit d'uriner ailleurs que dans ces urinoirs. Quant aux voies publiques où il n'existera pas d'urinoirs, il est interdit d'uriner sur les trottoirs, contre les monuments publics et contre les devantures de boutiques (*Ordonnance de police du 23 février 1850*).

Les personnes qui auront été autorisées à établir des urinoirs sur la voie publique devront les entretenir en bon état, et en faire opérer le nettoiement et le lavage assez fréquemment pour qu'ils soient constamment propres et qu'il ne s'en exhale aucune mauvaise odeur.

En cas d'inexécution, il sera pourvu d'office, et aux frais des contrevenants, à la réparation, au nettoiement et au lavage de ces urinoirs.

TITRE V.

Transport, chargement et déchargement des objets qui seraient de nature à salir la voie publique ou à incommoder les passants.

Art. 19. Ceux qui transporteront des plâtres, des terres, sables, décombres, gravois, mâchefer, fumier-litière et autres objets quelconques qui seraient de nature à salir la voie publique ou à incommoder les passants, devront charger leurs voitures de manière que rien ne s'en échappe et ne puisse se répandre sur la voie publique.

En ce qui concerne le transport des terres, sables, décombres, gravois et mâchefer, les parois des voitures devront dépasser de 15 cent. au moins toute la partie supérieure du chargement.

Les voitures servant au transport des plâtres, même lorsqu'elles ne seront pas chargées, ne pourront circuler sur la voie publique sans être pourvues d'un about devant et derrière, et sans être recouvertes d'une bâche.

Le déchargement des plâtres devra toujours être opéré avec précaution, et de manière à ne pas salir la voie publique ni incommoder les passants.

Cette dernière disposition est applicable au déchargement des farines.

Les remises et autres locaux sous lesquels on battra du plâtre devront être séparés de la voie publique par une clôture qui empêche la poussière de s'y répandre et d'incommoder les passants.

Le nettoiement des rues ou parties de rues salies par suite de contraventions au présent article sera opéré d'office et aux frais des contrevenants.

Art. 20. Lorsqu'un chargement ou déchargement de marchandises ou de tous autres objets quelconques aura été opéré sur la voie publique, dans le cours de la journée, et dans les cas où ces opérations sont permises par les règlements, l'emplacement devra être balayé et les produits du balayage enlevés immédiatement.

En cas d'inexécution, il y sera pourvu d'office, et aux frais des contrevenants.

TITRE VI.

Transport des matières insalubres.

Art. 21. Les résidus des fabriques de gaz, ceux d'amidonnerie, ceux de féculerie, passés à l'état putride, ceux des boyauderies et des triperies; les eaux provenant de la cuisson des os pour en retirer la graisse; celles qui proviennent des fabriques de peignes et d'objets de corne macérée; les eaux grasses destinées aux fondeurs de suif et aux nourrisseurs de porcs; les résidus provenant des fabriques de colle-forte et d'huile de pieds de bœuf; le sang provenant des abattoirs; les urines provenant des urinoirs publics et particuliers; les vases et eaux extraites des puisards et des puits infectés; les eaux de cuisson de têtes et de pieds de mouton; les eaux de charcuterie et de triperie; les râclures de peaux infectes; les résidus provenant de la fonte des suifs, soit liquides, soit solides, soit mi-solides, et en général toutes les matières qui pourraient compromettre la salubrité, ne pourront, à l'avenir, être transportées dans Paris que dans des tonneaux hermétiquement fermés et lutés.

Toutefois, les résidus des féculeries qui ne seront pas passés à l'état putride pourront être transportés dans des voitures parfaitement étanches, et les débris frais des abattoirs, des boyauderies et des triperies, dans des voitures garnies en tôle ou en zinc, étanches également, mais, de plus, couvertes. Pourront aussi être transportées de cette dernière manière les matières énoncées dans le paragraphe 1er du présent article, lorsqu'il sera reconnu qu'il y a impossibilité de les transporter dans des tonneaux, mais seulement alors pendant la nuit, jusqu'à huit heures du matin.

ART. 22. Le noir animal ayant servi à la décoloration des sirops et au raffinage des sucres, les os gras et les chiffons non lavés et humides, ne pourront être transportés que dans des voitures bien closes

ART. 23. Les tonneaux servant au transport des peaux en vert et des engrais secs de diverses natures devront être clos et couverts.

Dispositions générales.

ART. 24. Les contraventions aux injonctions ou défenses faites par la présente ordonnance seront constatées par des procès-verbaux ou rapports qui nous seront adressés. Les contrevenants seront traduits, s'il y a lieu, devant les tribunaux, pour être punis conformément aux lois et règlements en vigueur.

Dans tous les cas où il y aura lieu à procéder d'office, en vertu des dispositions de la présente ordonnance, ces opérations se feront, à la diligence des commissaires de police ou de l'inspecteur général de la salubrité, aux frais des contrevenants, et sans préjudice des peines encourues.

ART. 25. Les préposés de l'octroi sont requis de concourir à l'exécution des art. 12, 19 et 21, concernant les dépôts et le transport des plâtres, terres, sables et autres objets qui seraient de nature à salir ou à embarrasser la voie publique et le transport des matières insalubres.

N° 27.

Arrêté du préfet de la Seine, concernant l'entretien des voies particulières dans l'étendue des territoires annexés, du 28 juin 1860.

Vu l'ordonnance de police du 20 août 1811, concernant les passages ouverts au public sur des propriétés particulières et portant, article 5 : « Les propriétaires ou locataires tiendront en bon état le sol desdits passages; ils auront soin en outre de les faire balayer et éclairer et de les tenir fermés, le soir, aux heures prescrites par les règlements. »

Vu la loi du 16 juin 1859, décrétant l'annexion à la ville de Paris des communes ou portions de communes comprises entre l'ancien mur d'octroi et les fortifications;

Vu le décret du 10 octobre suivant;

Vu l'ordonnance de police du 1er septembre 1853, concernant le balayage, la propreté de la voie publique et le transport des matières insalubres;

Vu l'arrêté préfectoral du 1er janvier 1860, portant que les dispositions contenues dans l'ordonnance précitée sont déclarées applicables dans toute l'étendue des territoires annexés,

Arrête :

ART. 1er. Les prescriptions de l'ordonnance de police précitée du 1er septembre 1853 [1] sont obligatoires pour les propriétaires et locataires des rues particulières, cités et passages existant sur les territoires annexés à Paris.

ART. 2. Il est enjoint en outre à tous propriétaires et locataires desdits passages, cités ou rues particulières, de pourvoir à l'enlèvement journalier des boues et immondices, ainsi qu'à l'arrosement, et de maintenir en bon état d'entretien les pavages, ruisseaux, trottoirs et gargouilles, et chaque propriétaire demeurera responsable des infractions commises au droit de sa propriété.

ART. 3. Le présent arrêté sera imprimé, publié et affiché dans toute l'étendue des territoires annexés à Paris.

N° 28.

Décret impérial portant règlement sur la hauteur des maisons, les combles et les lucarnes, dans la ville de Paris, du 27 juillet 1859.

Vu la déclaration du 10 avril 1783; — Les lettres patentes du 25 août 1784; — Les décrets des 14 décembre 1789, 16-24 août 1790 et 19-22 juillet 1791; — Le décret du 26 mars 1852, et notamment les articles 4 et 7, ce dernier ainsi conçu : « Il sera statué par un décret ultérieur, rendu dans la forme des règlements d'administration publique, en ce qui concerne la hauteur des maisons, les combles et les lucarnes;

Avons décrété et décrétons ce qui suit :

TITRE Ier.

DE LA HAUTEUR DES BATIMENTS.

SECTION Ire. — *De la hauteur des façades des bâtiments bordant les voies publiques.*

ART. 1er. La hauteur des façades des maisons bordant les voies publiques, dans la ville de Paris, est déterminée par la largeur légale de ces voies publiques.

Cette hauteur, mesurée du trottoir ou du pavé, au pied des façades des bâtiments, et prise, dans tous les cas, au milieu de ces façades, ne peut ex-

---

[1] Voyez n° 26.

céder, y compris les entablements, attiques et toutes les constructions à plomb du mur de face, savoir :

Onze mètres soixante et dix centimètres pour les voies publiques au-dessous de sept mètres quatre-vingts de largeur;

Quatorze mètres soixante centimètres pour les voies publiques de sept mètres quatre-vingts et au-dessus, jusqu'à neuf mètres soixante et quinze centimètres :

Dix-sept mètres cinquante-cinq centimètres pour les voies publiques de neuf mètres soixante et quinze centimètres et au-dessus;

Toutefois, dans les rues ou boulevards de vingt mètres et au-dessus, la hauteur des bâtiments peut être portée jusqu'à vingt mètres, mais à la charge par les constructeurs de ne faire, en aucun cas, au-dessus du rez-de-chaussée, plus de cinq étages carrés, entre-sol compris.

Art. 2. Les façades qui seront construites sur la voie publique, soit en retraite de l'alignement, soit à fruit, ou de toute autre manière, ne peuvent être élevées qu'à la hauteur déterminée pour les maisons construites à l'alignement.

Art. 3. Tout bâtiment situé à l'encoignure de deux voies publiques d'inégale largeur peut, par exception, être élevé, du côté de la rue la plus étroite, jusqu'à la hauteur fixée pour la plus large.

Toutefois cette exception ne s'étendra, sur la voie la plus étroite, que jusqu'à concurrence de la profondeur du corps de bâtiment ayant face sur la voie la plus large, soit que ce corps de bâtiment soit simple ou double en profondeur.

Cette disposition exceptionnelle ne peut être invoquée que pour les bâtiments construits à l'alignement déterminé pour les deux voies publiques.

Art. 4. Pour les bâtiments autres que ceux dont il est parlé en l'article précedent, et qui occupent tout l'espace compris entre deux voies d'inégale largeur ou de niveau différent, chacune des deux façades ne peut dépasser la hauteur fixée en raison de la largeur ou du niveau de la voie publique sur laquelle chaque façade sera située.

Toutefois, lorsque la plus grande distance entre les deux façades n'excède pas quinze mètres, la façade bordant la voie publique la moins large ou du niveau le plus bas peut, par exception, être élevée à la hauteur fixée pour la rue la plus large ou du niveau le plus élevé.

SECTION 2. — *De la hauteur des bâtiments situés en dehors des voies publiques.*

Art. 5. Les bâtiments situés en dehors des voies publiques, dans les cours et espaces intérieurs, ne peuvent excéder, sur aucune de leurs faces, la hauteur de dix-sept mètres cinquante-cinq centimètres, mesurée du sol.

L'administration peut toutefois autoriser, par exception, des constructions plus élevées pour des besoins d'art, de sciences ou d'industrie.

Dans ces cas exceptionnels, elle fixe les dimensions, la forme et le mode construction de ces surévélations.

SECTION 3. — *De la hauteur des étages.*

Art. 6. Dans tous les bâtiments, de quelque nature qu'ils soient, il ne peu être exigé, en exécution de l'article 4 du décret du 26 mars 1852, une hauteur d'étage de plus de deux mètres soixante centimètres.

Pour l'étage dans le comble, cette hauteur s'applique à la partie la plus élevée du rampant.

TITRE II.

DES COMBLES.

SECTION 1re. — *Des combles au-dessus des façades élevées au maximum de la hauteur légale.*

Art. 7. Le faîtage du comble ne peut excéder une hauteur égale à la moitié de la profondeur du bâtiment, y compris les saillies et corniches.

Le profil du comble, sur la façade du côté de la voie publique, ne peut dépasser une ligne inclinée à quarante-cinq degrés partant de l'extrémité de la corniche ou de l'entablement.

Art. 8. Sur les quais, boulevards, places publiques et dans les voies publiques de quinze mètres au moins de largeur, ainsi que dans les cours et espaces intérieurs en dehors de la voie publique, la ligne droite inclinée à quarante-cinq degrés dans le périmètre indiqué ci-dessus peut être remplacée par un quart de cercle dont le rayon ne peut excéder la hauteur fixée par l'article 7.

La saillie de l'entablement sera laissée en dehors du quart de cercle.

Art. 9. Les combles des bâtiments situés à l'angle d'une voie publique de quinze mètres au moins de largeur et d'une voie publique de moins de quinze mètres, peuvent, par exception, être établis sur cette dernière voie suivant le périmètre déterminé par l'article 8, mais seulement dans la même profondeur que celle fixée par l'article 3.

Art. 10. Dans les cas prévus par les trois articles précédents, les reliefs de chenaux et membrons ne doivent pas excéder la ligne inclinée à quarante-cinq degrés partant de l'extrémité de l'entablement, ou le quart de cercle qui, dans le cas prévu par l'article 8, peut remplacer cette ligne.

Art. 11. Les murs de dossiers et les tuyaux de cheminées ne pourront percer la ligne rampante du comble qu'à un mètre cinquante centimètres mesurés horizontalement du parement extérieur du mur de face, ni s'élever à plus de soixante centimètres au-dessus du faîtage.

Art. 12. La face extérieure des lucarnes doit être placée en arrière du parement extérieur du mur de face donnant sur la voie publique et à une distance d'au moins trente centimètres.

Elles ne peuvent s'élever, compris leur toiture, à plus de trois mètres au-dessus de la base des combles.

Leur largeur ne peut excéder un mètre cinquante centimètres hors œuvre.

Les jouées de ces lucarnes doivent être parallèles entre elles.

Les intervalles auront au moins un mètre cinquante centimètres, quelle que soit la largeur des lucarnes.

La saillie de leurs corniches, égouts compris, ne doit pas excéder quinze centimètres.

Il peut être établi un second rang de lucarnes en se renfermant dans le périmètre déterminé par les articles 7 et 8.

SECTION 2. — *Des combles au-dessus des façades élevées à une hauteur moindre que la hauteur légale.*

Art. 13. Les combles au-dessus des façades qui ne seraient pas élevés au maximum de hauteur déterminé dans le titre 1er peuvent dépasser le périmètre fixé par l'article 7 ; mais ils ne doivent pas toutefois, ainsi que leur chenaux, membrons, lucarnes et murs de dossier, excéder le périmètre général des bâtiments, fixé tant pour les façades que pour les combles, par les dispositions du titre 1er et de la première section du présent titre.

Art. 14. Les dispositions du présent titre sont applicables à tous les bâtiments placés ou non sur la voie publique.

TITRE III.

DISPOSITIONS TRANSITOIRES.

Art. 15. Les murs de face, les combles, les lucarnes dont l'élévation et la forme excèdent actuellement celles ci-dessus prescrites, ne peuvent être réconfortés ni reconstruits qu'à la charge de se conformer aux dispositions qui précèdent.

Toutefois l'interdiction de réconforter les bâtiments situés en dehors des voies publiques dans les cours et espaces intérieurs ne sera appliquée à ces bâtiments qu'à l'expiration d'un délai de vingt ans à partir de la promulgation du présent décret.

TITRE IV.

DISPOSITIONS DIVERSES.

Art. 16. Les dispositions du présent décret ne sont pas applicables aux édifices publics.

Art. 17 Les dispositions des règlements, ordonnances et autres actes qui seraient contraires au présent décret sont et demeurent rapportées.

Art. 18. Notre Ministre secrétaire d'État au département de l'intérieur est chargé de l'exécution du présent décret.

N° 29.

Ordonnance du roi portant règlement sur les saillies, auvents et constructions semblables, à permettre dans la ville de Paris, du 24 décembre 1823.

TITRE PREMIER.

DISPOSITIONS GÉNÉRALES.

Art. 1er. Il ne pourra, à l'avenir, être établi, sur les murs de face des maisons de notre bonne ville de Paris, aucune saillie autre que celles déterminées par la présente ordonnance.

Art. 2. Toute saillie sera comptée à partir du nu du mur au-dessus de la retraite.

TITRE II.

DIMENSIONS DES SAILLIES.

Art. 3. Aucune saillie ne pourra excéder les dimensions suivantes

APPENDICE.

SECTION 1re. — *Saillies fixes.*

Pilastres et colonnes en pierre.

	m. c.
Dans les rues au-dessous de 8 mètres de largeur...............	0 03
Dans les rues de 8 à 10 mètres de largeur....................	0 04
Dans les rues de 12 mètres de largeur et au-dessus...........	0 10

Lorsque les pilastres et les colonnes auront une épaisseur plus considérable que les saillies permises, l'excédant sera en arrière de l'alignement de la propriété, et le nu du mur de face formera arrière-corps à l'égard de cet alignement; toutefois, les jambes étrières ou boutisses devront toujours être placées sur l'alignement. Dans ce cas, l'élévation des assises de retraite sera réglée, à partir du sol.

	m. c.
Dans les rues de 10 mètres de largeur et au-dessous à...........	0 80
Dans celles de 10 à 12 mètres de largeur, à....................	1 00
Dans celles de 12 mètres et au-dessus, à......................	1 15
Grands balcons...	0 80
Herses, chardons, artichauts et fraises......................	0 80
Auvents de boutiques...	0 80
Petits auvents au-dessus des croisées........................	0 25
Bornes dans les rues au-dessous de 10 mètres de largeur......	0 50
Bornes dans les rues de 10 mètres et au-dessus...............	0 80
Bancs de pierre aux côtés des portes des maisons.............	0 60
Corniches en menuiserie sur boutique.........................	0 50
Abat-jour de croisée, dans la partie la plus élevée..........	0 33
Moulinets de boulanger et poulies............................	0 50
Petits balcons, y compris l'appui des croisées [1]...........	0 22
Seuils, socles...	0 22
Colonnes isolées en menuiserie...............................	0 16
Colonnes engagées en menuiserie..............................	0 16
Pilastres en menuiserie......................................	0 16
Barreaux et grilles de boutiques.............................	0 16
Appui de boutique..	0 16
Tuyaux de descente ou d'évier................................	0 16
Cuvettes...	0 16

[1] Le décret du 27 octobre 1808 distingue trois sortes de balcons : les grands balcons, les petits balcons avec construction nouvelle aux croisées, les petits balcons (ou balustres) sans construction nouvelle. Les premiers et les seconds sont classés par le décret dans les objets de grande voirie; les troisièmes appartiennent à la petite voirie. Ici, l'ordonnance du 24 décembre 1823 donne aux premiers une saillie de 80 centimètres; la saillie de 22 centimètres ne parait être donnée qu'aux seconds. Quant aux troisièmes, ils ne sont en général accordés, dans la pratique que jusqu'à 15 centimètres; comme l'ordonnance n'en parle pas, on les assimile aux bordures et objets pour lesquels cette dimension est autorisée. — Cependant le préfet de police doit être consulté sur l'établissement des grands et des petits balcons, parce qu'ils intéressent éminemment la sûreté publique.

Lorsque des balcons forment entablement, ils ne peuvent avoir une saillie plus grande que celle qui est considérée par les règlements pour les entablements. (Cons. d'Etat, 6 sept. 1856, Sanejouand.)

L'établissement d'une rampe en fer sur un entablement d'ailleurs régulier, le long d'un espace en atttique, constitue un grand balcon soumis aux limitations et prohibitions de l'ordonnance royale du 24 décembre 1823. (Cons. d'Etat, 23 déc. 1842, Guiraud.)

Devanture de boutique, toute espèce d'ornements compris.......... 0 46
Tableaux, enseignes, bustes, reliefs, montres, attributs, y compris les bordures, supports et points d'appui...................... 0 16
Jalousies.. 0 16
Persiennes ou contrevents.. 0 11
Appui de croisée.. 0 08
Barres de support... 0 08
(Les parements de décorations au-dessus du rez-de-chaussée n'auront que l'épaisseur des bois appliqués au mur.)

SECTION 2. — *Saillies mobiles.*

m. c.
Lanternes ou transparents avec potence........................... 0 75
Lanternes ou transparents en forme d'applique................... 0 22
Tableaux, écussons, enseignes, montres, étalages, attributs, y compris les supports, bordures, crochets et point d'appui.............. 0 16
Appui de boutique, y compris les barres et crochets............. 0 16
Volets, contrevents ou fermeture de boutique..................... 0 16

ART. 4. Les saillies déterminées par l'article précédent pourront être restreintes suivant les localités.

TITRE III.

DISPOSITIONS RELATIVES A CHAQUE ESPÈCE DE SAILLIE.

SECTION 1re. — *Barrières au-devant des maisons.*

ART. 5. Il est défendu d'établir des barrières fixes au-devant des maisons et de leurs dépendances, quelles qu'elles puissent être, tant dans les rues et places que sur les boulevards, à moins qu'elles ne soient reconnues nécessaires à la propreté et qu'elles ne gênent point la circulation. La saillie de ces barrières ne pourra, dans aucun cas, excéder un mètre et demi.

ART. 6. Les propriétaires auxquels il aura été accordé la permission d'établir des barrières seront obligés de les maintenir en bon état.

SECTION 2. — *Bancs, pas, marches, perrons, bornes.*

ART. 7. Il ne sera permis de placer des bancs au-devant des maisons que dans les rues de dix mètres de largeur et au-dessus. Ces bancs seront en pierre, ne dépasseront pas l'alignement de la base des bornes, et seront établis dans toute leur longueur sur maçonnerie pleine et chanfreinée.

ART. 8. Il est défendu de construire des perrons en saillie sur la voie publique. Les perrons actuellement existants seront supprimés, autant que faire se pourra, lorsqu'ils auront besoin de réparation. Il ne sera accordé de permission que pour les pas et marches, lorsque les localités l'exigeront. Ces pas et marches ne pourront dépasser l'alignement de la base des bornes. En cas d'insuffisance de cette saillie, le propriétaire rachètera la différence du niveau en se retirant sur lui-même. Néanmoins, les propriétaires des maisons riveraines des boulevards intérieurs de Paris pourront être autorisés à construire des perrons au devant desdites maisons, s'il est reconnu qu'ils soient absolument nécessaires, et que les localités ne permettent pas aux propriétaires de se retirer sur eux-mêmes. Ces perrons, quelle qu'en soit la forme, ne pourront, sous aucun prétexte, excéder un mètre de saillie, tout compris, ni approcher à plus d'un mètre de distance de la ligne extérieure des arbres de la contre-allée.

Art. 9. Il est permis d'établir des bornes aux angles saillants des maisons formant encoignure de rue; mais, lorsque ces encoignures seront disposées en pans coupés de soixante centimètres au moins et d'un mètre au plus de largeur, une seule borne sera placée au milieu du pan coupé [1].

SECTION 3. — *Grands balcons.*

Art. 10. Les permissions d'établir des grands balcons ne seront accordées que dans les rues de dix mètres de largeur et au-dessus, ainsi que dans les places et carrefours, et ce, d'après une enquête de *commodo* et *incommodo*.

S'il n'y a point d'opposition, les permissions seront délivrées. En cas d'opposition, il sera statué par le conseil de préfecture, sauf le recours au conseil d'État. Dans aucun cas, les grands balcons ne pourront être établis à moins de six mètres du sol de la voie publique. Le préfet de police sera toujours consulté sur l'établissement des grands et petits balcons [2].

SECTION 4. — *Constructions provisoires, échoppes.*

Art. 11. Il pourra être permis de masquer, par des constructions provisoires ou des appentis, tout renfoncement entre deux maisons, pourvu qu'il n'ait pas au delà de huit mètres de longueur, et que sa profondeur soit au moins d'un mètre. Ces constructions ne devront, dans aucun cas, excéder la hauteur du rez-de-chaussée, et elles seront supprimées dès qu'une des maisons attenantes subira retranchement. Il est permis de masquer par des constructions légères, en forme de pan coupé, les angles de toute espèce de retranchement au-dessus de huit mètres de longueur, mais sous la même condition que ci-dessus pour leur établissement et leur suppression. Le préfet de police sera toujours consulté sur les demandes formées à cet effet.

Art. 12. Il est expressément défendu d'établir des échoppes en bois ailleurs que dans les angles et renfoncements hors de l'alignement des rues et places. Toutes les échoppes existantes qui ne sont point conformes aux dispositions ci-dessus seront supprimées lorsque les détenteurs actuels cesseront de les occuper, à moins que l'autorité ne juge nécessaire d'en ordonner plus tôt la suppression.

SECTION 5. — *Auvents et corniches de boutiques.*

Art. 13. Il est défendu de construire des auvents et corniches en plâtre au-dessus des boutiques. Il ne pourra en être établi qu'en bois, avec la faculté de les revêtir extérieurement de métal; toute autre manière de les couvrir est prohibée. Les auvents et corniches en plâtre actuellement établis au-dessus des boutiques ne pourront être réparés. Ils seront démolis lorsqu'ils auront besoin de réparation, et ne seront rétablis qu'en bois [3].

---

[1] Les pointes de pignon étant interdites dans la ville de Paris, il y a lieu d'ordonner la démolition de ces ouvrages édifiés sans autorisation, alors même qu'ils seraient établis en charpente et qu'ils n'auraient qu'un caractère provisoire. (Conseil d'État, 1er décembre 1853, Demion et Duquesne.)

[2] Voyez la note de l'art. 3 ci-dessus, p. 111.

[3] L'art. 13 de l'ordonnance du 24 décembre 1823, qui défend de construire des auvents et corniches en plâtre au-dessus des boutiques, et qui dispose qu'on ne pourra en établir qu'en bois, ne prohibe pas la construction de saillies en pierres de taille, faisant corps avec la maison. (Conseil d'État, 30 juin 1843, Balu.)

SECTION 6. — *Enseignes.*

ART. 14. Aucuns tableaux, enseignes, montres, étalages ni attributs quelconques, ne seront suspendus, attachés ni appliqués soit aux balcons, soit aux auvents. Leurs dimensions seront déterminées, au besoin, par le préfet de police, suivant les localités. Il pourra, néanmoins, être placé sous les auvents, des tableaux ou plafonds en bois pourvu qu'ils soient posés dans une direction inclinée. Tout étalage formé de pièces d'étoffes disposées en draperie et guirlande, et formant saillie, est interdit au rez-de-chaussée. Il ne pourra descendre qu'à trois mètres du sol de la voie publique. Tout crochet destiné à soutenir des viandes en étalage, devra être placé de manière que les viandes ne puissent excéder le nu des murs de face, ni faire aucune saillie sur la voie publique.

SECTION 7. — *Tuyaux de poêle et de cheminée.*

ART. 15. A l'avenir, et pour toutes les maisons de construction nouvelle, aucun tuyau de poêle ne pourra déboucher sur la voie publique. Dans l'année de la publication de la présente ordonnance, les tuyaux de poêles crêtés et autres qui débouchent actuellement sur la voie publique seront supprimés, s'il est reconnu qu'ils peuvent avoir une issue intérieure. Dans le cas où la suppression ne pourrait avoir lieu, ces mêmes tuyaux seraient élevés jusqu'à l'entablement, avec les précautions nécessaires pour assurer leur solidité et empêcher l'eau rousse de tomber sur les passants.

ART. 16. Les tuyaux de cheminée en maçonnerie et en saillie sur la voie publique seront démolis et supprimés, lorsqu'ils seront en mauvais état, ou que l'on fera de grosses réparations dans les bâtiments auxquels ils sont adossés. Les tuyaux de cheminée en tôle, en poterie et en grès, ne pourront être conservés extérieurement sous aucun prétexte.

SECTION 8. — *Bannes.*

ART. 17. La permission d'établir des bannes ne sera donnée que sous la condition de les placer à trois mètres au moins au-dessus du sol, dans sa partie la plus basse, de manière à ne pas gêner la circulation. Leurs supports seront horizontaux. Elles n'auront de joues qu'autant que les localités le permettront, et les dimensions en seront déterminées par l'autorité. Les bannes devront être en toile et en coutil, et ne pourront, dans aucun cas, être établies sur châssis. La saillie des bannes ne pourra excéder un mètre cinquante centimètres. Dans l'année de la publication de la présente ordonnance, toutes les bannes qui ne seront pas conformes aux conditions exigées plus haut seront changées, réduites ou supprimées [1].

SECTION 9. — *Perches.*

ART. 18. Les perches et étendoirs des blanchisseuses, teinturiers, dégraisseurs, couverturiers, etc., ne pourront être établis que dans les rues peu fréquentées, et après une enquête de *commodo et incommodo*, sur laquelle il sera statué comme il a été dit en l'article 10 ci-dessus.

---

[1] L'individu qui, bien que l'autorisatoin lui ait été refusée, a établi sur un balcon faisant saillie sur la voie publique, une banne soutenue par des châssis, commet la contravention de police prévue et punie par l'art. 17 de l'ordonnance du 24 décembre 1823. (Cour de cassation, 28 mars 1840, Juillet.)

SECTION 10. — *Éviers.*

Art. 19. Les éviers pour l'écoulement des eaux ménagères seront permis, sous la condition expresse que leur orifice extérieur ne s'élèvera pas à plus d'un décimètre au-dessus du pavé de la rue [1].

SECTION 11. — *Cuvettes.*

Art. 20. A l'avenir, et dans toutes les maisons de construction nouvelle, il ne pourra être établi, en saillie sur la voie publique, aucune espèce de cuvettes pour l'écoulement des eaux ménagères des étages supérieurs. Dans les maisons actuellement existantes, les cuvettes placées en saillie seront supprimées lorsqu'elles auront besoin de réparation, s'il est reconnu qu'elles peuvent être établies à l'intérieur. Dans le cas contraire, elles seront disposées, autant que faire se pourra, de manière à recevoir les eaux intérieurement, et garnies de hausses pour prévenir le déversement des eaux, et toute éclaboussure au-dessous.

SECTION 12. — *Construction en encorbellement.*

Art. 21. A l'avenir, il ne sera permis aucune construction en encorbellement, et la suppression de celles qui existent aura lieu toutes les fois qu'elles seront dans le cas d'être réparées.

SECTION 13. — *Corniches ou entablements.*

Art. 22. Les entablements et corniches en plâtre, au-dessus de seize centimètres de saillie, seront prohibés dans toutes les constructions en bois. Il ne sera permis d'établir des corniches ou entablements de plus de seize centimètres de saillie, qu'aux maisons construites en pierre ou moellon, sous la condition que ces corniches seront en pierre de taille ou en bois, et que la saillie n'excédera, dans aucun cas, l'épaisseur du mur à sa sommité. On pourra permettre des corniches ou entablements en bois sur les pans de bois. Les entablements ou corniches des maisons actuellement existantes, qui auront besoin d'être reconstruites en tout ou en partie, seront réduits à la saillie de seize centimètres, s'ils sont en plâtre, et ne pourront excéder en saillie l'épaisseur du mur à sa sommité, s'ils sont en pierre ou en bois.

SECTION 14. — *Gouttières saillantes.*

Art. 23. Les gouttières saillantes seront supprimées en totalité dans le délai d'une année, à partir de la publication de la présente ordonnance. Il ne sera perçu aucun droit de petite voirie pour les tuyaux de descente qui seront établis en remplacement des gouttières saillantes supprimées dans ce délai.

SECTION 15. — *Devantures de boutiques.*

Art. 24. Les devantures de boutiques, montres, bustes, reliefs, tableaux, enseignes et attributs fixes, dont la saillie excède celle qui est permise par l'art. 3 de la présente ordonnance, seront réduits à cette saillie, lorsqu'il y sera fait

---

[1] Voyez n° 33.

quelques réparations. Dans aucun cas, les objets ci-dessus désignés qui sont susceptibles d'être réduits ne pourront subsister, savoir : les devantures de boutiques, au delà de neuf années, et les autres objets, au delà de trois années, à compter de la publication de la présente ordonnance. Les établissements du même genre qui sont mobiles seront réduits dans l'année. Seront supprimées, dans le même délai, toutes saillies fixes placées au devant d'autres saillies.

Art. 25. Il n'est point dérogé aux dispositions des anciens règlements concernant les saillies, ni au décret du 13 août 1810, concernant les auvents des spectacles et de l'esplanade des boulevards, en tout ce qui n'est pas contraire à la présente ordonnance.

N° 30.

Règlement général sur l'exploitation des carrières, plâtrières, glaisières, sablonnières, marnières et crayères, dans les départements de la Seine et de Seine-et-Oise, approuvé par décret du 22 mars 1813.

TITRE Ier.

DES OBLIGATIONS ET FORMALITÉS À REMPLIR PAR LES EXPLOITANTS.

SECTION 1re. — *Formalités préliminaires à l'exploitation.*

Art. 1er. Nul ne pourra, à peine d'amende, ouvrir des carrières, plâtrières, glaisières, sablonnières, marnières ou crayères, pour les exploiter, ni dans son propre terrain, ni dans un terrain par lui tenu à titre précaire, sans en avoir demandé et obtenu la permission.

Art. 2. Tout exploitant qui se proposera d'entreprendre une extraction quelconque, sera tenu d'adresser au sous-préfet de l'arrondissement dans lequel se trouvera situé le terrain à exploiter, sa demande en double expédition dont une sur papier timbré.

Il devra énoncer, dans sa pétition, ses nom, prénoms et demeure, la commune et la désignation particulière du lieu où il se propose de fouiller, l'étendue du terrain à exploiter, la nature de la masse, son épaisseur, et la profondeur à laquelle elle se trouve ; enfin, le mode d'exploitation qu'il entendra suivre et employer.

Art. 3. A sa pétition le demandeur joindra, aussi en double expédition, un plan du terrain à exploiter, fait sur l'échelle d'un deux cent-seizième des dimensions linéaires [1], et maillé de dix en dix millimètres ; le titre ou extrait du titre de la propriété du terrain, ou le traité par lequel il aura acquis le droit d'exploitation ; enfin, pour faire connaître ses facultés pécuniaires, une copie certifiée des articles le concernant, dans les matrices de rôles des diverses contributions directes auxquelles il se trouve imposé.

Art. 4. Le sous-préfet, après avoir consulté le maire de la commune du demandeur et celui de la commune où doit être établie l'exploitation, donnera son avis sur la personne et sur les avantages ou les inconvénients de l'exploi-

---

[1] Cette échelle répond à celle de quatre lignes pour toise, prescrite depuis longtemps pour les plans des carrières. Il est nécessaire de la conserver pour pouvoir accorder les nouveaux plans avec ceux qui existent déjà au nombre d'environ quinze cents.

tation projetée. Cet avis sera adressé au préfet du département, avec la pétition et les titres du demandeur, dans le délai d'un mois au plus tard, à dater du jour de l'enregistrement à la sous-préfecture.

Art. 5. La pétition, les plans, les titres, déclarations et avis des autorités locales, après avoir été enregistrés à la préfecture, seront envoyés à l'inspecteur général des carrières, lequel reconnaîtra ou fera reconnaître par l'un des inspecteurs particuliers :

1º L'existence, la nature et la manière d'être de la masse à exploiter;

2º Si le mode d'exploitation proposé est convenable à l'état de la masse ou aux dispositions locales, ou s'il y a lieu d'en prescrire un autre plus avantageux ;

3º Si l'étendue du terrain est suffisante pour y asseoir une exploitation utile, sans nuire aux propriétés ou aux exploitations voisines;

5º Enfin, les lieux où doivent être faites les ouvertures, en conservant la distance des chemins, aqueducs, tuyaux de conduite et habitations, prescrite par les règlements.

Art. 6. Sur le vu des autorités locales et du rapport de l'inspecteur général des carrières, le préfet statuera. Les permissions accordées seront publiées et affichées dans les communes respectives.

Ces affiches et publications seront faites à la diligence des maires et adjoints des communes intéressées.

Art. 7. A cet effet, des ampliations des autorisations accordées seront adressées au sous-préfet de l'arrondissement dans lequel devra se faire l'exploitation, ainsi qu'à l'inspecteur général des carrières.

Art. 8. Il sera tenu, tant à la préfecture que dans le bureau de l'inspecteur général, un registre desdites autorisations, par ordre de dates et de nombres: il sera formé une série générale de ces numéros, qui seront indiqués dans les autorisations.

Art. 9. Les droits de timbre des expéditions et ampliations et le droit d'enregistrement seront à la charge de l'impétrant.

Art. 10. Les droits résultant des permissions accordées en conformité des articles précédents ne pourront être cédés ni transportés, soit par celui à qui lesdites permissions auront été accordées, soit par ses ayants cause, sans une autorisation spéciale du préfet. Les héritiers seront tenus à faire, devant le préfet, la déclaration de l'intention où ils sont de continuer ou de cesser l'exploitation.

Art. 11. A défaut de s'être mis en règle à cet égard, en observant les formalités prescrites ci-dessus, les héritiers ou cessionnaires seront regardés comme exploitant sans permission, et, en conséquence, traités comme étant en contravention.

SECTION 2. — *Règles à suivre pendant l'exploitation.*

Art. 12. Avant de commencer ses travaux, l'exploitant autorisé devra, à peine d'amende, placer dans un lieu apparent, à l'ouverture de l'exploitation projetée, une plaque en tôle, attachée sur un poteau, portant le nom de la commune d'où dépend le terrain à exploiter, le sien propre et le numéro sous lequel est enregistrée sa permission.

Art. 13. L'exploitant sera tenu de se conformer aux instructions concernant la sûreté publique, qui lui seront transmises, soit par l'inspecteur général, soit par les inspecteurs particuliers des carrières : ces instructions seront visées préalablement par le préfet du département.

Art. 14. Il ne pourra aussi, à peine d'amende, changer le mode d'exploitation qui lui aura été prescrit, sans en avoir préalablement demandé et obtenu l'autorisation dans les formes indiquées, section première, pour les permissions d'exploiter.

Art. 15. Il sera tenu de faire connaître, au commencement de chaque année, par un plan de ses travaux dressé sur la même échelle que le plan de surface mentionné dans l'article 3, les augmentations de sa carrière pendant l'année précédente.

Art. 16. L'exploitant sera tenu de faciliter auxdits inspecteurs tous les moyens de visiter et de reconnaître ses travaux : il devra même les accompagner toutes les fois qu'il en sera requis. Lesdits inspecteurs pourront, au surplus, en cas de besoin, requérir main-forte auprès des autorités constituées, pour qu'il leur soit prêté assistance dans l'exercice de leurs fonctions, pour l'exécution et le maintien des règlements.

Art. 17. L'inspecteur général et les inspecteurs particuliers veilleront dans leurs tournées à ce que les exploitants n'aient ou n'emploient que des ouvriers porteurs de livrets, conformément à la loi du 22 germinal an XI et à l'arrêté du gouvernement du 22 frimaire an XIII.

Art. 18. L'exploitant est personnellement responsable du fait de ses employés et ouvriers.

SECTION 3. — *Formalités à remplir en cas de suspension ou cessation de l'exploitation.*

Art. 19. Nul exploitant ne pourra, à peine d'amende et de responsabilité de tous accidents, interrompre ou suspendre son exploitation sans en avoir donné avis à l'inspecteur général des carrières et obtenu l'agrément du préfet.

Art. 20. Durant l'interruption ou la suspension d'une exploitation et jusqu'à ce qu'il ait été statué sur sa reprise, l'entrée en sera muraillée et fermée par des portes garnies de ferrures ou de cadenas; les puits seront couverts de madriers et de barricades suffisants et arrêtés de manière à garantir de tous accidents; et ce, sous les peines portées par l'article 19.

Art. 21. Nul exploitant ne pourra, de même sous peine d'amende et de responsabilité, abandonner définitivement ses travaux, en combler les trous ou puits, en enlever les échelles, ni en fermer les galeries de cavage, sans en avoir au préalable demandé et obtenu la permission.

Art. 22. La demande d'abandon ou de comblement devra être adressée au préfet du département, pour être ensuite par lui renvoyée à l'inspecteur général des carrières, qui constatera ou fera constater par un procès-verbal,

1º L'état des travaux avant l'abandon;

2º Si l'exploitation a été bien faite;

3º Si quelques parties ne périclitent pas; cas auquel il ordonnerait les travaux nécessaires, aux frais de l'exploitant;

4º Enfin, si la fermeture de la carrière ne présente aucun danger.

Art. 23. L'inspecteur général se fera remettre un plan de l'état de la carrière, et enverra le tout, avec son rapport, au préfet, qui statuera.

Art. 24. Il sera adressé au sous-préfet de l'arrondissement, ainsi qu'à l'inspecteur général des carrières, des ampliations de l'arrêté qui sera intervenu; une expédition en sera aussi délivrée à l'impétrant.

Art. 25. Dans le cas où l'exploitation interrompue ou abandonnée sans permission serait au compte d'un exploitant à titre précaire, le propriétaire deviendra responsable des événements, comme si l'interruption ou abandon était son propre fait : il sera, en conséquence, tenu de faire sauter par les mines, et sous les ordres des préposés de l'inspection, les parties menaçantes.

Art. 26. A défaut, par le propriétaire, de se conformer aux ordres donnés à cet égard, le préfet, sur l'avis de l'inspecteur général, ordonnera le comblement de la carrière; et les frais de cette opération, du montant desquels il sera décerné une ordonnance exécutoire contre le propriétaire, seront payés, en cas de refus, comme les contributions publiques [1].

SECTION 4. — *Cas d'interdiction des exploitations.*

Art. 27. Toute exploitation, d'après quelque mode qu'elle s'opère, dont l'état actuel présenterait des dangers auxquels on ne pourrait opposer des précautions suffisantes, sera interdite et condamnée, alors muraillée et abattue, s'il est nécessaire.

Art. 28. L'affaissement ou le comblement des carrières condamnées sera exécuté, au refus des propriétaires, par les préposés de l'inspection, aux frais des exploitants, indépendamment des indemnités de droit, s'ils ont excavé sous la propriété d'autrui, ou à des distances défendues par les règlements.

SECTION 5. — *Des expertises.*

Art. 29. Les dispositions du titre IX de la loi du 21 avril 1810, et particulièrement celles relatives au choix des experts et aux plans à produire pour les expertises, seront toujours appliquées dans les expertises relatives aux carrières des départements de la Seine et de Seine-et-Oise.

TITRE II.

DES PEINES A ENCOURIR EN CAS DE CONTRAVENTION.

SECTION 1re. — *Des amendes.*

Art. 30. Les amendes à prononcer dans les cas prévus par le présent règlement ne pourront excéder cent cinquante francs pour la première fois, ni être moindres de cinquante francs : elles seront doublées en cas de récidive.

Art. 31. Lesdites amendes seront prononcées en conseil de préfecture, sur le rapport de l'inspecteur général des carrières, sans préjudice des dommages-intérêts envers qui de droit.

Art. 32. Le produit net de ces amendes sera versé par la régie des domaines dans la caisse du receveur général du département, pour être employé, dans l'étendue dudit département, aux travaux extraordinaires que nécessiteront les exploitations, soit pour les améliorations, les recherches, les sondages, etc., soit pour la cuisson de la chaux et du plâtre par les nouveaux procédés, soit pour la construction des fourneaux d'essai et l'achat des combustibles.

SECTION 2. — *De l'annulation des permissions.*

Art. 33. Lorsqu'un exploitant, après trois contraventions, sera convaincu d'un nouveau délit, la permission lui sera retirée.

Art. 34. Il y aura également lieu à retirer la permission pour cessation de travaux pendant un an, sans autorisation ou force majeure.

Art. 35. La permission sera retirée par arrêté du préfet, sur le rapport de

---

[1] Ces dispositions, ainsi que la plupart de celles prescrites dans ce titre, existent dans les anciens règlements sur le fait des carrières.

l'inspecteur général des carrières : cet arrêté sera exécuté de suite, à la diligence des maires et adjoints et de la gendarmerie, aux frais des permissionnaires.

Art. 36. Dans le cas de permission retirée, il sera procédé à la visite de l'exploitation, ainsi qu'il est déterminé aux articles 22, 27 et 28, afin qu'une nouvelle permission soit donnée s'il y a lieu.

TITRE III.

DISPOSITIONS GÉNÉRALES.

Art. 37. Toutes les permissions accordées antérieurement au présent règlements seront, par les impétrants, représentées à l'inspecteur général des carrières, qui les visera et les fera inscrire dans leur ordre de série, au fur et à mesure du *visa*, sur le registre général dont il est parlé art 8. Celui-ci les adressera au préfet du département, pour être revêtues des mêmes formalités.

Art. 38. Cette vérification se fera dans le délai de trois mois.

Art. 39. Le délai expiré, toute exploitation dont le propriétaire n'aura pas fait viser sa permission ou ne justifiera pas avoir fait les demandes nécessaires pour obtenir ce *visa*, sera suspendue.

Art. 40. A cet effet, une visite générale des exploitations sera faite après ce délai, pour constater l'exécution des mesures ci-dessus prescrites.

Art. 41. Les procès-verbaux de visite seront adressés au préfet du département, avec un état indicatif des exploitations dont les permissions anciennes n'auront pas subi la formalité de la révision.

Art. 42. Tout propriétaire de carrière anciennement exploitée et présentement abandonnée, sera tenu de déclarer au secrétariat de la préfecture, dans le délai de deux mois, la situation de ses travaux, et depuis quel temps ils sont abandonnés, afin que, sur sa déclaration, il puisse être pris telle mesure qu'il appartiendra.

Art. 43. Toute contravention à l'article précédent, par négligence ou retard dans la déclaration, qui sera constatée par un inspecteur des carrières, sera punie par une amende, conformément aux dispositions de la section 1re ci-dessus.

Art. 44. Les dispositions contenues au présent règlement général de l'administration sont applicables à toute nature de matière exploitable, soit pierre, plâtre, glaise, sable, marne et craie, dont les divers modes d'exploitation seront l'objet d'autant de règlements particuliers, et ne s'appliqueront pas aux carrières qui sont à ciel ouvert.

N° 31.

Règlement spécial concernant l'exploitation des carrières de pierre à plâtre dans les départements de la Seine et de Seine-et-Oise, approuvé par décret du 22 Mars 1813.

TITRE Ier.

DÉFINITION ET CLASSEMENT DE LA MATIÈRE EXPLOITABLE, ET DES MODES D'EXPLOITATION.

Art. 1er. Les carrières de pierre à plâtre se distinguent et se classent en carrières de haute, de moyenne ou de basse masse.

Ce classement est déterminé par le plus ou le moins d'épaisseur de la masse, quelles que soient sa longueur et sa largeur, et abstraction faite de l'épaisseur des terres qui la recouvrent.

Les épaisseurs qui constituent les deux premières espèces de masse, sont :

Pour les hautes.................... 15—18 mètres.
Pour les moyennes................ 5— 7 id.

Les basses masses sont celles qui, sur douze mètres environ d'épaisseur, offrent alternativement des bancs de pierre à plâtre et des couches de marne ou d'argile.

Art. 2. L'exploitation de chaque espèce de masse peut être faite de trois manières, savoir :

1º A découvert, en déblayant la superficie ;

2º Par cavage à bouche, en pratiquant, soit au pied, soit dans le flanc d'une montagne, des ouvertures au moyen desquelles on pénètre dans son sein par des galeries plus ou moins larges ;

3º Par puits, en creusant, à la superficie d'un terrain, des ouvertures qui descendent perpendiculairement au sein de la masse dans laquelle l'extraction progressive de la matière forme des galeries.

TITRE II.

DE L'EXPLOITATION A DÉCOUVERT.

SECTION 1re. — *Cas où ce mode d'exploitation est prescrit.*

Art. 3. Doivent être exploitées à découvert ou par tranchées ouvertes :

1º Toute haute masse qui ne sera pas recouverte de plus de six mètres de terre, ou qui aura été reconnue ne pouvoir être exploitée par cavage, soit à cause du manque de solidité des bancs du ciel, soit à cause de leur trop grande quantité de fentes, filets ou filières ;

2º Toute moyenne masse, lorsqu'elle ne sera pas recouverte de plus de trois à quatre mètres de terre, ou qu'il n'y aura pas de ciel solide ;

3º Les basses masses ou bancs de pierre franche, lorsqu'ils ne seront recouverts que de trois à quatre mètres de terre.

SECTION 2. — *Règles de cette Exploitation.*

Art. 4. Les terres seront coupées en retraite, par banquettes, avec talus suffisans pour empêcher l'éboulement des masses supérieures : la pente ou l'angle à donner au talus sera déterminé, après la reconnaissance des lieux, à raison de la nature et du plus ou moins de consistance des bancs de recouvrement.

Art. 5. Il sera ouvert un fossé d'un à deux mètres de profondeur et d'autant de largeur au-dessus de l'exploitation, en rejetant le déblai sur le bord du terrain du côté des travaux, pour y former une berge ou rempart destiné à prévenir les accidents et à détourner les eaux.

Art. 6. L'exploitation ne pourra être poussée qu'à la distance de dix mètres des deux côtés des chemins, édifices et contructions quelconques.

Art. 7. Il sera laissé, outre la distance de dix mètres prescrite par l'article précédent, un mètre par mètre d'épaisseur des terres au-dessus de la masse exploitée, aux abords desdits chemins, édifices et constructions.

Art. 8. Aux approches des aqueducs construits en maçonnerie pour la conduite des eaux des communes, tels que ceux de Rungis et d'Arcueil, les fouilles ne pourront être poussées qu'à dix mètres de chaque côté de la clef de la voûte, et, aux approches des simples conduites en plomb, en fer ou en pierre, comme celles des Prés-Saint-Gervais, de Belleville et autres, les fouilles ne pourront être poussées qu'à quatre mètres de chaque côté : les distances fixées par cet article pourront être augmentées sur le rapport des inspecteurs des carrières, ensuite d'une inspection des lieux, d'après la nature du terrain et la profondeur à laquelle se trouveront respectivement les aqueducs et les exploitations.

Art. 9. La distance à observer aux approches des terrains libres sera déterminée d'après la nature et l'épaisseur des terres recouvrant la masse à exploiter, en se conformant à l'article 4.

TITRE III.

DE L'EXPLOITATION PAR CAVAGE A BOUCHE.

SECTION 1re. — *Cas où ce mode d'exploitation est autorisé.*

Art. 10. Pourront être exploitées par cavage :

1º Les hautes masses qui se retrouveront recouvertes de plus de six mètres de terre, lorsqu'il aura été reconnu que le décombrement, pour en suivre l'exploitation à découvert, présenterait trop de difficultés ; lorsque les bancs supérieurs promettent un ciel solide, que les fentes, filets ou filières ne sont pas en assez grand nombre pour porter préjudice à la sûreté d'une exploitation souterraine ; enfin, lorsque la manière d'être de la masse permet d'y entrer par galeries de cavage ;

2º Les moyennes masses, lorsqu'il aura été reconnu que la couche de recouvrement est trop considérable pour qu'on la puisse exploiter à découvert ;

3º Les basses masses dans les vallées dont les pentes escarpées mettent ces masses à découvert, mais seulement si les couches qui les recouvrent ont un ciel solide, et si les masses ont au moins deux mètres de hauteur.

SECTION 2. — *Règle particulière pour les hautes masses.*

Art. 11. L'exploitation de haute masse par cavage à bouche sera divisée en trois classes ; savoir : le *grand, le moyen et le petit cavage*, en prenant pour base de cette division les facultés des exploitants, l'étendue de la surface de leur terrain, et les circonstances locales.

Art. 12. Le *grand cavage* aura lieu sur un front de masse de quarante à cinquante-cinq mètres.

Le *moyen cavage* aura de trente à quarante mètres de front.

Le *petit cavage* enfin sera sur un front de masse de vingt à trente mètres.

Art. 13. Aux deux extrémités de la masse, on percera une ou deux rues de service, en ligne droite, de quatre à sept mètres de largeur chacune, séparées des ateliers par des piliers de quatre mètres de front ou de largeur.

Art. 14. Entre ces deux rues, dans le grand cavage, ou sur le côté de la rue pratiquée pour le moyen et le petit cavage, seront ouvertes deux grandes chambres, dites ateliers, de sept à quatorze mètres au plus d'ouverture, séparées entre elles par une rangée de piliers en ligne droite, de quatre mètres de front.

Art. 15. La largeur des piliers sera constante ; leur longueur seule variera, ainsi qu'il suit :

Relativement aux piliers servant à séparer les rues de service des ateliers, le premier, du côté du jour, aura treize mètres de longueur; les autres auront sept mètres, et seront espacés les uns des autres de six mètres.

A l'égard des piliers qui séparent entre eux les ateliers, tous auront six mètres de longueur et seront espacés les uns des autres de sept mètres.

En général, ces piliers seront répartis le plus régulièrement possible, de manière à ce que les pleins puissent répondre aux vides, ou les piliers aux ouvertures.

Art. 16. Si, au lieu de découvrir la haute masse sur un front plus ou moins étendu, il est jugé plus expédient d'ouvrir des rampes et des galeries inclinées pour descendre dans la haute masse, et y pratiquer un cavage, l'exploitant sera tenu de les voûter dans toute la partie des terres de recouvrement traversées, et de les percer en ligne droite. Ces rampes auront au moins deux mètres de hauteur, et un et demi de largeur, si elles servent pour le passage des hommes ou des animaux, et trois mètres de hauteur sur autant de largeur, si elles servent pour l'extraction par le moyen des voitures, en pratiquant d'ailleurs, sur l'un et l'autre côté et de distance en distance, quelques repos pour éviter aux ouvriers la rencontre des chevaux et voitures; leur pente enfin sera d'un demi-décimètre et au plus de deux décimètres par mètre, pour les rampes qui ne serviront que de passage.

SECTION 3. — *Règles particulières pour les moyennes et basses masses.*

Art. 17. Le cavage de moyenne et basse masse se fera sur un front de vingt-cinq à trente mètres de largeur, de la manière suivante :

Aux deux extrémités du front, il sera percé deux rues de service, de quatre à cinq mètres de largeur.

Des piliers de trois mètres de front seront ménagés sur le côté de ces rues qui répondront aux ateliers : ces piliers auront cinq mètres de longueur; ils seront espacés de quatre mètres : le premier pilier seulement aura neuf mètres de longueur.

Les tailles ou ateliers auront cinq à six mètres de largeur; une rangée de piliers, de trois mètres sur chaque face, séparera les deux chambres d'ateliers; ces piliers auront quatre mètres de longueur; ils seront séparés les uns des autres par des ouvertures de cinq mètres.

SECTION 4. — *Règles communes à tous les cavages.*

Art. 18. Sur la longueur du front d'un cavage, on enlèvera, en tout ou en partie, le recouvrement de la masse, de manière à y former une retraite ou banquette de trois mètres de largeur, suivant la solidité des terres; au-dessus de cette retraite ou banquette, les terres de recouvrement seront jetées et dressées en talus : les dimensions des talus et banquettes seront déterminées à l'avance et exprimées dans l'autorisation d'exploiter.

Art. 19. Un fossé de deux mètres de largeur et d'autant de profondeur sera ouvert parallèlement et au-dessus du front de masse. Les terres du fossé seront rejetées du côté de l'escarpement, ainsi qu'il est prescrit article 5, concernant l'exploitation à découvert.

Art. 20. La hauteur de l'excavation sera celle de la masse, moins le banc servant de toit ou ciel, dit *banc des moutons*, et celui servant de sol, dit *banc des fusils*, au total de treize à seize mètres.

Art. 21. A moitié hauteur des piliers, ou à six ou huit mètres du sol, commencera leur encorbellement ou *nez*, lequel aura toujours une telle saillie, que, soit dans les ateliers, soit dans les rues de service, le ciel n'ait jamais plus de deux mètres de largeur. Cette saillie sera droite ou arquée, suivant les ordres qui seront donnés par les ingénieurs-inspecteurs des carrières.

Art. 22. Pour donner plus de solidité au ciel, toutes les fois qu'une fente ou filet se présentera dans la taille ou l'atelier, elle sera ménagée au milieu du ciel, et non rejetée sur l'un de ses côtés : dans ce cas, les piliers devront être avancés ou reculés, mais toujours le moins irrégulièrement possible.

Art. 23. Lorsque l'excavation sera avancée d'environ quarante-cinq à cinquante mètres de profondeur, ou que le quatrième pilier du milieu des ateliers aura été dégagé et tourné entièrement, et suivant les circonstances ou l'urgence, on enlèvera l'étançonnage du premier pilier à l'entrée des chambres ou ateliers, et on le fera sauter par les mines, de manière à opérer les comblements des parties environnantes, et n'avoir toujours que trois piliers intermédiaires entre l'éboulement et les travaux du fond de la carrière.

Art. 24. Le moyen des éboulements et comblements ne sera employé que pour les hautes et moyennes masses; les excavations des basses masses seront bourrées et remblayées avec les déblais des couches de marne et de terre, ainsi que cela se pratique dans les exploitations par puits, piliers à bras, muraillement et bourrages, desquelles il sera parlé ci-après, art. 64 et 65.

Art. 25. Les rues de service qui doivent être conservées tout le temps que durera le cavage seront étançonnées solidement et suivant l'état des piliers des rues, et soutenues par la construction de quelques voûtes ou arceaux.

Art. 26. Lorsque le cavage aura été suivi jusqu'aux limites de la propriété, ou jusqu'à la distance de cent mètres environ de l'entrée du jour, ou, ce qui revient au même, lorsque le huitième pilier aura été tourné, l'exploitation sera suspendue au fond du cavage; et on abattra tous les piliers du milieu pour commencer une exploitation semblable à droite et à gauche de la première, et même dans le fond de la carrière, s'il y a lieu, en profitant des deux rues de service qui auront été ménagées ou conservées.

Art. 27. Lorsque ces nouvelles exploitations seront terminées ou arrivées au même terme que la première, on abattra les piliers des rues de service devenues inutiles, en commençant par ceux du fond et venant en retraite jusqu'à l'ouverture des rues. Dans le cas prévu par le présent article et par le précédent, l'exploitant se conformera à ce qui est prescrit ci-après article 56.

Art. 28. Pour le complément de l'exploitation d'une haute masse, les piliers enfouis lors des éboulements pourront être exploités à découvert et par tranchées ouvertes dans les décombres du recouvrement.

L'exploitation des moyennes et basses masses sera regardée comme définitivement terminée par les éboulements et comblements.

Art. 29. Les cavages de toute espèce ne pourront être poussés qu'à la distance de dix mètres des deux côtés des chemins à voiture, de quelque classe qu'ils soient, des édifices et constructions quelconques, plus un mètre par mètre d'épaisseur des terres.

Art. 30. Lorsque, par la suite des exploitations, les chemins réservés avec les parties collatérales par l'article 25 deviendront inutiles ou pourront être changés sans aucun inconvénient; les masses de plâtre y existantes pourront être exploitées.

TITRE IV.

DE L'EXPLOITATION PAR PUITS.

SECTION 1re. — *Cas où ce mode d'exploitation est autorisé.*

ART. 31. Pourront être exploitées par puits :

1° Les parties de haute masse recouvertes d'une grande épaisseur de terre, comme à Suresne, Nanterre, le Mont-Valérien, Châtillon, Clamart, Bagneux, Antony, Villejuif et Vitry;

2° La moyenne masse, si elle est recouverte d'une trop grande épaisseur de terre, de telle sorte qu'on ne puisse, en aucun endroit, se préparer un escarpement et un front suffisants pour y ouvrir un cavage;

3° Les basses masses, lorsqu'elles sont également recouvertes d'une grande épaisseur de terre, et qu'on ne peut les attaquer sur le même front.

SECTION 2. — *Règles de cette exploitation.*

ART. 32. L'exploitation par puits s'exécutera de deux manières, suivant l'épaisseur de la masse et sa solidité, savoir :

1° Par piliers à bras, avec muraillement, hagues et bourrages;

2° Par piliers tournés.

§ 1er. *Construction des Puits.*

ART. 33. Dans l'un et l'autre genre d'exploitation, le puits sera boisé ou muraillé.

ART. 34. Si le puits est boisé, on ne pourra employer, pour les cadres de boisage, que du bois de chêne, comme le seul propre, par sa solidité et par le bruit qu'il fait en rompant, à prévenir les accidents, et à avertir à temps les ouvriers. Les pièces des cadres auront au moins seize centimètres de grosseur.

Derrière les cadres, les plateaux ou palplanches seront rapprochés et réunis le plus possible.

Les puits boisés, s'ils sont carrés, auront au moins deux mètres de côté; mais, s'ils présentent un carré long, ils pourront avoir deux mètres de longueur sur un mètre trente centimètres de largeur.

Les puits ne seront boisés que jusqu'à la masse solide; mais, si elle a peu de solidité, ils le seront dans toute leur hauteur.

ART. 35. Si les puits sont muraillés, ils auront au moins deux mètres de diamètre.

Leur maçonnerie sera descendue jusqu'à la masse solide; et si elle ne l'est point suffisamment, leur muraillement sera exécuté dans toute la hauteur.

ART. 36. Les ouvertures des puits ne pourront se faire qu'à vingt mètres des chemins, édifices et constructions quelconques, sauf les exceptions qu'exigeraient les localités, sur lesquelles il sera statué par le préfet, d'après le rapport de l'ingénieur en chef.

§ II. *De l'exploitation par puits et piliers tournés.*

ART. 37. Cette exploitation se fera de la manière suivante :

Le puits étant percé suivant les formes prescrites, on ouvrira à son pied deux galeries se coupant à angle droit l'une sur l'autre, ayant trois mètres seulement de largeur près du puits pour former quatre piliers qui soutiendront le puits ; ils auront chacun quatre mètres de face, sauf les angles qui seront abattus par la courbure du puits. A partir de ces premiers piliers, on continuera les galeries en ligne droite sur cinq mètres de largeur.

Art. 38. Perpendiculairement à ces galeries, on ouvrira des tailles ou ateliers de cinq mètres de largeur, en laissant, entre chaque, des piliers de trois mètres en tous sens.

Enfin on suivra les mêmes directions et proportions pour les tailles et piliers suivants, de manière à ce que le plan de la carrière présente un ensemble régulier de pleins et de vides, à l'exception des quatre piliers du puits, destinés ou ordonnés pour en assurer la solidité.

Le nez des piliers commencera à moitié hauteur ; il aura en saillie le tiers de la largeur de la galerie ou de l'atelier.

Art. 39. Lorsque l'exploitation aura été portée aux extrémités de la propriété, ou qu'elle aura atteint la distance de cinquante mètres environ, depuis le pied du puits jusqu'aux extrémités de la carrière, ou lorsque les galeries auront cent mètres de longueur environ, l'exploitant sera tenu d'en donner avis à l'inspecteur des carrières, qui jugera, d'après l'état des travaux, si l'on peut continuer l'exploitation par le même puits, ou s'il n'est pas préférable d'en percer un autre.

Art. 40. Si l'état des travaux fait craindre des tassements ou des éboulements, l'inspecteur général en donnera avis ; et il sera ordonné de faire sauter et combler toutes les parties qui pourraient donner quelque inquiétude, en commençant par les plus éloignées du pied du puits, et s'en rapprochant successivement.

§ III. *De l'exploitation par puits, muraillements, piliers à bras et bourrages ou remblais.*

Art. 41. Ce mode d'exploitation sera employé pour les parties de hautes masses qui n'offrent pas assez de solidité pour y pouvoir pratiquer l'exploitation par piliers tournés : l'usage en sera déterminé par les inspecteurs dans leur avis sur la demande en permission.

Art. 42. Cette exploitation se fera de la manière suivante :

Par le pied du puits, on mènera à angle droit, l'une sur l'autre, quatre galeries de deux mètres de largeur et de deux à trois mètres de hauteur. Ces galeries seront voûtées partout où le besoin l'exigera ; leur longueur sera déterminée par celle de la propriété.

Art. 43. Les quatre piliers formés au pied des puits par la rencontre des galeries auront alternativement une épaisseur de quatre mètres au moins sur une des faces adjacentes au puits, et seront, de l'autre, prolongés sur toute la longueur des quatre galeries partant du puits, de manière que chacune d'elles ait un de ses côtés soutenu par un de ces massifs, et l'autre par les murs et remblais alternatifs qui vont être déterminés.

Art. 44. Parallèlement et au delà de ces massifs, on ouvrira des ateliers de sept à huit mètres de largeur, qu'on mènera dans la masse sur une longueur de cent mètres environ, en muraillant derrière soi, à mesure de l'avancement, avec les plâtres marneux ou de médiocre qualité, de manière à ne conserver, sur les sept à huit mètres de largeur de l'atelier, qu'une galerie de service d'un mètre et demi de largeur environ et de deux de hauteur. Cette galerie sera voûtée, dans sa partie supérieure, par un demi-arceau jeté contre le massif.

Art. 45. On entassera derrière le muraillement les déblais et les marnes pour soutenir le ciel de la carrière, en cas de tassement.

Art. 46. Lorsque les premiers ateliers auront cent mètres de longueur environ, on en suspendra les travaux pour en percer successivement de semblables sur les quatre galeries principales, en laissant chaque fois entre eux des massifs de quatre à cinq mètres, comme ceux du pied du puits.

Art. 47. Enfin, quand tous les ateliers des quatre galeries auront été exploités et remblayés sur la longueur déterminée dans la permission, on recoupera les massifs laissés entre eux par de nouveaux ateliers de sept à huit mètres de largeur, en les muraillant et remblayant également à mesure de leur avancement de manière à ne conserver de leur largeur que de petites traverses d'un mètre au plus.

SECTION 3. — *Règle particulière.*

Art. 48. Dans les basses masses, l'extraction se fera sur la hauteur de la masse, depuis deux mètres jusqu'à trois, quatre et cinq, suivant l'épaisseur : on emploiera le muraillement et le bourrage ou remblai, comme dans les hautes masses.

SECTION 4. — *Dispositions communes à toutes les exploitations par puits.*

Art. 49. Quel que soit le mode d'extraction, soit *par piliers tournés*, soit *par muraillement et bourrages*, les exploitants seront tenus d'avoir toujours deux puits par carrière, l'un pour l'extraction des matières, l'autre pour le service des échelles.

Art. 50. Le puits des échelles aura au plus un mètre de diamètre ; il sera muraillé avec soin jusqu'à la masse de pierre, et recouvert à la surface du sol par une tourelle ou cahute en maçonnerie, d'environ deux mètres et demi de hauteur, avec porte en chêne fermant à clef.

Art. 51. Les échelles seront à deux montants, en bois de chêne sain et nerveux ; les échelons seront disposés de la manière qui sera indiquée par l'ingénieur en chef des mines, inspecteur général des carrières. Les échelles seront fixées, de quatre mètres en quatre mètres, avec des happes ou tenons de fer scellés dans le muraillement du puits et dans la masse de pierre.

Art. 52. Il sera fait, sans délai, par les ingénieurs des mines, inspecteurs des carrières, une visite générale des échelles servant à y descendre ; ils feront percer le puits destiné à la descente, et établir les nouvelles échelles partout où besoin sera.

Art. 53. Dans les carrières où les inspecteurs croiraient devoir laisser subsister encore quelque temps le mode établi, ils feront substituer aux *ranches* ou échelons de bois, des échelons de fer nerveux de trois centimètres de diamètre et de quatre décimètres de longueur, carrés au milieu de la longueur, dans la partie qui s'emboîtera dans le *rancher* : ces échelles devront être attachées comme il est prescrit par l'article 51.

Art. 54. Les inspecteurs des carrières dénonceront au préfet toutes contraventions aux articles précédents : ces contraventions seront punies de la manière indiquée au titre 2 du règlement général en date de ce jour.

Art. 55. Lorsqu'une exploitation par puits sera entièrement terminée, on déterminera si on doit faire sauter, au moyen de la poudre, les piliers restants, ou s'il est nécessaire d'y faire construire quelques piliers, ou enfin si la carrière peut être fermée sans qu'il en résulte aucun inconvénient.

Art. 56. L'exploitant qui voudra faire sauter des piliers sera tenu d'en donner avis aux inspecteurs des carrières, qui s'assureront, préalablement, si toutes les mesures ont été prises pour qu'il n'arrive aucun accident.

TITRE V.

DISPOSITIONS GÉNÉRALES.

Art. 57. Toute exploitation de plâtrière est interdite dans Paris.

N° 32.

Règlement spécial concernant l'exploitation des carrières de pierres calcaires dites pierres à bâtir, dans les départements de la Seine et de Seine-et-Oise, approuvé par décret du 4 juillet 1813.

TITRE 1er.

CLASSEMENT DE LA PIERRE ET MODE D'EXPLOITATION.

Art. 1er. Les carrières de pierres à bâtir se distinguent et se classent en carrières supérieures ou de haute masse, et en carrières inférieures ou moellonnières, dites doubles carrières.

L'ordre de ce classement est déterminé par le plus ou le moins d'épaisseur de la masse, abstraction faite de la hauteur des terres qui la recouvrent.

L'épaisseur totale de la masse varie depuis huit et dix mètres jusqu'à quinze, et quelquefois au delà :

1° La carrière supérieure en comprend sept à huit mètres, soit qu'on l'exploite par un seul atelier de toute cette hauteur, soit que ce soit par deux étages de galeries, qu'on fait ensuite communiquer l'une avec l'autre, en abattant après coup les bancs qui les séparent ;

2° La double carrière ouverte dans les bancs inférieurs comprend deux mètres à deux mètres vingt-cinq centimètres de hauteur.

2. L'exploitation de ces masses peut se faire de trois manières, savoir :

1° A ciel ouvert ou par tranchées, à découvert, en déblayant la superficie ;

2° Par cavage à bouches, en pratiquant, dans un front de masse mise à découvert, des ouvertures, au moyen desquelles on pénètre dans son intérieur par des galeries plus ou moins larges ;

3° Par puits, en creusant des ouvertures qui descendent perpendiculairement sur la masse dans laquelle l'extraction progressive de la pierre forme des excavations plus ou moins étendues et recoupées, se communiquant ensuite par des galeries.

TITRE II.

DE L'EXPLOITATION A DÉCOUVERT.

SECTION 1re. — *Cas où ce mode d'exploitation est prescrit.*

3. Doivent être exploitées à découvert ou par tranchées ouvertes,

1° Toute haute masse dont l'épaisseur aura plus de huit mètres, quand le recouvrement des terres de la superficie sera moindre que cette épaisseur, ou

APPENDICE

lorsque la masse, soit à cause du manque de solidité des bancs du ciel, soit à cause de leur trop grande quantité de filets ou filières, ne pourra être exploitée qu'à découvert;

2° Toute basse masse dont le recouvrement sera moindre que son épaisseur, et lorsque les bancs du ciel n'auront point de solidité.

SECTION 2. — *Règles de cette exploitation.*

4. Les terres seront coupées en retraite par banquettes et talus suffisants pour empêcher l'éboulement des masses supérieures : la pente ou l'angle à donner au talus sera déterminé par la reconnaissance des lieux, à raison de la nature et du plus ou moins de consistance du banc de recouvrement.

5. Il sera ouvert un fossé d'un à deux mètres de profondeur et d'autant de largeur au-dessus de l'exploitation, en rejetant le déblai sur le bord du terrain du côté des travaux, pour y former une berge ou rempart destiné à prévenir les accidents et détourner les eaux.

6. L'exploitation ne pourra être poursuivie qu'à la distance de dix mètres des deux côtés des chemins à voiture, édifices et constructions quelconques.

7. Il sera laissé, outre la distance de dix mètres prescrite par l'article précédent, un mètre d'épaisseur des terres au-dessus de a masse exploitée aux bords desdits chemins, édifices et constructions

8. Aux approches des aqueducs construits en maçonnerie pour la conduite des eaux des communes, tels que ceux de Rungis et d'Arcueil, les fouilles ne pourront être poussées qu'à dix mètres de chaque côté de la clef de la voûte; et aux approches de simples conduits en plomb, en fer, en grès ou en pierres, les fouilles ne pourront être poussées qu'à quatre mètres de chaque côté, laissant, en outre de dix mètres pour le premier cas, et de quatre mètres pour le second, une retraite ou talus dans la masse, d'un mètre par mètre. Les distances fixées par ces deux articles pourront, en outre, être augmentées, sur le rapport des inspecteurs des carrières, ensuite d'une inspection des lieux, d'après la nature du terrain et la profondeur à laquelle se trouveront respectivement les aqueducs ou tuyaux et les exploitations.

9. La distance à observer aux approches des terrains libres sera déterminée d'après la nature et l'épaisseur des terres recouvrant la masse à exploiter, en se conformant à l'article 4.

TITRE III.

DE L'EXPLOITATION PAR CAVAGE A BOUCHES.

SECTION 1re. — *Cas où ce mode d'exploitation est autorisé.*

10. Pourront être exploitées par cavage à bouches,

1° Les masses de sept à huit mètres de puissance, quand l'épaisseur de leur recouvrement excédera six mètres, ou lorsqu'il aura été reconnu que le décombrement, pour en suivre l'exploitation à découvert, présentera trop de difficultés, ou que les bancs supérieurs auront assez de solidité pour servir de ciel;

2° Les masses qui ont moins de sept mètres de hauteur, lorsqu'il sera reconnu que le recouvrement est trop considérable pour qu'on puisse exploiter à découvert.

SECTION 2. — *Règles de l'exploitation par cavage à bouches.*

11. L'exploitation par cavage à bouches sera divisée en trois classes, savoir :
1º Le cavage supérieur ou grand cavage ;
2º Le moyen cavage ;
3º Le petit cavage ;

Cette division étant fondée sur les facultés des exploitants, l'étendue de la surface de leur terrain et les circonstances locales.

12. Le cavage supérieur, qui convient aux hautes masses, se fera sur un front de dix-huit à vingt mètres ;

Le moyen cavage, pour les masses inférieures, aura douze à quinze mètres ;

Et le petit cavage enfin, un front de dix à douze mètres dans les dernières masses.

13. Sur la longueur du front des cavages, on enlèvera, en tout ou en partie, les terres du recouvrement de la masse, de manière à y former une retraite ou banquette de deux mètres de largeur, dont les terres seront coupées en talus, conformément aux dimensions qui seront déterminées dans l'autorisation d'exploiter.

14. Un fossé d'un mètre de largeur et autant de profondeur sera ouvert parallèlement au front de masse et au-dessus de l'entrée de la carrière, comme il est prescrit article 5.

15. Vers les deux extrémités du front de masse, on percera, en ligne droite, deux entrées de galeries de service pour le grand et le moyen cavage, ou une seule au milieu du front pour le petit cavage : leur largeur sera subordonnée à l'état du ciel.

16. On ouvrira, de l'un et de l'autre côté, des galeries, des tranchées ou tailles de traverse, dirigées, autant que possible, perpendiculairement aux fissures dites filières. Ces tranchées, qui auront un mètre de largeur, serviront à distribuer la masse en ateliers ou volées dont le devant sera parallèle aux filières. Ces volées, dont la profondeur sera de trois à quatre mètres, et prise sur la direction des tranchées, auront douze à vingt mètres de largeur sur leur devant, suivant la solidité du ciel : elles seront souchevées et retenues par des tasseaux conservés dans la pierre et éloignés les uns des autres de deux mètres en deux mètres.

17. Après l'enlèvement des pierres du premier alignement des volées, il sera établi une ou plusieurs rangées de piliers à bras, suivant les besoins et l'état du ciel : ils ne pourront être éloignés de plus de deux mètres les uns des autres.

18. Entre chacun des piliers à bras, on élèvera des hagues ou murs en pierre sèche pour retenir les terres et recoupes de la carrière qui doivent servir à remblayer les vides des premières volées, avant d'en entreprendre de nouvelles, en se ménageant le long du front de masse, en bout, et sur son plat, une transversale aboutissant aux rues ou galeries de service, afin de suivre le même mode d'extraction par de nouvelles volées qui seront successivement remblayées.

19. La hauteur de l'excavation des cavages supérieurs sera celle de la haute masse, moins les bancs servant de ciel ; mais, dans les cavages inférieurs, elle ne pourra excéder trois mètres, à moins que le banc du ciel ne soit parfaitement entier et sans aucune filière.

20. Lorsque le cavage aura été suivi jusqu'aux limites de la propriété ou jusqu'à la distance de cent cinquante mètres de l'entrée de la carrière, on recommencera un front de masse, suivant les dispositions ci-dessus (art. 4 et suiv.), pour ouvrir ensuite de nouvelles entrées de cavage, à moins qu'il n'ait été constaté par les inspecteurs que les premières galeries, par leur solidité, leur muraillement ou leur manière d'être, soient dans le cas d'être conservées pour continuer le même cavage.

21. Les exploitations par cavage, de quelque classe qu'elles soient, ne pourront être poussées qu'à la distance de dix mètres des deux côtés des chemins à voiture, des édifices et constructions quelconques, en laissant en outre une retraite ou talus dans la masse, d'un mètre pour mètre de hauteur et largeur du cavage.

SECTION 3. — *Des cavages provisoires.*

§ Ier. — Cas où les cavages provisoires sont permis.

22. Sous le nom de cavages provisoires, on entend les exploitations des basses masses ou moellonnières faites par des ateliers soutenus sur piliers conservés dans la masse, et appelés *piliers tournés*. Ces travaux ne sont permis que pour faciliter l'extraction pendant l'hiver, le cavage provisoire devant cesser, et l'exploitation devant être reprise à découvert, aussitôt le retour de la belle saison. Ce mode d'extraction ne peut être suivi qu'autant que les inspecteurs ont constaté qu'il peut être toléré, et qu'ils ont donné les instructions nécessaires.

§ II. — Règles de cette exploitation.

23. L'exploitation par cavage provisoire, à piliers tournés, ne pourra jamais s'étendre en profondeur au delà de trois rangées de piliers. Lorsque ceux de la quatrième rangée seront isolés et tournés sur toutes leurs faces, l'exploitant sera tenu d'enlever le recouvrement de terre des piliers de la première rangée, à l'effet de les exploiter à découvert, en suivant le même mode pour les piliers de la seconde rangée, quand ceux de la cinquième seront dégagés et isolés : chaque rangée ne pourra avoir plus de six piliers de longueur.

24. Les piliers tournés seront espacés les uns des autres de trois ou quatre mètres, suivant les instructions des inspecteurs. Chaque pilier devra avoir au moins deux mètres de côté à sa base, et trois mètres dans le haut à sa portée vers le ciel de la carrière.

TITRE IV.

DE L'EXPLOITATION PAR PUITS.

SECTION 1re. — *Cas où cette exploitation peut avoir lieu.*

25. Pourront être exploitées par puits les hautes masses recouvertes d'une grande épaisseur de terre, comme celles des communes de Montrouge, Gentilly, Châtillon, Bagneux, Arcueil, Ivry, Vanves, Passy, Saint-Maur, Maisons-Alfort, Créteil, etc., ainsi que les parties inférieures ou basses masses, lorsqu'elles sont recouvertes d'une trop grande épaisseur de terre pour qu'on puisse les attaquer sur aucun front.

SECTION 2. — *Construction des puits.*

26. Les carriers, en ouvrant un puits d'exploitation, seront obligés d'en établir la maçonnerie sur un rouet de charpente, lequel sera descendu jusque sur le

terrain solide, ou mieux, suivant les localités et la manière d'être du recouvrement et celle de la masse; ils établiront leur première assise de maçonnerie en carreaux de pierres taillées en queue d'aronde. La maçonnerie des puits régnera dans toute la hauteur, si les bancs ne sont pas reconnus solides.

27. Les puits d'extraction auront au moins deux mètres cinquante centimètres de diamètre. A l'ouverture, on établira une forme ou terre-plein de deux mètres de hauteur sur sept à huit mètres de côté, pour y établir l'équipage d'une manière solide, et ne pas engorger la place d'enlèvement des pierres.

28. Les ouvertures des puits ne se pourront faire qu'à vingt mètres des chemins à voiture, édifices et constructions quelconques, sauf les exceptions qu'exigeront les localités.

SECTION 3. — *Règles de cette exploitation.*

29. Les puits étant percés suivant les formes prescrites, on ouvrira, en coupant les filières de la masse à angle droit, une galerie ou ligne droite de cinquante mètres de longueur environ, et plus ou moins, suivant l'état de la masse et l'étendue de la propriété.

30. Sur le prolongement de cette première galerie, on ouvrira, de gauche et de droite, des ateliers par volées, tranchées, souchevées et retenues avec des tasseaux. Ces volées auront deux mètres au plus de profondeur sur une longueur proportionnée, qui ne pourra jamais excéder vingt mètres. Les tasseaux devront être répartis et conservés de deux mètres en deux mètres au moins, ou de trois en trois, si la masse annonce plus de solidité; ils pourront même être plus espacés si la masse est entièrement sans filières ou filets.

31. Lorsque les masses abattues de la première volée auront été enlevées, on établira une rangée de piliers à bras, avec des hagues entre chaque, pour retenir les terres de remblai et bourrages, en se ménageant, 1° au pourtour de la masse, en bout et sur son plat, une galerie qui cernera l'exploitation; et 2° une galerie transversale venant au puits perpendiculairement sur la grande voie, et la traversant à angle droit au pied du puits.

32. La seconde volée et les suivantes se feront suivant le même principe, et en élevant successivement après leur chute une seconde, une troisième, une quatrième rangée de piliers, avec des hagues entre chaque, pour soutenir les terres de remblai; on ménagera toujours les deux galeries principales, les transversales et celles qui doivent longer le front de masse, tant contre son bout que contre son plat.

33. Si la carrière ne donne pas assez de terres, bousins, recoupes, pour remblayer les vides entièrement, on pourra, de dix mètres en dix mètres, laisser, entre les rangées de piliers, des cachots ou retraites de la hauteur du vide; mais, dans ce cas, les hagues devront être faites en moellons choisis par assises régulières.

34. Lorsque l'exploitation aura été portée aux extrémités de la propriété, ou qu'elle aura atteint la distance de cinquante mètres à soixante environ, à partir de chaque côté du pied du puits jusqu'aux extrémités de la carrière, l'exploitant sera tenu d'en donner avis à l'inspecteur général des carrières, qui jugera si on peut continuer l'exploitation par le même puits, ou s'il n'est pas nécessaire d'en percer un autre.

35. Si l'état des travaux fait craindre des tassements ou des éboulements, l'inspecteur général en donnera avis, et il sera ordonné de faire sauter ou combler toutes les parties qui pourraient donner quelque inquiétude, en commençant par les plus éloignées du pied du puits et s'en rapprochant successivement.

TITRE V.

DES DOUBLES CARRIÈRES.

SECTION 1re. — *Cas où les doubles carrières seront autorisées.*

36. Les carrières doubles ou inférieures pourront être permises quand, après une exploitation totale des masses supérieures, il sera reconnu que les bancs inférieurs ou de basses masses sont de bonne qualité, et peuvent être extraits sans qu'il en résulte aucun inconvénient.

SECTION 2. — *Conditions et règles pour le mode d'exploitation des doubles carrières.*

37. Nulle double carrière ne pourra être entreprise que, préalablement, l'inspecteur général, sur la demande de l'exploitant, n'ait fait constater la manière d'être de la masse, sa qualité, son épaisseur, le mode ou projet d'extraction, et surtout l'état de la carrière supérieure, dont l'exploitant sera tenu de joindre le plan et la coupe à sa demande de permission de double carrière.

38. On se servira du puits d'extraction de la carrière supérieure s'il est reconnu en bon état : il sera prolongé jusqu'au sol de l'inférieure, en le muraillant dans les parties de sable, terre ou bousins qui pourraient se trouver entre les bancs.

39. Entre les deux carrières, on laissera deux, trois ou quatre bancs de pierre pour ciel, suivant leur épaisseur, leur manière d'être et les instructions données à cet égard par l'inspecteur général.

40. L'exploitation ne pourra se faire que sur deux mètres de hauteur au plus.

41. De deux en deux mètres, on élèvera des piliers à bras; ils devront être à l'à-plomb de ceux de la carrière supérieure, et d'un mètre de côté au moins. Entre ces piliers, on construira des hagues pour retenir les bourrages ou remblais, en ne laissant exactement de vides que les galeries reconnues nécessaires pour le service.

42. Les volées ou ateliers ne pourront jamais avoir plus de vingt mètres de longueur sur deux à trois de profondeur, de manière que les tasseaux soient répartis de deux en deux mètres.

43. Nul étançonnage en bois ne sera toléré dans les doubles carrières, les exploitants ne devant soutenir le ciel qu'avec des piliers à bras.

TITRE VI.

DISPOSITIONS COMMUNES A TOUTES LES EXPLOITATIONS PAR PUITS.

44. Nulle exploitation par cavage à bouche ou par puits ne pourra être entreprise qu'en vertu d'une autorisation du préfet, qui sera donnée sur le rapport de l'inspecteur général des carrières. L'entrepreneur joindra à la demande qu'il formera pour obtenir cette autorisation un plan présentant l'abornement exact de la propriété sous laquelle est située la carrière à exploiter.

L'arrêté du préfet fixera les distances auxquelles l'exploitation pourra être conduite sur toutes les directions, à partir du pied du puits d'exploitation ou de l'entrée de la carrière pour celles qui sont exploitées par cavage à bouche;

de manière que l'exploitation ne puisse jamais s'étendre sous les propriétés voisines, sans le consentement des propriétaires.

Une expédition de l'arrêté du préfet sera remise à chacun des propriétaires limitrophes, avec une copie du plan, faite aux frais de l'entrepreneur qui a demandé l'autorisation d'exploiter.

45. Les exploitants seront tenus d'avoir toujours deux puits par carrière (exploitée par puits), l'un pour l'extraction des matières, et l'autre pour le service des échelles.

46. Le puits des échelles aura au plus un mètre de diamètre; il sera muraillé avec soin jusqu'à la masse de pierre, et recouvert à la surface du sol par une tourelle ou cahute en maçonnerie, d'environ deux mètres et demi de hauteur, avec porte en chêne, fermant à clef.

47. Les échelles seront à deux montants en bois de chêne sain et nerveux; les échelons seront disposés de la manière qui sera indiquée par l'inspecteur général; les échelles seront fixées de quatre en quatre mètres, avec des happes ou ténons de fer scellés dans le muraillement du puits et dans la masse de pierre.

48. Il sera fait une visite générale des échelles servant à descendre dans les carrières. Les inspecteurs feront percer les puits destinés à la descente, et établir les nouvelles échelles partout où besoin sera.

49. Dans les carrières où les inspecteurs croiraient devoir laisser subsister encore quelque temps le mode établi, ils feront substituer aux ranches ou échelons de bois, des échelons de fer nerveux, de trois centimètres de diamètre, et de quatre décimètres de longueur, carrés au milieu de la longueur, dans la partie qui s'emboîtera dans le ranchet : ces échelles devront être attachées comme il est prescrit en l'article 47.

50. Les piliers tournés sont interdits dans toutes les exploitations par puits.

51. Les inspecteurs dénonceront au préfet toutes contraventions aux articles précédents. Ces contraventions seront punies de la manière indiquée au titre II du règlement général, en date du 22 mars 1813.

TITRE VII.

RÈGLES GÉNÉRALES POUR TOUTES LES EXPLOITATIONS PAR CAVAGE OU PAR PUITS.

52. Lorsqu'une exploitation par puits ou par cavage, de quelque espèce qu'elle soit, sera entièrement terminée, l'exploitant en donnera avis à l'inspecteur général, qui en fera constater l'état et s'en fera remettre les plans que doivent fournir les exploitants, pour déterminer si on doit en ordonner le comblement, ou faire sauter et affaisser, au moyen de la poudre, des parties menaçantes, ou enfin s'il est nécessaire d'y faire quelques constructions avant de la fermer.

53. Nul exploitant ne pourra faire affaisser, de son chef, aucune carrière ou partie de carrière au moyen de la poudre, avant d'en avoir demandé la permission, afin que les inspecteurs des carrières reconnaissent préalablement si toutes les mesures ont été prises pour qu'il n'arrive aucun accident.

TITRE VIII.

DISPOSITIONS GÉNÉRALES.

54. Toute exploitation de carrières de pierres à bâtir, moellons, pierre à chaux, etc., est interdite dans Paris.

N° 33.

Règlement spécial concernant l'exploitation des crayères et marnières dans le département de la Seine et dans celui de Seine-et-Oise, approuvé par ordonnance du 21 octobre 1814.

TITRE Ier.

DÉFINITION ET CLASSEMENT DE LA MATIÈRE EXPLOITABLE, ET DU MODE D'EXPLOITATION.

Art. 1er. L'exploitation des couches ou masses de craie et celle des couches ou masses de marne ont lieu de trois manières :
1° à découvert, en déblayant la superficie ;
2° par cavage à bouche, en pratiquant, soit au pied, soit dans le flanc d'une montagne, des ouvertures, au moyen desquelles on pénètre dans son sein par des galeries plus ou moins larges ;
3° par puits, en creusant à la superficie d'un terrain, des ouvertures qui descendent, soit perpendiculairement, soit sous différentes inclinaisons, au sein de la masse dans laquelle l'extraction progressive de la matière forme des galeries.

TITRE II.

DE L'EXPLOITATION A DÉCOUVERT.

SECTION 1re. — *Cas où ce mode d'exploitation est prescrit.*

Art. 2. Doit être exploitée à découvert ou par tranchées ouvertes, toute masse de craie ou de marne qui ne sera pas recouverte de plus de trois mètres de terre ou d'autre matière inutile à l'exploitant, comme aussi toute masse qui aura été reconnue par l'ingénieur des mines ne pouvoir être exploitée par cavage, à cause du manque de solidité.

SECTION 2. — *Règles de cette exploitation.*

Art. 3. Les terres seront coupées en retraite par banquettes, avec talus suffisant pour empêcher l'éboulement des masses supérieures : la pente ou l'angle à donner au talus sera déterminé après la reconnaissance des lieux, à raison de la nature du terrain et du plus ou moins de consistance des bancs de recouvrement.

Art. 4. Il sera ouvert un fossé d'un mètre de profondeur et d'autant de largeur au-dessus de l'exploitation, en rejetant le déblai sur le bord du terrain, du côté des travaux pour y former une berge ou rempart destiné à prévenir les accidents et à détourner les eaux.

Art. 5. L'exploitation ne pourra être poussée qu'à la distance de dix mètres des deux côtés des chemins, édifices et constructions quelconques.

Art. 6. Il sera laissé, outre la distance de dix mètres prescrite par l'article précédent, un mètre par mètre d'épaisseur des terres au-dessus de la masse exploitée, aux abords desdits chemins, édifices et constructions.

Art. 7. Aux approches des aqueducs construits en maçonnerie pour la conduite des eaux, les fouilles ne pourront être poussées qu'à dix mètres de chaque côté de la clef de la voûte; et, aux approches des simples conduits en plomb, en fer ou en pierre, les fouilles ne pourront être poussées qu'à quatre mètres de chaque côté. Les distances fixées par cet article pourront être augmentées sur le rapport des ingénieurs des mines, ensuite d'une inspection des lieux, d'après la nature du terrain et la profondeur à laquelle se trouveront respectivement les acqueducs et les exploitations.

Art. 8. La distance à observer aux approches des terrains libres sera déterminée d'après la nature et l'épaisseur des terres recouvrant la masse à exploiter, en se conformant d'ailleurs à l'article 3.

TITRE III.

DE L'EXPLOITATION PAR CAVAGE A BOUCHE.

SECTION 1re. — *Cas où ce mode d'exploitation est autorisé.*

Art. 9. Pourront être exploitées par cavage les masses de craie et de marne qui seront recouvertes de plus de trois mètres de terre, lorsqu'il aura été reconnu par les ingénieurs des mines que le décombrement, pour en suivre l'exploitation à ciel ouvert, opposerait trop d'obstacles et de difficultés, ou que la masse présente un ciel solide, ou enfin que la manière d'être de la masse permet d'y entrer par galeries de cavage.

SECTION 2. — *Règles de cette exploitation.*

Art. 10. L'exploitation par cavage à bouche se fera par galeries percées en ligne droite. Les galeries d'entrée, soit horizontales, soit inclinées, auront, suivant la solidité de la masse, de deux à trois mètres de hauteur sur autant de largeur. L'entrée des galeries sera voûtée en maçonnerie, toutes les fois que les ingénieurs le jugeront nécessaire, d'après la nature et la disposition du terrain.

Art. 11. Les rampes ou galeries inclinées auront une pente d'un demi-décimètre par mètre, si elles servent pour l'extraction par le moyen des voitures, et de deux décimètres par mètre, si elle ne se fait qu'à dos de bête de somme. De distance en distance, on pratiquera quelques repos, pour éviter aux ouvriers la rencontre des chevaux et voitures.

Art. 12. De l'un et de l'autre côté des galeries d'entrée, on ouvrira des tranchées ou tailles de traverse, dirigées, autant que possible, en angle droit et perpendiculairement à leur longueur : ces tranchées, qui auront de cinq à six mètres de largeur, serviront à distribuer la masse en ateliers.

Art. 13. Les piliers tournés ou isolés par le fait du croisement des galeries de traverse devront avoir au moins quatre mètres en tout sens : ils devront être répartis, de manière que le plan de la carrière présente un ensemble régulier de pleins et de vides.

TITRE IV.

DE L'EXPLOITATION PAR PUITS.

SECTION 1re. — *Cas où ce mode d'exploitation est autorisé.*

Art. 14. Pourront être exploitées par puits les masses de craie et de marne recouvertes d'une trop grande épaisseur de terre pour qu'on puisse, en aucun endroit, se préparer un escarpement et un front suffisants pour y établir une ouverture de cavage.

SECTION 2. — *Construction des puits.*

Art. 15. Les exploitants, en ouvrant un puits de crayère ou de marnière, seront tenus de le boiser ou murailler, s'il traverse des terres meubles ou des sables coulants.

Art. 16. Si le puits est boisé, on ne pourra employer, pour les cadres de boisage, que du bois de chêne ou, à son défaut, un bois dont la solidité aura été reconnue suffisante par l'ingénieur des mines. Les pièces des cadres auront au moins seize centimètres d'épaisseur; l'écartement des cadres devra être réglé par l'ingénieur, d'après le degré de solidité du terrain.

Derrière les cadres, les plateaux ou palplanches seront rapprochés et réunis le plus possible.

Le boisage descendra jusqu'à la masse solide.

Art. 17. Si les puits sont muraillés, leur maçonnerie sera descendue jusqu'à la masse solide.

Art. 18. A défaut de solidité suffisante dans les parois, le boisage ou le muraillement devra être continué dans la masse elle-même : les cas où cette précaution sera nécessaire seront déterminés par l'ingénieur en chef des mines.

Art. 19. Les puits d'extraction auront au moins un mètre de diamètre : leur ouverture ne pourra se faire qu'à vingt mètres des chemins à voiture, édifices et constructions quelconques, sauf les exceptions qu'exigeront les localités, et qui seront reconnues par l'administration,

SECTION 3. — *Règles de cette exploitation.*

Art. 20. Toute autorisation d'exploitation par puits comportera l'obligation d'ouvrir deux puits à la fois, afin de pouvoir toujours se ménager une seconde sortie, en cas d'événements imprévus, ou pour faciliter la circulation de l'air.

Art. 21. Les puits étant percés suivant les formes prescrites, on ouvrira dans la masse, à angle droit l'une de l'autre, deux galeries en ligne droite, de cinquante mètres environ de longueur, et plus ou moins, suivant l'état de la masse et l'étendue de la propriété.

Art. 22. Sur le prolongement de ces premières galeries, également à angle droit, on ouvrira, de gauche et de droite, des traverses, ou tailles d'atelier, de cinq à six mètres de largeur au plus, séparées et soutenues par des rangées de piliers de masse tournés et isolés.

Art. 23. Les piliers auront au moins quatre mètres en tout sens : ils seront répartis, comme dans les cavages, de manière que leur plan présente un ensemble régulier de pleins et de vides.

TITRE V.

DISPOSITIONS COMMUNES AUX CAVAGES ET AUX PUITS.

Art. 24. La hauteur des ateliers d'extraction, dans les exploitations par cavage ou par puits, ne pourra jamais excéder six mètres; et ce *maximum* ne sera même toléré qu'autant qu'il aura été reconnu sans inconvénient par les ingénieurs

Art. 25. Dans aucun cas les exploitants ne pourront, de leur chef, supprimer ou affaiblir les piliers, sous quelque prétexte que ce soit.

Art. 26. La disposition du ciel ou du toit des galeries et chambres ou ateliers d'exploitation sera demi-circulaire ou en forme de berceau; le nez ou la courbure du haut des piliers commencera aux deux tiers de leur hauteur.

Art. 27. Pendant la suspension momentanée des ouvrages, telle que les dimanches et fêtes, ou pendant une plus longue interruption, quel qu'en soit le motif, les ouvertures des puits seront couvertes de fortes grilles en bois, formées de petits chevrons croisés et maillés, autant pleins que vides; et celles des des cavages, fermées par une porte.

TITRE VI.

DES EXPLOITATIONS A PLUSIEURS ÉTAGES DITES DOUBLES EXPLOITATIONS

SECTION 1re. — *Cas où les doubles exploitations sont autorisées.*

Art. 28. Les doubles exploitations pourront être autorisées quand, après une exploitation totale de la masse supérieure, il sera reconnu que les bancs inférieurs sont de bonne qualité, et peuvent être extraits sans qu'il en résulte aucun inconvénient.

SECTION 2. — *Conditions et règles de ces exploitations.*

Art. 29. Nulle double exploitation ne pourra être entreprise que, préalablement, l'ingénieur en chef des mines, sur la demande de l'exploitant, n'ait fait constater la manière d'être de la masse, sa qualité, son épaisseur, le mode ou projet d'extraction, et surtout l'état des travaux supérieurs dont l'exploitant sera tenu de joindre le plan et la coupe à sa demande de permission de double exploitation.

Art. 30. On pourra se servir des bouches d'entrée et ouvertures des travaux supérieurs, si elles sont reconnues en bon état.

Art. 31. Entre chaque étage de travaux, on laissera au moins trois mètres de masse : on pourra être obligé d'en laisser une épaisseur plus considérable, suivant sa solidité et sa manière d'être, et d'après les instructions données à cet égard par les ingénieurs.

Art. 32. La hauteur du premier étage ayant été fixée à six mètres au plus par l'article 24, celle du second étage sera de quatre mètres au plus, et celle du troisième étage en descendant sera au plus de trois mètres.

Art. 33. Les piliers des exploitations inférieures devront être répartis de manière à se trouver toujours en parfaite correspondance avec ceux des travaux supérieurs : ils auront au moins cinq mètres en tout sens dans le second étage, et six mètres dans le troisième étage.

Art. 34. Les ateliers des étages inférieurs ne pourront jamais avoir plus de quatre à cinq mètres de largeur.

Art. 35. Nul étançonnage en bois ne sera toléré dans les doubles exploitations ; et, lorsqu'il y aura lieu, les extracteurs devront soutenir le ciel avec des piliers en pierre, ou par des remblais ou des bourrages en terre.

TITRE VII.

DISPOSITIONS COMMUNES A TOUTE EXPLOITATION PAR CAVAGE ET PAR PUITS.

Art. 36. Nulle exploitation par cavage ou par puits ne pourra être entreprise qu'en vertu d'une autorisation du préfet, qui sera donnée sur le rapport des ingénieurs des mines. L'entrepreneur joindra à la demande qu'il formera pour obtenir cette autorisation un plan présentant le bornement exact de la propriété sous laquelle est située la masse à exploiter.

Art. 37. L'arrêté du préfet fixera les distances auxquelles l'exploitation pourra être conduite sur toutes les directions, à partir du pied du puits ou de l'entrée du cavage, de manière que l'exploitation ne puisse jamais s'étendre sous les propriétés voisines sans le consentement des propriétaires.

Art. 38. Lorsque l'exploitation aura été portée aux extrémités de la propriété, ou qu'elle aura atteint la longueur de cent mètres environ, depuis l'ouverture jusqu'aux extrémités de la crayère ou marnière, l'exploitant sera tenu d'en donner avis à l'ingénieur des mines, qui jugera, d'après l'état des travaux, si l'on peut continuer l'exploitation par les mêmes ouvertures, ou s'il n'est pas préférable d'en percer de nouvelles.

Art. 39. Si l'état des travaux d'une exploitation fait craindre des tassements ou éboulements, l'ingénieur des mines en donnera avis, et il sera ordonné de faire affaisser et combler toutes les parties qui pourraient donner quelque inquiétude, en commençant par les plus éloignées et se rapprochant successivement de l'entrée.

Art. 40. Toute extraction ne pourra être poussée qu'à la distance de deux mètres au moins des limites des propriétés ou terrains vagues non enclos, afin que, dans le cas où deux exploitations seraient contiguës, il reste entre elles, sous les limites des surfaces des propriétés, une bande de masse intacte, de l'épaisseur des piliers.

Art. 41. L'extraction ne pourra également être poussée qu'à la distance de dix mètres des deux côtés des chemins à voiture, de quelque classe qu'ils soient, ainsi que des édifices et constructions quelconques.

Art. 42. Lorsqu'une exploitation par puits ou par cavage, de quelque espèce qu'elle soit, sera entièrement terminée, l'exploitant en donnera avis à l'ingénieur des mines, qui en fera constater l'état, et se fera remettre les plans que doivent fournir les exploitants, pour déterminer s'il convient d'en ordonner le comblement, ou de faire affaisser, au moyen de la poudre, les parties menaçantes, ou enfin, s'il est nécessaire d'y faire quelques constructions avant de fermer la carrière.

Art. 43. Nul exploitant ne pourra, de son chef, faire affaisser, au moyen de la poudre, aucune ancienne exploitation avant d'en avoir demandé la permission, afin que les ingénieurs des mines s'assurent si toutes les mesures ont été prises pour qu'il n'arrive aucun accident.

N° 34.

Décret impérial relatif au mesurage des pierres destinées aux constructions publiques et particulières dans la ville de Paris, du 11 juin 1811.

Art. 1er. Les dispositions des arrêts du conseil des 6 février 1778 et 26 mars 1779, qui ordonnent le mesurage des pierres, seront désormais exécutées, tant à l'égard des carrières du département de la Seine qu'à l'égard des principales carrières situées dans les départements de Seine-et-Oise et de Seine-et-Marne, d'où il se tire des pierres pour le service des constructions publiques et particulières de la ville de Paris.

Art. 2. Le mesurage ordonné par l'article précédent se fera par une section spéciale du bureau central du poids public de la ville de Paris, et s'opérera, savoir :

Aux lieux mêmes de leur extraction, pour les pierres provenant des carrières du département de la Seine, et celles des carrières des départements voisins, où il sera jugé convenable d'établir des préposés mesureurs, si ces pierres sont destinées pour le département de la Seine; et, enfin, aux ports d'arrivage ou aux barrières d'entrée, pour les pierres envoyées à Paris de toutes autres carrières situées hors du département de la Seine où il n'aura pas été établi des préposés mesureurs.

Art. 3. Les préposés du bureau central du poids public chargés de faire le mesurage des pierres seront nommés par le préfet de la Seine parmi les personnes qui auront justifié, dans un examen subi devant le conseil des poids et mesures, d'une instruction suffisante sur la théorie élémentaire et sur la pratique de la cubature des solides.

Seront préférés, à qualités égales, ceux qui ont été employés comme toiseurs ou vérificateurs, et ceux qui entendent le jaugeage et les autres méthodes de mesurage utiles à la perception des octrois.

Art. 4. Avant d'entrer en fonctions, et, sous peine de nullité de leurs actes lesdits préposés prêteront serment devant le tribunal civil de la Seine, et leurs registres ou carnets seront cotés et parafés par un juge commis à cet effet.

La tenue desdits registres, ainsi que les opérations desdits préposés, seront surveillées et vérifiées par l'agent inspecteur général du bureau central du poids public et par l'intervention d'un inspecteur sous ses ordres, qui sera nommé par le préfet de la Seine.

Art. 5. Pour faciliter la description et la cubature des pierres, comme aussi pour éviter le transport et le déblai, sur les chantiers et théâtres, du bousin, des flaches et autres débris inutiles, les pierres à présenter au mesurage seront préalablement ébousinées au vif et leurs parements dressés.

Les pierres qui n'auront pas été ainsi préparées ne pourront être introduites dans Paris; et, en conséquence, les préposés mesureurs ne pourront, sous peine de contravention, les admettre au mesurage, quand même il y aurait offre de subir une réduction proportionnée aux bousin, flaches et autres débris inutiles.

Art. 6. Les pierres de dimension à produire au moins un cube d'un demi-décistère (environ un pied six pouces cubes), ou ayant au moins depuis sept jusqu'à trente centimètres d'épaisseur sur un mètre au moins de longueur et seize centimètres de largeur, seront seules à considérer comme pierres de taille.

Toutes pierres de dimensions ou de cubes inférieurs seront réputées moellons.

Art. 7. Les pierres qui autrefois se mesuraient au pied cube seront mesurées au mètre cube.

Quant à celles qui se mesuraient au tonneau de quatorze pieds cubes, la mesure en sera ramenée, soit au stère, soit au demi-stère, équivalant au tonneau, mesure ancienne.

Art. 8. En opérant la cubature des pierres, les préposés au mesurage marqueront chaque bloc d'une lettre ou numéro, et inscriront sur leurs registres les noms des vendeurs, ceux des acheteurs, les marques de la pierre, ses qualités, son origine, le lieu de sa destination et la nature de son emploi projeté.

Lors du chargement, soit sur la plate-forme, soit sur le port d'arrivage, il sera remis au voiturier un bulletin, copie exacte de l'inscription au registre, tant pour servir de titre au vendeur contre l'acheteur, que pour valoir permis d'entrée et servir de pièce justificative de la déclaration à faire préalablement devant les bureaux de l'octroi.

Semblable bulletin sera remis, à mêmes fins, au conducteur de pierres arrivant à l'extérieur et mesurées à la barrière.

Art. 9. Le droit de mesurage, bulletin compris, sera de soixante-quinze centimes par mètre cube.

Ce droit sera à la charge du vendeur et acquitté par ses voituriers ou bateliers.

Art. 10. La perception du droit de mesurage des pierres sera faite, au profit de la ville de Paris, par le bureau central du poids public, et le payement s'effectuera au moment de la délivrance du bulletin, savoir : par les préposés dudit bureau, et immédiatement après l'opération du mesurage, pour les pierres qu'ils auront mesurées aux lieux mêmes de l'extraction, et par les receveurs de l'octroi de Paris, pour le compte dudit bureau, immédiatement après l'opération du mesurage, et en même temps que la perception dudit octroi pour les pierres qui, n'ayant pas été mesurées sur les plates-formes des carrières, le seront aux barrières ou sur les ports de ladite ville.

La quittance du droit sera toujours donnée au pied du bulletin de mesurage, dont la délivrance est prescrite par l'art. 8 du présent décret.

Art. 11. Les préposés de l'octroi ne laisseront ni entrer dans Paris par les barrières, ni enlever des ports, pour être transportées dans l'intérieur, aucune voiture de pierres dont le voiturier ne leur représenterait pas le bulletin du mesurage dûment quittancé, accompagné de la quittance du droit de l'octroi.

Art. 12. Afin que les pierres puissent arriver sur les théâtres et chantiers du jour, et avant la fin de la journée de travail, les voitures qui ne seraient point prêtes à passer la barrière ou à quitter les ports d'arrivage une heure avant celle où finit la journée seront dételées et stationneront jusqu'au lendemain.

Art. 13. Les voituriers ne pourront, sous peine de cent francs d'amende et de trois cents francs en cas de récidive, décharger leurs pierres dans d'autres lieux que ceux qui sont indiqués sur le bulletin du mesurage.

Les rues et ponts que les voituriers devront suivre dans la traversée, la forme et la charge des voitures, les précautions à prendre pour y assurer les pierres, seront déterminés par un règlement du préfet de la Seine, de manière à prévenir des stationnements des voitures sur les ponts ou la voie publique et tous les autres embarras ou accidents qui peuvent résulter de ce transport.

Les voitures de pierres ne pourront passer sur les boulevards de l'intérieur de Paris.

Le même règlement indiquera les lieux où les voituriers pourront stationner pour faire reposer leurs chevaux; ils ne pourront s'arrêter sur aucun autre point, hors le cas d'accident, sous les peines portées au présent article.

Art. 14. Dans le cas d'avaries notables, et dans tous ceux qui donneraient ou pourraient donner lieu à contestation, le bureau central de pesage, mesurage et jaugeage publics fera faire, sur place, dans le département de la Seine, à la réquisition de la partie intéressée, et par des préposés autres que ceux qui auront fait le mesurage contesté, la vérification de ce mesurage, à l'effet de constater s'il se trouve des différences dues, soit aux avaries, soit à l'inexactitude de la description et de la cubature.

Art. 15. A ces vérifications seront dûment appelés l'ingénieur ou l'architecte chargé de diriger les constructions, lorsqu'il s'agira de pierres à employer dans les travaux publics, et l'un des architectes voyers, si les pierres sont destinées à des travaux particuliers.

Art. 16. Les vendeurs et acheteurs seront personnellement responsables des faits de leurs commis, voituriers ou domestiques, et seront garants aussi, respectivement, des condamnations qui pourraient être prononcées à raison de ces faits.

Art. 17. Les plaintes en contravention au présent décret, et les procès-verbaux dressés pour constater ces contraventions, seront portés devant les tribunaux de police du département de la Seine et des autres départements où s'exécutera le présent décret, pour, lesdites contraventions, y être jugées conformément aux lois et règlements.

Art. 18. Le recouvrement des amendes sera poursuivi à la diligence du receveur de l'enregistrement, auquel il sera, à cet effet, adressé des extraits des jugements rendus par les tribunaux de police. Le principal des amendes sera versé par ledit receveur, au fur et à mesure des recouvrements, dans la caisse du bureau central du poids public.

Art. 19. La régie de l'octroi fera, de son côté, tenir registre particulier du produit des droits de mesurage perçus par les receveurs, et en fera verser chaque mois le montant à la caisse du bureau central du poids public, qui, réunissant ces versements aux recettes directes par lui faites, versera le tout aussi chaque mois à la caisse du receveur municipal de la ville de Paris.

Art. 20. Le produit du droit de mesurage et les sommes provenant des amendes recouvrées seront spécialement affectés aux dépenses du traitement des préposés et vérificateurs du mesurage, frais de poursuite, frais de bureau et autres dépenses relatives à cette partie d'administration, et le surplus aux dépenses de la ville.

Art. 21. Les dispositions du présent décret, celles de notre décret du 26 septembre dernier, relatif aux dépôts de pierres sur la voie publique, et celles de l'arrêté de notre ministre de l'intérieur, du 13 octobre dernier, sur l'exécution dudit décret, seront applicables aux travaux militaires qui s'exécutent à Paris sous la direction de notre ministre de la guerre.

Art. 22. Notre ministre de l'intérieur est chargé de nous proposer l'application du présent décret, avec les modifications convenables aux grandes villes qui renferment des palais impériaux, ou dans lesquelles s'exécutent de grandes constructions civiles, militaires ou maritimes.

Art. 23. Nos divers ministres sont chargés, chacun en ce qui le concerne, de l'exécution du présent décret.

N° 35.

Arrêté du préfet de la Seine relatif au mesurage des pierres destinées aux constructions particulières de la ville de Paris, du 24 décembre 1811.

Le conseiller d'État, préfet du département de la Seine, comte de l'empire,

Vu le décret impérial du 11 juin 1811, relatif au mesurage des pierres extraites des carrières du département de la Seine, ou de celles qui sont amenées des départements circonvoisins, pour être employées à des constructions publiques et particulières dans la ville de Paris;

Arrête, pour l'exécution dudit décret, les dispositions suivantes :

Art. 1er. Le service du mesurage ordonné par le décret ci-dessus visé sera mis en activité le 1er janvier 1812.

Art. 2. Ce mesurage sera fait, savoir : pour ce qui concerne les pierres d'appareil provenant des carrières du département de la Seine, sur les plates-formes mêmes de ces carrières, et par les préposés spéciaux dont le nombre sera déterminé suivant les besoins du service; et pour ce qui concerne, soit les moellons provenant desdites carrières du département de la Seine, soit des pierres d'appareil ou autres expédiées des départements de Seine-et-Oise, de Seine-et-Marne ou autres départements circonvoisins, aux entrées de Paris et par les préposés de l'octroi, le tout suivant les formes déterminées dans les paragraphes suivants du présent arrêté.

§ 1er. — *Mesurage des pierres d'appareil provenant des carrières du département de la Seine, et payement du droit.*

Art. 3. Les carrières du département de la Seine seront divisées en six arrondissements, dans chacun desquels il sera établi un bureau particulier de vérification du mesurage.

Art. 4. Le 1er arrondissement comprendra les carrières de Nanterre et de Passy : le bureau de cet arrondissement sera établi à la barrière du Roule.

Le 2e arrondissement, les carrières de Gentilly occidental, Montrouge et Vaugirard : le bureau de cet arrondissement sera établi au Petit-Montrouge.

Le 3e comprendra les carrières de Gentilly oriental et de la plaine d'Ivry : le bureau de cet arrondissement sera établi à la barrière d'Italie.

Le 4e comprendra les carrières de Vanves, Châtillon et Bagneux occidental : le bureau de cet arrondissement sera établi à la Vieille-Baraque, sur le pavé de Châtillon.

Le 5e comprendra les carrières de Bagneux oriental, Arcueil et Cachan : le bureau de cet arrondissement sera établi à la Croix-d'Arcueil.

Le 6e comprendra les carrières de Saint-Mandé, Charenton, Saint-Maurice, Pont-de-Saint-Maur, Maisons et Creteil : l'emplacement du bureau de cet arrondissement sera ultérieurement désigné.

Art. 5. Les carrières qui, par la suite, pourront s'ouvrir sur le territoire de communes non désignées au précédent article seront réunies à l'arrondissement le plus voisin de leur situation.

Art. 6. Il n'y aura, pour toutes les carrières du département, qu'une seule série de numéros.

Art. 7. Chaque carrière prendra le numéro qui lui est désigné dans l'état annexé au présent arrêté.

Art. 8. Ce numéro sera inscrit sur une plaque de fer-blanc attachée à un poteau placé d'une manière apparente, et aux frais du carrier, sur la plate-forme de la carrière, et sera de plus apposé, par ledit carrier, en couleur rouge et à l'huile, sur le plus grand parement de chaque bloc extrait de ladite carrière.

Art. 9. Les préposés au mesurage des pierres seront rendus, chaque jour, sur les plates-formes des carrières avant l'heure ordinaire des chargements, à l'effet d'y procéder de la manière prescrite par les articles 5, 6, 7 et 8 du décret du 11 juin, à la visite, et, s'il y a lieu, au mesurage des pierres nouvellement extraites.

Art. 10. Au fur et à mesure de leurs opérations, lesdits préposés traceront, en couleur noire et à l'huile, sur le plus grand parement de chaque bloc mesuré, son numéro d'ordre, avec l'indication de sa cubature, et feront aussitôt mention du tout sur le carnet dont ils devront être porteurs.

Art. 11. Les numéros d'ordre à apposer sur chaque bloc, en exécution de l'article précédent, ne formeront, pour chaque carrière, qu'une série qui devra se continuer sans interruption ni lacune, jusqu'à ce que le renouvellement en ait été ordonné par l'inspecteur général.

Art. 12. Les chargements de pierres destinés pour la ville de Paris seront conduits directement de la carrière au bureau de vérification établi dans l'arrondissement de ladite carrière.

Le préposé de ce bureau, après avoir vérifié sur son carnet la cubature de chaque chargement, et en avoir fait transcription sur le registre du mesurage, délivrera au conducteur deux bulletins, copies exactes de cette transcription, l'un pour lui servir de permis d'entrée et de titre contre l'acheteur, l'autre pour être remis audit acheteur.

Art. 13. Dans le cas où la cubature indiquée sur les blocs ne serait pas conforme à la cubature portée au carnet, les pierres composant le chargement seront mesurées et marquées de nouveau, et leur cubature rectifiée, inscrite ensuite au registre.

Art. 14. Les chargements qui, pour se rendre à leur destination, ne devront point passer devant un bureau de vérification, seront vérifiés, et leurs bulletins de mesurage délivrés sur les plates-formes mêmes des carrières, où les préposés seront tenus de se transporter à cet effet à la réquisition des carriers.

Art. 15. Les droits fixés par le décret du 11 juin pour les opérations du mesurage, et mis par l'art. 9 de ce décret à la charge des carriers, seront par eux payés, chacun en ce qui le concerne, à vue des bordereaux que l'inspecteur général du poids public en aura dressés, d'après les envois à lui faits, par ses préposés, des états journaliers de leurs opérations.

Art. 16. Les redevables, en retard de s'acquitter, seront contraints par la voie administrative et dans les formes prescrites pour le recouvrement des droits du poids public.

§ II.—*Mesurage des moellons provenant des carrières du département de la Seine, et des pierres d'appareil ou autres expédiées des départements pour la ville de Paris, et payement du droit.*

Art. 17. Les chargements de moellons provenant des carrières du département de la Seine, ainsi que les pierres d'appareil ou autres expédiées des départements extérieurs pour la ville de Paris, seront mesurés à l'instant même de l'arrivée, soit aux barrières d'entrée, soit aux ports de destination, par les préposés de l'octroi.

Art. 18. Ce mesurage s'évaluera, quant aux moellons, en mètres cubes ou stères, conformément à l'art. 7 du décret du 11 juin, et se fera, quant aux pierres d'appareil, de la manière prescrite par les art. 5, 6, 7 et 8 du susdit décret, déjà rappelés dans l'art. 9 du présent arrêté, et avec indication de la cubature de chaque bloc, ainsi qu'il est dit en l'art. 10 de ce même arrêté.

Art. 19. Aux barrières, la cubature de chaque chargement sera immédiatement inscrite sur le registre des mesurages, et les deux bulletins en seront aussitôt délivrés au conducteur.

Art. 20. Aux ports, la cubature de chaque bloc composant le chargement d'un bateau sera provisoirement prise en charge, sur le carnet, pour n'être définitivement portée sur le registre du mesurage qu'au fur et à mesure de l'enlèvement des pierres.

Art. 21. Le droit de mesurage sera payé comptant entre les mains desdits préposés de l'octroi, qui en donneront quittance au bas du bulletin à rapporter au vendeur.

APPENDICE,

§ III. — *Dispositions générales.*

Art. 22. Il sera tenu, au bureau central du poids public, un registre général des opérations du mesurage des pierres ; ce registre sera formé d'après les bordereaux que les divers préposés, tant sur les carrières qu'aux entrées de Paris, seront tenus d'adresser, chaque jour, à l'inspecteur général (1).

Art. 23. Les registres du mesurage seront, à la fin de chaque mois, arrêtés par les inspecteurs particuliers, visés et vérifiés par l'inspecteur général.

Art. 24. Les voituriers ou conducteurs devront, toutes les fois qu'ils en seront requis, représenter aux divers préposés du mesurage et aux employés de l'octroi les bulletins de leurs chargements, à peine d'être poursuivis comme contrevenants aux lois et règlements concernant le poids public.

Art. 25. Les contraventions seront constatées par les procès-verbaux des préposés du mesurage.

Art. 26. L'inspecteur général, chef du bureau central du poids public, est chargé de l'exécution du présent arrêté, qui sera imprimé à la suite du décret impérial du 11 juin 1811, et affiché aux barrières d'entrée de la ville de Paris et dans les diverses communes des arrondissements de Saint-Denis et de Sceaux.

N° 36.

Arrêté du ministre des finances sur la constitution des perceptions du département de la Seine, du 19 novembre 1859.

Vu la loi du 16 juin 1859 sur l'extension des limites de la ville de Paris, portant suppression d'une partie des communes suburbaines et modification du territoire de plusieurs autres communes ;

Vu le décret du 31 octobre 1859 et l'arrêté du sénateur préfet de la Seine, en date du 3 novembre 1859, sur la délimitation et la dénomination des nouveaux arrondissements municipaux et des nouveaux quartiers de la ville de Paris,

Arrête :

Art. 1er. A partir du 1er janvier 1860, les perceptions du département de la Seine seront constituées conformément aux indications ci-après, savoir :

VILLE DE PARIS.

1. *Arrondissement du Louvre.*

1re division. — Quartiers Saint-Germain-l'Auxerrois et des Halles.
2e division. — Quartier du Palais-Royal.
3e division. — Quartier de la place Vendôme.

---

1 Cette disposition a été modifiée par un autre arrêté du préfet de la Seine du 11 mai 1812, ainsi conçu :

Art. 1er. Les pierres arrivant par eau seront immédiatement inscrites sur le registre du mesurage.

Il ne sera expédié pour chaque bateau qu'un seul bulletin indicatif du nombre et de la cubature de chacun des blocs composant le chargement. Ce bulletin sera transmis l'inspecteur général aussitôt après la perception du droit.

II. *Arrondissement de la Bourse.*

1re division. — Quartier Gaillon.
2e division. — Quartier Vivienne.
3e division. — Quartier du Mail.
4e division. — Quartier Bonne-Nouvelle.

III. *Arrondissement du Temple.*

1re division. — Quartiers des Arts-et-Métiers et des Enfants-Rouges.
2e division. — Quartiers des Archives, Sainte-Avoie.

IV. *Arrondissement de l'Hôtel-de-Ville.*

1re division. — Quartiers Saint-Merri, Notre-Dame.
2e division. — Quartiers Saint-Gervais, l'Arsenal.

V. *Arrondissement du Panthéon.*

1re division. — Quartiers Saint-Victor, Jardin-des-Plantes, Val-de-Grâce.
2e division. — Quartier de la Sorbonne.

VI. *Arrondissement du Luxembourg.*

1re division. — Quartiers de la Monnaie, Saint-Germain-des-Prés.
2e division. — Quartiers de l'Odéon, Notre-Dame-des-Champs.

VII. *Arrondissement du Palais-Bourbon.*

1re division. — Quartier Saint-Thomas-d'Aquin.
2e division. — Quartiers des Invalides, École-Militaire, Gros-Caillou.

VIII. *Arrondissement de l'Élysée.*

1re division. — Quartiers des Champs-Élysées, du Faubourg-du-Roule, de l'Europe.
2e division. — Quartier de la Madeleine.

IX. *Arrondissement de l'Opéra.*

1re division. — Quartiers de Saint-Georges et Rochechouart.
2e division. — Quartier de la Chaussée-d'Antin.
3e division. — Quartier du Faubourg-Montmartre.

X. *Arrondissement de l'Enclos-Saint-Laurent.*

1re division. — Quartiers Saint-Vincent-de-Paul, Porte-Saint-Denis.
2e division. — Quartier de la Porte-Saint-Martin.
3e division. — Quartier de l'Hôpital-Saint-Louis.

XI. *Arrondissement de Popincourt.*

1re division. — Quartiers de la Folie-Méricourt, Saint-Ambroise.
2e division. — Quartiers de la Roquette, Sainte-Marguerite.

XII. *Arrondissement de Reuilly.*

Division unique. — Quartiers du Bel-Air, de Picpus, Bercy, Quinze-Vingts.

XIII. *Arrondissement des Gobelins.*

Division unique. — Quartiers de la Salpêtrière, la Gare, Maison-Blanche, Croulebarbe.

XIV. *Arrondissement de l'Observatoire.*

Division unique. — Quartiers Mont-Parnasse, Santé, Petit-Montrouge, Plaisance.

XV. *Arrondissement de Vaugirard.*

Division unique. — Quartiers Saint-Lambert, Necker, Grenelle, Javel.

XVI. *Arrondissement de Passy.*

1re division. — Quartiers d'Auteuil, de la Muette.
2e division. — Quartiers Porte-Dauphine, des Bassins.

XVII. *Arrondissement des Batignolles-Monceaux.*

1re division. — Quartiers des Ternes, de la plaine Monceaux.
2e division. — Quartiers des Batignolles, des Épinettes.

XVIII. *Arrondissement de la Butte-Montmartre.*

1re division. — Quartiers des Grandes-Carrières, Clignancourt.
2e division. — Quartiers de la Goutte-d'Or, de La Chapelle.

XIX. *Arrondissement des Buttes-Chaumont.*

1re division. — Quartiers de La Villette, du pont de Flandre.
2e division. — Quartiers d'Amérique et du Combat.

XX. *Arrondissement de Ménilmontant.*

Division unique. — Quartiers de Belleville, Saint-Fargeau, Père-Lachaise et Charonne.

CHEFS-LIEUX de PERCEPTION.	NOMB.	COMMUNES composant chaque réunion. NOMS.	CHEFS-LIEUX de PERCEPTION.	NOMB.	COMMUNES composant chaque réunion. NOMS.
Arrondissement de Saint-Denis.					
Aubervilliers.	5	Aubervilliers. Dugny. Courneuve. Saint-Ouen. Saint-Anis.	Pantin......	6	Pantin. Bobigny. Bondy. Drancy. Noisy. Le Bourget.
Bagnolet.....	3	Bagnolet. Romainville. Prés-Saint-Gervais.	Puteaux......	3	Puteaux. Nanterre. Suresne.
Boulogne	1	Boulogne.			
Courbevoie...	4	Courbevoie. Asnières. Colombes. Gennevilliers.	Saint-Denis..	5	Saint-Denis. Epinay. Ile-Saint-Denis. Pierrefitte. Villetaneuse.
Neuilly......	2	Neuilly. Clichy.			

Arrondissement de Sceaux.

Charenton ...	4	Charenton. Creteil. Maisons-Alfort. Saint-Maurice.	Montrouge ...	4	Montrouge. Gentilly. Arcueil. Bagneux.
Choisy-le-Roi	7	Choisy-le-Roi. Chevilly. Fresnes. Lhay. Orly. Rungis. Thiais.	Saint-Maur ...	6	Saint-Maur. Bonneuil. Bry. Champigny. Joinville. Nogent.
Ivry	3	Ivry. Vitry. Villejuif.	Sceaux	6	Sceaux. Antony. Bourg-la-Reine. Chatenay. Fontenay. Plessis-Piquet.
Montreuil	4	Montreuil. Fontenay-sous-Bois. Rosny. Villemomble.	Vanves	4	Vanves. Issy. Clamart. Châtillon.
			Vincennes	2	Vincennes. Saint-Mandé.

Art. 2. Le présent arrêté sera déposé au secrétariat général pour être notifié à qui de droit.

N° 37.

Décret sur la répartition de la contribution personnelle mobilière de l'année 1861 dans la ville de Paris, du 31 août 1860.

Vu la délibération en date du 3 août 1860, par laquelle le conseil municipal de la ville de Paris a proposé de répartir la contribution personnelle mobilière de 1861 d'après les bases suivantes :

« Les loyers d'habitation inférieurs à 250 francs continueront d'être » affranchis de toute cotisation, à l'exception de ceux des patentés, lesquels » seront passibles, sur la partie affectée à leur habitation, d'une contribution » établie à raison de.. 3 p. 0/0
 » Ceux de   250 fr. à   499 fr............................... 3 p. 0/0
 » Ceux de   500 fr. à   999 fr............................... 5 p. 0/0
 » Ceux de 1,000 fr. à 1,499 fr............................... 7 p. 0/0
 » Ceux de 1,500 fr. et au-dessus............................. 9 p. 0/0
 » Le somme nécessaire pour solder le montant du contingent, cumulative» ment avec le produit du rôle, sera prélevée sur le crédit qui sera ouvert pour » cet objet au budget communal de 1861 ; »

Vu l'article 20 de la loi du 21 avril 1832 et l'article 5 de la loi du 3 juillet 1846;

Sur le rapport de notre ministre secrétaire d'État au département des finances,

Avons décrété et décrétons ce qui suit :

Art. 1er. La délibération susvisée du conseil municipal de Paris est approuvée.

N° 38.

Règlement du préfet de la Seine sur les abonnements aux eaux de Paris, du 1ᵉʳ août 1846.

Vu les lois et les règlements qui régissent les eaux publiques;

Vu l'arrêté d'un de nos prédécesseurs, en date du 30 septembre 1813, et les délibérations du conseil municipal de Paris des 24 février 1843 et 6 février 1846, sur la fixation du tarif des abonnements aux eaux de Paris;

Considérant que ces eaux inaliénables et imprescriptibles sont principalement consacrées aux fontaines publiques, aux bornes-fontaines et aux fontaines monumentales, pour l'alimentation de la ville, son assainissement et sa décoration, mais qu'après avoir satisfait à ces services, l'administration peut disposer de l'excédant des eaux pour des abonnements particuliers, temporaires et à prix d'argent;

Arrêtons ainsi qu'il suit les conditions de ces abonnements:

Forme des abonnements. — Les abonnements aux eaux de Paris sont souscrits en forme de soumission à la suite du présent règlement, et approuvés, s'il y a lieu, par nous, sur l'avis de l'ingénieur en chef du service, et par un arrêté spécial.

Ils seront annuels et exprimeront en hectolitres la quantité d'eau à fournir par jour.

Mode de délivrance des eaux. — Le mode de délivrance des eaux a lieu d'après un des systèmes suivants:

1° Par écoulement déterminé, constant ou intermittent, régulier ou irrégulier, réglé par un robinet de jauge établi aux frais de l'abonné, et fermé par un cadenas, dont les agents du service des eaux ont seuls la clef; dans ce mode de livraison, les eaux sont reçues dans un réservoir à flotteur, dont la hauteur est indiquée par l'ingénieur du service; 2° par attachement; 3° par estimation et sans jaugeage. Ce dernier mode n'est applicable qu'aux eaux de l'Ourcq. On ne peut le suivre pour celles des autres provenances que dans des circonstances exceptionnelles, et par autorisation spéciale accordée dans l'arrêté d'approbation de l'abonnement. Dans tous les cas, la soumission doit indiquer les usages auxquels les eaux sont consacrées; l'abonné ne peut les employer à d'autres usages, ni consommer plus d'eau que le volume de son abonnement. (*Id.*, art. 2.)

Résiliation. — Les abonnés ne peuvent renoncer à leur abonnement qu'en avertissant le préfet de la Seine, par écrit, trois mois à l'avance. Quelle que soit l'époque de l'avertissement, le prix de l'abonnement est exigible pour les trois mois qui suivent sa réception au secrétariat de la préfecture. (*Id.*, art. 3.)

L'abonnement n'est pas résilié par le seul fait de la mutation de la propriété ou de l'établissement où les eaux sont fournies. Le titulaire ou ses héritiers sont responsables du prix de l'abonnement jusqu'à ce qu'ils aient accompli la formalité exigée par l'article précédent, sans préjudice du recours contre le successeur qui a joui des eaux. (*Id.*, art. 4.)

Interruption de service. — Les abonnés ne peuvent réclamer aucune indemnité pour les interruptions momentanées du service résultant, soit des gelées, des sécheresses et des réparations des conduites, aqueducs et réservoirs, soit du chômage des machines d'exploitation ou de toutes autres causes analogues, et notamment de celles de force majeure ; mais il leur est tenu compte, en déduction du prix de l'abonnement, de tout le temps d'interruption du service qui excède huit jours consécutifs, et qui est causé par des travaux de l'administration. (*Id.*, art. 5.)

Unité de l'abonnement. — Chaque propriété particulière doit avoir un embranchement séparé avec prise d'eau distincte sur la voie publique. Il ne peut être fait exception à cette règle que quand deux maisons contiguës, appartetenant au même propriétaire, sont mises en communication intérieurement, de manière à pouvoir être considérées comme n'en formant qu'une seule. (*Id.*, art. 6.)

Robinet d'arrêt. — A l'origine de chaque embranchement est placé sous la voie publique un robinet d'arrêt sous bouche à clef. Les agents de l'administration ont seuls le droit de manœuvrer ce robinet, qui a son carré conforme à celui des robinets de la ville. Les abonnés peuvent faire placer à l'intérieur de leur propriété un second robinet d'arrêt, à la condition que la clef soit différente de celle de la ville. Il est expressément interdit aux abonnés, sous peine de résiliation immédiate, de faire usage des clefs des eaux de la ville, ou même de les conserver en dépôt. (*Id.*, art. 7.)

Frais d'embranchement. — Les travaux d'embranchement sur la conduite publique, jusques et y compris le robinet d'arrêt sous bouche à clef, sont exécutés et réparés aux frais des abonnés, sous la surveillance des ingénieurs, par l'entrepreneur de l'entretien des conduites de la ville, au prix de son adjudication, et d'après le règlement desdits ingénieurs. Au delà dudit robinet, les abonnés peuvent employer des ouvriers de leur choix, mais toujours sous la surveillance des ingénieurs, et en se conformant aux règlements de police. Ils peuvent aussi s'adresser à l'entrepreneur de la ville, qui est tenu de faire ces travaux aux prix de la série spéciale de son devis, mais sans rabais. Les travaux de pavage et de trottoirs sont faits par les soins des ingénieurs du pavé de Paris, aux frais des abonnés, conformément aux arrêtés des 20 décembre 1843 et 18 décembre 1844. (*Id.*, art. 8.)

Responsabilité. — Les abonnés sont exclusivement responsables envers les tiers de tous les dommages auxquels l'établissement ou l'existence de leurs conduites peut donner lieu.

Plan des embranchements. — Lors de la mise en jouissance de chaque abonné, il est dressé en double, contradictoirement, un plan des lieux avec une légende indiquant la nature, la disposition et le diamètre des conduites ainsi que le nombre et l'emplacement des robinets et orifices d'écoulement. La même légende fait connaître l'origine et la position de l'embranchement extérieur. L'abonné ne peut rien changer aux dispositions primitivement exécutées, à moins d'en avoir préalablement obtenu l'autorisation. (*Id.*, art. 10.)

Interdiction de céder des eaux. — Il est formellement interdit à tout abonné d'embrancher ou de laisser embrancher sur sa conduite, soit à l'intérieur, soit à l'extérieur, aucune prise d'eau au profit d'un tiers, sans l'autorisation expresse de l'administration. Il lui est également interdit, sauf le cas d'incendie, de disposer, ni gratuitement, ni à prix d'argent, ni à quelque titre que ce soit, en faveur d'un autre particulier, de la totalité ou d'une partie des eaux qui lui sont fournies, ni même du trop plein de son réservoir. Il ne peut non plus augmenter à son profit le volume de son abonnement. Toute contravention à ces dispositions entraîne l'obligation par l'abonné de payer à la ville de Paris, à titre de dommages-intérêts, une indemnité de 1,000 fr. (*Id.*, art. 11.)

Surveillance. — Les distributions d'eau, pratiquées dans l'intérieur des propriétés particulières, sont constamment soumises à l'inspection des ingénieurs et des autres agents de l'administration, sous peine de révocation des abonnements. (*Id.*, art. 12).

Rémunération. — Il est expressément interdit aux abonnés et à tous leurs ayants droit, sous peine de résiliation immédiate, de rémunérer, sous quelque prétexte et sous quelque dénomination que ce puisse être, aucun agent ni ouvrier de l'administration. (*Id.*, art. 13.)

Tarif. — Le prix des abonnements est déterminé d'après le tarif suivant : fourniture journalière d'un hectolitre d'eau de l'Ourcq, 5 fr. par an ; d'eau de la Seine, des sources ou du puits artésien, 10 fr. Il n'est pas accordé d'abonnement au-dessous de la somme de 75 fr. pour les eaux de l'Ourcq, et de 100 fr. pour celles de la Seine, des sources et du puits artésien. (*Id.*, art. 14.)

Payements. — Le prix de l'abonnement est payé à la caisse du receveur municipal à l'Hôtel-de-Ville, par semestre et d'avance, dans le courant des mois de janvier et de juillet de chaque année. Les abonnements au-dessus de 100 fr. peuvent être payés par trimestre, mais toujours d'avance, dans le premier mois de chaque trimestre. L'abonné peut payer d'avance le montant de son abonnement d'une année en un seul payement. A défaut de payement régulier aux époques et de la manière ci-dessus indiquées, le service des eaux est suspendu, et l'abonnement peut être résilié. (*Id.*, art. 15.)

Les frais de timbre et d'enregistrement des soumissions et des arrêtés d'abonnement sont supportés par les abonnés.

Contraventions. — Les contraventions au règlement sont constatées par procès-verbaux de grande voirie, et poursuivies devant le conseil de préfecture, conformément à la loi. (*Id.*, art. 17.)

2° Tarif d'abonnement des lavoirs publics, du 18 décembre 1851.

Nous, préfet de la Seine,

Vu la délibération prise sur notre proposition le 28 novembre dernier par la commission municipale de Paris, pour la réduction du tarif des abonnements aux eaux en faveur des lavoirs publics, remplissant les conditions de salubrité et d'économie qui seront jugées nécessaires ;

Arrêtons :

Art. 1er. A partir du 1er janvier 1852, le tarif des abonnements aux eaux de Paris pour les lavoirs publics, qui rempliront les conditions ci-dessous indiquées, sera fixé, par an, pour chaque hectolitre de fourniture journalière, savoir :

1° A deux francs cinquante centimes pour les eaux de l'Ourcq dans toute la ville, et pour les autres eaux, sur les points où il n'en existe que d'une seule nature ;

2° A cinq francs pour les eaux de Seine, des sources ou du puits artésien, sur les points où ces eaux arrivent concurremment avec celles de l'Ourcq et où les abonnés ont la faculté de prendre ces dernières à 2 fr. 50 c.

Art. 2. Le tarif réduit ci-dessus n'est applicable qu'aux lavoirs qui seront reconnus, sur l'avis du conseil de salubrité et par M. le préfet de police, remplir les conditions de salubrité et d'économie nécessaires à ces établissements.

3° Réduction du tarif pour les abonnements considérables, du 22 mars 1853.

Nous, préfet de la Seine,

Vu la délibération du conseil municipal, en date du 4 mars courant, conte-

nant adoption d'une échelle décroissante dans le tarif des abonnements aux eaux de Paris, au delà d'une fourniture journalière de 50 hectolitres ;
Arrêtons :
Art. 1ᵉʳ. Le prix des abonnements aux eaux à partir du 1ᵉʳ juillet prochain sera déterminé d'après le tarif suivant :

QUANTITÉ DE LA FOURNITURE JOURNALIÈRE.	PRIX PAR AN pour chaque hectolitre par jour.	
	Ourcq.	Seine et autres.
	fr. c.	fr. c.
Premier 1/2 module, équivalant à 1/4 de pouce, ou de 1 à 50 hectolitres............	5 »	10 »
Deuxième 1/2 module, ou de 51 à 100 hectolitres.....	4 »	8 »
Troisième 1/2 module, ou de 101 et au-dessus........	3 »	6 »

En outre, au delà de 50 hectolitres, le prix de l'eau de l'Ourcq sera appliqué aux autres eaux, sans distinction de nature ni d'origine, s'il n'y a qu'une seule sorte d'eau dans la rue.

N° 39.

Décret qui règle le cadre et les traitements du personnel de la police municipale de Paris, du 27 novembre 1859.

Art. 1ᵉʳ. A partir du 1ᵉʳ janvier 1860, le personnel de la police municipale de la ville de Paris est fixé, quant aux cadres et aux traitements, conformément au tableau annexé au présent décret.

(*Voir d'autre part.*)

TABLEAU

Tableau portant règlement du cadre et des traitements de la police municipale de Paris.

	CADRE DU PERSONNEL.	TRAITEMENTS annuels.
	1º POLICE MUNICIPALE.	
1	Commissaire de police, chef de la police municipale.........	12,000f
1	Chef-adjoint, à..	8,000
1	Sous-chef, dont le traitement pourra varier de 3,000 à 5,000 fr., au traitement actuel de....................................	3,500
20	Commis, dont :	
	2 commis principaux, de 2,400 à 4,000 francs, au traitement actuel, l'un de..	2,700
	l'autre de..	2,400
	9 commis de première classe, dont le traitement pourra varier de 2,100 à 3,000 francs, au traitement actuel de.....	2,100
	9 commis de deuxième classe, dont le traitement pourra varier de 1,500 à 2,400 francs, au traitement actuel de...	1,500
4	Inspecteurs spéciaux, à..	6,000
32	Officiers de paix, dont :	
	12 d'arrondissements, à..	3,500
	8 idem, à..	3,000
	4 de brigades centrales, à.....................................	3,500
	4 de services divers, à..	4,000
	3 idem, à..	5,000
	1 de sûreté, à..	6,000
16	Inspecteurs principaux, à......................................	2,500
78	Brigadiers, à...	1,800
427	Sous-brigadiers, à..	1,600
3,676	Sergents de ville, dont :	
	650 à..	1,500
	775 à..	1,400
	1,020 à..	1,300
	1,231 à..	1,200
321	Auxiliaires, à 3 francs par jour...............................	(1,095)
1	Médecin-chef du service médical, à............................	3,500
12	Médecins d'arrondissement, à.................................	1,600
	2º SERVICE DU CONTROLE.	
1	Commissaire de police, contrôleur des services extérieurs de la préfecture...	10,000
1	Secrétaire, à..	2,000
1	Officier de paix, à...	4,000
1	Brigadier, à...	1,800
2	Sous-brigadiers, à..	1,600
20	Inspecteurs, dont 10 à..	1,500
	10 à..	1,400

Nº 40.

Décret qui détermine le nombre et les traitements des commissaires de police et des agents nécessaires pour la surveillance des communes du département de la Seine (Paris excepté), du 17 décembre 1859.

Art. 1er. Le nombre, le chef-lieu, la juridiction des commissariats de police des communes du département de la Seine (Paris excepté), et le personnel des agents attachés à chacun d'eux, sont arrêtés conformément au tableau suivant :

ARRONDISSE-MENTS.	CHEF-LIEU du commissariat.	CIRCONSCRIPTIONS.	COMMISSAIRES de police.	SECRÉTAIRES.	BRIGADIERS.	SERGENTS de ville.
Saint-Denis.	Boulogne.....	La commune de Boulogne et les portions des anciennes communes d'Auteuil et de Passy réunies à Boulogne en vertu de la loi du 16 juin 1859.	1	1	1	4
Saint-Denis.	Clichy........	La commune de Clichy, accrue de la portion de l'ancienne commune de Batignolles-Monceaux réunie à Clichy en vertu de la loi du 16 juin 1859; la commune de Saint-Ouen.	1	1	1	3
Saint-Denis.	Courbevoie....	Les communes de Courbevoie, Colombes et Genevilliers.	1	1	1	4
Saint-Denis.	Neuilly.......	La commune de Neuilly..........	1	1	1	5
Saint-Denis.	Pantin........	Les communes de Pantin, Bobigny, Bondy, le Bourget, Drancy, Noisy-le-Sec, les Prés-Saint-Gervais et Romainville.	1	1	1	4
Saint-Denis.	Puteaux.......	Les communes de Puteaux, Nanterre et Suresnes.	1	1	1	4
Saint-Denis.	Saint-Denis...	Les communes de Saint-Denis, Aubervilliers, la Courneuve, Dugny, Épinay, Pierrefitte, Stains et Villetaneuse.	1	1	1	7
Sceaux.....	Charenton-le-Pont.	Les communes de Charenton-le-Pont, Creteil, Maisons-Alfort et Saint-Maurice.	1	1	1	5
Sceaux.....	Choisy-le-Roi.	Les communes de Choisy-le-Roi, Chevilly, Fresnes, l'Hay-Orby, Rungis, Thiais, Villejuif et Vitry.	1	1	1	5
Sceaux.....	Gentilly......	Les communes de Gentilly, Arcueil et Yvry.	1	1	1	4
Sceaux.....	Sceaux........	Les communes de Sceaux, Antony, Bagneux, Bourg-la-Reine, Chatenay, Châtillon, Clamart, Fontenay-aux-Roses, le Plessis-Picquet.				
Sceaux.....	Vincennes.....	Les communes de Vincennes, Fontenay-sous-Bois, Montreuil, Rosny, Saint-Mandé, Villemomble, plus la commune de Bagnolet, dépendant de l'arrondissement de Saint-Denis.	1	1	1	5
Sceaux.....	Saint-Maur....	Les communes de St-Maur, Bonneuil, Bry-sur-Marne, Champigny, Joinville-le-Pont et Nogent-sur-Marne.	1	1	1	3
Sceaux....	Vanves........	Les communes de Vanves, Issy, Montrouge.	1	1	1	4

ART. 2. Les commissaires de police du département de la Seine sont divisés en deux classes; le traitement affecté à chacune d'elles est fixé ainsi qu'il suit :

   1re classe........................... 3,500 fr.
   2e classe........................... 3,000

Art. 3. Le traitement des secrétaires attachés aux commissariats de police des communes du département de la Seine est également divisé en deux classes et fixé ainsi qu'il suit :

  1re classe............................ 1,800 fr.
  2e classe............................ 1,500

Art. 4. Le traitement des brigadiers est fixé à quatorze cents francs.

Le traitement des sergents de ville est divisé en deux classes et fixé ainsi qu'il suit :

  1re classe............................ 1,300 fr.
  2e classe............................ 1,200

Art. 5. Les commissariats de police existant actuellement à Auteuil, Batignolles, Belleville (1re et 2e section), Charonne, La Chapelle, La Villette, Montmartre, Passy, Bercy, Grenelle, Ivry, Montrouge, Saint-Mandé et Vaugirard, sont et demeurent supprimés.

N° 41.

Ordonnance du préfet de police concernant les aubergistes, maîtres d'hôtels garnis et logeurs, les visa de passe-ports et permis de séjour, du 15 juin 1832.

§ 1er.

Art. 1er. Sont considérées comme logeurs de profession, et, à ce titre, sont astreintes à l'exécution des dispositions législatives et réglementaires concernant les aubergistes, maîtres d'hôtels garnis et logeurs, toutes personnes qui louent en garni tout ou partie d'une maison, soit dans les termes et délais en usage pour les locations en garni, soit dans les termes et délais déterminés par le droit commun pour les locations en général. (*Article* 1758 *du Code civil.*)

Art. 2. Les personnes qui veulent exercer la profession d'aubergiste, maître d'hôtel garni ou logeur, sont tenues d'en faire préalablement la déclaration à la préfecture de police.

Acte leur en sera donné.

Cette déclaration devra être renouvelée toutes les fois qu'elles viendront à changer de domicile.

Elles devront, en outre, placer extérieurement et conserver constamment sur la porte d'entrée de la maison un tableau indiquant que tout ou partie de la maison est louée en garni.

Les lettres de ce tableau ne devront pas avoir moins de huit centimètres (trois pouces) de hauteur; elles seront noires sur un fond jaune.

Les aubergistes, maîtres d'hôtels garnis et logeurs sont invités à numéroter leurs appartements ou chambres meublées.

Art. 3. Les aubergistes, maîtres d'hôtels garnis et logeurs sont tenus d'avoir un registre en papier timbré pour l'inscription immédiate des voyageurs français et étrangers.

Ce registre doit être coté et parafé par le commissaire de police du quartier. (*Loi du 22 juillet* 1791, *art.* 5; *et* 475, *paragraphe* 2 *du Code pénal.*)

Art. 4. Il est enjoint aux aubergistes, maîtres d'hôtels garnis et logeurs, d'inscrire, jour par jour, de suite, sans aucun blanc ni interligne, les noms, prénoms, âges, profession, domicile habituel et dernière demeure de tous ceux qui couchent chez eux, même une seule nuit.

Le registre doit indiquer la date de leur entrée et de leur sortie.

Il doit, en outre, mentionner s'ils sont porteurs de passe-ports ou autres papiers de sûreté, et quelles sont les autorités qui les auront délivrés. (*Loi du 22 juillet 1791, articles 5 et 475, paragraphe 2 du Code pénal.*)

Art. 5. Les aubergistes, maîtres d'hôtels garnis et logeurs représenteront leur registre à toute réquisition, soit aux commissaires de police qui les viseront, soit aux officiers de paix ou aux préposés de la préfecture de police, qui pourront aussi les viser.

Ils seront tenus de faire viser leurs registres, à la fin de chaque mois, par le commissaire de police de leur quartier. (*Loi du 22 juillet 1791, et Code pénal, mêmes articles.*)

Art. 6. Faute par eux de se conformer aux dispositions des articles 3, 4 et 5 de la présente ordonnance, ils encourront les peines prononcées par les lois. (*Amende, depuis six francs jusqu'à dix inclusivement; art. 475 du Code pénal, paragraphe 2; emprisonnement pendant cinq jours, en cas de récidive; art 478 du même Code.*)

Ils seront, en outre, civilement responsables des restitutions, des indemnités et des frais adjugés à ceux à qui un crime ou un délit commis par des personnes logées sans inscription aurait causé quelque dommage, sans préjudice de leur responsabilité, dans le cas des articles 1952 et 1953 du Code civil. (*Art. 73 du Code pénal.*)

Art. 7. Il leur est défendu d'inscrire sciemment, sur leur registre, sous des noms faux ou supposés, les personnes logées chez eux, sous les peines prononcées par l'article 154 du Code pénal. (*Emprisonnement de six jours à un mois, Code pénal, art. 154.*)

Il leur est pareillement défendu de donner retraite aux vagabonds, mendiants et gens sans aveu. (*Loi du 10 vend. an IV.*)

Art. 8. Il leur est défendu aussi de recevoir habituellement des filles publiques, sous peine d'une amende de deux cents francs. (*Ord. de police du 6 nov. 1778, art. 5.*)

Art. 9. Les aubergistes, maîtres d'hôtels garnis et logeurs porteront tous les jours, avant quatre heures, au commissaire de police de leur quartier, les passe-ports des voyageurs français et une note des voyageurs étrangers qui seront arrivés dans leurs auberges, hôtels garnis, appartements ou chambres meublés.

En échange de chaque passe-ports, le commissaire de police leur remettra un bulletin, avec lequel les voyageurs se présenteront, dans les trois jours de leur arrivée, à la préfecture de police, pour y retirer leurs passe-ports et obtenir un visa ou un permis de séjour.

Art. 10. Les personnes, soit françaises, soit étrangères, qui, antérieurement à leur arrivée dans des maisons garnies, appartements ou chambres meublés, auraient obtenu des permis de séjour, seront tenues de les remettre immédiatement au maître de la maison garnie, de l'appartement ou chambre meublée chez lequel elles viendront loger.

Ce dernier sera tenu de les représenter, dans les vingt-quatre heures, au commissaire de police de son quartier, qui, s'ils sont périmés, le constatera, avec injonction aux individus qui en sont porteurs de les faire régulariser ou renouveler.

Il est défendu aux aubergistes, maîtres d'hôtels garnis et logeurs de retenir, sous quelque prétexte que ce soit, les papiers de sûreté des personnes logées chez eux.

Art. 11. Lorsqu'un aubergiste, maître d'hôtel garni ou logeur cessera sa profession, il devra faire immédiatement, au bureau du commissaire de police de son quartier, le dépôt de son registre avec l'acte de sa déclaration, qui lui a été donné par la préfecture de police.

Art. 12. Les passe-ports seront laissés à la disposition des voyageurs étrangers à la France, afin que, dans les trois jours de leur arrivée, ils puissent se faire reconnaître par l'ambassadeur, envoyé ou chargé d'affaires de leur gouvernement.

Ce délai de trois jours passé, ces étrangers sont tenus de se présenter à la préfecture de police pour y recevoir, en échange de leurs passe-ports, un permis de séjour distinct des permis de séjour ordinaires, et indicatif de leur qualité d'étrangers.

§ II.

Des personnes qui logent gratuitement des Français ou des étrangers.

Art. 13. Tous les habitants qui donneront à loger, à titre gratuit dans leurs maisons ou portions de maisons, seront tenus d'en faire la déclaration au commissaire de police du quartier.

Cette déclaration sera faite en double, dont un, visé par le commissaire de police, leur sera remis pour leur décharge.

Ils seront, en outre, soumis aux obligations imposées aux maîtres d'hôtels garnis et logeurs, en ce qui concerne les passe-ports et permis de séjour.

Art. 14. Faute par eux de se conformer à l'article précédent, ils encourront les peines de police correctionnelle prononcées par la loi. (*Trois mois d'emprisonnement; loi du 27 ventôse an IV, art. 2 et 3.*)

Art. 15. Les maîtres, les ouvriers ou toutes autres personnes qui reçoivent, à titre gratuit ou onéreux, des ouvriers, journaliers, apprentis ou autres, dans le logement qu'ils louent en leur nom, sont soumis aux obligations prescrites par l'article 13 de la présente ordonnance et sous les peines énoncées en l'article 14.

Dispositions générales.

Art. 16. Les contraventions seront constatées par des procès-verbaux ou des rapports, pour être poursuivies devant les tribunaux conformément aux lois.

Art. 17. Sont abrogées toutes les dispositions des ordonnances antérieures relatives aux maisons garnies, visa de passe-ports et permis de séjour qui seraient contraires aux dispositions de la présente.

Art. 18. La présente ordonnance sera imprimée, publiée et affichée.

N° 42.

Ordonnance de police concernant la chasse des oiseaux de passage, le gibier d'eau et la destruction des animaux malfaisants ou nuisibles, du 17 février 1858.

Vu la loi du 3 mai 1844, sur la police de la chasse, et les circulaires de M. le ministre de l'intérieur, en date des 22 juillet 1851 et 27 janvier 1858;

Vu les arrêtés du gouvernement du 12 messidor an VIII (1er juillet 1800) et 3 brumaire an IX (25 octobre 1800);

Vu la délibération du conseil général du département de la Seine, dans sa session du mois de novembre 1844, insérée dans le *Moniteur* du 5 décembre suivant;

Vu l'ordonnance de police du 10 mars 1845;

Considérant que les mesures réglementaires prescrites par cette ordonnance n'ont pas déterminé suffisamment le sens dans lequel doivent être interprétées les dispositions de l'article 9 de la loi précitée;

Considérant que la vente, le transport et le colportage, après la clôture de la chasse, des animaux malfaisants ou nuisibles, ayant le caractère de gibier, et dont la destruction est autorisée en tous temps, n'ont pas été interdits d'une manière absolue, et qu'il résulte de cet état de choses des abus qu'il y a lieu de faire cesser,

Ordonnons ce qui suit :

Art. 1er. La chasse des oiseaux de passage, sur terre, ne sera permise, dans le département de la Seine, que pendant le temps où la chasse des autres espèces de gibier est ouverte. Elle ne pourra avoir lieu que pendant le jour et au moyen du fusil.

Art. 2. Les oiseaux de passage aquatiques pourront seuls être chassés, en tout temps, sur les rivières et étangs, mais au fusil et en bateau seulement.

Art. 3. Il est permis, en tout temps, au propriétaire, possesseur ou fermier, de tirer avec des armes à feu, ou de prendre aux pièges, autres que les lacets, sur ses terres ou récoltes seulement, les sangliers, les loups, renards, fouines, blaireaux, chats sauvages, belettes et putois.

Art. 4. Dans les conditions de l'article précédent, la destruction des moineaux, pies, geais, corbeaux, faucons, oiseaux de proie, est autorisée à l'aide de pièges, pendant le temps où la chasse est close.

Art. 5. La destruction des lapins pourra avoir lieu, pendant le temps où la chasse est close, mais seulement à l'aide de furets et de bourses.

Art. 6. Dans aucun cas, les lapins tués ou vivants, aussi bien que les autres animaux malfaisants ou nuisibles, ayant le caractère de gibier, dont la destruction est autorisée par les art. 3, 4 et 5 ci-dessus, ne pourront être mis en vente, vendus, achetés, transportés ni colportés pendant que la chasse sera close.

Art. 7. Il est formellement interdit de faire usage de panneaux, de filets de toute espèce, d'appeaux, appelants et chanterelles, de lacets, collets et autres engins analogues.

Le miroir, qu'on est dans l'habitude d'employer pour tirer les alouettes, n'est pas considéré comme un engin prohibé.

Art. 8. La chasse est expressément interdite dans la plaine, aussi bien que dans les bois et forêts, toutes les fois que la terre est couverte de neige.

Cette disposition n'est pas applicable à la chasse du gibier d'eau dans les marais, sur les étangs, canaux, fleuves et rivières, ni à la destruction des animaux malfaisants ou nuisibles.

Art. 9. Nul ne pourra se livrer à la chasse des oiseaux de passage et du gibier d'eau sans être muni d'un permis de chasse obtenu conformément aux prescriptions de la loi.

Le propriétaire, possesseur ou fermier, n'aura pas besoin de ce permis pour repousser et détruire sur ses terres, même avec des armes à feu, les bêtes fauves qui porteraient dommage à ses propriétés.

Art. 10. Ceux des animaux nuisibles ou malfaisants, qui ont le caractère de gibier et qui auront été détruits dans les conditions de l'art. 9 ci-dessus, ou dans des battues régulièrement ordonnées par des arrêtés spéciaux, ne pourront être consommés que sur place par les personnes qui auront pris part à la battue.

Art. 11. Tout individu qui, sous prétexte de détruire des animaux nuisibles ou malfaisants, se livrerait à l'exercice de la chasse, en temps prohibé, ou sans être muni d'un permis de chasse, sera poursuivi conformément à la loi.

Art. 12. L'ordonnance du 10 mars 1845 est rapportée.

Art. 13. La présente ordonnance sera imprimée, publiée et affichée, et les contraventions qui y seraient faites seront constatées par des procès-verbaux et déférées aux tribunaux compétents.

Art. 14. MM. les sous-préfets de Sceaux et de Saint-Denis, les maires et adjoints et les commissaires de police des communes rurales, les gardes champêtres et forestiers et la gendarmerie, sont chargés, chacun en ce qui le concerne, d'assurer l'exécution de la présente ordonnance.

N° 43.

Ordonnance de police concernant les incendies, du 11 décembre 1852.

Nous, préfet de police,

Vu : 1° les règlements et ordonnances des 26 janvier 1672, 11 avril 1698, 28 avril 1719, 20 janvier 1727, 10 février 1735, 15 novembre 1781 et 24 novembre 1843, concernant les diverses mesures et précautions à prendre pour prévenir ou arrêter les incendies ;

La loi du 24 août 1790 ; — Les lois des 19-22 juillet 1791 ; — Les arrêtés du Gouvernement des 12 messidor an VIII (1er juillet 1800) et 3 brumaire an IX (25 octobre 1800) ;

Considérant qu'il importe de rappeler aux habitants de Paris les obligations qui leur sont imposées par les règlements, soit pour prévenir les incendies, soit pour concourir à les éteindre, et d'apporter à ces règlements les modifications dont l'expérience a fait reconnaître l'utilité,

Ordonnons ce qui suit :

TITRE PREMIER.

Construction des Cheminées, Poêles, Fourneaux et Calorifères.

Art. 1er. Toutes les cheminées, tous les poêles et autres appareils de chauffage, doivent être établis et disposés de manière à éviter les dangers de feu, et à pouvoir être facilement nettoyés ou ramonés.

Art. 2. Il est interdit d'adosser des foyers de cheminées, des poêles et des fourneaux à des cloisons dans lesquelles il entrerait du bois, à moins de laisser, entre le parement extérieur du mur entourant ces foyers et les cloisons, un espace de seize centimètres.

Art. 3. Les foyers des cheminées ne doivent être posés que sur des voûtes en maçonnerie ou sur des trémies en matériaux incombustibles.

La longueur des trémies sera au moins égale à la largeur des cheminées, y compris la moitié de l'épaisseur des jambages.

Leur largeur sera d'un mètre au moins, à partir du fond du foyer jusqu'au chevêtre.

ART. 4. Il est interdit de poser les bois des combles et des planchers à moins de seize centimètres de toute face intérieure des tuyaux de cheminée et autres foyers.

ART. 5. Les languettes des tuyaux en plâtre doivent être pigeonnées à la main et avoir au moins huit centimètres d'épaisseur.

ART. 6. Chaque foyer de cheminée ou de poêle doit, à moins d'autorisation spéciale, avoir son tuyau particulier dans toute la hauteur du bâtiment.

ART. 7. Les tuyaux de cheminée qui n'auraient pas au moins soixante centimètres de largeur sur vingt-cinq de profondeur, seront construits en briques, en terre cuite ou en fonte. Ils ne pourront être que de forme cylindrique ou à angles arrondis sur un rayon de six centimètres au moins.

Ces tuyaux ne pourront dévier de la verticale de manière à former avec elle un angle de plus de trente degrés (un tiers de l'angle droit).

L'accès de ces tuyaux, à leur partie supérieure, devra être facile.

ART. 8. Les mitres en plâtres sont interdites au-dessus des tuyaux des cheminées.

ART. 9. Les fourneaux potagers doivent être disposés de telle sorte que les cendres qui en proviennent soient retenues par des cendriers fixes construits en matériaux incombustibles et ne puissent tomber sur les planchers.

ART. 10. Les poêles de construction reposeront sur une aire en matériaux incombustibles d'au moins huit centimètres d'épaisseur, s'étendant de trente centimètres en avant de l'ouverture du foyer.

Cette aire sera séparée du cendrier intérieur par un vide d'au moins huit centimètres, permettant la circulation de l'air.

Les poêles mobiles devront reposer sur une plate-forme en matériaux incombustibles d'au moins vingt centimètres de saillie en avant de l'ouverture du foyer.

ART. 11. Les tuyaux de poêle et tous autres tuyaux conducteurs de fumée, en métal, devront toujours être isolés, dans toute leur hauteur, d'au moins seize centimètres des cloisons dans lesquelles il entrerait du bois.

Lorsqu'un tuyau traversera une de ces cloisons, le diamètre de l'ouverture faite dans la cloison devra excéder de seize centimètres celui du tuyau.

Ce tuyau sera maintenu au passage par une tôle dans laquelle il sera percé une ouverture égale au diamètre extérieur dudit tuyau.

ART. 12. Aucun tuyau conducteur de fumée, en métal, ne pourra traverser un plancher ou un pan de bois, à moins d'être entouré au passage par un manchon en métal ou en terre cuite.

Le diamètre de ce manchon excédera de dix centimètres celui du tuyau, de manière qu'il y ait partout, entre le manchon et le tuyau, un intervalle de cinq centimètres.

ART. 13. Les prescriptions des articles 2, 3, 4, 10, 11 et 12, relatives aux tuyaux de cheminée et aux tuyaux conducteurs de fumée, en métal, seront applicables aux tuyaux de chaleur des calorifères à air chaud.

Toutefois, sont exceptés les tuyaux de chaleur qui prennent l'air à la partie supérieure de la chambre dans laquelle est placé l'appareil de chauffage.

ART. 14. Il nous sera donné avis des vices de construction des cheminées, poêles, fourneaux et calorifères qui pourraient occasionner un incendie.

TITRE II.

Entretien et ramonage des cheminées.

Art. 15. Les propriétaires sont tenus d'entretenir constamment les cheminées en bon état.

Art. 16. Il est enjoint aux propriétaires et locataires de faire ramoner les cheminées et tous tuyaux conducteurs de fumée, assez fréquemment pour prévenir les dangers du feu.

Les cheminées, dans les fondoirs de suif aux abattoirs, seront ramonées tous les quinze jours.

Il est défendu de faire usage du feu pour nettoyer les cheminées et les tuyaux de poêle.

Les cheminées qui ne présenteraient pas à l'intérieur, et dans toute la longueur du tuyau, un passage d'au moins soixante centimètres sur vingt-cinq, seront construites en briques, en terre cuite ou en fonte. Ces cheminées ne devront être ramonées qu'à l'aide d'écouvillons mus par une corde.

TITRE III.

Des couvertures en chaume et en jonc.

Art. 17. Aucune couverture en chaume ou en jonc ne pourra être conservée ou établie sans notre autorisation.

TITRE IV.

Des fours, forges, usines et ateliers.

Art. 18. Les fours, forges et usines à feu non compris dans la nomenclature des établissements classés, lesquels sont soumis à des règlements spéciaux, ne pourront être établis dans l'intérieur de Paris sans notre permission. Le sol, le plafond et les parois des locaux où ils sont construits ne pourront être en bois.

Il est défendu de déposer du bois ou autre matière combustible à découvert dans aucune partie du fournil.

Le bois destiné à la consommation de chaque jour, dans les établissements de boulangerie et de pâtisserie, pourra, après sa dessiccation, rester dans les fournils; mais il devra être renfermé dans une construction spéciale en matériaux incombustibles fermant hermétiquement par une porte en fer.

Les arcades situées sous les fours pourront être affectées à cette destination, en les fermant également par une porte en fer à demeure.

Le bois de provision des boulangers et pâtissiers devra toujours être déposé hors du fournil, dans un lieu où il ne puisse présenter aucun danger.

Les soupentes, resserres, planchers et supports à pannetons, et toutes constructions établies dans les fournils, seront en matériaux incombustibles.

Les étouffoirs et coffres à braise doivent être aussi en matériaux incombustibles.

Cette disposition s'applique également aux escaliers communiquant aux fournils; ces escaliers devront d'ailleurs être d'un accès facile.

Les pétrins et couches à pain seront revêtus extérieurement de tôle, quand ils se trouveront placés à moins de deux mètres de la bouche du four.

Les glissoires de farine en bois, avec fourreau en toile, seront, dans ce cas construites en zinc avec fourreau en peau.

Art. 20. Les charrons, menuisiers, carrossiers et autres ouvriers, qui s'occuperaient en même temps de travailler le bois et le fer, sont tenus, s'ils exercent les deux professions dans la même maison, d'y avoir deux ateliers entièrement séparés par un mur, à moins qu'entre la forge et l'endroit où l'on travaille et où l'on dépose le bois, il n'y ait une distance de dix mètres au moins.

Il leur est défendu de déposer dans l'atelier de la forge aucuns bois, recoupes, ni pièces de charronnage, menuiserie ou autres; sont exceptés cependant les ouvrages finis et qu'on serait occupé à ferrer; mais ces ouvrages seront mis à la fin de chaque journée dans un endroit séparé de la forge, en sorte qu'il ne reste dans l'atelier aucunes matières combustibles pendant la nuit.

Art. 21. Dans les ateliers de menuiserie ou d'ébénisterie et de peintures en décors, les forges ou les fourneaux, dits sorbonnes, destinés à chauffer les colles, ne seront établis que sous des hottes en matériaux incombustibles.

L'âtre sera entouré d'un mur en briques de vingt-cinq centimètres de hauteur au-dessus du foyer, et ce foyer sera disposé de manière à être clos pendant l'absence des ouvriers par une fermeture en tôle.

Dans ces mêmes ateliers, on ne pourra faire usage des chandeliers en bois, et les copeaux seront enlevés chaque soir et renfermés dans un local isolé, autant que possible, desdits ateliers.

TITRE V.

Entrepôts, magasins et dépôts de matières combustibles, inflammables, détonnantes et fulminantes, théâtres et salles de spectacle.

Art. 22. Aucuns magasins et entrepôts de charbon de terre, houille, tourbes et autres combustibles, ne pourront être formés dans Paris sans notre autorisation.

Art. 23. Il est défendu d'entrer dans les écuries avec de la lumière non renfermée dans une lanterne.

Art. 24. Il est interdit d'entrer avec de la lumière dans les établissements, magasins, caves et autres lieux renfermant des dépôts d'essences ou de spiritueux, et, en général, de toutes matières inflammables ou fulminantes, à moins que cette lumière ne soit renfermée dans une lanterne de sûreté, dite *lampe Davy*.

Les caves et magasins, renfermant des essences et des spiritueux, devron être disposés conformément aux règlements, et être ventilés au moyen d'une ouverture de trois ou quatre centimètres ménagée au-dessus et dans toute la largeur de la porte d'entrée, et d'une autre ouverture opposée à la première. Cette seconde ouverture sera pratiquée dans la partie supérieure de la cave ou du magasin.

Art. 25. Il est défendu de rechercher les fuites de gaz avec du feu ou de la lumière.

Art. 26. La vente des pièces d'artifice, le tir des armes à feu et des feux d'artifice, la conservation, le transport et la vente des capsules et des allumettes fulminantes, auront lieu conformément aux règlements spéciaux relatifs à ces matières.

Les directeurs des théâtres et des salles de spectacle, les propriétaires des chantiers et entrepôts de bois de chauffage, des magasins de charbons de terre et de fourrage, se conformeront aux dispositions prescrites, pour prévenir les incendies, par les règlements spéciaux qui régissent ces établissements.

TITRE VI.

Halles, marchés, abattoirs, etc.

Art. 27. Il est défendu d'allumer des feux dans les halles et marchés et d'y apporter aucuns chaudrons à feu, réchauds ou fourneaux.

Il n'y sera admis que des pots à feu d'une petite dimension et couverts d'un grillage métallique.

Il est défendu de laisser ces pots dans les halles et marchés, après leur clôture, quand même le feu serait éteint.

Il est également défendu de se servir de lumière dans les halles et marchés et dans les magasins en dépendant, dans les fournils, ainsi que dans les bouveries, porcheries, écuries, caves, séchoirs et fondoirs des abattoirs généraux, à moins qu'elles ne soient renfermées dans des lanternes closes et à réseau métallique.

Dans les abattoirs et autres établissements où il existe des greniers à fourrage, l'entrée de ces locaux est absolument interdite avant le lever et après le coucher du soleil, et il ne sera admis dans lesdits établissements aucune voiture de bois, de fourrage et autres matières combustibles, si son chargement ne peut être resserré avant la nuit.

Art. 28. Il est défendu de faire du feu sur les ports, quais et berges sans autorisation.

Les personnes autorisées à s'introduire la nuit dans les ports ne peuvent y entrer avec de la lumière qu'autant qu'elle serait renfermée dans une lanterne.

Art. 29. Il est expressément défendu de brûler de la paille sur aucune partie de la voie publique, dans l'intérieur des abattoirs, dans les cours, jardins et terrains particuliers, et d'y mettre en feu aucun amas de matières combustibles.

Art. 30. Il est interdit de fumer dans les salles de spectacle, sous les abris des halles, dans les marchés, les bouveries, porcheries, fondoirs et séchoirs des abattoirs, et en général dans l'intérieur de tous les monuments et édifices publics placés sous notre surveillance.

Il est également défendu de fumer dans les écuries, dans les magasins et autres endroits renfermant des essences, des spiritueux, ainsi que des matières combustibles, inflammables ou fulminantes.

TITRE VII.

Extinction des incendies.

Art. 31. Aussitôt qu'un feu de cheminée ou un incendie se manifestera, il en sera donné avis au plus prochain poste de sapeurs-pompiers et au commissaire de police de la section.

Art. 32. Il est enjoint à toute personne chez qui le feu se manifesterait d'ouvrir les portes de son domicile à la première réquisition des sapeurs-pompiers et autres agents de l'autorité.

Art. 33. Les propriétaires ou locataires des lieux voisins du point incendié seront obligés de livrer au besoin passage aux sapeurs-pompiers et autres agents de l'autorité appelés à porter des secours.

Art. 34. Les habitants de la rue où se manifestera l'incendie, et ceux des rues adjacentes, tiendront les portes de leurs maisons ouvertes et laisseront puiser de l'eau à leurs puits et pompes pour le service de l'incendie.

Art. 35. En cas de refus de la part des propriétaires et des locataires de déférer aux prescriptions des trois articles précédents, les portes seront ouvertes à la diligence du commissaire de police, et, à son défaut, de tout commandant de détachement de sapeurs-pompiers.

Art. 36. Il est enjoint aux propriétaires et principaux locataires des maisons où il y a des puits, de les garnir de cordes, poulies et seaux, et d'entretenir les puits en bon état, ainsi que les pompes et autres machines hydrauliques qui y seraient établies.

Art. 37. Les propriétaires, gardiens ou détenteurs de seaux, pompes, échelles, etc., qui se trouveront soit dans les édifices publics, soit chez les particuliers, seront tenus de déférer aux demandes du commandant des sapeurs-pompiers et des commissaires de police qui les requerront de mettre ces objets à leur disposition.

Art. 38. Les porteurs d'eau à tonneaux rempliront leurs tonneaux chaque soir avant de les remiser et les tiendront pleins toute la nuit.

A premier avis d'un incendie, ils y conduiront leurs tonneaux pleins d'eau¹.

Art. 39. Les gardiens des pompes et réservoirs publics seront tenus de fournir l'eau nécessaire pour l'extinction des incendies.

Art. 40. Toute personne requise pour porter secours en cas d'incendie, et qui s'y serait refusée, sera poursuivie, ainsi qu'il est dit en l'art. 475 du Code pénal.

Art. 41. Les maçons, charpentiers, couvreurs, plombiers et autres ouvriers, seront tenus, à la première réquisition, de se rendre au lieu de l'incendie avec leurs outils ou agrès ; faute par eux de déférer à cette réquisition, ils seront poursuivis devant les tribunaux, conformément audit article 475.

Art. 42. Tous propriétaires de chevaux seront tenus, au besoin, de les fournir pour le service des incendies, et le prix du travail de ces chevaux sera payé sur mémoires certifiés par le commissaire de police ou par le commandant des sapeurs-pompiers.

Art. 43. Il est enjoint aux marchands épiciers, ciriers, chandeliers, voisins de l'incendie, de fournir sur les réquisitions des commissaires de police ou du commandant des sapeurs-pompiers, les flambeaux et terrines nécessaires pour éclairer les travailleurs.

Le prix des fournitures faites sera payé sur des mémoires certifiés ainsi qu'il est dit en l'article précédent.

Art. 44. L'ordonnance de police du 24 novembre 1843, concernant les incendies, est rapportée ; sont également rapportées les dispositions des anciens règlements ci-dessus visés, qui seraient contraires aux prescriptions de la présente ordonnance.

Art. 45. Les contraventions à la présente ordonnance seront constatées par

---

¹ Il sera accordé une gratification à chacun des porteurs d'eau arrivés les premiers au lieu de l'incendie avec leurs tonneaux pleins.
Cette gratification sera :
De 12 fr. pour le premier arrivé.
De 6 fr. pour le second.
En cas d'incendie, les porteurs d'eau sont autorisés à puiser à toutes les fontaines indistinctement.
Ils seront payés de leur travail à raison de 35 c. l'hectolitre d'eau fournie.

des procès-verbaux qui nous seront transmis pour être déférés, s'il y a lieu, aux tribunaux compétents.

Il sera pris, en outre, suivant les circonstances, telles mesures d'urgence qu'exigera la sûreté publique.

N° 44.

Décret relatif à la vente du poisson d'eau douce amené à la halle de Paris, du 28 janvier 1811.

Art. 1er. La vente du poisson d'eau douce amené à la halle de notre bonne ville de Paris sera faite sur le carreau, par lots, comme la marée, et par le ministère d'un facteur.

Art. 2. Le facteur sera nommé comme ceux de la marée, sera soumis aux mêmes règles et obligations, et donnera un cautionnement pareil.

Art. 3. Ce cautionnement sera versé à la caisse de la marée, laquelle payera comptant le prix des ventes aux marchands forains, sans délai, et comme il est pratiqué pour la marée.

Art. 4. Le facteur versera chaque jour dans la caisse de la marée, le prix des ventes.

Art. 5. Il y aura deux contrôleurs qui verseront chacun un cautionnement égal à celui des contrôleurs de la vallée.

Art. 6. Il sera perçu sur les ventes : 1° cinq pour cent au profit de la ville de Paris; 2° par le facteur, un pour cent sur les ventes au comptant, un et demi sur les ventes à crédit, sans aucune autre perception sous aucun prétexte telle que droit de *panier acquêt*, ou quelque autre dénomination ou valeur que ce soit.

Art. 7. Le droit de cinq pour cent sera versé brut dans la caisse du receveur municipal de la ville de Paris.

Art. 8. Les frais seront payés selon le tableau joint au présent décret.

Art. 9. Les deux inspecteurs nommés par le préfet de la Seine inspecteront tout ce qui se fera pour la vente du poisson d'eau douce. A cet effet les facteurs et tous employés de la caisse de la marée leur représenteront, comme ceux des beurres et œufs et de la volaille, sous peine de destitution, tous les livres, carnets, feuilles de ventes, bordereaux, et en général tous les renseignements qu'ils demanderont.

Tableau des frais qui seront payés par la ville de Paris.

Deux commis contrôleurs à 1,200 fr.	2,400 fr.
Deux crieurs à 800	1,600
Quatre forts à 400	1,600
Frais de bureau	600
Total	6,200 fr.

N° 45.

Droits de location d'abris et de remises, perçus par la ville de Paris sur les ventes en gros dans les halles d'approvisionnement et dans les marchés.

DÉSIGNATION DES HALLES ET MARCHÉS ET DES OBJETS SOUMIS AUX DROITS.			QUANTITÉS SOUMISES AUX DROITS.	TAUX DES DROITS PERÇUS.
Vente à la criée de la viande de boucherie........			Kilogrammes.	»f 02c le kilogramme.
			Bureaux.	1,000f par an et par bureau.
Poisson d'eau douce.................			»	5 %
Huîtres.................			»	10
Marée.................			»	6
Volaille et gibier.................			»	10
			»	10
Grains et farines......		Grains........	Hectolitres.	»f 40c par hectolitre.
		Farines........	Quintaux.	» 80 par quintal.
Beurre, œufs et fromages..		Beurres........	»	5 %
		Œufs........	»	2 1/2
		Fromages.....	»	2 1/2
Fruits et légumes.................			»	5
Marchés à bestiaux.............		Sceaux........	»	1
		Poissy........	»	1
		La Chapelle...	»	1
		des Bernardins.	»	1
Halles centrales.... { Places dans les pavillons actuellement terminés.	Pavillon n° 7	Abris.........	Journées d'occupat.	»f 75c par place et par jour.
		Resserres.....	Mètres superficiels.	» 05 par mètre et par jour.
	— n° 8	Abris.........	Journées d'occupat.	» 75 par place et par jour.
		Resserres.....	Mètres superficiels.	» 05 par mètre et par jour.
	— n° 9	Poisson d'eau douce.	Journées d'occupat.	1 50 par place et par jour.
		Marée, salines, etc.	—	1 25 —
		Places mobiles.	—	» 40 —
		Resserres.....	Mètres superficiels.	» 05 par mètre et par jour.
		Bureaux......	Bureaux.	1,000f par an et par bureau.
	— n° 10	Beurres.......	Kilogrammes.	1f 00c par 100 kilogrammes.
		Œufs.........	Œufs.	»f 20c par 1,000 œufs.
		Bureaux......	Bureaux.	1,000f par an et par bureau.
	— n° 11	Volaille.......	Journées d'occupat.	1f 00c par place et par jour.
		Verdure.......	—	» 75 —
		Resserres.....	Mètres superficiels.	»f 05c par mètre et par jour.
	— n° 12	Abris.........	Journées d'occupat.	» 75 par place et par jour.
		Resserres.....	Mètres superficiels.	» 05 par mètre et par jour.
	Places extérieures	Marchandes au petit tas.	Journées d'occupat.	» 15 par place et par jour.
		Forains { abrités......	—	» 30 —
		non abrités...	—	» 15 —
Resserres du marché à la volaille.............			Mètres superficiels.	» 05 par mètre et par jour.
Halle aux grains et aux farines........		Grains........	Journées d'occupat.	3 00 par place et par jour.
		Farines........		» 50 —
Halle aux toiles.................			Pièces vendues.	1f 10c par pièce.
Halle aux veaux.................			Veaux.	» 50 par tête.
Marché de Sceaux..............			Bœufs ou taureaux.	» 75 —
			Vaches.	» 75 —
			Veaux.	» 25 —
			Moutons.	» 10 —
Marché aux huîtres.............			Journées d'occupat.	»f 20c par place et par jour.

APPENDICE.

DÉSIGNATION DES HALLES ET MARCHÉS ET DES OBJETS SOUMIS AUX DROITS.				QUANTITÉS SOUMISES AU DROIT.	TAUX DES DROITS PERÇUS.
Marché des Prouvaires..	Boucherie..........			Journées d'occupat.	2 25 —
	Charcuterie..	1re série.....		—	2 40 —
		2e série.....		—	1 60 —
	Issues	de veaux.....		—	0 75 —
		de porcs.....		—	0 50 —
Marché à la triperie					Bail.
Marché Saint-Honoré............	1re série.....			—	0 60 par place et par jour.
	1re série.....			—	0 60 —
	2e série.....			—	0 40 —
	Boucherie....			—	1 50 —
Marché de la place Laborde......				—	0 10 —
Marché Saint-Martin-des-Champs...	Abris........			—	0 35 —
	Boucherie....			—	1 50 —
Marché Saint-Quentin (ancien marché de la Foire-Saint-Laurent)...........	Places ordin.res			—	»f 10c par place et par jour.
	Poisson.......			—	» 25 —
	Triperie......			—	» 35 —
	Boulangerie...			—	» 40 —
	Charcuterie...			—	1 » —
	Boucherie....			—	1 50 —
Marché des Blancs-Manteaux.......	Abris........			—	» 40 —
	Boucherie....			—	1 50 —
	Charcuterie...			—	1 » —
Marché Beauveau-Saint-Antoine...	Abris........			—	» 25 —
	Forains.......			—	» 10 —
	Boucherie....			—	1 50 —
	Charcuterie...			—	1 » —
	Vieux habits, chiffons.			—	» 20 —
Marché Palu...................	1re série.....			—	» 15 —
	2e série.....			—	» 15 —
Marché Saint-Germain	Abris........			Mètres superficiels.	» 15 par mètre et par jour.
	Boucherie....			Journées d'occupat.	1 50 par place et par jour.
	Charcuterie...			—	1 » —
	Boutiques....			Semaines d'occupat.	1f 50c par semaine.
	—			—	2 » —
	—			—	3 » —
	—			—	4 » —
	—			—	5 » —
	—			—	6 » —
	—			—	7 » —
	—			—	8 » —
	—			—	9 » —
	—			—	10 » —
	—			—	11 » —
	—			—	13 50 —
	Resserres.....			—	7 70 —
	Caves........			—	»f 15c par place et par jour.
Marché de la rue de Sèvres	1re série.....			Journées d'occupat.	» 15 —
	2e série.....			—	» 15 —
	Forains.......			—	» 15 —
Marché du Gros-Caillou...........	Abris........			—	» 30 —
	Boucherie....			—	1 50 —
	Charcuterie...			—	1 » —
Marché de la place du Champ-des-Capucins...........				—	» 10 —
Marché des Carmes.............	Abris........			—	» 25 —
	Boucherie....			—	1 50 —
	Charcuterie...			—	1 » —
	Resserres.....			Semaines d'occupat.	» 50 —
Marché à fourrages	Stationnemt sur	le foin........		Bottes.	»f 25c par 100 bottes.
		la paille......		—	» 15 —
		les grains.....		Hectolitres.	» 05 par hectolitre.
	Remisage.....			Nuits.	» 30 par nuit.
	Location des greniers.	au mois.....		Greniers.	6 » par mois.
		à la quinzaine.		—	3 » par quinzaine.
		à la nuit.....		—	» 30 par nuit.

N° 45.   605

DÉSIGNATION DES HALLES ET MARCHÉS et des objets soumis aux droits.				QUANTITÉS soumises aux droits.	TAUX des droits perçus.
Marché aux chevaux........................				Chevaux ou mulets. Ânes, boucs ou chèvres. Essais. Voitures { à 2 roues. à 4 roues.	»f 50c par cheval ou mulet. » 20 par âne, bouc ou chèvre. »f 25c par essai. » 75 par voiture. 1 25
Marché du Temple........................		{ 1re série......		Journées d'occupat.	»f 30c par place et par jour.
		{ 2e série......		—	» 30
Marché au vieux linge et à la ferraille.......				—	» 10
Marché aux Fleurs...	Q. Desaix et Napoléon.	Sédentaires..	1re série......	—	» 75
			2e série......	—	» 60
			3e série......	—	» 60
		Forains.	Pépiniéristes..	—	» 60
			Jardiniers.....	—	» 25
	Place de la Madeleine...................			—	» 60
	Boulevard Saint-Martin.................			—	» 60
	Place Saint-Sulpice.....................			—	» 60
MARCHÉS EXISTANT SUR LES TERRITOIRES ANNEXÉS.					
Marché de Batignolles.....................		{ Sédentaires...		Mètres superficiels.	» 15 par mètre et par jour.
		{ Forains......		—	» 15
Marché de Belleville	rue Levert..........	{ Sédentaires...		—	» 10
		{ Forains.......		—	» 10
	rue Saint-Laurent....	{ Sédentaires...		—	» 10
		{ Forains.......		—	» 10
	Chaussée Ménilmontant..	{ Sédentaires...		—	» 10
		{ Forains.......		—	» 10
Marché de Bercy...	Comestibles........	{ Sédentaires...		—	» 10
		{ Forains.......		—	» 10
	Fourrages...........	{ Sédentaires...		—	» 10
		{ Forains.......		—	» 10
Marché de La Chapelle.	Comestibles........	{ Sédentaires...		—	» 10
		{ Forains.......		—	» 10
	Bestiaux...........			Bœufs ou taureaux. Vaches { grasses.. laitières.. Veaux......... Porcs... { gras..... maigres..	»f 75c par tête. » 75 » 75 » 30 » 25 » 25
	Fourrages...........			Mètres superficiels.	» » par mètre et par jour.
	Stationnements provisoires.			—	» »
Marché de la gare d'Ivry...............		{ Sédentaires...		—	» 10
		{ Forains.......		—	» 10
Marché de Grenelle.....................		{ Sédentaires...		—	» 10
		{ Forains.......		—	» 10
Marché de la Maison Blanche (affermé jusqu'en 1863)...				—	
Marché de Montmartre (affermé jusqu'au 31 décembre 1860)........	Chaussée Clignancourt	{ Sédentaires...		—	
		{ Forains.......		—	
	rue de l'Abbaye.	{ Sédentaires...		—	» 10
		{ Forains.......		—	» 10
Marché de Montrouge.....................		{ Sédentaires...		—	» 10
		{ Forains.......		—	» 10
Marché de Passy......................		{ 1re série......		—	» 10
		{ 2e série......		—	» 10
		{ Forains.......		—	» 10
Marché de Saint-Mandé...............		{ Sédentaires...		—	» 10
		{ Forains.......		—	» 05
Marché des Ternes.....................		{ Sédentaires...		—	» 05
		{ Forains.......		—	» 10
Marché de Vaugirard...................		{ Sédentaires...		—	
		{ Forains.......		—	
Marché de La Villette.	Comestibles........	{ Sédentaires...		—	» 10
		{ Forains.......		—	» 10
	Vieux linge, etc......	{ Sédentaires...		—	» 10
		{ Forains.......		—	» 10

Nos 46 et 47.

Ordonnance du préfet de police relative à la vente du bois de chauffage dans le ressort de la préfecture de police, du 7 septembre 1850[1].

Art. 1er. A l'avenir, les marchands de bois de chauffage seront tenus de vendre soit au poids, soit à la mesure, à la volonté de l'acheteur.

Art. 2. Il est enjoint aux marchands de bois de placer à chaque pile, en lieu apparent, une plaque ou pancarte indiquant, en caractères lisibles, l'essence du bois dont la pile est composée, et l'année de la coupe.

Art. 3. Le bois de chauffage dont les bûches auront un mètre cent trente-sept millimètres de longueur, ne pourra être mesuré dans les lieux consacrés à la vente publique, dans le ressort de la préfecture de police, qu'au moyen de mesures construites selon le modèle indiqué en la description ci-annexée, visé et approuvé par nous.

Art. 4. Tout mesurage de bois fait dans une membrure qui ne serait pas composée de ses deux parties, et dont le châssis ne serait pas placé de la manière indiquée par les plates-bandes de rencontre, sera réputé frauduleux et puni comme tel.

Art. 5. La longueur moyenne ordinaire du bois de chauffage étant d'un mètre cent trente-sept millimètres, tout mesurage de bois dans les membrures dont le détail est ci-annexé, sera considéré comme frauduleux, poursuivi et puni comme tel, si on y introduit des bûches ayant moins d'un mètre cent trente-cinq millimètres. Les bois autres que ceux généralement en usage dans le commerce ne pouvant être mesurés dans les dites membrures, il pourra être accordé, s'il y a lieu, l'autorisation d'en construire de particulières et spécialement appropriées au bois d'autres dimensions.

Art. 6. Nul ne pourra faire usage de mesures quelles qu'elles soient, qui n'auraient point été préalablement vérifiées et poinçonnées sur toutes leurs parties par les vérificateurs des poids et mesures.

Art. 7. Une inscription en caractères de cinq centimètres de hauteur, sera placée à l'extérieur d'un des montants de chaque membrure, pour indiquer la longueur des bûches qu'elle est destinée à mesurer.

Description de la membrure double stère, pour le mesurage du bois de chauffage, annexée à l'ordonnance de police du 7 septembre 1850.

La membrure double stère sera formée :
1º D'une sole en chêne bien droite et bien équarrie, de trois mètres vingt centimètres de longueur sur douze centimètres de largeur, et sept centimètres de hauteur;
2º De deux montants de quatre-vingt-huit centimètres de hauteur, non compris les tenons, sept d'épaisseur et douze de largeur; leur écartement sera, dans œuvre, de deux mètres; ils seront ferrés, à leur partie supérieure, d'une plate-bande en fer forgé entaillée dans le bois, et qui fera retour à angle droit le long des deux faces extérieures des montants sur une longueur de dix centimètres;

---

[1] Cette ordonnance ayant complété, en la reproduisant, celle du 15 décembre 1835, i devient inutile de donner le texte de cette dernière ordonnance, bien que l'abrogation n'en soit point prononcée. — Voyez à ce sujet l'observation de la page 71.

3° De deux contre-fiches de soixante quatorze centimètres de longueur environ, non compris les tenons, huit centimètres de largeur et six centimètres d'épaisseur.

Il sera placé sur la sole, vers l'endroit où sont assemblés les montants, deux plates-bandes en fer, entaillées de quatre centimètres au moins de largeur sur vingt centimètres de longueur ;

4° D'un châssis en charpente, d'un mètre cent trente-sept millimètres de largeur hors œuvre, formé de deux sous-traits de deux mètres dix centimètres de longueur, sur cinq centimètres de largeur et dix centimètres de hauteur, qui seront joints entre eux, à un mètre d'intervalle dans œuvre, par trois traverses de dix centimètres de largeur sur cinq d'épaisseur, assemblées à tenons et mortaises, et de manière que la sole de la membrure posée sur ces traverses soit exactement de niveau avec les sous-traits. Les deux traverses des extrémités seront garnies au-dessus des deux plates-bandes de fer entaillées dans le bois, et qui devront avoir quatre centimètres de largeur sur quarante de longueur ; il sera adapté à la partie extérieure d'un des montants de la membrure un crochet de fer auquel sera fixée une corde de cinq millimètres au plus de grosseur sur deux mètres vingt-cinq centimètres de longueur, qui portera à son autre extrémité un poids d'un kilogramme au moins. Cette corde servira à régler le plein de la mesure.

N° 48.

Ordonnance du roi portant règlement sur le commerce des charbons de bois dans Paris, du 5 juillet 1834.

Vu les règlements relatifs au commerce du charbon de bois dans Paris, notamment l'ordonnance royale du 4 février 1824,

Le rapport de la commission instituée à l'effet d'examiner les changements et modifications dont ces règlements seraient susceptibles ;

L'article 471, paragraphe 4, du Code pénal ;

Les décrets et ordonnances des 15 octobre 1810, 14 janvier 1815 et 9 février 1825, sur les établissements dangereux, insalubres ou incommodes.

La loi du 24 avril 1790, titre XI, et celle du 17 mars 1791, art. 7,

Nous avons ordonné et ordonnons ce qui suit :

ART. 1er. A l'avenir, les charbons de bois amenés à Paris pourront être conduits directement, soit aux ports ou aux places affectés à la vente, soit dans les magasins particuliers, soit au domicile du consommateur.

Le colportage dans les rues, en quête d'acheteurs, demeure expressément interdit, sous les peines de droit.

ART. 2. Les charbons amenés par eau pourront être vendus indistinctement soit sur bateau dans les ports de vente, soit sur les places. Un règlement de police déterminera les lieux où pourra s'effectuer le déchargement des charbons amenés par bateaux pour être transportés sur les places de terre ou dans les magasins particuliers.

ART. 3. Les bateaux de charbon seront admis indistinctement dans les ports de vente, suivant l'ordre d'arrivage, aux points les plus rapprochés de Paris, savoir :

Choisy, pour les arrivages par la haute Seine ;

Charenton, pour les arrivages par la Marne ;

La Briche, pour les arrivages par la basse Seine;
Le bassin de la Villette, pour les arrivages par le canal de l'Ourcq et celui de Saint-Denis.

Ils y séjourneront jusqu'à ce qu'ils puissent être admis dans les ports de vente; néanmoins les propriétaires auront toujours le droit de disposer de leurs charbons, soit en les faisant conduire par la rivière au port de déchargement, soit en les introduisant dans Paris par la voie de terre, soit en les dirigeant par l'une ou l'autre voie sur toute autre destination.

Art. 4. Les dispositions de l'article précédent ne recevront leur exécution qu'à dater du 1er janvier 1835.

Art. 5. Le tour de vente sur les places et dans les ports est supprimé; en conséquence, les charbons qui y seront amenés pourront être mis en vente simultanément.

Art. 6. Les consignataires des charbons qui sont actuellement établis sur les places sous le nom de *facteurs* sont maintenus; mais leur intervention ne sera en aucun cas obligatoire, et tout marchand de charbon pourra, dans les marchés publics, vendre par lui-même ou par un mandataire de son choix.

Les facteurs sont nommés par le préfet de police et sont révocables par lui.

Art. 7. Une partie de chaque marché, déterminée par des règlements de police, sera réservée spécialement aux charbons qui ne seraient pas destinés à être vendus par l'entremise des facteurs.

Art. 8. Il pourra être établi dans Paris des magasins particuliers pour la vente des charbons de bois; ces magasins devront être clos et couverts; ils seront rangés parmi les établissements dangereux, insalubres ou incommodes de seconde classe.

Art. 9. Les lieux consacrés à la vente du charbon à la petite mesure sont rangés dans la troisième classe des mêmes établissements. L'approvisionnement de chaque débitant ne pourra s'élever au delà de cent hectolitres.

Art. 10. Il sera pourvu par des règlements particuliers à la police des ports et places affectés à la vente du charbon de bois.

Art. 11. L'ordonnance royale du 4 février 1824 est rapportée,

Art. 12. Notre ministre secrétaire d'état du commerce est chargé de l'exécution.

N° 49.

Ordonnance du préfet de police concernant la vente du charbon de bois dans Paris, du 15 décembre 1834.

CHAPITRE Ier.

Des lieux consacrés à la vente du charbon.

Art. 1er. Les lieux affectés, comme marchés publics, à la vente du charbon de bois dans Paris sont, quant à présent,
Savoir :
Sur la rivière, les ports de l'ancienne place aux Veaux, de la Grève, de l'Ecole, du canal Saint-Martin, de la Tournelle, des Quatre-Nations et d'Orsay;

Sur terre, les places d'Aval, des Récollets, du Faubourg du Roule et de la Santé.

Art. 2. On ne pourra établir de magasins particuliers ou de débits de charbon en détail dans Paris qu'après l'accomplissement des formalités prescrites à l'égard des établissements dangereux, insalubres ou incommodes, dans la catégorie desquels ces magasins et débits sont placés par les articles 8 et 9 de l'ordonnance royale du 5 juillet dernier.

Art. 3. Il ne pourra être déposé de charbon fait à vases clos, dans les marchés publics ni dans les magasins ou débits particuliers, que sur notre autorisation spéciale.

Art. 4. Le charbon de bois ne pourra être vendu en détail que dans un local ayant sa principale entrée sur la rue.

L'approvisionnement de chaque débit sera réglé d'après les localités, suivant l'article 9 de l'ordonnance royale.

Art. 5. Il est défendu de faire du feu dans les lieux destinés à la vente du charbon.

CHAPITRE II.

Des charbons amenés par eau.

Art. 6. Chaque bateau portera une devise et l'indication du nom du propriétaire et de sa résidence, inscrites en caractères visibles, sur le bateau même et en lieu apparent; cette indication ne pourra être changée sans autorisation.

Art. 7. Pour déterminer, dans le cas prévu par l'article 3 de l'ordonnance royale, le tour d'admission aux ports de vente des bateaux de charbon sur la rivière, l'arrivée de ces bateaux aux points de passage régulateurs sera constatée par leur inscription sur un registre ouvert à cet effet au bureau de l'inspecteur de la navigation.

Art. 8. S'il y avait nécessité d'alléger un bateau, l'allége suivrait au port de vente le bateau allégé.

Art. 9. Les conducteurs de bateaux feront constater le jour et l'heure de leur arrivée par l'inspecteur de la navigation :

De Choisy-le-Roi, pour les arrivages de la haute Seine;
De Charenton, pour les arrivages de la Marne;
De la Briche, pour les arrivages de la basse Seine;
Et de la Villette, pour les arrivages des canaux de l'Ourcq et de Saint-Denis.

Les inspecteurs de la navigation tiendront registre de ces déclarations et en délivreront extrait aux conducteurs des bateaux.

Art. 10. Tout bateau qui n'aurait pas été mis à port à son tour de vente, sera remplacé par le bateau suivant et prendra un nouveau numéro.

Art. 11. Aucun bateau ne pourra être extrait des lieux de stationnement désignés en l'article 9, sans un permis délivré par l'inspecteur général de la navigation, sur la présentation du bulletin du bureau d'arrivages.

Art. 12. Lorsque des charbons auront été avariés, de manière à devoir être nécessairement changés de bateau, et lorsque l'avarie aura été régulièrement constatée, ces charbons pourront, d'après notre autorisation, être mis en vente immédiatement sur le port que nous désignerons à cet effet.

Un écriteau portant en gros caractères : charbon avarié, sera placé à l'entrée du bateau.

Art. 13. Si, par suite de surcharge, d'avarie ou pour toute autre cause, on était obligé de transborder le charbon d'un bateau sur un autre, déclaration devrait en être préalablement faite au bureau de l'octroi et à celui de la navigation.

Art. 14. Le dépotage des charbons s'effectuera sur les ports de déchargement, mais seulement sur les points qu'indiqueront les permis délivrés par l'inspecteur général de la navigation.

Le dépotage commencera dès la mise à port du bateau; il sera opéré sans discontinuer jusqu'à complet achèvement et avec des moyens tels qu'il soit déchargé au moins 1,000 hectolitres par jour.

Art. 15. Les charbons devront être enlevés du port, à mesure du déchargement.

En cas de contraventions aux dispositions qui précèdent, les bateaux seront reconduits d'office, aux risques, périls et frais du propriétaire, dans la gare la plus voisine.

CHAPITRE III.

Des charbons arrivant par terre.

Art. 16. Les charbons arrivant par terre, qui se rendront aux divers marchés publics, ne devront entrer dans Paris, que par les barrières de perception d'octroi ci-après, savoir :

De Passy, de Monceaux, de la Villette, de Vincennes, de Charenton, de Fontainebleau, de la Santé et d'Enfer.

Art. 17. Les charbons seront reçus aux places de vente tous les jours, excepté les jours fériés, savoir : du 1er avril au 31 octobre, depuis six heures du matin jusqu'à six heures du soir; et du 1er novembre au 31 mars, depuis sept heures du matin jusqu'à cinq heures du soir.

Art. 18. Il y aura, sur chaque place, des préposés et des facteurs nommés par nous et dont nous déterminerons le nombre selon les besoins du service.

Art. 19. Les facteurs sont chargés de recevoir les charbons qui leur sont adressés et d'en opérer la vente; ils ne peuvent faire directement ni indirectement le commerce de charbon pour leur propre compte.

Leur gestion sera contrôlée administrativement, selon le mode établi par nous, et de telle sorte que les expéditeurs puissent toujours trouver auprès des agents de contrôle les renseignements propres à leur faire apprécier la sincérité des opérations confiées à ces mandataires.

CHAPITRE IV.

De la vente du charbon.

Art. 20. La vente du charbon sur les ports et places sera ouverte, savoir :

Du 1er avril au 30 septembre, depuis six heures du matin jusqu'à une heure du soir, et de deux heures à six heures.

Du 1er octobre au 31 mars, de huit heures du matin à une heure du soir, et de deux heures à quatre.

Art. 21. Tout charbon qui n'aurait pas 30 millimètres de longueur sera considéré comme poussier.

Les fumerons seront toujours extraits du charbon et vendus à part.

Art. 22. Le poussier restant à chaque tas après la vente du charbon devra être porté dans une case à ce affectée.

Le poussier restant au fond d'un bateau, après la vente et le dépotage, ne pourra être déposé sur les ports; il sera transporté et mis en vente sur les points que nous aurons indiqués.

Art. 23. Il ne peut être livré ni enlevé de charbon des marchés publics, sans qu'il ait été préalablement mesuré.

Art. 24. La mesure doit être remplie, charbon sur bord et non autrement.

CHAPITRE V.

Du transport du charbon dans Paris.

Art. 25. Toute personne peut porter son charbon ou le faire transporter, soit par voiture, soit à col, par qui bon lui semble.

Quant aux individus qui voudront exercer la profession de porteur public de charbon, ils devront se pourvoir préalablement d'une médaille qui sera délivrée par nous.

Ils seront tenus de la porter ostensiblement pendant leur travail.

Cette médaille indiquera le numéro de l'enrégistrement, ainsi que les nom, prénoms et surnom du porteur.

Art. 26. En cas de changement de domicile, ces porteurs en feront dans les trois jours, la déclaration au contrôleur général des bois et charbons.

Ceux qui s'absenteront de Paris ou renonceront, même momentanément, à leur profession, seront tenus d'en faire la déclaration à ce contrôleur et de lui remettre leur médaille.

Art. 27. Il est défendu aux porteurs de charbon d'avoir des sacs qui contiennent moins de deux hectolitres.

Ils devront les entretenir en bon état; chaque sac portera, en chiffres de dix centimètres de hauteur, le numéro de la médaille du porteur auquel il appartiendra.

Art. 28. Les charbons, aussitôt qu'ils sont mesurés, doivent être portés directement à leurs destinations.

En conséquence, défense est faite de laisser, sous aucun prétexte, des sacs de charbon dans les bateaux, dans les places de vente, sur les quais et sur aucune partie de la voie publique.

Art. 29. Nul ne peut colporter, en quête d'acheteur, du charbon dans Paris; en conséquence, tout charbon offert en vente, contrairement à cette disposition, sera, à la diligence des commissaires de police et des préposés, enlevé de la voie publique et conduit au marché le plus voisin.

Art. 30. Les conducteurs de chargement de charbon de bois devront justifier, à toute réquisition des préposés de la préfecture de police, des destinations de ces chargements.

Art. 31. Les contraventions aux dispositions de la présente ordonnance seront constatées par des procès-verbaux ou rapports qui nous seront transmis, et les délinquants seront poursuivis devant les tribunaux compétents, pour être statué à leur égard conformément aux lois.

Art. 32. Les dispositions de l'ordonnance de police du 30 septembre 1826 sont et demeurent rapportées.

Art. 33. La présente ordonnance sera soumise à l'approbation de M. le ministre du commerce.

N° 50.

Règlement sur la perception des droits d'octroi et d'abattoir au poids sur la viande de boucherie, approuvé par ordonnance royale du 23 décembre 1846.

DROITS D'OCTROI.

ART. 1er. A partir du 1er janvier 1847, les droits d'octroi établis par tête, au profit de la ville de Paris, sur les bœufs, vaches, veaux, moutons, porcs et sangliers, ainsi que les droits de la caisse de Poissy perçue sur les quatre premières espèces de ces bestiaux, seront remplacés par des droits au poids, auxquels seront soumis également les boucs et chèvres.

Ces droits, ainsi que ceux dus pour la viande dite à la main, apportée de de l'extérieur pour la charcuterie, les abats et issues, les suifs et autres provenances des bestiaux ci-dessus désignés, seront perçus conformément au tarif ci-annexé et aux dispositions réglementaires qu'il renferme.

ART. 2. Les bestiaux ci-dessus désignés seront déclarés aux barrières, et l'entrée en sera permise sous l'engagement de les conduire, aux abattoirs publics, soit au marché de l'intérieur, ou, à défaut d'acquitter par tête un droit fixe représentant ceux d'octroi et d'abattoir que les diverses autres parties des animaux auraient pu produire;

savoir :

Par bœuf, de...	53 fr.
Par vache, de...	35
Par veau, de...	11
Par mouton, bouc ou chèvre, de...........................	4
Par porc, de...	14

Toutefois, le cautionnement ou la consignation de ce droit ne seront point exigés pour les bestiaux destinés aux abattoirs et déclarés par les bouchers eux-mêmes, par les charcutiers ou par les agents des uns et des autres accrédités par eux auprès de l'octroi, et dont ils se reconnaîtront responsables; mais la consignation devra toujours être effectuée quand il s'agira de bestiaux destinés au marché public.

ART. 3. A leur arrivée dans les abattoirs, les bestiaux seront reconnus et comptés, et décharge sera donnée de l'engagement pris à la barrière d'introduction pour tous ceux qui auront été représentés.

Le droit fixé par l'article qui précède sera exigé immédiatement pour les bestiaux manquants, sans préjudice des procès-verbaux de saisie, qui pourront toujours être rapportés en cas de soustraction frauduleuse.

ART. 4. Les consignations effectuées pour des bestiaux conduits au marché seront remboursées par le receveur dépositaire, sur la remise de la quittance et la représentation d'un certificat délivré par les employés de l'octroi près du marché, constatant l'engagement pris par l'acquéreur de faire arriver les bestiaux à l'abattoir, ou sinon, d'acquitter le droit *fixe* déterminé par l'article 2 ci-dessus.

En cas de non-vente ou d'enlèvement pour l'extérieur, le remboursement aura lieu sur un certificat constatant le départ du marché, suivi de la constatation de la sortie des bestiaux de Paris.

ART. 5. Les abattoirs publics affectés au service de la boucherie de Paris sont déclarés entrepôt pour les viandes, suifs, et pieds de bœufs ou de vaches. Les bouchers pourront faire des envois à l'extérieur en franchise du *droit d'octroi*, à la charge de justifier de la sortie de Paris des quantités par eux déclarées.

Art. 6. Le préfet de la Seine, sur la proposition de l'Administration, déterminera les bureaux de sortie, ainsi que le minimum des quantités qui pourront être enlevées à destination de l'extérieur. En cas d'escorte, à défaut d'autre garantie, l'indemnité à payer par l'expéditeur sera d'un franc par conduite ou voiture, comme il est réglé pour le passe-debout.

Art. 7. Les portes et grilles des abattoirs sont assimilées aux barrières. Les employés en ont la garde, et peuvent opérer sur les chargements toutes les vérifications et recherches que les lois et règlements autorisent à faire aux entrées de Paris. Ils ont accès dans toutes les parties des abattoirs pour s'assurer qu'il ne s'y prépare aucune tentative frauduleuse. Ils en gardent et surveillent l'enceinte, peuvent constater dans ces établissements toutes les contraventions qui s'y commettraient, et y sont placés également sous la protection de la loi.

Art. 8. Les porteurs ou conducteurs de viande ou autres objets soumis aux droits, à leur enlèvement des abattoirs, sont tenus de faire au bureau de l'octroi la déclaration prescrite par les articles 10 de la loi du 27 vendémiaire an vii et 28 de l'ordonnance royale du 9 décembre 1814; de représenter les notes de pesage et autres pièces contenant l'indication des objets et quantités dont se composent les chargements, et s'ils sont destinés pour Paris, d'en acquitter les droits *avant de les pouvoir faire sortir* des abattoirs, sous les peines portées par la loi du 20 mars 1832, en raison des quantités non déclarées. Ils sont tenus aussi, comme le prescrit l'article 28 précité, de faciliter toutes les opérations nécessaires aux vérifications des employés.

Art. 9. Afin de rendre plus rapide l'enlèvement de la viande destinée aux étaux des bouchers et charcutiers, on pourra exceptionnellement à la règle posée dans l'article 8 ci-dessus, admettre ceux de ces redevables qui fourniront un cautionnement ou une caution agréée par l'Administration de l'octroi, à n'acquitter les droits qu'à des jours désignés.

Les conditions de ce délai seront déterminées par le préfet de la Seine, sur la proposition de l'Administration de l'octroi.

Art. 10. Si l'Administration de l'octroi le reconnaît praticable, elle pourra faire vérifier les déclarations de sortie par le pesage des voitures et de leur chargement, mais sous la condition que, préalablement, les voitures seront pesées à vide, que les diverses parties en seront poinçonnées, et qu'elles porteront les numéros et autres indications nécessaires pour les faire reconnaître. Tout changement apporté dans la construction des voitures ou des pièces qui les composent, sans en avoir fait la déclaration aux employés, et demandé un nouveau pesage, toute altération des marques précédemment apposées, fera perdre aux contrevenants les avantages de ce mode de vérification; lequel d'ailleurs n'exclut ni n'atténue en rien le droit qu'ont toujours les employés de l'octroi de faire peser les viandes isolément à la sortie des abattoirs, ainsi que les autres objets imposés au poids.

Art. 11. Un arrêté du préfet de la Seine, concerté avec le préfet de police, déterminera sur la proposition de l'Administration de l'octroi, les heures de sortie des abattoirs des viandes et autres produits soumis aux droits, ainsi que toute autre voiture chargée.

Art. 12. Les taureaux, vaches laitières et autres bestiaux dénommés dans l'article 1er du présent règlement, entretenus dans Paris ou admis en transit momentané ou en passe-debout, seront soumis à la consignation fixée par l'article 2.

Ces consignations seront remboursées, soit sur la justification de la sortie de ces bestiaux de Paris, soit après la vente qui en aurait lieu sur le marché de l'intérieur et en produisant les justifications mentionnées par l'article 4.

DROITS D'ABATTOIRS.

ART. 13. Les droits d'abattoirs par espèce et par tête de bétail, établis par l'ordonnance royale du 16 août 1815, sont remplacés par une taxe unique de deux centimes par kilogramme de viande, laquelle sera perçue, à la sortie des abattoirs, comme le droit d'octroi, sur la viande provenant de tous les animaux compris au tarif ci-annexé.

Le droit de fonte des suifs est réduit à un franc par cent kilogrammes de suif fondu, et sera payé également à la sortie de l'abattoir, quelle que soit sa destination.

Il n'est rien changé à la quotité ni au mode de perception des droits de cuisson ou de préparation des tripées de bœuf, vache ou mouton.

Il continuera à être tenu un compte distinct des produits de ces divers droits qui, n'étant pas passibles du dixième revenant au trésor sur les recettes nettes de l'octroi, ne doivent pas être confondus avec ces dernières.

N° 51.

Décret impérial portant règlement sur le commerce des vins à Paris, du 15 décembre 1813.

SECTION 1re. — *Du commerce des vins.*

ART. 1er. La patente de marchand de vins en gros ou en détail, établi dans notre bonne ville de Paris, est déclarée spéciale, et sera, pour tous les marchands, de cent francs de droit fixe, sans préjudice du droit proportionnel.

ART. 2. Néanmoins les traiteurs, restaurateurs et aubergistes continueront, avec la patente de leur profession, à vendre et débiter du vin en bouteille aux personnes auxquelles ils donnent à manger.

ART. 3. Tout individu exerçant actuellement la profession de marchand de vin en gros ou vendant du vin en détail, quoique exerçant une autre profession, est autorisé à continuer la profession de marchand de vin, à la charge,

1° De se pourvoir, dans six mois, de la patente exigée par l'article 1er;

2° De déclarer son intention, dans le même délai de six mois, à la préfecture de police, et d'en retirer certificat;

3° De se faire inscrire également chez le syndic des marchands de vin;

4° D'avoir à sa principale porte un écriteau indicatif de sa profession de marchand de vin;

ART. 4. Tout individu qui voudra à l'avenir exercer la profession de marchand de vin sera tenu de se faire inscrire, comme il est dit à l'article précédent, de faire connaître la rue et la maison où il veut s'établir, et d'en obtenir l'autorisation du préfet de police.

ART. 5. Tout marchand de vin déjà établi qui voudra changer de domicile ou avoir une cave de débit de plus sera tenu de faire la même déclaration, et d'en obtenir l'autorisation du préfet de police.

ART. 6. Nul marchand de vin en détail ne pourra avoir, en vertu de sa patente fixe et spéciale, qu'une seule cave en ville pour le débit en détail, outre son principal établissement. S'il veut avoir une ou plusieurs caves de débit en outre, il payera pour chacune le droit fixe de patente, sans préjudice du droit proportionnel.

Art. 7. Les syndics et adjoints des marchands de vin présenteront un projet de statuts pour la discipline et le régime intérieur de leur commerce : il nous sera soumis, pour être, s'il y a lieu, homologué en notre Conseil d'État, sur le rapport de notre ministre du commerce.

SECTION 2. — *De la vente du vin par les propriétaires.*

Art. 8. Il n'est rien innové au droit qu'ont toujours eu les propriétaires de vendre le vin de leur cru, en faisant la déclaration à la préfecture de police.

Art. 9. Tout habitant ayant fait entrer du vin dans sa cave, et ayant payé les droits, peut le céder ou le vendre à qui bon lui semble, sans être assujetti à aucun droit ni à aucune déclaration.

SECTION 3. — *Des commissionnaires.*

Art. 10. Tout individu vendant des vins par commission pour plusieurs propriétaires, est tenu de se pourvoir, à Paris, de la patente de commissionnaire, sans que les patentes prises dans une autre commune puissent y suppléer.

SECTION 4. — *Dispositions prohibitives et pénales.*

Art. 11. Il est défendu à toutes personnes faisant à Paris le commerce des vins de fabriquer, altérer ou falsifier les vins, d'avoir dans leurs caves, celliers ou autres parties de leur domicile ou magasin, des cidres, bières, poirés, sirops, mélasse, bois de teinture, vins de la pressée, eaux colorées et préparées, et aucunes matières quelconques propres à fabriquer, falsifier ou mixtionner les vins; et ce, sous les peines portées aux articles 318, 475, et 476 du Code pénal, et en outre sous peine de fermeture de leurs établissements par ordonnance du préfet de police.

Art. 12. Tous marchands et commissionnaires qui exerceraient le commerce des vins sans patente, ou contreviendraient aux dispositions du présent décret, seront passibles des peines portées aux articles 37 et 38 de la loi du 1er brumaire an VII.

Néanmoins, tout individu qui enverra du vin à l'entrepôt de Paris, et le fera sortir pour envoyer hors la ville, ne sera pas tenu de prendre de patente pour raison de cet entrepôt, s'il ne fait d'ailleurs le commerce de vins dans Paris.

SECTION 5. — *Des courtiers gourmets piqueurs de vins.*

Art. 13. Il sera nommé des courtiers gourmets piqueurs de vins : leur nombre ne pourra excéder cinquante.

Art. 14. Leurs fonctions seront :

1º De servir, exclusivement à tous autres, dans l'entrepôt, d'intermédiaires, quand ils en seront requis, entre les vendeurs et acheteurs de boissons;

2º De déguster, à cet effet, lesdites boissons, et d'en indiquer fidèlement le cru et la qualité;

3º De servir aussi, exclusivement à tous autres, d'experts en cas de contestation sur la qualité des vins, et d'allégation contre les voituriers et bateliers arrivant sur les ports ou à l'entrepôt, que les vins ont été altérés ou falsifiés.

Art. 15. Ils seront tenus de porter, pour se faire reconnaître dans l'exercice de leurs fonctions, une médaille d'argent aux armes de la ville, et portant inscription : *Courtiers gourmets piqueurs de vins,* n°.

Art. 16. Ils seront nommés par notre ministre du commerce, sur la présentation du préfet de police, et à la charge de représenter un certificat de capacité des syndics des marchands de vins.

Art. 17. Ils fourniront un cautionnement de douze cents francs, qui sera versé à la caisse du mont-de-piété, et dont ils recevront un intérêt de 4 p. 100.

Art. 18. Ils ne pourront faire aucun achat ou vente, pour leur compte ou par commission, sous peine de destitution.

Art. 19. Ils prêteront serment devant le tribunal de commerce du département de la Seine, et y feront enregistrer leur commission.

Art. 20. Ils ne pourront percevoir, pour leur commission d'achat ou de dégustation comme experts, autre ni plus fort droit que celui de soixante-quinze centimes par pièce de deux hectolitres et demi, payable moitié par le vendeur, moitié par l'acheteur.

Art. 21. Le tiers de ce droit sera mis en bourse commune pour être réparti tous les trois mois également entre tous les courtiers ; les deux autres tiers appartiendront au courtier qui aura fait la vente.

Art. 22. Ils nommeront entre eux, à la pluralité des voix, un syndic et six adjoints, lesquels formeront un comité chargé d'exercer la discipline, de tenir la bourse commune, et d'administrer les affaires de la compagnie sous la surveillance du préfet de police et l'autorité du ministre du commerce et des manufactures.

Art. 23. Tout courtier gourmet piqueur de vins contre lequel il sera porté plainte d'avoir favorisé la fraude à l'entrée des barrières, ou à la sortie de l'entrepôt, ou de toute autre manière, sera destitué par notre ministre du commerce, s'il reconnaît, après instruction faite par le préfet de police, que la plainte est fondée.

Art. 24. Tout individu exerçant frauduleusement les fonctions desdits courtiers sera poursuivi conformément aux règles établies à l'égard de ceux qui exercent clandestinement les fonctions de courtiers de commerce.

Art. 25. Les courtiers de commerce près la bourse de Paris continueront toutefois l'exercice de leurs fonctions pour le commerce des vins, et pourront déguster, peser à l'aréomètre et constater la qualité des eaux-de-vie et esprits déposés à l'entrepôt, concurremment avec les courtiers gourmets piqueurs de vins.

Art. 26. Notre ministre des manufactures et du commerce est chargé, etc.

N° 52.

Ordonnance du préfet de police concernant le commerce des vins à Paris, du 11 janvier 1814.

Vu le décret impérial du 15 décembre 1813, portant règlement sur le commerce des vins à Paris ;

Vu aussi les articles 2, 23, 26, 30, 31, 32 et 33 de l'arrêté du gouvernement du 12 messidor an VIII ;

Et l'article 1 de l'arrêté du 3 brumaire an IX,

Ordonnons ce qui suit :

Art. 1er. Le décret impérial, du 15 décembre 1813, portant règlement sur le commerce des vins, à Paris, sera imprimé, publié et affiché avec la présente ordonnance.

Art. 2. Dans six mois, à compter de la publication du décret du 15 décembre dernier, les marchands de vin actuellement établis à Paris, et qui désireront continuer leur profession, seront tenus, conformément à l'article 3 dudit décret, de faire leur déclaration à la préfecture de police, d'indiquer la situation de leurs établissements et de justifier de la patente réglée par l'article 1.

Les déclarations seront inscrites sur un registre qui sera ouvert, à cet effet, à la préfecture de police.

Art. 3. Pour l'exécution de l'article 4 du décret du 15 décembre dernier, il sera pareillement ouvert, à la préfecture de police, un registre pour y inscrire la déclaration des personnes qui voudront, à l'avenir, exercer la profession de marchand de vin, à Paris.

Art. 4. Tout marchand de vin qui cessera le commerce ou fermera une cave en ville, sera tenu d'en faire la déclaration à la préfecture de police.

Art. 5. Toute boutique ou cave, fermée pendant six semaines, ne pourra être ouverte sans notre autorisation.

Art. 6. Les marchands de vin seront tenus d'avoir des comptoirs couverts en étain au titre, et marqués du poinçon du fabricant. Il leur est défendu de les faire couvrir en plomb, à peine de confiscation et de trois cents francs d'amende. (*Déclar. du 13 juin* 1777, *art.* 1.)

Art. 7. Il est défendu aux marchands de vin de se servir de garçons qui ne seraient pas pourvus de livrets ou dont les livrets ne seraient pas revêtus du congé d'acquit de leurs précédents maîtres, sous les peines portées par la loi du 22 germinal an XI.

Art. 8. Les propriétaires qui voudront vendre le vin de leur cru devront joindre à la déclaration prescrite par l'article 8 du décret du 15 décembre dernier un certificat du maire de la commune où leurs vignes sont situées, constatant que les vins qu'ils expédient à Paris proviennent de leur récolte. Ils en représenteront les lettres de voiture à toute réquisition.

Art. 9. Dans le cas où ces propriétaires voudraient débiter leurs vins, ils seront tenus, ainsi que les marchands de vin en détail, d'avoir au moins une série complète de mesures usuelles dûment vérifiées et étalonnées.

Il est enjoint aux uns et aux autres de tenir ces mesures dans le plus grand état de propreté, ainsi que tous les ustensiles de leur commerce.

Art. 10. Il est défendu aux traiteurs, restaurateurs et aubergistes de vendre du vin à d'autres qu'aux personnes auxquelles ils donnent à manger, et pour être consommé dans leurs établissements.

Ils ne peuvent avoir de comptoirs à l'usage des marchands de vin.

Art. 11. Il est défendu d'acheter des vins sur les ports de Paris ou dans les entrepôts pour les revendre sur place. (*Ord. de* 1672, *art.* 11, *chap.* 8.)

Art. 12. Il est aussi défendu d'aller, dans l'étendue du ressort de la préfecture de police, au-devant des vins et de les acheter pour les revendre sur les ports ou dans les entrepôts. (*Ord. de* 1672, *art.* 6, *chap.* 8.)

Art. 13. Les commissionnaires de vins seront tenus de se faire inscrire à la préfecture de police et de justifier de leurs patentes.

Art. 14. Les dispositions de l'ordonnance du 7 floréal an XII, concernant la police des garçons marchands de vin, sont maintenues en ce qui n'est pas contraire aux dispositions de la présente ordonnance.

N° 53.

Ordonnance du roi relative à la fabrication des cidres et poirés dans l'intérieur de Paris, du 18 juillet 1847.

Vu l'article 11 de la loi des recettes du 3 juillet 1846, ainsi conçu :

« La fabrication des cidres et poirés sera soumise à l'exercice dans l'inté-
« rieur de Paris. Les droits dus pour le trésor et pour l'octroi seront perçus
« sur les quantités fabriquées.

« A l'époque où la perception sera établie par exercice, les fruits verts cesse-
« ront d'être soumis au payement des droits à l'introduction.

« Les obligations des fabricants de cidre et de poiré seront fixées par une
« ordonnance royale, rendue dans la forme des règlements d'administration pu-
« blique;

« Toute contravention aux prescriptions de ladite ordonnance sera punie con-
« formément à l'article 129 de la loi du 28 avril 1816, pour ce qui concerne
« les droits du trésor, et conformément à l'article 8 de la loi du 29 mars 1832,
« pour ce qui concerne les droits d'octroi; »

Sur le rapport de notre ministre secrétaire d'État au département des finances;

Notre conseil d'État entendu,

Nous avons ordonné et ordonnons ce qui suit :

Art. 1er. A partir du 15 août prochain, les fabricants de cidre ou de poiré, établis dans l'intérieur de la ville de Paris, seront tenus de faire, par écrit, au bureau de la régie des contributions indirectes, la déclaration de leur profession.

Cette déclaration comprendra la description des locaux, ateliers, magasins et autres dépendances de l'établissement, ainsi que le nombre des pressoirs et la capacité des cuves, des tonneaux et autres vaisseaux de toute espèce destinés à contenir des cidres ou des poirés.

A l'extérieur du bâtiment principal seront inscrits les mots : *Fabrique de cidre et de poiré*.

Art. 2. Les contenances des vaisseaux déclarés seront vérifiées par le jaugeage métrique; s'il y a contestation, elles le seront par empotement, et les fabricants fourniront les ouvriers, l'eau et les vases nécessaires pour procéder à l'opération.

Chaque vaisseau portera un numéro d'ordre, et sa contenance sera indiquée à la douane.

Art. 3. Il est défendu de changer, modifier ou altérer la contenance des vaisseaux jaugés ou épalés, ou d'en établir de nouveaux sans en avoir fait la déclaration, par écrit, au bureau de la régie, vingt-quatre heures à l'avance.

Le fabricant ne pourra faire usage desdits vaisseaux qu'après que leur contenance aura été vérifiée conformément à l'article précédent.

Art. 4. Tout fabricant de cidre ou de poiré sera tenu, dans les deux heures de l'introduction à domicile des fruits destinés à la fabrication, de faire au même bureau la déclaration des quantités et espèces reçues.

Art. 5. Chaque fabrication sera précédée d'une déclaration, faite au moins quatre heures d'avance, au bureau de la régie, et énonçant :

1° La nature et la quantité des fruits à employer;

2° Le numéro et la désignation des vaisseaux dont il sera fait usage;

3° L'heure à laquelle commencera le pressurage;

4° L'heure de l'entonnement du produit de la fabrication. Jusqu'à ladite heure, cette partie de la déclaration pourra être modifiée.

Dans aucun cas l'entonnement ne pourra avoir lieu que de jour.

L'ampliation de la déclaration sera représentée à toute réquisition des employés, pendant la durée de la fabrication.

Art. 6. Les fabricants sont soumis aux visites et vérifications des employés et tenus de leur ouvrir, à toute réquisition, leurs fabriques, magasins, maisons, caves et celliers, et tous autres bâtiments enclavés dans la même enceinte que la fabrique, ainsi que de leur représenter les fruits, cidres et poirés qu'ils auront en leur possession.

Art. 7. Les fabricants seront tenus d'ouvrir leurs établissements aux employés, même la nuit, pendant toute la durée de la fabrication.

Art. 8. Deux comptes seront ouverts au registre portatif des employés, l'un pour les fruits, l'autre pour les cidres ou les poirés.

Le produit de chaque fabrication sera constaté et pris en charge à l'entonnement; mais, dans aucun cas, les quantités à soumettre au droit ne pourront être inférieures à deux hectolitres de cidre ou de poiré pour cinq hectolitres de fruits.

Art. 9. Le compte de la fabrication sera arrêté chaque mois, et les quantités fabriquées seront immédiatement soumises aux droits d'entrée et d'octroi, dont le payement sera poursuivi par voie d'avertissement et de contrainte, s'il y a lieu.

Art. 10. Tout manquant dans les quantités de fruits déclarées et prises en charge donnera ouverture au payement des droits dans la portion déterminée par l'article 8, sauf le cas de perte dûment constatée.

Art. 11. Conformément à l'article 11 de la loi du 3 juillet 1846, toute contravention aux dispositions du présent règlement sera punie d'une amende de deux cents à six cents francs, pour ce qui concerne les droits du trésor, et d'une amende de cent à deux cents francs pour ce qui concerne les droits d'octroi.

Seront saisis ou confisqués les fruits, cidres et poirés trouvés en fraude, ainsi que les pressoirs et ustensiles non déclarés, et servant à la fabrication.

Art. 12. Dans les trois jours qui précéderont la mise à exécution de la présente ordonnance, les fabricants déclareront les quantités de fruits, de cidre ou de poiré qu'ils auront en leur possession. L'inventaire en sera fait par les employés des contributions indirectes, et les quantités reconnues seront suivies en compte pour mémoire.

Art. 13. Tout individu qui ne fabrique du cidre ou du poiré que pour sa consommation particulière, ou tout chef de maison d'éducation ou d'un établissement public quelconque qui ne se livre à cette fabrication que pour la consommation de son établissement, est tenu, dans les deux heures de l'introduction des fruits destinés à la fabrication, de faire au bureau de la régie, la déclaration, par écrit, des quantités et des espèces reçues.

La fabrication ne pourra commencer que six heures seulement après la déclaration, lorsque ladite déclaration aura été faite avant midi.

Si la déclaration n'est faite qu'après midi, la fabrication ne pourra commencer que le lendemain, au plus tôt à dix heures.

Le droit sera perçu à raison de deux hectolitres de cidre ou de poiré pour cinq hectolitres de fruits.

Il est interdit aux personnes désignées dans le présent article de vendre aucun des produits de leur fabrication.

Les contraventions à ces dispositions seront punies des peines portées en l'article 11.

N° 54.

État général des ateliers et établissements qui ne peuvent être formés sans permission.

Abattoirs; 1re cl. (1810, 1815, 1838).
Absinthe (Distillerie d'esprit ou d'extrait d'); 2e cl. 1825.
Acétate de plomb; 3e cl. 1815.
Acide acétique; 3e cl. 1826.
Acide muriatique; 2e cl. 1815.
— oxygéné. Voir *Chlore*.
Acide nitrique; 1re cl. 1810; 2e cl. 1825.
Acide pyroligneux; 1re et 2e cl. 1815, 2e cl. 1833.
Acide sulfurique; 1re cl. 1810.
Acide tartareux; 3e cl. 1826.
Acier; 2e cl. 1815.
Affinage de l'or ou de l'argent; 1re et 2e cl. 1825; 2e cl. 1815.
Affinage de métaux; 1re cl. (1810, 1815).
Alcali caustique en dissolution; 3e cl. 1815.
Allumettes. Voir *Poudres fulminantes*; 1re cl. 1823.
Alun. V. *Sulfate de fer et d'alumine*.
Amidonniers; 1re cl. 1810.
Ammoniaque ou alcali volatil; 3e cl. 1833.
Arcansons ou résines de pin; 1re cl. 1825.
Ardoises artificielles; 3e cl. 1828.
Artificiers; 1re cl. 1810.
Battage de la laine et de la bourre; 3e cl. 1833.
Batteurs d'or et d'argent; 3e cl. 1815.
Battoirs à écorces; 2e cl. 1828.
Bitumes en planches; 2e cl. 1825.
Bitumes pisasphaltes; 2e cl. 1833.
Blanc de baleine; 2e cl. 1826.
Blanc d'Espagne; 3e cl. 1815.
Blanc de plomb ou de céruse; 2e cl. 1810.
Blanchiment des toiles. Voir *Toiles*.
— des tissus et des fils de laine et de soie; 2e cl. 1826.
— des toiles et fils de chanvre, de lin et de coton; 2e cl. 1826.
— des toiles et fils de chanvre par les chlor. alc.; 3e cl. 1826.

Blanchisseries ordin. Voir *Buanderies*.
Bleu de Prusse; 1re et 2e cl. (1810, 1815.)
Bois dorés (Brûleries des); 3e cl. 1815.
Borax artificiel; 3e cl. 1825.
Boues et immondices. Voir *Voirie*; 1re cl. 1825.
Bougies de blanc de baleine; 3e cl. 1825.
Boutons métalliques; 3e cl. 1810-1815.
Boyaudiers; 1re cl. 1810.
Brasseries; 3e cl. 1810.
Briqueteries; 2e et 3e cl. 1815.
Briquets phosphoriques et oxygénés; 3e cl. 1826.
Buanderies; 2e et 3e cl. (1815, 1826).
Calcination d'os d'animaux; 1re cl. 1825; 2e cl. (1825, 1828).
Camphre; 3e cl. 1815.
Caractères d'imprimerie; 3e cl. 1810.
Caramel en grand; 3e cl. 1826.
Carbonisation du bois; 2e cl. 1828.
Cartonniers; 2e cl. (1810, 1815).
Cendres (Laveurs de); 3e cl. 1815.
Cendres bleues et autres précipités de cuivre; 3e cl. 1815.
Cendres d'orfévre; 1re et 2e cl. 1815.
Cendres gravelées; 1re et 2e cl. 1815.
Céruse (Fabriques de). Voir *Blanc de plomb*.
Chairs ou débris d'animaux; 1re cl. 1825.
Chamoiseurs; 2e cl. 1815.
Chandeliers; 2e cl. 1810.
Chantiers de bois à brûler; 3e cl. 1825.
Chanvre (Rouissage du lin et du); 1re cl. (1810, 1826).
Chanvre et lin (peignage en grand du); 2e cl. 1837.
Chapeaux (Fabriques de); 2e cl. 1815.
Chapeaux de soie et autres; 2e cl. 1837.
Charbon animal; 1re cl. 1825; 2e cl. (1825, 1828).
Charbon de bois (Dépôts de); 3e cl. 1825.
Charbons de bois (Magasins pour la vente des); 2e cl. 1834.
Charbon de bois fait à vases clos; 2e cl. (1810, 1815).

Charbon de terre (Epurage du); 1re et 2e cl. (1810, 1815).
Châtaignes (Dessiccation et conservation des); 2e cl. 1815.
Chaudières à vapeur. Voir *Machines à feu*.
Chaux (Fours à); 2e cl. (1810, 1818); 3e cl. 1815.
Chicorée-café; 3e cl. 1825.
Chiffonniers; 2e cl. (1810, 1815).
Chlore, acide mur. oxyg.; 2e cl. (1818, 1825).
Chlorures alcalins, eau de javelle; 1re et 2e cl. 1825.
Chlorure de chaux; 2e cl. 1833.
Chromate de plomb; 3e cl. 1825.
Chromate de potasse; 2e cl. 1833.
Chrysalides (Dépôts de); 2e cl. 1828.
Cire à cacheter; 2e cl. 1815.
Ciriers; 3e cl. 1810.
Cocons (Filatures de); 2e cl. 1838.
Colle forte; 1re cl. 1810.
Colles de parchemin et d'amidon, 3e cl. 1810.
Colle de peau de lapin; 2e cl. 1828.
Cordes à instruments; 1re cl. 1810.
Corne (Travail de la); 3e cl. (1810, 1815).
Corroyeurs; 2e cl. 1810.
Couverturiers; 2e cl. 1810.
Cretonniers; 1re cl. 1810.
Cristaux. Voir *Verre*.
Cristaux de soude, sous-carbonate de soude; 3e cl. 1815.
Cuirs vernis; 1re cl. 1810.
Cuirs verts; 2e cl. 1810.
Cuivre (Fonte et laminage du); 2e cl. 1815.
Cuivre (Dérochage ou décapage du); 2e cl. 1828.
Cuivre (Désargentage du); 1re cl. 1838.
Débris d'animaux. Voir *Chairs*.
Dégraisseurs. Voir *Teinturiers dégraisseurs*; 3e cl. 1815.
Dégras ou huile épaisse; 1re cl. 1825.
Doreurs sur métaux; 3e cl. 1810.
Eau de javelle. Voir *Chlorures alcalins*.
Eau-de-vie (Distilleries d'); 2e cl. 1810.
Eau forte. Voir *Acide nitrique*.
Eau seconde; Alcali caustique en dissolution; 3e cl. 1815.
Eaux savonneuses des fabriques. Voir *Huile*.
Echaudoirs; 1re cl. (1815, 1833).
Emaux. Voir *Verre*.
Encre à écrire; 3e cl. 1815.
Encre d'imprimerie; 1re cl. 1815.
Engrais. Voir *Poudrette*, *Urate*; 1re cl. 1825.

Engraissage des oies; 3e cl. 1833.
Eponges (Lavage et séchage des); 2e cl. 1837.
Equarrissage; 1re cl. 1810.
Essayeurs; 3e cl. 1815.
Etain (Fabrication des feuilles d'); 3e cl. 1815.
Etoupilles. Voir *Poudres fulminantes*; 1re cl. 1823.
Faïence (Fabrique de); 2e cl. 1815.
Fanons de baleine; 3e cl. 1838.
Fécule de pomme de terre; 3e cl. 1825.
Fer-blanc; 3e cl. 1815.
Feutres et visières vernis; 1re cl. 1826.
Feutre goudronné; 2e cl. 1833.
Fonderies au fourneau à la *Wilkenson*; 2e cl. (1810, 1825).
Fondeurs au fourneau à réverbère; 2e cl. (1810, 1815).
Fondeurs au creuset; 2e cl. (1810, 1815).
Forges de grosses œuvres; 2e cl. 1826.
Fourneaux (Hauts); 1re cl. 1815.
Fours à cuire les cailloux; 2e cl. 1826.
Fromages (Dépôts de); 3e cl. 1815.
Galipots ou résine de pin; 1re cl. 1825.
Galons et tissus d'or et d'argent (Brûleries des); 2e cl. 1815.
Gaz hydrogène (Etablissement d'éclairage par le); 2e cl. 1824.
Gaz (ateliers où l'on prépare les matières grasses pour la production du); 3e cl. 1825.
Gaz (ateliers pour le grillage des tissus par le); 3e cl. 1825.
Gaz hydrogène (petits appareils); 3e cl. 1838.
Gélatine extraite des os; 3e cl. 1825.
Genièvre (Distilleries de); 2e cl. 1815.
Glaces (Etamage des); 3e cl. 1815.
Goudron (Fabrication du); 1re cl. 1815.
Goudron (Fabriques de) à vases clos, 1re cl. (1815, 1825).
Goudrons (Travail en grand des); 1re cl. 1825.
Graisses à feu nu (fontes des); 1re cl. 1833.
Grillage de tissus de coton par le gaz; 3e cl. 1825.
Hareng (Saurage du); 2e cl. 1815.
Hongroyeurs; 2e cl. 1810.
Huile de poisson (Fabriques d'); 1re cl. 1815.
Huile de pied de bœuf (Fabrique d'); 1re cl. (1810, 1815).
Huile de térébenthine et d'aspic (Distillation d'); 1re cl. (1810, 1815).
Huile de térébenthine et autres essentielles (Dépôt d'); 2e cl. 1825.
Huile (Extraction de l') des eaux sa-

vonneuses des fabriques; 2e cl. 1828.
Huile épaisse à l'usage des tanneurs; 1re cl. 1825.
Huile rousse; 1re cl. 1815.
Huiles (Epuration des); 2e cl. 1815.
Huiles de lin (cuisson des); 1re cl. 1833.
Indigoteries ; 2e cl. 1815.
Laques (Fabrication des); 3e cl. 1815.
Lard (Ateliers à enfumer le); 2e cl. 1815.
Lavoirs à laine; 3e cl. 1825.
Lavoirs des blanchisseurs. Voir *Buanderies*.
Lin (Rouissage du). Voir *Chanvre*.
Liqueurs (Fabrication des); 2e cl. 1815.
Litharge (Fabrication de la); 1re cl. 1815.
Lustrage des peaux ; 3e cl. 1826.
Machines et chaudières à vapeur à haute et à basse pression; 2e cl. 1843.
Maroquiniers; 2e cl. 1815.
Massicot (Fabrication du); 1re cl. 1815.
Mastics. Voir *Ardoises artificielles*.
Mégissiers; 2e cl. 1810.
Ménageries ; 1re cl. 1810.
Métaux (Fonderie de). Voir *Fonderies, Fondeurs*.
Minium (Fabrique du); 1re cl. 1810.
Moulins à broyer le plâtre, la chaux et les cailloux ; 2e cl. 1825.
Moulins à farine; 2e cl. 1825.
Moulin à huile; 3e cl. 1815.
Noir de fumée (Fabrication du); 2e cl. 1810.
Noir d'ivoire et noir d'os (Fabrication du); 1re et 2e cl. 1815.
Noir minéral; 1re cl. 1833.
Noir animalisé (Fabrique et dépôt de); 1re cl. 1837.
Ocre jaune (Calcination d'); 3e cl. 1815.
Or et argent (Affinage de l'); 2e cl. 1815.
Orseille (Fabrication de l'); 1re cl. 1815.
Os (Blanchiment des); 2e cl. 1815.
Os d'animaux (Calcination d'). Voir *Calcination*.
Papiers (Fabriques de); 2e cl. 1815.
Papiers peints et papiers marbrés ; 3e cl. (1810, 1815).
Parcheminiers; 2e cl. 1815.
Peaux de lièvres et de lapins. Voir *Sécrétage*.
Phosphore (Fabriques de); 2e cl. 1826.
Pipes à fumer (Fabrication des); 2e cl. 1815.
Plantes marines (Combustion des) ; 1re cl. 1838.
Plâtre (Fours à); 2e et 3e cl. (1810, 1815, 1818).
Plomb (Fonte et laminage du) ; 2e cl. 1815.

Plomb de chasse ; 3e cl. (1810, 1815).
Plombiers et Fontainiers ; 3e cl. (1810, 1815).
Poêliers-fournalistes ; 2e cl. 1815.
Poils de lièvres et de lapins. Voir *Sécrétage*.
Pompes à feu. Voir *Machines à vapeur*.
Porcelaine (Fabrication de la); 2e cl. 1815.
Porcheries; 1re cl. 1810.
Potasse (Fabrique de); 3e cl. 1815.
Potiers d'étain; 3e cl. 1815.
Potiers de terre; 2e cl. 1815.
Poudres ou matières détonnantes et fulminantes ; 1re cl. 1823.
Poudrette; 1re cl. 1810.
Précipité du cuivre. Voir *Cendres bleues*; 3e cl. 1815.
Résines et matières résineuses; 1re cl. 1825.
Rogues (Dépôts de); 2e cl. 1826.
Rouge de Prusse (Fabrique de); 1re et 2e cl. 1815.
Routoirs. Voir *Chanvre et lin*.
Sabots (Ateliers à enfumer les); 1re cl. 1825, 3e cl. 1815.
Salaison et saurage des poissons ; 2e cl. 1825.
Salaisons (Dépôts de) ; 2e cl. 1815.
Salaisons liquides. Voir *Rogues*.
Salpêtre (Fabrication et raffinage du) ; 3e cl. 1815.
Sang (Dépôts et ateliers pour la cuisson et dessication du); 1re cl. 1825.
Savonneries ; 3e cl. 1810.
Sécrétage des peaux ou poils de lièvres et de lapins; 2e cl. 1828.
Sel (Raffineries de); 3e cl. 1815.
Sel ammoniac (Fabrique de); 1re cl. 1828.
Sel ou muriate d'ammoniac ; 1re cl. (1810, 1815).
Sel de saturne. Voir *Acétate de plomb*.
Sel de soude sec ; sous-carbonate de soude sec ; 3e cl. 1815.
Sel ou muriate d'étain ; 2e cl. 1815.
Sirop de fécule de pomme de terre ; 3e cl. 1825.
Soies de cochons (Préparation des); 1re cl 1838.
Soude (Fabrication de la); 3e cl. (1810, 1815).
Soudes de varech (Fabrication en grand des); 1re cl. 1838.
Soufre (Fabrication des fleurs de) ; 1re cl. 1825.
Soufre (Fusion du) ; 2e cl. 1825.
Soufre (Distillation du) ; 1re cl. 1815.
Sucre (Raffineurs de); 2e cl. 1815.

Sucre (Fabriques de); 2e cl. 1837.
Suif brun (Fabrication du); 1re cl. 1810.
Suif en branches (Fonderie de) à feu nu; 1re cl. (1810, 1815).
Suif (Fonderies de) au bain-marie ou à la vapeur, 2e cl 1815.
Suif d'os (Fabrication du); 1re cl. 1815.
Sulfate d'ammoniaque; 1re cl. 1815.
Sulfate de cuivre (Fabrication du); 1re et 3e cl. 1815.
Sulfate de potasse (Raffinage du); 3e cl. 1815.
Sulfate de soude (Fabrication du); 1re et 2e cl. 1815.
Sulfates de fer et d'alumine; 3e cl. (1810, 1815).
Sulfates de fer et de zinc; 2e cl. 1815.
Sulfures métalliques (Grillage des); 1re et 2e cl. 1815.
Tabac (Fabrique de); 2e cl. 1810.
Tabac (Combustion des côtes du); 1re cl. 1815.
Tabatières en carton; 2e cl. 1815.
Taffetas cirés (Fabriques de); 1re cl. (1810, 1815).
Taffetas et toiles vernis; 1re cl. 1810.
Tanneries, 2e cl. 1815.
Tartre (Raffinage du); 3e cl. 1815.
Teinturiers; 3e cl. (1810, 1815).
Teinturiers dégraisseurs; 3e cl. 1815.

Térébenthine (Extraction de la). Voir *Goudrons*; 1re cl. 1825.
Tissus d'or et d'argent (Brûleries des). Voir *Galons*.
Toile cirée (Fabrique de); 1re cl. 1825.
Toiles (Blanchiment des); 2e cl. 1810.
Toiles peintes (Ateliers de); 3e cl. 1825.
Toiles vernies (Fabrication des). Voir *Taffetas vernis*.
Tôle vernie; 2e cl. 1825.
Tourbe (Carbonisation de la); 1re et 2e cl. (1810, 1815).
Tréfileries; 3e cl. 1828.
Tripiers; 1re cl. 1810.
Tuileries et briqueteries; 2e cl. 1815.
Urate (Fabrication d'); 1re cl. 1825.
Vacheries; 3e cl. (1810, 1815).
Verdet (Fabrication du). Voir *Vert-de-gris*.
Vernis (Fabriques de); 1re cl. 1810.
Vernis à l'esprit de vin; 2e cl. 1833.
Verre, cristaux, émaux; 1re cl. (1815, 1828).
Vert-de-gris et verdet; 3e cl. 1815.
Viandes (Salaison et préparation des); 3e cl. 1815.
Vinaigre (Fabrication du); 3e cl. 1815.
Visières et feutres vernis. Voir *Feutres*.
Voiries et dépôts de boues ou immondices; 1re cl. 1825.
Zinc (Usines à laminer le); 2e cl. 1828.

N° 55.

Ordonnance du roi portant règlement sur les établissements d'éclairage par le gaz hydrogène, du 27 janvier 1846.

Art. 1er. Les usines et ateliers où le gaz hydrogène est fabriqué, et les gazomètres qui en dépendent, demeurent rangés dans la deuxième classe des établissements dangereux, insalubres ou incommodes, sauf dans les cas réglés par les deux articles suivants.

Art. 2. Sont rangés dans la troisième classe les petits appareils pour fabriquer le gaz, pouvant fournir au plus, en douze heures, dix mètres cubes, et les gazomètres qui en dépendent.

Art. 3. Sont également rangés dans la troisième classe les gazomètres non attenant à des appareils producteurs et dont la capacité excède dix mètres cubes.

Ceux d'une capacité moindre pourront être établis, après déclaration à l'autorité municipale.

Art. 4. Les ateliers de distillation, tous les bâtiments y attenant et les magasins de charbon dépendant des ateliers de distillation, même quand ils ne seraient pas attenants à ces ateliers, seront construits et couverts en matériaux incombustibles.

Art. 5. Il sera établi à la partie supérieure du toit des ateliers, pour la sortie des vapeurs, une ou plusieurs ouvertures surmontées de tuyaux ou cheminées dont la hauteur et la section seront déterminées par l'acte d'autorisation.

Art. 6. Aucune matière animale ne pourra être employée pour la fabrication du gaz.

Art. 7. Le coke sera éteint à la sortie des cornues.

Art. 8. Les appareils de condensation devront être établis en plein air ou dans des bâtiments ventilés à la partie supérieure, à moins que la condensation ne s'opère dans des tuyaux enfouis sous le sol.

Art. 9. Les appareils d'épuration devront être placés dans des bâtiments ventilés au moyen d'une cheminée spéciale établie sur la partie supérieure du comble, et dont la hauteur et la section seront déterminées par l'acte d'autorisation. Le gaz ne sera jamais conduit des cornues dans le gazomètre sans passer par les épurateurs.

Art. 10. Tout mode d'éclairage autre que celui des lampes de sûreté est formellement interdit dans le service des appareils de condensation et d'épuration, ainsi que dans l'intérieur et aux environs des bâtiments renfermant des gazomètres.

Art. 11. Les eaux ammoniacales et les goudrons produits par la distillation, qu'on n'enlèverait pas immédiatement, seront déposés dans des citernes exactement closes et étanches, et dont la capacité ne devra pas excéder quatre mètres cubes.

Ces citernes seront construites en pierres ou briques, à bain de mortier hydraulique et enduites d'un ciment pareillement hydraulique; elles devront être placées sous des bâtiments couverts.

Art. 12. Les goudrons, les eaux ammoniacales et les laits de chaux, ainsi que la chaux solide sortant des ateliers d'épuration, seront enlevés immédiatement dans des vases ou dans des tombereaux hermétiquement fermés.

Art. 13. Les résidus aqueux ne pourront être évaporés et les goudrons brûlés dans les cendriers et dans les fourneaux qu'autant qu'il n'en résultera à l'extérieur ni fumée ni odeur.

Art. 14. Le nombre et la capacité des gazomètres de chaque usine seront tels que, dans le cas de chômage de l'un d'eux, les autres puissent suffire aux besoins du service.

Chaque usine aura au moins deux gazomètres.

Art. 15. Les bassins dans lesquels plongent les gazomètres seront complétement étanches : ils seront construits en pierres ou briques à bain de mortier hydraulique, ou en bois; si les bassins sont en bois, ils devront être placés dans une fosse en maçonnerie.

Si les murs s'élèvent au-dessus du sol, ils auront une épaisseur égale à la moitié de leur hauteur.

Les cuves ou bassins au niveau du sol seront entourés d'une balustrade.

Art. 16. La cloche de chaque gazomètre sera maintenue par des guides fixes, de manière à ne pouvoir jamais, dans son mouvement, s'écarter de la verticale.

Elle sera, en outre, disposée de manière que la force élastique du gaz dans l'intérieur du gazomètre soit supérieure à la pression atmosphérique. La pression intérieure du gaz sera indiquée par un manomètre.

Art. 17. Les gazomètres d'une capacité de plus de dix mètres cubes seront entièrement isolés, tant des bâtiments de l'usine que des habitations voisines, et protégés par des paratonnerres dont la tige aura une hauteur au moins égale à la moitié du diamètre du gazomètre.

Art. 18. Tout bâtiment contenant un gazomètre d'une capacité quelconque sera ventilé au moyen d'ouvertures pratiquées dans la partie supérieure, de manière à éviter l'accumulation du gaz en cas de fuite. Il sera, en outre, pratiqué dans son pourtour plusieurs ouvertures qui devront être revêtues de persiennes.

Art. 19. Un tube de trop plein, destiné à porter le gaz au-dessus du toit, sera adapté à chaque gazomètre établi dans un bâtiment.

Si le gazomètre est en plein d'air, le tube pourra être remplacé par quatre ouvertures de un ou deux centimètres de diamètre, placées à huit ou dix centimètres de son bord inférieur et à égale distance les unes des autres.

Art. 20. Ne pourront être placés dans les caves que les gazomètres de dix mètres cubes au plus, non attenant à des appareils producteurs; ces caves devront être exclusivement affectées aux gazomètres. Elles seront convenablement ventilées, au moyen de deux ouvertures placées, l'une près du sol de la cave, l'autre dans la partie la plus élevée de la voûte. Cette dernière ouverture sera surmontée d'un tuyau d'évaporation dépassant le faîte de la maison.

Art. 21. Le premier remplissage d'un gazomètre ne pourra avoir lieu qu'après vérification faite de sa construction et en présence d'un agent délégué par l'autorité municipale.

Art. 22. Les récipients portatifs pour le gaz comprimé devront être en cuivre ou en tôle de fer; ils seront essayés à une pression double de celle qu'ils doivent supporter dans l'usage journalier, et qui sera déterminée par l'acte d'autorisation.

Art. 23. Le gaz fourni aux consommateurs sera complètement épuré. Sa pureté sera constatée par les moyens qui seront prescrits par l'administration.

Art. 24. Les usines et appareils mentionnés ci-dessus pourront, en outre, être assujettis aux mesures de précaution et dispositions qui seraient reconnues utiles dans l'intérêt de la sûreté ou de la salubrité publique.

Art. 25. L'ordonnance royale du 20 août 1824 et notre ordonnance du 25 mars 1838, concernant les établissements d'éclairage par le gaz hydrogène, sont rapportées.

Art. 26. Notre ministre secrétaire d'État au département de l'agriculture et du commerce est chargé, etc.

N° 56.

Ordonnance de police portant règlement sur la vente du gaz dans Paris, du 26 décembre 1846.

TITRE 1er.

FOURNITURE ET NATURE DU GAZ. — TUYAUX DE CONDUITE.

Art. 1er. Les compagnies d'éclairage par le gaz, auxquelles des périmètres ont été concédés par la ville de Paris, pour dix-sept années, qui commenceront le 1er janvier 1847 et finiront le 31 décembre 1863, fourniront le gaz pour l'éclairage des particuliers, pendant les dix-sept années de leur concession, conformément au cahier des charges ci-dessus visé et aux prix et conditions ci-après.

Art. 2. L'éclairage sera fait par le gaz extrait de la houille. Les compagnies ne pourront employer d'autre gaz sans le consentement formel et par écrit du préfet de police.

Art. 3. Le gaz sera complétement épuré; sa pureté sera constatée par les moyens qui seront prescrits par l'administration, le tout conformément aux dispositions de l'art. 23 de l'ordonnance royale du 27 janvier 1846.

Art. 4. Les compagnies sont tenues de poser à leur frais, sur notre réquisition et dans les limites du cahier des charges, des tuyaux de conduite sous les voies publiques de leurs périmètres respectifs où il n'en existerait pas.

Art. 5. Les dimensions des conduites et des branchements posés ou à poser, et la pression du gaz, devront, sur tous les points des périmètres, être combinées de telle sorte, que chaque bec puisse recevoir la quantité de gaz nécessaire pour l'éclairage normal défini par l'art. 20 ci-après.

TITRE II.

ABONNEMENTS.

Art. 6. Chaque compagnie sera tenue, dans sa circonscription et dans les localités où il existera des conduites, de fournir le gaz à toutes personnes qui auront contracté un abonnement de trois mois au moins, et qui se seront d'ailleurs conformées aux dispositions des règlements concernant la pose des appareils. Les polices, en vertu desquelles seront souscrits les abonnements, devront être conformes à un modèle approuvé par nous.

Art. 7. Des abonnements au bec pourront être faits pour tous les jours, sans exception, ou en exceptant les dimanches et fêtes.

Art. 8. Aucun abonnement ne pourra être refusé; mais les compagnies seront en droit d'exiger que le payement s'en fasse par mois et d'avance.

Art. 9. Le gaz sera fourni, soit au compteur, soit au bec et à l'heure, à la volonté des abonnés.

TITRE III.

COMPTEURS.

Art. 10. Les compteurs seront à la charge des abonnés, qui auront la faculté de les faire établir et entretenir par des fournisseurs de leur choix.

Art. 11. Le système des compteurs sera approuvé par l'administration.

Art. 12. Toute personne qui sollicitera l'approbation d'un système de compteur devra nous adresser une demande qui indiquera :

1º Si le système est ou non breveté;

2º La dimension et le prix de vente pour les diverses dépenses du gaz;

3º Les localités où les compteurs seront mis en expérience, et les lieux où ils pourront être examinés.

Un modèle des compteurs devra toujours être annexé aux demandes.

Art. 13. Les compteurs fabriqués suivant les systèmes approuvés par nous, ainsi qu'il est dit ci-dessus, ne pourront être employés qu'après avoir été vérifiés quant à leur exactitude et à la régularité de leur marche et qu'après avoir été revêtus du poinçon de l'administration.

Les compteurs seront en outre soumis à toutes autres vérifications que nous jugerons utile de prescrire, sans préjudice de celles que les abonnés ou les compagnies voudraient faire effectuer par les voies de droit.

Art. 14. Chaque compagnie aura la faculté de choisir, pour le service de ses lignes, un système de compteur parmi ceux qui auront été approuvés par l'administration; mais son choix ne pourra porter, à titre exclusif, sur un système de compteur dont la fabrication ne serait pas dans le domaine public.

Art. 15. Un modèle de chaque système de compteur, approuvé par l'administration, sera déposé à la préfecture de police.

Art. 16. Les abonnés au compteur auront la libre disposition du gaz qui aura passé par le compteur; ils pourront distribuer le gaz comme bon leur semblera, soit à l'intérieur, soit à l'extérieur de leur domicile, sans que, dans le cas où le nombre de becs déclaré serait augmenté, il puisse en résulter aucune action contre les Compagnies, à raison de la faiblesse de l'éclairage.

TITRE IV.

TARIFS.

Art. 17. A partir du 1ᵉʳ janvier 1847, le prix du gaz vendu au compteur sera de 0,49 centimes le mètre cube, avec diminution d'un centime par année jusqu'à ce qu'il ait été réduit à 0,40 centimes.

Art. 18. Les prix actuels de la vente du gaz, livré à l'heure et au moyen de becs cylindriques à double courant d'air, dits d'*Argand*, seront réduits annuellement, à partir du 1ᵉʳ janvier 1847, jusqu'à ce qu'ils soient descendus à 0,06 centimes par heure, pour les becs éteints à dix heures, et à 0,05 cent. 50, pour les becs éteints à onze heures et à minuit.

Art. 19. En conséquence des dispositions des deux articles qui précèdent, les tarifs de la vente du gaz aux particuliers, soit au compteur, soit au bec, sont fixés, pour chacune des dix-sept années de la concession, conformément au tableau ci-après :

ANNÉES.	VENTE AU COMPTEUR. — PRIX du mètre cube.	VENTE AU BEC ET A L'HEURE.	
		Bec brûlant depuis la chute du jour jusqu'à 10 h. — PRIX DE L'HEURE.	Bec brûlant depuis la chute du jour jusqu'à 11 heures et minuit. — PRIX DE L'HEURE.
1847	0f 49c	0f 06c 45	0f 05c 95
1848	0 48	0 06 40	0 05 90
1849	0 47	0 06 35	0 05 85
1850	0 46	0 06 30	0 05 80
1851	0 45	0 06 25	0 05 75
1852	0 44	0 06 20	0 05 70
1853	0 43	0 06 15	0 05 65
1854	0 42	0 06 10	0 05 60
1855	0 41	0 06 05	0 05 55
1856 et suivantes.	0 40	0 06 00	0 05 50

Art. 20. Les becs, auxquels s'appliquent les tarifs ci-dessus, seront percés de vingt trous du diamètre d'un tiers de millimètre chacun ; la hauteur de la flamme sera de huit centimètres ; celle du verre-cheminée ne pourra excéder 20 centimètres.

La consommation de ces becs sera par heure de 120 litres en moyenne par bec.

Art. 21. Un modèle des becs, avec galerie, cheminée et autres accessoires, sera déposé à la préfecture de police.

Art. 22. Le prix de tout autre bec que celui qui est déterminé dans l'article précédent, ou d'un éclairage qui aurait lieu à des heures autres que celles ci-dessus, sera débattu de gré à gré entre les Compagnies et les abonnés.

Il en sera de même pour les becs cylindriques percés de vingt trous, qui seraient placés à l'extérieur.

Art. 23. Les abonnés ne pourront exiger d'éclairage, soit au compteur, soit au bec, que pendant le temps où les conduites des Compagnies seront en charge pour le service ; les conditions des livraisons de gaz qui devraient avoir lieu en dehors de ce temps, seront réglées de gré à gré entre les Compagnies et les abonnés.

Art. 24. Les Compagnies concessionnaires seront tenues de faire jouir leurs abonnés, s'ils l'exigent, du prix du tarif ci-dessus et de tous les avantages résultant des autres conditions de la présente ordonnance. En conséquence, elles ne pourront se prévaloir contre eux des clauses des polices actuelles qui seraient contraires aux dispositions de ladite ordonnance.

Art. 25. Les Compagnies devront, pour tous les consommateurs qui le demanderont, convertir immédiatement les abonnements au bec en abonnements au compteur.

N° 57.

Ordonnance du roi qui détermine le mode de construction des fosses d'aisances dans la ville de Paris, du 24 septembre 1819.

Section 1re. — *Des constructions neuves.*

Art. 1er. A l'avenir, dans aucun des bâtiments publics ou particuliers de notre bonne ville de Paris et de leurs dépendances, on ne pourra employer, pour fosses d'aisances, des puits, puisards, égouts, aqueducs ou carrières abandonnés, sans y faire les constructions prescrites par le présent règlement.

Art. 2. Lorsque les fosses seront placées sous le sol des caves, ces caves devront avoir une communication immédiate avec l'air extérieur.

Art. 3. Les caves sous lesquelles seront construites les fosses d'aisances, devront être assez spacieuses pour contenir quatre travailleurs et leurs ustensiles, et avoir au moins deux mètres de hauteur sous voûte.

Art. 4. Les murs, la voûte et le fond des fosses seront entièrement construits en pierres meulières, maçonnées avec du mortier de chaux maigre et de sable de rivière bien lavé.

Les parois des fosses seront enduites de pareil mortier, lissé à la truelle.

On ne pourra donner moins de trente à trente-cinq centimètres d'épaisseur aux voûtes, et moins de quarante-cinq ou cinquante centimètres aux massifs et aux murs.

Art. 5. Il est défendu d'établir des compartiments ou divisions dans les fosses, d'y construire des piliers, et d'y faire des chaînes ou des arcs en pierres apparentes.

Art. 6. Le fond des fosses d'aisances sera fait en forme de cuvette concave.

Tous les angles intérieurs seront effacés par des arrondissements de vingt-cinq centimètres de rayon.

Art. 7. Autant que les localités le permettront, les fosses d'aisances seront construites sur un plan circulaire, elliptique ou rectangulaire.

On ne permettra point la construction de fosses à angle rentrant, hors le seul cas où la surface de la fosse serait au moins de quatre mètres carrés de chaque côté de l'angle, et alors il serait pratiqué, de l'un et de l'autre côté, une ouverture d'extraction.

Art. 8. Les fosses, quelle que soit leur capacité, ne pourront avoir moins de deux mètres de hauteur sous clef.

Art. 9. Les fosses seront couvertes par une voûte en plein cintre, ou qui n'en différera que d'un tiers de rayon.

Art. 10. L'ouverture d'extraction des matières sera placée au milieu de la voûte, autant que les localités le permettront.

La cheminée de cette ouverture ne devra point excéder un mètre cinq centimètres de hauteur à moins que les localités n'exigent impérieusement une plus grande hauteur.

Art. 11. L'ouverture d'extraction correspondante à une cheminée d'un mètre cinquante centimètres au plus de hauteur, ne pourra avoir moins d'un mètre en longueur sur soixante-cinq centimètres en largeur.

Lorsque cette ouverture correspondra à une cheminée excédant un mètre cinquante centimètres de hauteur, les dimensions ci-dessus spécifiées seront augmentées de manière que l'une de ces dimensions soit égale aux deux tiers de la hauteur de la cheminée.

Art. 12. Il sera placé, en outre, à la voûte, dans la partie la plus éloignée du tuyau de chute et de l'ouverture d'extraction, si elle n'est pas dans le milieu, un tampon mobile, dont le diamètre ne pourra être moindre de cinquante centimètres. Ce tampon sera en pierre, encastré dans un châssis en pierre, et garni, dans son milieu, d'un anneau en fer.

Art. 13. Néanmoins, ce tampon ne sera pas exigible pour les fosses dont la vidange se fera au niveau du rez-de-chaussée, et qui auront, sur ce même sol, des cabinets d'aisances avec trémie ou siége sans bonde, et pour celles qui auront une superficie moindre de six mètres dans le fond, et dont l'ouverture d'extraction sera dans le milieu.

Art. 14. Le tuyau de chute sera toujours dans le milieu.

Son diamètre intérieur ne pourra avoir moins de vingt-cinq centimètres, s'il est en terre cuite, et de vingt centimètres, s'il est en fonte.

Art. 15. Il sera établi, parallèlement au tuyau de chute, un tuyau d'évent, lequel sera conduit jusqu'à la hauteur des souches de cheminées de la maison, ou de celles des maisons contiguës, si elles sont plus élevées.

Le diamètre de ce tuyau d'évent sera de vingt-cinq centimètres au moins ; s'il passe cette dimension, il dispensera du tampon mobile.

Art. 16. L'orifice intérieur des tuyaux de chute et d'évent ne pourra être descendu au-dessous des points les plus élevés de l'intrados de la voûte.

Section 2. — *Des reconstructions des fosses d'aisances dans les maisons existantes.*

Art. 17. Les fosses actuellement pratiquées dans des puits, puisards, égouts anciens, aqueducs ou carrières abandonnés, seront comblées ou reconstruites à la première vidange.

Art. 18. Les fosses situées sous le sol des caves, qui n'auraient point communication immédiate avec l'air extérieur, seront comblées à la première vidange, si l'on ne peut pas établir cette communication.

Art. 19. Les fosses actuellement existantes, dont l'ouverture d'extraction, dans les deux cas déterminés par l'art. 11, n'aurait pas et ne pourrait avoir les dimensions prescrites par le même article, celles dont la vidange ne peut avoir lieu que par des soupiraux ou des tuyaux, seront comblées à la première vidange.

Art. 20. Les fosses à compartiments ou étranglements seront comblées ou reconstruites à la première vidange, si l'on ne peut pas faire disparaître ces étranglements ou compartiments, et qu'ils soient reconnus dangereux.

Art. 21. Toutes les fosses des maisons existantes, qui seront reconstruites, le seront suivant le mode prescrit par la première section du présent règlement.

Néanmoins, le tuyau d'évent ne pourra être exigé que s'il y a lieu à reconstruire un des murs en élevation au-dessus de ceux de la fosse, ou si ce tuyau peut se placer intérieurement ou extérieurement, sans altérer la décoration des maisons.

Section 3. — *Des réparations des fosses d'aisances.*

Art. 22. Dans toutes les fosses existantes, et lors de la première vidange, l'ouverture d'extraction sera agrandie, si elle n'a pas les dimensions prescrites par l'article 11 de la présente ordonnance.

Art. 23. Dans toutes les fosses dont la voûte aura besoin de réparations, il sera établi un tampon mobile, à moins qu'elles ne se trouvent dans les cas d'exception prévus par l'article 13.

Art. 24. Les piliers isolés, établis dans les fosses, seront supprimés à la première vidange, ou l'intervalle entre les piliers et les murs sera rempli en maçonnerie, toutes les fois que le passage entre ces piliers et les murs aura moins de soixante-dix centimètres de largeur.

Art. 25. Les étranglements existants dans les fosses, et qui ne laisseraient pas un passage de soixante-dix centimètres au moins de largeur, seront élargis à la première vidange, autant qu'il sera possible.

Art. 26. Lorsque le tuyau de chute ne communiquera avec la fosse que par un couloir ayant moins d'un mètre de largeur, le fond de ce couloir sera établi en glacis jusqu'au fond de la fosse, sous une inclinaison de quarante-cinq degrés au moins.

Art. 27. Toute fosse qui laisserait filtrer ses eaux par les murs ou par le fond sera réparée.

Art. 28. Les réparations consistant à faire des rejointoiements, à élargir l'ouverture d'extraction, placer un tampon mobile, rétablir des tuyaux de chute ou d'évent, reprendre la voûte et les murs, boucher ou élargir des étranglements, réparer le fond des fosses, supprimer des piliers, pourront être faites suivant les procédés employés à la construction première de la fosse.

Art. 29. Les réparations consistant dans la reconstruction entière d'un mur de la voûte ou du massif du fond des fosses d'aisances ne pourront être faites que suivant le mode indiqué ci-dessus pour les constructions neuves.

Art. 30. Les propriétaires des maisons dont les fosses seront supprimées en vertu de la présente ordonnance seront tenus d'en faire construire de nouvelles, conformément aux dispositions prescrites par les articles de la première section.

Art. 31. Ne seront pas astreints aux constructions ci-dessus déterminées, les propriétaires qui, en supprimant leurs anciennes fosses, y substitueront les appareils connus sous le nom de *fosses mobiles inodores*, ou tous autres appareils que l'administration publique aurait reconnus par la suite pouvoir être employés concurremment avec ceux-ci.

Art. 32. En cas de contravention aux dispositions de la présente ordonnance, ou d'opposition de la part des propriétaires aux mesures prescrites par l'administration, il sera procédé, dans les formes voulues, devant le tribunal de police ou le tribunal civil, suivant la nature de l'affaire.

Art. 33. Le décret du 10 mars 1809 concernant les fosses d'aisances dans Paris, est et demeure annulé.

Art. 34. Notre ministre secrétaire d'État de l'intérieur et notre garde des sceaux, ministre de la justice, sont chargés de l'exécution de la présente ordonnance.

N° 58.

Ordonnance de police concernant les fosses d'aisances et le service de la vidange dans les communes rurales du ressort de la préfecture de police, du 1er décembre 1853.

Nous, préfet de police,

Vu les renseignements transmis à notre administration par les maires des communes rurales du ressort de la préfecture de police, touchant les divers systèmes de fosses d'aisances et les procédés de vidange en usage dans leurs communes respectives.

Ensemble, les observations de plusieurs de ces fonctionnaires sur la nécessité d'un règlement général concernant la construction des fosses d'aisances et le service de la vidange dans toutes les communes soumises à notre juridiction ;

Considérant qu'il importe de prescrire les mesures nécessaires pour prévenir les causes d'insalubrité résultant d'une mauvaise construction des fosses d'aisances dans lesdites communes, et les dangers de la vidange de ces fosses opérée par des personnes étrangères à ce genre d'industrie ou dépourvues des moyens d'exploitation suffisants ;

En vertu des arrêtés du gouvernement des 12 messidor an VIII et 3 brumaire an IX (1er juillet et 25 octobre 1800),

Ordonnons ce qui suit :

TITRE Ier.

DISPOSITIONS GÉNÉRALES.

Art. 1er. Dans les communes rurales du ressort de la préfecture de police, toute maison habitée devra être pourvue de privés en nombre suffisants.

Ces privés seront desservis, sauf les exceptions prévues ci-après, soit par des fosses en maçonnerie construites dans les conditions indiquées au titre 2 de la présente ordonnance, soit par des appareils de fosses mobiles inodores ou tous autres appareils que le préfet de police aurait reconnu pouvoir être employés concurremment avec ceux-ci.

TITRE II.

DE LA CONSTRUCTION DES FOSSES D'AISANCES.

Section 1re. — *Des constructions neuves.*

Art. 2. Dans aucun des bâtiments publics ou particuliers des communes rurales du ressort de la préfecture de police, on ne pourra employer pour fosses d'aisances, des puits, puisards, égouts, aqueducs ou carrières abandonnées, sans y faire les constructions prescrites par le présent règlement.

Art. 3. Lorsque les fosses seront placées sous le sol des caves, ces caves devront avoir une communication immédiate avec l'air extérieur.

Art. 4. Les caves et autres locaux où se trouveront les ouvertures d'extraction des fosses devront être assez spacieux pour contenir quatre travailleurs et leurs ustensiles, et avoir au moins deux mètres de hauteur.

Art. 5. Les murs, la voûte et le fond des fosses seront entièrement construits en pierres meulières, maçonnées avec du mortier de chaux maigre et de sable de rivière bien lavé.

Les parois des fosses seront enduites de pareil mortier lissé à la truelle.

On ne pourra donner moins de trente à trente-cinq centimètres d'épaisseur aux voûtes, et moins de quarante-cinq à cinquante centimètres aux massifs et aux murs.

Art. 6. Il est défendu d'établir des compartiments ou divisions dans les fosses, d'y construire des piliers et d'y faire des chaînes ou des arcs en pierres apparentes.

Cette défense n'est pas applicable aux séparations qui pourraient être autorisées dans l'intérêt de la salubrité.

Art. 7. Le fond des fosses d'aisances sera fait en forme de cuvette concave. Tous les angles intérieurs seront effacés par des arrondissements de vingt-cinq centimètres de rayon.

Art. 8. Autant que les localités le permettront, les fosses d'aisances seront construites sur un plan circulaire, elliptique ou rectangulaire.

Est interdite toute construction de fosses à angles rentrants, hors le seul cas où la surface de la fosse serait au moins de quatre mètres carrés de chaque côté de l'angle, et, alors, il serait pratiqué, de l'un et de l'autre côté, une ouverture d'extraction.

Art. 9. Les fosses, quelle que soit leur capacité, ne pourront avoir moins de deux mètres de hauteur sous clef.

Art. 10. Les fosses seront couvertes par une voûte en plein-cintre, ou qui n'en différera que d'un tiers de rayon.

Art. 11. L'ouverture d'extraction des matières sera placée au milieu de la voûte, autant que les localités le permettront.

La cheminée de cette ouverture ne devra point excéder un mètre cinquante centimètres de hauteur, à moins que les localités n'exigent impérieusement une plus grande hauteur.

Art. 12. L'ouverture d'extraction correspondant à une cheminée d'un mètre cinquante centimètres au plus de hauteur, ne pourra avoir moins d'un mètre de longueur sur soixante-cinq centimètres en largeur.

Lorsque cette ouverture correspondra à une cheminée excédant un mètre cinquante centimètres de hauteur, les dimensions ci-dessus spécifiées seront augmentées de manière que l'une de ces dimensions soit égale aux deux tiers de la hauteur de la cheminée.

Art. 13. Il sera placé en outre à la voûte, dans la partie la plus éloignée du tuyau de chute et de l'ouverture d'extraction, si elle n'est pas dans le milieu, un tampon mobile, dont le diamètre ne pourra être moindre de cinquante centimètres. Ce tampon sera en pierre, encastré dans un châssis en pierre et garni, dans son milieu, d'un anneau en fer.

Art. 14. Néanmoins, ce tampon ne sera pas exigible pour les fosses dont la vidange se fera au niveau du rez-de-chaussée, et qui auront, sur ce même sol, des cabinets d'aisances avec trémie ou siège sans bonde, ni pour celles qui auront une superficie moindre de six mètres dans le fond, et dont l'ouverture d'extraction sera dans le milieu.

Art. 15. Le tuyau de chute sera toujours vertical.

Son diamètre intérieur ne pourra avoir moins de vingt-cinq centimètres, s'il est en terre cuite, et de vingt centimètres, s'il est en fonte.

Art. 16. Il sera établi, parallèlement au tuyau de chute, un tuyau d'évent, lequel sera conduit jusqu'à la hauteur des souches de cheminées de la maison ou de celles des maisons contiguës, si elles sont plus élevées.

Le diamètre de ce tuyau d'évent sera de vingt-cinq centimètres au moins ; s'il excède cette dimension, il dispensera du tampon mobile.

Art. 17. L'orifice intérieur des tuyaux de chute et d'évent ne pourra être descendu au-dessous des points les plus élevés de l'intrados de la voûte.

Section 2. — *Des reconstructions des fosses d'aisances dans les maisons existantes.*

Art. 18. Les fosses actuellement pratiquées dans les puits, puisards, égouts anciens, aqueducs ou carrières abandonnées, seront comblées ou reconstruites à la première vidange.

Art. 19. Les fosses situées sous le sol des caves, qui n'auraient point communication immédiate avec l'air extérieur, seront comblées à la première vidange, si l'on ne peut pas établir cette communication.

Art. 20. Seront également comblées à la première vidange les fosses actuellement existantes dont l'ouverture d'extraction, dans les deux cas déterminés par l'article 12, n'aurait pas et ne pourrait avoir les dimensions prescrites par le même article ; il en sera de même pour celles dont la vidange ne peut s'opérer que par des soupiraux ou des tuyaux.

Art. 21. Les fosses à compartiments ou étranglements seront comblées ou reconstruites à la première vidange, si ces étranglements ou compartiments sont reconnus dangereux.

Art. 22. Toutes les fosses des maisons existantes seront, en cas de reconstruction, établies suivant le mode prescrit par la première section du présent titre.

Néanmoins, le tuyau d'évent ne pourra être exigé que s'il est nécessaire de reconstruire un des murs en élévation au-dessus de ceux de la fosse, ou si ce tuyau peut se placer, soit intérieurement, soit extérieurement, sans altérer la décoration des maisons.

Section 3. — *Des réparations des fosses d'aisances.*

Art. 23. L'ouverture d'extraction de toutes les fosses existantes sera agrandie lors de la première vidange, si elle n'a pas les dimensions prescrites par l'article 12 de la présente ordonnance.

Art. 24. Dans toutes les fosses dont la voûte aura besoin de réparations, il sera établi un tampon mobile, à moins qu'elles ne se trouvent dans les cas d'exception prévus par l'article 14.

Art. 25. Les piliers isolés, établis dans les fosses, seront supprimés à la première vidange, ou l'intervalle entre les piliers et les murs sera rempli en maçonnerie, toutes les fois que cet intervalle aura moins de soixante-dix centimètres de largeur.

Art. 26. Lorsque le tuyau de chute ne communiquera avec la fosse que par un couloir ayant moins d'un mètre de largeur, le fond de ce couloir sera établi en glacis jusqu'au fond de la fosse, sous une inclinaison de quarante-cinq degrés au moins.

Art. 27. Toute fosse qui laisserait filtrer ses eaux par les murs ou par le fond sera réparée.

Art. 28. Les réparations consistant à faire des rejointoiements, à élargir l'ouverture d'extraction, placer un tampon mobile, rétablir les tuyaux de chute ou d'évent, reprendre la voûte et les murs, boucher ou élargir des étranglements, réparer le fond des fosses, supprimer des piliers, pourront être faites suivant les procédés employés à la construction première de la fosse.

Art. 29. Les réparations consistant dans la reconstruction entière d'un mur, de la voûte ou du massif du fond des fosses d'aisances ne pourront être faites que suivant le mode indiqué ci-dessus pour les constructions neuves.

Il en sera de même pour l'enduit général, s'il y a lieu d'en revêtir les fosses.

Art. 30. Les propriétaires des maisons dont les fosses seront supprimées en vertu de la présente ordonnance seront tenus, s'il n'en existe pas d'autres qui offrent privés suffisants, de les faire remplacer par des fosses construites conformément aux prescriptions de la première section du présent titre, ou par des fosses mobiles inodores, ou tous autres appareils remplissant les conditions énoncées en l'article 1er.

TITRE III.

FORMALITÉS A REMPLIR POUR LES CONSTUCTIONS, RÉPARATIONS OU SUPPRESSIONS DE FOSSES D'AISANCES.

Art. 31. Aucune fosse d'aisances ne pourra être construite, reconstruite ou réparée sans déclaration préalable au maire de la commune.

Cette déclaration sera faite par le propriétaire ou par l'entrepreneur qu'il aura chargé de l'exécution des travaux.

Dans le cas de construction ou de reconstruction, la déclaration devra être accompagnée du plan de la fosse à construire ou à reconstruire, et de celui de l'étage supérieur.

Art. 32. Il est défendu de combler des fosses d'aisances ou de les convertir en caves, sans en avoir préalablement obtenu la permission du maire,

Art. 33. Il est interdit aux propriétaires ou entrepreneurs d'extraire ou faire extraire par leurs ouvriers ou tous autres, les eaux vannes et les matières qui se trouveraient dans les fosses.

Cette extraction ne pourra être faite que par un entrepreneur de vidange régulièrement autorisé.

Art. 34. Il est également interdit de faire couler dans la rue les eaux claires et sans odeur qui reviendraient dans les fosses après la vidange, à moins d'y être spécialement autorisé par le maire.

Art. 35. Tout propriétaire faisant procéder à la réparation ou à la démolition d'une fosse, ou tout entrepreneur chargé des mêmes travaux, sera tenu, tant que dureront la démolition et l'extraction des pierres, d'avoir à l'extérieur de la fosse autant d'ouvriers qu'il en emploiera dans l'intérieur.

Art. 36. Chaque ouvrier travaillant à la démolition ou à l'extraction des pierres sera ceint d'un bridage, dont l'attache sera tenue par un ouvrier placé à l'extérieur.

Art. 37. Les propriétaires et entrepreneurs sont, aux termes des lois, responsables des suites des contraventions aux quatre articles précédents.

Art. 38. Les fosses qui cesseront d'être en service pour un motif quelconque devront être vidées.

Art. 39. Toute fosse, avant d'être comblée, sera vidée et curée à fond.

Art. 40. Les fosses d'aisances des maisons qui doivent être démolies seront vidées avant que les travaux de démolition soient entrepris.

Art. 41. Toute fosse destinée à être convertie en cave sera curée avec soin, les joints en seront grattés à vif, et les parties en mauvais état, réparées, conformément aux dispositions prescrites au titre 2 de la présente ordonnance.

Art. 42. Si un ouvrier est frappé d'asphyxie en travaillant dans une fosse, les travaux seront suspendus à l'instant, et déclaration en sera faite dans le jour à la mairie.

Les travaux ne pourront être repris qu'avec les précautions et les mesures indiquées par l'autorité.

Art. 43. Tous matériaux provenant de la démolition des fosses d'aisances seront immédiatement enlevés.

Art. 44. Les fosses neuves, reconstruites ou réparées, ne pourront être mises en service et fermées qu'après qu'un agent délégué par le maire en aura fait la réception et aura délivré un permis de fermer.

Art. 45. Pour l'exécution de l'article précédent, il devra être donné avis à la mairie de l'achèvement des travaux.

Art. 46. Tout propriétaire qui aura supprimé une ou plusieurs fosses d'aisances pour établir des appareils quelconques en tenant lieu, et qui, par la suite, renoncerait à l'usage desdits appareils, sera tenu de rendre à leur première destination les fosses d'aisances supprimées ou d'en faire construire de nouvelles.

Art. 47. Il est enjoint à tous propriétaires, locataires et concierges de faciliter aux préposés de l'autorité municipale toutes visites ayant pour but de s'assurer de l'état des fosses d'aisances et de leurs dépendances.

TITRE IV.

DE LA VIDANGE DES FOSSES D'AISANCES ET DU SERVICE DES FOSSES MOBILES.

Section 1re. — *De la vidange des fosses d'aisances.*

Art. 48. Il est enjoint à tous propriétaires de maisons de faire procéder sans retard à la vidange des fosses d'aisances, lorsqu'elles seront pleines.

Aucune vidange ne pourra être faite que par un entrepreneur dûment autorisé.

Art. 49. Nul ne pourra exercer la profession d'entrepreneur de vidanges dans une des communes rurales du ressort de la préfecture de police, sans être pourvu d'une permission du maire de cette commune.

Cette permission ne sera délivrée qu'après qu'il aura été justifié par le demandeur : 1° qu'il possède les voitures, chevaux, tinettes, tonneaux, seaux et autres ustensiles nécessaires au service des vidanges; 2° qu'il est muni des appareils de désinfection, dont l'administration aura prescrit l'emploi ; 3° et qu'il a, pour déposer ses voitures, appareils et ustensiles pendant le temps où ils ne sont point employés aux opérations de la vidange, un emplacement convenable, situé dans une localité où l'administration aura reconnu que ce dépôt peut avoir lieu sans inconvénient.

Art. 50. — La vidange ne pourra avoir lieu que pendant la nuit.

Les voitures employées à ce service, chargées ou non chargées, ne pourront circuler dans l'intérieur des communes que pendant le temps qui aura été déterminé par les maires de ces communes.

Toutefois, l'extraction des matières ne pourra commencer, du 1er octobre au 31 mars, avant 9 heures du soir, et du 1er avril au 30 septembre, avant 10 heures du soir, ni se prolonger, du 1er octobre au 31 mars, au delà de 8 heures du matin, et du 1er avril au 30 septembre, au delà de 7 heures du matin.

Art. 51. Toute voiture employée au transport des matières fécales portera devant et derrière un numéro d'ordre et sera munie, sur le devant, d'une lanterne qui devra être allumée pendant la nuit, et porter, sur le verre le plus apparent, le numéro d'ordre de la voiture.

Chaque voiture portera, en outre, une plaque indiquant le nom et la demeure du propriétaire.

Les maires assigneront à chaque entrepreneur de vidanges la série des numéros d'ordre affectés à ses voitures, et détermineront les dimensions que devront avoir les numéros tant sur les voitures que sur les lanternes.

Art. 52. Les entrepreneurs faisant usage de tonnes, seront tenus d'en fermer les bondes de déchargement au moyen d'une bande de fer transversale fixée à demeure à la tonne par l'une de ses extrémités, et fermée à l'autre avec un cadenas.

Les écrous et rondelles soutenant la ferrure seront rivés à l'intérieur des tonnes.

L'entonnoir de décharge sera fermé de manière à prévenir toute éclaboussure.

Il est interdit d'employer au service de la vidange et de faire circuler des tonnes dont les bondes de déchargement ne seraient point fermées de la manière prescrite par le présent article.

Les cadenas opposés aux tonnes ne pourront être ouverts et refermés qu'à la voirie, par la personne préposée à cet effet.

En conséquence, il est interdit aux entrepreneurs de confier la clef desdits cadenas à aucune autre personne.

Art. 53. Il sera placé une lanterne allumée en saillie sur la voie publique, à la porte de la maison où devra s'opérer une vidange, et ce, préalablement à tout travail et à tout dépôt d'appareils sur la voie publique.

Art. 54. On ne pourra ouvrir aucune fosse d'aisances sans prendre les précautions nécessaires pour prévenir les accidents qui pourraient résulter du dégagement ou de l'inflammation des gaz qui y seraient renfermés.

Lorsque l'ouverture sera nécessitée par un motif autre que celui de la vidange, l'entrepreneur en donnera avis dans le jour à la mairie.

Art. 55. La vidange d'une fosse d'aisances ne pourra avoir lieu sans que préalablement il en ait été fait, par écrit, une déclaration à la mairie, la veille ou le jour même de la vidange, avant midi.

Cette déclaration énoncera le nom de la rue et le numéro de la maison, les nom et demeure du propriétaire et de l'entrepreneur de vidanges, enfin, le nombre des fosses à vider dans la même maison.

Art. 56. Lorsque l'entrepreneur n'aura pas pu trouver l'ouverture de la fosse, il ne pourra en faire rompre la voûte qu'en vertu d'une permission du maire.

L'ouverture pratiquée devra avoir les dimensions prescrites par l'article 12 de la présente ordonnance.

Art. 57. Les propriétaires et locataires ne devront pas s'opposer au dégorgement des tuyaux.

En cas de refus de leur part, la déclaration en sera faite par l'entrepreneur à la mairie.

Art. 58. L'entrepreneur fournira chaque atelier d'au moins deux brigades et d'un flacon de chlorure de chaux concentré, dont il sera fait usage au besoin pour prévenir les dangers d'asphyxie.

Art. 59. Il ne pourra être employé à chaque atelier moins de quatre ouvriers, dont un chef.

Art. 60. Il est défendu aux ouvriers de se présenter sur les ateliers en état d'ivresse. Il leur est également défendu de travailler à l'extraction des matières, même des eaux vannes, et de descendre dans les fosses, pour quelque cause que ce soit, sans être ceints d'un bridage.

La corde du bridage sera tenue par un ouvrier placé à l'extérieur de la fosse. Nul ouvrier ne pourra se refuser à ce service.

Il est défendu aux entrepreneurs et chefs d'ateliers de conserver sur leurs travaux des ouvriers qui seraient en contravention aux dispositions ci-dessus.

Art. 61. Pendant le temps du service, les vaisseaux, appareils et voitures doivent être placés dans l'intérieur des maisons, toutes les fois qu'il y aura un emplacement suffisant pour les recevoir. Dans le cas contraire, ils seront rangés et disposés au-devant des maisons où se feront les vidanges, de manière à nuire le moins possible à la liberté de la circulation.

Art. 62. Les matières provenant de la vidange des fosses seront immédiatement déposées dans les récipients qui doivent servir à les transporter aux voiries. Ces vaisseaux seront, en conséquence, remplis auprès de l'ouverture des fosses, fermés, lutés et nettoyés ensuite avec soin à l'extérieur avant d'être portés aux voitures; toutefois, les eaux vannes seront extraites au moyen d'une pompe.

Il est expressément interdit de faire couler les eaux vannes ou de jeter des matières solides sur la voie publique ou dans les égouts.

Art. 63. Après le travail de chaque nuit et avant de quitter l'atelier, les vidangeurs seront tenus de laver et nettoyer les emplacements qu'ils auront occupés.

Il leur est défendu de puiser de l'eau avec les seaux employés aux vidanges.

Art. 64. Le travail de la vidange de chaque fosse sera continué à nuits consécutives, en sorte que la vidange, interrompue à la fin d'une nuit, devra être reprise au commencement de la nuit suivante.

Lorsque les ouvriers auront été frappés du plomb (asphyxiés), le chef d'atelier suspendra la vidange, et l'entrepreneur sera tenu de faire, dans le jour, à la mairie, sa déclaration de suspension de travail.

Il ne pourra reprendre le travail qu'avec les précautions et mesures qui lui seront indiquées selon les circonstances.

Art. 65. Aucune fosse ne pourra être allégée sans une autorisation du maire.

Il est défendu aux entrepreneurs de laisser des matières au fond des fosses et de les masquer de quelque manière que ce soit.

Art. 66. Les fosses doivent être entièrement vidées, balayées et nettoyées.

Les ouvriers vidangeurs qui trouveront dans les fosses des effets quelconques, et notamment des objets pouvant indiquer ou faire supposer quelque crime ou délit, en feront la déclaration, dans le jour, soit au maire soit au commissaire de police.

Art. 67. Il est défendu de laisser dans les maisons, au delà des heures fixées pour le travail, des vaisseaux ou appareils quelconques servant à la vidange des fosses d'aisances.

Les vaisseaux ou appareils contenant des matières, qui y seraient trouvés au delà desdites heures, seront, aux frais de l'entrepreneur, immédiatement enlevés d'office, et transportés à la voirie.

Art. 68. Néanmoins, toutes les fois que, dans l'impossibilité momentanée de se servir d'une fosse d'aisances, il sera reconnu nécessaire de placer dans la maison des tinettes ou tonneaux, le dépôt provisoire de ces vaisseaux pourra, sur la demande écrite du propriétaire ou principal locataire, être autorisé par le maire ou le commissaire de police.

Ces appareils devront être enlevés aussitôt qu'ils seront pleins ou que la cause qui aura nécessité leur placement aura cessé.

Art. 69. Hors le temps du service, les tonnes, voitures, tinettes et tonneaux ne pourront être déposés ailleurs que dans des emplacements agréés à cet effet par le maire.

Art. 70. Le repérage d'une fosse devra être déclaré de la même manière que sa vidange. Il sera effectué d'après le même mode et en observant les mêmes mesures de précaution.

Art. 71. Les eaux qui reviendraient dans toute fosse vidée et en cours de réparation devront être enlevées comme les matières de vidange.

Toutefois, lorsque la nature de ces eaux le permettra, et, en vertu d'une autorisation spéciale du maire ou du commissaire de police, elles pourront être versées au ruisseau de la rue, pendant la nuit.

Art. 72. Aucune fosse ne pourra être renfermée après la vidange, qu'en vertu d'une autorisation écrite qui sera délivrée par le maire ou la personne qu'il aura déléguée à cet effet.

Le propriétaire devra avoir sur place, jusqu'à ce qu'il ait reçu l'autorisation de fermer la fosse, une échelle convenable pour en faciliter la visite.

Art. 73. Dans le cas où la fosse aurait été fermée, en contravention à l'article précédent, le propriétaire sera tenu de la faire rouvrir et laisser ouverte aux jour et heure indiqués par la sommation qui lui sera adressée à cet effet, pour que la visite en puisse être faite par qui de droit.

Art. 74. Aucune fosse précédemment comblée ne pourra être déblayée qu'en prenant, pour cette opération, les mêmes précautions que pour la vidange.

Section 2. — *Service des fosses mobiles.*

Art. 75. Il ne pourra être établi dans les communes rurales du ressort de la préfecture de police, en remplacement des fosses en maçonnerie ou pour en tenir lieu, que des appareils approuvés par le préfet de police.

Art. 76. Aucun appareil de fosse mobile ne pourra être placé dans toute fosse supprimée dans laquelle il reviendrait des eaux quelconques.

Art. 77. Nul ne pourra exercer la profession d'entrepreneur de fosses mobiles dans une commune, sans être pourvu d'une permission du maire de cette commune.

Cette permission ne sera délivrée qu'après qu'il aura été justifié par le demandeur :

1º Qu'il a les voitures, chevaux et appareils nécessaires au service des fosses mobiles.

2º Qu'il a, pour déposer les voitures et appareils, lorsqu'ils ne sont point en service, un emplacement convenable agréé à cet effet par le maire.

Art. 78. Il est expressément défendu à toute personne non pourvue d'une permission d'entrepreneur de fosses mobiles de poser ou faire poser des appareils même autorisés dans une maison quelconque, et de s'immiscer en quoi que ce soit dans le service des fosses mobiles.

Art. 79. Le transport des appareils des fosses mobiles ne pourra avoir lieu que pendant les heures de la journée qui auront été fixées par le maire de la commune.

Art. 80. Aucun appareil ne pourra être placé sans une déclaration préalable à la mairie par le propriétaire ou par l'entrepreneur.

Toute suppression d'appareil doit également être déclarée à la mairie.

Art. 81. Les appareils devront être établis sur un sol rendu imperméable jusqu'à un mètre au moins, au pourtour des appareils, autant que les localités le permettront, et disposés en forme de cuvette.

Les caveaux où se trouveront les appareils devront être constamment pourvus d'une échelle qui permette d'y descendre avec facilité et sans danger.

Les trappes qui fermeront l'ouverture de ces caveaux seront construites solidement, et garnies d'un anneau en fer destiné à en faciliter la levée.

Il sera pris les dispositions nécessaires pour que les eaux pluviales et ménagères ne puissent pénétrer dans les caveaux.

Art. 82. Tout appareil plein devra être enlevé et remplacé avant que les matières débordent.

Tout enlèvement d'appareil devra être précédé d'une déclaration qui sera faite la veille à la mairie.

Art. 83. Les appareils seront fermés sur place, lutés et nettoyés ensuite avec soin avant d'être portés aux voitures.

Art. 84. Il est défendu de laisser dans les maisons d'autres appareils de fosses mobiles que ceux qui y sont en service.

Les appareils remplis de matières, remplacés et laissés dans les maisons, seront, aux frais de l'entrepreneur, immédiatement enlevés d'office et transportés à la voirie.

Il en sera de même de tout appareil en service dont les matières déborderont.

Art. 85. Il est expressément défendu de faire écouler les matières contenues dans les appareils, à l'aide de canelles, ou de toute autre manière.

TITRE V.

DISPOSITIONS COMMUNES AUX ENTREPRENEURS DE VIDANGES ET AUX ENTREPRENEURS DE FOSSES MOBILES.

Art. 86. Les voitures servant au transport des matières fécales ne pourront passer que par les rues qui auront été désignées dans la déclaration de vidange.

Si le maire a fixé un itinéraire, elles devront le suivre.

Tout stationnement intermédiaire de ces voitures, du lieu du chargement à la voirie, est expressément interdit.

Art. 87. Les voitures de transport de vidanges devront être construites avec solidité, entretenues en bon état et chargées de manière que les vaisseaux reposent toujours sur la partie opposée à leur ouverture.

Art. 88. Les vaisseaux ou appareils contenant des matières seront conduits directement aux voiries indiquées dans les déclarations de vidanges; ils seront constamment entretenus en bon état, de telle sorte que rien ne puisse s'en échapper ou se répandre.

Art. 89. En cas de versement de matières sur la voie publique, l'entrepreneur fera procéder immédiatement à leur enlèvement et au lavage du sol.

Faute par lui de se conformer aux dispositions du présent article, il y sera pourvu d'office et à ses frais.

Art. 90. Dans le cas où un entrepreneur cesserait de satisfaire aux conditions imposées par les articles 50 et 78, sa permission lui sera retirée.

TITRE VI.

DÉSIGNATION DES COMMUNES AUXQUELLES LA PRÉSENTE ORDONNANCE EST APPLICABLE, ET DISPOSITIONS DIVERSES.

Art. 91. Toutes les dispositions de la présente ordonnance sont applicables aux communes limitrophes de Paris, et aux communes de Sceaux, Saint-Denis, Boulogne, Saint-Cloud, Sèvres et Meudon, seulement.

Les maires de ces communes détermineront par des arrêtés le délai après lequel elle devra recevoir son exécution. Ce délai ne pourra excéder une année.

Art. 92. Quant aux communes non désignées en l'article précédent, elle ne seront soumises qu'aux prescriptions du § 1er de l'article 1er, aux termes desquels toute maison habitée doit être pourvue de privés en nombre suffisant.

Ces prescriptions seront obligatoires dans lesdites communes, à partir du 1er juillet 1854.

Les maires pourront, par des arrêtés qui seront soumis à notre approbation, rendre toutes les autres dispositions de l'ordonnance applicables à tout ou partie de leurs communes respectives, lorsqu'ils le jugeront à propos. Jusquelà, les privés prescrits par le premier paragraphe du présent article pourront être desservis par des fosses d'aisances établies d'après l'usage du lieu, ou dans les conditions déterminées par l'autorité municipale.

Art. 93. Les contraventions seront constatées par des procès-verbaux ou rapports qui seront déférés aux tribunaux compétents, sans préjudice des mesures administratives qui pourront être prises suivant les circonstances.

Art. 94. La présente ordonnance sera imprimée et affichée dans toutes les communes rurales du ressort de la préfecture de police.

Les maires de ces communes, ainsi que les commissaires de police, les architectes voyers, les gardes champêtres et la gendarmerie en surveilleront et assureront l'exécution, chacun en ce qui le concerne.

N° 59.

Extrait du titre II de l'arrêté du pouvoir exécutif du 18 décembre 1848, concernant l'organisation des conseils d'hygiène publique et de salubrité.

ART. 9. Les conseils d'hygiène d'arrondissement sont chargés de l'examen des questions relatives à l'hygiène publique de l'arrondissement qui leur seront renvoyées par le préfet ou le sous-préfet. Ils peuvent être spécialement consultés sur les objets suivants :

1° L'assainissement des localités et des habitations;
2° Les mesures à prendre pour prévenir et combattre les maladies endémiques, épidémiques et transmissibles;
3° Les épizooties et les maladies des animaux;
4° La propagation de la vaccine;
5° L'organisation et la distribution des secours médicaux aux malades indigents;
6° Les moyens d'améliorer les conditions sanitaires des populations industrielles et agricoles;
7° La salubrité des ateliers, écoles, hôpitaux, maisons d'aliénés, établissements de bienfaisance, casernes, arsenaux, prisons, dépôts de mendicité, asiles, etc.;
8° Les questions relatives aux enfants trouvés;
9° La qualité des aliments, boissons, condiments et médicaments livrés au commerce;
10° L'amélioration des établissements d'eaux minérales appartenant à l'État, aux départements, aux communes et aux particuliers, et les moyens d'en rendre l'usage accessible aux malades pauvres;
11° Les demandes en autorisation, translation ou révocation des établissements dangereux, insalubres ou incommodes;
12° Les grands travaux d'utilité publique, construction d'édifices, écoles, prisons, casernes, ports, canaux, réservoirs, fontaines, halles, établissement des marchés, routoirs, égouts, cimetières, la voirie, etc., sous le rapport de l'hygiène publique.

ART. 10. Les conseils d'hygiène publique d'arrondissement réuniront et coordonneront les documents relatifs à la mortalité et à ses causes, à la topographie et à la statistique de l'arrondissement, en ce qui touche la salubrité publique.

Ils adresseront régulièrement ces pièces au préfet, qui en transmettra une copie au ministre du commerce.

ART. 12. Le conseil d'hygiène publique et de salubrité du département aura pour mission de donner son avis:

1° Sur toutes les questions d'hygiène publique qui lui seront renvoyées par le préfet;
2° Sur les questions communes à plusieurs arrondissements ou relatives au département tout entier.

Il sera chargé de centraliser et coordonner, sur le renvoi du préfet, les travaux des conseils d'arrondissement.

Il fera chaque année au préfet un rapport général sur les travaux des conseils d'arrondissement.

Ce rapport sera immédiatement transmis par le préfet, avec les pièces à l'appui, au ministre du commerce.

N° 60.

Arrêté réglementaire (du préfet de police) sur le service de l'inspection générale de la navigation et des ports, déterminant les attributions des divers employés et l'ordre du service, du 20 juin 1832.

ART. 1er. Les fonctions de l'inspecteur général, des inspecteurs particuliers et des préposés de la navigation et des ports, consistent principalement à veiller à l'exécution des lois et règlements de police qui concernent les rivières, canaux et tous cours d'eau navigables ou flottables, les ports, quais, berges existant dans le ressort de la préfecture de police; à constater les contraventions par des procès-verbaux, à requérir les commissaires de police à Paris, et les maires et adjoints dans les autres communes, toutes les fois que leur intervention sera nécessaire pour assurer l'exécution des lois et règlements.

Leur surveillance s'étend sur les rivières, canaux et cours d'eau, sur les bateaux en navigation ou à port, et sur les établissements en rivière, sur les ports et les berges; elle s'étend aussi sur les ponts, les trottoirs et les quais depuis le parapet jusqu'au ruisseau qui les sépare de la chaussée ou du pavé principal, et sur les chemins de halage, marchepieds, îles et îlots, ainsi que sur les travaux d'arts, entrepris dans les cours d'eau.

Le service de la navigation est divisé en sept arrondissements d'inspections particulières, aux termes de notre arrêté du 10 novembre 1831, savoir :

1er *arrondissement*. — Depuis les barrières de la Râpée et de la Gare jusqu'au pont d'Austerlitz, rive gauche, et jusqu'à la pointe orientale de l'île Louviers, rive droite, comprenant d'un côté le port de l'Hôpital, et de l'autre le port de la Râpée, le bassin de la Bastille et le canal Saint-Martin jusqu'à la place d'Aval inclusivement.

Le bureau sera établi au pont d'Austerlitz.

2e *arrondissement*. — Depuis la pointe orientale de l'île Louviers jusqu'au pont au Change, comprenant :

L'île Louviers, rive droite et rive gauche, le bras du Mail, entre l'île et le quai Morland, la grande estacade, toute la partie droite de l'île Saint-Louis jusqu'au pont de la Cité, laquelle partie, avec les ports Saint-Paul, aux Veaux et au blé, située sur la rive gauche, forme le bras dit grande gare d'hiver particulièrement affectée au charbon de bois et aux boutiques à poissons, etc., etc.;

Toute la partie droite de l'île du Palais-de-Justice, le pont de la Cité jusqu'au pont au Change, et de l'autre côté, le bas port de la Grève et les quais Pelletier et de Gèvres.

Le bureau de l'Inspecteur sera établi à la Grève.

3e *arrondissement*. — La rive gauche depuis le pont d'Austerlitz jusqu'au pont Saint-Michel, comprenant :

Le port Saint-Bernard, le port aux Fruits ou des Miramiones, le port des Grands-Degrés, le petit bras de la Seine jusqu'au pont Saint-Michel, toute la partie gauche de l'île Saint-Louis jusqu'au pont de la Cité et toute la partie gauche de l'île du Palais jusqu'au pont Saint-Michel.

Le bureau de l'inspecteur sera établi sur le port Saint-Bernard.

4e *arrondissement.* Rive droite et gauche de la Seine depuis le pont au Change au nord et le pont Saint-Michel au sud jusqu'au Pont-Royal comprenant :

Le bassin entre le pont au Change et le Pont-Neuf, les quais de l'Horloge et de la Mégisserie, la portion du petit bras de la Seine entre le pont Saint-Michel et le Pont-Neuf, le port de l'École, rive droite, jusqu'au pont des Arts, le massif du Pont-Neuf, le port de la Monnaie, rive gauche, le port des Saints-Pères, l'ancien port aux Huîtres et le port Saint-Nicolas, rive droite.

Le bureau de l'inspecteur sera établi au port Saint-Nicolas.

5e *arrondissement.* — Les deux rives de la Seine depuis le Pont-Royal jusqu'au port de Javel, rive gauche, et jusqu'au Point-du-Jour, rive droite, comprenant :

Sur la rive gauche les ports d'Orsay, des Invalides, de l'île des Cygnes, de la Cunette, de Grenelle et de Javel; des Champs-Élysées, de Passy et du du Point-du-Jour, sur la rive droite.

Le bureau de l'inspecteur sera établi au port des Invalides, auprès du pont de la Concorde ou au port d'Orsay, également à proximité du même port.

6e *arrondissement.* — Le bassin de la Villette, le canal Saint-Denis, le canal de l'Ourcq jusqu'aux limites du département, le canal Saint-Martin jusqu'à la place d'Aval.

Le bureau de l'inspecteur sera établi à la Villette.

7e *arrondissement.* — Les ports de Bercy et de la Gare depuis les barrières de la Râpée et de la Gare jusqu'à l'ancien bac des Carrières, rive droite, et jusqu'au port d'Ivry, rive gauche.

Le bureau sera établi à Bercy.

Bureaux d'arrivage.. — Les bureaux d'arrivage seront établis à la Briche, à Charenton et à Choisy.

La surveillance du préposé en chef aux arrivages de la Briche, s'étend sur les deux rives de la Seine, depuis cette commune en montant jusqu'au lieu dit le Point-du-Jour, commune d'Auteuil, en y comprenant la gare de Saint-Ouen dans toute son étendue.

Le préposé en chef du bureau des arrivages de Choisy inspectera les ports sur les deux rives de la Seine, depuis l'extrémité du département de la Seine jusqu'à l'ancien bac de la commune des Carrières de Charenton.

Le préposé aux arrivages de Charenton inspectera les deux rives de la Marne depuis l'entrée de ce fleuve dans le département de la Seine jusqu'à son embouchure dans la Seine.

Art. 2. Le service est dirigé par l'inspecteur général qui veille principalement à l'exécution des lois et règlements de police concernant les rivières, la navigation, les ports, quais et berges, dans le ressort de la préfecture de police, constate ou fait constater les contraventions, fait exécuter nos ordres et décisions particulières.

Il nous transmettra, avec ses observations, les rapports qui lui auront été adressés par les divers employés placés sous ces ordres; il fera, le plus souvent qu'il lui sera possible, des tournées dans toute l'étendue des divers arrondissements, et visera, chaque fois, les registres des inspecteurs particuliers et préposés.

Art. 3. L'inspecteur général est assisté d'un inspecteur général adjoint qui exercera les mêmes fonctions sous ses ordres, et le suppléera en cas d'absence ou de maladie.

Art. 4. Les inspecteurs particuliers exercent, chacun dans leur arrondissement, les mêmes fonctions que l'inspecteur général adjoint.

Art 5. Les sous-inspecteurs exercent les mêmes fonctions que les inspecteurs particuliers sous la surveillance immédiate de ces derniers; ils sont de plus spécialement chargés de la tenue des registres de chaque bureau.

Art. 6. Les préposés aux arrivages remplissent, dans leurs arrondissements respectifs, les fonctions d'inspecteurs particuliers; de plus, ils sont spécialement chargés de recevoir la déclaration de tous les bateaux et trains qui arrivent pour l'approvisionnement de Paris, ou qui sont destinés à passer debout; de viser les lettres de voitures et de délivrer des permis aux conducteurs pour qu'ils puissent lâcher ou garer leurs bateaux ou trains dans les ports qui leur seront désignés, suivant leur tour d'enregistrement et d'arrivage.

Art. 7. L'inspecteur général fera rapport des événements importants qui parviendraient à sa connaissance par toute autre voie que celle des inspecteurs particuliers et préposés, et qui se rattacheraient au service de la navigation; il nous transmettra les observations qu'il jugera nécessaires relativement aux réparations des ports, aux entraves que la navigation éprouverait, aux facilités qu'il conviendrait de lui donner, et enfin à tous les objets confiés à sa surveillance.

Il tiendra la main à ce que les décisions et les ordres qu'il recevra de nous soient exécutés avec exactitude et célérité; il peut, à cet effet, requérir la force armée de lui prêter main-forte.

Dans les cas d'urgence ou non prévus, et seulement en ce qui concerne le service de la rivière, des canaux, des cours d'eau navigables, des ports, quais et berges, il prendra provisoirement les mesures nécessaires; mais il nous en rendra compte sur-le-champ pour avoir notre approbation.

Le bureau de l'inspecteur général est le centre d'action du service.

L'inspecteur général tiendra, indépendamment des registres servant à l'enregistrement des diverses permissions qu'il délivre en notre nom, un registre sur lequel il fera transcrire sa correspondance et une analyse succinte des rapports qui lui seront adressés par les employés sous ses ordres.

Art. 8. L'inspecteur général adjoint sera tenu de faire, deux fois par semaine, une visite dans toute l'étendue de chacun des arrondissements d'inspection, de constater sur le registre de correspondance des inspecteurs les observations auxquelles cette visite aura donné lieu, et d'en faire un rapport à l'inspecteur général; il sera tenu, en outre, de faire, deux fois par mois, une visite dans chaque circonscription des bureaux d'arrivage et notamment dans l'espace compris entre le port de Sèvres et le bureau de la Briche; de constater ses observations sur le registre de correspondance des préposés et d'en faire aussi un rapport à l'inspecteur général; il n'aura pas d'autre bureau que celui de son chef immédiat sur les registres duquel il transcrira sa correspondance.

Art. 9. — Les inspecteurs particuliers et sous-inspecteurs, les préposés en chef et les préposés en second se rendront, tous les jours, à l'exception des fêtes et dimanches, dans leurs bureaux avant l'ouverture des ports; chaque inspecteur et chaque préposé en chef fera sonner, dans son arrondissement, la cloche destinée à marquer les heures de travail sur les ports.

Art. 10. Chaque inspecteur particulier et chaque préposé en chef fera journellement des tournées dans toute l'étendue de son arrondissement en observant de se tenir plus particulièrement sur les ports où les travaux ont le plus d'activité.

Art. 11. Les inspecteurs particuliers et les préposés en chef adresseront à l'inspecteur général des rapports dans lesquels ils rendront compte du résultat des tournées qui auront été faites, soit par eux, soit par les sous-inspecteurs et préposés en second qu'ils auraient chargés de les remplacer provisoirement. Ils lui adresseront aussi des états indiquant le mouvement des marchandises sur les ports et les arrivages. Cette dernière obligation ne concerne que les préposés.

Art. 12. Les inspecteurs particuliers et les préposés en chef remplissant, en même temps, les fonctions d'inspecteurs, doivent se faire représenter par les conducteurs des bateaux les passavants qu'ils auront dû obtenir dans les bureaux d'arrivage ; ils donneront les permis de mettre en décharge ; ils tiendront deux registres, l'un de correspondance, l'autre sur lequel ils enregistreront les divers permis qu'ils auront délivrés et les déclarations faites par les mariniers.

Art. 13. Le premier de chaque mois, les inspecteurs particuliers et les préposés en chef dresseront un état général des établissements de toute nature formés sur la rivière, sur les canaux, sur les ports et berges dans l'étendue de leurs arrondissements respectifs.

Cet état indiquera : 1° la nature de chaque établissement ; 2° le point où il est situé ; 3° le nom du propriétaire ; 4° la date de la permission ; 5° les dérogations aux conditions imposées ou l'attestation qu'il n'y a pas été dérogé ; 6° les observations générales qui, dans l'intérêt du service de la navigation, se rattacheraient à ces établissements.

Ils adresseront cet état à l'inspecteur général de la navigation et des ports qui nous le transmettra.

Tous les six mois, au commencement de la saison d'été et de la saison d'hiver, l'inspecteur général, accompagné de son adjoint, fera une visite générale de tous les établissements existant dans le ressort de ses attributions. Il nous adressera, sur le résultat de cette visite, un rapport détaillé indiquant les modifications qui seraient survenues dans ces établissements, le degré de solidité de leurs constructions et la manière dont ils sont tenus et surveillés par les propriétaires.

N° 61.

Arrêté du préfet de la Seine portant réorganisation du personnel des bureaux des mairies de Paris, du 15 décembre 1859.

Vu les lois des 26 pluviôse an VIII et 20 avril 1834 ;

Vu les arrêtés réglementaires des 15 mai 1851 et 30 décembre 1856, relatifs au personnel des employés de la préfecture de la Seine ; les arrêtés préfectoraux des 14 décembre 1854 et 21 janvier 1858, concernant le personnel des bureaux des mairies de Paris ;

Vu les instructions de son Exc. le Ministre de l'intérieur en date du 31 octobre 1857, et les délibérations du conseil municipal de Paris, en date des 1er et 29 juillet 1859, relatives à l'organisation des bureaux des mairies des vingt arrondissements de la ville agrandie,

Arrêté :

Art. 1er. Le personnel des bureaux des mairies à organiser dans les vingt arrondissements de Paris sera assimilé au personnel des bureaux de la préfecture de la Seine.

Art. 2. En conséquence, les cadres des emplois et des traitements sont déterminés ainsi qu'il suit :

	MINIMUM.	MAXIMUM.	MODE D'AUGMENTATION.
Secrétaire, chef des bureaux....	4,000	6,000	500 fr. tous les 2 ans.
Sous-chef....................	3,000	5,000	400 id.
Commis principal............	2,400	4,000	400 fr. tous les 3 ans.
Commis......................	2,100	3,000	400 id.
Expéditionnaire..............	1,500	2,400	300 id.
Auxiliaire...................	1,200	1,200	» »
Garçon de bureau............	1,100	1,200	» »

Les secrétaires chefs des bureaux jouiront, en outre, d'un logement.

Il n'y aura, dans chacune des mairies, qu'un emploi de sous-chef et un emploi de commis principal.

Le nombre des commis, expéditionnaires et garçons de bureau, sera fixé d'après les besoins du service.

Des auxiliaires pourront être ajoutés au personnel des bureaux des mairies lorsque les circonstances l'exigeront.

L'un des garçons de bureau remplira les fonctions de concierge.

Art. 3. Nul ne sera admis désormais dans les bureaux des mairies s'il a moins de vingt ans ou plus de quarante ans, s'il n'est bachelier ès lettres, et s'il n'a préalablement subi l'examen prescrit pour la nomination aux emplois de la préfecture.

Art. 4. L'admissibilité des candidats aux emplois, la nomination, la promotion, la suspension ou la révocation des titulaires seront prononcées par des arrêtés du préfet.

Art. 5. Tout employé des bureaux d'une mairie pourra être appelé, selon les besoins du service, à un emploi correspondant, ou (lorsqu'il se trouvera dans des conditions réglementaires d'avancement) à un emploi immédiatement supérieur, non-seulement des bureaux d'une autre mairie, mais encore des bureaux de la préfecture de la Seine; et réciproquement, tout employé de la préfecture de la Seine pourra être nommé, avec ou sans avancement, à un emploi des bureaux de mairie.

Lorsqu'il y aura changement de position sans avancement, les services rendus, soit dans les bureaux des diverses mairies, soit dans ceux de l'administration centrale, seront cumulés, pour l'appréciation des droits de chaque employé à une augmentation périodique de traitement.

Art. 6. Les maires adresseront au préfet, au moins une fois par année, des notes sur chacun des employés attachés aux bureaux de leurs mairies respectives, et des propositions d'avancement ou de gratifications, en faveur de ceux qui leur paraîtront dignes de récompenses.

Lorsqu'il se présentera des circonstances de nature à motiver la suspension, le changement ou la révocation d'un employé, les maires en feront l'objet d'un rapport spécial.

Ils pourront prononcer la suspension provisoire de tout employé qui aura commis une faute grave, sauf à en rendre compte immédiatement au préfet.

DISPOSITION TRANSITOIRE.

Art. 7. Les employés en exercice dans les anciennes mairies de Paris et dans celles des communes supprimées seront compris dans l'organisation des mairies nouvelles de préférence à tous autres candidats, s'ils ont au moins vingt ans accomplis, et s'il est reconnu qu'ils possèdent les connaissances et l'aptitude nécessaires aux emplois qu'ils occupent actuellement.

FIN DE L'APPENDICE.

TABLE.

A

Abaissement du sol. — Nivellement, pages 171 et 172.

Abat jour. — Droits de voirie, 224.

Abat-vent des boutiques, 224.

Abonnements aux eaux de Paris, 133.

Académie de Paris. — Ressort, 304.

Actes et Contrats, 100. — Donations et testaments, 101 ; — Acquisitions d'immeubles, 101 ; — d'objets mobiliers, 102 ; — Aliénations et échanges, 102 ; — Baux et adjudications, 102 ; — Emprunts, 103.

Actions judiciaires. — Assignation de la ville de Paris, 105 ; — Demande d'autorisation, 106 ; — Exécution des jugements et arrêts, 107 ; — Transaction, 107 ; — Préfet de police, 108 ; — Assignation du département de la Seine, 108 ; — Assignation de l'Etat, 108 ; — Ministère des avoués, 109.

Adjudication, 98 et 102.

Amphithéâtre d'anatomie, 299.

Annexion des communes suburbaines ; — Ses conséquences, 58.

Appentis. — Location, 98.

Approvisionnement de Paris, 343. — Voy. HALLES ET MARCHÉS.

Aliénés. — Leur admission dans les hospices, 294 et 295 ; — Mesures de police, 333.

Aliénation (contrat d'), 101 et 102.

Alignement. — Demande, 185 ; — Jurisprudence du conseil d'Etat, 187 ; — Droits de voirie, 208. — Voyez GRANDE VOIRIE.

Aqueducs et conduites d'eau. — Voy. EAUX DE PARIS.

Armes de la Ville. — Barque marchande, 47.

Arrimeurs, 408.

Arrondissements de Paris.— Anciens, 89 ; — nouveaux, 90 ; — Organisation, 411. — Ne constituent pas une personne morale, 411 ; — Mais forment autant de circonscriptions communales pour l'état civil, 412.

Arrosement, 216.

Attiques, 196 à 205. — Voy. GRANDE VOIRIE.

Attroupements, 329.

Assignation de la ville devant les tribunaux, 105 ; — du Département, 433.

Assistance publique. — Son objet, 287 ; — Son organisation, 288 ; — Fonctions du directeur, 288 ; — Composition du conseil de surveillance, 289 ; — Séances du conseil de surveillance, 290 ; — Attributions du conseil, 290 ; — Médecins, chirurgiens et pharmaciens des hôpitaux et du service de secours à domicile, 291 ; — Comptes et budgets de l'assistance publique, 291 ; — Hôpitaux généraux et spéciaux, 291 ; — Organisation des hôpitaux généraux, 291 ; — Organisation des hôpitaux spéciaux, 292 ; — Fondation Montyon et secours aux convalescents, 294 ; — Hospices et maisons de retraite, 294 ; — Organisation des hospices proprement dits, 293 ; — Organisation des maisons de retraite, 297 ; — Etablissements divers (filature des indigents, amphithéâtre d'anatomie, direction municipale des nourrices) et établissements de service général, 298 et suivants ; — Indigents et infirmes des communes de la banlieue et des communes annexées, 300 ; — Secours à domicile et bureaux de bienfaisance ; — Pauvres de Paris ; — Legs à des établissements publics non reconnus, 300 et suiv.

Aubergistes. — Registres, 327 ; — Vente

de vin aux consommateurs, 394. — Voy. VINS ET LIQUIDES.

Auvents. — Droits de voirie, 224.

Avoués. — Si leur ministère est obligatoire dans les affaires concernant l'État, 109.

B

Bacs et Bateaux, 408.

Bains publics, 408.

Balayage, 216; — Par qui dû, 217.

Balcons. — Etablissement. — Droits de grande voirie, 208; — Droits de petite voirie, 224.

Baldaquins. — Droits de petite voirie, 224.

Bannes. — Droits de voirie, 224.

Barres de boutiques. — Droits de voirie, 224; — De support, 224.

Barrière de l'Étoile. — Maisons qui en bordent la place, 212.

Barrières au-devant des fouilles. Droits de grande voirie, 208; — Au-devant des maisons, 224.

Bateaux à lessive, 409.

Bateaux à vapeur, 340.

Bateaux et trains, 409.

Bâtiments menaçant ruine, 220.

Baux et adjudications, 98 et 102.

Beurres. — Commerce, Halles, 356.

Bois (commerce de). — De chauffage, 362; — Flotté, 365; — Compagnies du *haut* ou de transport, 366; — Compagnies du commerce de Paris, 367; — Du commerce de bois de chauffage flotté, 367; — Des bois carrés, 367. — Voyez HALLES ET MARCHÉS.

Boissons (commerce des). — Communes annexées, 63; — Entrepôt, 146. — Voy. ENTREPÔT.

Boucherie. — Ancienne réglementation de ce commerce, 384; — Système de la taxe et du commerce illimité, 385; — Nouvelles attributions du préfet de la Seine, 386; — Réglementation actuelle, 386; — Exercice de la profession de boucher; conditions prescrites, 386; — Colportage de la viande, 387; — Facteurs sur les marchés, 387; — Droit des propriétaires de bestiaux, 387; — Bouchers forains, 387; — Vente de la viande à la criée, 387; — Marchés pourvus d'étaux, 388; — Droits d'octroi et d'abattoirs, 389; — Vente de veaux trop jeunes, 389; — Marchés d'approvisionnement, 389; — Garantie spéciale de neuf jours pour les bœufs livrés à la consommation de Paris, 389.

Boues. — Enlèvement, 217.

Boulangerie. — Son organisation spéciale; son caractère; — Etendue du privilége, 368; — Débat avec les pâtissiers, 371; — Droits et charges du boulanger, 371; — La boulangerie de Paris ne constitue pas un établissement public, 371; — Nouvelle réglementation, 372; — Attributions du préfet de la Seine et du préfet de police, 372; — Organisation de la boulangerie de Paris et du département de la Seine, 372; — Conditions requises pour l'exercice de la profession, cession, faillite et décès, 373; — Boulangerie commune, 375; — Marques et numéros, 375; — Taxe du pain, théorie de la taxe, pesage, 375; — Vente du pain dans les marchés, regrat, 376-377; — Dépôt d'approvisionnement et de garantie, 377; — Caisse du service de la boulangerie, son objet, 378; — Régie de la caisse, sa comptabilité, 378; — Comité consultatif de la caisse, 378; — Opérations de la caisse, dépôt, déclarations d'acquisition, mandats de payement, intérêts, différences, 380; — Organisation du syndicat, boulangers-électeurs, 381; — Attributions du syndicat, 383; — Rapports des patrons avec les ouvriers, 383.

Boulevards. — Contre-allées, 170; — Nettoiement, 216.

Bourse de Paris. — Commissaire de police et gardes, 320; — Sa police, 337.

Boutique. — Ouverture ou percement, droits de voirie, 209.

Boyauderie, 401.

Budget de la ville de Paris, 55 et 94; — Sa progression depuis 1847, 420; — Budget du département, 429.

Bureau central d'admission. — Hôpitaux, 300.

Bureau municipal des nourrices, 299.

Bureaux de bienfaisance. — Sont chargés, dans chaque arrondissement, de la distribution des secours à domicile, indépendamment des secours qui sont donnés directement par l'assistance publique, 308; — Leur composition, 308; — Legs aux pauvres, 301; — Actions en justice, 301.

Bureaux d'hypothèques. — Changements des circonscriptions, 59.

C

Caisse de la boulangerie, 378.—Voy. BOULANGERIE.

Caisse des travaux, 119; — Sa régie, 120; — Sa dotation, 122; — Bons de circulation, 122.

Canal de l'Ourcq. — Voy. EAUX DE PARIS.

Canaux, 408 et suiv.

Carrières. — Carrières sous Paris, 226; — Premiers règlements sur les carrières des départements de la Seine et de Seine-et-Oise, 227; — Règlement général sur les carrières, plâtrières, glaisières, sablonnières, marnières et crayères des départements de la Seine et de Seine-et-Oise, 228; — Règlements spéciaux sur les carrières à plâtre, les carrières de pierres à bâtir, les crayères et les marnières, 228; — Attributions et compétence du préfet de la Seine et de l'inspecteur général des carrières de Paris 229; — Si l'autorisation d'exploiter est nécessaire, et si le conseil de préfecture doit connaître des contraventions aux règlements, 229; — Défense d'exploiter des carrières de pierres à bâtir, moellons et pierres à chaux dans Paris, 230; — Mesurage des pierres destinées aux constructions de Paris, et perception du droit de mesurage au profit de la ville, 230.

Cartes de sûreté, 324.

Caves sous les rues, 207.

Certificat. — Délivrance, 414 et 415.

Chaillot (promenoir de). — Terrains, 212.

Chambre de commerce. — Composition et élections, 260 et suiv.

Chant (enseignement du), 311.

Charbon (magasins de), 408.

Charbon de bois. — Approvisionnement, 363; — Compagnies du commerce du bois flotté et du charbon de bois, 365;—du *haut* ou de transport, 366; — du commerce de Paris, 367.

Chardons en fer. — Droits de petite voirie, 224.

Chasse. — Police; — temps de neige, — bêtes fauves, oiseaux de passage, gibier d'eau, 330 et 331;—Délivrance des permis, 332.

Châssis de verre. — Droits de petite voirie, 224.

Chaudières à vapeur, 340 et 402.

Chauffage au gaz, 217.

Chemins de halage, 408.

Chiens. — Taxe, 240.

Cidres. — Droits d'entrée, 140; — Droits d'octroi, 396; — Fabrication, 396.

Cimetières.—Compris dans la nouvelle enceinte, 62; — Anciens cimetières de Paris, 163; — Cimetières de Paris avant l'annexion, 164; — Après l'annexion, 164; — Leur circonscription, 164; — Cimetières supprimés, 165; — Règlements applicables aux nouveaux cimetières, 165; — Exhumations, 165; — Transport des corps, 165; — Différents modes d'inhumation, 166; — Fosse commune, 166; — Concessions de terrains, 166; — Reprise de terrains, 166.

Clauses domaniales, 195.

Clergé. — Voy. PAROISSES DE PARIS.

Cliniques, 293.

Clôture de rue. — Droits de petite voirie, 224.

Coalitions, 329.

Colonnes en pierres, non permises sur la voie publique, 209; — En menuiserie, droits de voirie, 224.

Combles. — Hauteur, 196, 197, 198 et 205. — Voy. GRANDE VOIRIE.

Comité local de patronage, 311.

Commissaires de bienfaisance, 301.

Commissaires de police. — De Paris,

319; — des communes du département de la Seine, 319.

Commission départementale, 525.

Commission municipale, 417.

Commissionnaires du Mont-de-Piété, 284. — Voy. MONT-DE-PIÉTÉ.

Commissionnaires en vins, 397.

Commissions d'hygiène et de salubrité, 406 et 407.

Commune de Paris de 1793, 41 et 52.

Communes. — Suburbaines, annexion, 59; — de la banlieue, indigents, 300; — du département de la Seine, organisation et administration, 441.

Compagnies du commerce. — De bois flotté et du charbon de bois, 365; — du haut ou de transport, 366; — du commerce de Paris, 367; — du commerce des bois de chauffage flottés, 367; — des bois carrés, 367; — du charbon de bois, 367.

Comptoirs ou établis mobiles. — Droits de voirie, 225.

Concessions de terrains dans les cimetières, 166.

Conduites et tuyaux. — Droits de petite voirie, 224.

Confession d'Augsbourg, 157.

Conflits. — Élevés par le préfet de police, 321.

Conseil académique, 304.

Conseil d'administration. — Garde nationale, 273.

Conseils d'arrondissement de Sceaux et de Saint-Denis; — Nomination des membres, 435. — Sessions, 435; Attributions, 436.

Conseil de discipline. — Garde nationale, 276. — Voy. GARDE NATIONALE.

Conseil d'hygiène publique et de salubrité, 405.

Conseil de préfecture. — Voirie, compétence, 184. — Sa composition et ses séances, 439; — Ses attributions, 439; — Procédure devant le conseil, 440; — Appel des décisions, 440; — Secrétaire général, 440.

Conseil départemental de l'instruction publique, 305.

Conseil de Prud'hommes. — Composition et élections, 262 et suiv.

Conseil de recensement, 271.

Conseil général de la Seine. — Son organisation, 425; — Sessions, 426; — Diverses classes d'attributions du conseil, 427; — Ses attributions comme délégué du pouvoir législatif, 428; — Comme conseil, 429; — Comme surveillant, 429; — Budget départemental, 429; — Comptabilité, 432; — Comptes d'administration, 432; — Publication des délibérations, 432; — Omissions, 432; — Acquisitions, aliénations, échanges, 433; — Propriétés départementales, 433; — Legs et donations, 433; — Constructions, 433; — Contributions extraordinaires, 433; — Emprunts, 433; — Travaux communs, 433; — Actions judiciaires, 433; — Transactions, 434.

Conseil municipal de Paris. — C'est le titre de commission qui lui convient, 46, 92 et suiv. — 417; — Son organisation, 418 et 419; — Ses attributions, 418 et 419; — Budget de Paris, 420;

Conseil municipal des communes du département de la Seine, 441.

Conseil presbytéral, 157.

Consistoires, 157.

Constructions. — Leur police, 182; — Déclarations, 183. — Voy. GRANDE VOIRIE.

Constructions en pans de bois, 215.

Constructions provisoires et échoppes. — Établissement, location, 98 et 205.

Contrats, 100. — Voy. ACTES.

Contraventions. — De grande voirie; tribunaux compétents, 210; — De petite voirie, 216. — De simple police, 216.

Contributions directes. — Communes annexées, 69; — Distinction entre les contributions directes et les contributions indirectes, 233; — Personnel de l'administration, 233; — Répartition des contributions directes personnelle et mobilière, et des portes et fenêtres; — Rôle de ces contributions et des patentes, 234; — Contribution financière. — Exemption, 235; — Mutations, 237; — Contribution personnelle et mobilière, 237; — Contribution des portes et fenêtres, 238; —Contribution des patentes, 239; —Taxe municipale sur les chiens, 240; — Infraction à la loi sur cette taxe, 242; — Frais de la confection des rôles et des avertissements pour cette même taxe, 242; — Centimes additionnels, 243; — Réclamations en matière de contributions directes et pour la taxe des chiens, 243; — Poursuites contre les contribuables, 245; — Contributions dues par les locataires, responsabilité des propriétaires, 245.

Corniches. — Droits de voirie, 224.

Corps municipal de Paris. — Sa composition, 92.

Courtiers de commerce. — Sont dégustateurs, 396.

Courtiers-gourmets-piqueurs, 396.

Crayères. — Exploitation, 228.

Croisées. — Ouverture ou percement, droits de voirie, 209.

Cultes. — Frais du culte, 153 et suiv.; — Cultes protestant et israélite, 157; — Surveillance des lieux consacrés au culte, 330.

Curés. — Leur logement, 155.

Cures et succursales, 153. — Voyez PAROISSES.

D

Dames de charité, 300.

Décentralisation administrative. — Le décret du 25 mars 1852 est applicable à la préfecture de police, 321.

Décès. — Déclarations, 158; — Constatation, 159.

Déchargeurs, 147, 408.

Dégustateurs, 321. — Voy. COMMERCE DES VINS.

Délégués cantonaux, 305.

Délimitation (nouvelle) de Paris et ses conséquences, 58; — Loi du 16 juin 1859.

Denrées. — Droits qui les frappent, 343 344 et 346; — leur chiffre, 362. — Voy. HALLES ET MARCHÉS.

Département de la Seine. — Son administration et son organisation,
425 et suiv.; — Actions en justice, 108 et 433; — Communes de ce département, 441.

Dépotoir des liquides, 150.

Députés. — Elections, 249 et suiv.

Dérouleurs, 147.

Déserteurs, 333.

Devantures de boutiques. — Droits de petite voirie, 224.

Dispensaire de salubrité, 321.

Distilleries, dans Paris et la banlieue, 396. — Voy. VINS.

Docks, 152.

Domaines de l'Etat et droits domaniaux. — Action en justice, 108.

Domestiques. — Livrets, 324.

Dommages aux propriétés. — Nivellement, 171 et 172.

Donations et testaments en faveur de la ville de Paris, 101.

Douane. — Voyez ENTREPÔTS DE DOUANES.

Droits de grande voirie, 208.

Droits de petite voirie, 224.

Droits d'entrée. — Vins et liquides, 140.

Droits d'octroi. — Vins et liquides, 395.

Droits sur les denrées. — Suppression et rétablissement, 343 et 344; — Ces droits sont excessifs, 362. — Voyez HALLES ET MARCHÉS.

E

Eaux de Paris. — Différentes provenances des eaux et leur volume, 123 et 124; — Eau du canal de l'Ourcq, 124; — Eau de Seine, 127; — Eau d'Arcueil, 128; — Eau de Grenelle, id.; — Eaux de Belleville et des Prés-Saint-Gervais, id.; — Qualités relatives des eaux de Paris, id.; — Service public et service privé des eaux, 130; — Régime des eaux de Paris, id.; — Si les eaux sont imprescriptibles et inaliénables, 132; — Abonnements aux eaux de Paris et contraventions au règlement, 133; — Travaux et fouilles aux approches des aqueducs et des conduites; —Contraventions, 134.

Eaux pluviales et ménagères, 207.

Échanges d'immeubles, 102.

Échoppes. — Location, 98; — Construction, 205; — Droits de petite voirie, 225.

Éclairage au gaz, 217.

Écoles de natation, 408.

Écoles publiques. — Admission gratuite des enfants, 306; — Rétribution scolaire, 307; — Recouvrement, 307; — Réclamations, 307. — Voy. INSTRUCTION PUBLIQUE.

Écoles publiques de filles, 308.

Églises de Paris, 154. — Voyez PAROISSES.

Élections, 248; — Législatives, 249 et suiv.; — Consulaires, 257 et suiv.; — Des membres de la chambre de Commerce, 260 et suiv.; — Des conseils de Prud'hommes, 262 et suiv.

Emprunts de la ville, 103.

Encorbellements. — Droits de voirie, 209.

Enfants. — Travail dans les manufactures, 341.

Enfants trouvés et abandonnés, 296.

Engrais (dépôt), 401.

Enseigne. — Tableau. — Droits de petite voirie, 225.

Entablement. — Droits de voirie, 209.

Entrepôt à domicile. — Faculté, 63.

Entrepôt des vins, 146; — Voy. ENTREPÔT D'OCTROI.

Entrepôts des douanes et d'octroi. — Ce qu'on entend par entrepôt et des différents entrepôts qui existent à Paris, 143; — Entrepôt réel des douanes et son organisation; — Son tarif, 144; — Entrepôt public d'octroi et halle de déchargement, 145; — Entrepôt général des boissons et liquides, 146; — Attributions respectives du préfet de la Seine, du préfet de police et de l'administration de l'octroi, relativement à l'entrepôt des boissons et liquides, 146; — Ouvriers spéciaux pour le service de l'entrepôt et du port annexe, 147; — Port annexe de l'entrepôt et règles qui le concernent, 148; — Quantités qui peuvent être présentées à l'entrepôt, 149; — Déclarations pour les vins destinés pour l'entrepôt ou le port annexe, chargements et escortes, 149; — Arrivée et placement des liquides à l'entrepôt, 149; — Location des caves, celliers, magasins généraux et emplacements à l'intérieur de l'entrepôt, 149; — Durée de l'entrepôt, 149; — Transfert de la propriété des boissons et liquides entreposés, 149; Sorties des liquides de l'entrepôt, expédition pour Paris et hors de Paris, 150; — Manutention des marchandises à l'entrepôt et au port annexe, 150; — Dépotoir, 150; — Lois et règlements qui régissent l'entrepôt des liquides et le port annexe, 151; — Entrepôt à fourrages, 152; — Docks, 152.

Entrepreneurs. — Contestation avec la ville, 111.

Équarrissage (établissements d'), 401.

Établissements insalubres et incommodes, 321, 399 et suiv. — Voy. SALUBRITÉ ET HYGIÈNE.

Étais ou Étrésillons. — Droits de voirie, 209.

État. — Assignation de l'État devant les tribunaux, 108.

État civil, 412 et 413; — Registres anciens et nouveaux, 412 et 413; — Extraits, Droits perçus, 414.

Étoile (Place de l'). — Maisons qui la bordent, 212.

Éviers et gouttières, 207; — Droits de petite voirie, 225.

Exhaussement. — Des bâtiments. — Droits de voirie, 209.

Exhumations, 165.

Expropriation, 112; — Dénonciation à l'administration et offres, 112; — Composition et fonctions du jury spécial, 113; — Fixation des indemnités, 115; — Droit des expropriés relativement aux bâtiments et terrains restants, 115; — Payement des indemnités, 115; — Prise de possession urgente de terrains non bâtis, 116; — Droit spécial de l'administration pour l'élargissement, le redressement ou la formation des rues de Paris; parties d'immeubles situées en dehors de l'alignement; suppression d'anciennes voies; propriétés contiguës, 117; — Comment il est procédé relativement aux parties

DE L'OUVRAGE.   655

restantes en dehors de l'alignement et aux immeubles dont la cession est nécessaire pour la suppression d'anciennes voies, 118; — Comment il est procédé relativement aux propriétés contiguës aux parcelles de terrain acquises en dehors de l'alignement, 119; — Faveur accordée aux actes et contrats relatifs aux acquisitions faites pour la voie publique, 119.

F

Fabriques d'église, 155. — Voy. PAROISSES.

Façade des maisons. — Travaux confortatifs et non confortatifs, 190; — Saillies, 206; — Nettoyage, 208. — Voy. GRANDE VOIRIE.

Facteurs à la vente, 348. — Voyez HALLES ET MARCHÉS.

Faîtages, 198, 201 et 205. — Voy. GRANDE VOIRIE.

Farines. — Halle, 355. —Voy. HALLES ET MARCHÉS.

Fêtes publiques, 333.

Filature des indigents, 298.

Fondation Montyon, 294.

Fortifications. — En quoi elles consistent, 73; — Situation spéciale des propriétés environnantes, 75; — Etendue de la zone unique de servitude, 76; — Interdiction de bâtir, 76; — Constructions existantes, 76; — Bâtisses en bois ou en bois et terre, 76; — Bâtisses en maçonnerie, 77; — Exceptions à l'interdiction de bâtir, 77; — Bornage de la zone, 80; — Déclarations, demandes et permissions, 81 et 88; — Déclaration des constructions existantes, 82; — Indemnités et des cas dans lesquels il en est dû, 84; — Contraventions et poursuites, 86; — Personnel administratif, 87; — Commission mixte des travaux publics, 88.

Forts. — Des halles et marchés, 361. — Voy. HALLES ET MARCHÉS

Fosse commune, 165.

Fosses d'aisances, 405.

Fourrière, 319 et 321.

Fruits et légumes. — Halle, 358.

Fulminate de mercure. — Fabriques, 401.

G

Garantie. — Bœufs livrés à la consommation de Paris, 389. — Voy. BOUCHERIE.

Garde de Paris, 321.

Garde nationale. — Sa réorganisation, 269; — Obligation du service, 270; — Conseil de recensement, 271; — Jury de révision, 271; — Nomination aux grades, 272; — Entretien et réparation des armes, 272; — Rang de la garde nationale avec les corps soldés, 272; — Dépenses de la garde nationale, 272; — Conseil d'administration, 273; — Règlement du service et réclamations, 273; —Uniforme, 273; — Peines applicables en matière de garde nationale, 273; — Conseil de discipline, 276; — Instruction et jugement; opposition; Recours en cassation, 277 et suiv.; — Service de la musique, 279; — Service de santé, 279.

Gargouilles des trottoirs. — Nettoiement, 216.

Gares. — Police, 408.

Gaz. — Éclairage, 217.

Glacis de l'enceinte fortifiée, 58.

Glaisières. — Exploitation, 228.

Gourmets-piqueurs, 396.

Gouttières et éviers, 207.

Grains et farines. — Halle, 355. — Voy. HALLES ET MARCHÉS.

Grande voirie. —Voy. VOIRIE (grande)

H

Hallage, 408 et 409.

Halle aux vins, 146 et suiv.

Halles centrales, 349. — Voy. HALLES ET MARCHÉS.

Halles et Marchés. — Approvisionnement de Paris, 343; — Suppression des droits perçus sur les denrées en 1791, et rétablissement de ces droits par ordonnances de police et par décrets, 343 et 344; — Partage d'attributions entre la préfecture de la

Seine et la préfecture de police, 345; — Nature des droits perçus; Assiette de ces droits, 346; — Halles d'approvisionnement et évaluation des denrées consommées à Paris, 347; — Facteurs à la vente; si leur intervention est obligatoire, 348; — Halles centrales, 349; — Halle au poisson d'eau douce, *id.*;—Vente du poisson d'eau douce, 350; — Si le marchand forain est tenu de vendre à la halle, 351; — Halle à la marée, 352; — Halle aux huitres, 353; — Halle à la volaille et au gibier, 353; — Halle aux grains et farines, 355; — Halle au beurre et aux œufs, 356; — — Halle aux fruits et légumes, 358; — Marchés de Sceaux et de Poissy, 359; — Marchés de détail, 359; — Forts et porteurs des halles et marchés, 361; — Mesures de salubrité à observer dans les halles et marchés, 361; — Regrattières, 361; — Circulation et stationnement des voitures servant à l'approvisionnement, 361; —Tarif et perception des droits dans les halles et marchés, 362; — Approvisionnement en bois de chauffage, 362; — En charbon de bois, 363;—Compagnies du commerce du bois flotté et du charbon de bois, 365; — Compagnies du *haut* ou de transport, 366; — Compagnies du commerce de Paris, 367; — Compagnies du commerce des bois de chauffage flottés, 367;—Du commerce des bois carrés, 367; — Compagnie du commerce de charbon de bois, 367.

Hanse parisienne, 31.

Hauteur des bâtiments et des combles, 196, 197, 198 et 205.—Voy. GRANDE VOIRIE.

Hydromels.—Droits d'entrée, 140; — Droits d'octroi, 396.

Hygiène publique. — Voy. SALUBRITÉ ET HYGIÈNE.

Hypothèques. — Nouvelle organisation des bureaux, 59.

Hôpitaux généraux et spéciaux, 291; Organisation des hôpitaux généraux, 191 et suiv.;—Des hôpitaux spéciaux, 292 et suiv.

Hôtel-de-Ville, 35, 47 et 56.

Hôtels garnis. — Registres, 327.

Hospices.—Leur organisation, 294;— Maisons de retraite, 294 et 297.

Huitres (Halle), 353.

I

Immeubles.—Acquisition, 101;—Aliénation, 102; — Echanges, 102.

Impasse, 175.—Voy. GRANDE VOIRIE.

Imprimerie et Librairie, 330.

Incendies, 335. — Sapeurs-pompiers, 335.

Incurables. 295 et suiv.

Indigents.—Filature, 298;—Des communes de la banlieue et des communes annexées, 300;—Leur admission dans les hospices, 294 et 295.

Inhumation, 158 et 159.

Inspecteurs. — Instruction primaire, 304.

Instruction primaire, 308. — Voy. INSTRUCTION PUBLIQUE.

Instruction publique. — Concours de la ville de Paris, 303; — Ressort de l'Académie de Paris; son administration; recteur et inspecteurs, 304; — Conseil académique et conseil départemental; charges de la ville et du département, 304; — Attributions du préfet de la Seine, 305; — — Délégués cantonaux et spéciaux; surveillance locale, 305; — Admission gratuite des enfants dans les écoles; rétribution scolaire; mode de recouvrement; réclamations, 306; — Ce que comprend l'enseignement primaire; âge des enfants; adultes, 308; — Ecoles publiques de filles, 308; — Salles d'asile; comité local de patronage, 309; — Enseignement du chant; Orphéon, 311;—Ouvroirs, 311.

Israélites.—Cultes, 153 et 157.

J

Jalousies.—Droits de voirie, 225.

Jambe étrière.—Droits de voirie, 209.

Jugements et arrêts contre la ville; leur exécution, 107. — Transactions, 107.

Jury. — De jugement; composition de la liste, 265 ;—Aptitude et capacité, 266. — Dispenses et excuses,

267; — Tirage, 268; — Jury spécial d'expropriation, 113 et suiv.

Jury de révision. — Garde nationale, 271.

Jury d'expropriation, 113 et suiv.

L

Laines. — Tirage ; — Bureau, 262.

Lambrechts (Asile), 296.

Latrines, 405.—Eaux qui en proviennent; 207.—Voy. Fosses d'aisances.

Légalisation. — De la signature des habitants, 414 et 415.

Legs à la ville de Paris, 101 ; — Aux pauvres de Paris, 301 ;— A des établissements publics non reconnus, 301.

Librairie et Imprimerie, 330.

Linteau. — Droits de voirie, 209.

Liquides. — Commerce, 392 et suiv. — Voy. Vins.

Liste des électeurs, 250 et suiv. — Réclamations, 251 ;— Révision, 252.

Liste du jury, 265 et suiv. — Voy. Jury.

Lits.—Dans les hôpitaux, 291 et suiv. — Dans les hospices, 294 et suiv. — Dans les maisons de retraite, 297 et suiv.

Livrets de domestiques, 324.

Location des propriétés communales, 98.

Logements insalubres, 402 et suiv.

Logeurs. — Registres, 327.

Londres.—Son régime municipal, 53.

Lucarnes, 196 à 205. — Voy. Grande Voirie.

Lutèce.—Étymologie, 9.—Voy. Paris.

M

Machines à vapeur, 340 et 402.

Magasins de charbon, 408.

Maires et adjoints.—De Paris, nomination, 92 et 411 ;— Fonctions incompatibles, 412 ; — Absence ou empêchement, 412 ; — Attributions, 95, 412, 413, 414 et 415 ; — Maires et adjoints des communes du département de la Seine, 441.

Mairies de Paris, 411. — Personnel, règlement, 413.

Maisons. — Construction, 182 et 183; — Travaux aux façades, 190; — Hauteur, 196, 197, 198 et 205;—Saillies, 206; — Seuils, 207 ;—Caves, 207;— Nettoyage des façades, 208.—Maisons bordant la place de l'Étoile et la route départementale n° 4, 212. — Voy. Grande Voirie.

Maison d'accouchement, 293.

Maison municipale de santé, 293.

Maisons de débauche, 329.

Maisons de jeu, 329.

Maisons de retraite, 294 ; — leur organisation, 297.

Mansardes, 196 à 205.—Voy. Grande Voirie.

Manufactures. — Travail des enfants, 341.

Marchands de vins.—Commerce, 392, 394. — Voy. Vins.

Marchés d'approvisionnement, 347 ; — de détail, 359 ;— Droits perçus sur les denrées, 343 et 344; — Leur chiffre, 362. — Voy. Halles et Marchés.

Marchés et adjudications, 111.

Mariniers, 408.

Marnières. — Exploitation, 228.

Matières d'or et d'argent, 321 et 339.

Médecins. — inspecteurs vérificateurs des décès, 159.

Médecins et chirurgiens.—Liste, 414.

Ménages (Hospice des), 297.

Mendicité et vagabondage, 327.

Mercuriales, 339.

Mesurage des pierres, 230.

Meudon. — Sa police, 314.

Mont-de-Piété. — Fondation et organisation, 280 ; — Sa capacité légale, 282 ; — Comptabilité, 282. — Sa dotation, 283 ; — Vente des nantissements et des marchandises neuves, 283 ; — Obligations et actes exempts des droits de timbre et d'enregistrement, 283 : — Administration, 283 ; — Conseil de surveillance, 283 ; —

42

Attributions du conseil de surveillance, 284 ; — Personnel de l'administration. 284 ;—Commissionnaires et agents intermédiaires accrédités près du mont-de-piété ; — Droits du mont-de-piété et des commissionnaires ;—Objets volés, 284 ;—Monts-de-piété établis à titre charitable, 286.

Montyon. — Fondation, 294.

Montre ou étalage.— Droits de petite voirie, 225.

Monuments et édifices publics ; — Surveillance, 340.

Morgue, 321.

Mutations, 237.—Voy. CONTRIBUTIONS DIRECTES.

N

Nautes parisiens, 31 et 47.

Navigation et ports. — Police de la rivière et des ports, 408 ; — Etablissements sur la rivière, 408 ; — Inspection générale, 408 ; — Arrondissements d'inspection. 409 ; — Règlements sur la navigation, la police de la rivière, des canaux et des ports, 409 ; — Ponts de Paris, 410.

Nettoiement de la voie publique, 216.

Nettoyage des façades. 208.

Nivellement. — Abaissement du sol, 171 ; — Dommage aux propriétés, indemnité, 172 ; — Propriétaires et locataires, 172 ; — Demandes de nivellement. 185. — Voy. GRANDE VOIRIE.

Nourrices. — Bureau municipal, 299.

Numérotage des maisons, 177.—Voy. GRANDE VOIRIE.

O

Obligations municipales, 104.

Octroi. — Facilités de crédit, 66 ; — Base de l'octroi et sa progression, 136 ;—Conseil d'administration, 137; — Droits d'entrée, 138 ; — Décharges et réductions en matière d'octroi, 138 ; — Produit des saisies et amendes ; — Poursuites et transactions en matière d'octroi, 138 ; — Poursuite en payement des droits et en répression des contraventions ;—Appel des jugements, 138 ; — Commission consultative de l'octroi, 139 ; — Nouvelles limites de l'octroi ; — Exonération provisoire des communes annexées, 139 ; — Lois et règlements qui régissent l'octroi de Paris, 139 ; — Tarif des droits d'octroi; — Taxe aux entrées, 140 ; — Visite aux barrières, 140 ;—Vérification au bureau central, 141 ; — Banlieue de Paris et réglementation de son octroi, 141. —Voy. ENTREPÔT D'OCTROI.

OEufs. — Halle, 348 et 356.

Officiers de paix, 319.

Oratoire. — Culte réformé, 157.

Ordonnances de police. — Communes annexées, 70 ; — Recueil, 71, 315 et 316 ; — Réformation et annulation, 317.

Organisation municipale.—Ancienne, 31 et 35 ; — Actuelle, 89.

Orphéon, 311.

Ouvriers. — Attroupements et coalitions, 329.

Ouvroirs, 311.

P

Pain. — Taxe, 375. — Voy. BOULANGERIE.

Pans de bois.—Droits de voirie, 209.

Panthémont.— Culte réformé, 157.

Paris (Ville de). — Son origine, 4 ; — Ce qu'en ont dit César et Julien, 4 ; — Paris au temps d'Abbon, 7 ; — Bassin de Paris, 8 ;— Ce que signifient les mots Lutèce et Parisien, 9 ; — Différentes enceintes de la ville, 9 ; — Ses accroissements les plus rapides et sa prépondérance sur le reste du pays, 11 ; — Enceinte de Philippe-Auguste, 12 ;—Louvre, 13 ; — Fortification depuis l'emploi des armes à feu, 14 ; — Idées de Vauban et de Napoléon sur la défense de Paris, 16 ; — Fortifications actuelles, 16 et 73 ;—Dernière enceinte fiscale et plan de Verniquet, 17 ; — Population, 19 ; — Population de Paris, 20 ;—Des communes annexées, 24 ; — Causes de l'agglomération, 24 ; — Ancienne constitution municipale de Paris, 28 ; — Parloir aux bour-

geois et prévôt des marchands, 31 ;
— Marchands de l'eau, 31 et 47 ; —
Privilége de la hanse, 31 et 47 ; —
Prévôt de Paris, 33 ; — Organisation
municipale de Paris au XVIIIe siècle,
35 ;—Municipalité de Paris en 1789,
37 ; — Organisation municipale de
de 1790, 38 ; — de 1792, 41 ; — Régime de l'an II et de l'an III, 44 ; —
de l'an VIII, 45 ; — Régime de 1830
et de 1848 ; régime actuel, 46 ; —
Caractère propre des institutions
municipales de Paris, 47 ; — Ce que
c'était que la commune de Paris de
1793, 41 et 52 ;—Régime municipal
de la ville de Londres, 53 ;—Ce que
devrait être celui de Paris, 55 ; —
Nouvelle délimitation de Paris, 58 ;
— Son organisation municipale actuelle, 89 ;—Constitue une personne
morale, 92 ;—Assignation devant les
tribunaux, 105.

Parisien.— Étymologie, 9.—(En note.)

Parloir aux bourgeois, 31 et 47.

Paroisses de Paris.—Population, 153 ;
— Organisation paroissiale, 153 ; —
Communauté des prêtres de Sainte-
Geneviève, 155, — Aumôniers des
dernières prières, 155 ; — Frais du
culte, 153 et 155 ;— Édifices consacrés au culte et logement des curés,
155 ; — Organisation des fabriques
des cures et succursales, 155 ; —
Cultes protestant et israélite, 157.

Passages privés, 174 et 175. — Voy.
GRANDE VOIRIE.

Passe-ports, 324.

Patentes.— Communes annexées, 69,
239.—Voy. CONTRIBUTIONS DIRECTES.

Pauvres de Paris. — Constituent un
établissement public, 301 ; — Legs,
301.

Pavage des rues, 178.—Voy. GRANDE
VOIRIE.

Pavé.— Entretien, 180.—Voy. GRANDE
VOIRIE.

Pêcheurs, 408.

Perches.— Droits de voirie, 225.

Père-Lachaise (Cimetière du), 164.

Permis de chasse. — Délivrance, 332.

Permis de séjour, 327.

Permissions de petite voirie, 223.

Perron.—Droits de petite voirie, 225.

Petite voirie. — Voy. VOIRIE (petite).

Pharmaciens. — Substances vénéneuses, 414.

Pied-droit. — Droits de voirie, 209.

Pierres à bâtir. — Extraction, 228 ; —
Mesurage, 230.

Pilastres. — Droits de voirie, 209.

Places publiques. — Nettoiement, 217.

Plafonds. — Droits de petite voirie,
225.

Plan de Paris. 186. — Voy. GRANDE
VOIRIE.

Plan et coupe cotés des constructions,
189. — Voy. GRANDE VOIRIE.

Platrières. — Exploitation, 228.

Poêles et tuyaux. — Droits de petite
voirie, 225.

Poids et mesures, 339.

Poirés.—Droits d'entrée, 140 ;—Droits
d'octroi, 396 ; — Fabrication, 396.

Poisson.—D'eau douce ;—Vente, 349 ;
— De mer, 352. — Voy. HALLES ET
MARCHÉS.

Poissy et Sceaux. — Marchés, 359 et
389.

Poitrail. — Droits de voirie, 209.

Police. — Judiciaire, générale, municipale, 313.

Police architecturale, 183 et 184. —
Voy. GRANDE VOIRIE.

Police générale, 314 ; — Ce qu'elle
comporte, 323 ; — Passe-ports pour
l'intérieur et l'étranger, 324 ;—Cartes
de sûreté et livrets des domestiques,
324 ; — Permis de séjour ; registres
des aubergistes, maîtres d'hôtels
garnis et logeurs, 327 ; — Mendicité
et vagabondage, 327 ;—Police et surveillance des prisons ;— Conseil des
prisons, 328 ; — Hôtels garnis, logeurs, maisons de jeu et de débauche, 329 ; — Attroupements et coalitions d'ouvriers, 329 ; — Librairie et
imprimerie, 330 ; — Police des théâtres, 330 ; — Poudres et salpêtres,
330 ; — Lieux consacrés au culte,
330 ; — Police de la chasse ;— Chasse
en temps de neige ; — Bêtes fauves ;
— Oiseaux de passage ; — Gibier
d'eau ;—Délivrance des permis, 330 ;
—Déserteurs, 333 ;—Fêtes publiques,
333.

Police municipale. — Sous l'ancien droit, 33 ; — Aujourd'hui, 94 et 95 ; — Tribunal de simple police, 216 ; Préfet de police, attributions, 314 ; — Ce qu'elle comporte, 324 ; — Liberté et sûreté de la voie publique ; —Aliénés, 333 ; — Salubrité de la cité, 334 ;—Incendies, débordements, accidents sur la rivière ; — Sapeurs-pompiers, 335 ; — Police de la Bourse et du change, 337 ;—Sûreté du commerce ; — Poids et mesures, matières d'or et d'argent, 339 ; — Taxes et mercuriales, 339 ; — Surveillance des tentes ; — Marchandises prohibées, 339 ; — Surveillance des places et lieux publics, 339 ;—Approvisionnements ;— Halles et marchés, 339 ; — Monuments et édifices publics, 340.

Police politique, 317.

Pompes funèbres.—Convois funéraires et sépultures, 159 ; — Service des pompes funèbres, 161 ;—Remise aux fabriques, 162 ; — Service ordinaire et extraordinaire, 162 ;—Droit exclusif de l'entrepreneur, 163 ; — Contestations entre l'entrepreneur et les familles, 163.

Ponts de Paris, 410.

Population. — De Paris, 20 ; — Des communes annexées, 24 ; — Causes de l'agglomération, 24.

Port-annexe.—Voy. ENTREPÔTS D'OCTROI.

Porteurs des halles et marchés, 361. Voy. HALLES ET MARCHÉS.

Ports, 408 et suiv.

Potence. — Droits de voirie, 225.

Poteaux en charpente. — Droits de voirie, 209.

Poudres et salpêtres, 330.

Poulies.—Droits de voirie, 225.

Préfecture de police. — Voy. PRÉFET DE POLICE.

Préfecture de la Seine.—Voy. PRÉFET DE LA SEINE.

Préfet de la Seine.—Maire central de Paris, 89 ; — Ses attributions, 92 et suivantes ; — Comme administrateur de la commune, 97 à 166 ;—Comme chargé de l'administration générale, 167 à 311 ; — Comme représentant le département. 425 et suiv., 433 et suiv.—Voy. CONSEIL GÉNÉRAL.

Préfet de police.—Fait partie du corps municipal, 95 ; — Ses diverses attributions ; — Police judiciaire, police générale, police municipale, 313 ;—Autorité du préfet de police dans les communes du département de la Seine, dans les communes de Saint-Cloud, Sèvres et Meudon, 314 ; — Son pouvoir réglementaire ; -Ordonnances de police ;—Jusqu'où s'étend ce pouvoir, 315 ; — Réformation et annulation des ordonnances de police, 317 ; — Police politique et direction de la sûreté publique, 317 ; — Attributions du préfet en matière d'administration et de comptabilité, 318 ;—Fonctionnaires et agents placés sous ses ordres ; — Traitements, 319 ; — Commissaires de police de Paris et des communes du département de la Seine, 320 ;—Inspecteurs et surveillants, 320 ;—Garde de Paris, sapeurs-pompiers et force armée, 321 ; — Présidence du conseil de préfecture ;—Conflits. 321 ;— Le décret du 25 mars 1852 sur la décentralisation administrative est applicable à la préfecture de police, 321 ; — S'il peut ester en justice, 108. — Voy. POLICE GÉNÉRALE ET POLICE MUNICIPALE.

Prescription. — Biens de la commune, 99.

Prévôt. — Des marchands, 31 ; — de Paris, 33.

Prisons.—Surveillance ;—Conseil des prisons, 328.

Procès. — Concernant la commune de Paris, 105 ; — le département, 108 ; — l'État, 108.

Propriétés communales, 97 ; — Location, 98 ;—Constructions provisoires, 98 ; — Prescription, 99.

Propriétés particulières. — Nivellement de la voie publique, dommage, 171 et 172.

Protestants. — Culte, 153 et 157.

Q

Quais, 408.

Quartiers de Paris, 50, 89 et suiv.

R

Ramonage. — Voyez INCENDIES.

Ravalement. — Droits de voirie, 210.
Recensement. — Voy. RECRUTEMENT.
Recrutement. — Opérations, 415.
Rectification (Ateliers de).—Vins, 396. Voy. VINS.
Règlements de police. — Application aux communes annexées, 70 ; — Attributions du préfet de police, 315 ; — Réformation et annulation, 317.
Regrattiers, 361 et 377.—Voy. HALLES ET MARCHÉS.
Renchérissement des denrées, 362. — Voy. BUDGET.
Réparations en la face des bâtiments; Droits de voirie, 210.
Réparations partielles. — Droits de voirie, 208.
Restaurateurs.—Vente du vin, 394. — Voy. VINS.
Rivière. — Débordements, 335 ; — Police, 408 et suiv.
Rôle des contributions, 234. — Voy. CONTRIBUTIONS DIRECTES.
Rues de Paris, 171 et suiv. — Voy. GRANDE VOIRIE.

S

Sablonnières. — Exploitation, 228.
Saillies. — De grande voirie, 206. — De petite voirie, 222.
Saint-Cloud. — Police, 314.
Saint-Denis. — Conseil d'arrondissement, 435.
Sainte-Périne (Institution de), 298.
Salles d'asile, 309 ; — Comité local de patronage, 311.
Sapeurs-pompiers, 321 et 335.
Salubrité et hygiène. — Autorité du préfet de police, 334 et 398 ; — Classification des établissements dangereux, insalubres et incommodes, 399 ; — Demandes à fin d'autorisation, 400;—Formalités relatives aux établissements de première classe, 401 ; — Boyauderies, établissements d'équarrissage, dépôts d'engrais, fulminate de mercure, 401 ; — Etablissements de seconde classe, 401 ; — Machines et chaudières à vapeur,

usines à gaz, vente du gaz dans Paris. 402 ;—Etablissements de troisième classe, 402 ;—Dommage causé aux propriétés voisines, réparation, 402 ; — Logements insalubres, 402 ; —Commission, 402 ;—Mesures d'administration, 403 ; — De police, 403 ; — D'expropriation, 404 ; — Fosses d'aisances à Paris et dans le département de la Seine, 405 ; — Conseil d'hygiène publique et de salubrité, 405 ; — Commission d'hygiène et de salubrité, 406 ; — Attributions, 407.
Sceaux. — Conseil d'arrondissement, 435.
Sceaux et Poissy. — Marché, 359–389.
Secours à domicile. — Sont distribués dans chaque arrondissement, par un bureau de bienfaisance, indépendamment des secours donnés par l'assistance publique, 300.
Secrétaire général de la préfecture, 440.
Sépulture. — Voy. POMPES FUNÈBRES.
Sergents de ville, 319.
Seuils des maisons, 207.
Servitudes militaires. — Fortifications, 73.
Sèvres. — Police, 314.
Sociétés anonymes, 341.
Sociétés de secours mutuels, 341.
Soie. — Conditionnement ; — Bureau, 262.
Soubassements. — Droits de voirie, 223.
Sous-préfets de Sceaux et de St-Denis, 436 et suiv.
Stores. — Droits de petite voirie, 225.
Succursales, 153. — Voy. PAROISSES.
Sûreté publique (direction de la), 317.
Synagogues, 157.
Syndicat, — des agents de change, 337 ; — du commerce du charbon de bois, 367 ; — de la boulangerie, 381 ; — de la boucherie, 385.

T

Tableau-enseigne. — Droits de petite voirie, 223.

Taxe de remplacement. — Vins et liquides, 140 et 395.

Taxe municipale des chiens, 240. — Voy. CONTRIB. DIRECTES.

Taxes d'inhumation, 158.

Taxes et mercuriales, 339; — Taxe du pain, 375.

Testaments au profit de la Ville, 101.

Théâtres. — Police, 330.

Tirage au sort. — Voy. RECRUTEMENT.

Tours creuses ou rondes. — Droits de petite voirie, 210.

Trains sur la rivière, 409.

Traiteurs. — Vente du vin, 394. — Voy. VINS.

Transactions avec la Ville, 107.

Travaux confortatifs, 190. — Voyez GRANDE VOIRIE.

Travaux de la ville. — Leur développement, 110; — Attributions du préfet de la Seine, 111; — Contestations avec les entrepreneurs, 111; — Adjudications et marchés, 111; — Travaux communaux, 111; — Expropriation, 112; — Caisse des travaux, 119; — Sa régie, 120; — Sa dotation, 122; — Emission des bons de circulation, 122.

Tribunal de commerce. — Sa composition; — Elections de ses membres, 257 et suiv.

Tribunal de simple police. — Son organisation et ses attributions, 216.

Trottoirs. — Etablissement et entretien, 181; — Dégradation, 182. — Voyez GRANDE VOIRIE.

Trumeaux. — Droits de voirie, 210.

U

Usines. — Immunité pour la fabrication de leurs produits, 67; — a gaz, 402.

V

Vagabondage, 327.

Veau trop jeune. — Vente, 389; — Voy. BOUCHERIE.

Viande. — Vente à la criée, 387; — Voy. BOUCHERIE.

Vins et liquides. — Banlieue annexée, faculté d'entrepôt à domicile, 65; — Droits d'entrée, 140; — Entrepôt des vins, 146 et suiv.; — Commerce à Paris, 391; — Son organisation, 392 et 393; — Marchand de vins, conditions imposées à l'exercice de la profession, 394; — Traiteurs, restaurateurs et aubergistes, conditions à eux imposées, 394; — Propriétaire vendant les vins de son crû, 394; — Changement de domicile, ouverture et fermeture de cave; cessation du commerce, par les marchands de vins, 395; — Comptoirs, 395; — Fabrication, altération, falsification des vins, 395; — Droits sur les vins et esprits, taxe de remplacement, droits d'octroi, 395; — Distilleries dans Paris et la banlieue, 396; — Ateliers de rectification, 396; — Fabrication des cidres et poirés dans Paris, 396; — Courtiers-gourmets-piqueurs, 396; — Commissionnaires en vins, 397.

Voie publique. — Abaissement du sol, 171; — Dommages aux propriétés, indemnités, 172; — Propriétaires et locataires, 172; — Liberté et sûreté, 333; — Nettoiement, 216. — Voyez GRANDE ET PETITE VOIRIE.

Volets servant d'enseigne. — Droits de petite voirie, 225.

Voirie (grande). — Confiée au préfet de la Seine, 168; — A quoi se reconnaît, 169; — Si les communes annexées sont soumises à ses règles, 170; — Ce qu'elle comprend, 170; — Rues de Paris, ouverture, élargissement, redressement et nivellement, 171; — Rues ouvertes sur terrains particuliers, 173; — Rues et passages privés dans les communes annexées, 174; — Passages et impasses, 175; Dénomination des rues et inscription de leur nom, 176; — Numérotage des maisons, 177; — Pavage et empierrement des rues, 178; — Nature de cette charge, rues non pavées, 179; — Premier relevé à bout 179; — Entretien du pavé, 180; — Réclamations sur la taxe du pavage, 180; — Privilége des entrepreneurs du pavé de Paris, 181; — Etablissement et entretien des trottoirs, 181; — Dégradation des trottoirs, 182; — Police des constructions, 182; — Déclarations de construction et police architecturale, 183; — Contraventions en matière de police architecturale, compétence du conseil de préfecture et du tribunal de simple police, 184 ; — Demandes d'alignement et de nivellement, plan de Paris, 185 ; — Jurisprudence du conseil d'Etat sur les alignements, 187 ; — Plan et coupes cotés des constructions, coupe géologique des fouilles, 189 ; — Précautions imposées pour les travaux de construction ou de réparation, dans l'intérêt de la sûreté publique, 189 ; — Travaux aux façades, travaux confortatifs et non confortatifs, 190 ; — Clauses domaniales, 195 ; — Hauteur des bâtiments et des combles, règlement du 15 juillet 1848 ; — Nouveau règlement du 27 juillet 1859, 196 ; — Texte de la déclaration du roi du 10 avril 1783, et des lettres patentes du 25 août 1784, sur la hauteur des maisons, 197 ; — Fixation de la hauteur des maisons par l'arrêté du ministre de l'intérieur du 29 février 1855, 198 ; — Jurisprudence du conseil d'Etat, sur la hauteur des maisons, sur les combles, faîtages et mansardes, sur les lucarnes et les attiques, 198 ; — Décret du 27 juillet 1859, portant règlement sur la hauteur des maisons, les combles et les lucarnes, 205 ; — Constructions provisoires et échoppes, 205 ; — Constructions en pans de bois, 205 ; — Saillies de grande voirie, comment on les distingue, 206 ; — Eaux pluviales et ménagères, eaux des latrines, gouttières et éviers, 207 ; — Seuils des maisons, 207 ; — Caves sous les rues, 207 ; — Façades des maisons, nettoyage, 208 ; — Droits de grande voirie, 208 ; — Contravention en matière de grande voirie, tribunaux compétents, 210 ; — Dispositions spéciales pour les maisons bordant la place de l'Etoile et la route départementale n° 4 ; prohibitions relatives au commerce et à l'industrie, pour les terrains du promenoir de Chaillot, 212.

Voirie (petite). — Nouvelles attributions du préfet de la Seine, 213 ; — Droits réservés au préfet de police, par le décret du 10 octobre 1859 214 ; — par l'arrêté du 12 messidor an VIII, 215 ; — Pouvoir réglementaire des deux préfets, 215 ; — Contraventions, 216 ; — Balayage et arrosement, 216 ; — Eclairage et chauffage au gaz, 217 ; — Eaux pluviales et ménagères, 218 ; — Bâtiments menaçant ruine, 220 ; — Saillies de petite voirie, 222 ; — Droits, 224.

APPENDICE.

30 mars 1808. — Décret pour la formation d'un marché et d'un entrepôt pour des vins et eaux-de-vie, à Paris. — Voyez n° 10.

28 janvier 1811. — Décret relatif à la vente du poisson d'eau douce amené à la halle de Paris. — Voyez n° 44.

11 juin 1811. — Décret impérial relatif au mesurage des pierres destinées aux constructions publiques et particulières dans la ville de Paris. — Voyez n° 34.

24 décembre 1811. — Arrêté de M. le préfet de la Seine relatif au mesurage des pierres destinées aux constructions particulières de la ville de Paris. — Voyez n° 35.

22 mars 1813. — Règlement général sur l'exploitation des carrières, plâtrières, glaisières, sablonnières, marnières et crayères, dans les départements de la Seine et de Seine-et-Oise, approuvé par décret. — Voyez n° 30.

22 mars 1813. — Règlement spécial concernant l'exploitation des carrières *de pierre à plâtre*, dans les départements de la Seine et de Seine-et-Oise, approuvé par décret. — Voyez n° 31.

11 avril 1813. — Extrait d'un décret portant établissement de droits et entrepôts au profit de la ville de Paris. — Voyez n° 11.

4 juillet 1813. — Règlement spécial concernant l'exploitation des carrières de pierres calcaires dites *pierres à bâtir*, dans le département de la Seine et de Seine-et-Oise, approuvé par décret. — Voyez n° 32.

5 décembre 1813. — Décret contenant diverses dispositions relatives à l'entrepôt des vins établi à Paris. — Voyez n° 12.

15 décembre 1813. — Décret impérial portant règlement sur le commerce des vins à Paris. — Voyez n° 51.

2 janvier 1814. — Décret portant règlement sur le marché et entrepôt franc des vins et eaux-de-vie à Paris. — Voyez n° 13.

11 janvier 1814. — Ordonnance du préfet de police concernant le commerce des vins à Paris. — Voyez n° 52.

21 octobre 1814. — Règlement spécial concernant l'exploitation des crayères et marnières dans le département de la Seine et dans celui de Seine-et-Oise, approuvé par ordonnance. Voyez n° 33.

11 juin 1817. — Ordonnance du roi portant établissement de droits d'octroi dans la banlieue de Paris. — Voyez n° 9.

18 juin 1817. — Ordonnance du roi concernant les formalités à observer pour le remplage des vins, cidres, poirés, vinaigres, eaux-de-vie, esprits et liqueurs arrivant à Paris. — Voyez n° 14.

24 septembre 1819. — Ordonnance du roi qui détermine le mode de construction des fosses d'aisances de la ville de Paris. — Voyez n° 57.

27 octobre 1819. — Ordonnance du roi qui détermine les formalités à observer pour le remplage des vins, etc., arrivant à Paris par la haute Seine, et déclare le port Saint-Bernard annexe de l'entrepôt. — Voyez n° 15.

24 décembre 1823. — Ordonnance du roi portant règlement sur les saillies, auvents et constructions semblables, à permettre dans la ville de Paris. — Voyez n° 29.

10 juillet 1827. — Ordonnance du roi qui modifie le règlement du bureau central de vérification établi près la direction de l'octroi de Paris. — Voyez n° 8.

17 février 1830. — Ordonnance royale concernant l'annexe de l'entrepôt général des vins à Paris. — Voyez n° 16.

22 juillet 1831. — Ordonnance du roi pour l'organisation et la comptabilité de la régie de l'octroi de Paris. — Voyez n° 5.

15 juin 1832. — Ordonnance du préfet de police concernant les aubergistes, maîtres d'hôtels garnis et logeurs, les visas de passe-ports et de permis de séjour. — Voyez n° 41.

20 juin 1832. — Arrêté réglementaire du préfet de police, sur le service de l'inspection générale de la navigation et des ports, déterminant les attributions des divers employés et l'ordre du service. — Voyez n° 60.

7 janvier 1833. — Ordonnance du roi contenant des modifications au régime de l'entrepôt des vins à Paris. — Voyez n° 17.

22 mars 1833. — Ordonnance du roi sur l'entrepôt général des boissons de la ville de Paris. — Voyez n° 18.

5 juillet 1834. — Ordonnance du roi portant règlement sur le commerce des charbons de bois dans Paris. — Voyez n° 48.

15 décembre 1834. — Ordonnance du préfet de police concernant la vente du charbon de bois dans Paris. — Voyez n° 49.

8 septembre 1836. — Arrêté de M. le préfet de la Seine, portant règlement pour le service de la conservation de l'entrepôt des boissons de la ville de Paris. — Voyez n° 19.

22 mars 1837. — Arrêté de M. le préfet de la Seine portant règlement pour l'entrepôt général des boissons de la ville de Paris. — Voyez n° 20.

22 janvier 1840. — Arrêté portant règlement pour le service des ouvriers tonneliers, dérouleurs, chargeurs et déchargeurs, employés dans l'entrepôt général des vins, et sur le port en dépendant, approuvé par M. le ministre du commerce, le 20 mai 1840. — Voyez n° 21.

22 mai 1843. — Etat général des ateliers et établissements qui ne peuvent être formés sans permission. — Voyez n° 54.

27 janvier 1846. — Ordonnance du roi portant règlement sur les établissements d'éclairage par le gaz hydrogène. — Voyez n° 55.

1er août 1846. — Règlement du préfet de

la Seine sur les abonnements aux eaux de Paris. — Voyez n° 38.

23 décembre 1846. — Règlement sur la perception des droits d'octroi et d'abattoir au poids sur la viande de boucherie. — Voyez n° 50.

26 décembre 1846. — Ordonnance de police portant règlement sur la vente du gaz dans Paris. — Voyez n° 56.

18 juillet 1847. — Ordonnance du roi relative à la fabrication des cidres et poirés dans l'intérieur de Paris. — Voyez n° 53.

18 décembre 1848.—Extrait du titre II de l'arrêté concernant l'organisation des conseils d'hygiène publique et de salubrité. — Voyez n° 59.

25 mai 1850. — Arrêté du préfet de la Seine portant réorganisation du service des exhumations. — Voyez n° 24.

7 septembre 1850. — Ordonnance du préfet de police, relative à la vente du bois de chauffage dans le ressort de la préfecture de police. — Voyez n°s 46 et 47.

14 septembre 1850. — Arrêté du préfet de la Seine, portant règlement général des cimetières de la ville de Paris. — Voyez n° 23.

11 décembre 1852. — Ordonnance de police concernant les incendies. — Voyez n° 43.

1er décembre 1853. — Ordonnance de police concernant les fosses d'aisances et le service de la vidange dans les communes rurales du ressort de la préfecture de police.—Voy. n° 58.

3 novembre 1855. — Décret impérial concernant le tarif de l'octroi de Paris. — Voyez n° 6.

17 février 1858. — Ordonnance de police concernant la chasse des oiseaux de passage, le gibier d'eau et la destruction des animaux malfaisants ou nuisibles. — Voyez n° 42.

28 Mai 1858. — Loi qui approuve les articles 4 et 8 de la convention passée entre l'État et la ville de Paris, pour l'ouverture ou l'achèvement des diverses grandes voies de communication dans cette ville. — Voy. n° 4.

16 juin 1859. — Loi sur l'extension des limites de Paris. — Voyez n° 1.

27 juillet 1859. — Décret impérial por-

tant règlement sur la hauteur des maisons, les combles et les lucarnes, dans la ville de Paris. — Voyez n° 28.

3 novembre 1859. — Arrêté du préfet de la Seine sur les circonscriptions des arrondissements et quartiers de Paris. — Voyez n° 3.

19 novembre 1859. — Arrêté du ministre des finances sur la constitution des perceptions du département de la Seine. — Voyez n° 36.

27 novembre 1859. — Décret qui règle le cadre et les traitements du personnel de la police municipale de Paris. — Voyez n° 39.

8 décembre 1859. — Arrêté de M. le préfet de la Seine relatif aux concessions de terrain dans les cimetières pour sépultures particulières et de famille, approuvé par ordonnance royale du 5 mai 1830, et exécuté à partir du 2 juin suivant. — Voyez n° 22.

15 décembre 1859. — Arrêté du préfet de la Seine portant réorganisation du personnel des bureaux des mairies de Paris. — Voyez n° 61.

17 décembre 1859. Décret qui détermine le nombre et les traitements des commissaires de police et des agents nécessaires pour la surveillance des communes du département de la Seine (Paris excepté). — Voyez n° 40.

19 décembre 1859. — Décret portant règlement d'administration publique pour l'exécution des articles 4, 5, 6 et 7 de la loi du 16 juin 1859, en ce qui concerne l'application de l'octroi de Paris aux nouvelles limites de cette ville. — Voyez n° 2.

20 décembre 1859. — Arrêté du préfet de la Seine sur l'organisation du fossoyage. — Voyez n° 25.

30 décembre 1859. — Arrêté du préfet de la Seine portant désignation des portes affectées à la perception et à l'entrée ou à la sortie des marchandises jouissant de l'entrepôt ou traversant la ville. — Voyez n° 7 *bis*.

1er janvier 1860. — Arrêté du préfet de la Seine, concernant le balayage, la propreté de la voie publique et le transport des matières insalubres. — Voyez n° 26.

12 juin 1860. — Arrêté du préfet de

la Seine réglant le service de l'entrepôt fictif dans les circonscriptions admises dans le périmètre de l'octroi de Paris. — Voyez n° 7.

28 juin 1860. — Arrêté du préfet de la Seine, concernant l'entretien des voies particulières dans l'étendue des territoires annexés. — Voyez n° 27.

31 août 1860. — Décret sur la répartition de la contribution personnelle mobilière de l'année 1861 dans la ville de Paris. Voyez n° 37.

Droits de location d'abris et de remises, perçus par la ville de Paris sur les ventes en gros dans les halles d'approvisionnement et dans les marchés. — Voyez n° 45.

Paris, impr. Paul Dupont, rue de Grenelle-St-Honoré, 45.

www.ingramcontent.com/pod-product-compliance
Lightning Source LLC
Chambersburg PA
CBHW050103230426
43664CB00010B/1421